| ept | **Realisierung** | **Einführung** | **Nutzung** |

| | MS3
Konzept
verabschiedet,
Ressourcen
zugesichert | MS4
Erreichte
Ergebnisse
überprüft | MS5
Abnahme
erfolgt,
Abschlussbericht
akzeptiert |

| | Konzept,
Detailplan | Einführungs-
konzept | Produkt-
beschreibung |

| | Statusbericht,
Review | Testbericht,
Review | Abschluss-
bericht |

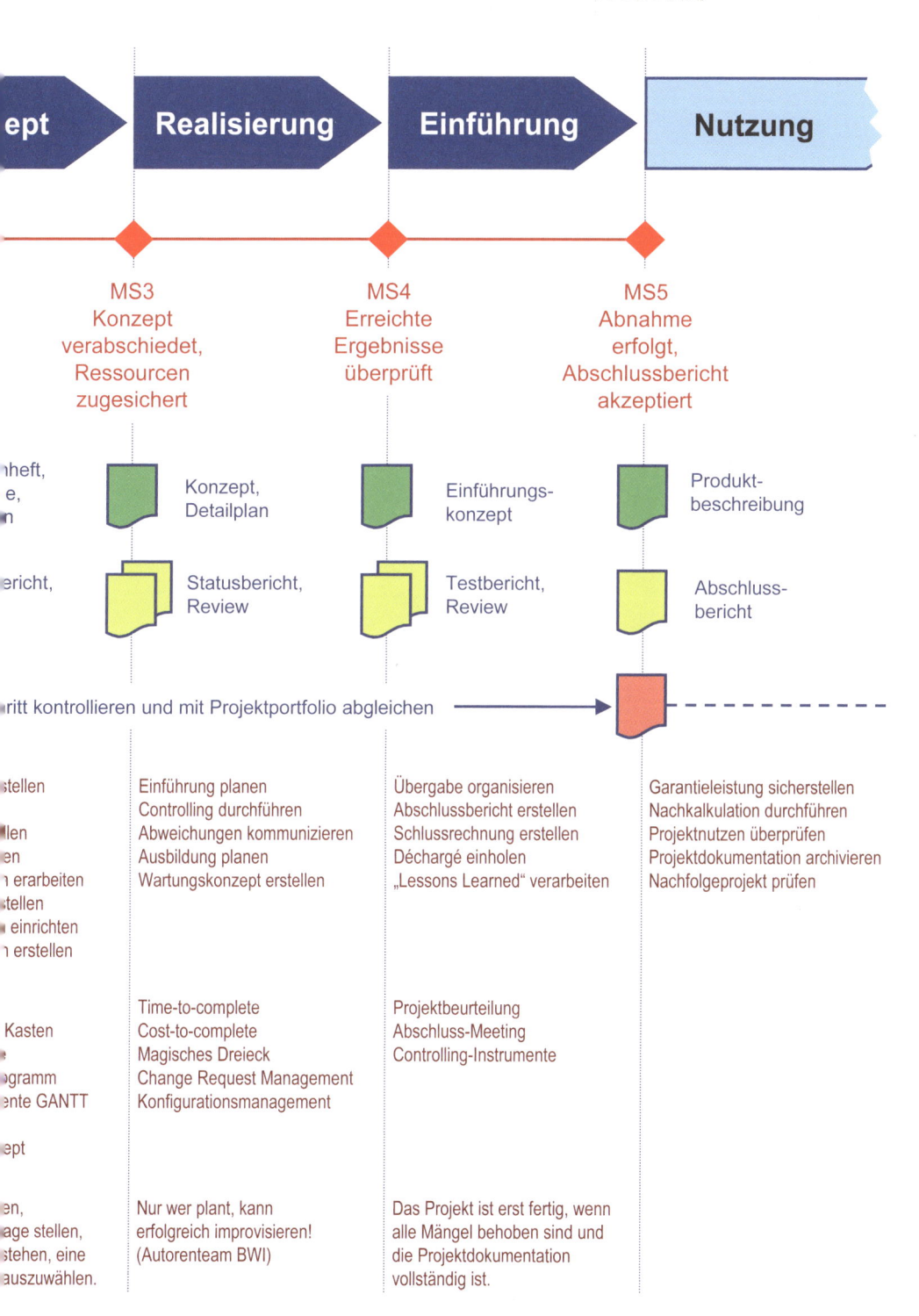

…ritt kontrollieren und mit Projektportfolio abgleichen →

…stellen	Einführung planen	Übergabe organisieren	Garantieleistung sicherstellen
…llen	Controlling durchführen	Abschlussbericht erstellen	Nachkalkulation durchführen
…en	Abweichungen kommunizieren	Schlussrechnung erstellen	Projektnutzen überprüfen
…n erarbeiten	Ausbildung planen	Déchargé einholen	Projektdokumentation archivieren
…tellen	Wartungskonzept erstellen	„Lessons Learned" verarbeiten	Nachfolgeprojekt prüfen
… einrichten			
…n erstellen			

…Kasten	Time-to-complete	Projektbeurteilung	
…	Cost-to-complete	Abschluss-Meeting	
…gramm	Magisches Dreieck	Controlling-Instrumente	
…ente GANTT	Change Request Management		
	Konfigurationsmanagement		

…ept

…en,	Nur wer plant, kann	Das Projekt ist erst fertig, wenn	
…age stellen,	erfolgreich improvisieren!	alle Mängel behoben sind und	
…stehen, eine	(Autorenteam BWI)	die Projektdokumentation	
…auszuwählen.		vollständig ist.	

Handbuch Projektmanagement

Jürg Kuster • Eugen Huber
Robert Lippmann • Alphons Schmid
Emil Schneider • Urs Witschi
Roger Wüst

Handbuch Projektmanagement

Dritte, erweiterte Auflage

Springer

Jürg Kuster, Dipl.-Ing. ETH
Hopfenstrasse 5
8400 Winterthur
Schweiz
jkuster@pentacon.ch

Emil Schneider, Dipl-Ing. ETH
Ruchhalde 10
8532 Warth
Schweiz
efschneider@bluewin.ch

Eugen Huber, eidg. dipl. Organisator
Städtchenstrasse 90
7320 Sargans
Schweiz
eh@eugen-huber.ch

Urs Witschi, Dipl. Arch. ETH
Limmatauweg 20
5408 Ennetbaden
Schweiz
urs.witschi@driftconsult.com

Robert Lippmann, lic. oec. publ.
Seeweg 20
6330 Cham
Schweiz
rlippmann@bluewin.ch

Roger Wüst, Dipl. Ing. HTL
Katzenbachstrasse 2
8112 Otelfingen
Schweiz
info@pro-management.ch

Alphons Schmid
Bützenstrasse 18
8185 Winkel
Schweiz
alschmid@greenmail.ch

ISBN 978-3-642-21242-0   e-ISBN 978-3-642-21243-7
DOI 10.1007/978-3-642-21243-7
Springer Heidelberg Dordrecht London New York

Die Deutsche Nationalbibliothek verzeichnet diese Publikation in der Deutschen Nationalbibliografie; detaillierte bibliografische Daten sind im Internet über http://dnb.d-nb.de abrufbar.

© Springer-Verlag Berlin Heidelberg 2006, 2008, 2011
Dieses Werk ist urheberrechtlich geschützt. Die dadurch begründeten Rechte, insbesondere die der Übersetzung, des Nachdrucks, des Vortrags, der Entnahme von Abbildungen und Tabellen, der Funksendung, der Mikroverfilmung oder der Vervielfältigung auf anderen Wegen und der Speicherung in Datenverarbeitungsanlagen, bleiben, auch bei nur auszugsweiser Verwertung, vorbehalten. Eine Vervielfältigung dieses Werkes oder von Teilen dieses Werkes ist auch im Einzelfall nur in den Grenzen der gesetzlichen Bestimmungen des Urheberrechtsgesetzes der Bundesrepublik Deutschland vom 9. September 1965 in der jeweils geltenden Fassung zulässig. Sie ist grundsätzlich vergütungspflichtig. Zuwiderhandlungen unterliegen den Strafbestimmungen des Urheberrechtsgesetzes.
Die Wiedergabe von Gebrauchsnamen, Handelsnamen, Warenbezeichnungen usw. in diesem Werk berechtigt auch ohne besondere Kennzeichnung nicht zu der Annahme, dass solche Namen im Sinne der Warenzeichen- und Markenschutz-Gesetzgebung als frei zu betrachten wären und daher von jedermann benutzt werden dürften.

Einbandentwurf: WMXDesign GmbH, Heidelberg

Gedruckt auf säurefreiem Papier

Springer ist Teil der Fachverlagsgruppe Springer Science+Business Media (www.springer.com)

Geleitworte

Als Nachfolgewerk zum bewährten BWI-Leitfaden bietet dieses Buch aktualisierte und umfassende Informationen zu Projektmanagement. Die gewählte Gliederung hebt sich von den meisten bisherigen Publikationen zu diesem Thema wohltuend ab. Der Projektmanagement-Kompass ermöglicht eine gezielte Navigation entlang dem realen Ablauf eines Projektes. Gleichzeitig ist auch die Vertiefung zu Modellen, Methoden und Checklisten gewährleistet. Sehr positiv bewerte ich den ständigen Bezug zur aktuellen Competence Baseline der IPMA.

Ein Handbuch, das dem heutigen Stellenwert des Projektmanagements in der Praxis gerecht wird!

Prof. Dr. Heinz Schelle
Ehrenvorsitzender der GPM (Deutsche Gesellschaft für Projektmanagement e.V.)

Das vorliegende Werk zeugt von einer langjährigen Praxiserfahrung der Autoren im Gestalten, Führen und Steuern von Projekten. Projektmanagement als Führungsansatz wird heute in Unternehmen und Verwaltung vermehrt als erfolgreiche Methode eingesetzt. Das Buch trägt auch dem aktuellen Trend zu höherer Sozialkompetenz genügend Rechnung.

Ich empfehle dieses Buch auch als Grundlage für die Zertifizierung im Projektmanagement!

Dr. Hans Knöpfel
Ehrenpräsident SPM (Schweizerische Gesellschaft für Projektmanagement)

Vorwort

Warum dieses Buch?

Die Komplexität der Projekte hat in den letzten Jahren wesentlich zugenommen: Zeit und Ressourcen sind knapper und Produktzyklen immer kürzer, die Projektinhalte vielfältiger, interdisziplinärer und vernetzter geworden. Unterschiedliche Anspruchsgruppen bringen ihre Interessen selbstbewusster ein, regionale und kulturelle Unterschiede sind heute Normalfall.

In unserer Berufs- und Trainerpraxis erfahren wir auch immer wieder, dass unzählige Projekte ihre Ziele nur ungenügend erreichen oder sogar scheitern. Drei Hauptgründe sind dafür ausschlaggebend:

1. Projektmanagement findet in vielen Organisationen weder die erforderliche Unterstützung noch genügend Verständnis; Projektleiter kennen sich im Projektmanagement oftmals nur ungenügend aus.
2. Der Komplexität von Projekten wird viel zu wenig Rechnung getragen, obwohl heute auf diese Art und Weise die wesentlichen strategischen Aufgaben für das Unternehmen bearbeitet werden.
3. Projekte stellen einen spürbaren Eingriff in die bestehenden Hierarchieverhältnisse der Organisation dar. Die damit verbundenen Funktions- und Rollenklärungen werden in der Regel übersehen.

Das vorliegende Buch trägt diesen Erkenntnissen verstärkt Rechnung. Aufbauend auf dem Erfolg der bisherigen Publikationen haben wir das Thema umfassend aufgearbeitet und mit den aktuellsten Trends ergänzt. Der rote Faden entspricht der heutigen Hauptanforderung an die Projektleiter, als Prozessarchitekten und Moderatoren die Arbeitsprozesse für eine erfolgreiche Projektabwicklung zu definieren, durchzuführen, zu kontrollieren und wirkungsvoll zu steuern.

Die unverkennbaren Grundlagen unseres Verständnisses für Projektmanagement sind das Gedankengut des Systems Engineering, die Psychologie im Bereich der Führung und Teamarbeit sowie die Prozessdynamik. Der systemische Ansatz und „vernetztes Denken" entsprechen eher der komplexen Projektrealität und ergänzen die mechanistische und kausale Denkweise. Insofern erhebt das Buch den Anspruch, in der Projektmanagement-Entwicklung führend zu sein.

Struktur dieses Buches

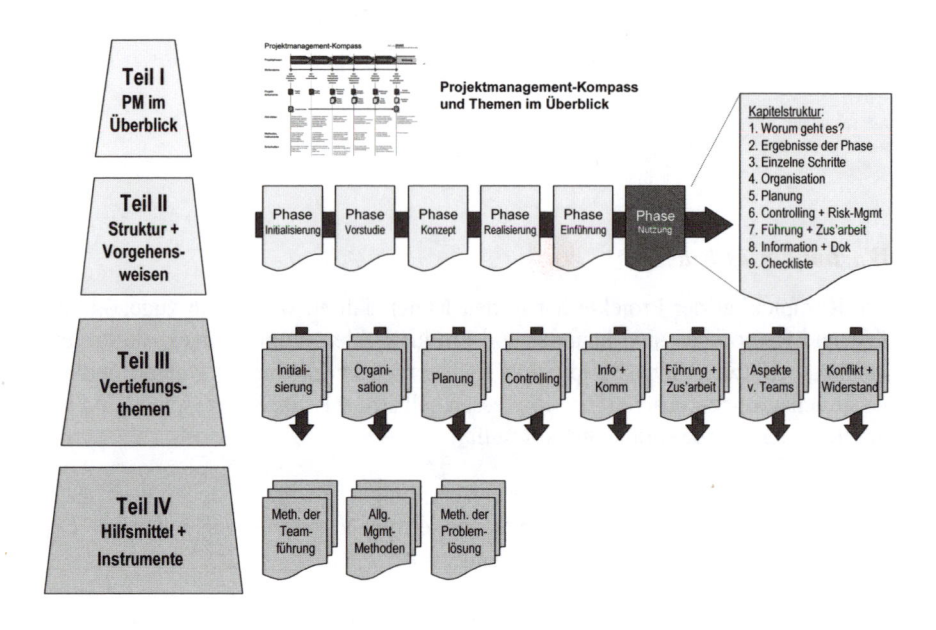

Der Inhalt ist sehr breit angelegt und für die meisten Projektarten geeignet, jedoch nicht auf bestimmte Fachgebiete spezialisiert. Ein Merkmal, welches dieses Buch von der übrigen Literatur unterscheidet, ist die Gliederung des Stoffes. Der Projektmanagement-Kompass als Orientierungshilfe und die vier Teile ermöglichen eine abgestufte Auseinandersetzung und Vertiefung entsprechend der Rolle und Funktion sowie den Vorkenntnissen des Lesers.

Hinweise zur Benutzung

Sie sind **Projektleiter** oder **Teilprojektleiter** und bereiten ein Projekt vor oder stehen schon mitten drin:

Im Teil II finden Sie Checklisten, was in der für Sie aktuellen Phase zu tun ist, unterteilt in die Aspekte:

- Worum geht es in dieser Phase?
- Ergebnisse dieser Phase
- Schritte in dieser Phase
- Was müssen Sie beachten?
- Checkliste mit allen wichtigen Punkten

Sie sind **Projektmitarbeiter, Student** oder **Einsteiger** und möchten sich mit dem Thema auseinandersetzen:

Teil I erläutert Ihnen, worum es geht und warum diese Vorgehensweise sinnvoll und notwendig ist. Teil II zeigt Ihnen das Projekt und die notwendigen Schritte in der Übersicht. Aus dem Teil III und IV wählen Sie einzelne Themen und Methoden aus, die in Ihrer Situation hilfreich sind.

Sie sind ein **erfahrener Projektleiter** und möchten bestimmte Themen vertiefen oder eine Vorgehensweise wieder auffrischen:

Sie wählen die Themen aus Teil III und IV aus, die für Sie im Vordergrund stehen. Bei der Vorbereitung jeder Phase verwenden Sie Teil II als Gedankenstütze und Checkliste. Daraus können Sie auch projektspezifische Checklisten ableiten und weiterentwickeln.

Sie sind **Entscheidungsträger** und haben Managementfunktionen wie Personalführung, Fachbereichsleitung, Qualitätsverantwortlicher, Produktmanager. Teil I und II zeigen Ihnen Beweggründe und Vorgehensweisen des Projektleiters und ermöglichen Ihnen so, das Projekt und das Projektteam optimal zu unterstützen.

Der Stoff ist bewusst allgemein gültig gehalten und für die Anwendung in Industrie, Dienstleistungsfirmen, öffentlichen Verwaltungen, Non-Profit-Organisationen sowie in der Wissenschaft geeignet. Genauso kann das vorliegende Buch als Standardwerk an Fachhochschulen und Universitäten eingesetzt werden.

In der vorliegenden dritten, erweiterten Auflage haben wir viele Themen aktualisiert und ergänzt sowie Erkenntnisse und Anregungen aus unserer eigenen Praxis und Lehrtätigkeit in Projektmanagement einfliessen lassen. Es freut uns besonders, dass das Resultat nicht nur eine Summe von Beiträgen aus verschiedenen Federn ist, sondern dass wir uns als Team formiert und die Inhalte gemeinsam strukturiert und bearbeitet haben. Damit ist ein Buch wie aus „einem Guss" entstanden.

Jürg Kuster   Im Juni 2011
Eugen Huber
Robert Lippmann
Alphons Schmid
Emil Schneider
Urs Witschi
Roger Wüst

Inhalt

Geleitworte V

Vorwort VII

Teil I: Projektmanagement im Überblick 1

1 **Warum Projektmanagement?** 3
2 **Was sind Projekte?** 4
    2.1 Projektarten 5
    2.2 Klassifizierung von Projekten 7
3 **Was ist Projektmanagement?** 8
    3.1 Hierarchien im Projektmanagement 8
    3.2 Dimensionen im Projektmanagement 10
    3.3 Managementgrundsatz: „Structure follows Strategy" 10
4 **Projektmanagement und seine theoretischen Fundamente** 12
    4.1 Systemischer Ansatz 12
    4.2 Systems Engineering 13
5 **Das Phasenkonzept** 17
    5.1 Die Initialisierungsphase 19
    5.2 Die Vorstudienphase 20
    5.3 Die Konzeptphase 21
    5.4 Die Realisierungsphase 22
    5.5 Die Einführungsphase 23
    5.6 Die Nutzung 24
    5.7 Meilensteine 24
6 **Andere Vorgehensmodelle** 26
    6.1 Simultaneous Engineering 26
    6.2 Prototyping 27
    6.3 Versionenkonzept 28
    6.4 Agiles Vorgehen 29
    6.5 Change-Projekte 30

7 Projektbewertung und Projektportfolio 32
7.1 Projektwürdigkeit 32
7.2 Projektportfolio 33

8 Trends im Projektmanagement 35
8.1 Vermehrte Ausdifferenzierung 35
8.2 Agiles Projektmanagement 35
8.3 Internationales Projektmanagement 36
8.4 Personalentwicklung und Qualifizierung 36

Teil II: Struktur und Vorgehensweisen 39

1 Phase „Initialisierung" 41
1.1 Worum geht es in dieser Phase? 41
1.2 Ergebnisse der Initialisierungphase 41
1.3 Schritte der Initialisierungsphase 42
1.4 Organisation 43
1.5 Planung: erste Grobschätzung 44
1.6 Controlling und Risikomanagement 44
1.7 Führung und Zusammenarbeit 45
1.8 Information und Dokumentation 46
1.9 Checkliste „Abschluss Initialisierungsphase" 48

2 Phase „Vorstudie" 49
2.1 Worum geht es in dieser Phase? 49
2.2 Ergebnisse der Vorstudienphase 50
2.3 Schritte der Vorstudienphase 50
2.4 Organisation 50
2.5 Die Grobplanung 52
2.6 Controlling und Risikomanagement 53
2.7 Führung und Zusammenarbeit 55
2.8 Information und Dokumentation 57
2.9 Checkliste „Abschluss Vorstudienphase" 59

3 Phase „Konzept" 60
3.1 Worum geht es in dieser Phase? 60
3.2 Ergebnisse der Konzeptphase 60
3.3 Schritte der Konzeptphase 60
3.4 Organisation 61
3.5 Die Detailplanung 62
3.6 Controlling und Risikomanagement 64
3.7 Führung und Zusammenarbeit 64
3.8 Information und Dokumentation 66
3.9 Checkliste „Abschluss Konzeptphase" 67

4 Phase „Realisierung" 69
- 4.1 Worum geht es in dieser Phase? 69
- 4.2 Ergebnisse der Realisierungsphase 69
- 4.3 Schritte der Realisierungsphase 69
- 4.4 Organisation 69
- 4.5 Anpassungen der Planung 70
- 4.6 Controlling und Risikomanagement 71
- 4.7 Führung und Zusammenarbeit 72
- 4.8 Information und Dokumentation 73
- 4.9 Checkliste „Abschluss Realisierungsphase" 73

5 Phase „Einführung" 75
- 5.1 Worum geht es in dieser Phase? 75
- 5.2 Ergebnisse der Einführungsphase 75
- 5.3 Schritte der Einführungsphase 76
- 5.4 Organisation 76
- 5.5 Planung: Erfahrungen aus der Projektabwicklung nutzen 77
- 5.6 Controlling und Risikomanagement 77
- 5.7 Führung und Zusammenarbeit 78
- 5.8 Information und Dokumentation 80
- 5.9 Checkliste „Abschluss Einführungsphase" 81

Teil III: Vertiefungsthemen 83

1 Projektinitialisierung 85
- 1.1 Projekte von Anfang an im Unternehmen richtig managen 85
- 1.2 Rechtliche Aspekte im Projektmanagement 89
- 1.3 Interne Projekte (Inside-out-Sicht) 90
- 1.4 Externe Projekte (Outside-in-Sicht) 92

2 Projektorganisation 99
- 2.1 Grundsätzliches 99
- 2.2 Linie und Projekt: zwei unterschiedliche Welten 99
- 2.3 Die Rollen und Gremien 100
- 2.4 Die Aufgaben der Projektleitung 103
- 2.5 Stellvertretungen im Projekt 105
- 2.6 Die grundsätzlichen Formen der Projektorganisation 106
- 2.7 Das Projektmanagement-Handbuch 111
- 2.8 Die Kompetenzregelung 112
- 2.9 Führungskontinuum bei wechselnder Verantwortung 114
- 2.10 Bildung der Projektorganisation 116
- 2.11 Virtuelle Teams 117
- 2.12 Multikulturelle Zusammenarbeit 117

3 Projektplanung 120

- 3.1 Die Grobplanung 122
- 3.2 Die Detailplanung 131
- 3.3 Multiprojektplanung durch die Linie 137
- 3.4 Kostenplanung und Kostenkurve 140
- 3.5 Übersicht über das Vorgehen bei der Projektplanung 142
- 3.6 Vorgehensweisen bei der Planung 144
- 3.7 In welcher Phase erfolgt die Planung? 147
- 3.8 Wer plant? 148
- 3.9 Wie detailliert soll eine Planung sein? 148
- 3.10 Planung von grossen und kleinen Projekten 149
- 3.11 Aufwandschätzung 149
- 3.12 Planung bei grosser Unsicherheit 152
- 3.13 Spezielle Situationen 153
- 3.14 Bei Bedarf weitere Planungen 154
- 3.15 Einsatz des Computers als Hilfsmittel bei der Planung 158

4 Projektcontrolling 161

- 4.1 Übersicht 161
- 4.2 Projektkontrolle 162
- 4.3 Projektbeurteilung 164
- 4.4 Berichtswesen (Reporting) 170
- 4.5 Projektsteuerung 171
- 4.6 Projektänderungen 177
- 4.7 Reviews als übergeordnetes Controlling 180
- 4.8 Coaching der Projektleitung 182
- 4.9 Krisenmanagement 183

5 Information, Kommunikation, Dokumentation 185

- 5.1 Ziele der Information und Kommunikation 186
- 5.2 Grundsätze der Information und Kommunikation 186
- 5.3 Umfang eines Informations- und Kommunikationssystems 187
- 5.4 Kommunikationspotenziale sichtbar machen 189
- 5.5 Mündliche Kommunikation 190
- 5.6 Das Berichtswesen 192
- 5.7 Die Projekt-Dokumentation 194
- 5.8 Projektmarketing 197
- 5.9 Elektronische Kommunikation 198
- 5.10 Projektmanagement-Portal 199
- 5.11 Zwischenmenschliche Kommunikation 201

6 Führung und Zusammenarbeit 212
- 6.1 Führung – Was ist das? 212
- 6.2 Führungsorganisation 214
- 6.3 Projektmanagement heisst auch Beziehungsmanagement 216
- 6.4 Führungsarbeit im Projektmanagement 223
- 6.5 Vom Projektstart zum Projektabschluss 234

7 Aspekte von Teams 241
- 7.1 Teamarbeit im Projekt 241
- 7.2 Kriterien für die Projektteamzusammensetzung 244
- 7.3 Teamführung im Projekt – eine Serviceleistung 247
- 7.4 Rollen und Funktionen im Projektteam 249
- 7.5 Zusammenarbeit im Team verstehen und fördern 250
- 7.6 Motivation im Projektteam 257
- 7.7 Entwicklungsphasen von Gruppen 262

8 Veränderungsmanagement und Umgang mit Widerstand 268
- 8.1 Veränderungsmanagement 268
- 8.2 Widerstand 275

9 Konflikte 282
- 9.1 Definition von Konflikt und innerer Haltung 282
- 9.2 Konfliktursachen und Konfliktarten 282
- 9.3 Konfliktthemen in der Übersicht 284
- 9.4 Wahrnehmung 285
- 9.5 Konflikttypen 287
- 9.6 Konfliktfunktionen 288
- 9.7 Heisser und kalter Konflikt 289
- 9.8 Grundmodell des Konfliktverhaltens 290
- 9.9 Dynamik der Konflikteskalation 293
- 9.10 Konfliktbearbeitung als Projekt- und Teamleiter 297
- 9.11 Empfehlungen für konkrete Konfliktbearbeitung 300
- 9.12 Strategien zur Konfliktbewältigung 301
- 9.13 Voraussetzungen für eine konstruktive Konfliktklärung 305
- 9.14 Leitfaden für ein Diagnosegespräch 306
- 9.15 Vorgehenscheckliste für Konfliktgespräche 308

10 Projekt-, Programm- und Portfolio-Management (PPP) 309
- 10.1 Einführung von Projektmanagement in die Organisation 309
- 10.2 Umsetzung der Unternehmensstrategie 310
- 10.3 Das Projektportfolio 312
- 10.4 Das Projekt-Office 314

Teil IV: Hilfsmittel und Instrumente 315

1 Methoden der Teamführung 317
- 1.1 Gruppenprozessordnung 317
- 1.2 Kickoff-Veranstaltung 319
- 1.3 Arbeitsprozesse moderieren 322
- 1.4 Projektsitzungen leiten und gestalten 326
- 1.5 Visualisierung und Präsentationstechnik 332
- 1.6 Analysen im Team 335
- 1.7 Intervision als Lösungsmethode 338
- 1.8 Konsens entwickeln 341
- 1.9 Analyse der Konfliktstile 341

2 Allgemeine Managementmethoden 345
- 2.1 Projektantrag, Projektauftrag, Projektvereinbarung 345
- 2.2 Benchmarking zeigt, wie es andere machen 348
- 2.3 Change Request Management 350
- 2.4 Controlling 350
- 2.5 Ergebnisse des Projektes weitergeben 362
- 2.6 Beurteilung des abgeschlossenen Projektes 364
- 2.7 Information und Kommunikation 366
- 2.8 Netzplantechnik 371
- 2.9 Aufbau eines Projektportfolios 374
- 2.10 Selbstmanagement 377
- 2.11 Zeitmanagement 383

3 Methoden der Problemlösung 389
- 3.1 Problemlösungsprozess 389
- 3.2 Alternativen zum Problemlösungszyklus 393
- 3.3 Zielsuche: Informationsbeschaffung und -analyse 394
- 3.4 Zielsuche: Informationsaufbereitung 399
- 3.5 Zielsuche: Informationsdarstellung 402
- 3.6 Zielsuche: Zielformulierung 404
- 3.7 Lösungssuche: Kreativität 413
- 3.8 Lösungssuche: Optimierung 419
- 3.9 Lösungssuche: Lösungen analysieren 420
- 3.10 Auswahl: Lösungen bewerten und entscheiden 423

Zertifizierung Projektmanagement ... 429
1. Zertifizierungssysteme ... 429
2. Zertifizierung nach IPMA ... 430
3. Das IPMA-Kompetenz-Auge ... 431
4. Referenzliste zur IPMA Competence Baseline ... 432
   - 4.1 Methodische Kompetenz (technical competence) ... 432
   - 4.2 Verhaltenskompetenz (behavioural competence) ... 433
   - 4.3 Kontext-Kompetenz (contextual competence) ... 434

Literaturverzeichnis ... 435
1. Grundlagen ... 435
2. Projektmanagement allgemein ... 435
3. Methodiken ... 437
4. Team, Teamführung, Konflikte ... 438

Über die Autoren ... 441

Index ... 443

Teil I: Projektmanagement im Überblick

Dieser Teil bietet einen einfachen Einstieg in die breite Thematik des Projektmanagements. Alle wichtigen Grundgedanken und Vorgehensmodelle in der Projektarbeit werden in der Übersicht dargestellt. Teil I sollte auch für Führungspersonen und Entscheidungsträger zur Pflichtlektüre gehören.

Teil 7: Projektmanagement im Überblick

1 Warum Projektmanagement?

In den letzten Jahren haben Veränderungsgeschwindigkeiten und Komplexität der betrieblichen Umwelt drastisch zugenommen. Die Betriebsstrukturen entsprechen den daraus resultierenden Anforderungen oftmals nicht mehr. Meistens sind die bestehenden Organisationen zu fragmentiert und zu hierarchisch strukturiert und damit für interdisziplinäre Zusammenarbeit und rasche Entscheide zu schwerfällig. In dieser Situation ist die Abwicklung von Vorhaben mit den etablierten Abläufen kaum mehr zu bewältigen. Es braucht dazu neue Organisationsformen und Strukturen, welche vor allem effizientere Führungs- und Kommunikationswege ermöglichen, entsprechend den Anforderungen der jeweiligen Aufgabenstellung.

Projektmanagement wurde in den 50er Jahren in der Raumfahrt und im Anlagebau entwickelt. Für diese Projekte wurden spezielle Planungsmethoden wie z.B. die Netzplantechnik entwickelt. Diese werden heute zur Lösung komplexer Aufgaben nicht nur bei technischen Aufgabenstellungen, sondern auch bei Problem- und Krisensituationen in allen Funktionen des Managements wie Marketing, Personalwesen, Finanzen und Organisation in allen Unternehmen sowie in öffentlichen Verwaltungen eingesetzt. Bei innerbetrieblichen, strukturellen, organisatorischen oder personellen Vorhaben wird Projektmanagement oft auch Change Management genannt.

Merkmale des Projektmanagements

- Es besteht eine einfache, flexible und rasch reaktionsfähige Temporärorganisation, die für die Abwicklung des Vorhabens genau passt.
- Es erleichtert und fördert die direkte, interdisziplinäre Zusammenarbeit.
- Durch die Projektorganisation sind die Kompetenzen der Führung geklärt.
- Die direkten Kommunikationswege innerhalb und ausserhalb des Projektes sind leichter zugänglich.
- Das vorhandene Leistungspotenzial wird durch Teamarbeit und eine stimulierende Atmosphäre aktiviert.
- Durch klare Zugehörigkeit zum Projektteam sind Loyalitätskonflikte eher sichtbar und somit auch bearbeitbar.
- Das Ressourcenmanagement ist auf eine Stelle konzentriert und somit eher beherrschbar.
- Durch Einbeziehen der betroffenen Personen wird es der Organisation ermöglicht, neue Anforderungen zu erlernen; es entsteht eher eine lernende Organisation.

2 Was sind Projekte?

Eine allgemein gültige Definition des Begriffs Projekt hat sich nicht durchgesetzt. Tatsächlich werden in verschiedenen Organisationen Projekte unterschiedlich definiert. Werden Projekte auf Gemeinsamkeiten untersucht, so können folgende Merkmale genannt werden:

- Projekte bringen Veränderungen mit sich, die sehr unterschiedlich sein können (von Euphorie bis Widerstand, von Skepsis und Angst bis Freude und Motivation) und grosse organisationspsychologische Ansprüche an die Projektleitung stellen.
- Projekte sind abgegrenzte Vorhaben: Sie sind einmalig terminiert, d.h. zeitlich begrenzt und unter Termindruck.
- Projekte sind Innovationen: Entweder stossen sie an die Grenze des technisch oder organisatorisch bisher Machbaren (z.B. neue Informations- und Kommunikationstechnologien), oder sie sind für die Organisation etwas völlig Neues, wofür erstmals Wissen aufgebaut werden muss (z.B. leistungsorientierte Entlöhnung).
- Projekte sind komplex: Sie überschreiten die gewöhnliche Organisationsstruktur der Linie und tangieren so verschiedene Disziplinen und Verantwortungsbereiche.
- Der Projektcharakter (Vision, Konzept, Ausführung) ändert sich von Phase zu Phase und erfordert demnach unterschiedliche Managementfähigkeiten.
- Projekte sind schwierig zu planen und zu steuern, verlangen besondere organisatorische Massnahmen sowie periodisch klare und eindeutige Entscheide.
- Projekte brauchen ausserordentliche Ressourcen bezüglich Wissen, Personal, Finanzen.
- Projekte weisen je nach Grösse und Komplexität verschiedene Risiken finanzieller, personeller, fachlicher und terminlicher Art auf.
- Projekte verlangen für ihre Abwicklung eine eigene Projektorganisation: „Projekte sind Organisationen".

Wenn auch viele einmalige, ausserhalb der Routinearbeit abgewickelte Vorhaben nicht als „Projekte" bezeichnet werden, so können für diese die Grundsätze und Methoden des Projektmanagements doch weitgehend übernommen werden.

Somit könnte eine allgemeine Definition lauten:

> Wenn ein einmaliges, bereichsübergreifendes Vorhaben zeitlich begrenzt, zielgerichtet, interdisziplinär und so wichtig, kritisch und dringend ist, dass es nicht einfach in der bestehenden Linienorganisation bearbeitet werden kann, sondern besondere organisatorische Vorkehrungen getroffen werden müssen, dann handelt es sich um ein Projekt.

Nicht-Projekte, bei denen nur einzelne Elemente des Projektmanagements zur Anwendung kommen, sind unter anderem:

- **einmalige Sonderaufträge**, die im Wesentlichen durch eine Person, also ohne Projektorganisation, erfüllt werden können,
- **Prozesse** wie Lernprozesse, Veränderungsprozesse usw. sind kontinuierlich, haben kein definiertes Ende, sind wie ein Strom; darin können allerdings Projekte eingelagert sein (beispielsweise wird die Konzeption und Einführung eines Qualitätsmanagementsystems in der Regel als Projekt abgewickelt, um damit auch weiterlaufende Rückkoppelungs- und Lernprozesse zu installieren).

2.1 Projektarten

Es gibt verschiedene Möglichkeiten, Projekte zu charakterisieren. Dies zu tun ist oft hilfreich, weil ein Projektleiter daraus ableiten kann, wie er das Projekt strukturiert, die Projektorganisation definiert und welche Ressourcen er dazu benötigt.
Projekte lassen sich einerseits nach der Art der Aufgabenstellung (geschlossen/offen) und nach der sozialen Komplexität (klein/gross) unterscheiden. Die Umschreibung der Dimensionen lautet:

Aufgabenstellung

- Geschlossen = bekannte, klare Aufgabenstellung mit begrenzten Lösungsmöglichkeiten (z.B. bauliche Erweiterung für bestimmte Nutzungen)
- Offen = viele Möglichkeiten bezüglich Inhalt und Vorgehen ohne Lösungsvorstellungen (z.B. Verbesserung der Flexibilität und Reaktionsgeschwindigkeit einer Organisation)

Soziale Komplexität

- Gering = unproblematische Zusammenarbeit (z.B. wenig ausgeprägte Interessenunterschiede, Zusammenarbeit hauptsächlich in einem Fachgebiet)
- Hoch = interdisziplinär, politisch brisant, unterschiedliche Benutzerinteressen, grosses Konfliktpotenzial

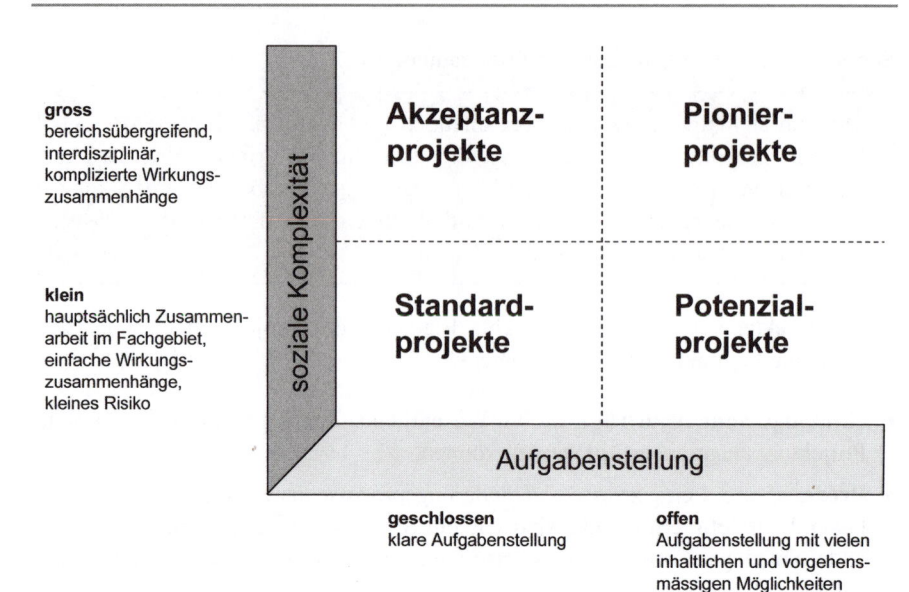

Abbildung I-1: Projektarten (nach Boos & Heitger, 1996)

In einer Matrix zusammengestellt lassen sich grob vier Projektarten ableiten:

- **Standardprojekte** können auf reiche Erfahrung zurückgreifen und demzufolge standardisiert und einfach abgewickelt werden (Beispiele: technisches Kundenprojekt, Ersatzinvestition).
- **Akzeptanzprojekte** sind Vorhaben mit klar umrissenen Aufgabenstellungen. Aufgrund der Erfahrungen können Methoden und Hilfsmittel bis zu einem gewissen Grade formalisiert und standardisiert werden. Sie heissen auch komplexe Wiederholprojekte. Da sie oft mit Akzeptanzproblemen verbunden sind, spielen Information und Kommunikation eine entscheidende Rolle (Beispiele: Strassenbau-Projekt, komplexes Informatik-Projekt).
- **Potenzialprojekte** sind Aufgaben mit offenen Fragestellungen, die jedoch mit dem Projektumfeld (noch) wenig vernetzt und deshalb wenig risikoreich sind. Die Projektorganisation ist hier meist einfach und klein. In diese Kategorie fallen Vorprojekte, Potenzialabklärungen, Machbarkeitsstudien, oft auch Forschungsprojekte (Beispiel: Vorstudie für die Verbesserung der Kundenbeziehungen).
- **Pionierprojekte** sind folgenreiche Eingriffe in die Organisation, übergreifen mehrere Bereiche, haben hohen Neuigkeitsgehalt und sind bedrohlich und risikoreich. Der Aufgabenumfang ist schwer abzuschätzen (Beispiel: Fusion zweier Firmen).

Viele Projekte wechseln während ihrer Entwicklung von der Vorstudienphase bis zur Realisierung die Projektart. Meistens wandeln sie sich vom Potenzialprojekt zum Pionierprojekt und werden dann zum Wiederhol- resp. Akzeptanzprojekt oder gar zum Standardprojekt.

Diese Typologie kann nicht nur Hinweise geben über den grundsätzlichen Projektmanagement-Ansatz, die Wahl der Projektorganisation, die Ausprägung der Kommunikation oder der methodischen Schwerpunkte, sondern auch über die Stärken und Qualifikation des Projektleiters. So erfordert z.B. ein Bauprojekt andere Qualifikationen als etwa ein Change-Projekt, ein Entwicklungsprojekt oder ein Kundenprojekt.

2.2 Klassifizierung von Projekten

Eine weitere Möglichkeit, Projekte zu klassifizieren, besteht darin, sie je nach Zweck zu ordnen. Für einige so entstandene Klassen wurden von entsprechenden Gremien eigene Projektvorgehen entwickelt und standardisiert. Typische Projektklassen sind:

- Investitionsprojekte,
- Infrastrukturprojekte,
- Produktentwicklungsprojekte,
- Organisationsprojekte,
- Organisationsentwicklungsprojekte,
- Informatikprojekte (ICT-Projekte),
- Bauprojekte.

3 Was ist Projektmanagement?

Jeder betriebliche Prozess beruht letztlich auf einem unternehmerischen Konzept für die Erreichung bestimmter Ziele. Je nach Unternehmens- und Führungskultur und Führungsform wird die operative Umsetzung anders ausgestaltet. Ein heute weit verbreiteter Führungsansatz heisst MbO (Management by Objectives). Ein Grundsatz daraus lautet, Aufgabe, Kompetenz und Verantwortung an die tiefstmögliche Stelle zu delegieren. Als Führungsform braucht es neben dem reinen Linienmanagement weitere spezielle Formen der operativen Führung. Dazu hat sich Projektmanagement mit den folgenden Elementen sehr bewährt:

- Vorgehen in Phasen und Arbeitspaketen strukturieren,
- Entscheidungs-, Führungs- und Fachkompetenz pro Phase neu festlegen.

Projektmanagement wird als Oberbegriff für alle planenden, überwachenden, koordinierenden und steuernden Massnahmen verstanden, die für die Um- oder Neugestaltung von Systemen oder Prozessen bzw. Problemlösungen erforderlich sind. Das Vorgehen zum Erreichen der Lösung, die dazu erforderlichen Mittel, deren Einsatz und Koordination sind bedeutender als die Lösung selbst. Im Unterschied zum Projektmanagement hat das Linienmanagement eher das so genannte laufende Geschäft sowie die Führung der beteiligten Organisationen zur Aufgabe.

3.1 Hierarchien im Projektmanagement

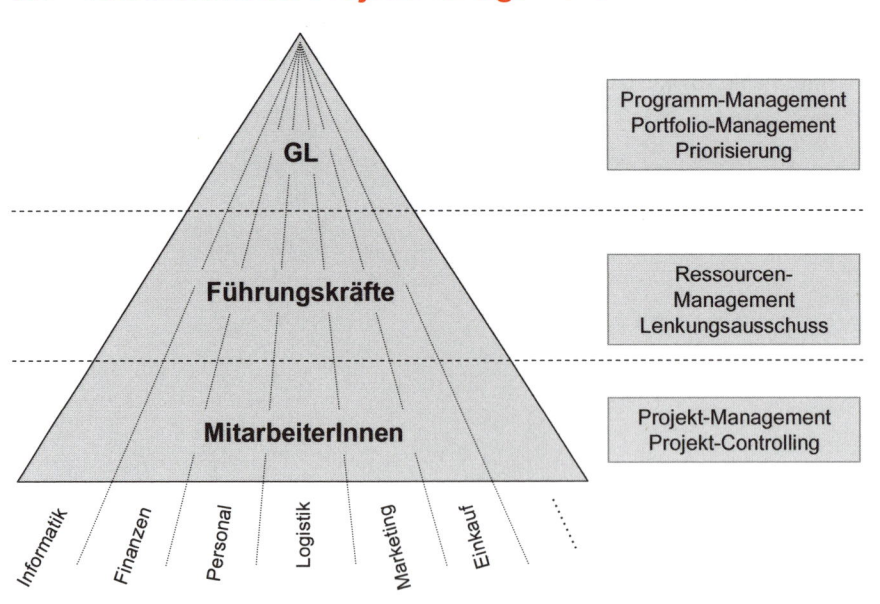

Abbildung I-2: Projektmanagement-Aufgaben in der Unternehmenshierarchie

Die Methode „Projektmanagement" durchdringt die gesamte Organisation. Unterschiedliche Aufgaben werden durch unterschiedliche hierarchische Ebenen im Unternehmen wahrgenommen.

Unter **Programm-Management** wird im Zusammenhang mit Projektmanagement das Management der Gesamtheit aller Projekte verstanden, die auf ein gemeinsames strategisches Ziel ausgerichtet sind. Es kann auf unterschiedlichen Ebenen eines Unternehmens angesiedelt werden und nur eine Teilmenge (z.B. Entwicklungsprojekte) oder die Gesamtheit aller Projekte eines Unternehmens einschliessen.

Im Programm-Management geht es darum, verschiedene voneinander relativ unabhängige Vorhaben zu koordinieren, die Prioritäten abzustimmen und alle Ressourcen wie Arbeitsleistungen und Finanzen entsprechend zuzuweisen. Beispiele: Forschungsprogramm, Entwicklungsprogramm, usw. Die wichtigsten Arbeitsmittel dazu sind ein unternehmensweites **Projekt-Portfolio** sowie ein Modell für die **Projekt-Bewertung**.

Produktmanagement umfasst alle strategischen und operativen Aktivitäten einer Stelle oder einer Person, die für ein Produkt oder eine Dienstleistung in allen Unternehmensbereichen verantwortlich ist. Diese Stelle ist meist auch Ansprechpartner gegenüber den Kunden. Entwicklungen, Einführung oder Problemstellungen im Zusammenhang mit diesem Produkt können sehr wohl wiederum als Projekte abgewickelt werden.

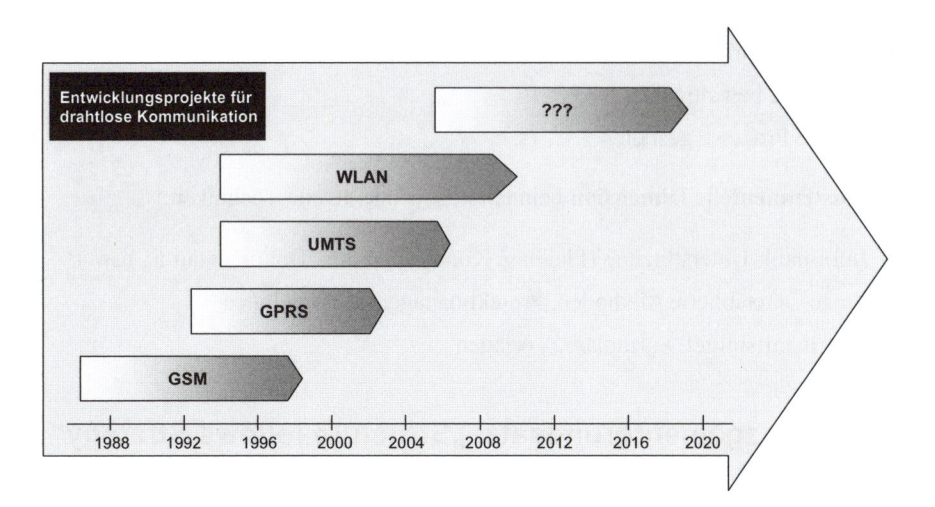

Abbildung I-3: Beispiel für ein Projektprogramm

3.2 Dimensionen im Projektmanagement

Die **funktionale Dimension** fragt danach, was zu tun sei. Dabei werden die entsprechenden Arbeitsschritte der einzelnen Lebensphasen eines Projektes betrachtet:

- Initialisierung: Projekte in Gang setzen,
- Projektbearbeitung: Projekte in Gang halten,
- Abschluss von Projekten.

Die **institutionelle Dimension** hat vor allem die interdisziplinäre Projektorganisation und deren Verknüpfung mit dem restlichen Unternehmen und der Umwelt zum Thema:

- Projektgremien bestimmen,
- Funktionen und Rollen festlegen,
- Projektgruppe bilden,
- Kompetenzen und Verantwortung regeln.

Die **personelle, psychologische und soziale Dimension** spricht vor allem die sozialen Kompetenzen des Projektleiters an und befasst sich mit folgenden Aufgaben:

- Personal einsetzen und qualifizieren,
- Projektteams leiten,
- Zusammenarbeit gestalten,
- Konflikte bewältigen,
- soziale Prozesse gestalten.

Die **instrumentelle Dimension** beinhaltet Instrumente und Techniken:

- Informatik-Unterstützung (Planung, Kommunikation, Dokumentation, usw.),
- Prozesse, etablierte Methoden, Projektmanagement-Handbuch,
- Arbeitshilfsmittel, Formulare, Vorlagen.

3.3 Managementgrundsatz: „Structure follows Strategy"

Damit ein Unternehmen seine strategischen Zielsetzungen erreichen kann, definiert es bestimmte organisatorische Strukturen und betriebliche Prozesse. Bei der Abwicklung von Projekten sind die folgenden Dimensionen zu berücksichtigen:

- Die **Ablauforganisation** regelt zeitliche, räumliche, mengenmässige und logische Beziehungen zur Erreichung eines Zieles. Sie beschreibt die nötigen Tätigkeiten, die Abfolge der Aktivitäten und weist sie an Aufgabenträger (in Projekten an die Beteiligten) entsprechend deren Können und Wissen zu. Typische Hilfsmittel sind im Projekt Ablauf- und Terminplan, in der Linie Tätigkeitsliste, Aufgabenfolgeplan, Folgestruktur, Entscheidungstabelle und Materialflussplan.
- Die **Aufbauorganisation** regelt die Beziehungsstrukturen der Aufgabenträger in der Linie dauerhaft. Stellen werden gebildet und durch Weisungs- und Kommunikationsbeziehungen miteinander verknüpft, in einem funktionalen Beziehungsgefüge mit definierten Rollen eingeordnet. Wichtige Hilfsmittel sind Organigramme, Funktionendiagramme und Stellenbeschreibungen. Eine prozessorientierte Aufbauorganisation richtet sich auf Kernprozesse aus, die normalerweise beim Kunden beginnen und enden.

Die zentrale Frage heisst: Was soll zuerst definiert werden? Bereits 1962 hat Alfred Chandler in seinem Werk „Strategy and Structure" beschrieben, dass die Struktur (Organisation) der Strategie (Prozesse zur Zielerreichung) zu folgen habe. Dies entspricht der heute weit verbreiteten Prozesslogik. Aus der Strategie, also der Zielvorgabe, werden Arbeitsprozesse abgeleitet. Danach werden die Aufgabenträger (Ressourcen) bestimmt, die dazu am besten geeignet sind. Sie werden in eine günstige Beziehungsstruktur entsprechend ihren Rollen und Aufgaben gebracht.

Als Ausnahme dazu werden bei Grundlagenforschungsprojekten oft qualifizierte Teams – so genannte Potenziale – aufgestellt. Diese bestimmen dann weitgehend die Ziele und die Ablauforganisation selbst.

In der Praxis zeigt sich, dass dies nicht so einfach zu realisieren ist, da bereits Strukturen und Beziehungen in einer Organisation bestehen und diese nicht nur einfach neu geordnet werden können. Oftmals behindert auch der „Besitzstandanspruch" vor allem von Führungspersonen, dass Projektstellen mit den geeigneten Personen besetzt werden können.

4 Projektmanagement und seine theoretischen Fundamente

Eine komplexe Methodik wie diejenige des Projektmanagements sollte nicht von einer einzigen Schule oder Theorie abgeleitet werden. Moderne Projektführung muss den verschiedensten Projektarten und Situationen gerecht werden und will situativ und differenziert angewendet werden. Der Projektleiter muss auf verschiedenen Klaviaturen spielen können und sich daher auch mit verschiedenen, zuweilen auch widersprüchlich erscheinenden gedanklichen Ansätzen auseinandersetzen.

Die nachfolgenden Aussagen zur Strukturierungs- und Planungsmethodik beziehen sich weitgehend auf die Theorie des Systems Engineering. Wirtschaftliche Aspekte wie Kosten-/Nutzenrechnung und Wirtschaftlichkeitsüberlegungen basieren auf betriebswirtschaftlichen Grundsätzen. Bei Zusammenarbeits-, Kommunikations-, Konfliktmanagements-, Führungs- und Organisationsfragen spielen psychologische und organisationspsychologische Modellansätze eine Rolle. Hier geht es z.B. um Verhaltensweisen, um Beziehungen, Entwicklungen und Dynamiken von Teams.

4.1 Systemischer Ansatz

Mit dem immer stärkeren Bewusstsein, dass alle diese Aspekte zu einem ganzheitlichen Projektmanagement führen, und dass die einzelnen Projekte nicht mehr isoliert, sondern als Teil eines Gesamtsystems betrachtet werden müssen, hat sich in den letzten Jahren der systemische Ansatz auch in der Projektarbeit gut bewährt. Bei diesem Denkansatz werden Projekte als soziale Systeme betrachtet, die eigene Aufgaben und Ziele, eigene innere Strukturen, Systemgrenzen und gleichzeitig wesentliche Aussenbeziehungen haben. Soziale Systeme konstruieren ihre Wirklichkeiten selber (radikaler Konstruktivismus), steuern sich weitgehend selbst und sind lernfähig. Projekte lassen sich als soziale Systeme nicht „beherrschen". Sie können jedoch entwickelt und bedingt – etwa durch die Gestaltung von günstigen Rahmenbedingungen – gesteuert werden.

- Soziale Systeme sind in ihren Kontexten vernetzt. Das beeinflusst ihr Verhalten. Die Vernetzungen wie beispielsweise kommunikative Beziehungen zwischen Projektbeteiligten und Anspruchsgruppen können gestaltet werden.
- Soziale Systeme sind selbstreferenziell: Die Gestaltung von Reflexionen und Feedbacks hat eine zentrale Bedeutung.
- Auch der Weg ist Ziel: Der Prozess (Vorgehensprozess, Teamentwicklung, Lernprozess usw.) wird zum zentralen Thema. Es geht z.B. darum, eine hohe Identifikation mit dem Projektziel zu erreichen, die Rahmenbedingungen zu klären und Kompetenzen und Verantwortlichkeiten zweckmässig zu regeln.

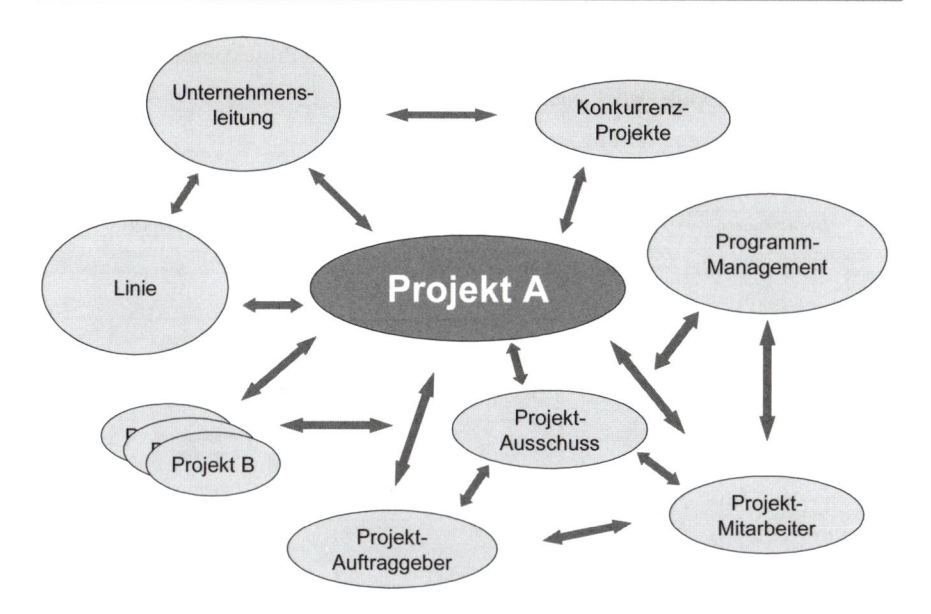

Abbildung I-4: Systemische Betrachtungsweise eines Projektes

Der grosse Vorteil für Projekte liegt darin, dass Systeme, die sich selbst steuern und selbständig lernen, in hohem Masse Komplexität verarbeiten können. Sie können z.B. Veränderungsvorhaben wirkungsvoller und nachhaltiger bearbeiten als Systeme, die von aussen gesteuert werden.

4.2 Systems Engineering

Ein systematisches Vorgehen bietet das Modell des Systems Engineering (SE) sowohl für die Neu- als auch die Umgestaltung von Systemen. SE erleichtert die Projektstrukturierung und die Phasengliederung. Es fasst die nachfolgenden Prinzipien zu einer Ganzheit zusammen (vgl. Abb. I-5).

Systemdenken

Ein System ist eine Gruppierung von Elementen, die in irgendeiner Form ein Ganzes bilden. Der Systemansatz dient zur Klärung der tatsächlichen Problematik: zu beachtende Elemente, Einflussfaktoren, Zusammenhänge und Grenzziehungen. Ebenso hilft das Systemdenken bei der zweckmässigen Gestaltung von Lösungen. Es gibt verschiedene Möglichkeiten, Gruppen zu bilden:

- verschiedene Umgebungen der Fragestellung,
- Orientierung am inneren Aufbau, an Prozessen, Wirkmechanismen usw.,

- verschiedene Betrachtungsweisen („Brillen") der vom Projekt Betroffenen,
- hierarchische Optik (Blick nach oben oder unten),
- vernetztes Denken (Wirkungszusammenhänge).

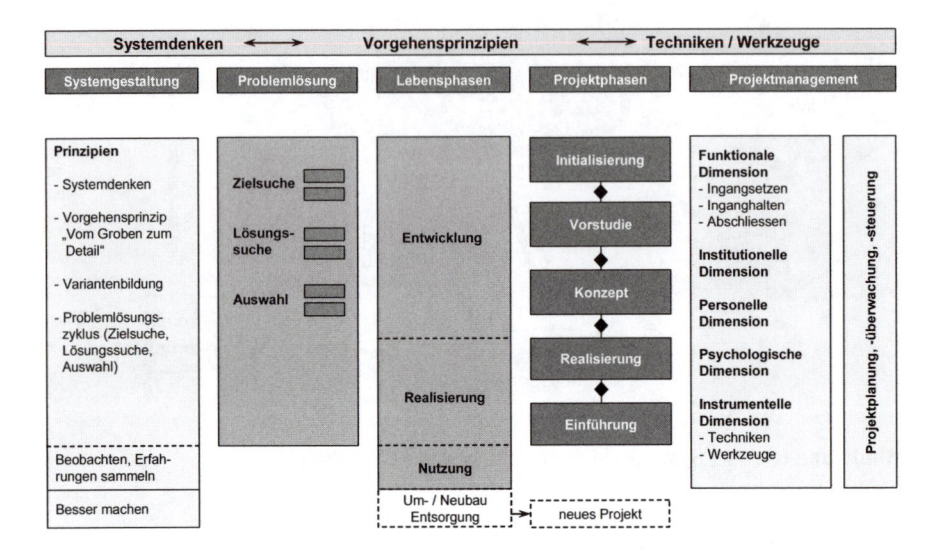

Abbildung I-5: Projektmanagement im Rahmen des Systems Engineerings (nach Daenzer, 2002)

Vorgehensprinzipien

Im Rahmen des Systems Engineering wurden folgenden Vorgehensprinzipien bzw. Denkhaltungen entwickelt:

- vom Groben zum Detail,
- Variantenbildung,
- Phasengliederung,
- Problemlösungsmethodik.

Nachfolgend werden nur die Prinzipien „vom Groben zum Detail" und „Variantenbildung" erläutert. Die zwei anderen Grundsätze (Phasengliederung und Problemlösung) sind für das Projektmanagement derart zentral, dass sie gesondert behandelt werden.

Vom Groben zum Detail

Das Prinzip „vom Groben ins Detail" ist eine zentrale Grundhaltung bei der Abwicklung eines Projektes und wird wie folgt umschrieben:

- Zu Beginn des Projekts soll das Betrachtungsfeld weit gefasst und anschliessend schrittweise eingeengt werden. Dies betrifft sowohl die Untersuchung des Problemfeldes wie den Entwurf von Lösungen.
- Bei der Untersuchung des Problemfeldes soll nicht mit detaillierten Erhebungen begonnen werden, bevor es nicht grob strukturiert, in sein Umfeld eingebettet und abgegrenzt ist, bzw. Schnittstellen, Nahtstellen zum Umfeld definiert sind.
- Bei der Gestaltung der Lösung sind zuerst generelle Ziele und ein genereller Lösungsrahmen festzulegen, deren Detaillierungs- und Konkretisierungsgrad schrittweise vertieft wird.

Zum Prinzip **„Top-down"** ist die Umkehrung **„Bottom-up"** denkbar. Sie kann unter speziellen Bedingungen durchaus sinnvoll sein, z.B. bei Verbesserungen in vorhandenen, funktionierenden Lösungen (Melioration, empirisches Vorgehen). Bei Neu- oder Umgestaltungen grösseren Ausmasses (konzeptionelles Vorgehen) ist es meist wirkungsvoller, vom Groben her ein Gesamtkonzept zu entwickeln, damit ein Orientierungsrahmen für die durchzuführenden Teilschritte entsteht.

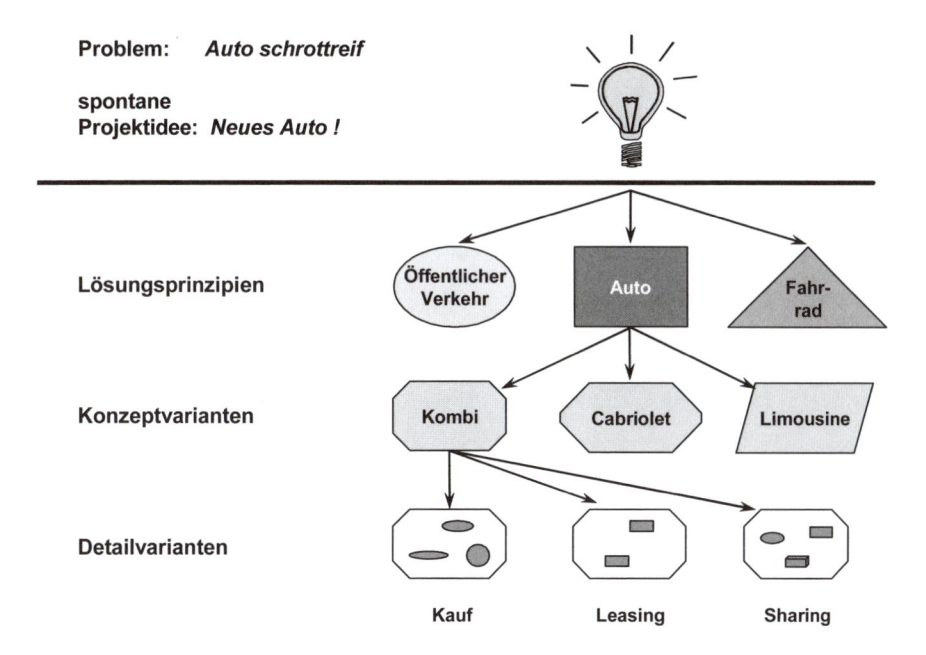

Abbildung I-6: Beispiel für eine stufenweise Variantenbildung

In der Umsetzung zeigt es sich sowieso, dass ein zirkuläres Vorgehen von „Topdown" und „Bottom-up" zu der nötigen, gemeinsamen Sicht führt. Dieses Abstimmen erhöht auch wesentlich die Verbindlichkeit der einzelnen Personen, für eine so erstellte Strukturierung oder Planung die Verantwortung mit zu übernehmen.

Variantenbildung

Das Prinzip der Variantenbildung, des Denkens in Alternativen, ist ein unverzichtbarer Bestandteil guter Planung. Es ist eine methodische Grundhaltung und muss bei Beachtung des Prinzips „vom Groben zum Detail" nicht zu nennenswertem zusätzlichem Planungsaufwand führen. Bei Nichtbeachtung dieses Prinzips besteht ein grösseres Risiko, dass grundsätzlich andere Lösungsansätze erst in einem fortgeschrittenen Planungsstadium in die Diskussion eingebracht werden.

Problemlösungszyklus

Neben der Phasengliederung, dem Makrozyklus für ein ganzes Projekt, gibt es noch einen Mikrozyklus, den Problemlösungszyklus (Zielsuche, Lösungssuche, Auswahl. Dieser wird während der Dauer des Projektes immer wieder als Hilfsmittel eingesetzt. Wenn er am Anfang des Projektes oder während einer späteren Projektphase eingesetzt wird, unterscheidet er sich nur im Detaillierungsgrad. Je nach Projektumfeld wird er in unterschiedlichen Ausprägungen und Begriffen eingesetzt (siehe Teil IV, Abschn. 3.1).

5 Das Phasenkonzept

Die Prinzipien „vom Groben zum Detail" und „Variantenbildung" bedeuten für die Bearbeitung von Problemen Folgendes: Idee, Entwicklung, Umsetzungsplanung und Realisierung einer Lösung sind in einzelne Arbeitspakete oder Phasen zu untergliedern, die logisch und zeitlich voneinander getrennt werden können. Dies hat den Zweck, den Werdegang einer Lösung in überschaubare Teiletappen zu gliedern. Damit wird ein abgestufter Planungs-, Entscheidungs- und Konkretisierungsprozess mit vordefinierten Marschhalten (Meilensteinen) bzw. Korrekturpunkten ermöglicht.

In der folgenden Abbildung wird das Phasenmodell zunächst in seiner einfachsten, idealtypischen Form beschrieben:

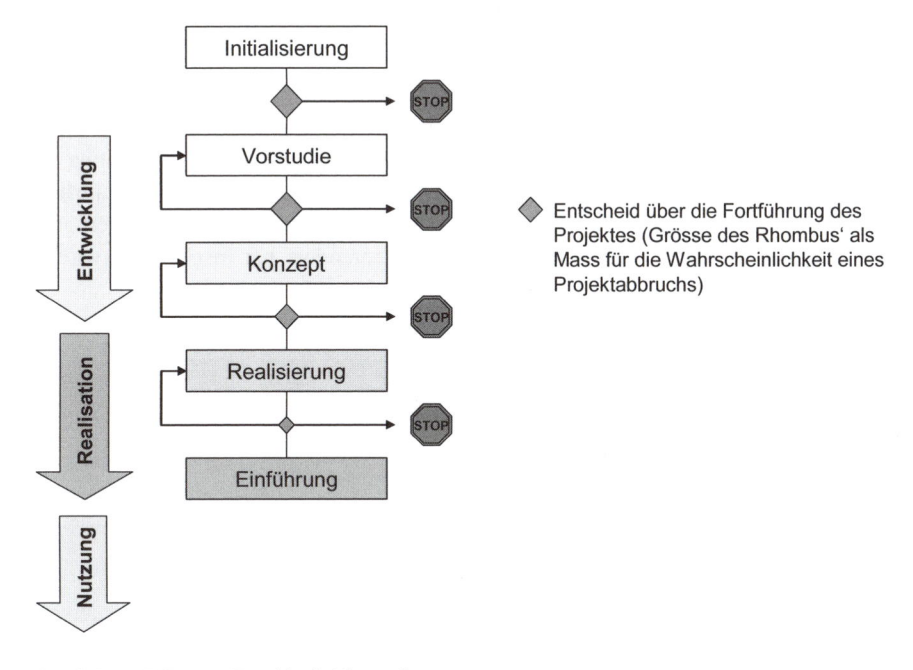

Abbildung I-7: Das ideale Phasenkonzept

Beispiele für Projektabbrüche

Eines der spektakulärsten nicht realisierten Grossprojekte der Schweiz ist das Kernkraftwerk Kaiseraugst. In der schweizerischen Gemeinde Kaiseraugst plante ein von der Motor-Columbus angeführtes, internationales Konsortium von 1965 bis 1989 den Bau eines Kernkraftwerkes. Schon die Planungsdauer macht deutlich, dass „Kaiseraugst" die üblichen Dimensionen eines technischen Projektes bei weitem sprengte. Nachdem die Atomkraftwerkspläne Mitte der 1960er Jahre allseits begrüsst worden waren, entwickelte sich das Vorhaben im folgenden Jahrzehnt zu einem politischen Streitgegenstand ersten Ranges. Anstatt Atomkerne begann das Projekt, die schweizerische Gesellschaft zu spalten. Allein der Wandel in der Gesellschaft reichte nicht aus, um dem Projekt den Todesstoss zu versetzen. Endgültig begraben wurde Kaiseraugst 1988, als es im Schatten der Reaktorkatastrophe von Tschernobyl definitiv jede politische Unterstützung verlor. Innerhalb eines knappen Jahres wurde 1988/89 der Realisationsentscheid durch den Bundesrat und die Nationalversammlung nochmals überprüft.

Am 8. März 1989 genehmigte der Nationalrat auf Antrag der vorberatenden Kommission mit 105:29 Stimmen die vom Bundesrat mit der Kernkraftwerk Kaiseraugst AG abgeschlossene Vereinbarung über die Entrichtung einer Bundesentschädigung von Fr. 350 Mio. für die Nichtrealisierung des Kernkraftwerkprojekts. Danach wurde das Projekt ohne weitere nennenswerten Kosten beendet.

Anders erging es einem ähnlichen Projekt in Österreich. In einer Volksabstimmung 1978 entschied das Volk, dass das fertig gestellte Kernkraftwerk Zwentendorf nicht in Betrieb genommen werden soll. Noch im Jahre 1984 waren etwa 50 Menschen nur mit der Konservierung beschäftigt und kosteten den Staat jährlich umgerechnet 80 Mio. Franken. Später wurden einzelne Teile ins Ausland verkauft und die Anlage für ca. 1 Mia. abgewrackt. Zwentendorf hat insgesamt etwa 14 Mia. gekostet, davon die Konservierung allein gegen 600 Mio.

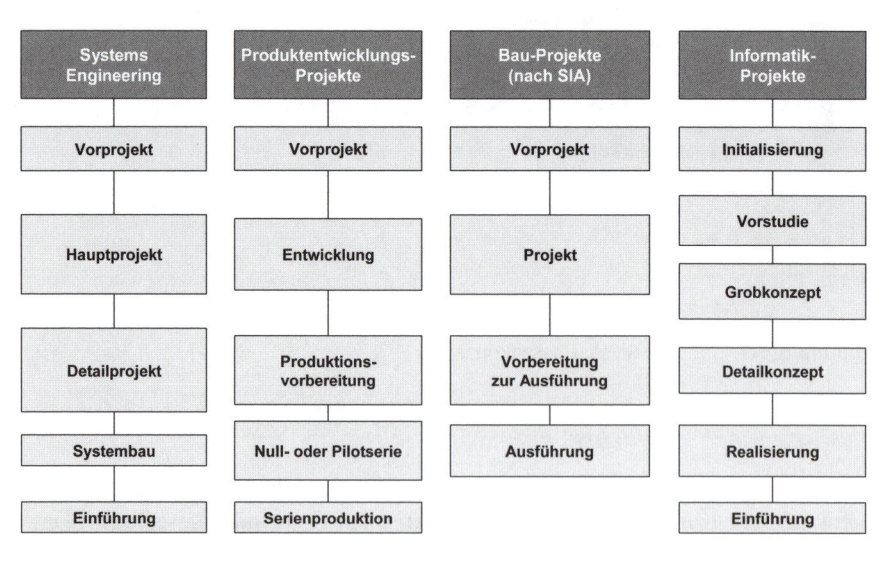

Systems Engineering	Produktentwicklungs-Projekte	Bau-Projekte (nach SIA)	Informatik-Projekte
Vorprojekt	Vorprojekt	Vorprojekt	Initialisierung
Hauptprojekt	Entwicklung	Projekt	Vorstudie
Detailprojekt	Produktionsvorbereitung	Vorbereitung zur Ausführung	Grobkonzept
Systembau	Null- oder Pilotserie	Ausführung	Detailkonzept
Einführung	Serienproduktion		Realisierung
			Einführung

Abbildung I-8: Phasenmodelle und Phasenbezeichnungen

Die Anzahl Projektphasen und auch der Formalismus, mit dem sie abgewickelt werden, sind ohne Zweifel von Art, Umfang, Risiko und Bedeutung eines Projektes sowie auch von der gewünschten Einflussnahme des Auftraggebers abhängig.

Kleinere Projekte können in der Regel mit einer geringeren Anzahl von Phasen und mit weniger Formalismus erledigt werden. Auch sind gegenüber dem theoretischen Modell Phasenerweiterungen denkbar, z.B. Vorschalten einer Pre-Feasibility-Study (eine Art Vor-Vor-Studie), Prototypphase, einer Test- und einer Abnahmephase, usw.

Die Darstellung (als Blockdiagramm oder als „Wasserfallmodell") und die Bezeichnung der Phasen ist von sekundärer Bedeutung, da sie von der Branche, der Aufgabenstellung, den im Unternehmen verwendeten Begriffen beeinflusst wird. Einige gebräuchliche Phasenmodelle sind in der vorangehenden Abbildung aufgeführt. Entscheidend ist, dass die Komplexität einer Problemstellung und das Risiko einer Fehlentscheidung durch die gezielte Gliederung der Arbeitspakete in einzelne Planungs- und Realisierungsetappen mit Entscheidungssitzungen dazwischen reduziert werden kann.

5.1 Die Initialisierungsphase

Diese meist eher unstrukturierte Phase umfasst die Zeitspanne zwischen dem Empfinden des Problems und dem Entschluss, etwas Konkretes zu unternehmen. Die Problemstellung kann dabei entweder schon relativ konkret formuliert sein oder aber lediglich aus vagen Vermutungen bestehen. Dabei ist es unwesentlich, woher der Anstoss für die Um- oder Neugestaltung kommt. Wichtig ist vielmehr, dass er von den Stellen aufgenommen und akzeptiert wird, die auch für die Zuteilung der erforderlichen Mittel (personeller, finanzieller, organisatorischer Art) zuständig und autorisiert sind, eine Projektvereinbarung zu erteilen.

Die Vorarbeiten und Aktivitäten dieser ersten „Definitionsphase" resultieren wenn möglich in einer Projektvereinbarung, wo Globalziel und Projektpriorität umschrieben, die grobe Aufgabenstellung und die Vorgehensweise sowie Verantwortlichkeiten und Rollen und wesentliche Aussagen zu den Ressourcenzuteilungen festgehalten sind. Oftmals ist in dieser Phase aber erst eine ungenaue Abklärung zu einzelnen Punkten der Projektvereinbarung möglich. Das bedeutet, dass eine Machbarkeitsstudie eingeschaltet wird oder dass in der folgenden Vorstudie die Projektvereinbarung in den fehlenden Punkten vervollständigt wird. So kann z.B. das gesamte Projektteam in Abhängigkeit des Projektumfanges erst später ernannt werden.

5.2 Die Vorstudienphase

Diese Phase (auch häufig als Vorprojekt oder Machbarkeitsstudie bezeichnet) hat im Wesentlichen die realistische Durchführung der Problembearbeitung festzustellen. So soll der Untersuchungsbereich zunächst bewusst weiter gefasst werden. Auch das Umfeld, in dem die Lösung später funktionieren soll und mit dem sie in wechselseitiger Beziehung steht, ist genügend auszuleuchten. Dabei wird abgeklärt:

- welche Zusammenhänge und Mechanismen im Problemfeld wirksam sind,
- wie weit der Bearbeitungsbereich gefasst werden soll (Grenzen des Problemfeldes, Umfeld),
- ob das richtige Problem angegangen wird oder ob bisher nur ein Symptom betrachtet wurde,
- in welcher Art und in welchem Umfang ein Bedürfnis nach einer geänderten oder neuen Lösung besteht (d.h. die Tragweite des heutigen Problems abschätzen und daraus die definitive Projektpriorität ableiten),
- welchen Anforderungen die Lösung genügen soll (Beschreiben der gewünschten Resultate),
- welche alternativen Lösungsprinzipien grundsätzlich denkbar sind und ob sie in technischer, wirtschaftlicher, politischer usw. Hinsicht realisierbar erscheinen (Machbarkeit),
- welches Lösungsprinzip am meisten Erfolg verspricht (Auswahl aus den Varianten und klären, wieweit das heutige Know-how des Unternehmens passt oder ob Ressourcen von aussen erforderlich sind),
- welche Projektrisiken bestehen, wie weit sie tragbar sind und wie sie allenfalls minimiert werden können.

Als Resultat all dieser Abklärungen lässt sich eine erste umfassende Ablaufplanung des Projektes erstellen, welche die Basis für die detaillierten Projektpläne bezüglich Arbeitspakete (Teilprojekte) und Organisationseinheiten (Art und Grösse der Teams) bilden.

Die Vorstudie stellt für den weiteren Projektverlauf entscheidende Weichen und hat daher, auch wenn sie relativ viel Zeit und Aufwand beansprucht, zentrale Bedeutung. In der Vorstudie wird das Problem genau erfasst, werden Ziele erarbeitet resp. präzisiert, grundsätzliche Lösungsrichtungen diskutiert, wird allenfalls eine Vorgehensvariante vorgeschlagen oder ausgewählt und das weitere Vorgehen geplant: Projektorganisation, Terminplan, Ressourcen, Methoden, usw.

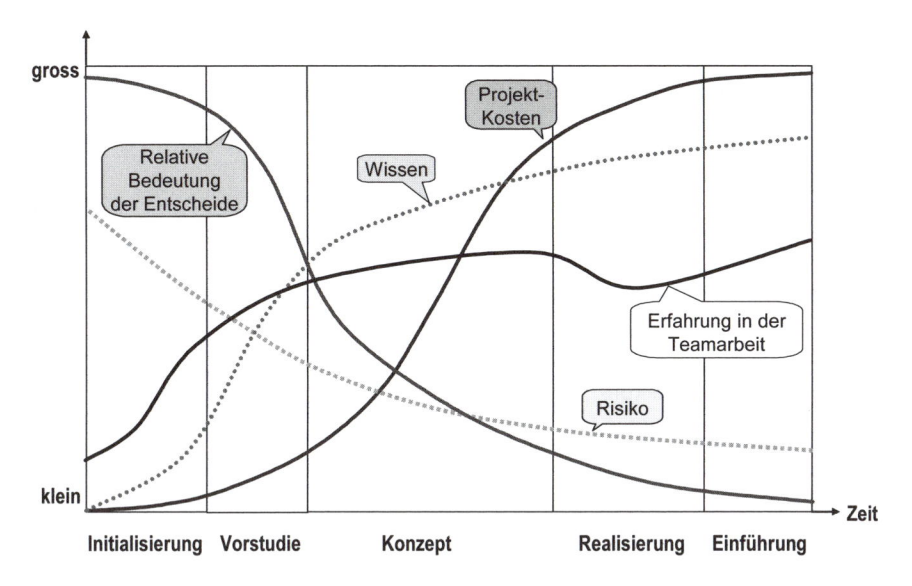

Abbildung I-9: Tragweite von Entscheidungen, Wissen und Zusammenarbeit

Die Vorstudie stellt auch aus organisationspsychologischer Sicht hohe Ansprüche an das Management (Projektleitung und Auftraggeber) des Projektes. Die vorangehende Grafik verdeutlicht dies. Wesentliche Entscheidungen im Projekt sind zu einem Zeitpunkt zu fällen, bei dem weder genügend Wissen noch Erfahrungen in der Zusammenarbeit bestehen.

Entscheidet man sich am Ende einer Vorstudie zum Abbruch des Projektes, so bedeutet dies weder „Fehler" noch Versagen, sondern eine bewusste Weichenstellung aufgrund von erarbeiteten Erkenntnissen.

5.3 Die Konzeptphase

Der Sinn dieser Phase (auch Hauptprojekt genannt) besteht darin, auf der Basis des gewählten Lösungsprinzips bzw. Rahmenkonzepts aus der Vorstudie ein Gesamtkonzept mit Lösungsvarianten zu entwickeln. Darin ist die Zielerreichung, Funktionstüchtigkeit, Zweckmässigkeit und Wirtschaftlichkeit fundiert zu beurteilen. Das Betrachtungsfeld wird während der Konzeptphase wieder weiter eingeengt. Die Ausarbeitung von möglichen Lösungsvarianten steht im Brennpunkt der Aufmerksamkeit.

Das Ergebnis der Konzeptphase ist die Entscheidung für eine Lösungsvariante. Für jede mögliche Lösung wird nun ein Konzept für die spätere Detailplanung und die Realisierung erstellt. Diese Betrachtung führt zu folgenden Aufgaben:

- Rahmenplan (Meilensteinplan, Masterplan) für die nächsten Phasen erstellen,
- Einsparungsmöglichkeiten aufzeigen (Parallelisierung von Tätigkeiten),
- Definition von Teilprojekten,
- Investitionsentscheidungen formulieren.

Als nächstes gilt es, die gewählte Lösung im Detail zu planen und aufzuarbeiten. Hier werden oftmals Untersysteme bzw. einzelne Aspekte bearbeitet, die aus dem Gesamtsystem isoliert herausgegriffen und behandelt werden. Typische Tätigkeiten in der Detailkonzeption:

- detaillierte Lösungskonzepte erarbeiten und Entscheidungen über entsprechende Gestaltungsvarianten treffen,
- einzelne Teillösungen so weit konkretisieren, dass sie anschliessend möglichst reibungslos „gebaut" und eingeführt werden können,
- Nachfolge- resp. Unterhaltsorganisation planen, welche das System nach Fertigstellung des Projektes in der Linie betreut,
- Schulungs- und Einführungskonzept erstellen,
- Change Request Management definieren, das heisst ein Lösungskonzept samt entsprechendem Vorgehen mit dem Auftraggeber festlegen, wie Änderungsanträge während des Systembaus gehandhabt werden sollen.

5.4 Die Realisierungsphase

In dieser Phase wird die Lösung im weitesten Sinne realisiert. In der Realität ereignet sich diese Phase jedoch nicht als Folgeschritt der Konzeptphase, sondern meist laufen diese beiden Phasen teilweise gleichzeitig ab. Typische Arbeiten der Realisierungsphase sind:

- Anlagen und Geräte (evtl. Nullserie) herstellen,
- Software abschliessend erstellen,
- benutzerfreundliche Dokumentation bzw. Bedienungsanweisung erstellen,
- organisatorische Regelungen (Information, Störungen usw.) festlegen,
- Wartungsorganisation, Instandhaltungskonzepte, usw. festlegen.

Oftmals werden hier auch einzelne Teilsysteme gebaut, die in die Gesamtlösung integriert werden.

5.5 Die Einführungsphase

Einführung

Nur relativ kleine und einfache Lösungen können ohne grosses Risiko als Ganzes eingeführt werden. Bei grossen und komplexen Systemen ist wegen der Vielzahl von nicht kalkulierbaren Nebenerscheinungen und Abhängigkeiten eine schlagartige Einführung nicht sinnvoll. Es empfiehlt sich oft, stufenweise vorzugehen: Mit dem Gesamtkonzept im Visier werden die weiteren Schritte von den ersten Erfahrungen mit der Einführung abhängig gemacht.

In der Praxis entpuppt sich diese, oberflächlich gesehen sehr technische Phase oftmals als sehr heikel und langwierig. Das Projektteam hat sich schon über längere Zeit mit der Neuerung oder Veränderung, die das Projekt mit sich bringt, beschäftigt und merkt gar nicht mehr, welche einschneidende Veränderung diese Einführung für alle übrigen Personen mit sich bringt. Diese Ungleichzeitigkeit der beiden Systeme (Projekt und Linie) erfordert wiederum eine gute Zusammenarbeit der Führungspersonen.

Übergabe

Der Erfolg einer Systemeinführung ist ebenfalls wesentlich davon abhängig, wie der Know-how-Transfer greift. Das heisst, ob es gelingt, die Systembetreuer und die Anwender oder Benutzer genügend schnell und umfassend zu schulen und zu informieren. Ziel muss hier sein, dass sich das Entwicklungs- und Realisierungsteam möglichst rasch überflüssig macht.

Abschluss

Jedes Projekt kommt zu einem Ende. Sogar abgebrochene Projekte benötigen Abschlussarbeiten. Oft wird aber der Projektabschluss nicht bewusst vollzogen, so dass niemand recht weiss, ob das Projekt überhaupt abgeschlossen ist.

Für den Projektabschluss sind folgende Arbeiten durchzuführen:

- Projektarbeit abschliessen, d.h. mögliche Restarbeiten klar terminieren oder in einen zukünftigen Release verschieben,
- Schlussabrechnung erstellen,
- Projektdokumentation vervollständigen und die Archivierung sicherstellen (besonders wichtig in der Informatik oder im Anlagebau),
- Aufgaben, Kompetenzen und Verantwortung an die Anwender übergeben,
- Projektunterlagen der Wartungsorganisation abgeben,
- Projektabschluss mit Auftraggeber (im Sinne von „Projekt abgeben") und mit dem Projektteam (Teamauflösung). In beiden Systemen kann es sinnvoll sein, eine kritische Projektrückschau zu halten. Einerseits um das Projekt loszulassen

aber vor allem, weil erkannte Fehler eine grosse Lernchance im Sinne der lernenden Organisation sind. Mögliche Fragen dabei können sein: Was ist gut gelaufen? Wo gab es Probleme? Konnte der geplante Aufwand (Personal, Kosten, Zeit) eingehalten werden? Was könnte in Zukunft anders gemacht werden?

5.6 Die Nutzung

Nach dem Projektabschluss beginnt die Phase der Nutzung. Nach einer vorher bestimmten Zeitspanne findet eine Bewertung oder Kontrolle des Projektergebnisses statt. Je nach Art des Projektes werden Arbeiten in Garantie oder für eine verbesserte Auflage der Lösung (Release) festgehalten. Meist wird hier eine Wirksamkeitsüberprüfung (Projekt-Evaluation) vorgenommen: Wie gut stimmen die betriebswirtschaftlichen Prognosen?

5.7 Meilensteine

In jeder Phase werden bestimmte vordefinierte Ergebnisse erarbeitet, welche wichtige Informationen für die Entscheidung über den weiteren Projektverlauf bringen. Diese Entscheidungen werden üblicherweise als Meilensteine bezeichnet.

Meilensteine sind wesentliche Ereignisse im Projekt und für die laufende Planung und Überwachung des Projektes von zentraler Bedeutung. Werden im Projektausschuss zusammen mit dem Projektleiter die anstehenden zentralen Konflikte bezüglich Zeit, Ressourcen und Qualität (Resultat) nicht lösungsorientiert diskutiert und entschieden, so wird es für den Projektleiter schwierig, das Projekt termingerecht weiterzuführen.

Aufgrund der Informationen aus dem Projektteam und des Statusberichts des Projektleiters über den Projektverlauf werden vom Projektauftraggeber oder Projektausschuss Entscheidungen getroffen wie:

- Projektstatus abnehmen,
- Projektphase abschliessen,
- Projekt weiterführen oder abbrechen,
- nächste Projektphase oder Arbeitspakete freigeben,
- wesentliche Änderungen des Zielkataloges beschliessen,
- wesentliche Änderungen im Projektablaufprozess vornehmen,
- zusätzliche Massnahmen (z.B. Informationsveranstaltungen) aufgrund der Projektdynamik einleiten,
- wesentliche personelle Massnahmen wie zusätzliche Ressourcen, Umbesetzungen, Rollenerweiterungen, neue Teams ergreifen,
- zusätzliche Investitionen oder Projektkredite bewilligen.

5 Das Phasenkonzept

Arbeitsschritt	Aktivitäten	Ergebnisse
1. Initialisierung	- Grob abklären, worum es geht (Sachinhalt) - Welche Organisationseinheiten sind involviert	- Grobe Problembeschreibung - Grobe Zielformulierung - Antrag als Projekt an Stabsstelle Projekte
1. Meilenstein - Entscheid		- Entscheid Projekt oder Auftrag - Veranlassung Projektstart
2. Vorstudie	- Projektplanung (Aufbau + Ablauf) erstellen - Projektauftrag erarbeiten + klären - Kommunikationskonzept	- Vorgehenskonzept (Ablaufplanung + Projekt-Org.) - Projektauftrag - Antrag für Projektausschuss
2. Meilenstein - Entscheid		- Genehmigung Projektauftrag - Vereinbarung des Zeitplanes
3. Grobkonzept	- Gesamtkonzept der Lösungsalternativen (mit Varianten) erarbeiten - Wirtschaftlichkeit überprüfen	- Gesamtkonzept vorstellen - Lösungsansätze (Varianten) aufzeigen und bewerten - Antrag für Projektausschuss
3. Meilenstein - Entscheid		- Genehmigung Projektstand - Variante auswählen
4. Detailkonzept	- Realisierungsreife Lösungen (aus Varianten) ausarbeiten - detaillierte Wirtschaftlichkeit erarbeiten - Realisierung, Einführung (inkl. Schulung), späteren Support / Unterhalt planen	- Detaillierte Projektlösung planen und erarbeiten - Detailpläne - Antrag für Projektausschuss
4. Meilenstein - Entscheid		- Genehmigung der Realisierung
5. Realisierung	- System bauen, testen, einführen - Schulung - Unterhaltsorganisation aufbauen	- System eingeführt - Schulung initialisiert und angelaufen
5. Meilenstein - Entscheid		- Abnahme des Systems - Abschluss freigeben
6. Einführung	- Projekt an Linie übergeben	- Projektbericht - Projektorganisation aufgelöst
6. Meilenstein - Entscheid		- Decharge an Projektleiter - Projekt beendet

Abbildung I-10: Beispiel eines Phasenmodells mit Aktivitäten und Ergebnissen

Der Projektausschuss ist ein Entscheidungsgremium des Projektes, in dem bei einer interdisziplinären Zusammensetzung auch die unterschiedlichen Interessenlagen zusammentreffen. Wenn hier interdisziplinär gearbeitet und entschieden wird, prägt dies die Kultur des ganzen Projektes positiv.

Wenn nur Eigeninteressen vertreten werden und mittels der Macht der hierarchischen Organisation gehandelt wird, gehen von diesem Gremium erschwerende Einflüsse auf das Projekt aus.

Neben den im Phasenmodell vorgesehenen Meilensteinen können grosse Abweichungen oder Krisen zusätzliche Sitzungen mit entsprechenden Entscheidungen des Auftraggebers nach sich ziehen. Solche Sitzungen sollten gleichermassen vom Projektleiter wie auch vom Auftraggeber einberufen werden.

6 Andere Vorgehensmodelle

Neben der klassischen, sequenziellen Phasenanordnung („Wasserfall-Modell") wurden spezifische Vorgehensmodelle etabliert, welche den Anforderungen einzelner Projektklassen besser gerecht werden (z.B. das V-Modell für die Software-Entwicklung). Die nachfolgenden Vorgehensmodelle haben sich sowohl als Alternative wie auch als Weiterentwicklung des klassischen Phasenkonzeptes etabliert.

6.1 Simultaneous Engineering

Simultaneous Engineering hat seinen Ursprung in der Produktentwicklung. Auslöser dieser Idee ist die Forderung nach kürzeren Entwicklungszeiten. Die Projektabwicklung wird durch eine Parallelisierung der Abläufe beschleunigt. Die verschiedenen Bereiche, die an der Produktentwicklung beteiligt sind, sollen möglichst frühzeitig einbezogen werden. Eine teilsimultane Erarbeitung wird durch eine gezielt überlappende Anordnung der Phasen möglich.

Heute werden fast alle Projekte nach diesem Prinzip durchgeführt. Die Gleichzeitigkeit von unterschiedlichsten Aktivitäten erfordert vom Projektleiter eine laufende Überprüfung der Ziel- und Planeinhaltung. Dies ist oftmals erschwert, wenn er noch fachlich im Projekt mitarbeitet oder in anderen Projekten engagiert ist.

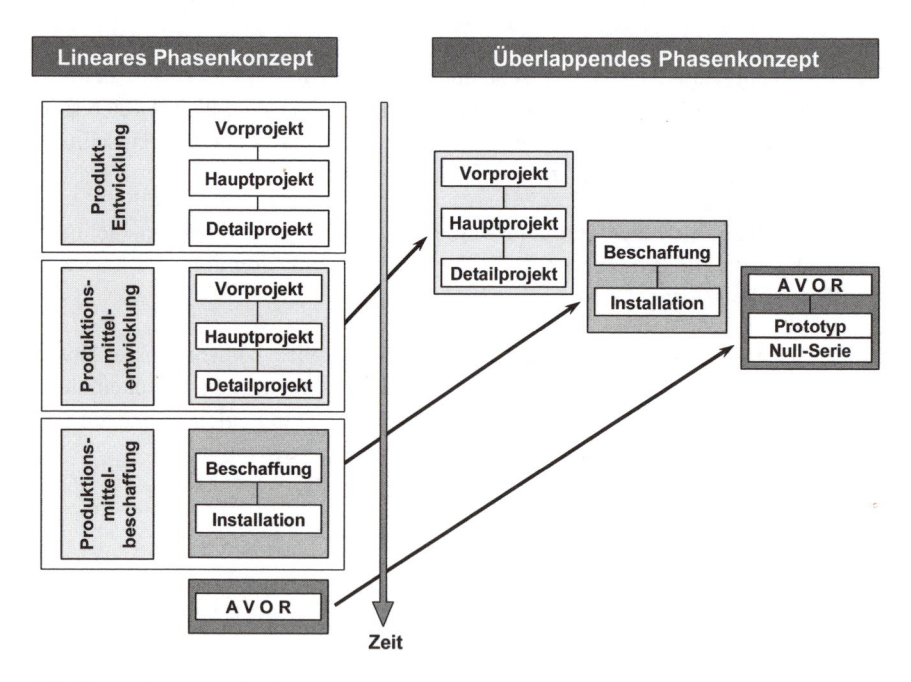

Abbildung I-11: Simultaneous Engineering als überlappendes Phasenkonzept

Wird ein zeitlich enges, paralleles Projektvorgehen (Simultaneous Engineering) durch den Auftraggeber vorgegeben oder bewilligt, sollte der Projektleiter weitgehend von anderen Arbeiten als der Prozesssteuerung des Projektes befreit werden.

6.2 Prototyping

Der Begriff des Prototyping als Vorgehensprinzip tauchte in der Datenverarbeitung ca. Mitte der 1970er Jahre auf. Die Grundidee besteht darin, die vorerst abstrakten Lösungen schneller zu konkretisieren, um damit eine effizientere Kommunikation zwischen Entwicklern und z.B. Anwendern zu erzielen. In diesem Sinne dient Prototyping als Entwurfshilfe, indem es dazu beiträgt, die Bedürfnisse der Anwender schneller kennen zu lernen.

Konkret geht es darum, mit relativ geringem Aufwand eine Art „Prototyp" zu entwerfen. Dieser soll eine bessere Beurteilung des bisher verfolgten Konzepts erlauben und dient evtl. auch dem Erproben unter betrieblichen Bedingungen.

Prototyping kann als Entwurfshilfe vor allem realisierungsnahe Phasen unterstützen. Keine der einzelnen Phasen wird dadurch aber überflüssig. Vor allem können Vorstudie und Konzept keineswegs ersetzt werden. Die Abwicklung der Phasen

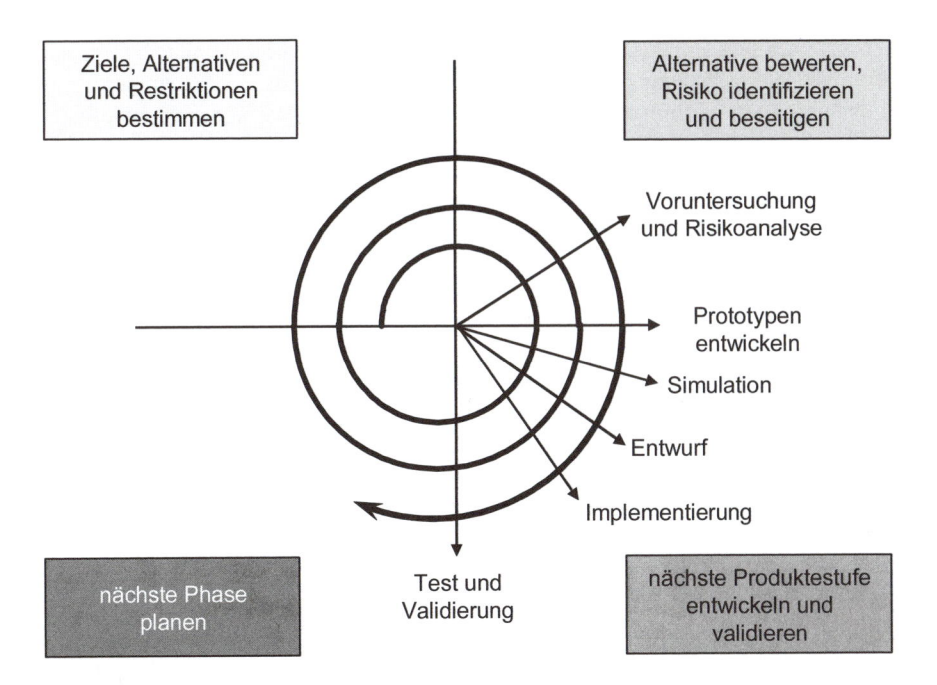

Abbildung I-12: Das Spiralmodell

Konzept und Realisierung können jedoch in dem Sinne verändert werden, als zwischen diesen Phasen ein iterativer Prozess stattfindet. Die Gefahr besteht allerdings, dass der Ansatz zu „quick and dirty"-Lösungen führt, die dann beibehalten werden und durch steten Weiterausbau bei fehlendem Lösungskonzept zu „Rucksacklösungen" führen. Oder der Kunde hat den Eindruck: „Die Lösung ist ja schon fertig, warum braucht ihr noch so viel Aufwand?".

6.3 Versionenkonzept

Das Versionenkonzept weist Ähnlichkeiten mit dem Prototyping auf und ist bei Entwicklungen beliebiger Art (Maschinen, Anlagen, Informatik) einsetzbar.

Die Grundidee besteht darin, eine Lösung nicht in einem Wurf perfektionieren zu wollen, sondern eine erste Version zu entwickeln und zu realisieren, die dem Benutzer zur Verfügung gestellt wird. Davon ausgehend finden dann von einer Version zur anderen Verbesserungen statt („slowly growing systems"), die aufgrund der Betriebserfahrungen möglich werden. Dieses zyklische Vorgehen wird daher auch Spiralmodell genannt.

Eine derartige Vorgehensweise birgt Vor- und Nachteile:

Vorteile	Nachteile
Oftmals „Notfalllösungen" Lösung schnell verfügbar	Weniger sorgfältig zu planen, denn Probleme bzw. Verbesserungen können einfacher auf die nächste Version verschoben werden.
Hohes Entwicklungstempo Rasch sichtbare Fortschritte	Hohe Anforderungen an die Dokumentation und Projektadministration, da zu jedem Zeitpunkt nachvollziehbar sein muss, wo welche Version gültig ist und wie die einzelnen Komponenten einer Lösung realisiert wurden bzw. voneinander abhängig sind.
Möglichkeit, sich in ein Problemfeld zu begeben, wo noch wenig Wissen vorhanden ist	Planung und Prognose der Projektkosten ist äusserst schwierig.
Bei beschränktem Budget kann der Zielkatalog (Perfektion der Lösung) mit dem Budget wachsen	Durch immer neue Anforderungen seitens der Benutzer kann die Systemgrenze gesprengt werden, das Projekt wird unkontrolliert erweitert bzw. kommt nie zum Abschluss.

6.4 Agiles Vorgehen

Als Fortsetzung und letzte Konsequenz des Prototypings und des Versionenkonzepts steht das agile Projektmanagement. Es ist ebenfalls aus der Notwendigkeit entstanden, in möglichst kurzer Zeit eine Kunden- bzw. Anwender-spezifische und funktionierende Software zu haben, ohne dass die genauen Anforderungen im Detail bereits am Anfang festgelegt sein müssen. Agiles Projektmanagement heisst bewegliches, flinkes, prozesshaftes, reflexives, lernendes Vorgehen. Seine Grundsätze sind im Manifesto for Agile Software Development (2001) von 17 Begründern festgelegt worden.

- Individuen und Interaktionen sind wichtiger als Prozesse und Werkzeuge.
- Funktionierende Software ist wichtiger als umfangreiche Dokumentation.
- Kooperation mit Projektbetroffenen ist wichtiger als Vertragsverhandlungen.
- Reaktion auf Änderungen ist wichtiger als Festhalten an einem starren Plan.

Im Bereich des agilen Projektmanagement gibt es unterschiedliche Ausprägungen, z.B. „Extreme Programming" oder „SCRUM".

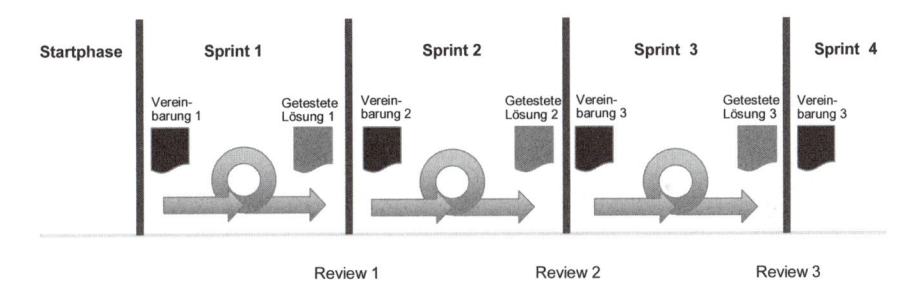

Abbildung I-13: Schematische Darstellung des agilen Vorgehens nach SCRUM

Nach der Startphase folgen die Iterationen bzw. Sprints in vorgeplanten Zeitabständen (Timeboxes). Die vereinbarten Teilaufträge werden von Teams bearbeitet, die weitgehend selbstverantwortlich handeln und sich selbst organisieren.

Grundprinzip dieser Ausprägungen sind die relativ kurzen und zum voraus festgelegten Iterationszyklen (Timeboxes), innerhalb derer ein oder mehrere hoch motivierte Teams eigenverantwortlich Lösungen entwickeln und testen, wobei die gemachten Lernerfahrungen oder neue Anwender-Erkenntnisse in den nächsten Zyklus einfliessen. Dieses Vorgehen hat sich im komplexen Softwarebereich jedenfalls als flexibler, schneller und ökonomischer bewährt als das planungsorientierte Projektmanagement.

Einzelne Prinzipien des agilen Projektmanagements sind indessen durchaus übertragbar auf andere Projekte, so etwa das zielflexible und prozesshafte Vorgehen in Forschungs- und Entwicklungsprojekten, oder die selbstorganisierte Teamarbeit in Veränderungsprojekten.

6.5 Change-Projekte

Jedes Projekt bringt Veränderungen mit sich. Unter „Change-Projektmanagement" lassen sich jedoch alle Vorhaben subsumieren, welche radikale, umfassende und bereichsübergreifende Veränderungen der eigenen Organisation zum Ziel haben. Dies kann sein: Einführung von neuen Prozessen, Fusionen, Umsetzung neuer Strategien, usw. Mitlaufend werden dabei oft auch neue Verhaltensweisen und Kulturen angestrebt, z.B. Kommunikationskultur, Fehlerkultur, usw. In Abgrenzung zu Change-Projekten schliessen wir die „kontinuierliche Verbesserung" aus (KVP, KAIZEN).

Da in Change-Projekten die Eigenleistungen durch das handelnde System selber erbracht werden müssen, sind sie durch die Betroffenheit der Organisationsmitglieder einerseits und durch die oft selbstüberschätzende Herangehensweise andererseits besonders heikel: Es müssen Verkrustungen aufgebrochen werden und es muss mit Ängsten und Widerständen, aber auch unrealistischen Erwartungen gerechnet werden. Für diese Vorhaben orientiert man sich daher an der Organisationsentwicklung, welche vor allem die sozialen Prozesse im Auge hat.

Voraussetzung für ein Veränderungsprojekt ist ein gewisses vorhandenes Veränderungsbewusstsein, sonst sind die bewahrenden Kräfte zu stark. Eine Orientierung gibt die Formel:

$$U \times V \times M \text{ grösser als } W$$

U = Unzufriedenheit mit dem Ist-Zustand

V = Vision, Attraktivität des Soll-Zustandes

M = Massnahmen, Konkrete Umsetzungsschritte, erreichbare erste Erfolge

W = Widerstand gegen Veränderung, Energie zur Bewahrung des Bestehenden

Nach Doppler/Lauterburg sollen bei Veränderungsprojekten die folgenden Schlüsselfaktoren beachtet werden:

- Energie wecken und Vertrauen schaffen,
- Denken in Prozessen statt in Strukturen,
- das Unternehmen auf sein Umfeld ausrichten.

Wichtig bei Change-Projekten sind daher eine Vision, klare Ziele, transparente Information und Kommunikation sowie ein prozesshaftes Vorgehen, welches gemeinsames Lernen und neue Erfahrungen ermöglicht. Eine mögliche Vorgehensweise in Anlehnung an die obige Formel schlägt John P. Kotter vor:

1. Bewusstsein für Dringlichkeit schaffen
2. Verantwortliche mit Veränderungsbereitschaft gewinnen/zusammenbringen
3. Zukunftsvision ausformulieren und eine Vorgehensstrategie entwickeln
4. Die Zukunftsvision bekannt machen
5. Handeln im Sinne der neuen Vision und der Ziele ermöglichen
6. Kurzfristige Erfolge planen und gezielt herbeiführen
7. Erreichte Verbesserungen systematisch weiter ausbauen
8. Das Neue fest verankern

Die bisherigen Modelle zentrieren sich noch sehr auf eine direkte Steuerung von Veränderungen. Selbst bei konsequenter Anwendung und Umsetzung in die Betriebspraxis greift dieser Ansatz dennoch oft zu kurz: Die Organisation erweist sich als resistent; festsitzendes organisationales Wissen ist schwer verlernbar, bestehende Mauern lassen sich kaum schleifen.

Neuere Ansätze orientieren sich daher zusätzlich an systemischen Erkenntnissen. Sie setzen auf die reflexiven Dynamiken der Organisation, welche, gezielt genutzt, weit grössere Hebelwirkungen für grundlegende Veränderungen erzielen können als die ausschliessliche Zentrierung auf den Menschen. Damit richtet sich der Fokus auf die Makroebene bzw. auf die Arbeit am statt im System, auf indirekte Steuerung, auf Gestaltung des Projektkontextes und dessen Beziehung zur Welt der Linie; auf Voraussetzungen und Bedingungen also, welche die Organisation dazu stimulieren, sich in eine bestimmte Richtung selbst zu verändern. Eine konsequente Idee dazu ist „WAVE" (Petersen et al. 2011), welche den systemischen Ansatz zu einem wiederholbaren Verfahren macht, ohne die Nicht-Determinierbarkeit sozialer Systeme aus den Augen zu verlieren.

Unternehmen und Organisationen, die einen Wandel ins Auge fassen, tun jedenfalls gut daran, sich bewusst für einen Ansatz zu entscheiden und einen neutralen Aussenstehenden (bzw. ein aussenstehendes System) als Berater oder Change Agent einzusetzen, denn eine Organisation kann sich nur sehr schwer selber „aus dem Sumpf ziehen". Nach dem Modell der Komplementärberatung (Königswieser 2006) kann dies auch ein Beratungsteam sein, das aus einer Prozessberatung und einer Fachberatung zusammengesetzt ist, die sich aber gegenseitig verstehen und zusammenarbeiten müssen.

7 Projektbewertung und Projektportfolio

In vielen Organisationen findet heute ein Projektboom statt, welcher die Ressourcen völlig verzettelt. Aus manchmal nicht nachvollziehbaren Beweggründen wird aus allen Problemstellungen ein Projekt gemacht oder die Problemlösung wird wenigstens so genannt. Oftmals hat dies damit zu tun, dass sich viele Führungskräfte überfordert fühlen mit schwerwiegenden oder unangenehmen Führungsentscheiden. Sie delegieren diese an ein Projekt oder lassen offen, nach welchen Kriterien etwas aus der Stammorganisation in ein Projekt herausgelöst werden soll.

Das Management der Projekte wird vielfach unterschätzt. Eine Übersicht aller im Gesamtunternehmen laufenden Projekte fehlt. Damit ist weder eine Priorisierung der einzelnen Vorhaben möglich, noch können die vorhandenen Ressourcen zielgerichtet eingesetzt werden. Als Übersicht und Entscheidungshilfe kann hier ein Projektportfolio Unterstützung leisten.

7.1 Projektwürdigkeit

Viele Unternehmen und Verwaltungen haben Entscheidungshilfen in Form eines Bewertungsschemas entwickelt, nach dem sie beurteilen können, wann für ein

Kriterium	Beschreibung	Einschätzung = 1	Einschätzung =2	Einschätzung =3
Personenkreis	Von der Lösung betroffene Stellen, betroffene Organisationseinheiten	einzelne, aus gleicher Abteilung	einige, arbeiten zusammen	beinahe aus dem ganzen Unternehmen
Interdisziplinarität	Anzahl Organisationseinheiten, die am Entstehungsprozess mitarbeiten	nur eine	wenige	viele
Komplexität	Grad der Vernetztheit von verschiedenen Problemstellungen	gering, klar	mittel, überschaubar	hoch, schwierig vernetzbar, noch nicht überschaubar
Wichtigkeit	Strategische Wichtigkeit des Vorhabens für den Bereich, das Unternehmen	unbedeutend, klein	mittel, strategisch wichtig für Teile des Unternehmens	gross, strategisch wichtig für das Unternehmen, Schlüsselfunktion
Dringlichkeit	Zeitlicher Druck (wie schnell müssen Lösungen verfügbar sein?)	problemlos	fixer Termin genügend Zeit vorhanden	zeitkritisch, anspruchsvoller, fixer Termin
Finanzieller Aufwand	Investitionen (in welchem Zeitrahmen? ROI?)	klein, ca. < 0,5 Mio. CHF, gut verkraftbar	mittel, ca. < 0,5–1 Mio. CHF, braucht spezielle Vorkehrung	hoch, > 1 Mio. CHF, sprengt Budgetkompetenz, braucht VR-Entscheid
Finanzieller Rahmen	Investitionen: in welchem Zeitrahmen amortisiert (ROI), nutzenstiftend?	schnell, im laufenden Jahr, unbedeutend	tragbar, innerhalb 1–2 Jahren	wesentliche Belastung für Unternehmen, braucht mehrere Jahre
Aufwand	Durchführungsdauer? interner Personalaufwand?	gering, tangiert Tagesgeschäft nicht	mittel, mit bestehenden Ressourcen machbar, im Tagesgeschäft möglich	hoch, erfordert zusätzliche Ressourcen, sprengt Tagesgeschäft
Wissen	Verfügt das Unternehmen über das notwendige Wissen?	Vorhanden, Routineprojekt, Standards vorhanden	Teilweise vorhanden bei Schlüsselpersonen, wenig Standards	Nicht vorhanden, muss aufgebaut werden, keine Standards
Risiko	Zur Realisierung, Schadenhöhe bei Misserfolg, Lebensfähigkeit	klein	mittel	hoch, kann Unternehmen gefährden
Planbarkeit	Wie genau sind der Ablauf, die Teilschritte planbar?	gut, klar	mittel, schwierig	schlecht, fast unplanbar
Motivation	Bereitschaft zum Projekt bei Auftraggeber und Mitarbeitern	Gut, wenig Konflikte zu erwarten	Unterschiedlich, braucht Führungsaufmerksamkeit	Kritisch, Krisen und Widerstand zu erwarten

Abbildung I-14: Beurteilung der Projektwürdigkeit

Vorhaben die Projektwürdigkeit erreicht ist und wann nicht. Oder sie teilen ihre Projekte in unterschiedliche Kategorien ein, je nach Komplexität und strategischer Bedeutung für das Unternehmen.

Aufgrund der Einschätzungen der Kriterien muss für oder gegen die Projektwürdigkeit des Vorhabens argumentiert und die entsprechende Einschätzung gewählt werden. Wird ca. 40% der Gesamtpunktzahl (14 von 36 Punkten) erreicht, so sollte ein Projekt und ein entsprechendes Vorgehen genauer geprüft werden. Je nachdem, welche Kriterien eine hohe Einstufung haben, kann die temporäre Projektorganisation unterschiedliche Formen annehmen.

Prozess-Eigenschaften	Wiederholte Durchführung	Einmalige Durchführung		
	geringe Komplexität	geringe bis mittlere Komplexität	mittlere bis hohe Komplexität	hohe bis sehr hohe Komplexität
	kurz-/ mittelfristig	kurzfristig	kurzfristig	kurz-/ mittelfristig
Organisationsform	Lauf. Geschäft	Sonderaufgabe	Projekt	Programm
	permanente Prozess-organisation	temporär beauftragte Person oder Arbeitsgruppe	temporäre Projekt-organisation	temporäre Programm-organisation

Abbildung I-15: Organisationsformen und Projektcharakteristik

Die obige Abbildung zeigt eine einfache Methode zur Ableitung der Organisationsform aus verschiedenen Projektcharakteristika. Entsprechend den Projektkategorien werden unterschiedliche Anforderungen an die Person des Projektleiters gestellt.

7.2 Projektportfolio

Immer häufiger werden für die Umsetzung der Unternehmensstrategie und damit direkt auch zur langfristigen Unternehmenssicherung „strategische" Projekte gestartet.

Die Unternehmensleitung muss dafür sorgen, dass die vorhandenen Ressourcen zielgerichtet eingesetzt werden. Um die Verknüpfung zwischen Unternehmensstrategie und Projektsteuerung (Priorisierung) herzustellen, muss eine möglichst vollständige Übersicht der „beabsichtigten" und „laufenden" Vorhaben erarbeitet werden. Ein Projektportfolio ist eine Übersicht über alle vorhandenen Projekte,

Kriterium K1

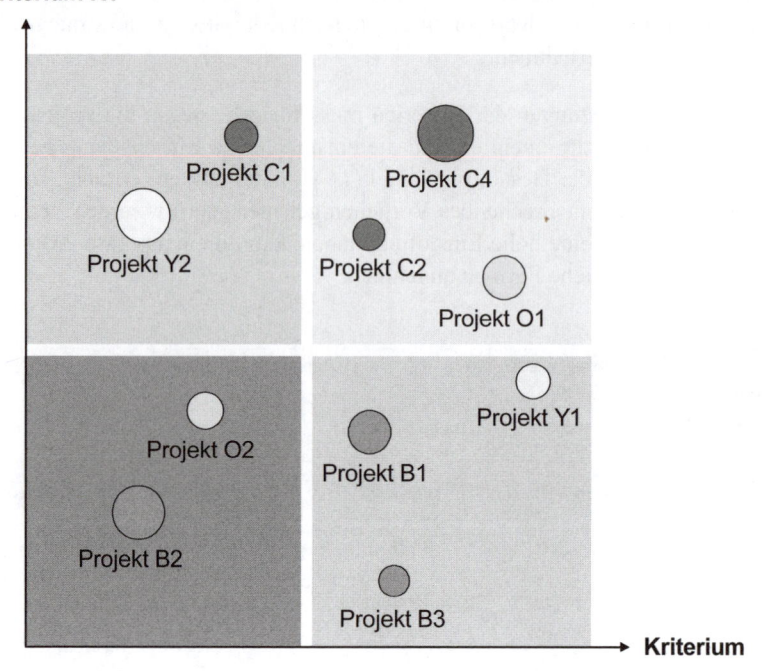

Abbildung I-16: Beispiel Projektportfolio

welche in Form einer strukturierten Liste oder grafisch nach unterschiedlichen Kriterien geordnet dargestellt werden.

Je nach Natur der Vorhaben genügt dazu bereits eine Aufschlüsselung in duale Kriterienpaare, wie z.B. Chancen vs. Risiken, Kosten vs. Nutzen usw. Ein Projektportfolio kann aber auch mehrdimensional aufgebaut werden bezüglich:

- strategischer Kriterien (z.B. Projekt-Scorecard),
- ökonomischer Kriterien (Kennzahlen, Markt),
- ökologischer Kriterien,
- ethischer Kriterien,
- Chancen/Risiken-Kriterien,
- Muss-Kriterien (neue Gesetze, Technologien).

Es ist durchaus üblich, dass die Bearbeitung von Projektportfolios auch auf mehrere hierarchische Ebenen im Unternehmen verteilt wird. So bearbeitet die Geschäftsleitung nur das Portfolio mit den zehn wichtigsten Projekten, die übrigen Projekte werden auf Bereichsebene bewertet und priorisiert.

8 Trends im Projektmanagement

Das Projektmanagement steht nicht still. Es hat noch nicht den Höhepunkt seiner „Karriere" erreicht. Dies wird dann der Fall sein, wenn man nicht mehr davon spricht. Vielmehr wird es sich selber, aber auch sein Umfeld, weiterentwickeln.

8.1 Vermehrte Ausdifferenzierung

Das Projektmanagement hat heute die unterschiedlichsten Bereiche erfasst. Eine Universalmethodik vermag nicht mehr für alle Projekte hilfreich zu sein. Dieses Kapitel weist auf die Möglichkeit hin, verschiedene Projektarten zu bilden. Damit können im Projektmanagement Schwerpunkte gesetzt werden, um auf die verschiedenen Anforderungen antworten zu können. Einige typische Spezialgebiete sind etwa:

- Projekte der Grundlagenforschung: Besondere Anforderungen sind hier der Umgang mit Zieloffenheit, prozesshaftes Vorgehen, Kreativität.
- Change-Projekte: Integration von Aspekten der Organisationsentwicklung und Projektmanagement.
- Projekte im politischen Bereich: Umgang mit unterschiedlichsten Interessen, Herstellung gemeinsamer Wirklichkeiten, Handling nicht direkt beeinflussbarer Anspruchsgruppen, Mediation.

Die Differenzierungssystematik wird sich weiterentwickeln müssen. Damit steht auch fest, dass sich die Projektmanagement-Ausbildung sowie der Projektmanagement-Beruf weiter spezialisieren werden.

8.2 Agiles Projektmanagement

Projekte – insbesondere ICT-Projekte – sind heute oft mit turbulenten Umfeldern konfrontiert, in denen sich Ziele laufend verändern. Folglich sind Projektprozesse nicht mehr im herkömmlichen Sinne planbar. Das ruft nach einem agilen, d.h. flexiblen, anpassungsfähigen, flinken Projektmanagement. Die klassischen Phasenmodelle und Problemlösungsmethoden sind hier zu starr. Der Projektablauf muss dynamisiert werden. Es geht dabei darum, den Prozess schneller und evolutionärer bzw. rekursiver (mit Rücklaufschleifen) zu gestalten. Ansätze dazu sind im Kap. 6 mit dem Prototyping und dem Versionenkonzept gezeigt. Die Methoden werden aber weiterentwickelt und gewichten damit gleichzeitig einige vertraute Projektmanagement-Grundsätze neu:

- verstärkte Selbststeuerung, Netzwerke von interdisziplinären Teams, weg von den hierarchisch aufgebauten Projektorganisationen;
- Individuen und Interaktionen erhalten eine höhere Bedeutung als installierte Prozesse und Tools;
- Wechselwirkungen zwischen Projekt und Anspruchsgruppen, insbesondere mit dem Kunden, werden wichtiger als hieb- und stichfeste Abmachungen, Vereinbarungen und Verträge;
- das Änderungsmanagement wird wichtiger als Planverlässlichkeit.

Die Gestaltung des Projektmanagements verlagert sich in dynamischen Projekten mehr auf die Gestaltung von Rahmenbedingungen, Spielregeln und Kultur.

8.3 Internationales Projektmanagement

Im Rahmen der laufenden Globalisierung werden immer mehr Projekte überregional und international abgewickelt werden. Dabei können die folgenden zusätzlichen Schwierigkeiten auftreten:

- Face-to-Face-Kommunikation wird aufwändig bis unmöglich.
- Unterschiedliche kulturelle Hintergründe der Beteiligten erschweren die Kommunikation und Zusammenarbeit.
- Dazu kommen das Sprachproblem und die Verschiebung der Ortszeiten.

Dass dies nicht nur Negativpunkte sind, zeigen Beobachtungen von interkulturellen Teams, die durch ihre Unterschiedlichkeit und Vielfalt ein besseres Ergebnis als monokulturelle Gruppen erzielen können – vorausgesetzt, die Kompetenz im Umgang mit verschiedenen Kulturen ist entwickelt und vorhanden.

8.4 Personalentwicklung und Qualifizierung

In einem projektorientierten Unternehmen taucht im Personalentwicklungskonzept vermehrt ein drittes gleichwertiges Element auf, welches neben der klassischen Fach- oder Führungslaufbahn die Berufsbezeichnung „Projektleiter" trägt. Projektmanager werden hier systematisch qualifiziert und gefördert. Der Projektleiter wird entsprechend seiner Erfahrung im Karrieremodell des Unternehmens eingeordnet. Die Aufgabe des Projektleiters verfügt über genügend Gelegenheiten, sich in anspruchsvollen Führungssituationen, im Umgang mit komplexen Systemen und in der eigenen Sozialkompetenz weiterzuentwickeln. Die Laufbahn „Projektleiter" bietet die Möglichkeit, je nach Interesse und Neigung später auf den einen oder anderen klassischen Pfad umzusteigen.

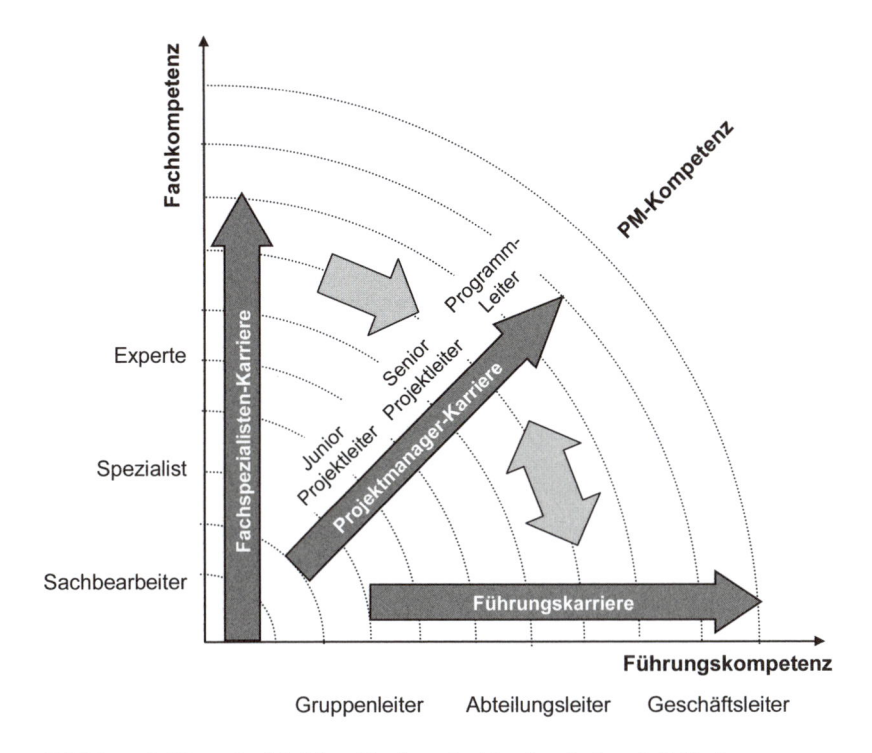

Abbildung I-17: Projektleiter-Karriere als dritte Laufbahnmöglichkeit

Überbetrieblich boomen Zertifizierungsmodelle für Projektmanager. Das IPMA-Modell ist in diesem Buch beschrieben. Daneben haben das amerikanische PMI-Modell sowie das englische Prince2-Modell ebenfalls eine gewisse Verbreitung erreicht. Auch werden an Hochschulen ganze Lehrgänge bis zum Master Degree angeboten, währenddem in den Volksschulen Projektmanagement noch kaum ein Thema ist. Erste Versuche, Projektmanagement stufengerecht im Lehrplan aufzunehmen, sind jedoch erkennbar.

Teil II: Struktur und Vorgehensweisen

Dieser Teil beschreibt den Projektprozess im Detail von der ersten Idee bis zur Umsetzung der Projektresultate. Zusätzlich werden pro Projektphase praxiserprobte Handlungsanweisungen sowie hilfreiche Checklisten angeboten, welche der Projektleiter direkt in seinem Projekt anwenden kann.

Teil III: Struktur und Vorgehensweisen

1 Phase „Initialisierung"

1.1 Worum geht es in dieser Phase?

> *„It's much more important to do the right things than to do the things right"*
>
> (Peter Drucker)

Einem Unternehmen geht es immer darum, die wenigen richtigen Projekte auszulösen. Meist gibt es mehr Wünsche bezüglich neuer Projekte, als was ein Unternehmen leisten kann. Projekte entstehen immer in einem Zusammenhang mit den Absichten einer Organisation. Die Projektidee muss es in der Initialisierungsphase schaffen, ins Programm der Projekte aufgenommen zu werden.

Auftraggeber und Projektleiter klären gemeinsam ab, ob ein neues Vorhaben projektwürdig ist. Um ein Projekt richtig starten zu können, verfasst der Projektleiter den Projektantrag. Darin sind die Ziele und die Rahmenbedingungen für das Projekt festgehalten. Die erforderlichen Ressourcen werden geplant und bereitgestellt. Eine erfolgreiche Vorbereitungsphase endet damit, dass die Projektvereinbarung vom Auftraggeber unterzeichnet wird. Aus dem Antrag ist ein ausgehandelter Auftrag geworden. Dieser Formalismus schützt das Unternehmen vor einer nicht zu bewältigenden Überfülle an Projekten und gibt dem Projektteam eine klare Ausrichtung.

1.2 Ergebnisse der Initialisierungphase

Die Initialisierungsphase endet mit einem vereinbarten Projektauftrag. Aus mehr oder weniger konkreten Ideen entsteht eine grössere Verbindlichkeit: Wer soll bis wann zu welchem Preis welches Ziel erreichen?

Anhand der Grobschätzung des Ressourcenbedarfs und des Endtermins für dieses Vorhaben werden zwei Fragen beantwortet werden:

- Ist dieses Projekt mit den verfügbaren Ressourcen zusätzlich zum beschlossenen Projektportfolio durchführbar?
- Lohnt sich die Durchführung dieses Projektes unter Berücksichtigung von Aufwand und erwartetem Nutzen?

Am Schluss dieser Phase sind die folgenden Fragen beantwortet:

- Bis wann sind die Resultate oder Zwischenergebnisse zu erwarten?
- Wie gross wird, grob geschätzt, der Aufwand in Personentagen, wie viel Geld soll über die gesamte Projektdauer investiert werden?

- Welche Engpassressourcen werden in welchem Zeitraum benötigt?
- Wer muss während der Vorstudie in welchem Zeitraum wie viel Einsatz leisten?
- Welche Ressourcen sind von den Linienverantwortlichen zugesprochen?

1.3 Schritte der Initialisierungsphase

Projektwürdigkeit überprüfen

Für den Entscheid, ob ein Vorhaben als Auftrag innerhalb der Linie abgewickelt werden soll oder als übergreifendes Projekt durchzuführen ist, gelten folgende Kriterien:

- Sind andere Bereiche betroffen?
- Wie viele Ressourcen müssen andere Bereiche beisteuern?
- Welche Bedeutung und Konsequenzen hat das Vorhaben für die Zukunft des Unternehmens?
- Welche Risiken bestehen? Was geschieht, wenn das Vorhaben gestoppt wird?

Projektvereinbarung schriftlich festhalten

Folgende Punkte sind zu klären und verbindlich zu regeln:

- Ausgangslage, Problem,
- Projektziele,
- Gestaltungsbereich und Abgrenzungen: Systemgrenze ziehen, Unter- und Teilsysteme abgrenzen, analysieren und auf Gemeinsamkeiten untersuchen,
- Abhängigkeiten und Einflüsse: Einflussgrössen ermitteln,
- Rahmenbedingungen,
- generelle Vorgaben und Grundlagen,
- Ergebnisse,
- Projektkosten und erwarteter Nutzen,
- Risiken und was passiert, wenn das Projekt nicht durchgeführt wird,
- Vorgehen und Termine, Meilensteinplan,
- Priorität des Projektes,
- Projektorganisation, verfügbare Ressourcen,
- Information und Kommunikation,
- Unterschriften von Auftraggeber und Projektleiter, evtl. Projektcontrolling.

1.4 Organisation

Üblicherweise wird für die Ausarbeitung einer Projektvereinbarung noch keine Projektorganisation installiert, sondern eine Person – möglicherweise der zukünftige Projektleiter – beauftragt. Bei grösseren oder sehr komplexen Vorhaben kann es jedoch durchaus zweckmässig sein, die Projektdefinition als „Mini-Vorstudie" zu betrachten und dazu ein interdisziplinäres Team zu bilden. Diese Organisation muss nicht identisch mit der zukünftigen Projektorganisation sein. Es empfiehlt sich aber, mindestens Schlüsselpersonen später im Projekt zu engagieren, um die Kontinuität zu wahren.

Falls das Projekt „von unten" ausgelöst wird, also noch kein Auftraggeber bezeichnet ist, sollte das Vorhaben unbedingt auf der Entscheidungsebene „angebunden" werden. Ansonsten unterstützt niemand mit Entscheidungsmacht das Projekt. Spätestens bei der Projektvereinbarung ist diese Entscheidungsrolle zu definieren.

In der Projektvereinbarung werden wichtige Weichen für die Projektorganisation gestellt

Die wesentlichen Rollen – mindestens Auftraggeber und Projektleiter – werden geklärt und verbindlich vereinbart.

Im Projektauftrag sollen auch die Grundzüge der Projektorganisation festgelegt werden:

- Um welchen Organisationstyp handelt es sich: Projektkoordination, reine Projektorganisation, Matrixorganisation?
- Welche Gremien sind nebst Projektleitung und Projektteam vorgesehen: Lenkungsausschuss, Begleitgruppe, usw.?
- Müssen wichtige Anspruchsgruppen in der Projektorganisation vertreten sein? z.B. Organisationseinheiten, Verbände, Interessengruppen, usw.

Gefragte Kompetenzen in dieser Phase

Bereits mit der Projektdefinition werden Entscheide mit einer sehr grossen Tragweite getroffen. Deshalb sollte diese durch Personen ausgefertigt werden, die gewisse Erfahrungen mitbringen:

- mit ähnlichen Projekten (ungefähres Vorgehen, möglicher Methodeneinsatz),
- in der Einschätzung von zu erwartenden Risiken,
- mit der groben Aufwandschätzung (Personal, evtl. Kosten),
- Prozessgestaltung (Vorgehensprozesse, soziale Prozesse).

1.5 Planung: erste Grobschätzung

Schon sehr früh, sobald eine Idee erste Formen annimmt, wird der Projektinitiant sich überlegen, wie viel Aufwand die Umsetzung der Idee benötigt und was es dazu braucht. In dieser Phase kann nicht von Planung gesprochen werden, sondern von Grobschätzung. Die Unsicherheit einer Grobschätzung kann sehr stark schwanken, z.B. +100%/-50%. Bei Projekten mit hohem Neuigkeitswert kann sie noch grösser sein.

Wird eine projektwürdige Idee weiter abgeklärt, und es entsteht daraus ein Projektantrag, will der Auftraggeber eine Grobschätzung der benötigten Mittel: personelle Ressourcen, andere Engpassressourcen, finanzielle Mittel, Folgekosten, Betriebskosten usw. Er will wissen, bis wann das Projekt abgeschlossen ist und bis wann Zwischenresultate zu erwarten sind. Die erste Grobschätzung wird häufig von Mitarbeitern mit grosser Erfahrung mit Projekten oder von einem Kernteam erstellt, evtl. unter Leitung des designierten Projektleiters. Dabei werden vielfach Erfahrungswerte aus ähnlichen Projekten verwendet. Indem er feststellt, ob die Engpassressourcen verfügbar sind, klärt der Auftraggeber ab, ob eine Durchführung realistisch erscheint.

Planung der nächsten Phase (Vorstudie)

- Welche Resultate müssen am Ende der Vorstudie erreicht sein?
- Welche Zwischenziele müssen bis wann erreicht sein, um den termingerechten Abschluss der Vorstudie zu ermöglichen?
- Gibt es spezielle Risiken oder Probleme, die abzuklären sind? Muss eine Risikoanalyse oder eine Machbarkeitsstudie durchgeführt werden?
- Wie müssen die Arbeitsschwerpunkte in dieser Phase gelegt werden, um die Ressourcen optimal zu nutzen?
- Welches spezielle Know-how wird dazu benötigt? Wo ist der Einsatz von Engpassressourcen erforderlich?
- Wer steht zur Verfügung? Mit welchen Erfahrungen? Ist schon eine verbindliche Zusage der Linie vorhanden?
- Muss eine Tätigkeit früher initialisiert werden, weil sie eine überlange Durchlaufzeit hat?
- Welche internen und externen Kosten fallen in der nächsten Phase an?

1.6 Controlling und Risikomanagement

Das Projektcontrolling beurteilt in der Initialisierungsphase, welche Projekte wie viel zur Erreichung der Unternehmensziele beitragen. Damit soll die auf ein einzelnes Projekt bezogene Sichtweise überwunden werden. Ein Projekt, das bei isolierter Betrachtungsweise einen positiven Deckungsbeitrag erwirtschaftet, kann trotzdem für das Gesamtunternehmen unvorteilhaft sein.

Dies ist z.B. dann der Fall, wenn die vom betreffenden Projekt beanspruchten Ressourcen anderweitig höhere Deckungsbeiträge erzielen könnten.

In der Initialisierungsphase stellt das strategische Controlling die folgenden Fragen an Auftraggeber und Projektleiter:

1. Unternehmensstrategie

- Passt dieses Vorhaben in die Unternehmensstrategie?
- Gehört das zum Kerngeschäft?
- Ist dieses Vorhaben zwingend? Muss es getan werden?

2. Wirtschaftlichkeit

- Was kostet dieses Vorhaben? (Vollkostenbetrachtung)
- Was ist sein kurz-, mittel-, langfristiger Nutzen?

Folgende Ergebnisse sind für eine professionelle Entscheidungsfindung unerlässlich:

- Kosten-/Nutzenanalyse mit sinnvoller Kostenstruktur,
- Marktstudie für Entwicklungsprojekte: Marktpotenzial, Benchmarking,
- grobe Risikobeurteilung: SWOT-Analyse und Kontext-Analyse,
- Entscheid über die Durchführung des Projektes,
- festgelegte Priorität des Projektes,
- geplante und festgelegte Controlling-Intervalle,
- festgelegte nächste Controlling-Massnahmen: Meilenstein-Sitzung, Review.

1.7 Führung und Zusammenarbeit

In einem Projekt arbeiten unterschiedliche Menschen aus verschiedenen Fachgebieten zusammen an einer Lösung. Der Projektinitiant muss sich bewusst sein, dass die unterschiedlichsten Sichtweisen und Erwartungen im Projekt aufeinander treffen werden. Das Projekt aus seiner inhaltlichen Sicht steht einerseits in einer Wechselbeziehung und Abhängigkeit zu den verschiedenen internen Bereichen und andererseits zu den unterschiedlichsten Umwelten wie Kunden, Auftraggeber,

Mitarbeiter, Lieferanten, Behörden, Mitbewerber. Es ist mit all diesen Elementen vernetzt.

Kleinste Veränderungen sind in allen Teilen dieses Netzes wahrnehmbar. Intensität und Engagement rütteln an der Netzstabilität. Es ist deshalb bereits bei der Geburtsstunde eines Projektes wichtig, diese Vernetzung zu analysieren und sie sich vor Augen zu führen.

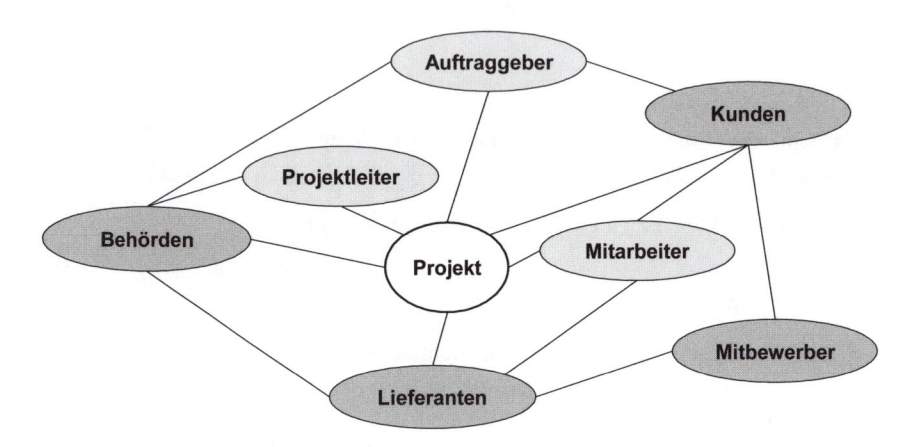

Abbildung II-1:   Vernetzung der Projekteinflüsse

Projektmanagement heisst auch Beziehungsmanagement. Diese Beziehungen beziehen sich auf zwischenmenschliche, inhaltliche und organisatorische Aspekte. Der Auftraggeber initiiert das Projekt, indem er sinnvollerweise beim Zwischenmenschlichen beginnt. Er muss sich sehr genau bewusst sein, dass er mit der Wahl des „richtigen Projektleiters" die entscheidende Weiche stellt.

1.8 Information und Dokumentation

In der Initialisierungsphase ist das Projekt noch nicht öffentlich. Das heisst, die Kommunikation beschränkt sich auf eine sehr kleine Anzahl von involvierten Personen oder Gremien. Besonders in diesem Kreis muss die Kommunikation sehr sorgfältig gestaltet werden:

- Die Entscheidungsträger müssen sich bei strategisch wichtigen Projekten damit auseinandersetzen, ob sie nach aussen unmissverständlich den Willen für dieses Projekt zeigen wollen, oder ob strikte Geheimhaltung gelten soll (z.B. bei Entwicklungsprojekten).

- Die Projektvereinbarung entsteht aus einem Kommunikations- bzw. aus einem Aushandlungsprozess, so dass beide Parteien ein gleiches Projektverständnis und einen hohen Grad an Verbindlichkeit erreichen.
- Bei Neuentwicklungen, Organisationsprojekten usw. muss überlegt werden, ob die Kommunikationskultur auf eine neue Basis gestellt werden soll, z.B. für die teamorientierte Zusammenarbeit, die Kommunikation zwischen Projekt und Linie, zwischen Kunden und Entwicklung.
- Bei Ressourcenüberlegungen für die Projektvereinbarung wird der Aufwand für Information und Kommunikation meistens unterschätzt, z.B. für das Projektmarketing oder für Kommunikationsbeauftragte, ebenso für das Protokollieren und das Verfassen von Managementinformationen.

Prozessorientierte Dokumente

Für den Auftraggeber und den künftigen Projektleiter sind die folgenden Dokumente wichtige Entscheidungsgrundlagen:

- Projektantrag bzw. Projektauftrag als Dokument der Vereinbarung zweier Parteien,
- Vorgehensplan: Methoden, Schritte, Meilensteine, evtl. grober Terminplan der bevorstehenden Vorstudie,
- Personalressourcen, Projektkosten und Projektorganisation,
- Kommunikations- und andere Konzepte und Spielregeln.

Inhaltsorientierte Dokumente

Obwohl prozessorientierte Dokumente in dieser frühen Phase in der Regel überwiegen, liegen auch sachorientierte Ergebnisse bzw. Dokumente vor:

- Business Case: Überlegungen, ob das Projekt aus Sicht des Marktes, der Unternehmensstrategie usw. wirtschaftlich, durchführbar und sinnvoll ist;
- je nach Projekt kann aus dieser Phase ein Bericht resultieren mit Ausgangslage, groben Analyse-Ergebnissen, Risikoüberlegungen, Zielsetzung bzw. Pflichtenheft, Lösungsstrategien;
- Ergebnisse früherer Projekte, Untersuchungen, Problemstellungen, die für das Projekt relevant sein können;
- Marktstudien, Umfragen, Mitarbeiterbefragungen, usw. (falls vorhanden).

1.9 Checkliste „Abschluss Initialisierungsphase"

- Sind Projektwürdigkeit und Projektpriorität geklärt?
- Welche Position hat das Projekt im Portfolio?
- Sind die Rollen Auftraggeber (Entscheidungsträger) und Projektleiter klar und werden sie wahrgenommen?
- Ist das Globalziel des Projekts klar formuliert? Sind sich Auftraggeber und Projektleiter einig über die Ziele und Rahmenbedingungen?
- Stehen die Meilensteine und die dabei erwarteten Resultate fest?
- Wurde eine realistische Schätzung betreffend Aufwand, Termin und Verfügbarkeit von Ressourcen und Know-how von einer Person mit Erfahrung im Projektmanagement durchgeführt?
- Wurde eine Wirtschaftlichkeitsabschätzung mit realistischen Annahmen durchgeführt?
- Wurden die absehbaren Folgekosten des Projektes abgeklärt und im Antrag erwähnt?
- Sind die heute bekannten Risiken identifiziert und von den Entscheidungsträgern akzeptiert?
- Ist die Unterstützung durch Management und Auftraggeber sichergestellt?
- Gibt es Absichten, welche zum heutigen Zeitpunkt nicht offen gelegt sind?
- Wurden alternative Szenarien zur Durchführung dieses Projektes geprüft?
- Ist die Projektorganisation für die Vorstudie bestimmt?
- Sind die Handlungskompetenzen und Verantwortlichkeiten vereinbart?
- Wurde definiert, wer den Hauptnutzen aus dem Projekt zieht?
- Sind die künftigen Nutzer ins Projekt einbezogen?
- Steht fest, wer die künftige Lösung pflegen wird? Kennen die Zuständigen den Zeitpunkt, wann sie die Verantwortung für das Ergebnis des Projektes übernehmen werden?
- Ist der vorliegende schriftliche Projektantrag von allen wichtigen Projektbeteiligten unterschrieben und damit zum Auftrag erhoben? Sind die erforderlichen Ressourcen eingeplant und freigegeben?
- Gibt es ein Konzept, wer wen wie über das Projekt informiert?
- Besteht eine Vorstellung darüber, in welcher Form das Projekt dokumentiert werden soll?

2 Phase „Vorstudie"

2.1 Worum geht es in dieser Phase?

> *„Wenn ich wenig Zeit habe, nehme ich mir viel davon am Anfang"*
> (Ruth C. Cohn)

Im Rahmen der Vorstudie müssen verbindliche Aussagen zu Machbarkeit, Risiken und Nutzen erarbeitet werden. Wesentliche Grundlagen dazu sind die Analyse der aktuellen Situation sowie klar vereinbarte Ziele.

Am Projektanfang ist das Wissen zum Projektinhalt und zu den Lösungen gering und steigt mit dem Projektfortschritt. Die Risiken sind am Anfang am grössten und so rasch und so weit wie möglich zu reduzieren. Gehen die Anforderungen (Ziele) an die Grenzen des Möglichen, oder ist das Mögliche nur ungenau bekannt (Technologiegrenze, politisch heikle Ziele), so ist es sinnvoll, vor der Durchführung des ganzen Projektes eine Vorstudie (ähnliche Begriffe: Machbarkeitsstudie, Feasibility Study, Vorprojekt) durchzuführen. Wenn sich zeigt, dass mit den eigenen Möglichkeiten eine Zielerreichung nicht realistisch ist, drängt sich schon nach diesem Meilenstein ein Projektabbruch auf. So wird vermieden, dass wertvolle Ressourcen für ein aussichtsloses Projekt eingesetzt werden.

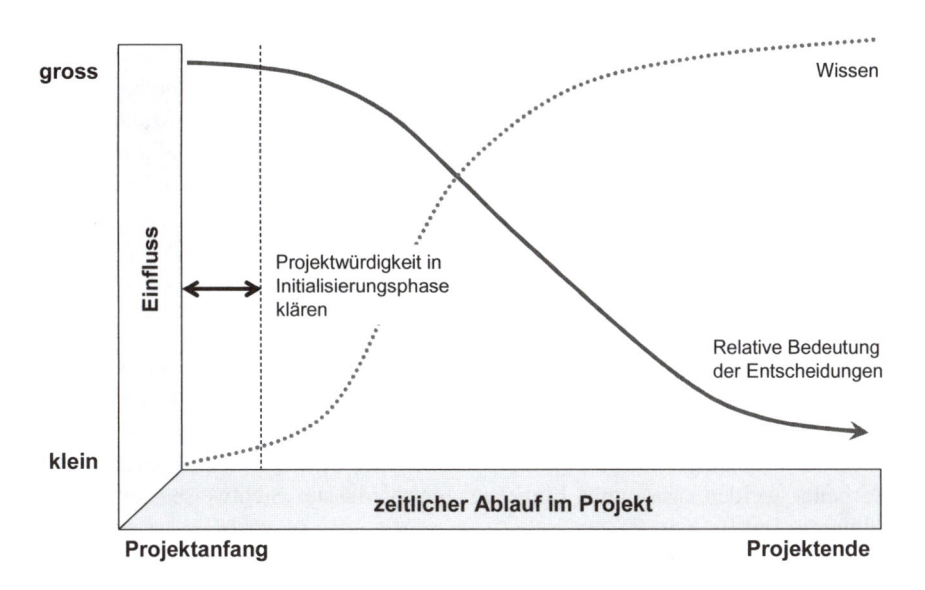

Abbildung II-2: Einflussmöglichkeiten und Risiko im Projekt

2.2 Ergebnisse der Vorstudienphase

In der Vorstudie wird abgeklärt, ob das Projekt durchführbar ist und ob es einen ausreichenden Nutzen generieren wird, ohne jemandem Schaden zuzufügen (Machbarkeitsstudie). Reift die Überzeugung, dass das Projekt gemacht werden muss, wird die nächste Phase geplant. Der Detaillierungsgrad wird erhöht und die Genauigkeit der Aufwand- und Terminschätzung verbessert. Damit werden konkrete Aussagen zu Ressourceneinsatz und Projektnutzen möglich.

2.3 Schritte der Vorstudienphase

Vorstudien sind sorgfältig durchzuführen: Die Weichenstellungen dieser Phase haben die grössten Auswirkungen. In der Regel wird die Vorstudie zu oberflächlich gemacht. Das wird mit späterem zusätzlichem Zeitaufwand bezahlt.

- Projekt starten, Kickoff durchführen,
- Ist-Zustand erheben und analysieren: Problemkatalog; Analyse-Ergebnisse aufgrund von Arbeitshypothesen,
- Ziele setzen: Resultate und Erkenntnisse, die am Ende des Projektes vorliegen sollen,
- Übereinstimmung des Projektes mit der Unternehmensstrategie überprüfen,
- Wirtschaftlichkeitsvorschau,
- Lösungsansätze grob suchen, bewerten und auswählen.

Schliesst die Vorstudie mit dem Antrag, das Projekt sei weiterzuführen, ist vom Entscheidungsträger grünes Licht für den Fortgang des Projektes einzuholen. Im gegenteiligen Fall ist das Vorhaben schicklich zu beenden. Den Beteiligten ist für ihre Arbeit zu danken, der mutige Einsatz zum Schutz der Ressourcen ist zu würdigen.

2.4 Organisation

Vorstudien haben im Projekt eine sehr hohe Bedeutung, da hier die wesentlichen Weichen für den Projektverlauf gestellt werden. Charakteristisch für Vorstudien ist, dass sie oft in „geschütztem Rahmen" stattfinden und gleichzeitig einen hohen Anteil an Teamarbeit haben. Hier müssen integrale Lösungen und Konzepte ausgearbeitet werden, was unter Einbezug verschiedenster Sichtweisen am besten gelingt (s. Teil III, Kap. 2).

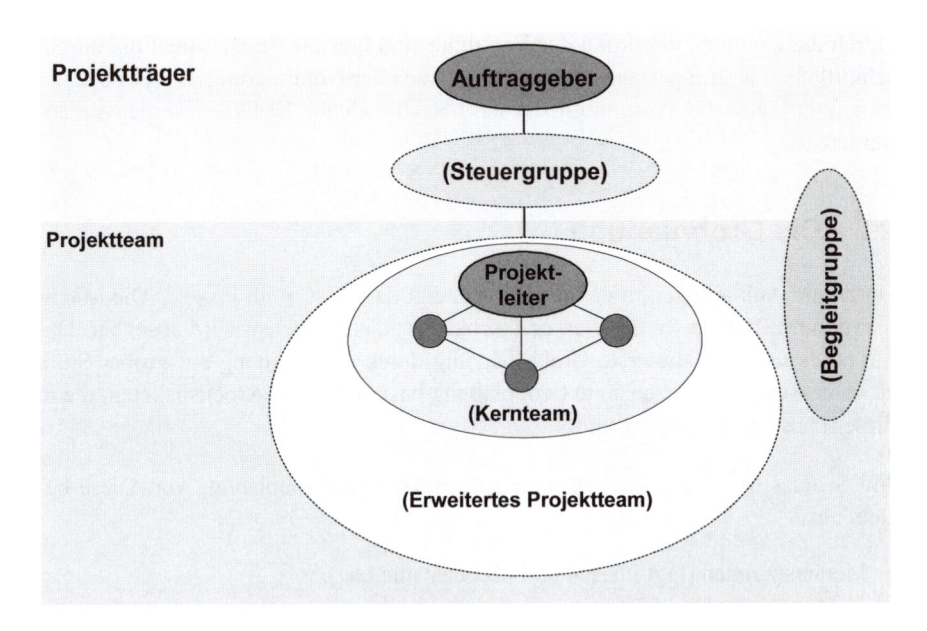

Abbildung II-3: Idealtypische Projektorganisation für die Vorstudienphase

Wichtig sind hier die Klärung und gegenseitige Akzeptanz der Rollen Auftraggeber, Teamleiter und Teammitglieder. Falls „Kreativteams" ohne Leiter eingesetzt werden, muss das Team selber seine Rollenteilung (oder Rollenflexibilität) finden.

Wer moderiert? Wer präsentiert? Wer führt die Planung nach? Es lohnt sich, dem Thema der Zusammenarbeit und Kommunikation hohe Priorität zu geben.

Die Projektleitung soll vor allem die folgenden Fähigkeiten mitbringen:

- Denken in Zusammenhängen: die Fachgebiete untereinander vernetzen,
- Moderieren: Potenziale erwecken, Sensibilität für Gruppenprozesse,
- finanzielle und wirtschaftliche Zusammenhänge erkennen,
- geschäftspolitisches Denken,
- Zeitdisziplin, da oftmals noch wenig terminlicher Druck vorhanden ist.

Das Projektteam sollte vor allem die folgenden Fähigkeiten mitbringen:

- Kreativität, unkonventionelle Vorgehensweise,
- Denken in Alternativen und in weiteren Zusammenhängen,
- Annahmen machen und Entscheidungen treffen,
- sich „unabhängig" von Interessen engagieren.

Durch die zentrale Bedeutung der Vorstudie sind hier die besten, nicht die durchschnittlichen Kräfte gefragt! Von da her ist auch der Nominierungsprozess bedeutsam: Wer wählt die Teammitglieder aus? Nach welchen Kriterien werden sie nominiert?

2.5 Die Grobplanung

Durch die Abklärungen in der Vorstudie steigt das Wissen im Projekt. Die Machbarkeit und Risiken werden besser abschätzbar, das Vorgehen wird absehbar. Damit ist es möglich, die erste Grobschätzung durch eine Planung auf grober Stufe zu verbessern. Die so genannte Grobplanung basiert auf den Arbeitspaketen, die in dieser Phase zu definieren sind.

Am Schluss der Vorstudie liegt eine aussagekräftige Grobplanung vor. Diese besteht aus:

- Meilensteinplan (legt Phasen und Meilensteine fest),
- Projektstrukturplan (definiert Arbeitspakete, evtl. Teilprojekte).

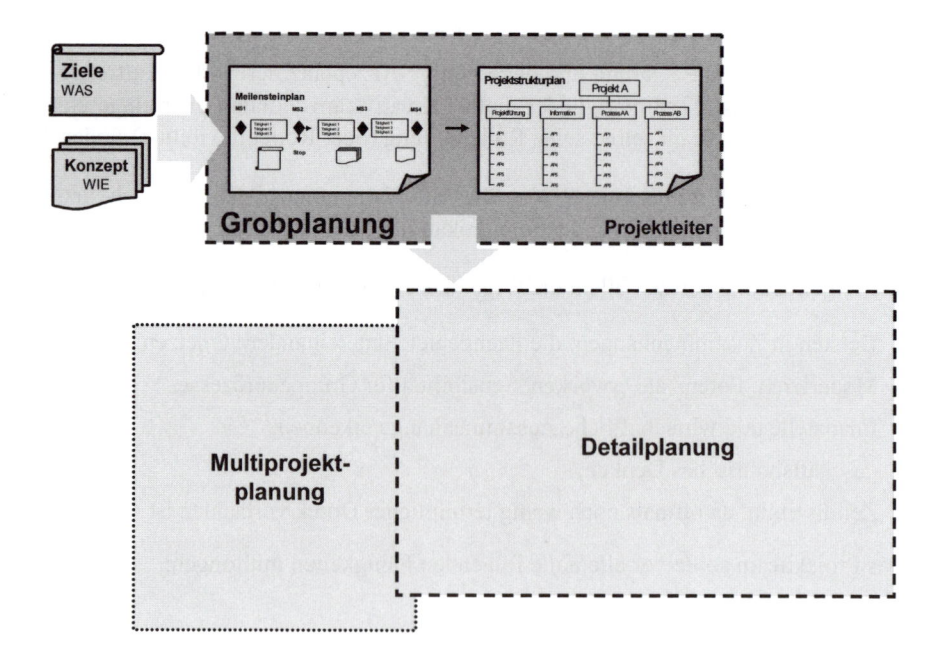

Abbildung II-4: Grobplanung als Teil der Projektplanung

Vorgehen bei der Grobplanung: die Schritte

- Projektphasen und Meilensteine festlegen,
- Entscheide festlegen, die bei den Meilensteinen zu treffen sind,
- Grosse Projekte falls nötig in Teilprojekte aufteilen: Teilprojekte abgrenzen und Teilprojektleiter bestimmen, erste Absprachen durchführen,
- Arbeitspakete definieren und abgrenzen: Arbeitspaketstruktur festlegen und die Verantwortung zuteilen.
- Das Resultat wird im Meilensteinplan und im Projektstrukturplan dokumentiert.

Planung der nächsten Phase (Konzept)

Für die Fortsetzung des Vorhabens sind Projektstrukturplan, Termin-, Kapazitäts- und Kostenplanung mindestens für die nächste Phase und aus Helikoptersicht auch für das Gesamtprojekt auszuarbeiten:

- Was muss am Ende der nächsten Phase erreicht sein?
- Welche Entscheidungsgrundlagen müssen bis zum nächsten Meilenstein vorliegen?
- Welche Zwischenziele müssen bis wann erreicht sein, um den termingerechten Abschluss der Konzeptphase nicht zu gefährden?
- Muss das Projekt in Teilprojekte aufgegliedert werden? Wenn ja, in welche?
- Welches spezielle Know-how wird dazu benötigt?
- Wo ist der Einsatz von Engpassressourcen erforderlich?
- Wer steht zur Verfügung? Ist eine verbindliche Zusage der Linie vorhanden?
- Gibt es spezielle Risiken oder Probleme, die abzuklären sind?
- Wie viele interne und externe Kosten werden ausgelöst?
- Wie müssen die Arbeitsschwerpunkte in dieser Phase gelegt werden, um die Ressourcen optimal zu nutzen?

2.6 Controlling und Risikomanagement

Sorgfältig bearbeitete Vorstudien helfen, wesentliche Projektrisiken zu minimieren und den Projektverlauf effektiv zu gestalten. Das Projektcontrolling nimmt in der Phase Vorstudie vor allem Abklärungs- und Entscheidungsaufgaben wahr: Ist das Projekt machbar? Erst mit der Antwort kann über das weitere Vorgehen bestimmt werden.

In der Vorstudie sind die folgenden Fragekomplexe von Bedeutung:

1. Machbarkeit

Am Ende der Vorstudie muss geklärt sein, ob das Vorhaben erfolgreich durchgeführt werden kann, ob es machbar ist. Ist das Vorhaben noch immer in der Schwebe, können mit einer Simulation mehrere Parameter in Form verschiedener Szenarien „durchgespielt" werden. Wenn die Simulation zeigt, dass Kosten und Nutzen in keinem guten Verhältnis sind, muss ein Stopp des Vorhabens beantragt werden.

- Ist das Projekt technisch und politisch machbar? Können die verschiedenen Unsicherheiten durch das Projekt reduziert werde?
- Sind Know-how und Ressourcen vorhanden, dass das Vorhaben in Angriff genommen werden kann?
- Ist das Projekt finanziell und auch terminlich machbar? Werden die Ressourcen für dieses Projekt richtig eingesetzt?
- Welche Szenarien sind grundsätzlich vorhanden, um das Grobziel zu erreichen?

2. Wirtschaftlichkeit

Die zentrale Zielsetzung jedes Unternehmens ist die langfristige Überlebenssicherung. Überleben ist im Wirtschaftssystem gleichzusetzen mit Liquidität, d.h. mit der Verfügbarkeit von Geld in der Kasse. Jede Handlung, jedes geplante Projekt sollte deshalb dahingehend geprüft werden, ob mit dessen Realisierung die Chancen der Überlebensfähigkeit verbessert werden.

Die Projektwirtschaftlichkeit berücksichtigt Projekt- und Investitionskosten und stellt diese dem Ergebnis bis zum Zeitpunkt, wo die Lösung bereits wieder abgelöst wird (Planhorizont) gegenüber. Zu Beginn eines Projektes müssen sämtliche Daten geschätzt bzw. angenommen werden. Die Wirtschaftlichkeit wird nur so gut sein können, wie es die Annahmen gewesen sind. Diese Tatsache lässt sich nicht umgehen. Der Planer bzw. Projektleiter wird deshalb jeder Beurteilung der Wirtschaftlichkeit den Grad ihrer Genauigkeit beifügen. Zu Beginn eines Projektes liegen die groben Schätzungen z.B. bei einer Genauigkeit von ± 35%. Trotzdem erlaubt eine Schätzung in vielen Fällen eine bessere Beurteilung der Risiken und eine sicherere Entscheidung über Geldeinsatz in ein Projekt. Im weiteren Projektablauf nimmt diese Unsicherheit ab. Vor der Realisierung sollte eine Genauigkeit von ca. ± 10% errechnet werden können.

Ein Projektleiter muss lernen, mit den Ungenauigkeiten und Ungewissheiten der Zukunftsannahmen umzugehen. Mit einer Beurteilung der Projektwirtschaftlichkeit sollen vor allem zwei Fragen beantwortet werden:

- Welche Gewinne, Kostenreduktionen oder Einsparungen bringt das Projekt?
- Wie risikoreich oder rentabel ist ein Kapitaleinsatz ins Projekt?

Die Beurteilung eines Projektes nach rein monetären Kriterien ist nicht sinnvoll. Es empfiehlt sich die zusätzliche Verwendung von „Nutzenkriterien". Die Beurteilung der Projektwirtschaftlichkeit erfolgt einerseits durch die Wirtschaftlichkeitsbeurteilung und andererseits durch die Wirtschaftlichkeitsrechnung:

- Wie kann der Nutzen quantifiziert werden?
- Wie sehen die einzelnen Kostenfaktoren aus?
- Wie sensitiv sind die Projektkosten im Bezug auf die verschiedenen Varianten?

Folgende Ergebnisse sind für eine eindeutige Entscheidungsfindung unerlässlich:

- überprüfte Gesamtwirtschaftlichkeit des Projektes,
- vollständige Machbarkeitsstudie,
- verifizierte Projektrisiken,
- Freigabe der nächsten Phase (Budget, Ressourcen) oder Entscheid über den Abbruch des Projektes,
- verifizierte Priorität des Projektes,
- festgelegte nächste Controlling-Massnahmen: Meilenstein-Sitzung, Review.

2.7 Führung und Zusammenarbeit

Je höher die soziale Komplexität, die Vernetzung des Projektes und je offner die Aufgabenstellung des Projektthemas, desto anspruchsvoller und herausfordernder ist es für den Projektleiter (s. Teil III, Kap. 6). Er muss die Prozesse so gestalten, dass das Team eine gute Leistung erbringen kann. Zur Führung seines Teams erhält der Projektleiter meist nur wenig formale Macht. Seine Führungsarbeit kann er lediglich auf seiner persönlichen Autorität abstützen. Er muss sein neues Projektteam sukzessive zur gemeinsamen Kooperation, einem „Wir-Gefühl", einem gemeinsam erarbeiteten und akzeptierten Ziel, sowie zu einheitlichen Werten und Normen hin entwickeln.

Am „Wir-Gefühl" arbeitet der Projektleiter vor, während und nach dem Kickoff.

Seine Aufgabe ist:

- auf der Beziehungsebene ein Klima von Akzeptanz und Vertrauen zu fördern,
- auf der Inhaltsebene wissens- und ergebnisorientiertes Arbeiten zu entwickeln und zu ermöglichen,
- auf der Organisationsebene für Ordnung und Struktur zu sorgen.

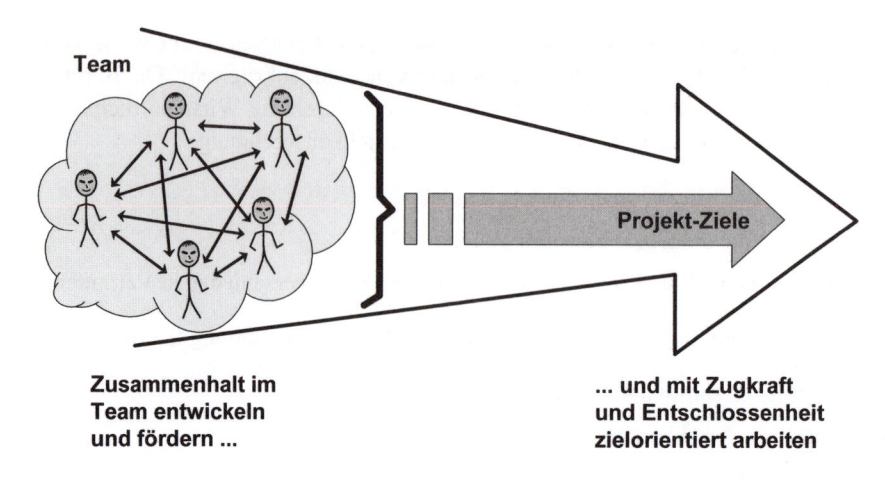

Abbildung II-5: Teambildung und Zugkraft

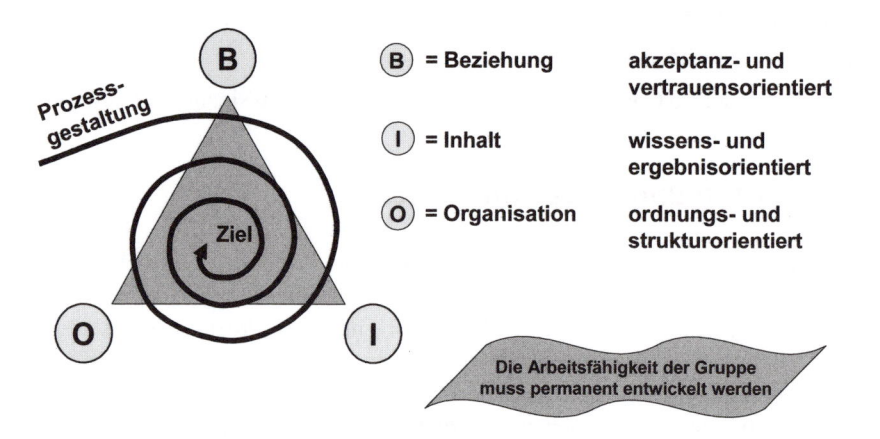

Abbildung II-6: Aspekte der Prozessgestaltung

Die Phase der Zusammenarbeit ist von Anfang an besonders sensibel, sozial komplex und von Unsicherheiten bei den Beteiligten geprägt. Der Projektleiter kann eine gute Zusammenarbeitskultur entwickeln:

- Er ist sich bewusst, dass sich die neu konstituierte Projektgruppe anfänglich mit verbindlichen Rahmenbedingungen, Regeln und Arbeitsmethoden beschäftigen will.
- Er vereinbart entsprechende Regeln für die Zusammenarbeit, ermöglicht konkrete Aufgaben- und Kompetenzverteilung.
- Er ist sich seiner sozialen und personalen Kompetenz bewusst und setzt sie wertschätzend ein.

2.8 Information und Dokumentation

Allgemeines

Auch wenn die Vorstudie noch durch eine kleine Projektorganisation bearbeitet wird, so soll die interne gegenseitige Information und Kommunikation in einem Konzept geregelt werden:

- Wie werden Sitzungen und Workshops organisiert?
- Wie wird protokolliert?
- Was wird wie dokumentiert?
- Wie wird der Auftraggeber informiert?
- Wie bleibt das Projektteam mit ihm im Gespräch?
- Was wird nach aussen getragen?

Empfänger	WER verantwortl. Bericht- erstatter	WAS Thema	WO Ort Medium	WIE Form	WANN Termin, Periodizität
Auftraggeber	Projektleitung	Entscheid über weiteres Vorgehen	GL-Sitzung	Präsentation	Ende Vorprojekt
Steuergruppe					
Projektleitung					
Projektteam					
Anwender					

Abbildung II-7: Beispiel eines Informations- und Kommunikationskonzeptes

Bei sozial komplexen Projekten ist es hilfreich, anhand einer Projektumfeld-Analyse die Erwartungen, Befürchtungen, Interessen, Unterstützungen, Ablehnungen usw. herauszuschälen. Das Sichtbarmachen der Projektumfeldbeziehungen kann helfen, das Informations- und Kommunikationskonzept zu gestalten.

Prozessorientierte Dokumente

Dokumente, die Bestandteil des Projekthandbuches bzw. des Projektordners sind:

- Projektvereinbarung, mindestens für diese Phase,
- aktualisierter Vorgehensplan: Termin-, Ressourcen- und Kostenplan,
- aktualisierte Projektorganisation,
- Grobplan über den Mittelbedarf (personelle Mittel und Sachmittel),
- Informations- und Kommunikationskonzept (unternehmensintern und -extern),
- Statusberichte, Protokolle,
- Vorgehensplan der nächsten Phase (in der Vorstudie sind Konzepte für das weitere Vorgehen bzw. für die Prozessgestaltung oft zentraler als die inhaltlichen Ergebnisse, vor allem in sehr offenen Projekten).
- Sehr wertvoll ist ein kritischer Rückblick auf den Prozess während dieser Phase: Was lernt das Team daraus für die nächste Phase?
- Phasenbericht und Antrag für die nächste Phase.

Inhaltsorientierte Dokumente

Dokumente, welche die Sache, die inhaltlichen Ergebnisse, Resultate betreffen:

- Analyse-Ergebnisse,
- Voraussetzungen und Annahmen,
- Schwächen und Mängel des Ist-Zustandes,
- Ziele und Anforderungen,
- überarbeitete, detaillierte Zielsetzung (Pflichtenheft, Lastenheft),
- Machbarkeitsstudie: Beurteilung der Machbarkeit, Kosten, Wirtschaftlichkeit, Risiken und detaillierte Wirtschaftlichkeitsrechnung,
- grobe Lösungsansätze,
- Konzept: in der Vorstudienphase stehen Lösungskonzepte noch nicht im Vordergrund. Hier sind Analyse-Ergebnisse und Zielsetzungen entscheidender. Lösungen beschränken sich vorerst auf „Grobkonzept", Lösungsideen, „Varianten" usw.,
- Phasenbericht, Statusbericht, Review fasst als Schlussbericht die obigen Punkte zusammen.

2.9 Checkliste „Abschluss Vorstudienphase"

- Welche Änderungen von Zielsetzung oder Systemgrenzen gegenüber dem Projektauftrag gibt es?
- Sind die Änderungen berechtigt? Welche Auswirkungen ergeben sich?
- Sind die Ziele lösungsneutral und positiv formuliert, vollständig, möglichst messbar, widerspruchsfrei und zudem erreichbar? Wie erkennen Sie, dass Ihre Ziele erreicht sind?
- Sind Zielwidersprüche ausdiskutiert? Sind die Ziele klassifiziert und gewichtet?
- Ist die Erreichbarkeit der formulierten Ziele glaubwürdig nachgewiesen?
- Welche Resultate ergeben sich aus Marktstudie bzw. Konkurrenzanalyse?
- Ist die Projektwirtschaftlichkeit zum heutigen Zeitpunkt noch erwiesen?
- Erzeugt das Projekt relevante positive Auswirkungen auf Bilanz und Erfolgsrechnung?
- Sind die Risiken realistisch bewertet und allfällige Unterschiede in der Bewertung bereinigt?
- Sind alle möglichen Lösungsansätze identifiziert?
- Sind die Vor- und Nachteile der Lösungsansätze genügend abgeklärt und richtig bewertet?
- Ist die Machbarkeit im Markt sowie im politischen und technischen Umfeld nachgewiesen?
- Ist ein Projektstrukturplan erstellt worden? Ist die Aufteilung in Teilprojekte richtig vorgenommen bzw. vorgesehen? Sind kritische Entscheide terminlich festgelegt?
- Sind Aufwand, Termine, notwendiges Know-how und Verfügbarkeit von Schlüsselpersonen mit den neuen Erkenntnissen überprüft und realistisch?
- Sind allfällige Schätzungen (Mengen, Häufigkeiten, Meilensteine, Kosten, Zeiten) realistisch? Ist die Schätzgenauigkeit angegeben?
- Stehen die Fachspezialisten, erforderlichen Mittel und Ressourcen zum richtigen Zeitpunkt zur Verfügung?
- Unterstützt der Auftraggeber das Projektteam mit allen ihm zur Verfügung stehenden Mitteln?
- Werden die Qualitätsrichtlinien für den Projektablauf eingehalten?
- Sind der periodische Informationsaustausch und die Informationssicherung konkret geregelt?
- Wird die Art der Zusammenarbeit regelmässig gemeinsam reflektiert?

3 Phase „Konzept"

3.1 Worum geht es in dieser Phase?

> *„Some men see things as they are and ask why?*
> *I dream of things as they might be and ask why not?"*
>
> (Robert Kennedy)

In der Konzeptphase werden Lösungsvarianten erarbeitet und beurteilt. Für die ausgewählte Variante werden ausführungsreife Pläne erstellt. Die Bedürfnisse sämtlicher Interessengruppen sind so weit möglich unter einen Hut zu bringen. Dabei ist es wichtig, sich der eigenen Gewohnheiten bewusst zu sein. Die Phase „Konzept" kann bei grossen Projekten in Hauptprojekt und Detailprojekt aufgeteilt werden. Durch die Aufteilung entsteht ein weiterer Meilenstein. Dadurch wird vermieden, dass sich das Projektteam in unwegsamem Gelände versteigt. Bei jedem Meilenstein entscheidet der Auftraggeber, welche Variante weiter verfolgt werden soll. Er spricht auch die Mittel für die nächste Phase.

3.2 Ergebnisse der Konzeptphase

Am Ende der Konzeptphase liegen die folgenden Ergebnisse vor:

- Lösungsvarianten sind entwickelt.
- Eine Variante mit ausführungsreifen Plänen ist ausgewählt.
- Die bestimmte Lösung ist im Detail ausgearbeitet.

3.3 Schritte der Konzeptphase

- Detailziele bzw. Ziele für Teilprojekte und -systeme festlegen und Ziele bei Bedarf überarbeiten
- Lösungsvarianten entwickeln (Höhepunkt der Kreativität in dieser Phase) und auf die Zielkonformität prüfen
- Lösungsvarianten bewerten und eine Variante vom Auftraggeber auswählen lassen
- Detaillierte Lösung der gewählten Variante ausarbeiten
- Mittel- und Ressourcenbedarf überprüfen und anpassen

3.4 Organisation

In der Konzeptphase sind die relevanten Anspruchsgruppen in der Regel vertreten, sei dies im Projektteam bzw. in Teilprojektteams, in speziellen Arbeitsgruppen oder Begleitgruppen. Dabei besteht oft die Tendenz, möglichst alle Vertreter einer Anspruchsgruppe zu beteiligen, was die Projektorganisation schwerfällig und aufwändig macht (s. Teil III, Kap. 2). Durch eine entsprechende Strukturierung kann erreicht werden, dass einzelne Gremien nur soviel wie nötig zusammenkommen.

Aus mehreren Varianten von Projektorganisationen muss die optimale gefunden werden. Die folgenden Kriterien können wegweisend sein:

- Welche Bedeutung hat das Projekt im Unternehmen?
- Was verändert das Projekt?
- Welche Fachkompetenzen und welche Unterstützung braucht das Projekt?
- Welche Kultur soll im Projekt (und damit evtl. auch in Zukunft) gelebt werden?
- Wie gross soll der Mitwirkungsgrad der Betroffenen sein?
- Welches sind die verfügbaren Ressourcen? Wie gross darf der Aufwand sein?

Worauf ist in der Konzeptphase besonders zu achten?

- Mit einer Projektumfeldanalyse die wesentlichen Anhaltspunkte über die Organisation finden
- Rollen (Aufgaben und Kompetenzen) der einzelnen Gremien klären, vereinbaren, schriftlich festhalten, transparent machen
- Die Kommunikation zwischen den Gremien präzise konzipieren und regeln: gegenseitige Information und Vernetzung, gemeinsame Besprechungen, Reviews usw.

Gefragte Kompetenzen in dieser Phase

- Bei Projekten, wo die fachliche Lösung im Vordergrund steht: Fachkompetenz
- In Veränderungsprojekten: Prozesskompetenz (Vorgehenskompetenz, Sozial- und Führungskompetenz)
- Kreative Kräfte und Realisten (Pragmatiker) in ausgewogenem Verhältnis
- Projektleitung: Moderation, Teamarbeit, Teamentwicklung
- Querdenker-Rollen einbauen: Zum Beispiel Beteiligte aus fremden Fachgebieten bringen oft die wertvolle Aussensicht ins Projekt hinein

3.5 Die Detailplanung

Inhaltlich wird in der Konzeptphase ein Lösungskonzept erstellt, Wie vorzugehen ist, um die Ziele zu erreichen. Aufgrund der Grobplanung aus der Vorstudie und unter Berücksichtigung des ausgewählten Lösungskonzepts wird jetzt die Detailplanung durchgeführt. Die Planung der Realisierung weist idealerweise eine Genauigkeit von ±10% auf. Die mögliche und notwendige Genauigkeit ist stark abhängig vom Projektinhalt und vom Umfeld. Bei Kundenprojekten mit Fixpreisangebot ist eine hohe Genauigkeit noch wichtiger als bei internen Projekten.

Am Schluss der Konzeptphase liegt eine vollständige und hilfreiche Detailplanung vor:

- Ablauf- und Terminplan in Form eines Balkenplans oder Netzplans,
- ein detaillierter Ressourceneinsatzplan mit Zusage der Linie,
- ein Kostenplan, wann welche finanziellen Mittel zur Verfügung stehen müssen.

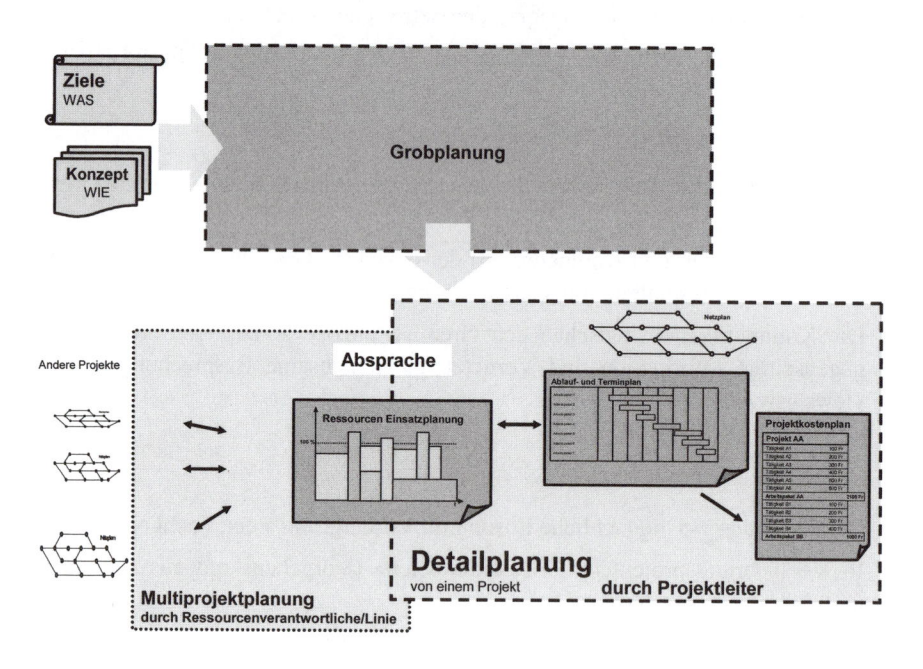

Abbildung II-8: Detailplanung als Teil der Projektplanung

Vorgehen bei der Detailplanung

- Projektstrukturplan aktualisieren
- Die Tätigkeiten festlegen, die innerhalb der Arbeitspakete auszuführen sind
- Abhängigkeit der Tätigkeiten voneinander abklären
- Fähigkeiten und Erfahrungen bestimmen, die notwendig sind für die effiziente Abwicklung der Tätigkeiten, Verfügbarkeit der benötigten Spezialisten klären
- Zeitaufwand und Durchlaufzeit für Ressourcenzuteilung schätzen
- Terminierung durchführen, falls nötig die Durchlaufzeit optimieren
- Verfügbarkeit der Ressourcen mit der Linie verbindlich absprechen
- Ressourcenkonflikte erkennen und zusammen mit der Linie verbindlich lösen
- Zeitlichen Bedarf finanzieller Mittel planen: Liquidität, Cash Management
- Allfällige finanzielle oder terminliche Konflikte lösen
- Die Planungsresultate allen Beteiligten und Betroffenen kommunizieren

Die so entstandene Erstplanung heisst Initialplanung. Falls notwendig werden während der Projektabwicklung Anpassungen durchgeführt.

Planung für die nächste Phase (Realisierung)

- Was muss am Ende der nächsten Phase erreicht sein?
- Welche Entscheidungsgrundlagen liegen bis zum nächsten Meilenstein vor?
- Welche Zwischenziele müssen bis wann erreicht sein, um den termingerechten Abschluss der Realisierung nicht zu gefährden?
- Sind alle Angaben mit der notwendigen Güte und im erforderlichen Detaillierungsgrad vorhanden?
- Welches spezielle Know-how wird dazu benötigt?
- Wo ist der Einsatz von Engpassressourcen erforderlich?
- Wer steht zur Verfügung? Ist eine verbindliche Zusage der Linie vorhanden?
- Wie müssen die Arbeitsschwerpunkte in dieser Phase gelegt werden, um die Ressourcen optimal zu nutzen?
- Gibt es Tätigkeiten mit überlanger Durchlaufzeit, die früher initialisiert werden müssen, um den Endtermin sicher zu stellen?
- Gibt es spezielle Risiken oder Probleme, die abzuklären sind?
- Welche finanziellen Mittel müssen bis wann verfügbar sein? Ist das der späteste mögliche Zeitpunkt für die Investition?
- Sind die kritischen Punkte allen Beteiligten bewusst?

3.6 Controlling und Risikomanagement

Das Projektcontrolling (s. Teil III, Kap. 4) nimmt in der Konzeptphase vor allem Entscheidungsaufgaben wahr: Die vorliegenden Lösungsvarianten müssen auf ihren Beitrag zur strategischen und kommerziellen Zielsetzung des Unternehmens untersucht werden.

In der Konzeptphase sind die folgenden Fragekomplexe von Bedeutung:

1. Variantenbildung

- Welche Szenarien bzw. Lösungsvarianten sind wirtschaftlich interessant?
- Sind bei den Varianten unterschiedliche Projektrisiken zu erwarten?

2. Wirtschaftlichkeit

- Wie kann der Nutzen quantifiziert werden?
- Wie kann die Wertschöpfung der Varianten quantifiziert werden?
- Wie sensitiv sind die Projektkosten in Bezug auf die verschiedenen Varianten?

Folgende Ergebnisse sind für eine professionelle Entscheidungsfindung unerlässlich:

- Nutzwertanalyse,
- detaillierte Risikoanalyse z.B. FMEA,
- überprüfte Gesamtwirtschaftlichkeit des Projektes,
- Freigabe der nächsten Phase (Budget, Ressourcen),
- Entscheid über den Abbruch des Projektes,
- verifizierte Priorität des Projektes,
- Fortschrittsbericht,
- festgelegte nächste Controlling-Massnahmen: Meilenstein-Sitzung, Review.

3.7 Führung und Zusammenarbeit

So wie jeder Mensch seine eigene Entwicklungsgeschichte hat, entwickeln auch Gruppen eine eigene „Lebensgeschichte". Thema, Situation, Umfeld, Kontext und vor allem die Persönlichkeit der einzelnen Gruppenmitglieder und des Projektleiters führen dazu, dass jeder Gruppenprozess anders verläuft. Das „Wir-Gefühl" in einer Gruppe muss sukzessive entwickelt werden. Durch Unruhe, Widerstand oder Konflikte im Team können Schwierigkeiten ausgelöst werden.

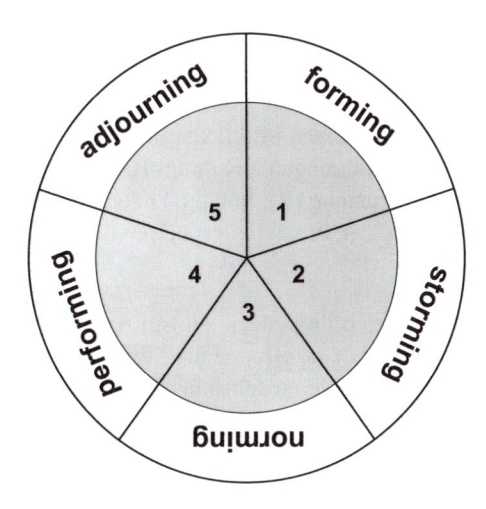

Abbildung II-9: Entwicklungsphasen einer Gruppe

Diese Störungen erschweren oder verunmöglichen ein Arbeiten an der Sache. Die Bearbeitung der Störungen hat Vorrang. Werden sie nicht behoben, leidet die Produktivität der Gruppe und die Zielerreichung ist gefährdet. (s. Teil III, Kap. 6)

Auf welcher Ebene zeigt sich der Konflikt?

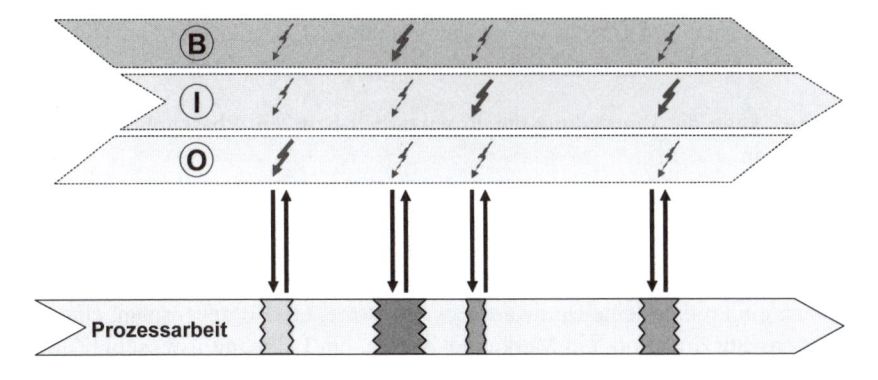

Konfliktbearbeitungsform und Dauer der entsprechenden Ursache anpassen!

Abbildung II-10: Auszeit für die Prozessarbeit im Projekt

In solchen Situationen ist es für den Projektleiter besser, die Rolle des neutralen Moderators einzunehmen. Hilft er der Gruppe, ihre Störungen zu klären, hält die Wirkung der Regelung meistens an. Sagt er hingegen als Chef zur Gruppe „wo's lang geht", werden die Teammitglieder es ihm umgehend danken, indem sie sich zurückziehen und aus der Verantwortung stehlen. Die Gruppe deklariert Beziehungsarbeit umgehend zur Chefsache.

Dem Projektleiter muss bewusst sein, dass die einzelnen Mitglieder unterschiedliche Sichtweisen, Wertungen, Kenntnisse und Erfahrungen aus ihrem Hintergrund einbringen. Wenn auf einer der drei Ebenen Beziehung (B), Inhalt (I) oder Organisation (O) eine Unstimmigkeit auftaucht, muss der Projektleiter an der Entwicklung des Teams arbeiten.

Die grösste Leistungsfähigkeit einer Gruppe wird oft erst nach einigen Arbeitssitzungen erreicht. Dieser Zeitraum ist notwendig, da eine Gruppe ein „Wir-Gefühl" erst entwickelt, nachdem sie sich eingespielt und erste Auseinandersetzungen gemeinsam erfolgreich gemeistert hat.

3.8 Information und Dokumentation

In der Konzeptphase steht das „wie" im Vordergrund. Die Kommunikation mit den Anspruchsgruppen braucht besondere Aufmerksamkeit, um Vertrauen, Identifikation und Unterstützung zu erreichen. Wichtige Instrumente dazu sind: Projektumfeld-Analyse, Informations- und Kommunikationskonzept und Projektmarketing. Spätestens in der Konzeptphase soll auch das Dokumentationssystem eingerichtet werden.

Prozessorientierte Dokumente

Es sind dieselben Dokumente wie in der Vorstudie. Ein grösseres Gewicht liegt jedoch beim Controlling, also bei Status- und Änderungsberichten.

Auch hier kann die Beurteilung der Projektarbeit bzw. ein Phasenrückblick sehr wertvoll sein.

Ergebnisorientierte Dokumente

Zentrales Dokument ist das Konzept, welches beschreibt, wie die Lösung aussieht. Das kann ein Produkt, eine Hardware bzw. Software, ein Vorgehensplan, eine Organisations-Spezifikation, ein Marketingkonzept, ein Lehrgang usw. sein. Zudem müssen Detailpläne als Voraussetzung für die Realisierung vorliegen.

Phasenbericht (Statusbericht, Review)

Dieses Dokument enthält die Auswertung bzw. Zusammenfassung der Konzeptphase und bildet die Grundlage für die nächste Phase:

- Voraussetzungen, Annahmen, aufgetretene Probleme, Konsequenzen,
- Ziele, neu identifizierte Rahmenbedingungen,

- Lösung, Lösungsvarianten, Lieferobjekte,
- Auswirkungen auf Stakeholder (z.B. Kunden, Eigner, Personal) und Umwelt,
- aktualisierte Wirtschaftlichkeitsrechnung, insbesondere Änderungen gegenüber Vorstudie,
- Beurteilung des Projektes: Vorteile, Nachteile, Bedrohungen, Zielerreichungsgrad, Ausbaumöglichkeiten, Zusammenfassende Wertung, evtl. Stellungnahmen der Stakeholder,
- aktualisierte Projektorganisation,
- Gesamtplanung des Projektes, Planung der nächsten Phase, finanzielle Führung,
- Kommunikationskonzept: nach innen und aussen,
- Mittelbedarf (personelle Mittel und Sachmittel),
- Antrag (Lösung und weiteres Vorgehen).

3.9 Checkliste „Abschluss Konzeptphase"

- Wie sind die gestellten Bedingungen beachtet worden?
- Sind die in der Vorstudie ausgewählten Varianten konsequent weiterverfolgt?
- Bestehen Änderungen gegenüber der Vorstudie bezüglich Zielsetzung, Systemgrenzen und -gestaltung? Sind diese berechtigt? Welche Auswirkungen ergeben sich daraus?
- Wie wurden die gewünschten Änderungen im Projektplan berücksichtigt?
- Sind die Schätzungen zu Mengen, Häufigkeiten und Terminen so konkret, dass sie umgesetzt werden können?
- Sind die Vor- und Nachteile der Varianten und deren Risiken klar ersichtlich?
- Wurde die Bewertung der Risiken mit den Erkenntnissen der Konzeptphase überprüft? Wurden die notwendigen Massnahmen festgelegt und die Aktionen vorbereitet?
- Ist die Wirtschaftlichkeit des Projektes zum heutigen Zeitpunkt noch erwiesen?
- Wurden Aufwand, Ressourcen und Termine vollständig und realistisch im Detail geplant und ein Plausibilitätstest durchgeführt?
- Sind die finanziellen Mittel und die Liquidität über die ganze Dauer des Projektes gesichert?
- Ist die Verfügbarkeit der benötigten finanziellen und personellen Mittel zugesichert?
- Ist das notwendige Know-how verfügbar? Sind die entsprechenden Ressourcen zugesichert?

- Ist das Vorgehen der Realisierungsphase mit allen Beteiligten abgestimmt?
- Ist die Stabübergabe an neue Projektmitglieder geplant, vorbereitet oder gar schon erfolgt?
- Sind Handlungskompetenzen und Verantwortlichkeiten den Erfordernissen entsprechend geregelt?
- Wie werden die Richtlinien für Projektcontrolling und -Reporting eingehalten?
- Wie werden die Qualitätsmanagement-Richtlinien für den Projektablauf und -inhalt eingehalten?
- Sind die Planungsunterlagen vollständig, oder ist mindestens die Vervollständigung konkret geplant?

4 Phase „Realisierung"

4.1 Worum geht es in dieser Phase?

> *„Nur wer plant, kann erfolgreich improvisieren"*
> (Autorenteam)

In der Realisierungsphase werden die Pläne aus der Konzeptphase verwirklicht.

4.2 Ergebnisse der Realisierungsphase

Die Lösung bzw. das System wird gebaut und getestet. Damit das Projekt abgeschlossen werden kann, müssen am Schluss der Realisierungsphase die folgenden Ziele erreicht sein:

- System, Produkt, Dienstleistung ist beschafft bzw. erstellt.
- Die Lösung ist getestet.
- Produkt, Dienstleistung kann hergestellt bzw. erbracht werden, sobald die Benutzer dazu befähigt sind.

4.3 Schritte der Realisierungsphase

- Kostenplan erstellen
- Sachmittel, personelle und finanzielle Mittel bereitstellen
- Projektorganisation anpassen
- Lösung herstellen und testen
- Ausbildung der künftigen Benutzer planen
- Projektablauf steuern
- Plan/Ist-Vergleiche durchführen (finanzielle Führung, Controlling)
- Abweichungen kommunizieren
- Beteiligte informieren
- Externe Stellen (z.B. Kunden) informieren

4.4 Organisation

In der Realisierungsphase geht es beim Anlagebau um Produktion, Installation, Montage, bei Organisationsprojekten um Implementierung, Probeläufe, Pilotversuche usw. Das Projekt liegt jetzt viel näher bei der physischen Produktion oder beim betrieblichen Alltag. Das färbt auf die Projektorganisation ab: Sie ist in der Regel hierarchiebetonter als etwa die Konzeptphase, welche eine weitgehende Teamkultur aufwies. Charakteristisch sind somit ausgeprägtere Unterstellungsverhältnisse mit einer strafferen Führung. Oft ist dies auch bedingt durch einen weit grösseren Personaleinsatz als in vorangehenden Phasen.

Die Rollen-, Aufgaben- und die Kompetenzregelung sind jetzt besonders wichtig. z.B. sind unzählige Kostenüberschreitungen darauf zurückzuführen, dass das Projektcontrolling organisatorisch „unsauber" installiert wurde.

- Macher sind hier eher gefragt als Phantasten;
- Organisationstalent;
- Klarheit, Konsequenz und Verbindlichkeit in der Führung;
- Problemlösung;
- Konfliktmoderation;
- Haltung und Verhalten, Verbindlichkeit.

4.5 Anpassungen der Planung

Oft wird die Planung erst in der Ausführungsphase aktuell: Wer macht was? Welches Unternehmen ist für welche Baugruppe verantwortlich? Welches Team implementiert welchen Bereich?

In der Konzeptphase wurde eine Initialplanung erstellt und freigegeben. Bei den Meilensteinen werden kritische Fragen gestellt und neu beurteilt: Treffen die Annahmen, die bei der Initialplanung getroffen wurden, noch vollumfänglich zu? Sind neue Rahmenbedingungen eingetreten? Bei Bedarf muss eine Aktualisierung der bestehenden Planung durchgeführt werden bezüglich Ressourcen, Terminen, und Kosten. Das kann auch heissen, dass neue Abmachungen zu treffen sind. Änderungen an der Projektplanung sind zu dokumentieren und an die Betroffenen zu kommunizieren.

Treten absolut neue Rahmenbedingungen oder Erkenntnisse in einem Umfang ein, dass die bisherige Planung nicht mehr als Basis für einen Plan/Ist-Vergleich geeignet ist, weil Inhalt und Abgrenzung der Arbeitspakete seit der Initialplanung wesentlich geändert haben, dann ist beim momentanen Projektstand ein Schnitt bei der Planung zu machen und ab dem Zeitpunkt eine Neuplanung zu erstellen (time-to-complete und cost-to-complete).

Allfällige neue Ressourcenkonflikte, die durch die neue Situation entstanden sind, müssen gelöst werden.

Planung der nächsten Phase (Einführung)

Spätestens jetzt werden die Überführung in die Nutzungsphase und der Abschluss des Projektes geplant oder eine bestehende Planung überprüft.

- Was muss am Ende des Projektes erreicht sein?
- Wie wird das Produkt bzw. die Dienstleistung beim Benutzer eingeführt?
- Müssen für Risiken oder Probleme spezielle Massnahmen getroffen werden?
- Welche offenen Punkte müssen noch vor Projektabschluss erledigt werden?
- Welche Meilensteinentscheide, Reviews oder Abnahmen müssen vorbereitet werden?
- Welche Tätigkeiten sind wann und mit welchem Aufwand erforderlich, um das Projekt übergeben und abschliessen zu können?
- Reichen die bewilligten Mittel bis zum Abschluss aller Arbeiten?

4.6 Controlling und Risikomanagement

Das Projektcontrolling (s. Teil III, Kap. 4) nimmt in der Realisierungsphase vor allem Kontroll- und Steuerungsaufgaben wahr: Stimmt die Projektabwicklung bezüglich Terminen, Kosten und Ressourcen? Falls in dieser Phase noch Änderungsanträge auftauchen, sind die Konsequenzen bezüglich Qualität, Kosten und Terminen (siehe auch Magisches Dreieck) aufzuzeigen. Der Auftraggeber entscheidet aufgrund dieser Erkenntnisse, ob der Änderungsantrag angenommen wird.

In der Realisierungsphase sind die folgenden Fragenkomplexe von Bedeutung:

1. Projektsteuerung

- Wo sind welche Abweichungen zum Projektplan vorhanden?
- Welche Tätigkeiten bzw. Arbeitspakete liegen auf dem kritischen Pfad?
- Wo ist Unterstützung vom Management/Projektausschuss notwendig?

2. Projektänderungen

- Welche Änderungen sind umzusetzen? Zu welchen Kosten?
- Welche können auf später verschoben werden?
- Wo sind Nachforderungen zu erwarten?

Folgende Ergebnisse sind für eine professionelle Entscheidungsfindung unerlässlich:

- überprüfte Gesamtwirtschaftlichkeit des Projektes,
- aktualisierte Risikoanalyse: neue Risiken, veränderte Rahmenbedingungen,
- Freigabe der nächsten Phase mit Budget und Ressourcen,
- verifizierte Priorität des Projektes,
- Fortschrittsbericht,
- festgelegte nächste Controlling-Massnahmen: Meilenstein-Sitzung, Review.

4.7 Führung und Zusammenarbeit

Häufig treten in der Realisierungsphase Störungen im Projektteam auf, welche die Leistungsfähigkeit des Teams und damit die Zielerreichung des Projektes gefährden. Dann muss der Projektleiter auf der entsprechenden Ebene der Ursache intervenieren. Er muss den Arbeitsprozess bewusst unterbrechen um zu klären, was bis wann durch wen getan werden muss, damit dies oder das erreicht wird. Auf der Beziehungsebene sind klärende, unterstützende, strukturierende und entwicklungsfördernde Coachingmassnahmen sinnvoll (s. Teil III, Kap. 6).

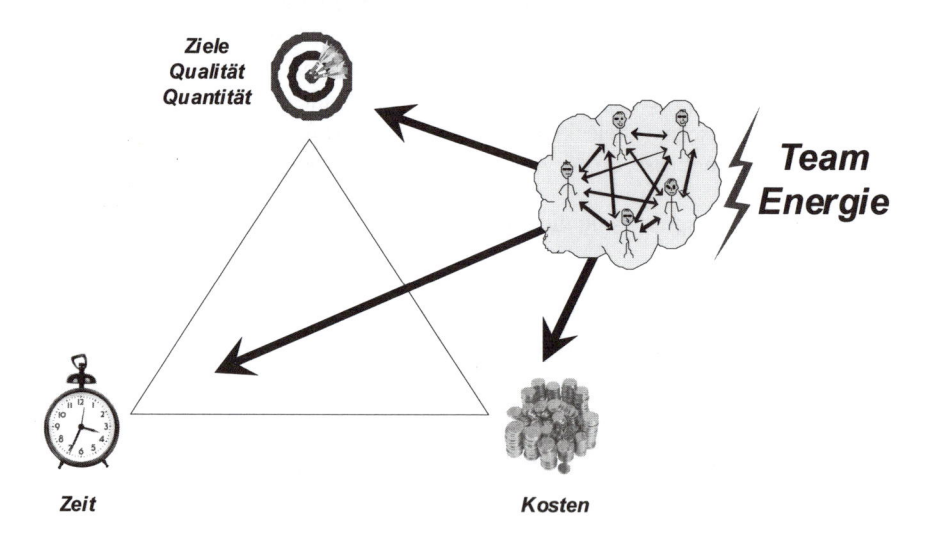

Abbildung II-11: Einfluss auf das Steuerungsdreieck

Nebst dem stimmigen Verhalten des Projektleiters müssen seine Interventionen auch zur konkreten Verbesserung der aktuellen Problematik führen. Diese kann er auf die Sachebene bezogen an den Aspekten Ziel, Zeit und Kosten angehen.

4.8 Information und Dokumentation

In der Realisierungsphase steht das Controlling im Vordergrund: die Kommunikation des Projektstandes (Vergleich zur Planung) sowie der geplanten Änderungen (s. Teil III, Kap. 5). Da es in dieser Phase oft viele Projektbeteiligte gibt, ist eine systematische Information und Kommunikation unumgänglich.

In der Realisierungsphase sind folgende Dokumente von Bedeutung:

Prozessorientierte Dokumente

- Projektfortschrittsberichte (Fortschritts- und Aufwandsmeldungen)
- Management Summary
- Änderungsdokumente
- Angebote, Verträge, Abrechnungen
- Qualitätsbeurteilung
- Einführungskonzept
- Reviewbericht

Ergebnisorientierte Dokumente

- Testberichte
- Dokumente für die Einführung und Instruktion: Einführungskonzept
- Zielsetzung des Projektes, Beurteilung der Zielerreichung
- Wirtschaftlichkeit
- Realisierungspläne

4.9 Checkliste „Abschluss Realisierungsphase"

- Wie gut wurden alle im Projektauftrag vereinbarten Ziele erreicht?
- Welche Erfolge zeigen die geplanten Prüfungen und Tests am neuen Objekt (Produkt, System, Organisation)?
- Wie gut stimmen die erreichten Resultate mit den Vorgaben überein?
- Ist die Einführung der Lösung beim Benutzer so geplant, dass sie auch realistisch erfolgen kann?
- Wie sind die begleitenden Massnahmen wie Schulung, Anpassung der Organisation, Dokumentation für die Einführung sichergestellt?

- Ist vor der flächendeckenden Einführung ein Pilotversuch notwendig?
- Wie gross ist die Akzeptanz für eine erfolgreiche Einführung? Reicht das aus?
- Welche Ergebnisse wurden nicht erreicht? Welches sind die Konsequenzen?
- Zu welchen Mängeln gibt es keine Korrekturmassnahmen?
- Was ist bei der Überprüfung zum Abschluss speziell zu berücksichtigen? Welche offenen Punkte bleiben bestehen?

5 Phase „Einführung"

5.1 Worum geht es in dieser Phase?

> *„Das Projekt ist erst eingeführt, wenn der künftige Anwender die neue Lösung im Alltag nutzbringend verwendet, alle Mängel behoben sind und die Projektdokumentation vollständig ist."*

Wenn die neue Dienstleistung bzw. das neue Produkt beim Benutzer eingeführt ist, muss die Projektorganisation wieder aufgelöst werden. Dazu gehört es, das Erreichte zu würdigen und die Lehren aus dem Projekt zu ziehen. Dies gelingt am besten, wenn nach einer vereinbarten Zeit des produktiven Einsatzes der entstandenen Lösung gemeinsam mit Auftraggeber und Benutzer Bilanz gezogen wird. Nach dem Projektabschluss beginnt die Phase der Nutzung. Hier werden Erfahrungen gesammelt, die für die Verbesserung der vorliegenden Lösung und für die Gestaltung ähnlicher Systeme genutzt werden können.

5.2 Ergebnisse der Einführungsphase

Eine gute Einführung der neuen Lösung und ein vollständiger Abschluss mit einer Auswertung des Projektes sorgen dafür, dass das Projekt gut abgenabelt werden kann und positive Eindrücke hinterlässt. Das Projektteam darf nicht dem „Fast-schon-fertig-Syndrom" verfallen und sich innerlich vom Projekt verabschieden, bevor alle offenen Arbeiten erledigt sind. Die Schlussfolgerungen aus allfälligen Fehlern können gezogen werden. Andere Projekte können vom erarbeiteten und dokumentierten Know-how profitieren.

Wenn das Projekt fertig ist, kann Folgendes festgestellt werden:

- System, Produkt, Dienstleistung ist der Linie sorgfältig übergeben.
- Die Benutzer können damit produktiv umgehen.
- Das Abnahmeprotokoll ist unterschrieben.
- Die Nachkalkulation ist durchgeführt.
- Die Dokumentationen über Fachwissen und gemachte Erfahrungen liegen vor.
- Die Schlussbeurteilung ist durchgeführt.
- Das Projektteam ist verabschiedet.
- Der Termin für die Nachkontrolle ist vereinbart.

5.3 Schritte der Einführungsphase

Für den Projektabschluss stehen die folgenden Arbeiten an:

- Benutzer befähigen, die neue Lösung produktiv zu nutzen,
- Lösung einführen und voll in Betrieb setzen,
- kontrollieren, ob Ziele erreicht sind,
- Wartung und Unterhalt vorbereiten, Nachfolgeorganisation konzipieren,
- Schlussabrechnung und Nachkalkulation erstellen,
- Bericht und Antrag zur Schlussbeurteilung erstellen,
- Projektunterlagen an die Wartungsorganisation übergeben,
- System an die Anwender oder dem Kunden übergeben (Abnahme),
- Archivierung der Projektdokumentation vervollständigen und sicherstellen (besonders wichtig in der Informatik, im Anlagebau bezüglich Produkthaftung),
- das Projektteam bewusst auflösen.

Für die Beurteilung der nachhaltigen Zielerreichung werden mit dem Auftraggeber nach einer vereinbarten Nutzungszeit die Wirksamkeit und der Ertrag der Projektziele nochmals überprüft. Evtl. ist eine sofortige Überprüfung bei der Übergabe sinnvoller.

5.4 Organisation

Bei jedem Projekt und damit auch mit jeder Projektorganisation soll ein offizieller Abschluss gemacht werden. Damit werden die Projektgremien entlastet und können sich wieder neuen Aufgaben widmen. Das Projekt ist natürlich nie ganz zu Ende. Es gibt Nach- bzw. Garantiearbeiten, Dokumentationen sind nachzutragen, usw. Dies kann organisiert und durch beauftragte Einzelpersonen wahrgenommen werden.

Analog zum Kickoff am Anfang soll auch eine Schlussveranstaltung durchgeführt werden. Der Abschluss soll auf den gleichen drei Ebenen wie der Kickoff erfolgen: Der Prozess wird auf den unterschiedlichen Ebenen auf sinnvolle Art und Weise beendet, die Erfolge sollen gefeiert werden. Folgenden organisatorischen Themen stehen an:

- Einführung und Schulung der künftigen Benutzer,
- Aufbau und Überprüfung der Nachfolgeorganisation: Wer betreibt die Lösung?
- Kritische Rückschau: Wie zweckmässig war die Projektorganisation?
- Was kann das Unternehmen daraus für später lernen?

- Würdigung der Teamleistungen, Entlastung der Projektmitglieder,
- Rückmeldungen der Leistungen der Teammitglieder an Führungskräfte,
- bewusste Auflösung der Projektorganisation,
- evtl. Hilfestellungen für die Reintegration der Teammitglieder in die Stammorganisation anbieten,
- Organisation der Nacharbeiten und der späteren Erfolgsüberprüfung.

5.5 Planung: Erfahrungen aus der Projektabwicklung nutzen

Am Ende des Projekts kommt leicht Stress auf wegen Terminverzögerung oder unerwartet aufgetretenen Problemen. Vielleicht lockt auch schon ein neues, interessantes Projekt und lenkt davon ab, dass eine korrekte Erledigung aller Restanzen, eine vollständige Dokumentation und Übergabe erfolgen. Diese Tätigkeiten müssen geplant und die Verantwortlichen bei der Stange gehalten werden.

Um die Genauigkeit der Aufwandschätzungen in Zukunft zu verbessern, ist es notwendig, dass der Projektleiter jetzt die Aufwandschätzung der Initialplanung vergleicht mit den tatsächlichen Aufwendungen, wie sie im Projekt aufgetreten sind (Plan/Ist-Vergleich). Die Erkenntnisse sind mit den Betroffenen zu interpretieren. Daraus sind Schlussfolgerungen für die Zukunft zu ziehen. Diese können sich auf die Aufwandschätzung selbst beziehen oder auf die Arbeitsweise und das Verhalten der Betroffenen im Umgang mit diesem Aufwand.

Der Projektleiter dokumentiert den realistischen Aufwand, wie er ihn nach den Erfahrungen dieses Projektes für zukünftige Projekte schätzen würde und die Rahmenbedingungen, die den Aufwand beeinflusst haben: z.B. Umfang und Komplexität der Arbeitspakete, Erfahrung der Ausführenden, speziell schwieriges politisches Umfeld. Führen Projektleiter diese Auswertung systematisch nach jedem Projekt durch, kann das Unternehmen im Laufe der Zeit ein wertvolles Kennzahlensystem aufbauen, das ihm bei der Aufwandschätzung zukünftiger Projekte hilft, genauere Aufwandschätzungen schneller und mit weniger Aufwand zu erstellen. Dies ist ganz im Sinne einer lernenden Organisation.

5.6 Controlling und Risikomanagement

Das Projektcontrolling nimmt in der Einführungsphase vor allem Kontrollaufgaben wahr. Es unterstützt eine reibungslose Einführung beim Kunden bzw. Benutzer und den vollständigen Abschluss des Projektes.

Die folgenden Fragekomplexe sind in der Einführungsphase von Bedeutung:

1. Zielerreichung

- In welchem Umfang wurden die anfangs definierten Ziele erreicht? Sind die Projektziele als Kontrollziele für die Schlussbeurteilung übernommen worden?
- Sind die Ist-Daten aus der Schlussbeurteilung den Plan-Daten gegenübergestellt und die Abweichungen analysiert?
- Welche Lieferobjekte wurden noch nicht erarbeitet oder abgeschlossen (Mängelliste)? Welche Auswirkungen ergeben sich daraus?
- Ergeben sich aus den Erkenntnissen der Projekt-Schlussbeurteilung Konsequenzen für andere laufende und zukünftige Projekte?
- Wurden die Richtlinien für das Projektcontrolling und -reporting eingehalten?
- Wurden die Qualitätsmanagement-Richtlinien für den Projektablauf und -inhalt eingehalten?
- Ist der Nachweis für die Erreichung der festgelegten Qualität erbracht?

2. Wirtschaftlichkeit

- Wie gross sind die Abweichungen zu den anfangs definierten Projektkosten?
- In welchem Umfang hat sich der erwartete Nutzen des Projektes verändert?

Folgende Ergebnisse sind für eine professionelle Entscheidungsfindung unerlässlich:

- überprüfte Gesamtwirtschaftlichkeit des Projektes,
- interne Abnahme zwecks Risikominderung anlässlich der Kundenabnahme,
- Projektabnahme durch den Kunden: Beginn von Garantie und Zahlungsfristen,
- verbindliche Mängelliste,
- Abschlussbericht, Schlussrechnung,
- dokumentierte Erkenntnisse und Verbesserungspotenzial,
- Nachkalkulation nach Inbetriebnahme: definierte Verantwortung.

5.7 Führung und Zusammenarbeit

In der Regel wird die Abschlussphase zu wenig bewusst wahrgenommen. Statt einen klaren Schlusspunkt zu setzen, laufen viele Projekte langsam aus. Das mag damit zusammenhängen, dass wir uns in unserer Kultur mit Abschied eher schwer tun. Ein gezieltes Auflösen und Abschliessen der Zusammenarbeit (Kick-out) ist genau so wichtig, wie der geplante Anfang.

Neben der inhaltlichen Auswertung, organisatorischen und administrativen Abschlussarbeiten soll auch die Zusammenarbeit bewusst reflektiert und abgeschlossen werden:

- Wie hat das Team gearbeitet? Wurden die persönlichen Ziele erreicht?
- Was kann aus dieser Erfahrung gelernt werden?
- Bestehen schlechte Gefühle oder nicht aufgearbeitete Probleme, die zur Sprache gebracht und zu einem Abschluss geführt werden müssen?
- Spätestens hier muss sich der Projektleiter damit auseinandersetzen, wie die Zukunft der Projektteammitglieder aussieht: Wohin gehen sie zurück? Ist ihr Platz in der „Herkunftsorganisation" gesichert? Brauchen sie eine Empfehlung oder aktive Unterstützung für ihr Weiterkommen?

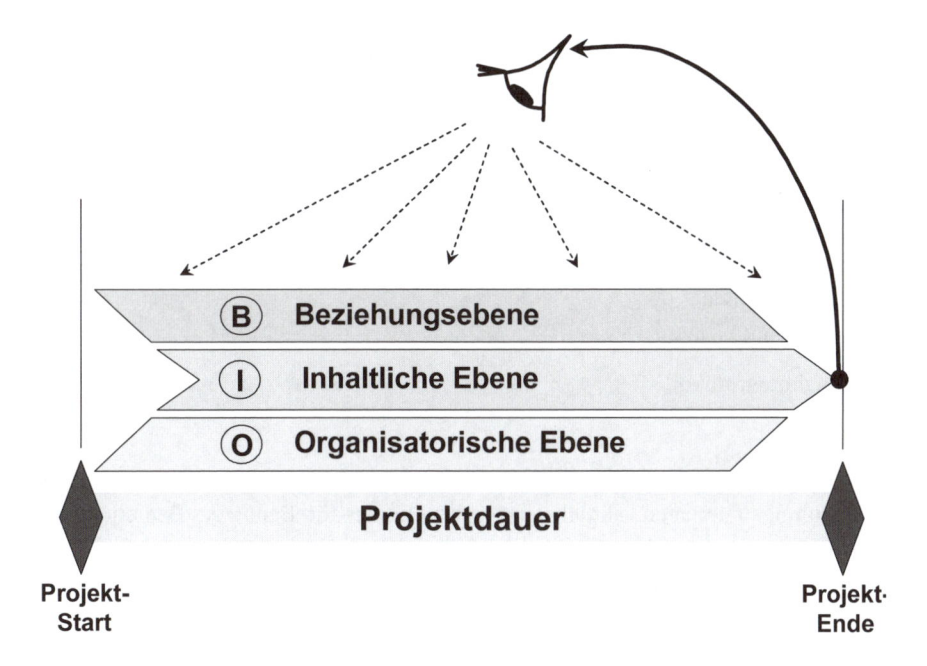

Abbildung II-12: Projektrückschau

Projektmitarbeit wird oft als wichtiges Element für die persönliche Weiterentwicklung empfohlen. Doch gerade in Projektteams ist die Mitarbeiterförderung noch unterentwickelt. Die Zusammenarbeit hat mit einem speziellen Startmeeting begonnen, so soll sie auch in einem angemessenen Rahmen beendet werden. Dies ist insbesondere dann von Wichtigkeit, wenn das Projektresultat nicht nur positiv aussieht. Abschliessende Klärung schafft Freiraum für neue, verbesserte Zusammenarbeit.

5.8 Information und Dokumentation

Bei der Einführung muss bezüglich der Information besonders an die Betreiber und Benutzer gedacht werden. Die Aktualisierung und Komplettierung dieser Dokumente ist für die Projektbeteiligten oft unattraktiv, da das Projektziel erreicht ist und mit Dokumenten für die Nachwelt kaum mehr Lorbeeren geholt werden können. Mit der Einführung kann die Brauchbarkeit der Dokumente geprüft werden. Spätestens bei Revisionen werden die Unterlassungen sichtbar. Die Geschichte holt jetzt die damaligen Projektverantwortlichen wieder ein!

Die Erkenntnisse bzw. Lehren aus den Projektauswertungen sind für Nachfolgeprojekte greifbar zu hinterlegen. Besonders wichtig ist es, sich auf das zu konzentrieren, was gut funktioniert hat, die Erfolgsfaktoren zu kennen: Welche Eigenschaften und Fähigkeiten haben die Teammitglieder eingebracht, und was haben sie getan, um das Projekt erfolgreich durchführen zu können?

Des Weiteren müssen die Projektdokumente auf das Wesentliche reduziert und archiviert werden:

Prozessorientierte Dokumente

- Interner Abschlussbericht: Aussagen zum Projektprozess, administrative Abschlussarbeiten
- Schlussabrechnung
- Abnahmeprotokoll

Ergebnisorientierte Dokumente

- Schulungsunterlagen, aktualisierte Instruktionen für Benutzer, Bedienungsanleitungen
- Abschlussbericht: Ergebnisse, administrative Abschlussarbeiten
- Aktualisierte Ergebnisdokumente, z.B. Baupläne, Dokumente der Programmierung, Produktbeschreibungen
- Archivierung

5.9 Checkliste „Abschluss Einführungsphase"

- Wurden die erreichten Resultate mit den Anforderungen des Auftraggebers verglichen?
- Stimmt die Funktionalität des Produktes, der Dienstleistung?
- Entspricht die Wirkung des Produkts/der Dienstleistung den Zielsetzungen?
- Funktioniert die Organisation, welche den richtigen Umgang mit dem Produkt/der Dienstleistung sicherstellt?
- Sind alle Projektdokumente erstellt und abgeschlossen? Wurden alle notwendigen Informationen an die künftigen Benutzer übergeben?
- Wurde die Dokumentation auf Vollständigkeit überprüft und archiviert?
- Wurde ein Abnahmeprotokoll erstellt und vom Auftraggeber/Kunden unterschrieben?
- Wurde der Abschlussbericht genehmigt?
- Wurde vom Projektleiter eine Beurteilung der Leistungen der Projektmitarbeiter durchgeführt?
- Hatten die Mitglieder des Projektteams Gelegenheit, die Zusammenarbeit zu analysieren und sich gegenseitig Feedbacks zu geben?
- Wurden in einem gemeinsamen Rückblick positive und negative Erfahrungen zu Aufwand, methodischem Vorgehen und Zusammenarbeit ausgewertet und Massnahmen eingeleitet, welche den Know-how-Transfer zu anderen Projekten und die systematische Prozessverbesserung sicherstellen?
- Wurden Spitzenleistungen identifiziert und angemessen anerkannt?
- Wurde eine Liste mit allen offenen Punkten erstellt und deren Umsetzung geplant? Ist allen Beteiligten klar, wer bis wann welche Abschlussarbeiten erledigt?
- Wo haben die Projektteammitglieder nach Ende des Projektes wieder eine adäquate Beschäftigung gefunden?
- Sind die Ansprechpartner für zukünftige Fragen oder Probleme definiert und allen Nutzniessern der Projektergebnisse bekannt?
- Ist es notwendig und vorgesehen, den im Projektauftrag formulierten Nutzen zu überprüfen?
- Wer überprüft die Nachhaltigkeit und die Wirksamkeit des Projekts wann?
- Wer rechnet wann nach, ob die in der Wirtschaftlichkeitsrechnung geplanten Ergebnisse erreicht werden und welchen finanziellen Nutzen das Projekt entfaltet? wie gut das den Prognosen entspricht?

Teil III: Vertiefungsthemen

Dieser Teil vertieft die zentralen Themen einer professionellen Projektabwicklung. Zusätzlich zu den methodischen Aspekten werden vor allem die führungsrelevanten Themen behandelt. Diese tragen wesentlich zur Förderung der Sozialkompetenz aller Beteiligten bei. Die Themen werden so umfassend und detailliert dargestellt, dass sie auch komplexen Projekten in einem schwierigen Umfeld gerecht werden.

Teil III: Verstärkungsthemen

1 Projektinitialisierung

1.1 Projekte von Anfang an im Unternehmen richtig managen

Unternehmen und Organisationen müssen sich laufend an veränderte Markt- und Wirtschaftssituationen anpassen können. Anregungen zu Innovationen können aus den verschiedensten Ecken kommen. Professionelles Projektmanagement kanalisiert diese Ideen und sorgt dafür, dass die besten verwirklicht werden.

1.1.1 Von der Idee zum Projekt

Ideen sprengen den üblichen Organisationsrahmen

Verschiedene Ereignisse sprengen die Kapazitätsgrenzen des Tagesgeschäfts. Sie sind als Projekte am ehesten zu bewältigen:

- Entwicklungen in der Rechtssetzung sowie Veränderungen des Marktes verlangen von Unternehmen und der öffentlichen Hand immer wieder grössere Anpassungen.
- Änderungen werden sehr oft vom Kunden einer Organisation angeregt. Diese können Verbesserungsvorschläge, Reklamationen oder konkrete Aufträge umfassen.
- Häufig kommen Ideen auch aus dem Innern einer Organisation: Erneuerungen oder Verbesserungen werden ausgelöst, damit die Organisation ihre langfristigen strategischen oder kurzfristigen operationellen Ziele erreicht. Wer den Änderungsbedarf identifizieren, die erforderlichen Änderungen planen und diese wirksam umsetzen kann, ist morgen noch auf dem Markt.

Aktiver Projektstart

Projekte können strategisch und vorausblickend (offensiv) oder reaktiv – wie Feuerwehreinsätze – entstehen. Ziel einer Organisation muss es sein, Projekte vorausschauend anzugehen. Beispiele für einen aktiven Projektstart sind:

- herausfinden ob mit den eigenen Fähigkeiten mehr gemacht werden kann,
- Strömungen feststellen und deren Schnelligkeit beurteilen (=Trend Scouting),
- neue Technologien aufgreifen,
- Wettbewerbsvorteile nutzen,
- in der Reifephase eines Produktes bereits an ein Nachfolgeprodukt herangehen,
- systematisch bessere Lösungen auf den Markt bringen als die Mitbewerber,
- Lehren aus dem Benchmarking ziehen und die Branchenbesten überflügeln wollen.

Hilfreiche Fragen zu diesem Vorgehen lauten:

- Was bahnt sich an Neuem an?
- Wie attraktiv ist dies für unsere Kundschaft?
- Was können wir daraus machen?
- Wie gehen wir mit unserem Angebot auf den Markt?

Reaktiver Projektstart

Vielfach entstehen Ideen für Projekte im Alltag oder durch den Wunsch, etablierte Prozesse zu verbessern. Beispiele für eine reaktive Projektauslösung sind:

- auftauchende Probleme lösen,
- individuelle Bedürfnisse befriedigen,
- Markttrends erheben und verfolgen,
- Verbesserungsvorschläge des betrieblichen Vorschlagswesens umsetzen.

Hilfreiche Fragen zu diesem Vorgehen lauten:

- Wie äussert sich das Problem jetzt?
- Wer und welche Prozesse sind vom Problem betroffen?
- Wie soll es anders und besser werden?
- Welche Erwartungen können mit der Lösung des Problems erfüllt werden?
- Wie kommt das Unternehmen vom jetzigen Zustand zum Ziel?

Zufälliger Projektstart

Schliesslich können die Kreativität oder der reine Zufall jemanden auf Ideen bringen, aus denen später Projekte werden. Viele erfolgreiche Produkte sind so entstanden. Zum Beispiel gibt es „Post-it" dank einer für misslungen gehaltenen Entwicklung eines Klebestoffes und einem heruntergefallenen Kirchenbuch: Die eingeklemmten Zettel, welche zur Vorbereitung dienten, fielen dabei heraus. Mit dem für unbrauchbar gehaltenen Leim hielten die Zettel so lange wie nötig.

Können Einfälle vorerst nur vage formuliert sein, so wird es auf dem Weg zur Umsetzung wichtig, dass das Umfeld der Idee abgesteckt wird. Ob die geplante Veränderung als Projekt oder in der Linienorganisation erfolgt, ist im Ideenmanagement zu prüfen. Vorerst müssen die Rahmenbedingungen geklärt sein. Der Veränderungsbedarf ist in den Anträgen festzuhalten. Anträge sind das beste Mittel, dass keine Ideen und externe Aufträge verloren gehen. Auch ermöglichen sie eine Gesamtsicht über alles, was in der Pipeline steckt. Jemand mit gutem Zugang zur Geschäftsleitung bekleidet die Aufgabe, die Anträge und Kundenanfragen zu bearbeiten. Die Funktion kann Ideenmanager genannt werden. Bei Ideen weniger ausdrucksstarker Praktiker der Organisation kann der Ideenmanager zusätzlich bei der Formulierung der Anträge behilflich sein.

Folgende Fragen können dazu behilflich sein:

- Was soll verändert werden? Was muss so bleiben, wie es ist?
- Welches Know-how ist erforderlich? Verfügt das Unternehmen darüber?
- Welche Risiken sind mit der Projektidee verbunden?
- Welche Konsequenzen hat es, wenn das Projekt nicht durchgeführt wird?

Zusätzlich ist bei ausgabenwirksamen Investitionen Folgendes zu klären:

- Um welche Art von Investitionen handelt es sich (Neubeschaffung, Ersatz, Erweiterung, Infrastruktur, usw.)?
- Wie gross ist das erwartete Investitionsvolumen?
- Welche Zusatzgewinne bzw. Einsparungen können erwartet werden?

Es bieten sich verschiedene Wege zur Umsetzung von Ideen an. Jedes Unternehmen legt selber fest, welche Kriterien erfüllt sein müssen, dass ein Vorhaben in die eine oder andere Kategorie gehört. Die Kategorien sind verbindlich geregelt und müssen kommuniziert werden:

- Grossprojekte und Schlüsselprojekte, welche von der Geschäftsleitung in Auftrag gegeben werden,
- mittlere Projekte, die von einzelnen Geschäftsleitungsmitgliedern in Auftrag gegeben werden,
- Kleinprojekte, die immer noch verschiedene Organisationseinheiten betreffen,
- Aufträge, welche direkt in der Linie erledigt werden können, zusätzlich zum Tagesgeschäft.

1.1.2 Bereitschaft und Fähigkeit zur Projektdurchführung

Bei jedem Projektvorhaben gilt es herauszufinden, ob die Organisation in der Lage ist, die benötigten Mittel für die Realisierung bereitzustellen und ob die Schlüsselpersonen die Verantwortung tragen können und wollen. Bereits wurde eine Möglichkeit der Projektwürdigkeit dargestellt. Neben diesen Kriterien zur Projektwürdigkeit können zusätzliche Fragen weiterhelfen:

- Ist die Organisation fähig, das Projekt durchzuführen?
- Ist der Wille zur Durchführung des Projektes gross genug?
- Ist der Adressatenkreis bekannt?

- Ist der zeitliche Horizont kurz-, mittel- oder langfristig?
- Um welche Projektart handelt es sich (z.B. Investitions-, Informatik- oder Organisationsprojekt)?
- In welchem Abschnitt des Lebenszyklus' steht das Vorhaben (z.B. Forschung, Entwicklung, Realisierung, Entsorgung)?

Diese Klärungen geben wesentliche Anhaltspunkte wie der Projektauftrag erarbeitet werden kann und welche Vereinbarungen zwingend darin enthalten sein müssen.

Es gehört zum Geschäftsplanungsprozess, die Mittel für die Aufgabenerfüllung und für die Durchführung von Projekten zu planen. Um den langfristigen Erfolg sicherzustellen, muss jede Organisation qualifiziertes Know-how und leistungsfähige Technologie aufbauen und bereitstellen. Für jedes Projektvorhaben ist zu prüfen, welche und wie viele dieser Mittel erforderlich sind, ob sie zur Verfügung stehen und ob es sich lohnt, die beschränkt verfügbaren Ressourcen für dieses Projekt einzusetzen. Zur Beurteilung, ob die Organisation fähig ist, ein Projekt zu verwirklichen, sollen die folgenden Kriterien geprüft werden:

- Stehen die finanziellen Mittel zur Verfügung? Welchen Anteil am Gesamtinvestitionsvolumen nimmt das Projekt ein? Welche finanziellen Engpässe entstehen der Organisation durch das Projekt?
- Können die richtigen Mitarbeiter für das Projekt gewonnen werden? Stehen auf Seite Auftraggeber die passenden Personen mit ausreichend Zeit zur Verfügung?
- In welchem Ausmass ist das erforderliche Know-how zugänglich? In welchem Umfang müssen während dem Projekt Qualifikationen aufgebaut werden?
- Stehen ausreichend Standards und Methoden zur Projektbearbeitung zur Verfügung? Inwieweit beherrschen die Projektbeteiligten diese Methoden und Standards?
- Sind Erfahrungen mit vergleichbaren Vorhaben dokumentiert und zugänglich? Welche Führungserfahrung hat der vorgesehene Projektleiter?
- In welchem Masse müssen für das Projekt neue und für die Beteiligten unbekannte Wege beschritten werden? Welche Erfahrungen im Umgang mit neuen Situationen können für das Vorhaben genutzt werden?
- Wie leicht können zeitgemässe technische Einsatzmittel und Infrastrukturen für das Projekt bereitgestellt werden?

Untersuchungen zeigen immer wieder, dass einer der Hauptgründe für das Scheitern von Projekten die fehlende Identifikation der Unternehmensleitung mit Projekten ist. Es ist deshalb unerlässlich, den Willen zur Projektdurchführung zu kennen, bevor eine Idee zur Umsetzung freigegeben wird:

- Wie stark wünscht der Kunde die Ergebnisse des Projektes? Bei internen Projekten: Wie stark unterstützen die vom Projekt direkt Betroffenen die Projektidee? Kommt die Initiative von den künftigen Benutzern?
- Wie viele Mitglieder der Geschäftsleitung interessieren sich persönlich für die Projektidee? Wie weit sind sich die Geschäftsleitungsmitglieder einig? Wer setzt sich als Sponsor oder Pate für das Projekt ein?
- Wie weit sind die Mitglieder des mittleren Managements von der Projektidee begeistert? Sind sich diese Führungskräfte über die Veränderungen im Klaren, welche sie ganz direkt betreffen? Haben sie konstruktive Ideen, wie sie mit den Veränderungen umgehen werden? Wie intensiv begründen die mittleren Führungskräfte die Notwendigkeit des Projektes? Wie gross ist die Bereitschaft, Mitarbeiter für die Projektarbeit freizustellen?
- Wie sehnlich erwarten die künftigen Benutzer eine konkrete Verbesserung? Kennen sie den erwarteten Nutzen für sich und die Organisation? Was sind sie bereit zu leisten, um die Neuerungen anzunehmen? Wie werden sie am Projekt mitwirken? Wo ist mit aktivem oder passivem Widerstand zu rechnen?
- Welche persönlichen Entwicklungsmöglichkeiten bietet das Projekt den Projektmitarbeitern? Welche Lernchancen ergeben sich? Wie wird die Projektmitarbeit von den Mitgliedern der Linienorganisation anerkannt? Wie geht die Linie mit Mehrbelastungen um?
- Wie wird sichergestellt, dass das gesamte betroffene System am Projekt mitwirkt? Können alle bedeutsamen unterschiedlichen Kulturen aktiv ins Projekt einbezogen werden? Ist genügend Zeit und professionelle Unterstützung für die Integration der verschiedenen Systemelemente und die Teamentwicklung vorgesehen?

1.2 Rechtliche Aspekte im Projektmanagement

Wenn sie nicht gerade die „Product Push Strategie" verfolgen, entwickeln Unternehmen Produkte oder Dienstleistungen, welche Anforderungen zu erfüllen haben, die mit Kunden ausgehandelt werden. Die zwei oder mehr am Projekt beteiligten Parteien haben verschiedene Zielsetzungen und bewegen sich womöglich in unterschiedlichen Marktsektoren. Mit einem guten Beschaffungsprozess können gute Lieferanten unter Vertrag genommen werden, was zu guter Qualität und angemessenem Profit führt. Wenn beispielsweise Angebote markant günstiger sind als die meisten anderen, fragt sich der Kunde, ob er zu dem günstigen Preis auch wirklich die volle Leistung bekommt. Der Kunde will sich mit Strafklauseln absichern. Speziell sind weiter die folgenden Risiken im Auge zu behalten: Lizenzen, Patentrechte, Produkthaftpflicht, Klagen, Gerichtsverfahren, Leistungen von Unterauftragnehmern, Konventionalstrafen, Vertragsmängel und gar Arglist. Der Projektleiter soll sich auch überlegen, in welchem Umfang neue Produkte und Dienstleistungen patentrechtlich geschützt werden müssen.

Die meisten europäischen Rechtssysteme überbinden die Projektrisiken der Partei, welche das Projekt am stärksten beeinflussen kann. So ist das Aushandeln eines Vertrags eine aufwändige Angelegenheit, welche professionelle juristische Arbeit bedeutet. Die Art des Vertrags entscheidet über Kosten und Nutzen eines Projekts. Da zudem die Rechtssysteme verschiedener Länder meist voneinander abweichen, sind selbst Juristen überfordert, optimale internationale Verträge auszuarbeiten. Die Verhandlungen mit dem Kunden in der Vorphase eines Projekts einer betriebsinternen oder gar externen juristischen Task Force zu überlassen, geht aber nicht, denn so genannte Bid Manager verhandeln in der Regel mit den Kunden. Es kann auch nicht Aufgabe des Projektleiters sein, solch komplexe Fragen zu lösen. Dazu gibt es den Beschaffungsprozess, bekannt unter der Bezeichnung „Procurement (und Contracting)". In zentralisierten „Procurement/Legal Services" bereiten Rechtsanwälte und andere Beschaffungsexperten Verträge vor und arbeiten sie aus.

Genauso wie die vertragliche Situation gegen aussen zu regeln ist, gibt es nach innen rechtliche Aspekte. Sind alle Projektmitarbeiter im Unternehmen angestellt, gehören die Ergebnisse der Projektarbeit der Unternehmung. Werden externe Projektmitarbeiter oder gar ein externes Team eingesetzt, kommen meist die Bedingungen des Werkvertrags zum Tragen. Der externe Werkunternehmer schuldet dem Werkbesteller die Herstellung eines Werkes. Dieser schuldet ihm dafür den vereinbarten Werklohn. Typisch für ein Werk ist ein messbarer Erfolg, beispielsweise das vereinbarte Projektergebnis.

Wie steht es mit Software? Wem gehört sie? Nebst dem Programm als Kernstück gehören zu Software auch sämtliche Nebenprodukte des Softwareentwicklungsprozesses. Programmablaufpläne, Entwicklungsdokumentationen, Strukturprogramme sowie das gesamte Begleitmaterial werden wie Sachen übertragen, die Computerprogramme selbst aber nicht. Sie werden mit Lizenzverträgen zur Nutzung gegen Entgelt überlassen. Will das Unternehmen die genutzte Software weiterentwickeln, ist dies ausdrücklich in den Lizenzbestimmungen festzuhalten. Weiter sind Patent- und Markenschutzrechte sowie die Besonderheiten des Urheberrechtsschutzes zu beachten. Für Computerprogramme gilt ein Sonderurheberrecht, das den Schöpfer der Software immer als Urheber betrachtet.

Fazit für den Projektleiter

Sehr früh im Projekt mit den Spezialisten in Kontakt treten!

1.3 Interne Projekte (Inside-out-Sicht)

Interne und externe Projekte haben in der Regel einen sehr unterschiedlichen Charakter. Interne Projekte sind Änderungen am „handelnden System" selber und können sehr viel Widerstand hervorrufen, da mit ihnen oft unterschiedlichste

Interessen tangiert werden oder Machtverschiebungen verbunden sind. Externe Projekte sind bezüglich Interessenkonflikte weniger problematisch – es handelt sich hier meistens um Kundenprojekte.

Die Herausforderung liegt hier in der qualitativen, terminlichen und finanziellen Präzision sowie in der Standardisierung der Prozesse. Interne Projekte sind also insofern anspruchsvoll, als dass man sich mit den eigenen sozialen Kräften auseinandersetzen muss.

1.3.1 Mitarbeiter haben Ideen und Verbesserungsvorschläge

Das Ideenmanagement hilft, die guten Ideen der Mitarbeiter festzuhalten, zu priorisieren und schliesslich zur Umsetzung zu bringen. Es ist sinnvoll, die Funktionen Ideenmanagement und Projektportfoliomanagement sowie strategisches Projektcontrolling zu konzentrieren. So kann eine Organisation ihre Kräfte für die Umsetzung der besten Ideen einsetzen. Anreizsysteme können die Bereitschaft fördern, Ideen oder Patente zu entwickeln und umzusetzen. Viel befriedigender als eine Prämie für gute Ideen – welche versteuert werden muss – ist es für die kreativen Mitarbeiter zu sehen, was aus ihren Ideen wird und die Anerkennung für ihre Zusatzleistungen zu bekommen.

- Die gesamte Führung ermutigt Einzelne und Teams zur Mitwirkung an Verbesserungsaktivitäten.
- Die Geschäftsleitung bietet Gelegenheiten, die innovatives und kreatives Verhalten fördern.
- Die Führungskräfte ermächtigen ihre Mitarbeiter zum Handeln und regen Teamarbeit an.
- Der Ideenmanager sammelt Ideen systematisch und unterstützt einzelne und Teams bei der Mitwirkung an Verbesserungsaktivitäten.
- Der Ideenmanager bereitet die eingegangen Ideen auf und leitet sie regelmässig an die verantwortlichen Auftraggeber zum Entscheid über die Umsetzung der Ideen weiter.
- Die Auftraggeber leiten die Umsetzung der ausgewählten Ideen ein.

1.3.2 Der Business Case

Viele Organisationen verlangen im Vorfeld eines Projektes einen so genannten Business Case mit meist folgenden Inhalten:

- Problemstellung und Begründung des Vorhabens,
- SWOT-Analyse,

- Kundenbedürfnisse und Marktpotenzial,
- Umfeldanalyse, Rahmenbedingungen,
- Wettbewerbsposition,
- strategische Optionen,
- Marketing Mix,
- Qualitätskriterien,
- Realisierungsmöglichkeiten,
- nicht-monetärer Nutzen für das Unternehmen,
- finanzielle Analyse.

1.4 Externe Projekte (Outside-in-Sicht)

Im Unterschied zu den eher einmaligen und sehr unterschiedlichen internen Projekten sind externe Projekte meistens Kundenprojekte, d.h. sie sind mit einer Leistung oder einem Produkt, das die Organisation verkauft, verbunden. Dies können sein: Bauprojekte, technische Installationen, Informatikprojekte, Einführung von SAP, kundenspezifische Produktentwicklungen, usw. Wenn sich diese Projekte in ähnlicher Weise wiederholen, werden sie auch Standard- oder Wiederholprojekte genannt. Im Idealfall ist das entsprechende Projektmanagement professionalisiert, d.h. die Prozesse, Methoden und Tools sind standardisiert, in Richtlinien festgehalten und werden laufend weiterentwickelt. Auch die Projektleiter selber sind Profis – während in internen Projekten diese Aufgaben meistens von „Projektmanagement-Laien" wahrgenommen werden.

Im Folgenden werden die in Kundenprojekten sensiblen Punkte, nämlich die Angebotsphase und die vertragliche Vereinbarung, näher beleuchtet.

1.4.1 Externe Kunden haben einen Bedarf oder ein Problem

Meist beginnt ein externes Projekt mit einer Ausschreibung oder Angebotsanfrage (Request for Proposal). Die Erstellung eines Angebots ist eine aufwändige Angelegenheit. Da über die Hälfte der Angebote für den Papierkorb sind, soll die mit der Erstellung des Angebots betraute Person vorerst die Echtheit der Kaufabsichten prüfen und herausfinden, ob der Kunde genau weiss, was er will. Ein Vorgespräch mit dem potenziellen Kunden soll folgende Fragen klären (soweit sie in der Angebotsanfrage nicht beantwortet sind):

- Wann braucht der Kunde das Angebot?
- Wer entscheidet über die Auftragsvergabe?

- Wann wird entschieden? (Ein Anruf kurz vor diesem Termin zur Beseitigung von Unklarheiten kann die Chancen auf das Projekt verbessern.)
- Welches sind die Entscheidungskriterien? Welches sind Muss-Ziele? Welches sind die wichtigsten Wunsch-Ziele? Worauf kommt es sonst noch an?
- Will der Kunde kaufen? Angenommen, die Organisation zeigt im Angebot, dass sie alle Entscheidungskriterien erfüllt, würde der Kunde das Projekt an die Organisation vergeben?

1.4.2 Der Angebotsmanager

Das Angebotsmanagement (Bid Management) zeigt, dass eine formell straff organisierte Methodik bei kritischen Projekten erfolgreich ist. Das heisst nicht, dass jedes Kundenprojekt gewonnen wird. Vielmehr wird das Optimum erzielt bezüglich Bindung von Ressourcen, Konzentration auf gewinnträchtige (nutzbringende) Projekte und qualitativ hoch stehende Angebote, hinter denen das Unternehmen stehen kann.

In vielen Unternehmen hat sich für das Angebotsmanagement ein formeller Ablauf durchgesetzt, der aus mehreren Meilensteinen mit formellen Go-/No-Go-Entscheiden besteht. Am Anfang dieses Ablaufs steht immer die Qualifikation eines möglichen Projektes. Dabei geht es darum, das Grobkonzept und einen groben Business Case darzustellen. Das Ergebnis der Qualifikation wird von einem Team von Entscheidungsträgern beurteilt, die dann gemeinsam entscheiden, ob das Projekt gestartet wird oder nicht. Diese erste Hürde ist in der Regel recht schwierig zu nehmen. Dies muss so sein, denn ist erst das grüne Licht gegeben, werden konsequent die Ressourcen so disponiert, dass ein Angebot rechtzeitig erstellt werden kann. Gleichzeitig wird ein Angebotsmanager ernannt, der nun als Projektleiter nach einem straffen Plan alle Beiträge für das Angebot organisiert.

Bid Manager arbeiten in einem Pool und konzentrieren sich nur auf die Erstellung des Angebots nach einer vorgegebenen Methodik. Sie werden speziell ausgebildet und haben oft keine grossen Detailkenntnisse über die Lösung, die unter ihrer Regie zusammengestellt wird. Dafür können sie optimal Arbeitspakete zuteilen, Termine setzen und rasch ins Management eskalieren, wenn es irgendwo klemmt. Sie werden daran gemessen, dass das Angebot für den Kunden termingerecht, vollständig und inhaltlich korrekt erstellt wird.

Viele Angebote sind ungültig, wenn sie zu spät eingereicht werden, so hängt an diesem Ziel meist schon fast der ganze Erfolg des Projektes.

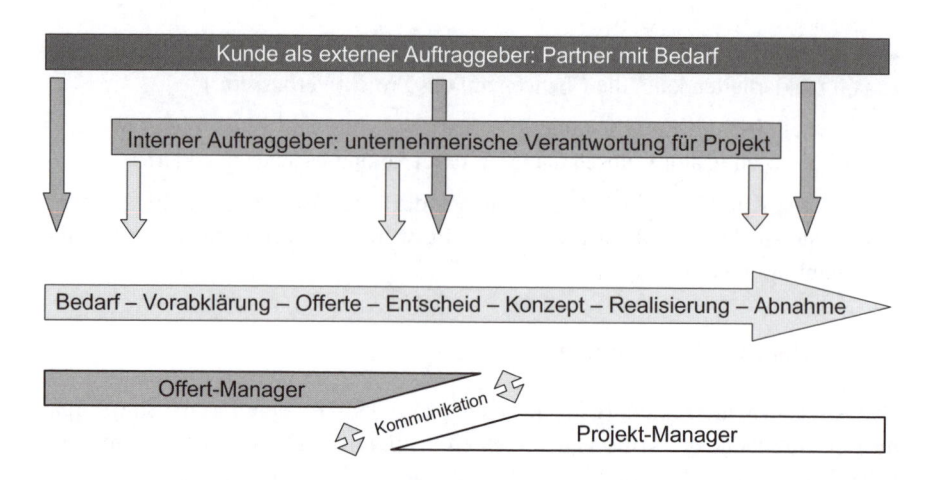

Abbildung III-1: Zeitliche Abstimmung aller am Kundenprojekt beteiligten Funktionen

Wird das Projekt gewonnen, geht es in einem ähnlichen Rhythmus weiter. Ein Markt-Projekt Manager übernimmt dann die Aufgabe, das Projekt zu leiten, bis die versprochene Leistung beim Kunden erbracht ist. In dieser Phase wird der Projektablauf streng kontrolliert und gesteuert. Denn hier entscheidet sich, ob anfänglich angenommene Margen auch wirklich realisiert werden können. Ausserdem muss ein strenges Risikomanagement und konsequentes Claim Management ständig potenzielle Risiken bewerten und Massnahmen auslösen, um Risiken zu minimieren. Bid Manager und Markt-Projekt Manager werden optimal unterstützt durch ein Projekt-Office, das sich um die administrativen und methodischen Belange des Projektes kümmert. Abschliessend die Punkte, auf die der Angebotsmanager besonders achten muss:

1.4.3 Angebot gestalten

Für Unternehmen, die ihren Kunden verbindliche Preisangebote machen müssen, z.B. im Engineering, Architekturbereich usw., ist eine sehr genaue Aufwandschätzung notwendig, um Verluste zu vermeiden, da der Markt in vielen Branchen keine grössere Reserve zulässt. Unter diesem Aspekt hat die Aufwandschätzung und die damit verbundene Unsicherheit eine grosse Bedeutung. Eine brauchbare Aufwandschätzung durchzuführen setzt Erfahrung, Sorgfalt und die Erfahrungen der potenziellen Projektmitarbeiter voraus. Zudem müssen anstelle der internen Kostensätze externe verwendet werden.

Um eine sichere Aufwandschätzung durchzuführen, müssen eine umfassende Situationsanalyse und ein gutes Lösungskonzept erarbeitet werden. Das ist sehr zeitaufwändig. Verzichtet das Unternehmen auf diesen Detaillierungsgrad, steigt das Risiko einer Fehleinschätzung mit nachfolgender Kostenüberschreitung, die meist nicht auf den Kunden abgewälzt werden kann. Je nach eigener Erfahrung mit ähnlichen Projekten und Auftragswahrscheinlichkeit wird das Unternehmen unterschiedlich viel Aufwand in die Erstellung eines Angebots investieren müssen.

Aus der Sicht des Kunden und des Benutzers sind nicht nur die Anschaffungskosten von Bedeutung, sondern ebenfalls die bei ihm während der Nutzung anfallenden Betriebskosten, Reparaturen, Unterhalt, Ausbildung, Entsorgung oder andere Folgekosten. Weitsichtige Kunden sind an niedrigen Gesamtkosten (lifecycle costs) interessiert, die durch die Investition über den ganzen Lebenszyklus verursacht werden. Je nach Weitsicht des Kunden sollte der Projektleiter also Lösungen bevorzugen, die auf niedrige Gesamtkosten zielen, solange dadurch die Herstellkosten und Projektkosten nicht übermässig steigen, ausser der Kunde honoriert dies.

Vor Abgabe eines Angebots wird eine interne Vertragsüberprüfung durchgeführt. Ein Verantwortlicher, häufig aus der Geschäftsleitung (interner Auftraggeber), überprüft den Vertrag. Die wichtigsten Fragen sind dabei, ob das Unternehmen inhaltlich (verfügbares Know-how), terminlich (Ressourcenverfügbarkeit) und rechtlich in der Lage ist, diesen Vertrag zu erfüllen? Checklisten können hilfreich eingesetzt werden. Unternehmen, die häufig Angebote erstellen, haben dieses Vorgehen in einem internen Teilprozess geregelt und schriftlich dokumentiert.

Projektleiter oder Angebotsmanager geben ihren Angebotsentwurf dem internen Auftraggeber zur Freigabe an den externen Kunden. Wird der Entwurf intern zurückgewiesen, müssen Wege zur Kostenreduktion oder zur zeitlich schnelleren Abwicklung gefunden werden. Am bedeutendsten ist die Auswahl der wirkungsvollsten Projektteammitglieder. Dies kann der Projektleiter nur mit Hilfe des internen Auftraggebers zufrieden stellend lösen.

Das Angebot hat das Ziel, mit dem Kunden einen Vertrag abschliessen zu können. Anbieter und potenzieller Kunde sollen in der Angebotsphase in sachlicher, formaler und finanzieller Hinsicht gegenseitig ihre Risiken in Bezug auf die Verwirklichung des Projektes und sich als loyale Partner kennen lernen. Beide Partner sollen bestrebt sein, einen ausgewogenen und gegenseitig korrekten Vertrag auszuhandeln. Bereits in der vorvertraglichen Phase verpflichten sich die Parteien zu gegenseitigem Verhandeln nach Treu und Glauben. Weil der Anbieter meist mit einem grossen Knowhow einem Laien gegenübertritt, ist es besonders wichtig, dass er wichtige und nicht erkennbare Umstände und Tatsachen auf den Tisch bringt. Ausführungen und schriftlich fixierte Themen können bei der Auslegung der späteren Verträge beigezogen werden, falls der Wille der Parteien nicht klar aus dem Vertragstext hervorgeht. Falsche Angaben in der Angebotsphase ermächtigen den Kunden zum Rücktritt vom Vertrag. Mehr noch: Wenn die projektleitende Organisation bewusst falsche Angaben macht, haftet sie trotz einer allfälligen Wegbedingung.

Folgende Elemente aus der Angebotsphase können juristisch von Bedeutung sein:

- der verbindliche Termin, bis wann das Angebot einzureichen bzw. der Verzicht auf die Angebotsabgabe mitzuteilen ist,
- Vertragsbedingungen, unter denen die Organisation das Projekt durchführt,
- Pflicht zur absolut vertraulichen Behandlung aller im Pflichtenheft enthaltenen Informationen,
- Rückgabe des Pflichtenheftes, wenn die Organisation den Auftrag nicht bekommt,
- Preis für die Erstellung des Angebots (normalerweise kostenlos),
- Recht des Angebotsempfängers, frei über die Angebotsunterlagen verfügen zu können.

Bei Fixpreisangeboten sind die Risiken und der Spielraum für Veränderungen in die Überlegungen einzubeziehen. Die Projektplanung sollte realistisch oder noch besser pessimistisch sein, sofern der Markt oder die Konkurrenzsituation dies zulassen. Wird entschieden, ein Angebot aus strategischen Überlegungen auch dann zu erstellen, wenn der Auftrag nicht kostendeckend sein kann, muss zur Sicherheit des Projektleiters die interne Kalkulation und der aus unternehmerischem Entscheid resultierte Abschlag schriftlich festgehalten werden. Besondere Beachtung verdient der kritische Pfad und damit verbunden die Wahrscheinlichkeit, die Zeitvorgaben einhalten zu können. Allfällige Konventionalstrafen müssen in einem vertretbaren Verhältnis zum möglichen Gewinn am Projekt stehen.

1.4.4 Der Vertrag mit externen Kunden

Hat das Angebot Erfolg, so muss das Projekt wie bei internen Projekten vertraglich vereinbart werden. Vertragsgegenstand sind somit Projektziele, Leistungen, Kosten, Termine, Bedingungen, Haftungen usw. Das Vertragsmanagement seinerseits umfasst die Betreuung der vertraglichen Verhandlungen zwischen Auftraggeber und Auftragnehmer, die Implementierung von Verträgen sowie die Durchführung von Vertragsänderungen. Im Folgenden einige wichtige Hinweise zur Vertragsregelung:

- Unterschriftsblock und Projekttitel identifizieren das Projekt und die Vertragsparteien. Dieser Teil scheint selbstverständlich zu sein, hat aber wichtige Auswirkungen, wenn später irgendein Element des Vertrags angefochten wird.
- Die Spezifikation beschreibt die technische Erfüllung des Produkts oder der Dienstleistung.
- Zu liefernde Informationen und Pläne für das Produkt mit Ablieferungstermin.
- Definition von Vertragsbedingungen und Umfang fassen die verwendeten Liefer- und Zahlungsbedingungen zusammen und beschreiben die Rahmenbedingungen der Arbeiten im ausreichenden Detaillierungsgrad.

- Information und Serviceleistungen, die vom Kunden geliefert werden, stellen die zusätzlichen Verpflichtungen des Kunden ausführlich dar. Dies kann Anliegen wie Zugang zu Räumen während den Arbeiten umfassen.
- Projekteinverständnisse sind auf verschiedenen Stufen überall im Projektlebenszyklus erforderlich. Es kann verlangt werden, dass der Kunde jeden Statusbericht genehmigt, bevor das Projektteam zur nächsten Phase des Projektes weitergehen kann. In einigen Fällen kann es sein, dass das Einverständnis des Staates erforderlich ist.
- Zahlungsbedingungen werden normalerweise in die Standardbedingungen des Vertrags einbezogen. Teilzahlungen können monatlich aufgrund der geleisteten Arbeiten oder bei Projektstart, bei Vorlage des Konzepts und nach der Einführung vereinbart werden. Diese Summe wird dann dem Auftragnehmer als Akontozahlung bezahlt. Die Schlusszahlung erfolgt, wenn die Arbeiten beurteilt und abgenommen sind. Wichtig ist eine klare Definition der Abnahmekriterien.
- Allgemeine Bedingungen sind Standardformen des Vertrags. Sie sind branchentypisch und sind decken die Hauptrechte und Verpflichtungen ab. Dazu gehören beispielsweise die Behandlung von Veränderungen, gültiges Recht und Gerichtsstand.
- Zusatzbedingungen auf ausdrücklichen Kundenwunsch regeln bestimmte Lieferbedingungen wie Lärmeinschränkungen, Arbeitszeiten und Zugang. „Kleingedrucktes" passt aber schlecht zu Projektverträgen.
- Vorsorge für Änderung und Variationen werden normalerweise in die allgemeinen Bedingungen einbezogen. Bei grossen und komplexen Projekten sollte dies ein separater Vertragspunkt sein. Er regelt das Anordnen und die Ausführung von Variationen sowie das Verfahren für die Veränderungen des Projektpreises.
- Umgang mit Meinungsverschiedenheiten und Konflikten. Die meisten Verträge sehen als erste Intervention eine Schlichtungsstelle vor. Ist die Schlichtung erfolglos, kann die ungerecht behandelte Partei das Gericht anrufen und damit ein kostspieliges und langwieriges Verfahren auslösen. Schlichtung oder Mediation liefert eine schnellere und billigere Alternative, vorausgesetzt, dass sie als erste Eskalationsstufe von den Vertragsparteien vorgesehen ist.
- Depots und Garantien geben an, welche Vorsorge erforderlich ist und wie sie ausgeführt werden soll. Der Auftraggeber kann Garantien verlangen bis zur Fertigstellung und Übergabe. Die Garantie betrifft die Qualität und Zuverlässigkeit des fertigen Produkts bei Projektübergabe und während eines Teils der Nutzungsdauer. Möglicherweise muss die Garantie durch eine Versicherungsgesellschaft garantiert wird.

Für das Zustandekommen eines Projektvertrags sind folgende Punkte zu beachten:

- Angebot und Annahme unterscheiden sich von einem Angebot im Schaufenster. Wenn der Kunde ein Angebot akzeptiert, ist der Vertrag zustande gekommen.

- Vergütung ist der Tausch von etwas Wertvollem, normalerweise Geld, gegen Leistung. Wird der volle Preis am Ende des Projekts geschuldet, oder erfolgt die Vergütung in Raten, begonnen mit einer Anzahlung?
- Die Kapazität der Parteien, ihre Vertragsverpflichtungen einzuhalten, ist wichtiger Vertragsgegenstand. Der Vertrag ist z.B. in Grossbritannien nichtig, wenn eine Partei bei Vertragsabschluss verheimlicht, dass sie die Kapazität zu liefern gar nicht hat.
- Wird ein Vertrag in einem anderen kulturellen oder rechtlichen Umfeld abgeschlossen, sind die Risiken grösser und frühzeitig Unterstützung durch erfahrene Personen sicherzustellen.
- Rechtmässigkeit: Der Vertrag darf weder rechtswidrig noch unsittlich sein. Eine Absicht, legale Beziehungen zu schaffen, muss im Vertrag zum Ausdruck kommen.
- Schliesslich muss die Annahme des Vertrages kommuniziert werden, damit beide Parteien den Willen der anderen kennen.

2 Projektorganisation

2.1 Grundsätzliches

Die Projektorganisation ist eine spezielle Organisation für die Dauer des Projektes. Ihre Notwendigkeit ergibt sich daraus, dass die bestehende Linienorganisation für die Erfüllung ihrer Fachaufgaben optimiert ist, jedoch nicht für die Führung und Bearbeitung neuartiger, einmaliger und Fach übergreifender Vorhaben. Ihr fehlt auch die nötige Flexibilität, um bei Problemen und Änderungen entsprechend rasch reagieren zu können.

Wichtige Voraussetzungen für eine gut funktionierende Projektorganisation sind:

- klare Projektvereinbarung: herausfordernde Zielsetzung und Rahmenbedingungen bzw. Leitplanken, welche den Spielraum definieren,
- klare und ausreichende Entscheidungskompetenz und entsprechende Führungsverantwortung der Projektleitung,
- adäquate interdisziplinäre Fachvertretung und Fachkompetenz im Projektteam,
- aktive Benutzer und Betroffene, um möglichst hohe Akzeptanz zu erreichen,
- Arbeitskultur, welche Kommunikation, Engagement und Kreativität fördert,
- gute Verankerung in der Stammorganisation, möglichst bei den relevanten Entscheidungsträgern „aufgehängt",
- Verfügbarkeit der Ressourcen,
- methodische Unterstützung durch das „Projekt-Office".

2.2 Linie und Projekt: zwei unterschiedliche Welten

Werden in einem Unternehmen spezielle Problemstellungen durch Projektteams bearbeitet, bedeutet dies, dass neben der bisherigen Linienorganisation eine neue Arbeitsformation zugelassen wird, welche sich von ihr in der Kompetenzregelung, in der Art der Zusammenarbeit, in der Konfliktkultur, der Kommunikation, in den Tabus usw. unterscheidet. Diese Unterscheidung soll ganz bewusst „gestaltet" werden. Sie kann je nach Projekt markant bis überhaupt nicht ausgeprägt sein. Beispiel: Die Einführung von neuen Produktionsstrukturen, die eine neue Art der Zusammenarbeit erfordern, kann wesentlich dadurch unterstützt werden, indem die zukünftige Kultur möglichst schon im Projekt gelebt wird. Hier unterscheidet sich die Projektwelt sehr stark von derjenigen der Stammorganisation. In Standard- oder in Realisierungsprojekten jedoch sind Projektkultur und Unterstellungsverhältnisse der Stammhierarchie näher, die Unterschiede zwischen den zwei Welten sind minimal.

Linien-Welt

Projekt-Welt

Linien- Kultur
hierarchisch, vorgegebene Berichtswege und Entscheidungsstrukturen

Projekt-Kultur
Team-betont,
simultane Zusammenarbeit,
vernetzte Kommunikation

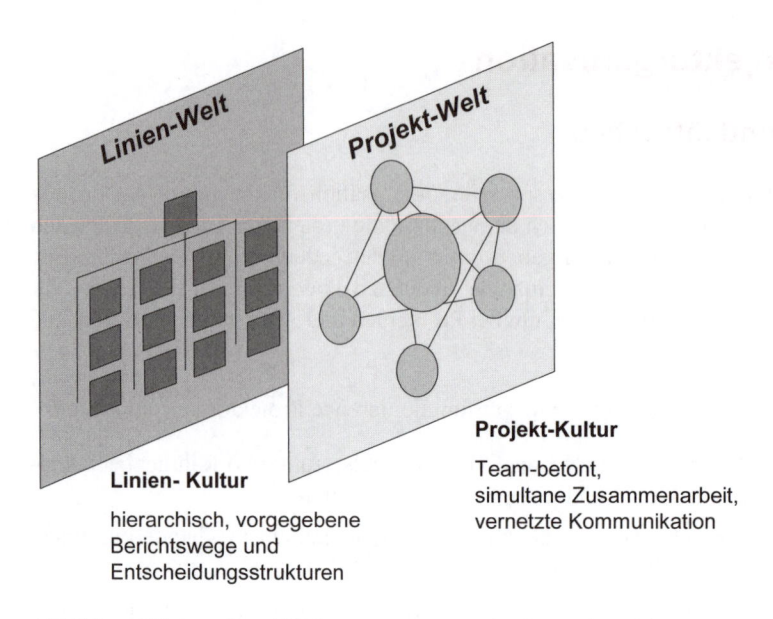

Abbildung III-2: Zwei Welten – Stammorganisation und Projekt

2.3 Die Rollen und Gremien

In Projektorganisationen werden oft Personen eingesetzt, ohne genaue Vorstellung, welche Rolle sie innehaben werden. Das hat zur Folge, dass Rollen unklar definiert und abgegrenzt sind, oder sogar fehlen. Beispiel: Der Auftraggeber, der auch gerne im Team mitarbeitet, entscheidet durch seine vorgegebene Machtstellung „von oben" (da wird es auch erwartet) und im Team als Teamplayer „von unten". Die Projektleitung kommt durch diese Doppelrolle eines Entscheidungsträgers in die Klemme.

Mehrfachrollen sind gefährlich. In kleinen Projekten sind vollständige Rollenteilungen natürlich nicht bis in die letzte Konsequenz möglich. Dann sollten aber möglichst „Nachbarrollen" mit der gleichen Person besetzt werden, z.B. der Projektleiter arbeitet auch inhaltlich am Projekt, der Teilprojektleiter ist auch im Kernteam, usw.

Fazit: Rollen klar definieren, vereinbaren und transparent machen!

Die Gremien und Rollen werden je nach Projekt und Unternehmenskultur (und Branchenkultur) so gebildet und benannt, dass alle Kompetenzebenen vertreten sind und das Projektziel möglichst effektiv erreicht werden kann. Oft weiss man nicht so recht, wer entscheidet. Oder die Rolle des Projektmanagements wird als notwendiges Übel aufgefasst und daher nur marginal wahrgenommen.

Auftraggeber	Was?	Entscheidungskompetenz
Steuergruppe		Vorentscheidungsinstanz, Verbindung Projekt - Linie
Projektleitung	Wie?	Prozesskompetenz
Projektteam (evtl. Ad-hoc-Gruppen)	Wie?	Fachkompetenz

Abbildung III-3: Institutionelle Projektorgane und Kompetenzebenen

Das Projekt muss in der Entscheidungsebene klar verankert sein. Der Entscheidungsprozess muss transparent gemacht werden!

Auftraggeber

In den meisten Fällen ist der Auftraggeber auch Entscheidungsträger. Es sind aber Situationen denkbar, wo die Entscheidungsfunktion aufgeteilt wird, z.B. zwischen Geschäftsleitung und Verwaltungsrat, oder zwischen Exekutive und Legislative. Im Wesentlichen umfasst die Rolle des Auftraggebers die folgenden Aufgaben:

- strategische Rahmenbedingungen abstecken;
- Prioritäten setzen, welche Projekte wichtig bzw. dringend sind;
- Projektauftrag verbindliche vereinbaren;
- Meilensteinentscheide treffen;
- Projektleitung unterstützen, ihr Rückendeckung geben;
- Ressourcen zusichern, die Projektleitung hat oft nicht die Macht, sich die Ressourcen zu nehmen. Hier muss der Auftraggeber Unterstützung bieten;
- Türen öffnen, etwa für wichtige Informanten;
- Informieren: Oft kann es wichtig sein, dass die auftraggebende Stelle nach aussen informiert (Repräsentation);
- Motivieren (etwa bei Kickoff-Veranstaltungen).

Projektportfoliomanager

Er ist oft auch zentraler Projektcontroller oder Project Officer mit permanenter Funktion. Der Projektportfoliomanager ist mit Vorteil ein Mitglied der Geschäftsleitung, in grösseren Unternehmen eine zentrale Stabsfunktion. Das zentrale Controlling unterstützt die Geschäftsleitung, indem es sämtliche Projekte priorisiert und das Projektportfolio nachführt.

Steuergruppe

Die Steuergruppe wird auch Projektausschuss, Lenkungsausschuss, Oberleitung genannt und ist die Erweiterung des Auftraggebers. Sie nimmt die Rolle der generellen Steuerung und Vorentscheidung wahr, besonders in grossen Projekten. In der Steuergruppe sind meistens Exponenten des oberen Managements oder wichtiger Anspruchsgruppen vertreten.

Begleitgruppe

Die Begleitgruppe wird auch Sounding Board genannt und begleitet das Projekt, indem es Stellung nimmt zu wichtigsten inhaltlichen Ergebnissen. Sie kann sinnvoll sein bei Projekten, in denen unterschiedliche Anspruchsgruppen vertreten sind. Ziele sind die Auseinandersetzung mit dem Projekt und dessen breite Akzeptanz.

Projektleitung

Die Projektleitung ist verantwortlich für die operative Abwicklung des Projektes, also Prozessgestalter. In der Regel nimmt eine Person die Gesamtleitung wahr. Es ist aber auch ein Leitungsteam denkbar – in diesem Falle müssen aber die sich gegenseitig ergänzenden Rollen sehr gut geklärt sein. In grossen Kunden- oder Bauprojekten wird in der Regel in beiden Firmen (Auftragnehmer und Kunde bzw. Bauherr) je ein Projektleiter nominiert.

Projektteam

Das Projektteam hat in der Regel die Rolle der inhaltlichen Projektbearbeitung. Bei grösseren Projekten kann es sinnvoll sein, das Team zu strukturieren in Kernteam und erweitertes Team. Durch diese Strukturierung lassen sich Sitzungen und Workshops effizienter gestalten, es müssen nicht alle Mitglieder überall dabei sein.

Teilprojektleiter, Teilprojektteams

Sie bilden eine übliche Aufgliederung bei grossen Projekten, die sich in relativ autonome Teilprojekte strukturieren lassen.

Temporärgruppen

Für die Bearbeitung spezifischer Aspekte können Arbeitsgruppen ins Leben gerufen werden, die noch temporärer als das ganze Projekt sind.

2.4 Die Aufgaben der Projektleitung

Die Projektorganisation sieht idealerweise wie in Abbildung III-4 dargestellt aus.

Die Projektleitung nimmt die operative Führung des Projektes wahr, d.h. sie ist verantwortlich für die Bearbeitung des Projektes. Sie ist somit Verantwortliche, hat Führungsfunktion und ist auch Sachbearbeiter. Im Einzelnen nimmt sie die folgenden Aufgaben wahr:

- Projektvereinbarung mit Auftraggeber aushandeln und schriftlich festhalten,
- erforderliche Ressourcen beschaffen,
- Projektteam bilden, zusammen mit dem Auftraggeber,
- Projektstart, Kickoff durchführen,
- Projekt in Phasen und Meilensteine, evtl. in Teilprojekte und Arbeitspakete strukturieren, soweit nicht bereits in Auftrag vorgegeben,
- verschiedene Teilprojekte und Aktivitäten koordinieren,
- Termine, Personen, Kosten und Qualität planen, kontrollieren und steuern,
- Team leiten, Beteiligte koordinieren,
- Risikoanalysen durchführen,
- Projektwirtschaftlichkeit beurteilen,
- Meilenstein-Entscheide vorbereiten,
- Information, Kommunikation und Projektdokumentation sicherstellen,
- Sitzungen und Workshops moderieren.

Diese Aufgaben können auch im Team durchgeführt oder teilweise an einzelne Teammitglieder delegiert werden. Der Projektleiter ist jedoch dafür verantwortlich, dass sie wahrgenommen werden.

Der Projektleiter sollte Fachwissen, Methodenwissen und Führungswissen mitbringen. Dabei kann er natürlich nicht überall Spezialist sein. Eine solche Superperson gibt es nicht. Aber er müsste je nach Projekt und Aufgabenstellung in allen Disziplinen die für das Projektmanagement günstigen Kenntnisse mitbringen. Das heisst bezüglich:

Fachwissen: Spezialwissen mitbringen ist weniger wichtig als auf die Zusammenhänge sensibilisiert zu sein sowie die Fachsprache(n) zu kennen. Fachwissen spielt in Standard- oder Wiederholprojekten eine grössere Rolle als etwa in Potenzialprojekten. Da könnte durchaus ein „Nichtfachmann" Projektleiter sein.

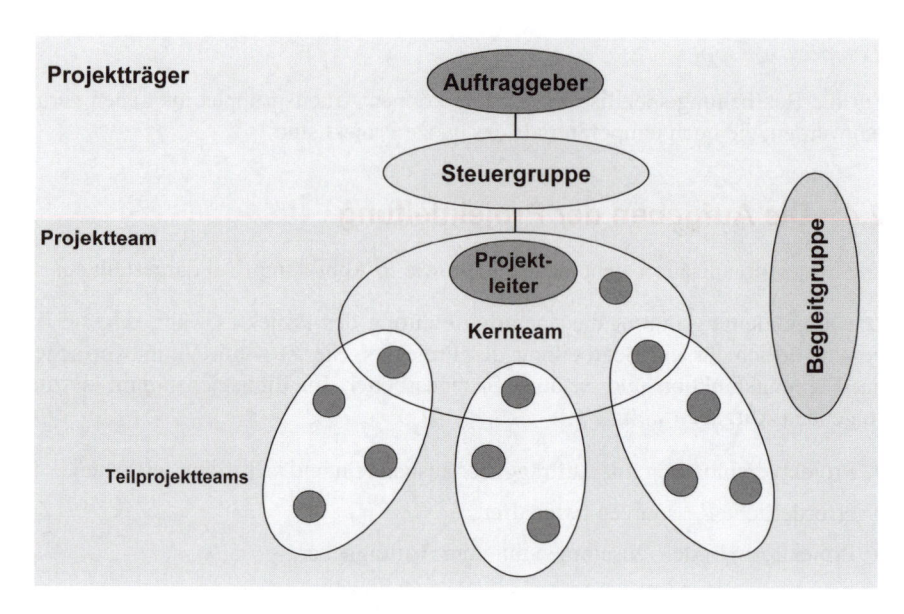

Abbildung III-4: Idealtypische Projektorganisation

Methodenwissen: Gemeint sind Strukturierungs- und Planungsmethoden, Problemlösungsmethoden usw. Kenntnisse über Vorgehensmethoden werden in den Schulen kaum und deshalb „on the job" erlernt oder müssen durch Weiterbildung erworben werden. Vom Projektleiter wird dieses Wissen auf jeden Fall erwartet.

Führungswissen: Projektleiter sind Gestalter sozialer Prozesse und müssen vor allem Teams führen können. Führen – verstanden als Serviceleistung – ist sehr anspruchsvoll und verlangt ein hohes Mass an Sozialkompetenz und Einfühlungsvermögen. Natürlich ist auch diese Kompetenz weitgehend von der Projektart abhängig und in der Regel komplementär zum Fachwissen: Je weniger das Fachwissen im Vordergrund steht, desto mehr ist Führungskompetenz gefragt, und umgekehrt. Da der Projektleiter die am Projekt mitarbeitenden Personen nicht administrativ führt, muss er sich ohne formelle Macht durchsetzen können.

Die folgenden Kriterien können die Suche nach dem geeigneten Projektleiter unterstützen:

- Teamfähigkeit: gibt grössere Präferenz der Gruppenarbeit, ist rollenflexibel;
- Durchsetzungsvermögen: kann überzeugen, verliert Ziel nicht aus den Augen;
- Frustrationstoleranz: reagiert nicht negativ oder destruktiv auf Misserfolge;
- vernetztes Denken: behält Übersicht, stellt Zusammenhänge her, lässt Widersprüche zu, erkennt indirekte Auswirkungen;

- handlungsorientiert: ist risikobereit, entscheidungsfreudig; hat Energie, Tatendrang; ist lösungsorientiert und nicht schuldzuweisend;
- zukunftsorientiert: ist agierend, nicht reagierend; nimmt Zukünftiges vorweg;
- Generalist: hat breites Interessenspektrum, ist neugierig;
- Ökonomist: denkt wirtschaftlich;
- Selbstvertrauen, Selbstbewusstsein: nicht autoritätsgläubig, zuversichtlich;
- Selbstdarstellung: kann Ideen und Projekt verkaufen, ist dialogfähig;
- Urteilsfähigkeit: kann Stärken und Schwächen anderer erkennen sowie das eigene Verhalten selbstkritisch reflektieren und daraus lernen.

2.5 Stellvertretungen im Projekt

Zu einer sorgfältigen Führungsorganisation gehört auch die Klärung der Stellvertretung. Diese kann unter verschiedensten Aspekten ausgestaltet werden:

- Stellvertretung als Platzhalterfunktion, Funktion wird in Abwesenheit des Stelleninhabers übernommen, wobei wichtige Entscheide aufgeschoben werden bis dieser wieder anwesend ist. Beschränkte Übergabe von Kompetenzen.
- Stellvertretung als Co-Leiter; auch hier ist es nur eine Funktionsübernahme bei Abwesenheit, jedoch laufende Informationen, damit bei einer allfälligen Stellvertretung schneller reagiert werden kann. Beschränkte Übergabe von Kompetenzen.
- Vollamtliche Stellvertretung. Es besteht eine dauernde Arbeitsteilung um die Führungsperson zu entlasten oder Wissen und Erfahrung aufzubauen. So können ganze Teilbereiche mit Verantwortung und Kompetenzen abgegeben werden. Im Abwesenheitsfall gehen dann sämtliche Aufgaben und Kompetenzen an die Stellvertretung.

Normalerweise werden Stellvertretungen aus dem Team bestimmt, was oftmals problematisch für die Teamdynamik ist. Hier hilft, wenn Erwartungen und Ansprüche beider Seiten ausgesprochen und geklärt sind. Hilfreich ist, wenn ein gutes Einvernehmen zwischen den Personen besteht (ähnliche Führungsphilosophie), und die Stellvertretung nicht rivalisiert, sondern loyal ist. Eine gut funktionierende Stellvertretung kann für Projektleiter eine echte Entlastung sein.

Ebenso kann sich eine Stellvertretung eignen als Personalförderungsmassnahme um engagierte Mitarbeiter „on the job" auf Führungsaufgaben vorzubereiten.

Stellvertretungen bei Entscheidungsträgern können problematisch werden, wenn die getroffenen Entscheide nicht allen genehm sind und versucht wird, diese zu hintergehen oder durch die eigentliche Hierarchie wieder rückgängig zu machen.

Hier muss eine wirkliche Abtretung der Kompetenzen entstehen und der Entscheidungsträger loyal hinter dem Stellvertreter stehen.

2.6 Die grundsätzlichen Formen der Projektorganisation

Bei jeder Temporärorganisation stellt sich die Frage, wie sie mit der Gesamtorganisation verbunden ist. Bei Projektorganisationen unterscheiden wir zwischen drei grundsätzlichen Formen: der Projektkoordination, der reinen Projektorganisation und der Matrixorganisation. Die Kriterien für die Wahl der entsprechenden Form sind z.B.:

- Projektart, Projektziel, Projektumfang,
- Führungsstruktur und -kultur im Unternehmen,
- Projektkultur in den Organisationseinheiten.

Die verschiedenen Organisationsformen unterscheiden sich durch die Art und Weise, wie die Gesamtheit der Führungs- und Entscheidungskompetenz zwischen Linie und Projekt geteilt wird oder wie gross der Freiheitsgrad des Projektleiters und seines Teams ist.

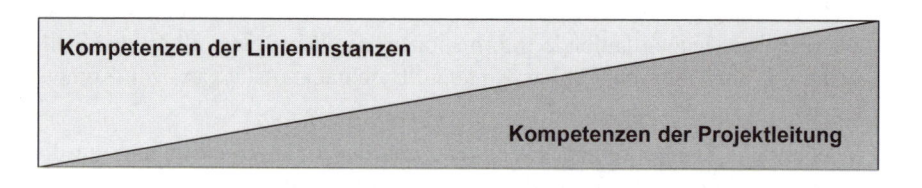

Kompetenzen der Linieninstanzen

Kompetenzen der Projektleitung

Projektkoordination
Die Entscheidungskompetenzen liegen bei den Linieninstanzen

Reine Projektorganisation
Die Entscheidungskompetenzen liegen bei der Projektleitung

Matrix-Projektorganisation
Die Kompetenzen zwischen Linien- und Projektorganisation sind zu regeln

Abbildung III-5: Formen der Projektorganisation und Kompetenzzuweisung

2.6.1 Die Projektkoordination

Die Projektkoordination (oder Einfluss-Organisation) ist die Minimalform einer Projektorganisation, bei der die Primärorganisation lediglich um die Stabsstelle des Projektkoordinators ergänzt wird. Die funktionale Hierarchie bleibt unverändert bestehen. Der Koordinator (Projektleiter im Stab) besitzt keine Weisungsbefugnisse. Er ist aber für den sachlichen und terminlichen Ablauf, für die rechtzeitige Information der entsprechenden Linieninstanzen und das qualitativ richtige Vorgehen verantwortlich.

In seiner Koordinationsfunktion schlägt er der Linie Massnahmen und nächste Arbeitsschritte vor. Diese Art von Projektleitung setzt voraus, dass die Linie konstruktiv zusammenarbeitet und dem Projektleiter die nötigen Informationen zugänglich macht. Er darf bei dieser Organisationsform nicht allein für die Zielerreichung verantwortlich gemacht werden, da ihm die Führungsverantwortung im Projekt fehlt und er speziell auf die Bereitschaft der Linie angewiesen ist.

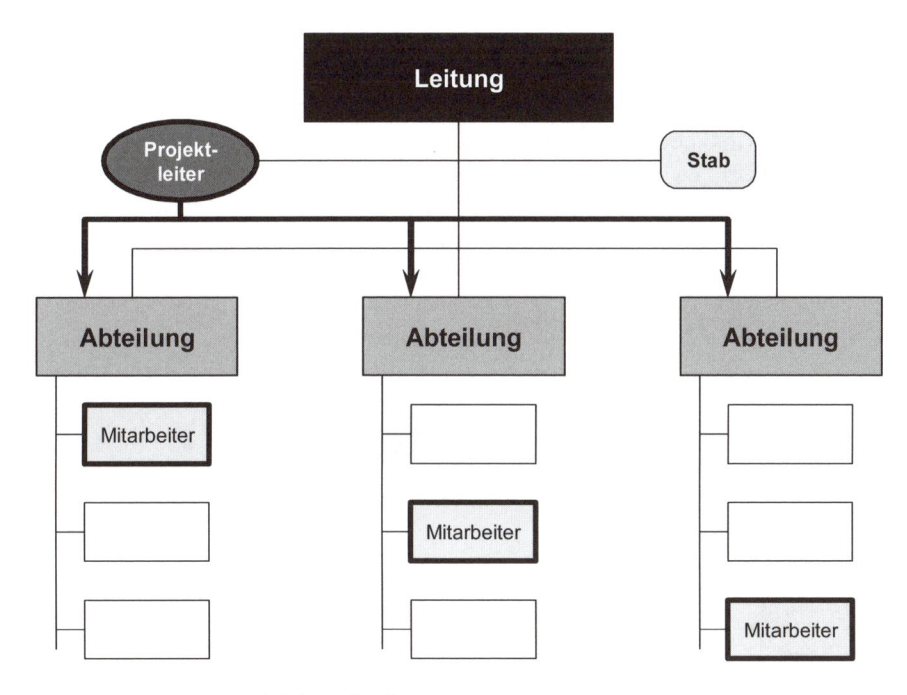

Abbildung III-6: Projektkoordination

Vorteile

- Hohes Mass an Flexibilität hinsichtlich des Personaleinsatzes
- Einfacher Erfahrungsaustausch und -sammlung über die verschiedenen Projekte
- Keine organisatorische Umstellung
- Verantwortung des Projektes bleibt weitgehend bei der Linie

Nachteile

- Niemand fühlt sich für das Projekt verantwortlich
- Geringe Reaktionsgeschwindigkeit
- Organisationsübergreifende Sichtweise erschwert
- Kein wirkliches Projektteam

Die Form der Projektkoordination eignet sich vor allem bei Projekten, die den Rahmen der herkömmlichen Aufgaben nicht wesentlich übersteigen (z.B. Kundenaufträge, einfache Produktentwicklungen usw.)

2.6.2 Die reine Projektorganisation

Bei dieser Organisationsform wird für das Projekt eine eigenständige neue Organisationseinheit gebildet. Der Projektleiter wie auch die Teammitglieder sind vollamtlich im Projekt. Somit besitzt der Projektleiter auch die volle Führungsverantwortung mit sämtlichen Entscheidungskompetenzen (ausser bezüglich der Meilensteinentscheide). Es entsteht ein unabhängiges, effizientes Arbeitsteam (Task Force). Diese Projektorganisation kann recht teurer sein, denn die bisherigen Stellen müssen neu besetzt werden, und bei nicht Vollauslastung im Projekt entstehen Leerzeiten der Mitarbeiter. Diese Projektform ist geeignet für komplexe Projekte, bei zeitkritischen Vorhaben oder bei Projekten, die kritische und einschneidende Massnahmen für das Unternehmen erzeugen sollen.

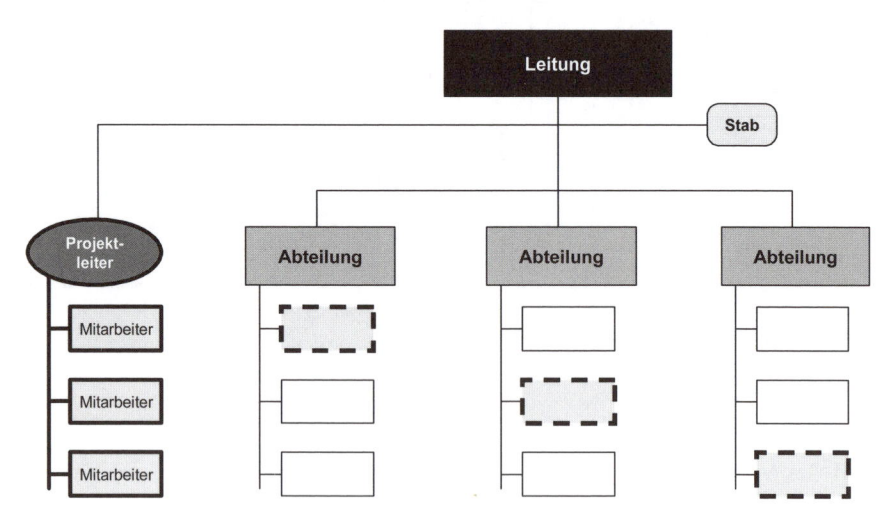

Abbildung III-7:   Reine Projektorganisation

Vorteile

- Effiziente Organisation für Grossprojekte
- Eindeutige Verantwortung und Entscheidungskompetenz beim Projektleiter
- Schnelle Reaktion bei Störungen
- Hohe Identifikation des Projektteams mit dem Projekt
- Unabhängig vom Einfluss und Willkür der Linie

Nachteile

- Wenig Personalflexibilität, besonders bei nur zeitweise benötigten Spezialisten;
- Rekrutierung und Wiedereingliederung nach Abschluss des Projektes (Reintegration) von Projektmitarbeitern kann schwierig sein;
- Gefahr einer autoritären oder nicht teamorientierten Führung durch den Projektleiter eher möglich, da er in einer speziellen temporären Situation führt.

Die reine Projektorganisation ist von der Linie klar abgegrenzt und hat eine hohe Eigenständigkeit. Sie eignet sich für ausserordentlich grosse Vorhaben, die relativ wenig Berührung zu den herkömmlichen Aufgaben haben (z.B. Entwicklung einer völlig neuen Produktlinie, Erstellung eines Neubaus), für Projekte mit sehr hohem Risiko (Ausgliederung des Projektes aus dem Unternehmen) oder wo eine speziell durchschlagende Wirkung der Ergebnisse nötig ist. Als Task Force wickelt sie in kurzer Zeit sehr wichtige und dringende Projekte ab.

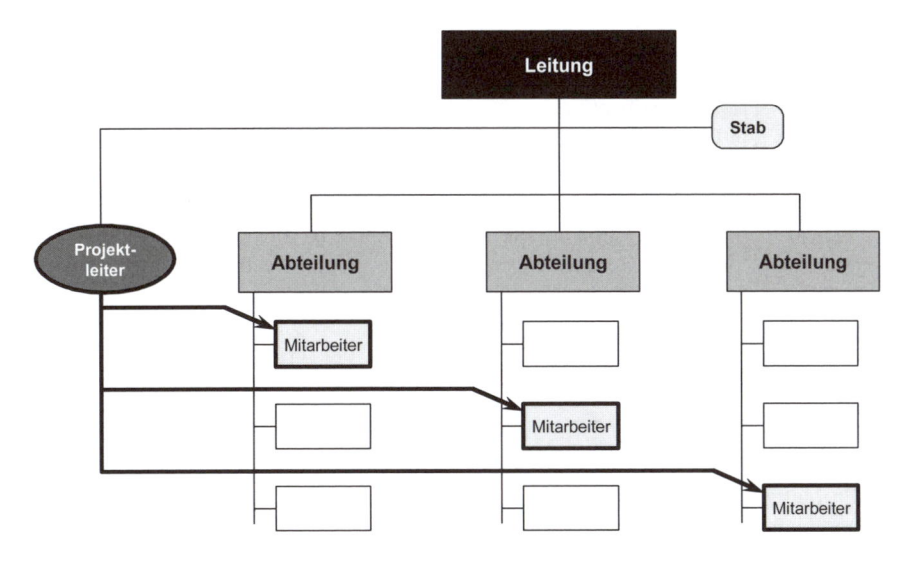

Abbildung III-8: Matrix-Projektorganisation

2.6.3 Die Matrix-Projektorganisation

Diese Organisationsform stellt eine Mischung aus reiner Projektorganisation und Projektkoordination dar. Die Verantwortungen und Kompetenzen sind zwischen dem Projektleiter und den Linieninstanzen aufgeteilt. Diese Aufteilung richtet sich nach dem Projekt und kann in weiten Grenzen variieren. Die Matrix-Projektorganisation stellt sehr hohe Anforderungen an die klare Aufteilung und Einhaltung der Abmachungen zwischen der Linie und dem Projekt sowie an das Rollenbewusstsein. Daher ist sie sehr konfliktanfällig und erfordert einen hohen Grad an Kommunikation für Regelungen und Vereinbarungen.

Vorteile

- Projektleiter und Team fühlen sich verantwortlich für das Projekt
- Eindeutige Verantwortung und Entscheidungskompetenz beim Projektleiter
- Flexibler Personaleinsatz, keine Auslastungsprobleme
- Kontinuität der fachlichen Weiterbildung, kein Kontaktverlust zur Linie
- Zielgerichtete Koordination verschiedener Interessen
- Förderung der ganzheitlichen, interdisziplinären Betrachtung

Nachteile

- Gefahr von Kompetenzkonflikten zwischen Linien- und Projektautorität
- Verunsicherung von Führungskräften (Verzicht auf Ausschliesslichkeit) und Mitarbeitern („Diener zweier Herren")
- Hohe Anforderungen an die Informations- und Kommunikationsbereitschaft

Die Matrix-Projektorganisation ist in der Praxis die weitaus häufigste Organisationsform. Viele Unternehmen haben mit Rücksicht auf die begrenzten Ressourcen fast keine andere Wahl. Wegen der zwei Abhängigkeiten und der Gegensätze, die aus der hierarchisch orientierten Linienorganisation einerseits und aus der Teamkultur der Projektorganisation andererseits entstehen, ist dies organisationspsychologisch wohl die heikelste und anspruchsvollste Form. Sie funktioniert nur dann sinnvoll, wenn:

- die Aufgaben und Kompetenzen klar geregelt sind (analog einer Vortrittsregelung bei Kreuzungen),
- die Linie optimal die Ressourceneinsätze des Mitarbeiters in der Linienarbeit und in der Projektmitarbeit koordiniert (Kapazitätsplanung),
- Probleme und Konflikte thematisiert und ausdiskutiert werden, d.h. wenn eine genügende Konfliktkultur vorhanden ist,
- die Unternehmensbereiche zusammenarbeiten wollen und sich nicht über das Projekt konkurrenzieren.

2.7 Das Projektmanagement-Handbuch

Ein projektorientiertes Unternehmen erstellt sinnvollerweise eine Projektmanagement-Richtlinie in Form eines Handbuches, welches die für die Projektabwicklung geltenden Regeln definiert und mit der Freigabe dieses Dokumentes verbindlich erklärt. Die Projektmitarbeiter werden diese Projektkultur dann am schnellsten übernehmen und leben, wenn sie die Regeln nachvollziehen können und das ganze Dokument als Hilfe empfinden. Das ist ausgeprägt dann der Fall, wenn das Dokument schlank und einfach verständlich ist, die Mitarbeiter bei der Erstellung beigezogen wurden und auch nützliche Hilfsmittel angeboten werden z. B. Vorlagen, Instrumente und Checklisten.

Bei komplexen Projekten sind diese Vorgaben vollumfänglich und strikt einzuhalten. Bei kleinen Routineprojekten werden die Schritte den unternehmerischen Bedürfnissen angepasst und skaliert angewendet. Nimmt die Richtlinie einen grösseren Umfang an, wird sie als Projektmanagement-Handbuch des Unternehmens bezeichnet. Für wichtige Projekte kann eine an die Projektbedürfnisse angepasste Form erstellt werden, das Projekthandbuch (Beispiel: Abb. III-63). Das Projektmanagement-Handbuch gilt unternehmensweit. Das Projekt-Handbuch gilt spezifisch für ein einzelnes Projekt. Werden diese Unterlagen im Intranet des Unternehmens zugänglich gemacht und miteinander verknüpft, können Zugriff, Übersicht und Benutzerfreundlichkeit wesentlich verbessert werden.

Mögliche Themen in einem Projektmanagement-Handbuch sind:

- Geltungsbereich,
- Projektarten (Organisation, ICT, Produktentwicklung, Infrastruktur),
- Projektkategorien (Strategisch, International, Klein-Projekte),
- Übersicht der Prozesslandschaften, Wertschöpfungskette, Phasenplan, Meilensteine, Reviews, Freigaben,
- Beschreibung der Tätigkeiten, zugehörende Dokumente,
- Projektorganisation, Teamzusammensetzung, Steuerungsgremien,
- Zuständigkeiten, Verantwortlichkeiten, Kompetenzen,
- Stakeholderanalyse, Funktionendiagramm, Eskalationswege,
- Planung der Termine und Kosten, Multiprojektmanagement,
- Information, Kommunikation,
- Change Request Management, Handhabung der Risiken,
- Projektcontrolling, Kosten und Terminüberwachung, Berichterstattung,
- Projektabschluss,
- mitgeltende Dokumente, Tools, Templates, Checklisten,
- Know-how-Transfer, kontinuierlicher Verbesserungsprozess,

- Zusammenarbeit Linienorganisation/Projektorganisation,
- Kompetenzen, Verantwortlichkeiten, Projektleiterkarriereplanung,
- Definitionen, Glossar.

2.8 Die Kompetenzregelung

Es empfiehlt sich, für die einzelnen Projektorgane eine generelle Beschreibung ihrer Zielsetzung, Aufgaben und Kompetenzen zu erstellen (Pflichtenheft). Es ist jedoch nicht sinnvoll, jedes Kompetenzdetail zu regeln. Die Flexibilität des Projektmanagements sollte nicht durch Bürokratie zerstört werden. Entscheidender ist, wie auftretende Schwierigkeiten auch situativ geklärt und geregelt werden können. Es kommt also wesentlich auf Dialogkultur, Konfliktfähigkeit und Bereitschaft zur Zusammenarbeit an.

Besonders heikel bezüglich Aufgaben- und Kompetenzregelung sind Matrix-Projektorganisationen, da hier sowohl Führungskräfte in der Linie als auch Projektleiter Kompetenzen wahrnehmen. Hier können Weisungs- und Entscheidungsbefugnisse z.B. nach folgenden Kriterien gegliedert werden:

Was oder welche Aufgaben und Tätigkeiten sind im Projekt zu erledigen? In Projekten plant und entscheidet solches im Normalfall der Projektleiter.

Wann oder bis wann müssen diese Tätigkeiten erledigt werden? Auch dies ist üblicherweise Sache der Projektleitung. Es empfiehlt sich jedoch in den meisten Fällen, Aktivitäten und Termine mit der Linie abzusprechen und zu koordinieren, mindestens sie zu informieren.

Wer wird von der Linie ins Projekt delegiert? Hier kann die Projektleitung lediglich Vorschläge machen, der Entscheid liegt bei der Linie, sei dies bei den direkten Führungskräften oder sogar beim Auftraggeber. Die Projektleitung sollte aber bei der Auswahl der Projektmitarbeiter auf jeden Fall beigezogen werden, da sie einerseits die Kriterien für die Zusammensetzung des Projektteams (Anforderungsprofil an die einzelnen Teammitglieder) und andererseits in der Regel die Personen kennt und später mit diesen Personen zusammenarbeiten und Ergebnisse erzielen muss.

Wie ist die fachliche Lösung? In Projekten, welche stark mit den Fachabteilungen verknüpft sind (z.B. Produktentwicklungen), werden die fachlichen Entscheide meist von der Linie gefällt. In anderen Projekten mit übergeordneten Themenstellungen (z.B. neues Lohnsystem), kann die Linie entscheiden, was sie betrifft. Vermehrt werden auch Innovationsprojekte durch sogenannte „Task Forces" abgewickelt, um der Linie bewusst einen anderen Blickwinkel entgegenzusetzen. Oft wird das fachliche Know-how auch von aussen „eingekauft" (etwa durch eine Fachberatung) und die entsprechenden fachlichen Entscheide werden im Projektteam bzw. durch den Auftraggeber gefällt.

Wo/womit wird die Tätigkeit durchgeführt? In welchem Fachbereich, intern oder extern? Mit welchen Mitteln oder Ressourcen?

Grundsätzlich ist der Projektleiter verantwortlich für die Planung und Steuerung des Projektablaufes sowie für die Vorgehensmethodik, die Linie für die fachliche Problemlösung. Der Projektleiter interveniert z.B. dann, wenn eine gewählte fachliche Lösung nicht mit den vereinbarten Zielsetzungen übereinstimmt.

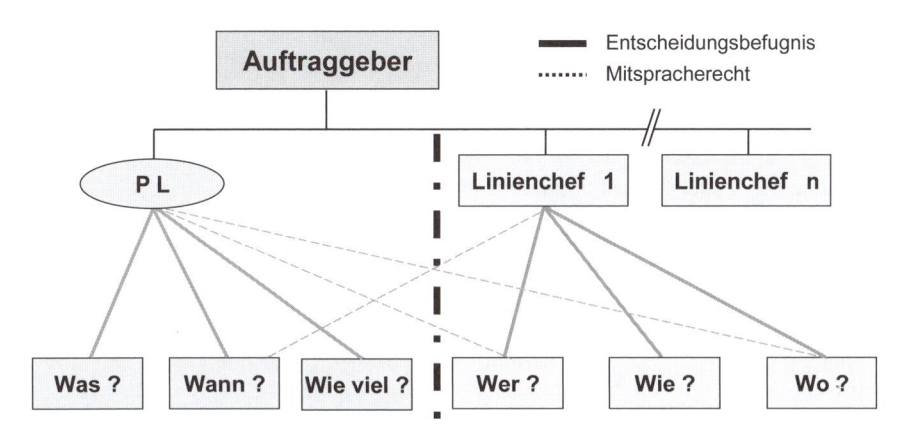

Abbildung III-9: Kompetenzaufteilung in der Matrixorganisation

Die Kompetenzregelung lässt sich auch in einem Funktionendiagramm darstellen:

Beteiligte Stellen Phasen / Tätigkeiten	Auftrag-geber	Projekt-leiter	Teilprojekt-leiter	Linien-chef	Andere Stellen
Initialisierung					
• Projektauftrag	E			A	
• Organisation / Kompetenzen	E			A	
• Projektleiter	E			A	
Vorstudie					
• Zielsetzung	E	A		B	
• Projektstruktur		E	B		
• Planung (Tätigkeiten, Termine, Kosten)		E	B	B	
• Wissensaufbereitung		B, A	B		
Meilensteinentscheid	E	A			
Konzept					
• Variantenvergleich	E	A	B		

Legende: E = Entscheid (abschliessend)   V = vorbereiten, erarbeiten, planen   ( ) = in Ausnahmefällen
A = Antrag stellen (Vorentscheid)   D = durchführen, umsetzen
B = beraten, mitreden   G = Genehmigung (ja/nein)

Abbildung III-10: Beispiel eines Funktionendiagramms

2.9 Führungskontinuum bei wechselnder Verantwortung

Unternehmen gestalten ihre Aufbau- und Ablauforganisationen meist arbeitsteilig. Aufgaben werden dadurch üblicherweise in Organisationseinheiten erledigt. Die Abwicklung von Projekten verläuft dann oft auch nach diesem Prinzip. Das bedeutet beispielsweise, dass sowohl Businessleitung als auch Projektleitung unabhängig voneinander arbeiten. Es herrscht ein Silodenken in Machtzentren. Jeder schaut nur für sich.

Da die eine Seite nicht weiss, was die andere Seite macht, erfolgen in der Praxis die Übergänge zwischen Business und Projekt in der Regel kurzfristig und punktuell. Der Projekterfolg ist dadurch in hohem Mass gefährdet.

Beispiele möglicher Kombinationen sind:

Businessleitung	Projektleitung
Bankfachleute	IT-Spezialisten
Verkauf	Engineering
Planung	Entwicklung
Entwicklung	Produktion
Produktion	Support/Aftersale

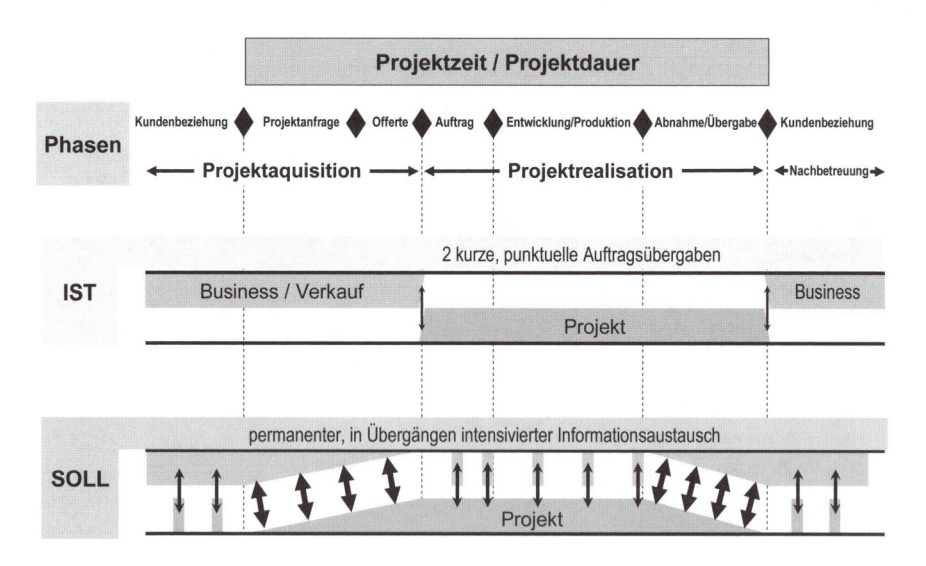

Abbildung III-11: Punktuelle Projektübergabe vs. Führungskontinuum

Dieses Vorgehen kommt der zunehmenden Projektkomplexität mehr entgegen. Komplexe Projekte betreffen häufig unterschiedliche Unternehmensbereiche. Sie erfordern eine verzahnte Organisation und übergreifende Prozesse, die gezielt mit diesen Gegensätzen umgehen kann. Dazu ist ein Führungskontinuum mit wechselnder Verantwortung sicherzustellen.

Eine enge Zusammenarbeit mit permanentem und offenem Informationsaustausch zwischen den Leitungen und Spezialisten ist unumgänglich. Dies ist sowohl vor dem Projektstart als auch nach dem Projektende notwendig. Insbesondere ist den Übergangsphasen wesentlich mehr Aufmerksamkeit zu schenken.

Bevor dem Kunden Produkte, Produktteile, Termine, Kosten, usw. versprochen werden, ist das realistisch Machbare abzustimmen und für alle Beteiligten verbindlich zu vereinbaren. Besonders wichtig ist (… gerade auch bei allfälligen Schwierigkeiten), dass sich die beiden Projektleiter immer wieder in gemeinsamer Auseinandersetzung nach dem Ziel ausrichten. Sinnvoll ist der Beizug des nachfolgenden Projektleiters zu Beginn und des vorangehenden Projektleiters am Ende. Unterstützend sind weiter, bereichsübergreifende Workshops anstelle von Expertenberatungen.

In der Praxis findet diese Übergabe von Information und Verantwortung im Rahmen eines Handover-Meetings (HOM) statt. Damit z.B. der Entwickler im Originalton mitbekommt, was der Kunde wünscht und wie schwierig es sein kann, realistische Ziele zu vereinbaren, soll er beim Verkaufsgespräch dabei sein.

Eine andere Form der Projektführung, welche in der Praxis immer öfter angetroffen wird, ist diejenige der „Co-Leitung". Gemeint ist damit das „miteinander" oder auch „nebeneinander" Führen eines Projektes mit zwei (bis drei) Personen mit unterschiedlichen Erfahrungshintergründen. Diese Form der Co-Projektleitung erfordert neben der fachlichen und vorgehensmässigen intensiven Koordination besonders eine „gute Chemie", ausgeprägte Teamfähigkeit und hohes Bewusstsein für eine kooperative Zusammenarbeit.

Für solche „Mehr-Personen-Leitungen" sind folgende Aspekte wichtig:

- eine sorgfältige Rollenklärung;
- sich gegenseitig nicht ausspielen lassen;
- sie arbeiten als „Kernteam" mit klar vereinbarten Aufgaben-, Kompetenzen- und Verantwortungsabgrenzung;
- eine Ansprechperson ist für Kontakte von und nach aussen definiert;
- eine regelmässige, differenzierte gegenseitige Absprache;
- reife Persönlichkeiten wählen, die eine hohe Bereitschaft zur Zusammenarbeit haben.

Die Unternehmensleitung hat für Projekte mit Co-Leitung(en) eine besonders wichtige Rolle und Funktion:

- Sie nimmt die Führungsverantwortung wahr.
- Sie stellt informationsfördernde Strukturen und Prozesse bereit.
- Sie nimmt eine sorgfältige Rollendefinition und -aufteilung vor.
- Sie deklariert klare unverwechselbare Verantwortlichkeiten.
- Sie vereinbart klare Ziele und Aufträge sowie ziel-, wirkungs- und ressourcenorientierte Handlungskompetenzen.

2.10 Bildung der Projektorganisation

Im Allgemeinen werden Projektorganisationen zu unkritisch und unsorgfältig zusammengestellt. Gründe dazu sind oftmals eine einseitige Optik (z.B. nur aus der Perspektive des Auftraggebers, der Fachabteilung usw.), Kultur des ständigen Auswechselns von Personal, Angst vor heiklen und konfliktträchtigen Diskussionen über die personelle Zusammensetzung des Teams (Engagement, Interessen, Verfügbarkeit, Know-how, Sympathie/Antipathie).

Hier einige Tipps für die Bildung der Projektorganisation:

- Bei Projekten mit stark divergierenden Interessen wird der Mitwirkungsgrad der Anspruchsgruppen grösser und damit die Projektorganisation umfangreicher sein. Aber: Projektorganisation möglichst schlank halten, eine breite Beteiligung kann auch mit Begleitgruppen, speziellen Workshops für Betroffene und Benutzer (evtl. Grossgruppenveranstaltung) erreicht werden;
- auf definierte Rollen achten, Mehrfachrollen vermeiden! Gewaltentrennung zwischen den Gremien anstreben;
- die Nominierung der Projektmitglieder nicht dem Zufall überlassen. Überlegen, nicht nur, wer in welches Gremium gehört, sondern auch wie nominiert werden soll: durch Führungskräfte, durch Auftraggeber oder Projektleiter, breite Abstützung der Anspruchsgruppen, usw.;
- Projektmitarbeiter sollen über die notwendigen Ressourcen verfügen, überlastete Projektmitglieder sind nicht motiviert oder setzen ihre Prioritäten dann selber je nach Interesse;
- im Laufe des Projektes kann sich die Projektorganisation von Phase zu Phase ändern. Innerhalb einer Phase sollte die Organisation möglichst konstant gehalten werden, um die Teamprozesse nicht zu unterbrechen;
- lieber weniger Projekte mit fachlich hervorragenden und motivierten Personen. Auch das Management muss sich im Projekt engagieren können!

2.11 Virtuelle Teams

Projektteams, die international zusammenarbeiten, sind je länger je mehr Realität. Sie treffen sich selten oder nie und kommunizieren vorwiegend mit technischen Hilfsmitteln wie E-Mail oder Workgroup-Anwendungen.

Die Notwendigkeit, sich doch physisch mindestens am Projekt-Kickoff oder auch sporadisch zu treffen, hängt mit der Projektart zusammen: Bei Standardprojekten eines weltweiten Konzerns kann der Grad der Virtualität sicher höher sein als bei Pionierprojekten mit unterschiedlichen Firmen oder Hochschulen, die erstmals zusammenarbeiten.

Im Folgenden einige Tipps, worauf bei virtueller Zusammenarbeit zu achten ist:

- Die formalen und technischen Voraussetzungen müssen geklärt sein (Datenformate, verwendete Tools, Hard- und Software aller Beteiligten usw.).
- Die verwendete Projektmethodik und -sprache muss dieselbe sein.
- Das Projektverständnis muss gemeinsam sein. Dafür lohnt sich in den meisten Fällen ein gemeinsames Meeting in einem physischen Raum, besonders dann, wenn sich die Projektbeteiligten nicht kennen.
- Spielregeln der Information und Kommunikation müssen besonders sorgfältig vereinbart und verbindlich eingehalten werden.
- Die Arbeitsteilung (Arbeitspakete und Verantwortlichkeiten) muss definiert und gegenseitig bekannt sein. Ein Workflow-Plan mit Meilensteinen und Übergabestellen ist als Orientierung und Controlling-Instrument unabdingbar.
- Zwischen den Synchronisationspunkten sind die Teammitglieder voll verantwortlich für die Bearbeitung ihrer Arbeitspakete. Das stellt hohe Anforderungen an die Teammitglieder: Sie müssen Verantwortung übernehmen, weitgehend selbständig arbeiten, Entscheide treffen, sich flexibel in ein virtuelles Team eingliedern.

2.12 Multikulturelle Zusammenarbeit

Mit der Globalisierung und der damit immer häufiger vorkommenden Zusammenarbeit in internationalen Projektteams ist der Projektmanager auch zunehmend mit der Tatsache konfrontiert, dass in seinem Projektumfeld gleichzeitig unterschiedliche Kulturen und Ethnien vertreten sind. Das gibt oft Probleme, da die Kommunikation durch unterschiedliche Wertvorstellungen, Sicht- und Verhaltensweisen, Sprachen usw. erschwert ist. Auf der anderen Seite erkennen viele Projektverantwortliche heute, dass unterschiedliche Kulturen in einem Projektteam nicht als Problem angesehen werden muss, sondern dass in der Multikulturalität wesentliche

Ressourcen liegen. Zu diesem vielschichtigen und komplexen Themenkreis ist heute ein grosses Angebot guter Fachliteratur vorhanden (siehe Literaturverzeichnis). Zusammenfassend verfügt der ideale Projektleiter im Umgang mit multikulturellen Projektumgebungen über folgende Kompetenzen:

Haltung und Einstellung

Der Projektleiter muss gegenüber anderen Kulturen eine offene Grundhaltung entwickeln, die es ihm erlaubt, auch bei ungewohntem Verhalten seines Gegenübers eine hohe Wertschätzung zu zeigen. Er muss seine Wahrnehmung erweitern im Bezug auf die Aussenwirkung seines Handelns. Er muss in der Lage sein, sein Verhalten möglichst flexibel an die aktuelle Situation anpassen.

Kulturelles Wissen

Der Projektleiter braucht ein minimal notwendiges Wissen über die Kultur, mit der er konfrontiert sein wird. Es geht darum, sich der erwarteten Gesten sowie der Bedeutung von Ritualen und Zeremonien bewusst zu sein, Tabus vorzubeugen und religiöse Rahmenbedingungen zu kennen. Ohne entsprechende Vorbereitung ist die Gefahr gross, eines des vorhandenen „Fettnäpfchen" zu treffen und Glaubwürdigkeit zu verlieren (Gesichtsverlust).

Sprach- und Kommunikationskompetenz

Es ist zwingend notwendig, dass der Projektleiter über die erforderliche Sprachkompetenz verfügt. Neben dem Wortschatz, welcher eine präzise Formulierung der eigenen Absichten erleichtert, sind der der Kultur angepasste Ausdruck sowie die Kenntnisse von sprachlichen Stolpersteinen enorm wichtig. Dazu gehört auch die Fähigkeit, allenfalls über eine Metasprache die Teamkommunikation zu entwickeln. Auf der Ebene der Körpersprache kommen zudem viele zum Teil ungewohnte Aspekte der anderen Kultur hinzu.

Führungskompetenz

Die Kenntnisse von prozessualen Eigenheiten wie Dominanz, Verständnis und Umgang mit Hierarchien, Akzeptanz und Macht ist für den Projektleiter in allen Führungssituationen von grosser Bedeutung. Das Bewusstsein, welche Führungsstile in einer bestimmten Kultur überhaupt anwendbar sind, hilft über viele Problemsituationen in einem multikulturellen Projektteam hinweg. Wie kann ich überzeugen? Wie sind Sitzungen zu planen? (Erwartungen, Vorbereitung, Pünktlichkeit, Sprache, Wer ist dabei?, Agenda, Leitung, Konsensfindung, Weiteres Vorgehen, usw.) Wie steht es mit Aspekten wie Arbeitsethik, Qualifikation und Networking im anderen Kulturkreis?

Verhandlungskompetenz

Gerade im asiatischen Raum gelten ganz andere Gesetze in Verhandlungsgesprächen. Die Methoden der Entscheidungsfindung sind für Westeuropäer manchmal etwas ungewohnt und allzu direktes Vorgehen kann rasch zu einem Gesichtsverlust führen. Der Projektleiter ist auf genaue Kenntnisse angewiesen, welche Verhandlungsmethoden wann zur Anwendung kommen können (Win-win-, Win-lose-, Poker- oder Schach-Strategien, welcher Einstieg bzw. Abschluss ist Erfolg versprechend, wer führt?)

Konflikt-Kompetenz

Um Arbeitskonflikte in multikulturellen Projektteams bearbeiten zu können, muss der Projektleiter neben dem notwendigen kulturellen Wissen (Was ist erlaubt?/ Was ist tabu?) auch eine hohe Handlungskompetenz entwickeln. Diese hilft ihm, in Konfliktsituationen authentisch und überzeugend zu agieren. Den richtigen Ton zu finden oder das richtige Mass an Sensitivität, aber auch Durchsetzungskraft zu entwickeln ist meist eine anspruchsvolle und heikle Gratwanderung.

Beispiel

Der westliche Kommunikationsstil ist eher charakterisiert durch Direktheit, „auf den Punkt bringen", einen klaren Standpunkt einnehmen, vorwiegend verbal. Der asiatische Kommunikationsstil ist eher subtil, zirkulär, den Kontext ausleuchtend, vorwiegend nonverbal. Wir Westler haben hier meistens noch unsere Vorurteile und interpretieren: Wir sind direkt, offen, ehrlich, die anderen reden um den Brei herum. Durch die positive Interpretation sind die Asiaten aber im Trend: Der eben charakterisierte Kommunikationsstil wird heute dem modernen Management empfohlen. Diese Unterschiedlichkeit muss aber in einem Projektteam transparent gemacht werden. Und wenn das gelingt, kann ein derartiges Team komplexere Probleme bearbeiten als ein Team, das nur einen Kulturkreis repräsentiert.

In multikulturellen Projektteams ist es daher wichtiger, dass sie nicht nur virtuell zusammenarbeiten. Die volle Nutzung dieser Ressourcen kann nur durch gelegentliche „Face-to-Face"-Sequenzen realisiert werden. Besonders beim Projektstart ist eine „physische" Begegnung sehr empfehlenswert.

3 Projektplanung

Die Planung von komplexen Projekten erfolgt in zwei Schritten:

Grobplanung

Sie findet so früh wie möglich, meistens gegen Ende der Vorstudie statt. Bei hohem Neuigkeitsgrad evtl. erst nach Erarbeitung des Lösungskonzeptes bzw. gegen Ende der Konzeptphase.

Detailplanung

Sie findet so früh wie möglich statt, meistens gegen Ende der Konzeptphase, wenn die Lösungsvariante entschieden ist.

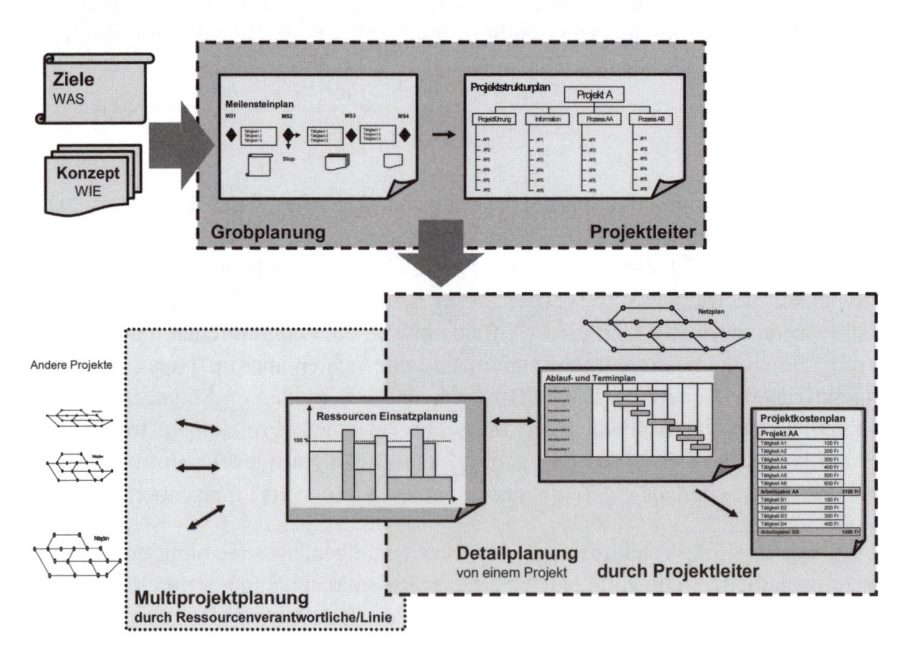

Abbildung III-12: Projektplanungsprozess im Überblick

Zweck der Planung

Projektleiter und Linienverantwortliche streben mit der Planung folgende Ziele an:

- überprüfen, ob die Vorgaben des Auftraggebers realistisch sind;

- Strukturieren und Abgrenzen von Arbeitspaketen zwecks eindeutiger und sinnvoller Zuteilung der Verantwortlichkeiten;
- wissen, welche Fachspezialisten (mit einem definierten Know-how) zu wie viel Prozent für das Projekt zur Verfügung stehen;
- allfällige Engpässe oder Konflikte bei Ressourcen frühzeitig erkennen und rechtzeitig Massnahmen ergreifen (Personen, Finanzen, andere Engpassressourcen, Maschinen, usw.);
- alle Beteiligten wissen, wer wann was zu machen oder zu liefern hat;
- einen Planwert zwecks Projektstandsüberprüfung (Plan/Ist-Vergleich) zur Verfügung stellen.

Was wird geplant?

Der Projektleiter ist für die drei Grössen: Zielerreichung, (Qualität und Quantität), Zeit und Kosten verantwortlich. Darum plant der Projektleiter diese drei Grössen so, dass sie später während der Projektabwicklung überprüfbar sind. Zwischen ihnen besteht gegenseitige Abhängigkeit. Wenn die Planung zeigt, dass die gewünschten Resultate (Ziele, Termine, Kosten) nicht realisierbar sind, muss mit dem Auftraggeber abgesprochen werden, wie die Prioritäten zu legen sind. Der Projektleiter schlägt dem Auftraggeber Alternativen vor.

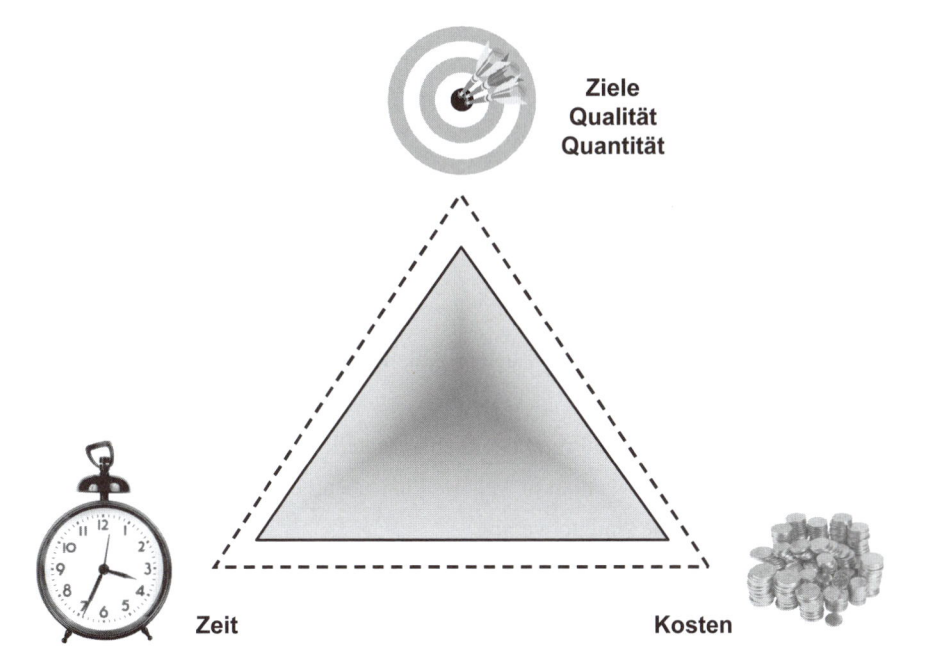

Abbildung III-13: Abhängigkeit von Zielen, Zeit und Kosten

Voraussetzungen für eine sinnvolle Planung

- Die zu erreichenden Ziele müssen bekannt sein.
- Die Lösungswege müssen mindestens grob definiert sein.
- Die Risiken (Probleme, Machbarkeit, Akzeptanz) müssen beurteilbar sein.
- Das erforderliche und das verfügbare Know-how muss beurteilbar sein.
- Die Verfügbarkeit mindestens der Engpassressourcen muss bekannt sein.

3.1 Die Grobplanung

In der Grobplanung geht es darum, Projekte je nach ihrer Grösse und Komplexität übersichtlich zu strukturieren und sie damit überhaupt beherrschbar zu machen.

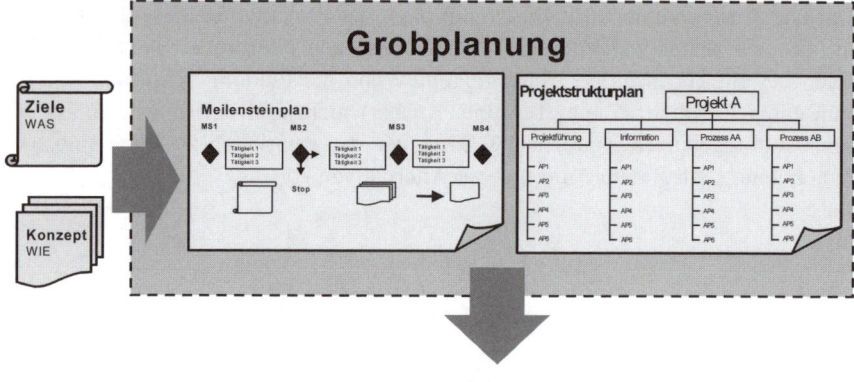

Abbildung III-14: Grobplanung

Im Projekt Meilensteine setzen: der Meilensteinplan

Der Meilensteinplan stellt den zeitlichen Ablauf des Projektes grob dar und soll die folgenden Fragen klären:

- In welche Phasen soll das Projekt zeitlich aufgeteilt werden?
- Welche Arbeitspakete werden in welcher Phase bearbeitet?
- Welche Meilensteine sind notwendig?
- Welche Etappenziele, Dokumente und Resultate müssen bei diesen Meilensteinen erreicht sein und überprüft werden?
- Welche Entscheide werden bei diesen Meilensteinen getroffen?
- Bei welchem Meilenstein ist eine Review notwendig?

Nach welchen Kriterien wird ein Projekt in Phasen aufgeteilt?

Es wäre riskant, ein grosses Vorhaben in einem Rutsch durchführen und erst am Schluss zu überprüfen, ob das beabsichtigte Ziel erreicht wurde. Darum unterteilt man grosse Projekte in einzelne Phasen mit überprüfbaren Zwischenresultaten, den Etappenzielen. Es gibt Arbeiten die am Anfang durchgeführt werden müssen und andere können erst später abgewickelt werden. Der Projektleiter überlegt sich also welche Arbeiten in welcher Phase durchgeführt werden müssen oder für was in welcher Phase ein Konzept zu erstellen ist, über das beim Meilenstein entschieden wird.

Es ist notwendig ein Projekt oder eine Projektphase weiter zu unterteilen, wenn späteres Entdecken eines Fehlers, einer falschen Marschrichtung oder ungenügender Akzeptanz zu unverhältnismässig grossen Konsequenzen führen würde. Dann ist es sinnvoll hier einen Meilenstein zu setzen, einen geplanten Zeitpunkt bei dem eine Überprüfung des Erreichten und des weiteren Vorgehens erfolgt. Bei einem kleinen, unproblematischen Projekt bei dem wir schon viel Erfahrung haben genügen vielleicht zwei Phasen, eine Definitions- und Konzeptphase sowie eine Realisationsphase. Bei grösseren Projekten oder grösserer Unsicherheit im Projekt, sind mehr Phasen und Meilensteine an den kritischen Zeitpunkten sinnvoll.

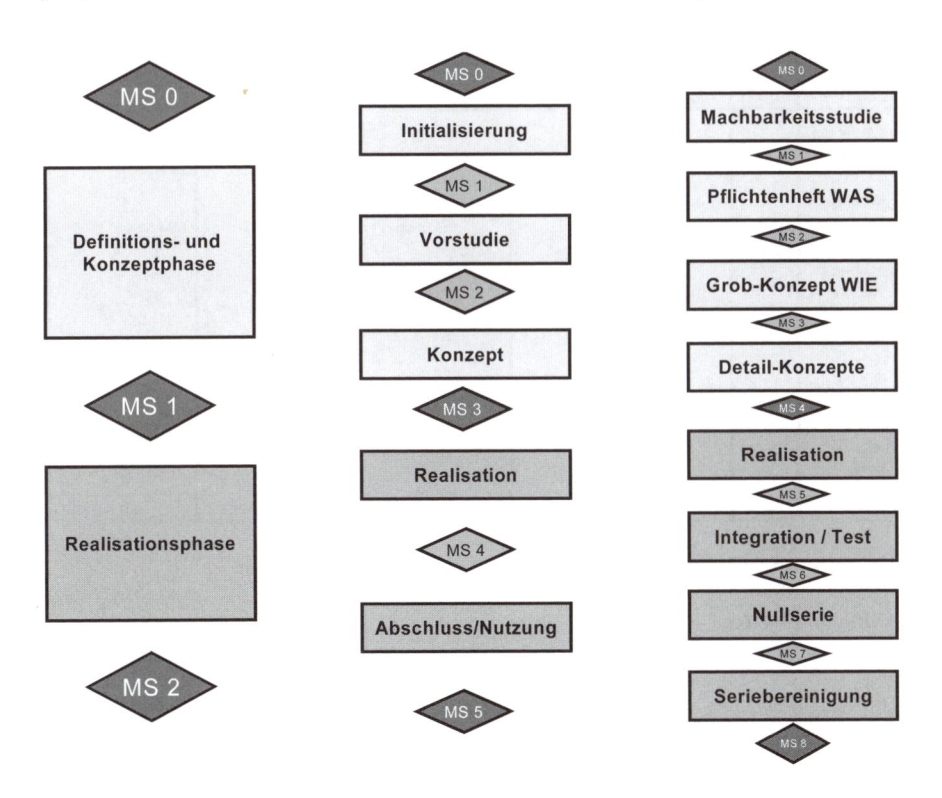

Abbildung III-15: Meilensteinpläne für einfache und komplexere Projekte

Beispiel

Weiss der Kunde oder Auftraggeber nicht genau was er will oder sind sich die Beteiligten nicht einig, welche Ziele wie wichtig sind, ist es sinnvoll zwischen der Definitionsphase (Was soll erreicht werden?) und der Konzeptphase (Wie soll das erreicht werden?) einen Meilenstein einzufügen.

Wenn Aufwand und Risiko bei der Einführung eines neuen Ablaufs in einem Unternehmen sehr gross sind, ist es sinnvoll die neue Lösung zuerst in einem Pilotversuch in einem kleinen, überblickbaren Bereich einzuführen. Erst nach kritischer Beurteilung der Resultate sollte eine flächendeckende Einführung in allen Filialen und allen Ländern des Unternehmensstatt finden.

Es sollen nur so viele Phasen eingeführt werden wie für eine wirkungsvolle Steuerung des Projektes notwendig sind. Zeitlich zu lange dauernde Phasen, über viele Monate oder Jahre sind zu vermeiden.

Phase	00 Vor-studie	0 Studie			1 Entwicklung					2 Produktion Markteinführung
Teilphase	Feasi-bility	Anfor-derung	Lösungs-konzept	Pla-nung	Detail-spez.	De-sign	Verifi-kation	Inte-gration	Quali-fikation	Nullserie Seriebereinigung
Meilenstein	0.0	0.1	0.2	0.3	1.1	1.2	1.3	1.4	1.6	2.0
Review	R		R	R					R	R
SW-Entwickl.										
- System	Idee	Analyse	Design					Int. Test	Abnahme	
HW-Entwickl.										
- System		Rahmen-PH	Lös. Konzept			Design	Prüfung PT			NS-Prüfung Bereinigung
Dokumente										
Syst.Analyse	E	F								
Systemdesign			F							
Modulspezif.					P			F		
Progr.-Listing						P	F			
Prüfplan			E		F					
Abnahmeplan			E					F		
Marketing										
Produktplan	E	P	F							

Legende: E = Entwurf, P = Provisorisch, F = Freigabe,
PH = Pflichtenheft, BG = Baugruppe, PT = Prototyp, NS = Nullserie

Abbildung III-16: Beispiel eines Meilensteinplans für komplexe Innovationsprojekte

Die Bezeichnung „Meilensteinplan" wird verwendet, wenn vor allem die zeitliche Unterteilung und der geplante Zeitpunkt für die Überprüfung der Zwischenresultate dargestellt werden. Die Bezeichnung „Phasenplan" wird verwendet, wenn vor allem die Arbeitspakete und Tätigkeiten detailliert dargestellt werden.

Werden in einem Unternehmen öfters ähnliche Projekte durchgeführt, definiert das Unternehmen einen oder mehrere Prozesse, wie die Projekte abzuwickeln sind und führt diese Abläufe als Standardprojektablauf oder Standardprojektprozess mit einem Prozessverantwortlichen (Prozess-Owner) mit einer Prozessfreigabe verbindlich ein. Darin werden die folgenden Punkte verbindlich definiert: Phasen, Meilensteine, Reviews, Tätigkeiten, zu erstellende Dokumente und ihr momentaner Stand (Entwurf, freigegeben), zu berücksichtigende Dokumente, Entscheidungssituationen, Verantwortliche für Initialisierung, Durchführung, Entscheid, Mitsprache usw.).

Existiert ein solcher Standardablauf, wendet ihn der Projektleiter an. Wenn projektbedingt Abweichungen von diesem Ablauf unternehmerisch sinnvoll sind, macht er Anpassungen, die er begründet und dokumentiert. Beispiele: Zusammenlegung von zwei Phasen, Einführung einer zusätzlichen Review.

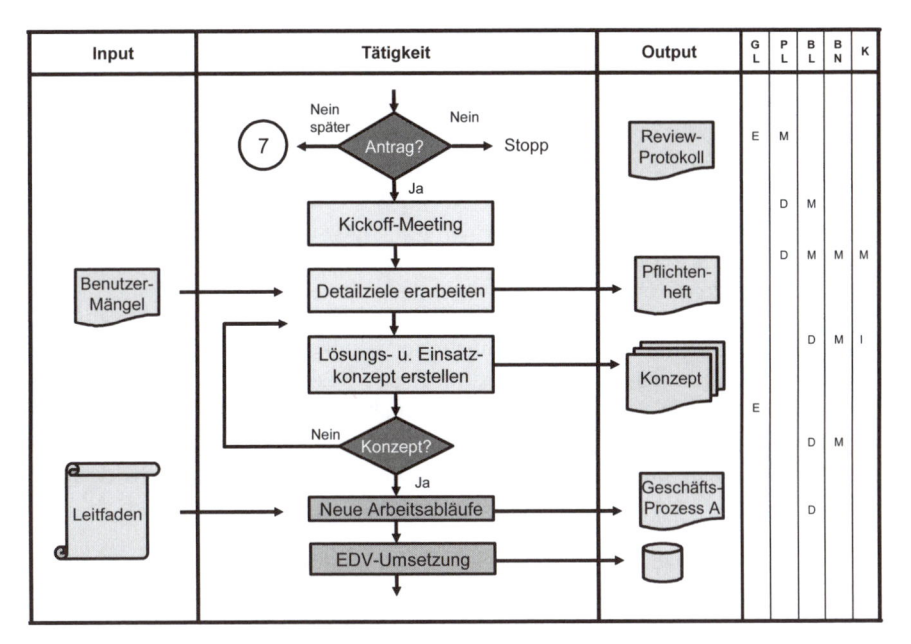

Legende Verantwortlichkeiten: GL=Geschäftsleitung, PL=Projektleiter, BL=Bereichsleiter, BN=Benutzer, K=Kunden; E=Entscheid, D=Durchführung, M=Mitarbeit, I=Information

Abbildung III-17: Ausschnitt eines Standardprozesses für die Projektabwicklung

Wann ist eine Review notwendig?

Wenn nach einem Meilenstein das weitere Vorgehen speziell grosse Konsequenzen auslösen kann oder Risiken finanzieller Art eingegangen werden oder das Firmenimage betroffen werden kann, oder wenn wir Neuland begehen mit entsprechend grösserer Unsicherheit, immer dann ist es unternehmerisch sinnvoll, die Meilensteinüberprüfung besonders sorgfältig und kritisch durchzuführen. Dann wendet der Projektleiter ein etabliertes Verfahren an und führt eine Review (kritische Überprüfung) durch.

Der Zweck der Review ist, den erreichten Zwischenstand und das weitere Vorgehen kritisch zu überprüfen, auch aus anderer, unabhängiger Sicht. Es soll sichergestellt werden, dass der Reifegrad der erarbeiteten Dokumente und der Entscheidungsgrundlagen angemessen ist, um die nächste Phase auszulösen. Eventuelle Fehler die sich später auswirken würden sollen noch rechtzeitig erkannt werden. Weitere mögliche Themen sind: Beurteilung der Risiken, stimmen die früheren Annahmen noch, treffen die Rahmenbedingungen noch zu, ist das gewählte Vorgehen noch sinnvoll? Häufig verlangt der Auftraggeber eine solche kritische Überprüfung bevor er die Freigabe der nächsten Phase unterschreibt und damit die Mittel für die nächste Phase freigibt. Projektleiter und Auftraggeber sprechen ab, wo eine Review notwendig ist.

Ein Projekt in Arbeitspakete aufteilen: der Projektstrukturplan

Das Gesamtprojekt wird in übersichtliche Arbeitspakete (Aufgabenpakete) aufgeteilt, mit einfachen Schnittstellen und einer fachlichen Zuteilung der Aufgabenträger, so dass eine klare Zuordnung der Verantwortlichkeiten möglich ist. Über die verschiedenen Phasen des Projektes ist dafür zu sorgen, dass eine eindeutige Abgrenzung und eine zeitlich durchgehende Verantwortung der Aufgabenträger gegeben ist. Das Projekt soll vollständig abgebildet werden.

Als Arbeitspaket wird die Gesamtheit mehrerer Tätigkeiten bezeichnet, die in sich abgeschlossen sein müssen um ein überprüfbares Resultat zu erhalten. Für jedes Arbeitspaket wird ein Arbeitspaketverantwortlicher bestimmt. Eine geschickt gewählte Arbeitspaketstruktur (work breakdown structure, WBS) schafft Übersicht und ermöglicht eine einfache Zuordnung der Verantwortlichkeiten. Arbeitspakete können auf zwei Arten zusammengestellt werden:

Top-down: Das ganze Projekt wird schrittweise in kleinere Einheiten zerlegt mit sinnvoller Abgrenzung der Arbeitspakete. Dies setzt Erfahrung voraus mit ähnlichen Projekten und einen guten Überblick über das Projekt.

Bottom-up: Ist wenig Erfahrung vorhanden, wählt man dieses Vorgehen. Alle Tätigkeiten die einem in den Sinn kommen werden im Team zusammengetragen. Anschliessend gruppiert man zusammengehörende Tätigkeiten zu Arbeitspaketen. Am Schluss überprüft man ob die aufgelisteten Tätigkeiten vollständig sind.

Es gibt verschiedene Kriterien, nach denen der Projektstrukturplan gegliedert sein kann. Er kann objektorientiert (inhalts-, ziel- oder produktorientiert) oder ablauforientiert (Prozess-, Tätigkeits- oder funktionsorientiert) oder gemischtorientiert sein (objekt- und ablauforientiert). Nach welchen Kriterien soll die Projektstrukturierung am besten erfolgen?

In produktionsorientierten Unternehmen wird die Projektstrukturierung häufig nach Objekten oder Inhalten, z.B. Baugruppen durchgeführt, was für die Bewirtschaftung und Bearbeitung eine günstige Aufteilung ergibt.

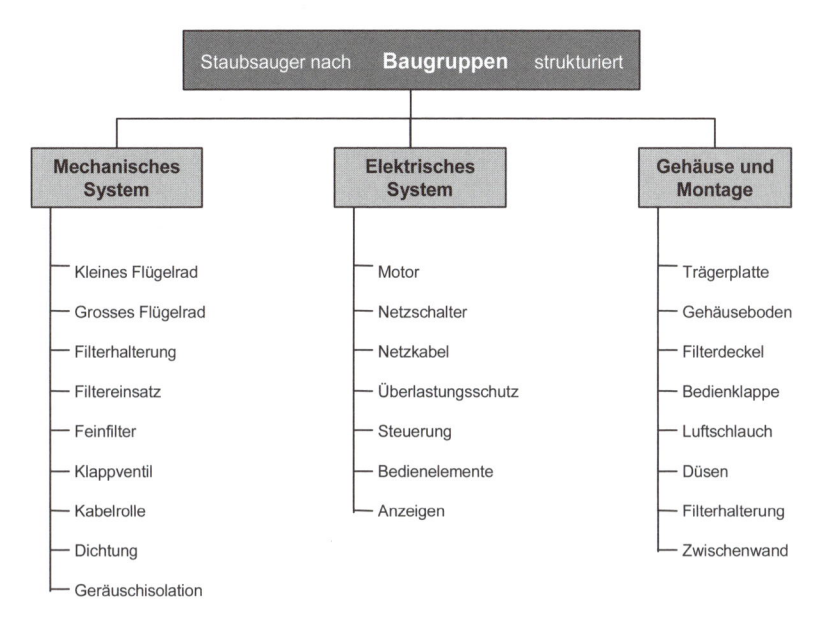

```
Staubsauger nach  Baugruppen  strukturiert
│
├── Mechanisches System
│     ├── Kleines Flügelrad
│     ├── Grosses Flügelrad
│     ├── Filterhalterung
│     ├── Filtereinsatz
│     ├── Feinfilter
│     ├── Klappventil
│     ├── Kabelrolle
│     ├── Dichtung
│     └── Geräuschisolation
│
├── Elektrisches System
│     ├── Motor
│     ├── Netzschalter
│     ├── Netzkabel
│     ├── Überlastungsschutz
│     ├── Steuerung
│     ├── Bedienelemente
│     └── Anzeigen
│
└── Gehäuse und Montage
      ├── Trägerplatte
      ├── Gehäuseboden
      ├── Filterdeckel
      ├── Bedienklappe
      ├── Luftschlauch
      ├── Düsen
      ├── Filterhalterung
      └── Zwischenwand
```

Abbildung III-18: Beispiel einer objektorientierten PSP-Struktur

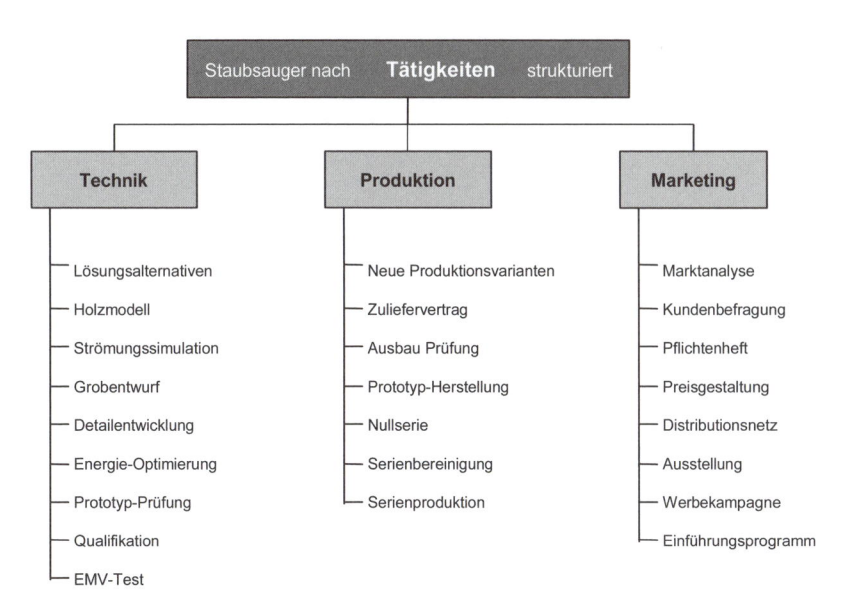

```
Staubsauger nach  Tätigkeiten  strukturiert
│
├── Technik
│     ├── Lösungsalternativen
│     ├── Holzmodell
│     ├── Strömungssimulation
│     ├── Grobentwurf
│     ├── Detailentwicklung
│     ├── Energie-Optimierung
│     ├── Prototyp-Prüfung
│     ├── Qualifikation
│     └── EMV-Test
│
├── Produktion
│     ├── Neue Produktionsvarianten
│     ├── Zuliefervertrag
│     ├── Ausbau Prüfung
│     ├── Prototyp-Herstellung
│     ├── Nullserie
│     ├── Serienbereinigung
│     └── Serienproduktion
│
└── Marketing
      ├── Marktanalyse
      ├── Kundenbefragung
      ├── Pflichtenheft
      ├── Preisgestaltung
      ├── Distributionsnetz
      ├── Ausstellung
      ├── Werbekampagne
      └── Einführungsprogramm
```

Abbildung III-19: Beispiel einer ablauforientierten PSP-Struktur

Wichtiger ist jedoch, dass sich die Verantwortung eindeutig den Aufgabenträgern zuordnen lässt, durch eine Strukturierung nach Funktionen, was häufig den Fachbereichen der Organisation entspricht wie Vertrieb, Marketing, Kundendienst, Entwicklung, Konstruktion, Produktion, usw. In dienstleistungsorientierten Unternehmen ist diese Abgrenzung ebenfalls sinnvoll.

In grossen oder komplexen Projekten wird für jedes Arbeitspaket eine Arbeitspaketbeschreibung erstellt. Diese macht Angaben über Voraussetzungen (Input), Tätigkeiten die mit diesem Arbeitspaket ausgeführt werden, Resultate (Output) meist in Form von Dokumenten, der für dieses Arbeitspaket benötigte Aufwand, die Verantwortlichen und die Rahmenbedingungen. „Voraussetzungen" definiert stichwortartig, welche Angaben oder Dokumente vorliegen müssen, damit die Arbeiten gestartet werden können.

„Tätigkeiten" definiert, was im Arbeitspaket enthalten ist und was allenfalls nicht enthalten ist (Abgrenzung). „Resultate" legt fest, welche Ergebnisse oder Dokumente erarbeitet werden und anderen Arbeitspaketen zur Verfügung stehen. Alle „Voraussetzungen" müssen von einem anderen Arbeitspaket zugeliefert werden. Alle Resultate müssen in einem anderen Arbeitspaket gebraucht werden, sonst kann darauf verzichtet werden. Der Projektleiter überprüft die Arbeitspaketbeschreibungen auf Vollständigkeit oder überflüssige Resultate und Dokumente.

Arbeitspaketbeschreibung   Projekt: Mobile PDA

Arbeitspaket: Modul Übertragung   Nr.: AX12

Input, Voraussetzungen
Pflichtenheft, inklusive ergonomische Anforderungen
Lösungskonzept auf Systemstufe
Schnittstellen zu Teilsystem AX4
Prüfkonzept im Entwurf

Tätigkeiten
Detailkonzept erstellen und ergänzen
Grobdesign inkl. Dokumentation
Detaildesign
Simulation mit APX
Dimensionierung von 3 Varianten
Vorversuch im Feld
Softwareentwicklung
Prüfmuster erstellen, Prüfvorschriften erstellen und testen

Output
Schema, Stücklisten
alle Prüfberichte inkl. Auswertung
Kundendokumentation im Entwurf
SW-Dokumentation komplett
Prüfmuster und Prüfvorschriften als Entwurf

Aufwand intern: 3200 Std.	Aufwand extern: 1550 Std.
Investitionen: 120 000 €	Folgekosten: ca. 500 000 €
Verantwortlich: Markus Müller	Abt.: TDE
Datum: 23.2.2005	Visum: MM

Nicht enthaltene Leistungen
publizierbare Kundendokumentation
USA-Anpassungen

Kompetenzen
Zugang für SAP-Modul PPS

Bemerkungen
Aufwand nur realistisch sofern Projekt A21 ebenfalls realisiert wird, da gemeinsame Arbeitspakete.

Abbildung III-20:   Beispiel für eine Arbeitspaketbeschreibung

Braucht es Teilprojekte?

Bei kleinen bis mittelgrossen Projekten liegt die Projektleitung in der Verantwortung einer einzigen Person. Wenn bei sehr grossen oder sehr komplexen Projekten die Führungsspanne für einen Projektleiter zu gross wird, ist es sinnvoll Teilprojekte einzuführen und die Projektleitungstätigkeiten (Planung, Kontrolle und Steuerung des Prozesses) auf zwei oder mehr Personen aufzuteilen. Dadurch wird aber zusätzliche Absprache und Koordination zwischen den Teilprojektleitern und dem Gesamtprojektleiter notwendig. Teilprojekte bilden ist nur sinnvoll, wenn die Vorteile (Handhabbarkeit, Unabhängigkeit) überwiegen. Die Teilprojektleitung soll nur an Personen mit entsprechender Kompetenz und genügend Zeit übertragen werden. Eine inhaltliche Unterteilung in Arbeitspakete bzw. Tätigkeiten ist kein Grund zur Einführung von Teilprojekten. In der Praxis übernimmt der Projektleiter zusätzlich auch die Leitung eines Teilprojektes.

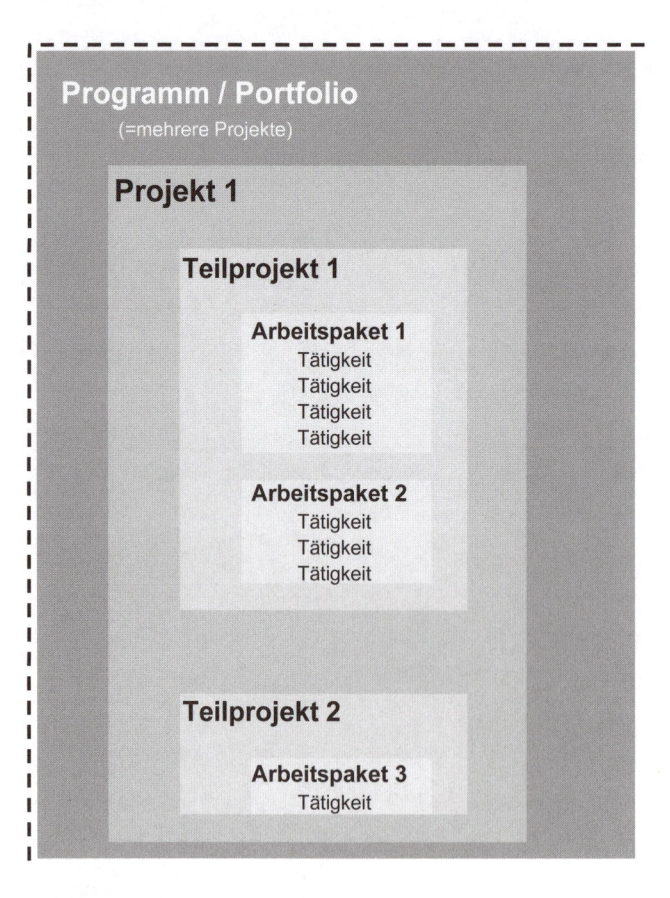

Abbildung III-21: Hierarchien im Projekt

Hauptprojektleiter und Teilprojektleiter müssen die Schnittstellen zwischen den Teilprojekten absprechen und durchgängige Meilensteine definieren, bei denen sinnvolle Entscheide für das gesamte Projekt gefällt werden. Anlässlich eines Meilensteins müssen von allen Teilprojekten die entsprechenden Entscheidungsgrundlagen vorliegen, damit ein Go-/No-Go-Entscheid für das gesamte Projekt gefällt werden kann.

Ist die Gleichzeitigkeit nicht gegeben, steigt das Projektrisiko. Wird die zeitliche Abwicklung der Arbeitspakete zwischen den Teilprojekten grob abgestimmt, wird im nächsten Schritte (Detailplanung) die Terminierung rascher zu guten Resultaten führen.

Teilprojekt / Phase	Teilprojekt 1 Technik TPL 1 : Entwickler nn	Teilprojekt 2 Produktion TPL 2 : Produktionsassistent	Teilprojekt 3 Marketing TPL 3 : Marketingchef
MS 0	Entscheid Pflichtenheft und Produktentwicklung		
Entwicklung	Entwicklungsversuche Konstruktion Prototyp Prototyp herstellen Prototyp testen Unterlagen bereinigen	Vorabklärung Produktion Beratung Konstruktion AVOR Vorkalkulation	Werbekonzept Servicekonzept Verkaufskonzept Vertragsverhandlungen Wirtschaftlichkeit
MS 1	Entscheid Nullserie		
Überführung in die Produktion	Nullserieunterlagen Nullserie testen kleine Seriebereinigung	Produktionsmittel beschaffen Nullserie produzieren Produktion optimieren	Werbemittel Service, Verkaufsorganisation Feldtest Nullserie
MS 2	Entscheid Serieproduktion und Markeinführung		
Markteinführung	Dokumentation bereinigen	Optimierung der Serieproduktion	Werbekampagne
MS 3	Entscheid Folgeprojekte		

Abbildung III-22: Beispiel eines Projektstrukturplans

3.2 Die Detailplanung

Nachdem bei der Grobplanung die grossen und komplexen Projekte übersichtlich strukturiert wurden und damit handhabbar gemacht wurden, geht es bei der Detailplanung darum festzulegen wer bis wann was erreicht haben muss, die zugehörigen Kosten herauszufinden, sowie allfällige Ressourcenkonflikte zu erkennen und zu lösen.

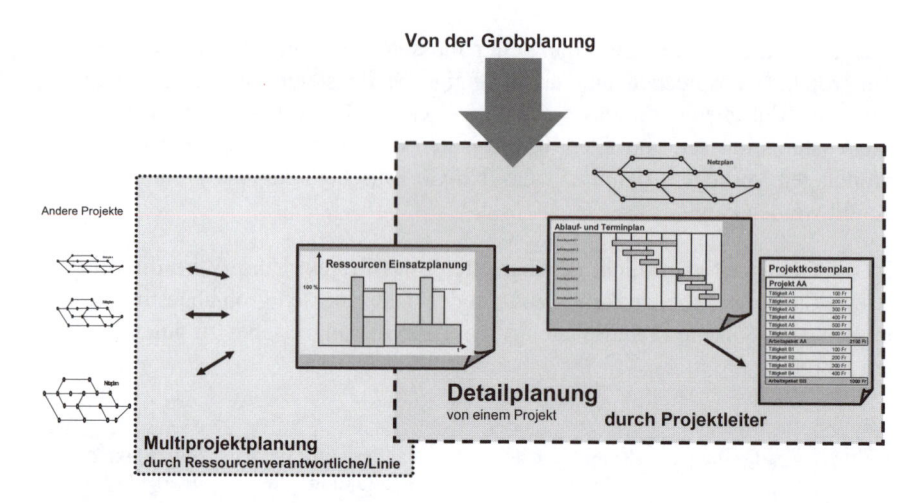

Abbildung III-23: Detailplanung

Ablauf- und Terminplan erstellen

Der Inhalt der Arbeitspakete wird jetzt weiter detailliert und in einer Tätigkeitsliste vollständig erfasst. Alle durchzuführenden Tätigkeiten, das heisst alles was Zeit oder Geld braucht, inklusive Meilensteinüberprüfung, wird vollständig und soweit möglich chronologisch aufgelistet. Jede Tätigkeit erhält eine eindeutige Identifikationsnummer. Diese kann sich zusammensetzen aus der Projektidentifikation, der Arbeitspaketidentifikation sowie einer Laufnummer für die entsprechende Tätigkeit, z.B. 07-12-22.

Nr.	Tätigkeitsliste / Tätigkeiten	Verantwortlich	Vorbedingungen	Aufwand in	Dauer in
1	Teilprojekt 1	TPL1			
2	Phase 1				
3	Tätigkeit A	MM	-		6
4	Tätigkeit B	MM	3		1
5	Tätigkeit D	PP	-		2
6	Tätigkeit E	PP	5		3
7	Tätigkeit C	MM	3;6		2
8	Tätigkeit F	TT	7		3
9	Tätigkeit G	MM	8		1
10	Vorbereitung MS	PL	4;9		1
11	MS-Entscheid	AG	10		0
12	Phase 2				
13	Arbeitspaket H	MM			
14	:				

Abbildung III-24: Tätigkeitsliste

Dann wird für jede Tätigkeit soweit bekannt die ausführende Stelle oder der verantwortliche Fachbereich eingetragen. Die ausführende Stelle muss die für die Tätigkeit notwendige Fachkompetenz aufweisen und zum vorgesehenen Zeitpunkt über genügend freie Kapazität verfügen. Bei Engpassressourcen soll die Verfügbarkeit schon mit berücksichtigt werden sofern diese grob bekannt ist.

Da der genaue Zeitpunkt des Einsatzes noch nicht bekannt ist, soll mindestens ein grober Zeitraum geschätzt werden. Der Fachspezialist schätzt den für die Problemlösung notwendigen Zeitaufwand und die benötigte Durchlaufzeit. Zeitaufwand ist der Zeitbedarf des Aufgabenträgers, in Personenmonaten, -wochen, -tagen oder -stunden, der notwendig ist um alle mit dem Arbeitspaket zusammenhängenden Aufgaben vollständig zu lösen, unter Berücksichtigung der voraussichtlich zum Einsatz kommenden Ressourcen.

Die Durchlaufzeit (Dauer) ist die kürzeste Zeitdauer die notwendig ist, um den vorgängig definierten Aufwand zu leisten, unter Berücksichtigung der Verfügbarkeit von Engpassressourcen, von unumgänglichen Wartezeiten und anderer Rahmenbedingungen. Beispiel: Ein Maler braucht für Vorbereitung und Spritzen einer Wanne vier Stunden. Dann braucht die Wanne 72 Stunden Trocknungszeit bis der nächste Arbeitsgang möglich ist. Der Maler braucht noch einmal vier Stunden für das Schleifen der Wanne. Der Zeitaufwand für den Maler ist also acht Stunden, die Durchlaufzeit vier Tage.

Anschliessend wird die Reihenfolge der Tätigkeiten festgelegt die arbeitstechnisch am sinnvollsten oder sogar notwendig ist? Bei jeder Tätigkeit ist die Frage zu beantworten, welche Resultate müssen vorliegen, welche Rahmenbedingungen müssen erfüllt sein, damit die Tätigkeit gestartet werden kann. Diese zeitlichen Abhängigkeiten werden in der Tätigkeitsliste als Vorbedingungen eingetragen. Mit diesen Angaben kann anschliessend eine Terminierung erfolgen.

Terminierung

Die Terminierung kann mit Hilfe der Balkenplan- oder Netzplantechnik ausgeführt werden. Die Terminierung liefert den Endtermin und die Zwischentermine des Projektes, unter Berücksichtigung der Abhängigkeiten. Der Planungsvorgang ergibt für jede Tätigkeit einen frühesten und einen spätesten Anfangs- und Endtermin. Der früheste Endtermin gibt an wann eine Tätigkeit frühestens fertig sein kann, wenn alle Bedingungen bestmöglich erfüllt werden. Der späteste Endtermin gibt an wann die Tätigkeit spätestens abgeschlossen sein muss, damit keine Verzögerung des Projektes entsteht.

Sind spätester und frühester Termin unterschiedlich, hat diese Tätigkeit zeitlichen Spielraum (Schlupf, Slack, Puffer). Der Schlupf ist diejenige Zeit, um die eine Tätigkeit verzögert sein darf, ohne dass dies eine Auswirkung auf den Endtermin hat. Der kritische Pfad ist die Verbindung aller Tätigkeiten, die keinen Schlupf haben. Er bestimmt gleichzeitig den Endtermin. Wenn auf diesem Pfad eine Tätigkeit verzögert wird, verschiebt sich der Endtermin des Projektes um das Ausmass der Verzögerung. Damit der Projektleiter bei Bedarf frühzeitig Massnahmen ergreifen kann, muss er die Tätigkeiten auf dem kritischen Pfad regelmässig und in sinnvollen Abständen überprüfen. Wie ein Steuermann, dessen Schiff mit Verzögerung auf Korrekturen reagiert.

Der Netzplan zeigt insbesondere die Abhängigkeiten zwischen den Tätigkeiten sehr anschaulich. Er hat aber den Nachteil, umfangreich und nicht sehr handlich zu sein. Darum wird in der Praxis meistens die Darstellungsform als Balkenplan (Gantt-Diagramm) gewählt. Die Dauer der Tätigkeiten wird durch einen dicken horizontalen Balken dargestellt, der Schlupf durch einen dünnen Balken.

Der Balkenplan ist nur eine andere Darstellungsform als der Netzplan, er enthält die gleichen Informationen. Er zeigt den frühestmöglichen Anfang, den frühestmöglichen und spätestmöglichen Endtermin pro Tätigkeit in einer kompakten und anschaulichen Darstellung. Dauer, Schlupf, zeitliche Relation der einzelnen Tätigkeiten und die Abhängigkeiten untereinander sind anschaulich sichtbar.

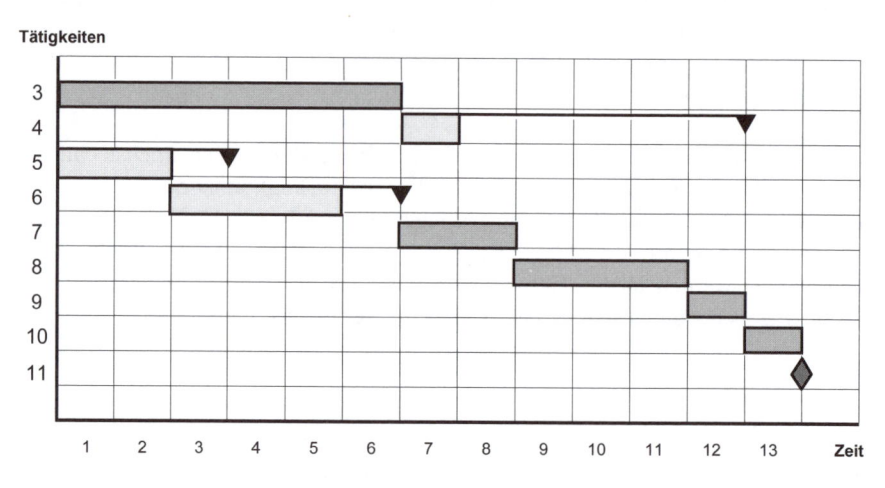

Abbildung III-25: Balkenplan mit kritischem Pfad und Schlupf

Ressourceneinsatzplanung: Linie und Projektleiter als Partner

Die Projektplanung wird durch den Projektleiter durchgeführt. Mit der Terminierung plant er, was zu tun ist und wann es zu tun ist. Dabei ist aber die Verfügbarkeit der Ressourcen noch nicht sichergestellt. Nun muss er noch eine genaue Ressourceneinsatzplanung durchführen. Von der Ressourceneinsatzplanung werden mindestens alle Ressourcen erfasst die zu einem definierten Zeitpunkt begrenzt verfügbar sind.

Beispiele

Fachspezialisten, externe Beteiligte, Maschinen, Einrichtungen, Spezialräume, alle anderen nicht austauschbaren Ressourcen. Der Ressourceneinsatzplan (Ressourceneinsatzprofil) eines Projektes enthält die Plandaten mindestens aller Engpassressourcen die am Projekt beteiligt sind.

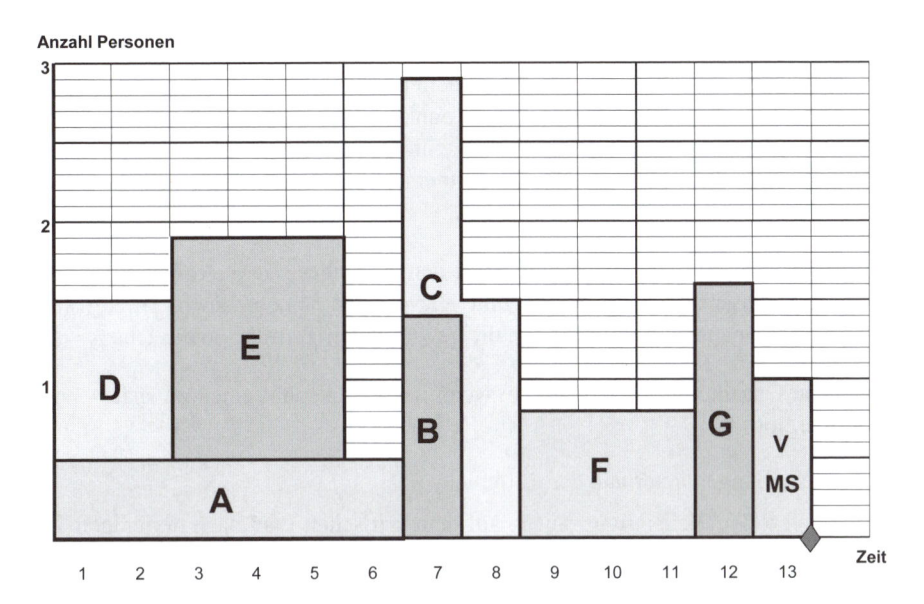

Abbildung III-26: Ressourceneinsatzprofil eines Projektes

Meistens verfügt der Projektleiter aber nicht über die Spezialisten, die in seinem Projekt einen Beitrag leisten müssen. Häufig werden Spezialisten aus verschiedenen Bereichen zu ganz bestimmten Zeiten in unterschiedlichem Ausmass gebraucht. Dazu ist er auf die Zusammenarbeit mit den Linienverantwortlichen angewiesen, welche in ihren Fachbereichen über diese Spezialisten verfügen. Der Projektleiter überlegt sich welches Wissen, Fähigkeiten oder Erfahrung notwendig sind um die definierten Ziele effizient zu erreichen. Er hat vielleicht eine Vorstellung, mit welchem Spezialist er gerne zusammenarbeiten würde. Er weiss aber nicht ob der gewünschte Fachspezialist zu dem gewünschten Zeitpunkt auch verfügbar ist. Mit dem ersten Entwurf eines Ressourceneinsatzplans kann er seine Ressourcenbedürfnisse oder seine Wünsche an die Ressourcen präzisieren und terminieren.

Für die Ressourcenplanung sind Projektleiter und Linienverantwortliche aufeinander angewiesen. Der Projektleiter wird seine Ressourcenbedürfnisse und Wünsche den Linienverantwortlichen anmelden. Wenn die benötigten Ressourcen verfügbar sind zum gewünschten Zeitpunkt, werden diese ihm zugesagt und verbindlich reserviert. Voraussetzung für eine verbindliche Zusage durch die Linienverantwortlichen ist, dass diese eine aktualisierte Ressourcen-Einsatzplanung über alle Projekte durchführen (siehe Multiprojektplanung). Treten Ressourcenkonflikte auf, weil mehrere Projekte gleichzeitig auf dieselbe Ressource zugreifen möchten, müssen Projektleiter und Ressourcenverantwortliche gemeinsam Lösungen finden und Abmachungen treffen. Günstig ist, wenn der Linienverantwortliche sich bewusst ist, dass er eine Dienstleistungsverantwortung in seinem Fachbereich zugunsten der Projekte hat.

Hilfreich ist aber auch, wenn der Projektleiter sich bewusst ist, dass er nicht immer genau den Spezialisten zu dem Zeitpunkt haben kann, der ihm am liebsten wäre, und dass er darum eine gewisse Flexibilität an den Tag legen muss. Dann sind die Voraussetzungen günstig für partnerschaftliche Verhandlungen zwischen Projektleitern und Linienverantwortlichen.

Entspricht der resultierende Termin nicht den Vorgaben, ist es Aufgabe des Projektleiters Massnahmen zu prüfen und Korrekturen vorzunehmen. Häufig sind mehrere Massnahmen notwendig um die gewünschten Termine zu erreichen.

Mögliche Optimierungsmassnahmen, wenn das Planresultat einen zu späten Endtermin ergibt:

- Verschiebungen innerhalb der Pufferzeit;
- vermehrte Parallelisierung: Suche auf dem kritischen Pfad nach derjenigen Tätigkeit mit dem grössten Weitergliederungs-Potenzial (meistens auch eine Tätigkeit mit langer Dauer). Überprüfung der Abhängigkeiten zu den Folgetätigkeiten mit dem Zweck, die Abhängigkeiten vorzuziehen (Folgetätigkeiten können dann früher beginnen). Dies erfordert, die untersuchte Tätigkeit in zwei oder mehrere Teile zu unterteilen, was seinerseits zu einer Ergänzung der Tätigkeitsliste führt. Der neue Terminplan wird die vorgezogenen Abhängigkeiten ausweisen und die Projektdurchlaufzeit wird sich verkürzt haben;
- Einsatz zusätzlicher verfügbarer Ressourcen aus dem eigenen oder benachbarten Geschäftsbereichen;
- Festlegung von Projektprioritäten durch die Geschäftsleitung. Dadurch werden einzelne Projekte zu Ungunsten von anderen bevorzugt;
- Auslagerung (Outsourcing) von geeigneten Tätigkeiten bzw. Arbeitspaketen;
- Einsatz intelligenter Ressourceneinsatzprofile (Ressource in dem Projekt einsetzen wo sie im Moment dem Projekt am meisten Nutzen bringt);
- Trennung zwischen Grundfunktionen und erst später zu realisierenden Optionen (Update).

Falls sich die zeitliche Vorgabe oder der Aufwand als unrealistisch erweist, ist mit dem Auftraggeber Rücksprache zu halten und eine Einigung zu erzielen.

3.3 Multiprojektplanung durch die Linie

Werden in einem Unternehmen gleichzeitig mehrere Projekte durchgeführt, die ganz oder teilweise auf dieselben Ressourcen zugreifen, können bei personellen Ressourcen (Spezialisten) oder speziellen Einrichtungen Ressourcenkonflikte entstehen und es muss eine Multiprojektplanung durch die Ressourcenverantwortlichen, in der Regel die Führungskräfte oder Fachbereichsleiter durchgeführt werden.

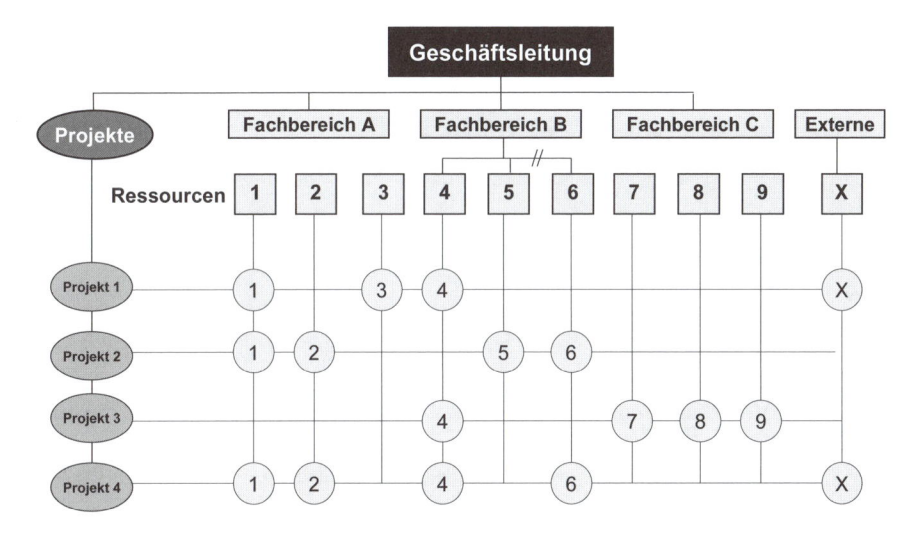

Abbildung III-27: Multiprojektstruktur

Die Projektleiter planen die Projekte bezüglich Tätigkeiten und Terminen (Projektsicht) und geben der Linie ihren Ressourcenbedarf und ihre Wünsche bezüglich bevorzugter Ressourcen mit Zeitpunkt bekannt. Der Linienverantwortliche, der über die Ressourcen verfügt, muss die Bedürfnisse aller Projekte zusammenfliessen lassen in einer Ressourceneinsatzplanung über alle Projekte und alle Ressourcen für die er verantwortlich ist. Zusätzlich berücksichtigt er alle Grundlasten für jeden Mitarbeiter (Linienaufgaben, Abwesenheiten, Nebenaufgaben usw.). Der Einsatzplan den die Linie für jeden Mitarbeiter erstellt, ist die Darstellung aller Aufgaben dieses Mitarbeiters über alle Projekte an denen er involviert ist.

Wenn durch zusätzliche Einplanung eines neuen Projektes bei einem Mitarbeiter eine längere Überlast entsteht, z.B. weil er in verschiedenen Projekten vorgesehen ist, muss der Konflikt durch die Linienverantwortlichen und die betroffenen Projektleiter in Absprache gelöst werden. Die einfachste Art ist den Schlupf bei einem der beteiligten Projekte zu nutzen, sofern Schlupf verfügbar ist. Wenn damit das Problem nicht vollständig lösbar ist, können zusätzliche Ressourcen eingesetzt werden, sofern im eigenen oder in anderen Bereichen verfügbar und sofern sie über

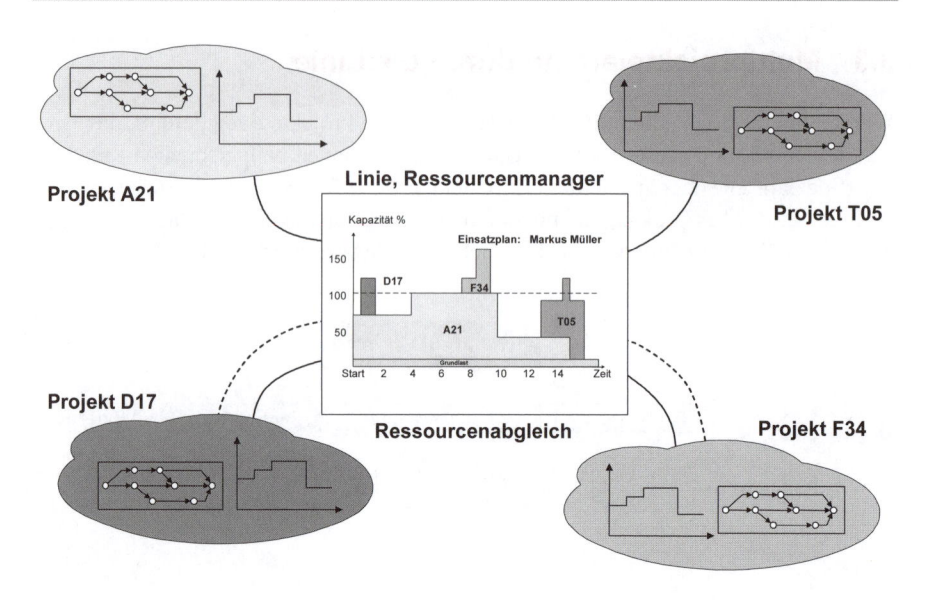

Abbildung III-28: Multiprojektplanung

die nötigen Voraussetzungen verfügen (Know-how). Handelt es sich nicht um eine Aufgabe, die zum Kerngeschäft gehört, kann eine Vergabe an externe Lieferanten oder Dienstleistungsanbieter geprüft werden. Ist keine dieser Alternativen möglich, verschiebt sich der Endtermin. Nachdem der Ressourcenabgleich zwischen Linie und Projektleiter abgesprochen wurde, korrigiert der Projektleiter seine Projektplanung. Daraus ergibt sich auch ein geändertes Ressourceneinsatzprofil für sein Projekt.

Die Linienverantwortlichen sind für die verbindliche Zuteilung der geeigneten Fachspezialisten verantwortlich. Dies ist eine der wichtigsten Personalführungsaufgaben. Dazu ist es notwendig dass die Führungskräfte eine aussagekräftige, periodisch aktualisierte Übersicht führen, über alle reservierten Ressourcen, in allen Projekten in denen ihre Fachspezialisten eingesetzt sind. Sie muss vollständig sein, das heisst alle Projekte sowie alle Linienaufgaben und andere Nebenaufgaben müssen enthalten sein. Sie soll nur so detailliert sein, dass sie die mittelfristige Unter- oder Überlast zuverlässig aufzeigt und eine Aussage ermöglicht ob ein Fachspezialist noch genügend freie Kapazität für dieses Projekt hat. Sie darf aber nicht zu detailliert sein, weil der Aufwand unverhältnismässig steigt mit höherem Detaillierungsgrad und die Realität der Projekte die Planung rasch einholt. Die Linie entscheidet ob eine andere geeignete Fachkraft oder zusätzliche Einstellungen durchzuführen sind weil sie die Beschäftigungsverantwortung nach Abschluss dieses Projektes hat. Wird kein brauchbarer Kompromiss gefunden, wird das Problem dem internen Auftraggeber oder der Geschäftsleitung zur Entscheidung

3 Projektplanung

Ressourcen-Grobplanung Ressource: Markus Müller, Abt. TDE
in Std. Stand: dd.mm.yy Vis: KE

Tätigkeit	01	02	03	04	05	06	07	08	09	10	11	12	1Q	2Q	3Q	4Q	später	total
Projekt A21																		0
Arbeitspaket A10		10	50	50	130	120	50											410
Arbeitspaket A11				10	10		90	120	120									350
Arbeitspaket A12												50						50
Projekt D17																		0
Arbeitspaket D30	120	130	50	50														350
Arbeitspaket D31										120	100	100	150	50				520
Projekt C19					10	30												40
Projekt R08												50	300	400	400	500	800	2450
ausser Projekt	20	20	20	20	20	20	20	20	20	20	20	20						240
Belastung total	140	160	120	130	170	170	160	140	140	140	120	170	450	450	400	500	800	
Kapazität	160	160	160	160	160	160	160	160	160	160	160	160	480	480	480	480		
noch verfügbar	20	0	40	30	-10	-10	0	20	20	20	-10	-10	30	30	80	-20		

Abbildung III-29: Ressourceneinsatzplanung

vorgelegt (z.B. Prioritätenänderung). Anschliessend arbeitet der Projektleiter die vereinbarten Korrekturen in seine Projektplanung ein.

Die Ressourceneinsatzplanung, die der Ressourcenverantwortliche erstellt und nachführt, braucht nicht die gleiche zeitliche und inhaltliche Auflösung zu haben wie die Projektplanung. Um die Frage zu beantworten, ob eine bestimmte Ressource zu einem bestimmten Zeitpunkt noch über genügend freie Kapazität verfügt, um für ein neues Projekt eingeplant zu werden, genügt eine Auflösung auf Stufe Arbeitspaket und zeitlich pro Monat.

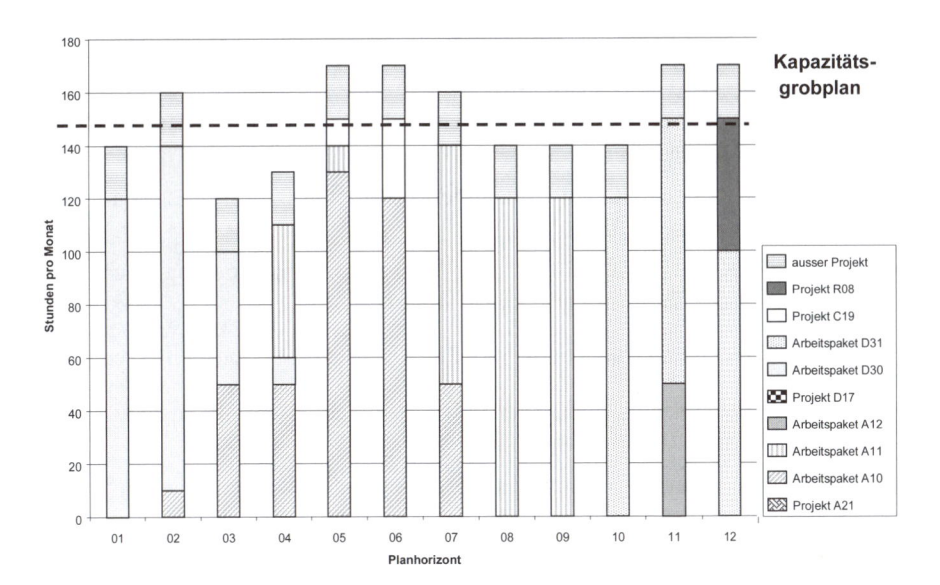

Abbildung III-30: Beispiel einer grafischen Ressourceneinsatzplanung

Genügen die verfügbaren Ressourcen nicht mehr, um alle Projekte realisieren zu können, sind die Prioritäten der Projekte untereinander durch die Geschäftsleitung anzupassen. Es soll nicht jedem Projektleiter oder Führungskräfte überlassen werden, welche Prioritäten er nach seinem Gutdünken setzt und welches Projekt er vorrangig bearbeiten will bzw. notfalls liegen lässt und damit verzögert.

Die Prioritäten zwischen allen laufenden Projekten sind nach übergeordneten Unternehmensinteressen eindeutig festzulegen und allen Beteiligten und Führungskräften zu kommunizieren. Die Geschäftsleitung hat die Prioritätenliste laufend zu überwachen und bei Bedarf zu aktualisieren.

3.4 Kostenplanung und Kostenkurve

In der Kostenplanung werden alle im Projekt eingesetzten Mittel erfasst, welche einen Kostenaufwand oder direkte Geldausgaben verursachen, wie z.B.:

- sämtliche internen und externen Projektmitarbeiter (inkl. Projektleiter),
- temporäre Benützung oder Miete von Spezialeinrichtungen (Räume, Maschinen, Instrumente, Informatik, usw.),
- externe Investitionen (Anschaffungen),
- übrige direkte Kosten (Spesen, Gebühren, Versicherungen, usw.).

Im Hinblick auf den zeitlichen Kostenanfall wird im Normalfall vereinfachend angenommen, dass Ressourcen auf drei Arten eingesetzt werden und damit entsprechend ihre Kosten anfallen können:

- Einsatz und Kostenanfall gleichmässig verteilt über die Tätigkeitsdauer (Verrechnung mit Kostensatz),
- Einsatz oder Kostenanfall am Anfang der Tätigkeit (z.B. Vorinvestition durch notwendige Voranschaffung),
- Einsatz oder Kostenanfall am Ende der Tätigkeit (z.B. Fakturierung einer Leistung oder Anschaffung am Ende der Lieferfrist).

Eine Kostenplanung und Budgetierung im Projekt dient dem folgenden Zweck:

- für das Unternehmen (Kapitalgeber): als Grundlage für die Bereitstellung der finanziellen Mittel (Liquiditätsplanung),
- für den Auftraggeber: als Entscheidungsgrundlage bei Meilensteinen im Projekt,
- für den Projektleiter: als operatives Überwachungs- und Kontrollinstrument.

Zur Ermittlung der Projektkosten werden die Kosten jeder einzelnen Tätigkeit (bzw. jedes einzelnen Ressourcenpostens) berechnet und über die gesamte Projektdauer summiert.

3 Projektplanung   141

Nr.	Angaben zur Ressourcen- und Kostenplanung Tätigkeiten	Dauer in Tagen	Anzahl Personen pro Tätigk. int./ext. Investitionen	mittlerer Personaleinsatz in %	Aufwand in Tagen	Kostenansatz pro Person und Tag	geplante Gesamtkosten (pro Tätigkeit)	zeitlicher Anfall der Kosten am Anfang	verteilt	am Ende
3	Tätigkeit A	30	1 Person	50	15	800	12'000		X	
4	Tätigkeit B	5	2 Personen	70	7	1'000	7'000		X	
5	Tätigkeit D	10	1 Person	100	10	800	8'000		X	
6	Tätigkeit E	15	2 Personen	70	21	1'000	21'000		X	
	Investition						89'000			X
7	Tätigkeit C	10	3 Personen	50	15	800	12'000		X	
8	Tätigkeit F	15	1 Person	80	12	1'000	12'000		X	
9	Tätigkeit G	5	2 Personen	80	8	1'000	8'000		X	
10	Vorbereitung MS	5	5 Personen	20	5	1'200	6'000		X	
11	MS-Entscheid	0								
						Total	175'000			

Abbildung III-31: Angaben für die Kostenplanung

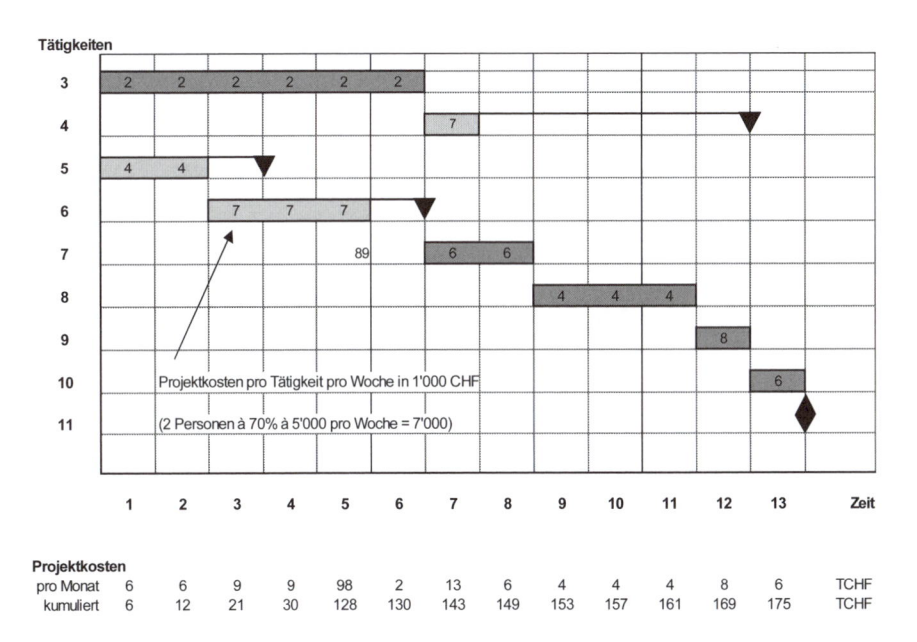

Abbildung III-32: Kostenplanung

Überlagert man die budgetierten Daten aus der Ressourcen- und Kostenplanung mit der Terminplanung, entsteht die Kostenkurve. Sie stellt den Verlauf der kumulierten Gesamtkosten des Projektes über die Projektlaufzeit dar.

Die Kostenkurve ist ein zweckmässiges Instrument zur Abschätzung von:

- Periodenkosten bei der Freigabe der einzelnen Projektphasen,
- Budgetbeträge für die individuellen Geschäftsjahre (Bereitstellung der Mittel),
- Liquiditätsabschätzung infolge Investitionen,
- Basis für einen Plan/Ist-Kostenvergleich.

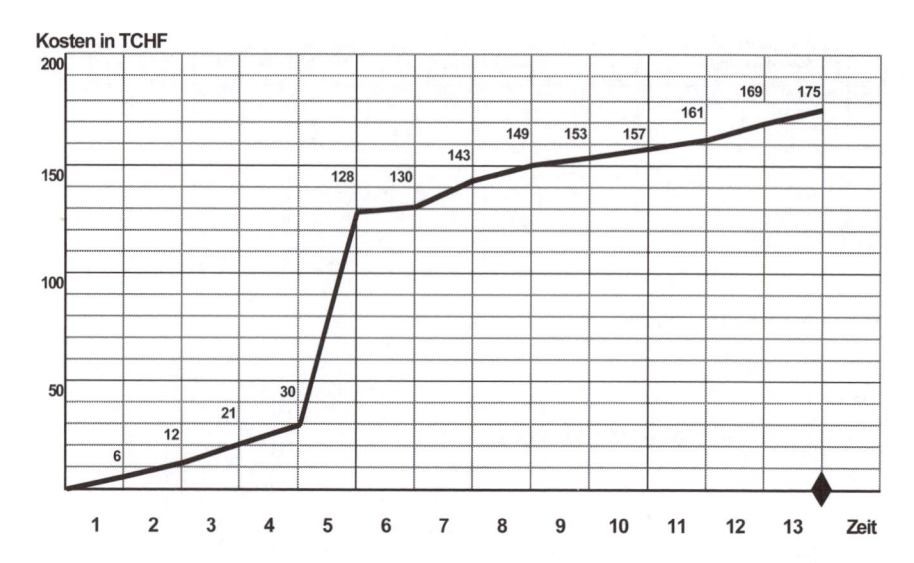

Abbildung III-33: Kostenkurve

3.5 Übersicht über das Vorgehen bei der Projektplanung

Die wichtigste Voraussetzung ist, dass der Auftrag bezüglich Zielen, Kosten und Terminen geklärt ist. Die folgende Darstellung entspricht einem idealtypischen Ablauf einer Planung von anspruchsvollen Projekten mit hohem Neuigkeitsgrad. Handelt es sich um Routineprojekte mit Erfahrungswerten, kann die Detailplanung bereits in der Initialisierungsphase gemacht werden.

	Massnahmen	Resultate
Initialisierung	**Grobschätzung:** Durchlaufzeit (Projekt-Ende und Zwischenetappen), finanzielle Mittel, personelle Ressourcen und Folgekosten schätzen. Commitment bei den Ressourcenverantwortlichen einholen	Entwurf des Meilensteinplans, Aufwandschätzung, grober Einsatzplan der Engpassressourcen
	Plausibilität überprüfen mit Kennzahlen oder mit erfahrenem Projektleiter	
	Vorstudienphase detailliert planen	Balkenplan

Vorstudie	**Grobplanung:** Arbeitspaketstruktur festlegen, Inhalt, Verantwortliche, Abgrenzung, Gesamtaufwand definieren. Bei grossen Projekten Zusammenhang der Arbeitspakete (AP) aufzeigen	Arbeitspaketbeschreibung
		Projektstrukturplan
	Zeitliche Reihenfolge der Bearbeitung der AP und Zeitpunkte für die Überprüfung der Etappenziele festlegen, Reviews einplanen	Meilensteinplan
	Bei grossen Projekten oder speziellen Situationen die Projektführung allenfalls in Teilprojekte aufteilen	Teilprojekte
	Konzeptphase detailliert planen	Balkenplan
Konzept	**Detailplanung:** Arbeitspakete weiter detaillieren zu Tätigkeiten. Aufwand und Durchlaufzeit schätzen, Abhängigkeiten klären, notwendiges Know-how und ausführende Stellen eruieren	Ablauf- und Terminplan in Form eines Balkenplans
	Verfügbarkeit der Ressourcen mit den Verantwortlichen sicherstellen. Allfällige Ressourcenkonflikte lösen	Ressourceneinsatzplan
	Alle finanziellen Aufwendungen für Ressourcen, Investitionen usw. zusammenstellen. Gemäss Projektstrukturplan und nach Zeitpunkt gliedern	Kostenplan
	Die Planungsresultate allen Betroffenen kommunizieren	
Realisierung	Die Planung der Einführungsphase anpassen	Balkenplan
Einführung	Erfahrungswerte zu Kennzahlen verdichten	Schlussbericht

Abbildung III-34: Projektplanung in den einzelnen Phasen

3.6 Vorgehensweisen bei der Planung

Bei der Planung geht man häufig von Vorgaben aus (z.B. Abschlusstermin) und unterteilt die Arbeitsschritte immer feiner bis auf einzelne Tätigkeiten, von denen der Aufwand beurteilt werden kann. Auf dieser Ebene wird eine detaillierte Termin-, Ressourcen- und Kostenplanung durchgeführt. Die Resultate werden in verdichteter Form dargestellt und mit den Vorgaben verglichen. Wenn Abweichungen vorliegen, sucht der Projektleiter Lösungen um die Vorgaben zu erfüllen. Sind die Abweichungen so gross, dass man von unrealistischen Vorgaben reden muss oder müssen Prioritäten zwischen Termin, Ressourcen und Kosten gesetzt werden, nimmt der Projektleiter mit dem Auftraggeber das Gespräch auf.

Nach dem heute meist vorherrschenden Führungskonzept des MbO (Management by Objectives) muss dieser Prozess von Vorgabe (Top-down) und Abgleichung (Bottom-up) zwangsläufig stattfinden, ansonsten dem Prinzip von „Aufgabe, Kompetenz und Verantwortung" (A-K-V) nicht entsprochen wird. Hat die ausführende Person kein Mitspracherecht (Bottom-up), so wird es auch schwierig, Mitverantwortung für die Realisierung zu erwirken.

Drei Vorgehensweisen sind verbreitet für die Planung eines Projektes:

- Am Anfang des Projektes wird die ganze Projektdauer detailliert geplant.
- Am Anfang des Projektes wird das ganze Projekt grob geplant und am Ende einer Phase die nächste Phase detailliert.
- Am Anfang des Projektes wird das ganze Projekt grob geplant und jeden Monat die unmittelbare Zukunft sehr detailliert geplant.

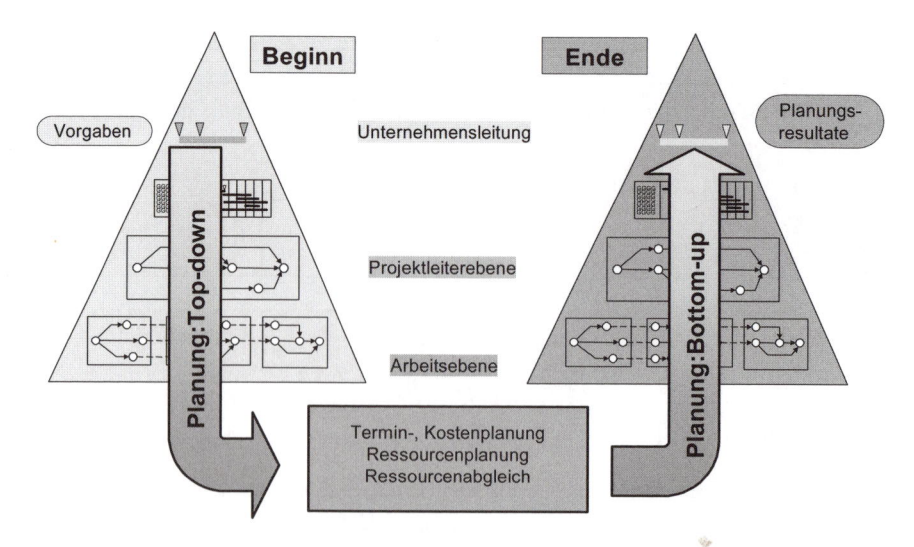

Abbildung III-35: Planung Top-down und Verdichtung Bottom-up

Wenn grosse Erfahrung mit ähnlichen Projekten verfügbar ist oder Fixpreisangebot abgegeben werden müssen, wird das ganze Projekt vollumfänglich und über seine ganze Dauer detailliert geplant. Das bedeutet einen hohen Aufwand.

Fehlen brauchbare Erfahrungswerte oder ist der Auftrag offen und völlig neu, wird in der Initialisierungsphase nur eine Grobplanung für das ganze Projekt mit Grobschätzung des Aufwandes und Ressourcenbedarfs durchgeführt und jeweils am Schluss einer Phase die nächste Phase detailliert geplant. Grobschätzungen sollen immer mit Bandbreite angeben werden, z.B. ± 10%. Dieses Vorgehen ist sehr effizient und wird häufig angewendet.

Bei grossen Projekten ist es vorteilhaft in zwei Schritten zu planen, um das Projekt handhabbar zu machen. Erster Detaillierungsgrad: eine Ablauf- und Terminplanung für Arbeitspakete als Projektübersicht. In einem zweiten Schritt wird der Detaillierungsgrad erhöht bis auf Tätigkeiten, evtl. durch die Teilprojektleiter. Die Planungstiefe soll an den Wissensstand anpasst sein und an die Konsequenzen, wenn Abweichungen von der Planung entstehen.

Wenn der Innovationsgrad hoch ist und der Termin kritisch, dann wird der Detaillierungsgrad der Arbeitspakete schrittweise erhöht, entsprechend dem verbesserten Wissensstand. Am Anfang wird das Projekt in wenige grobe Arbeitspakete unter-

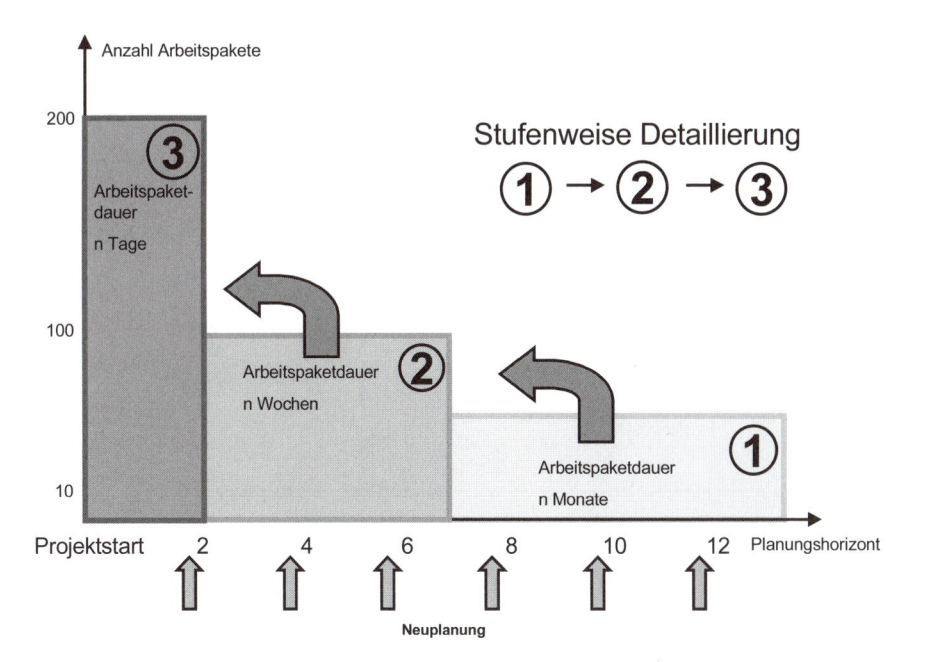

Abbildung III-36: Planung in Schritten

teilt, dafür der ganze Planungshorizont erfasst. Steigt der Wissensstand, wird ein überblickbarer Teil des Projektes weiter detailliert. In einem dritten Schritt wird die unmittelbare Zukunft z.B. zwei Monate sehr detailliert geplant (einige Personenarbeitstage, angepasst an den Kontrollintervall). Dieser Schritt wird jeden Monat wiederholt.

Bei grossen Projekten besteht die Planung aus verschiedenen Schritten. Der Projektleiter macht einen ersten Entwurf. Sind die Durchlaufzeiten zu lang oder nicht kompatibel mit den Vorgaben, führt er eine erste Optimierung durch. Bei Ressourcenkonflikten wird mit den Ressourcenverantwortlichen verhandelt und verbindlich vereinbart. Die Initialplanung wird nun eingefroren, es erfolgt die Freigabe durch den Auftraggeber. Ändern später die Rahmenbedingungen (z.B. Prioritäten der Unternehmensleitung) sind Anpassungen notwendig. Bei grossen Änderungen kann eine Neuplanung der verbleibenden Aufgaben notwendig werden (time-to-complete und cost-to-complete).

Je nach Zielsetzung erfolgt die Planung im Projekt termintreu oder kapazitätstreu: Hat der Endtermin einen hohen Stellenwert, wird termintreu geplant. Wie müssen wir vorgehen, welche Ressourcen müssen wir einsetzen, welche Massnahmen müssen ergriffen werden, um diesen Termin sicherzustellen? Wie gross ist dann die Überlast und wie lange dauert sie?

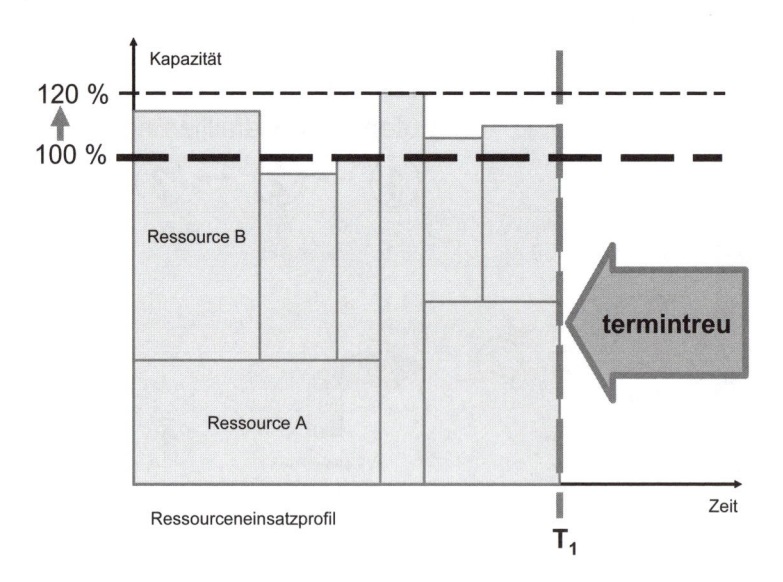

Abbildung III-37: Termintreue Planung

Haben die Kosten oder andere Projekte höhere Priorität, wird kapazitätstreu geplant. Welcher Termin ergibt sich mit den verfügbaren Ressourcen?

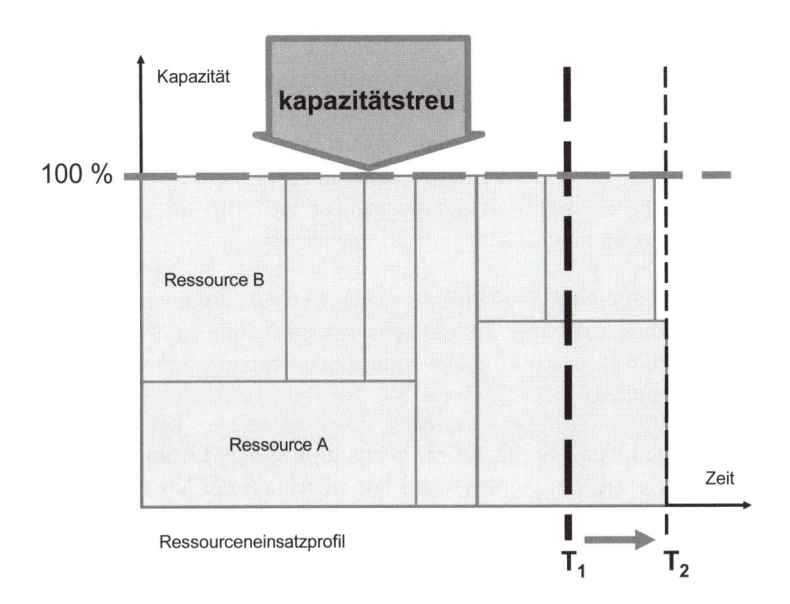

Abbildung III-38: Kapazitätstreue Planung

Vorwärtsterminierung

Terminierung vom Projektstart bis zum Projektabschluss. Wird die Terminvorgabe überschritten, müssen Massnahmen geprüft werden (mehr Ressourcen, Parallelisieren, Infrastrukturverbesserung, externe Vergabe von Teilaufgaben, Ziel überprüfen usw.). Die Vorwärtsterminierung mit allfälliger Korrektur ist die meist verbreitete Vorgehensweise.

Rückwärtsterminierung

Ausgehend vom verlangten Endtermin, wird rückwärts terminiert, um die Frage zu beantworten: Wann müssen wir starten, damit das Terminziel erreicht wird? Würde der Starttermin in der Vergangenheit liegen, kann die Zeit bis zum Plantermin im Verhältnis der idealerweise benötigten Durchlaufzeiten aufgeteilt werden und als Vorgabe verwendet werden.

3.7 In welcher Phase erfolgt die Planung?

Die Planung stellt nicht eine eigene Phase dar, sondern ist ein begleitender Prozess, der so früh wie möglich durchgeführt wird, sobald das nötige Wissen über das WAS und das WIE verfügbar ist. Nachdem das WAS und das WIE bekannt sind, kann das WIE VIEL und mit WEM festgelegt werden.

Der Aufwand wird schon sehr früh grob geschätzt und laufend weiter detailliert und die Genauigkeit verbessert. In der Phase „Initialisierung" handelt es sich um eine Grobschätzung mit entsprechend grosser Toleranz, die je nach Art des Projektes z.B. +100/-50 % oder grösser sein kann. In der Phase „Vorstudie" wird auf der Basis des Meilensteinplanes sowie des Projektstrukturplans eine Grobplanung durchgeführt mit einer bereits reduzierten Toleranz von z.B. +40/-20 %. Mit der Detailplanung wird eine Genauigkeit von +/- 10% angestrebt.

Wenn Erfahrungen mit ähnlichen Projekten vorliegen (Ablauf, Probleme) und die Lösungswege oder Lösungskonzepte grösstenteils bekannt sind, wird das ganze Projekt schon sehr früh, z.B. in der Vorstudienphase oder sogar in der Initialisierungsphase detailliert geplant.

Handelt es sich um neue Lösungswege, für die zuerst umfassende Lösungskonzepte in der Konzeptphase erarbeitet werden, wird vor Abschluss der Vorstudie eine Grobplanung durchgeführt und die Detailplanung wird nach der Auswahl des Lösungskonzeptes, vor Abschluss der Konzeptphase durchgeführt.

Wenn einem Kunden ein verbindliches Angebot abgegeben wird, z.B. bei Fixpreisangeboten, muss eine Detailplanung vor der Angebotsabgabe erfolgen, um die Frage zu beantworten: Sind wir in der Lage die versprochenen Leistungen, mit den zur Verfügung stehenden Ressourcen, bis zum versprochenen Termin zu liefern?

3.8 Wer plant?

Der Projektleiter ist für die Planung verantwortlich (Planungsvorgehen, Methode, Hilfsmittel, Plausibilitätstest). Für die Terminierung (Abgrenzung der Arbeitspakete, Aufwandschätzung) wird er die Projektgruppe beiziehen (geistige Klausurarbeit):

1. Die ganze Projektgruppe zusammen hat mehr notwendiges interdisziplinäres Fachwissen, wie der Projektleiter als Generalist.
2. Mit der gemeinsamen Planung sind die Teilprojektleiter besser informiert. Dadurch steigt auch ihre Motivation und Bereitschaft, für ihre Tätigkeiten Verantwortung zu übernehmen.

3.9 Wie detailliert soll eine Planung sein?

Der Detaillierungsgrad orientiert sich am Zweck. So detailliert, dass wir daraus die nötigen Massnahmen ableiten können und das Projekt zuverlässig überwachen und steuern können. Die Planung muss mindestens so detailliert sein, wie wir später kontrollieren möchten. Je nach Projektgrösse und -komplexität wird der Projektleiter 10 bis ca. 200 Arbeitspakete unterscheiden. Wenn die Kontrolle in kürzeren Abständen erfolgen soll, damit Probleme frühzeitig angegangen werden können, dann müssen auch die Aufgaben feiner aufgelöst werden. Die Qualität (Genauigkeit, Vollständigkeit) der Daten ist wichtiger als der Detaillierungsgrad. Der Detaillierungsgrad sollte nicht höher als notwendig gewählt werden, weil der Aufwand für Planung und Kontrolle rasch sehr gross wird.

3.10 Planung von grossen und kleinen Projekten

Methode und Detaillierungsgrad der Planung sind der Komplexität des Projektes anzupassen. Bei grossen und komplexen Projekten, bei Vorhaben die Neuland betreten oder für das Unternehmen überlebenswichtig sind, ist es einleuchtend, dass alle Massnahmen eines guten Projektmanagements notwendig und hilfreich sind, um das Vorhaben erfolgreich abzuschliessen. Bei kleinen Projekten sind die gleichen Grundüberlegungen anzuwenden, aber in reduzierter und vereinfachter Form. Bei kleineren, überblickbaren Vorhaben, vor allem wenn ähnliche Projekte schon mehrmals durchgeführt wurden und über eine breite Erfahrung mit ähnlichen Projekten verfügbar ist, müssen nicht alle Massnahmen im gleichen Umfang und Detaillierungsgrad angewendet werden.

Bei einem grossen Projekt mit vielen Abhängigkeiten und Risiken ist eine Terminierung mit Netzplan zweckmässig, das Projekt wird vielleicht in fünf, sechs oder sieben Phasen gegliedert und es werden mehrere Reviews durchgeführt. Ein kleines Projekt mit Routinecharakter hat vielleicht zwei oder drei Phasen und der Terminplan wird direkt als Balkenplan gezeichnet.

3.11 Aufwandschätzung

Die Aufwandschätzung ist die Basis für die Berechnung der Projektdauer (Terminierung) und Projektkosten. Das Unternehmen stellt sich die Frage ob das Projekt realisiert werden soll, ob die Mittel im vorgesehenen Zeitrahmen verfügbar sind, ob das Projekt wirtschaftlich ist, oder welche Investition von mehreren Möglichkeiten die bessere Alternative zur Zukunftssicherung ist. Die Güte der Entscheide ist also von der Genauigkeit der Aufwandschätzung abhängig. Für Unternehmen, die ihren Kunden verbindliche Preisangebote machen müssen, z.B. im Engineering, Architekturbereich usw., ist eine sehr genaue Aufwandschätzung notwendig und überlebenswichtig um Verluste zu vermeiden, da der Markt in vielen Branchen keine grössere Reserve zulässt.

Unter diesem Aspekt hat die Aufwandschätzung und die damit verbundene Unsicherheit eine grosse Bedeutung. Eine brauchbare Aufwandschätzung durchzuführen setzt Erfahrung, Sorgfalt und Vorbereitung voraus.

Grundsätzliche Möglichkeiten für die Aufwandschätzung:

- Erfahrung und Analogie: durch Vergleich von Arbeitspaketen mit schon realisierten ähnlichen Aufgabenstellungen (Erfahrungswerte von ähnlichen Projekten);
- analytisch: die Aufgabe wird in einzelne, übersichtliche Tätigkeiten oder Funktionen zerlegt und deren Aufwand geschätzt;
- durch Kombination dieser Möglichkeiten.

Viele Schätzverfahren beruhen auf Erfahrungswerten. Diese müssen durch Auswertung vieler Projekte bei Projektabschluss über einen längeren Zeitraum systematisch aufgebaut werden. Die Arbeitspakete müssen dabei klar strukturiert und abgegrenzt sein. Aus der Analyse der Ist-Werte abgeschlossener Projekte werden bereinigte Aufwandswerte sowie Einflussfaktoren für die Zukunft erarbeitet. Mögliche Einflussfaktoren sind: Umfang und Komplexität der Aufgabe, Erfahrung der Ausführenden, Akzeptanz bei Betroffenen, verfügbare Infrastruktur, geltende Vorschriften usw.). Es sind nur die wichtigsten Einflussfaktoren auszuwählen. Diese Kennwerte sind nur gültig für das Unternehmen und die Projektart für die sie ausgewertet wurden.

Ein Unternehmen muss ein Schätzverfahren auswählen und seinen Verhältnissen anpassen. Damit sie über eine ganze Organisationseinheit im Unternehmen anwendbar sind, müssen die Definitionen und Abgrenzungen der Arbeitspakete und deren Inhalte einheitlich definiert, interpretiert und gehandhabt werden. Erfahrungswerte können nicht unbesehen von anderen übernommen werden.

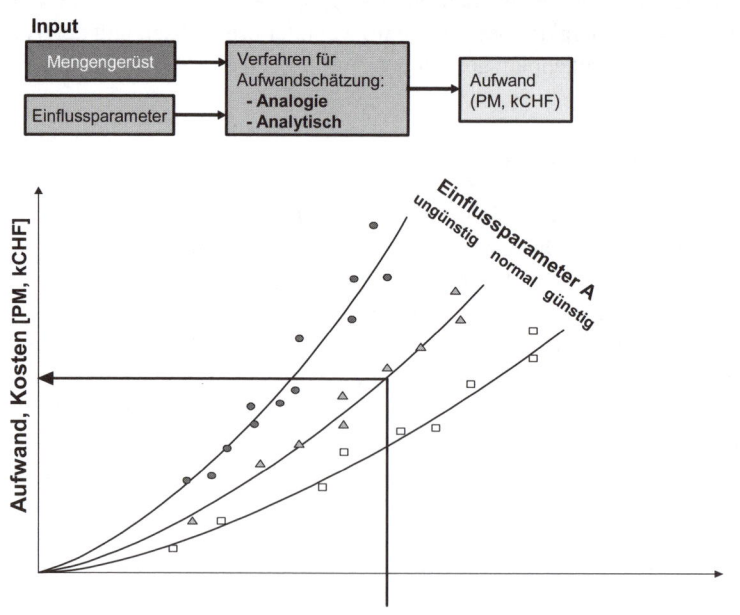

Abbildung III-39: Aufwandschätzung mit Erfahrungswerten oder Kennzahlen

Bei vielen Verfahren wird empirisch eine Korrelation gesucht zwischen einer oder mehreren Variablen (z.B. Resultatgrössen, Anforderungen des Kunden) im Projekt und dem dafür notwendigen Zeitaufwand in Personenmonaten. Der Zusammenhang kann als Formel oder Grafik dargestellt werden. Beispiele für Variablen: Leistungsfähigkeit oder Genauigkeit einer Anlage, Volumen eines Baues, Anzahl Verarbeitungen bei einer Software. Werden als unabhängige Variable die Anforderungen des Kunden verwendet, so können diese Methoden schon in frühen Projektphasen eingesetzt werden (z.B. Angebotserstellung), bevor der genaue Lösungsweg im Detail bekannt ist.

Funktionswertmethode

Eine bewährte und weit verbreitete Schätzmethode ist die von IBM für SW-Projekte entwickelte Funktionswertmethode (function-point analysis). Sie basiert auf dem Analogie- und Gewichtungsverfahren. Das Verfahren geht von den Anforderungen aus Benutzersicht aus, ohne das Projekt zu zergliedern. Anzahl und Komplexität von Geschäftsvorfällen wie Eingaben, Ausgaben, Datenbestände, Referenzdaten, Abfragen werden ermittelt und bewertet. Das ergibt die Anzahl Funktionswerte. Die Funktionswerte multipliziert mit denjenigen Einflussfaktoren die in dieser Projektart einen entscheidenden Einfluss auf den Aufwand haben, ergeben die bewerteten Funktionspunkte. Die Auswertung durchgeführter Projekte ergibt den Zusammenhang zwischen bewerteten Funktionspunkten und Personenmonaten.

Multiplikatormethode

Die zu realisierende Aufgabe wird in kleine, überblickbare Einheiten zerlegt, von denen man den Aufwand kennt oder an einem Beispiel ausprobiert (Anzahl Module, Anzahl Seiten, Anzahl Grafiken). Aufwand pro Einheit mal Anzahl Einheiten ergeben summiert über alle Einheitenarten den Gesamtaufwand.

Prozentsatzmethode

Sie gibt für jede Phase Erfahrungswerte für die Prozentanteile des Gesamtaufwandes an. Die Prozentanteile pro Phase sind stark von der Projektart abhängig. Eine Phase wird detailliert geschätzt und realisiert. Wenn diese Phase abgeschlossen ist, wird daraus auf das ganze Projekt geschlossen. Vorsicht ist angebracht, wenn aus einer ersten kleinen Projektphase mit wenig Aufwand auf das ganze Projekt geschlossen werden soll. Das Verfahren eignet sich aber gut als Plausibilitätstest zur Überprüfung von Schätzwerten die auf andere Art erarbeitet wurden. Die Erfahrungswerte oder Kennzahlen müssen von Projekten stammen, die unter vergleichbaren Rahmenbedingungen erarbeitet wurden (z.B. gleiche Infrastruktur, gleiche Unternehmenskultur).

3.12 Planung bei grosser Unsicherheit

Je nachdem wie gross die Risiken und damit auch die Streuung beim Aufwand eines Projektes sind, wählt der Projektleiter ein anderes Vorgehen.

Bei Pionierprojekten, oder Projekten mit hohem Neuigkeitsgrad, die erstmals angegangen werden oder deren Ziele an der Grenze des Machbaren vermutet werden, wird der Projektleiter eine ausgedehnte Vorstudie mit fundierten Risikoanalysen durchführen oder wo notwendig vor der Durchführung eines Projektes eine Machbarkeitsstudie (Feasibility Study) veranlassen. Erst wenn die Beurteilbarkeit verbessert wurde und die Risiken erfassbarer sind, wird das Projekt gestartet. Sind weiterhin beachtliche Risiken vorhanden, muss ein Risikomanagement eingeführt werden.

Wenn die Unsicherheit sich auf zwei Alternativen mit stark unterschiedlichem Aufwand reduziert, werden beide Szenarien planerisch als Alternativen erfasst. Beispiel: Wenn das Ziel noch mit dem eingeführten Verfahren erreichbar ist, ist der Aufwand zwei Personenmonate. Wenn sich nach dieser Zeit herausstellt, dass das Ziel so nicht erreichbar ist, muss ein neues Verfahren mit einem Aufwand von acht Personenmonaten erarbeitet werden. Beide Szenarien werden eingeplant und ein Meilenstein gesetzt, wann spätestens entschieden wird, die erste Alternative nicht mehr weiterzuführen (deadline).

Bei grosser Unsicherheit bezüglich Aufwandschätzung sind Expertenbefragungen verbreitet. Die Delphi-Methode befragt mehrere Experten unabhängig voneinander.

Die unterschiedlichen Schätzwerte werden allen vorgelegt, die ihre Argumente bekannt geben und ihre Werte noch anpassen können, bevor der Durchschnittswert verwendet wird. Eine andere zweckmässige Vorgehensweise ist die Schätzklausur. Hier kommen alle ausführenden Fachspezialisten vorbereitet zusammen und geben ihre Werte und Argumente bekannt. Dadurch findet ein willkommener gruppendynamischer Prozess statt, der vom Projektleiter moderiert wird.

Bei Projekten mit grosser Unsicherheit (z.B. Pionierprojekte, Akzeptanzprojekte, Forschungsprojekte) kann die Streuung mitberücksichtigt werden. Im Drei-Zeiten-Verfahren wird pro Arbeitspaket ein wahrscheinlicher Zeitaufwand WZ (häufigster Fall) geschätzt und zusätzlich ein minimaler Zeitaufwand MinZ (optimistischer, günstigster Fall) sowie ein maximaler Zeitaufwand MaxZ (pessimistische Schätzung, ungünstigster Fall). Die Planung wird mit einem einzigen Planwert weitergeführt:

$$\text{Planwert} = 1/6 \, (\text{MinZ} + 4 \times \text{WZ} + \text{MaxZ})$$

Schon bei mittelgrossen Projekten (Anzahl Arbeitspakete) wirkt sich der statistische Ausgleich günstig auf die Abweichung im Gesamtaufwand aus, sofern kein systematischer Fehler in den Einzelschätzungen vorliegt. Auch bei sorgfältiger Planung passiert Unvorhergesehenes, werden Aufwandposten vergessen, kommen kleine Änderungen dazu oder wird der zu leistende Aufwand unterschätzt. Darum braucht ein Projekt Projektreserven. Diese können als Geldreserve ausgewiesen werden. Der Projektleiter verfügt über diese Projektreserve. Wenn ein Projektmitarbeiter bei seinen Arbeitspaketen eine Überschreitung hat, die er nicht mehr innerhalb seines eigenen Arbeitspaketes auffangen kann, dann informiert er den Projektleiter. Dieser kontrolliert so den Verbrauch der Projektreserve und kann seine Kulanz gegenüber wünschbaren Änderungen der Situation anpassen.

3.13 Spezielle Situationen

3.13.1 Simultaneous Engineering, Concurrent Engineering

In vielen Unternehmen oder dynamischen Märkten besteht der zwingende Bedarf, rechtzeitig mit neuen Produkten am Markt zu sein. „Time-to-market" ist ein kritischer Erfolgsfaktor bei diesen Projekten. Wer zuerst am Markt ist, verdient Geld und gewinnt Marktanteile. Das zwingt die Unternehmen, die Durchlaufzeiten für Projekte drastisch zu reduzieren. Dies wird möglich durch eine weitgehende Parallelisierung der Tätigkeiten, sowie durch die gleichzeitige Produkt- und Prozessentwicklung. Damit dies in der Praxis erfolgreich durchgeführt werden kann, sind begleitende Massnahmen bei der Projektplanung, Projektkontrolle, Kommunikation sowie bei der Qualitätssicherung notwendig. Diese Vorgehensweise wird als Simultaneous Engineering oder Concurrent Engineering bezeichnet.

Werden zwei Tätigkeiten parallelisiert, d. h. zeitlich übereinander geschoben, besteht das Risiko dass ein Arbeitsaufwand nutzlos wird, weil die Vorbedingungen noch ändern oder ein Meilensteinentscheid in einem anderen Sinn gefällt wird. Es ist das Risiko abzuwägen, eine Arbeit doppelt zu machen, gegenüber der Zeit, die man durch einen frühzeitigen Start gewinnt. Es soll nur so weit parallelisiert werden, dass der Zeitgewinn grösser ist als das Risiko eines Leerlaufs. Arbeiten oder Bestellungen mit hohen Folgekosten sollen zwar vorbereitet werden, aber erst nach den Meilensteinentscheiden und Freigaben rechtsgültig ausgelöst werden.

Je mehr parallelisiert wird, desto aufmerksamer muss geführt werden. Damit die Vorgehensweise nicht zum Stolperstein wird, sind verschiedene begleitende Massnahmen notwendig:

- Intensivierung und Verbesserung der Kommunikation zwischen den Arbeitspaketverantwortlichen. Bildung einer reinen Projektorganisation und Freistellung der Mitarbeiter zu 100% für dieses Projekt. Durch Zusammenlegung der Fachspezialisten aus den verschiedenen Bereichen wie Marketing, Entwicklung, Produktion, Einkauf usw. in einem Raum oder in unmittelbarer Nähe.

- Begleitende qualitätssichernde Massnahmen, abhängig von den spezifischen Projektinhalten, des Umfeldes und der Risiken im Projekt. Die Massnahmen werden in der Qualitätsplanung festgelegt.
- Erhöhung des Detaillierungsgrades bei der Planung der Arbeitspakete, mit gleichzeitiger eindeutiger Definition der Kriterien, wann das Arbeitspaket abgeschlossen ist (Erfüllungskriterien, doneness criteria) und Projektkontrolle in kurzen Abständen (z.B. kurze Projektbesprechung jede Woche). Werden bei dieser Kontrolle Verzögerungen oder Probleme festgestellt, werden sofort Gegenmassnahmen gesucht und eingeleitet, um keine wertvolle Zeit zu verlieren.

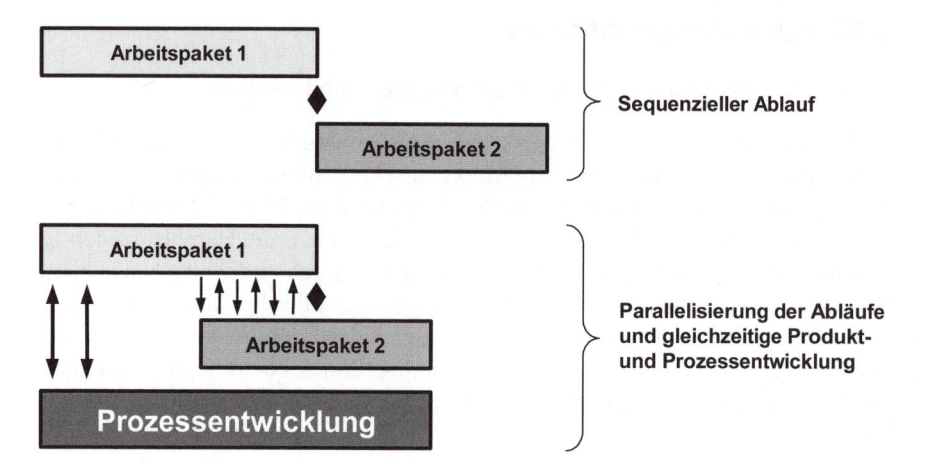

Abbildung III-40: Parallelisierung von Tätigkeiten

3.14 Bei Bedarf weitere Planungen

3.14.1 Target Costing, Design to Cost

In einem preissensitiven Umfeld sind die Kosten des Resultates aus dem Projekt, der Dienstleitung (z.B. Arbeitsabläufe) oder des Produktes (Herstellkosten), wichtiger als die „einmaligen" Kosten des Projektes. 80% der Produktkosten von neuen Produkten und Dienstleistungen werden in der Definitions- und Entwicklungsphase festgelegt. Diese können in späteren Projektphasen nur noch sehr beschränkt beeinflusst werden. Daraus resultiert eine spezielle Verantwortung des Projektleiters und des Entwicklers für die Einhaltung der im Zielkatalog vereinbarten Kostenziele.

Bei der Zielkostendefinition wird ein Maximalwert festgelegt, wie viel die Herstellungskosten des Produktes betragen darf (Target Costing), und als verbindlichen Wert in den Zielkatalog aufgenommen. Zu berücksichtigende Kriterien sind:

- Wie viel ist der Markt bereit für diese Leistung zu bezahlen; wie viel Stück können wir absetzen; zu welchen Konditionen?
- Wo stehen unsere Mitbewerber (Preise, Marktanteile)?
- Welche Zielkosten und Stückzahlen legen wir unserer Wirtschaftlichkeitsberechnung zugrunde?
- Wie ist unsere Kostenstruktur, ohne und mit Massnahmen?

Dieser Zielkostenwert wird aufgeschlüsselt auf die einzelnen Teilsysteme, Baugruppen oder an der Dienstleistung beteiligte Stellen, damit jeder Beteiligte weiss, welchen Anteil der Produktkosten seine Wertschöpfung oder sein Teilsystem verursachen darf. Der Projektleiter überwacht die Einhaltung dieses Herstellkostenbudgets.

Aus der Sicht des Kunden und des Benutzers sind nicht nur die Anschaffungskosten von Bedeutung, sondern ebenfalls die bei ihm während der Nutzung anfallenden Betriebskosten, Reparaturen, Unterhalt, Ausbildung, Entsorgung oder andere Folgekosten. Er ist an niedrigen Gesamtkosten (life-cycle costs) interessiert, die durch die Investition über den ganzen Lebenszyklus verursacht werden. Der Projektleiter sollte Lösungen bevorzugen, die auf niedrige Gesamtkosten zielen, solange dadurch die Herstellkosten und Projektkosten nicht übermässig steigen, ausser der Kunde honoriert dies.

Bei Produkten, die hergestellt (dupliziert) werden, sollen Projektleiter und Entwickler das optimale Verhältnis von Projektkosten (Einmalkosten) zu Produktkosten (Wiederholkosten) wählen, bei dem die niedrigsten Gesamtkosten für die prognostizierte Stückzahl resultiert. Projektkosten sind Einmalkosten. Herstellkosten fallen pro hergestelltes Exemplar des Produktes an.

Wenn von einem Produkt die Herstellung grosser Stückzahlen beabsichtigt ist, weil der Markt dafür aufnahmefähig ist, kann ein grösserer Aufwand im Projekt für die Entwicklung investiert werden, um kostengünstigere Lösungen zu finden und eine rationellere Herstellung zu erreichen. Dabei steigen aber die Projektkosten. Im Gegensatz dazu ist der Anteil der Projektkosten pro Produkt bei Einzelanlagen oder wenn nur eine kleine Stückzahl des Produktes hergestellt wird höher. Hier sind die Einmalkosten des Projektes niedrig zu halten. Bei Dienstleistungen oder Arbeitsabläufen können diese Überlegungen genauso angewendet werden. Es gilt das optimale Verhältnis zwischen den Einmalkosten der Investition und den Wiederholkosten des Arbeitsaufwandes zu finden. Beispiele: Lagerbewirtschaftung, Krankenpflege.

Die Break-even-Analyse hilft auf anschauliche Art, diesen Zusammenhang aufzuzeigen und die Auswirkungen zu erkennen, falls die geplante Stückzahl nicht am Markt abgesetzt werden kann.

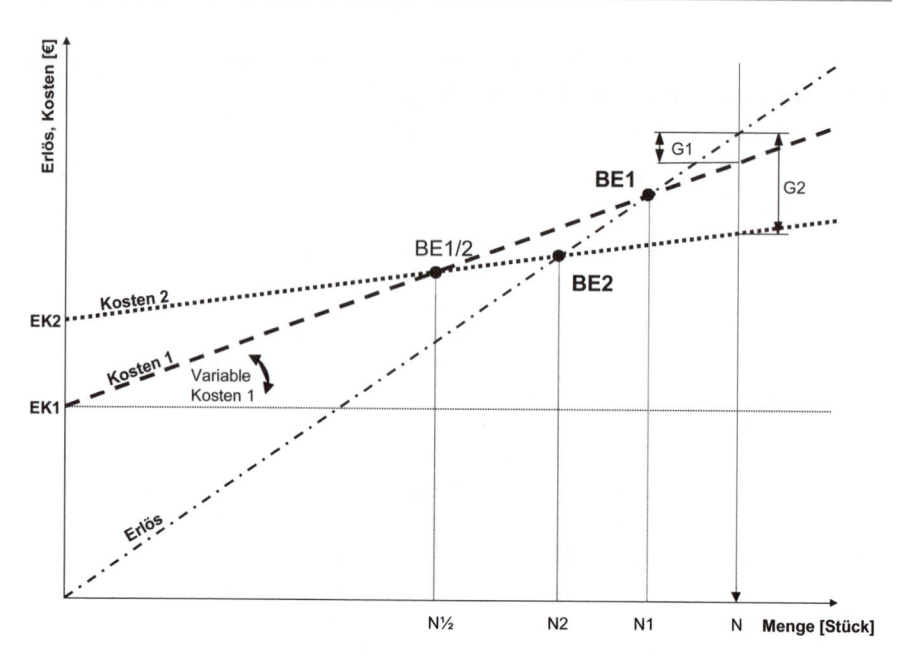

Abbildung III-41: Break-even-Analyse

3.14.2 Make-or-buy-Entscheidungen

Das wirtschaftliche Umfeld zwingt zu sparsamem Umgang mit Ressourcen. Eine grössere Streuung beim Bedarf, der Zwang zu grösserer Flexibilität und der Druck, sich schnell den Marktveränderungen anzupassen, führen zu einer Konzentration der Kräfte auf das Kerngeschäft.

Ein grosses Angebot an Lieferanten und Dienstleistungsunternehmen, der technische Fortschritt, der höhere Spezialisierung verlangt, sowie Fortschritte bei der Normierung und Standardisierung erleichtern die Zusammenarbeit mit Partnern.

Solange genügend eigene Ressourcen zur Verfügung stehen, wird der Projektleiter vorwiegend eigene Ressourcen einsetzen. Bei Ressourcenengpässen wird er die Möglichkeit prüfen, Arbeitspakete extern ausführen zu lassen. Bei hoch spezialisierten Tätigkeiten oder bei Aktivitäten, für die nur ein sporadischer Bedarf besteht, kann es sinnvoll sein, grundsätzlich eine langfristige Zusammenarbeit mit anderen Unternehmen aufzubauen.

Gründe für den Einbezug von Fremdlieferanten in Projekten:

- höhere Flexibilität und Reaktionsgeschwindigkeit bei Marktanpassungen;
- jeder spezialisiert sich auf seine Stärken und bringt Spitzenresultate;
- die grössere Erfahrung des Partners kann die Effizienz stark verbessern;

- personelle Ressourcen und finanzielle Mittel werden frei für Investitionen in das Kerngeschäft
- wenn gelegentlich Spezialwissen oder Spezialeinrichtungen nötig sind, die nicht genügend ausgelastet wären;
- ungenügende eigene Kapazität für sporadische grosse Vorhaben, die in kurzer Zeit am Markt sein müssen.

Was ist zu beachten?

- Sorgfältige Auswahl geeigneter Partner mit gleichem Qualitätsniveau
- Marktposition und Zukunftsaussichten des Partners (Risiko)
- Abhängigkeitsverhältnisse vom Partner
- Umfassende vertragliche Abmachung
- Periodische Bewertung durch Audits
- Einbindung in eigene Projektleitung und Betreuung
- Aktive Zusammenarbeit bei Problemen
- Grenze für Fremdvergabe: spezifisches Know-how für das Kerngeschäft

3.14.3 Qualitätsplanung

Qualitätsplanung heisst, all jene Massnahmen festzulegen, die aufgrund der Vorschriften, der guten Praxis und der Qualitätsanforderungen des Unternehmens notwendig sind, um die Qualitätsziele des Projektes oder des Produktes sicherzustellen. Im Qualitätsplan werden alle festgelegten und wirtschaftlich vertretbaren Massnahmen aufgelistet, bis wann sie durchgeführt werden und wer dafür verantwortlich ist. In grossen Projekten werden diese Massnahmen in einem eigenständigen Qualitätsplan festgehalten. In kleinen Projekten kann diese Information in ein anderes Planungsdokument eingebaut werden.

Beispiele für Massnahmen im Qualitätsplan

- Prüfung des fertigen Produktes, Zwischenprüfungen
- Erprobung in der Betriebsumgebung, beim Kunden, Qualifikationstest, Konformitätstest, Homologierung, klinische Tests, Zulassungsprüfungen
- Spezielle Qualitätsziele festlegen, Qualitätsprüfungen
- Konfigurationsmanagement
- Design Reviews, Design-Verifizierung, Design-Validierung
- Value Engineering, Wertanalyse, Zuverlässigkeitsanalyse
- Spezialprüfungen: Integrationstest, Sicherheitsprüfungen

- Risikoanalysen, FMEA, Sensitivitätsanalyse
- Vorbehandlungen (Dauertest, Burn-In usw.)
- Umwelttests, Klimatest, Schütteltest, Falltest
- Korrosionsprüfung, chemische Rückstände, Brennbarkeit
- Elektromagnetische Verträglichkeit, Störstrahlung
- Prototyp, Nullserie

Aus Aufwandgründen dürfen nur diejenigen Massnahmen festgelegt und durchgeführt werden, die von der Sache her notwendig, wirtschaftlich vertretbar sind, deren Wirksamkeit erwiesen ist oder die vom Kunden verlangt und honoriert werden.

3.15 Einsatz des Computers als Hilfsmittel bei der Planung

Die Wahl der Hilfsmittel muss der Aufgabe angepasst sein. Bei Kleinstprojekten oder einfachen sequenziellen Arbeitsabläufen kann es durchaus zweckmässig sein, mit einfachen Mitteln wie Papier und Bleistift die Planung durchzuführen und zu dokumentieren. Da Planung häufig iterativ durchgeführt wird, können auch einfache und anschauliche Hilfsmittel wie Post-it, Klebbänder, kleine Kärtchen oder Legobausteine hilfreich sein, um den Planungsprozess flexibel zu unterstützen. Selbst bei komplexen Projekten können diese Hilfsmittel in der ersten Phase eingesetzt werden, z.B. am Anfang einer grossen Planung, wenn noch alles unklar ist.

Wenn Projekte aber komplexer sind, sind die Computerunterstützung und der Einsatz von Projektplanungs-Software unumgänglich.

Kriterien für den Computer-Einsatz bei der Projektplanung

- Häufigkeit der Projekte
- Ähnlichkeit der Projekte
- Projektumfang und Projektkomplexität
- Änderungshäufigkeit der Planung
- Abdeckung der eigenen Bedürfnisse durch die Software
- Erfahrungen mit Informatik

Welche Vorteile bringt der Einsatz von Informatik-Hilfsmitteln?

- Einfache Änderungen
- Projektübergreifende Auswertungen
- Beeindruckende Präsentationen

- Zwang zu konsequenter Planung und Strukturierung
- Effiziente Nutzung von Standards

Welche Nachteile bringt der Einsatz von Informatik-Hilfsmitteln?

- Initialaufwand bei der Einführung
- Aufbau eines vollständigen Datenbestandes
- Investitionen in Ausbildung, Hardware und Software
- Scheingenauigkeit, Interpretationsfehler
- Gefahr der Übernutzung

Bei vielen wichtigen Schritten der Planung hilft uns der Computer nicht substanziell beim Planungsprozess, z.B.: Projektziele festlegen, Projektstruktur definieren, Tätigkeiten und Arbeitspakete definieren und abgrenzen, Abhängigkeiten eruieren, Verantwortungen festlegen, Aufwand schätzen, Know-how und Ressourcen definieren. Hier unterstützt er uns nur administrativ mit Gliederungsfunktionen, einfachen Korrekturen oder übersichtlicher Dokumentation.

Die folgenden Hauptplanungsschritte können mit integrierter Projektplanungssoftware durchgeführt werden, mit ungünstiger werdendem Aufwandnutzenverhältnis von oben nach unten:

- Terminierung,
- Ressourcenzuteilung und Erkennen von Ressourcenüberlast,
- Ressourcenabgleich bei Überlast,
- Projektstandsüberwachung.

Integrierte Projektplanungssoftware ist aber nur ein Hilfsmittel von vielen. Unter Umständen sind einfache und verbreitete Informatik-Hilfsmittel wie Tabellenkalkulation, Datenbanken zur Ressourcenübersicht, Textverarbeitung, E-Mail, Priorisierungsprogramme usw. sehr hilfreich oder sogar ausreichend.

Häufig sind in einem Unternehmen Projektdaten in anderen Systemen (z.B. Ist-Werte in der betriebswirtschaftlichen Software) erfasst. In Einzelfällen kann es vorteilhaft sein, einen automatischen Datenaustausch oder Abgleich vorzusehen. Häufig ist aber der Nutzen durch die höhere Integration und Vernetzung klein im Vergleich mit den Nachteilen. Der Aufwand Daten zu übernehmen ist nämlich klein verglichen mit dem Aufwand, die Daten zu interpretieren, zu kommunizieren, Absprachen zu treffen oder Massnahmen daraus abzuleiten.

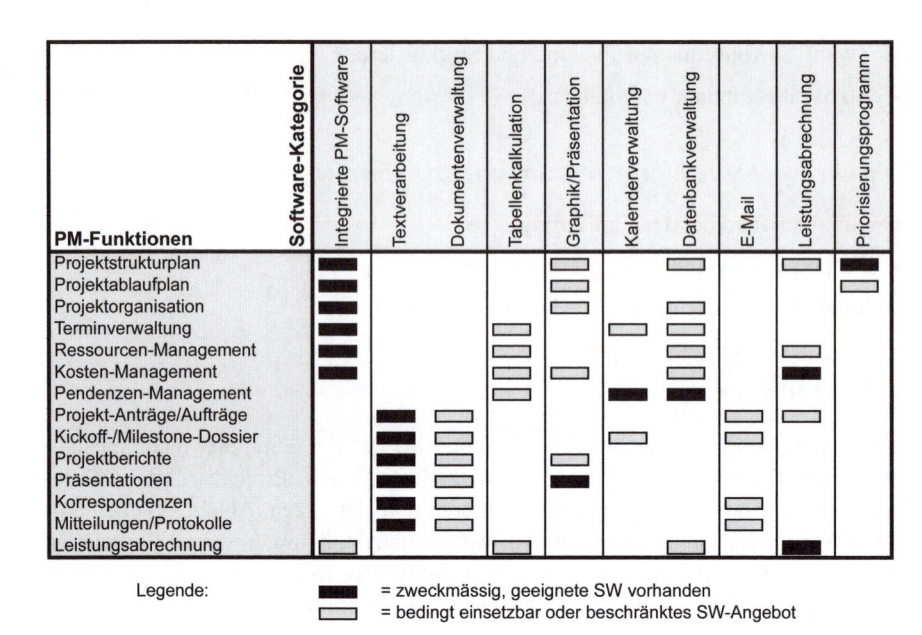

PM-Funktionen	Software-Kategorie									
	Integrierte PM-Software	Textverarbeitung	Dokumentenverwaltung	Tabellenkalkulation	Graphik/Präsentation	Kalenderverwaltung	Datenbankverwaltung	E-Mail	Leistungsabrechnung	Priorisierungsprogramm
Projektstrukturplan	■			□	□		□		■	
Projektablaufplan	■			□			□			□
Projektorganisation	■						□			
Terminverwaltung	■					□	□			
Ressourcen-Management	■			□			□		□	
Kosten-Management	■			□		□	□		■	
Pendenzen-Management				□			■			
Projekt-Anträge/Aufträge		■	□				□		□	
Kickoff-/Milestone-Dossier		■	□			□	□			
Projektberichte		■	□		□					
Präsentationen		■	□		■					
Korrespondenzen		■	□						□	
Mitteilungen/Protokolle		■	□						□	
Leistungsabrechnung	□			□				□	■	

Legende: ■ = zweckmässig, geeignete SW vorhanden
□ = bedingt einsetzbar oder beschränktes SW-Angebot

Abbildung III-42: Informatik-Hilfsmittel für verschiedene Projektmanagementaufgaben

Ein wichtiges Leitmotiv beim Computereinsatz in der Projektplanung heisst: Die Planung ist nur so gut wie die Qualität der Daten.

4 Projektcontrolling

4.1 Übersicht

Projektcontrolling ist mittlerweile als eigenständiger Begriff anzusehen und beschreibt die „Prozesse und Regeln, die innerhalb des Projektmanagements zur Sicherung des Erreichens der Projektziele beitragen".

Projektcontrolling umfasst heute weit mehr als die reine betriebswirtschaftliche Überprüfung eines Vorhabens. Die Qualitätssicherung (Quality Controlling) ist ebenso Bestandteil dieser Aufgabe wie die Identifikation und Beurteilung von möglichen Risiken (Risk Controlling). Im Idealfall wird es auch als Instrument für die Unternehmensplanung bzw. Strategieentwicklung eingesetzt (Portfolio Controlling).

Die folgende Tabelle fasst die Hauptaufgaben eines effektiven Projektcontrollings zusammen:

Projektkontrolle	Kontinuierliche Überprüfung der Zielerreichung des Projektes bezüglich Termine, Kosten und Qualität
Projektbeurteilung	In regelmässigen Abständen, mindestens aber am Ende jeder Projektphase, wird das Projekt bezüglich vordefinierter Kriterien und erwarteter Risiken neu beurteilt
Berichtswesen (Reporting)	Das Berichtswesen umfasst Dokumentation und Kommunikation der erreichten Ergebnisse im Projekt an die massgeblichen Stellen und Entscheidungsträger
Projektsteuerung	Aufgrund der Ergebnisse der Projektkontrolle müssen Korrekturmassnahmen formuliert werden
Projektänderungen	Änderungen im laufenden Projekt dokumentieren (Anforderungen, Technologie, Markt, usw.) sowie Massnahmen formulieren und umsetzen

Abbildung III-43: Aspekte des Projektcontrollings

Warum Projektcontrolling?

Wachsender Kostendruck sowie verschärfter Wettbewerb zwingen das Unternehmen, flexible Instrumente zur Optimierung von Entscheidungen und zur Verbesserung der Transparenz über die eingesetzten Ressourcen einzusetzen. Die Ergebnisse des Projektcontrollings sollen die Unternehmensleitung unterstützen, die zunehmende Komplexität und Bedeutung von Projekten in einem Umfeld mit sich ständig ändernden Anforderungen und Bedingungen zu beherrschen und somit die Wettbewerbsfähigkeit des Unternehmens langfristig zu sichern.

Projektcontrolling ist somit eine unmittelbare Führungsaufgabe der Projektleitung in Zusammenarbeit mit Auftraggeber, Projektausschuss, Entscheidungsträger oder Geschäftsleitung. Je nach Einflussnahme von aussen wird zwischen den folgenden Begriffen unterschieden:

- Strategisches Controlling   (durch die Geschäftsleitung),
- Multiprojekt-Controlling   (durch den Projektausschuss),
- Einzelprojekt-Controlling   (durch die Projektleitung, Projektausschuss).

4.2 Projektkontrolle

Basis für diese Aufgabe bildet der aktuelle Projektplan. In regelmässigen Abständen muss das Projekt auf seine Termin- und Kostentreue überprüft werden. Je komplexer oder zeitkritischer das Projekt ist, desto kürzer müssen die Kontrollintervalle gesetzt werden.

4.2.1 Termin- und Kostenkontrolle

Für die Termin- und Kostenkontrolle reicht üblicherweise eine Gegenüberstellung der nachfolgenden Kennzahlen aus. Die dafür notwendigen, aktuellen Daten müssen jedoch häufig in aufwändiger Kleinarbeit zusammengetragen werden (z.B. Auswertungen aus Rapportierungssystemen, Aussagen von Projektmitarbeitern, usw.). Dafür müssen die Plan- und Ist-Daten in kompatibler Form vorhanden sein:

- geplante und effektive Dauer,
- geplante und effektive Kosten,
- Erfüllungsgrad in %.

Eine Projektstandsbeurteilung mit Kostenkontrolle sollte in einem vorab bestimmten Rhythmus erfolgen. Die Intervalle sollen der gesamten Projektdauer angepasst werden (wöchentlich, monatlich, usw.). Es ist dabei nicht immer einfach abzuschätzen, ob die aufgelaufenen Kosten den tatsächlich erbrachten Leistungen entsprechen.

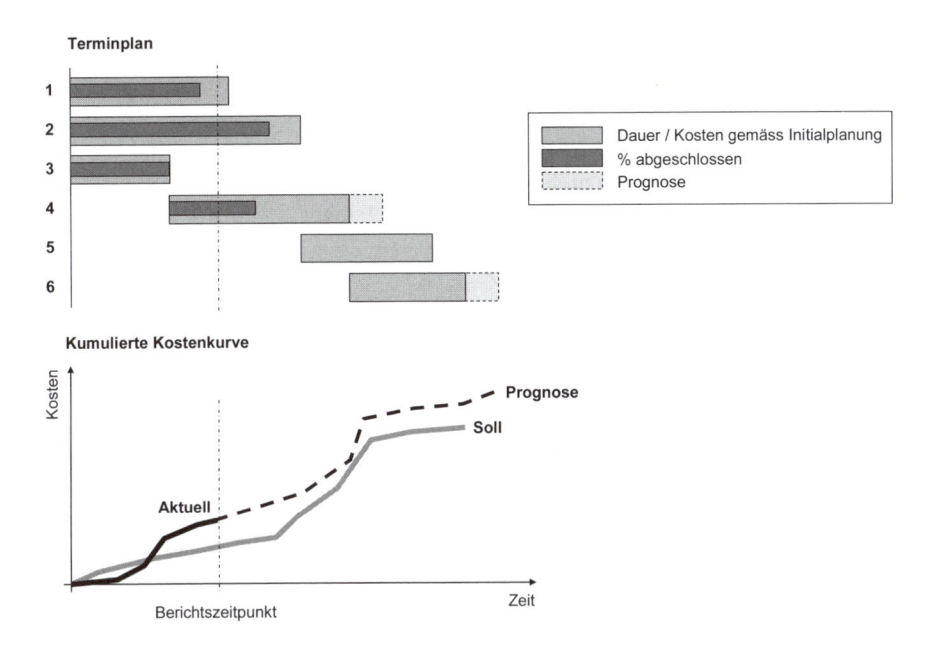

Abbildung III-44: Projektstandsbeurteilung und Kostenkontrolle

Generell gelten folgende Voraussetzungen für eine wirksame Kostenkontrolle:

- transparente Kostenplanung,
- rasche Verfügbarkeit des Kostenstandes,
- periodische Überprüfung der prognostizierten Endkosten.

Erfolgen während des Projektes wesentliche Änderungen der Aufgabenstellung oder liegen grosse Abweichungen zwischen den Plan- und Ist-Werten vor, ist die ursprüngliche Planung zu überarbeiten. Für die verbleibenden oder noch nicht abgeschlossenen Tätigkeiten wird die restliche Dauer (time-to-complete) und die zu erwartenden Restkosten (cost-to-complete) ermittelt.

4.2.2 Ressourcenkontrolle

Der Personaleinsatz ist schwierig zu planen und noch schwieriger durchzusetzen. Standen am Projektanfang keine Erfahrungswerte zur Verfügung oder wurden unrealistische Aufwandschätzungen gemacht oder wurde von falschen Voraussetzungen und Annahmen ausgegangen, dann können grosse Differenzen entstehen.

Erschwert wird in der Praxis das Problem dadurch, dass die geplanten Ressourcen meist nicht zum vereinbarten Zeitpunkt oder dem vereinbarten Zeitraum zur Verfügung stehen. Mögliche Ursachen sind:

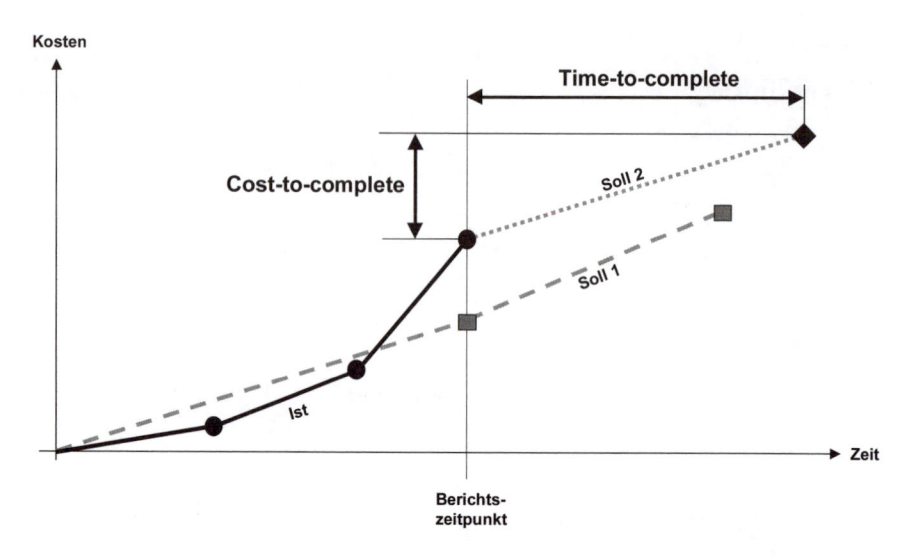

Abbildung III-45: Time-to-complete und Cost-to-complete

- Die Projektmanagementphilosophie hat sich im Unternehmen nicht etabliert.
- Die Projektleitung wird vom Management nur halbherzig unterstützt.
- Die Führungskräfte haben keinen Überblick über die von ihnen zugesagten Ressourcen oder halten sich nicht an die vereinbarten Abmachungen.
- Es wurden wesentlich mehr Projekte gestartet als Ressourcen für deren Bearbeitung verfügbar sind.
- Es gibt keine oder nur eine ungenügende Einsatzplanung und Koordination der verfügbaren Ressourcen.
- Projekte werden nicht zentral überwacht und priorisiert.

4.3 Projektbeurteilung

Im Normalfall werden die wichtigsten Teilschritte (Meilensteine) eines Projektes bereits im Projektauftrag vereinbart. Meilensteine sind besonders geeignet für eine Projektbeurteilung, weil zu diesem Zeitpunkt klar abgegrenzte Arbeitspakete vollständig erfüllt sein müssen.

Meilensteinsitzungen ermöglichen eine kritische Standortbestimmung (Review) über das bereits Geleistete und das noch Bevorstehende und den Reifegrad der vorliegenden Zwischenresultate. Zusammen mit dem Auftraggeber bzw. dem Projektausschuss muss die Projektleitung die folgenden Fragen verbindlich klären:

- Ist die Erreichung der Projektziele nach wie vor gewährleistet?
- Ist die Wirtschaftlichkeit des Vorhabens nach wie vor sichergestellt?
- Welche Risiken können das Projekt gefährden (inkl. Massnahmen)?
- Gelten die Annahmen noch oder sind neue Rahmenbedingungen aufgetaucht?
- Gibt es offene Probleme, die eine Weiterbearbeitung des Projektes verhindern?
- Wird die nächste Projektphase freigegeben? Mit welchen Auflagen?
- Soll das Projekt vorzeitig abgebrochen werden?

Am Ende der Sitzung sollte ein Protokoll mit allfälligen Auflagen, Verantwortlichen und Terminen erstellt und gegenseitig unterzeichnet werden.

4.3.1 Machbarkeit

In der Startphase des Projektes ist das Wissen über den Projektinhalt sowie die möglichen Lösungen gering, es steigt jedoch mit dem Projektfortschritt. Die Risiken sind am Projektanfang am grössten. Es ist ein erklärtes Anliegen, diese Risiken so rasch wie möglich und so weit wie möglich zu reduzieren.

Gehen die Anforderungen (Ziele) an die Grenzen des Möglichen oder ist das Mögliche nur ungenau bekannt (Technologiegrenze, politisch heikle Ziele), so ist es sinnvoll, vor der Durchführung des ganzen Projektes eine Vorstudie (Machbarkeitsstudie, Feasibility Study) durchzuführen. Sie klärt mit beschränktem Aufwand die kritischen Punkte, die über die Machbarkeit entscheiden, gezielt und detailliert ab.

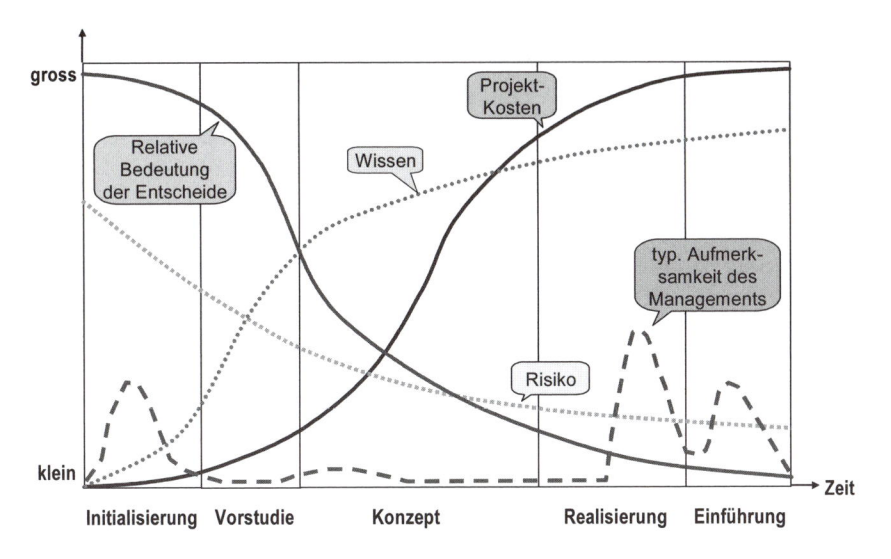

Abbildung III-46: Einflussmöglichkeiten im Projekt

Wenn sich zeigt, dass mit den heutigen oder erreichbaren Möglichkeiten eine Zielerreichung nicht realistisch ist, drängt sich schon nach diesem Meilenstein ein Projektabbruch auf, um zu vermeiden, dass wertvolle, limitierte Ressourcen für ein aussichtsloses Projekt eingesetzt werden.

4.3.2 Wirtschaftlichkeit

Der Projektantrag stellt die unmittelbare Entscheidungsbasis für die Bewilligung eines Projektes dar. Die zuständigen Entscheidungsträger müssen sich von der einfachen Frage leiten lassen: „Was kostet das Vorhaben – was bringt es?" Diese Frage muss im Laufe des ganzen Projektes regelmässig überprüft werden. Kann diese Frage nicht mehr eindeutig mit ja beantwortet werden, muss auch über einen vorzeitigen Projektabbruch diskutiert und letztlich entschieden werden.

Zur Berechnung der Wirtschaftlichkeit eines Vorhabens wird häufig eine einfache Kosten-/Nutzenanalyse durchgeführt (s. Teil IV, Abschn. 2.4). Bei komplexen Projekten werden in der Regel klassische Verfahren und Kennzahlen aus der Investitionsrechnung eingesetzt, z.B.:

- Rentabilitätsrechnung,
- Return on Investment (RoI),
- Kapitalwert-Methode,
- Break-even-Analyse,
- Dynamische Payback-Methode.

4.3.3 Risikomanagement

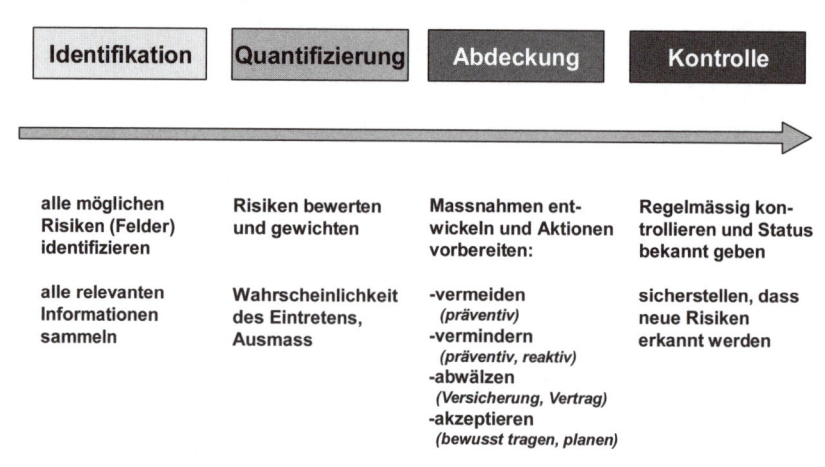

Identifikation	Quantifizierung	Abdeckung	Kontrolle
alle möglichen Risiken (Felder) identifizieren	Risiken bewerten und gewichten	Massnahmen entwickeln und Aktionen vorbereiten:	Regelmässig kontrollieren und Status bekannt geben
alle relevanten Informationen sammeln	Wahrscheinlichkeit des Eintretens, Ausmass	-vermeiden *(präventiv)* -vermindern *(präventiv, reaktiv)* -abwälzen *(Versicherung, Vertrag)* -akzeptieren *(bewusst tragen, planen)*	sicherstellen, dass neue Risiken erkannt werden

Abbildung III-47: Der Risikoprozess

Da in einem Projekt eine Vielzahl von nicht absehbaren Risiken auftauchen können, muss eine Beurteilungsmethode für potenzielle Projektrisiken etabliert werden. Je nach Projektphase können neue Risiken eintreten, für welche entsprechende Massnahmen entwickelt werden müssen. Dieser Risikoprozess muss im Laufe eines Projektes regelmässig überprüft und allenfalls erweitert werden.

1. Risiken analysieren

Für die Identifikation potenzieller Risiken stehen je nach Projektphase verschiedene Hilfsmittel zur Verfügung. Vielfach genügt eine Analyse des Projektumfeldes z.B. auf der Basis eines Kontextdiagramms, um eine erste grobe Risikoabschätzung durchzuführen. Es geht in erster Linie darum, die wichtigsten Risikokategorien zu identifizieren. Beispiele für Risikokategorien sind:

- methodische Risiken (Komplexität, Vorgehen),
- technologische Risiken (neue Produkte, Materialeigenschaften usw.),
- wirtschaftliche Risiken (Kostendach, Bonität der Geschäftspartner usw.),
- personelle Risiken (Krankheit, Kündigung usw.),
- politische Risiken (Änderung der Unternehmensstrategie, Gesetzgebung),
- Wettbewerbs- und Marktrisiken (Konkurrenzprodukt ist besser oder billiger),
- rechtliche Risiken (Produkthaftung, Verträge usw.),
- Umfeld-Risiken (Politik, Strategie, Wetter usw.).

Die Ergebnisse eines Projektes (Produkt, Dienstleistung) können ebenfalls ein Risiko für das Unternehmen darstellen, das Produktrisiko. Ein Produkt, das neu entwickelt wurde und auf den Markt gebracht wird, kann ein erhebliches finanzielles Risiko darstellen (Produkthaftung, Image). Weil die Ressourcen und Mittel beschränkt sind, können nicht alle möglichen vorbeugenden Massnahmen ergriffen werden, um alle möglichen Auswirkungen oder den materiellen bzw. immateriellen Schaden zu eliminieren.

2. Risiken quantifizieren

Um die Risiken zu beziffern stehen sowohl qualitative wie auch quantitative Methoden zur Verfügung. In diesem Schritt geht es primär darum, die „Höhe" des Risikos zu beschreiben. Aus den zwei folgenden Kenngrössen kann dann das Risiko quantitativ beschrieben werden:

Risiko = W * S   W = Wahrscheinlichkeit, dass Risiko auftaucht [in %]
S = Maximaler Schaden bei Eintritt des Risikos [€]

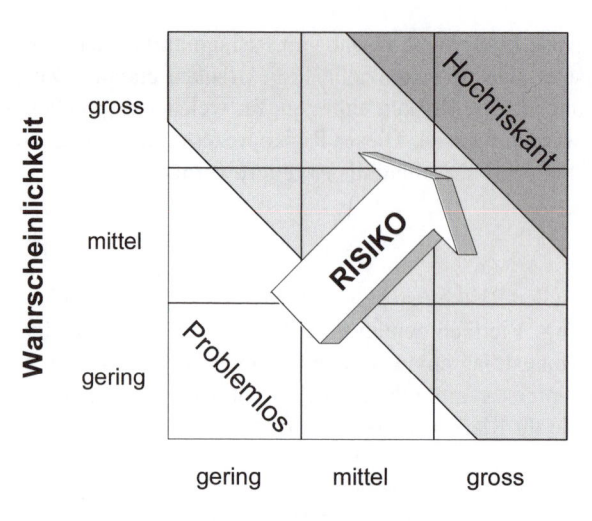

Abbildung III-48: Ausmass von Risiken

Mit der Sensitivitätsanalyse wird der Einfluss jeweils eines Parameters (z.B. Betrachtungsdauer, Zinssatz, jährliche Erträge usw.) auf den Variantenentscheid betrachtet. Dies kann mithelfen, heikle Annahmen bzw. kritische Parameter aufzuzeigen, um sie bei der Umsetzung intensiv überwachen zu können. Mit einer Simulation können mehrere Parameter in Form verschiedener Szenarien durchgespielt werden.

Risiken	Einschätzung vor Massnahme			Massnahmen		Einschätzung nach Massnahme			Entscheid
	W	T				W	T		
Zieländerungen des Auftraggebers	7	6	42	Klare Auftrags-formulierung	Änderungs-verfahren etablieren	3	5	15	ja
Ausfall des Lieferanten	3	9	27	Vertragliche Absicherung	Alternative Lieferanten einbinden	2	5	10	nur präventiv

Legende: W = Eintretenswahrscheinlichkeit
T = Tragweite

Abbildung III-49: Beispiel für eine Risikoabschätzung

Eine Methode, die dem Grundgedanken der Sensitivitätsanalyse nachgeht und sich in vielen Branchen und Unternehmen durchgesetzt hat, ist FMEA, die Fehlermöglichkeiten- und Einflussanalyse. In einigen Branchen wird sie obligatorisch eingesetzt für jedes System und jede Komponente die neu entsteht, auch von allen Zulieferanten (Automobilbau, Medizinaltechnik).

In anderen Branchen wurde diese Methode den unterschiedlichen Bedingungen angepasst, z.B. in der Nahrungsmittelbranche (HACCP, Hazard Analysis and Critical Control Points).

3. Risiken begegnen

Damit ein Projekt trotzdem durchgeführt werden kann bzw. das Risiko für das Unternehmen „tragbar" wird, sollen gezielte, vorbeugende Massnahmen entwickelt werden, welche das Risiko auf ein vertretbares Mass reduzieren. Bei der Entwicklung von Risikostrategien können die folgenden Fragestellungen hilfreich sein:

Vermeiden	Wie kann ein Risiko überhaupt vermieden bzw. eliminiert werden? → Lösungen entwickeln, welche das Risiko nicht enthalten
Vermindern	Wie kann ein Risiko vermindert bzw. reduziert werden? → Verbesserungspotenzial ausloten, Alternativ-Szenarien prüfen (z.B. Zweit-Lieferant)
Abwälzen	Wie kann ein Risiko auf andere abgewälzt werden? → Vertragsanpassungen (z.B. Gewährleistung einschränken), Versicherung, Konventionalstrafe vereinbaren
Bewusst tragen	Wie kann ein Risiko getragen werden? → Im Projektplan, Budget vorsehen, Rückstellungen bilden, dokumentieren & kommunizieren (Kunde, Entscheidungsträger)

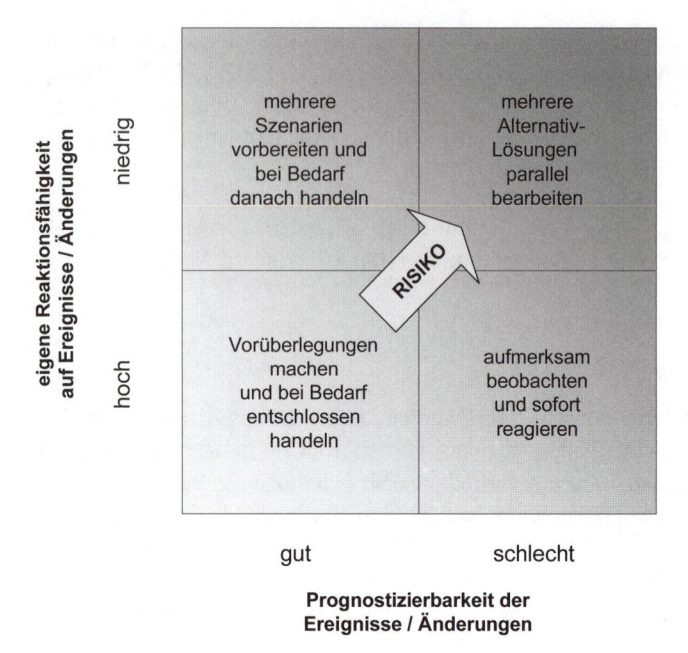

Abbildung III-50: Risikostrategien

Es gibt aber auch Risiken, die der Projektleiter nicht direkt beeinflussen kann, z.B. Änderungen oder Ereignisse, die von aussen auf sein Projekt zukommen. Abhängig davon, wie gut oder schlecht er die Ereignisse voraussehen kann und abhängig davon, wie schnell oder langsam er auf eine neue Situation reagieren kann, setzt er unterschiedliche Strategien ein:

- aufmerksam beobachten und rasch handeln z.B. vorübergehend kürzere Kontrollzyklen einführen, Überprüfen des kritischen Pfades,
- Handlungsalternativen als Szenarien rechtzeitig vorbereiten und in der Schublade bereit halten, um sie bei Eintreten des Ereignisses sofort umzusetzen,
- mehrere Alternativlösungen parallel bearbeiten, damit ein Ersatz sofort verfügbar ist (Redundanz). Der Aufwand steigt im Verlauf eines Projektes stark und ist nur bei grossen Konsequenzen gerechtfertigt.

4.4 Berichtswesen (Reporting)

Die Berichterstattung an alle Anspruchsgruppen des Projektes gehört wahrscheinlich zu den wichtigsten und gleichzeitig weniger beliebten Aufgaben des Projektleiters. Ein regelmässiger Austausch der Zwischenergebnisse mit den verantwortlichen Stellen und Entscheidungsträgern stellt sicher, dass das Projekt auf Managementebene bekannt ist und der Projektleiter im Problemfall rasch auf die entsprechende Unterstützung zählen kann. Fälschlicherweise wird das Reporting häufig als „Schikane" für den Projektleiter angesehen, dabei ist es das ideale Instrument um Auftraggeber und Entscheidungsgremien ins Projekt einzubinden.

In einem Statusbericht (Fortschrittsbericht) zuhanden der Entscheidungsträger (Kunde, Auftraggeber, Projektausschuss, usw.) sollen in regelmässigen Abständen (häufig im Monatsrhythmus) folgende Aussagen gemacht werden können:

- Welche Arbeiten bzw. Arbeitspakete wurden gestartet bzw. abgeschlossen?
- Plan/Ist-Vergleich bezüglich Zeit, Kosten und Ressourcen.
- Können die noch verbleibenden Meilensteine mit allen Ergebnissen wie geplant erreicht werden?
- Welche Probleme sind seit dem letzten Statusbericht aufgetaucht?
- Welche Massnahmen wurden getroffen? Wer löst bis wann das Problem?
- Welche Risiken wurden in der Zwischenzeit neu identifiziert?
- Wo ist Managementunterstützung notwendig?

4.5 Projektsteuerung

Ein Projekt muss situativ und flexibel geführt werden können. Projekte und die dabei auftauchenden Probleme sind so unterschiedlich und vielschichtig, dass es keine allgemeingültige Zauberformel für die Projektsteuerung gibt. Aufgrund der Ergebnisse der Projektkontrolle müssen Massnahmen für die steuernde Einflussnahme auf den Projektverlauf definiert werden.

Die Aufgaben des Projektleiters sind:

- vereinbarte Projektkennzahlen aktualisieren und überwachen,
- Projektplan zur Erreichung des ursprünglichen Projektziels aktualisieren,
- Alternativ-Szenarien bei Abweichungen vom Projektplan erarbeiten,
- zusätzliche Ressourcen und Finanzmittel anfordern,
- Aufgabenstellungen der Projektmitarbeiter verändern,
- Unteraufträge vergeben,
- mit dem Auftraggeber verhandeln,
- Beschlüsse des Projektausschusses umsetzen,
- Projektreviews und Projektaudits beantragen,
- Projektabbruch beantragen.

Die Aufgaben des Projektausschusses sind:

- zusätzliche Finanzmittel bewilligen oder ablehnen,
- zusätzliche Ressourcen (aus der Linie) bewilligen und durchsetzen,
- Freigabe für die nächste Projektphase erteilen,
- über den Abbruch von Projekten entscheiden,
- Projekt-Prioritäten ändern.

4.5.1 Das Magische Dreieck

Das „Magische Dreieck" wird im Projektmanagement dazu verwendet, die gegenseitige Abhängigkeit der Einflussfaktoren „Projektziele", „Kosten" und „Zeit" darzustellen. Keine dieser Faktoren kann verändert werden, ohne dass dies einen Einfluss auf die anderen zwei Faktoren hätte. Zudem sind sie die entscheidenden Verhandlungsgrössen, welche mit dem Auftraggeber bzw. Kunden möglichst detailliert formuliert und verabschiedet werden müssen.

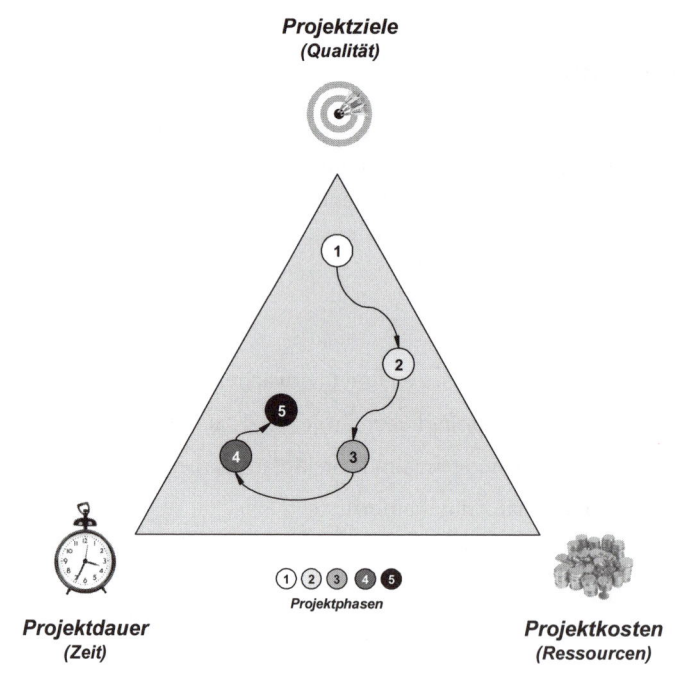

Abbildung III-51: Das magische Dreieck

- Projektziele: gewünschte Ergebnisse aus dem Projekt: Umfang, Qualität, Funktionalität, Komfort, Service Levels, …
- Projektdauer: gewünschter Zeitraum für die Erreichung der vereinbarten Projektziele
- Projektkosten: Kosten inkl. Arbeitsleistung und andere Ressourcen, die maximal dafür eingesetzt werden können

Diese drei Inhalte werden an die Ecken eines gleichseitigen Dreieckes gesetzt und bilden damit das Symbol des Projektmanagements. Es soll vermitteln, dass Ziel, Dauer und Aufwand eines Projektes nicht unabhängig voneinander variiert werden können. Manchmal wird auch den Verbindungslinien eine Bedeutung zugeordnet: Zwischen Ziel und Aufwand steht die Rentabilität, zwischen Ziel und Dauer die Effektivität und zwischen Aufwand und Dauer die Produktivität.

Es ist zudem wichtig, vom Auftraggeber eine Gewichtung dieser drei Dimensionen zu verlangen. Verschiedene Strategien führen zu unterschiedlicher Gewichtung. z.B.:

Best-in-Market

Höchste Priorität hat die Maximierung von Qualität bzw. Funktionalität. Durch diese „Attraktion" sollen am Markt möglichst viele neue Kunden angesprochen werden.

Time-to-Market

Höchste Priorität hat eine minimale Projektdauer, um so rasch wie möglich am Markt auftreten zu können (z.B. Produktentwicklung). Kosten und Qualität sind von eher untergeordneter Bedeutung.

Design-to-Cost

Höchste Priorität hat das Kostenziel, d.h. wie viel das erarbeitete Resultat kosten darf. Der Projektleiter bricht das Kostenziel herunter auf kleinere Einheiten und überwacht diese Teilkostenziele (auch „target costing").

4.5.2 Das 90%-Syndrom

Schon relativ bald nachdem das Projekt so richtig in Gang gekommen ist, glauben einige Projektbeteiligte, dass ja eigentlich schon ein Grossteil der Projektarbeit erledigt ist (90%). Dieses Phänomen tritt auf, weil sich bereits einige realisierbare Lösungsideen abzeichnen. Unterschätzt werden allerdings die Hindernisse und noch nicht bekannten Probleme, welche dann in der Realisierungsphase auftauchen. Diese Aufwandschätzung wird typischerweise in der ersten Hälfte des Projektes sehr optimistisch abgehandelt und erfordert meist eine massive Korrektur in der zweiten Hälfte.

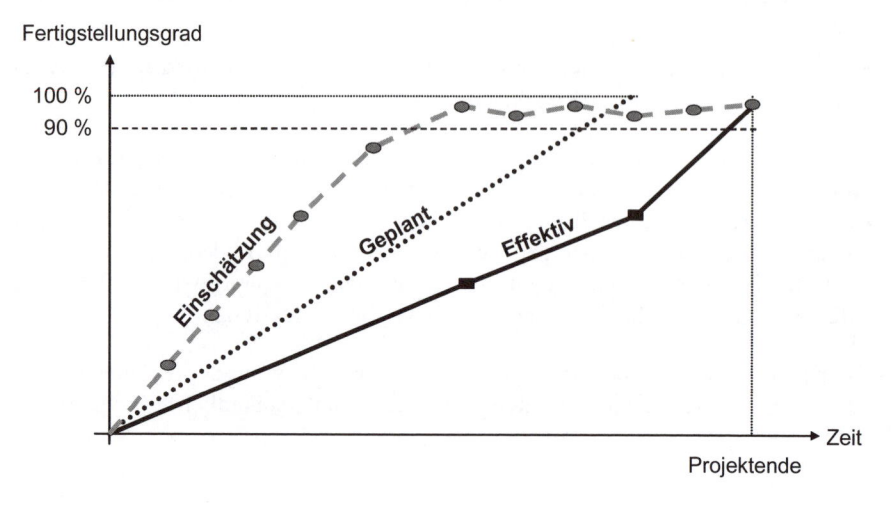

Abbildung III-52: 90%-Syndrom

Um das 90%-Syndrom zu vermeiden sind objektive Kontrollmethoden erforderlich. Die sichersten Aussagen liefert die 0/100-Methode, die eine Tätigkeit erst nach vollständiger Erledigung gelten lässt. Aufwändigere Verfahren erfordern die Definition einer Metrik für die laufend erbrachten Ergebnisse in Relation zum geplanten Endergebnis (z.B. 50/50-Methode).

Einige vorbeugende Massnahmen für eine effiziente Projektsteuerung sind:

- klar verständlich und messbar formulierte Ziele;
- situativ flexible und rollende Projektplanung;
- anlässlich periodischer Koordinationssitzungen des Projektteams kann die aktuelle Situation geklärt, zu erwartende Schwierigkeiten besprochen, vorbeugende Massnahmen vereinbart und Entscheidungen getroffen werden;
- Ergänzungen oder Änderungen an Detailzielen sind umgehend durch den Auftraggeber schriftlich zu bestätigen lassen;
- konsequentes Fällen von verbindlichen Entscheiden seitens des Auftraggebers;
- periodische Teamsitzungen;
- Kontext- bzw. Umfeldanalyse;
- Reviews und Meilensteinsitzungen.

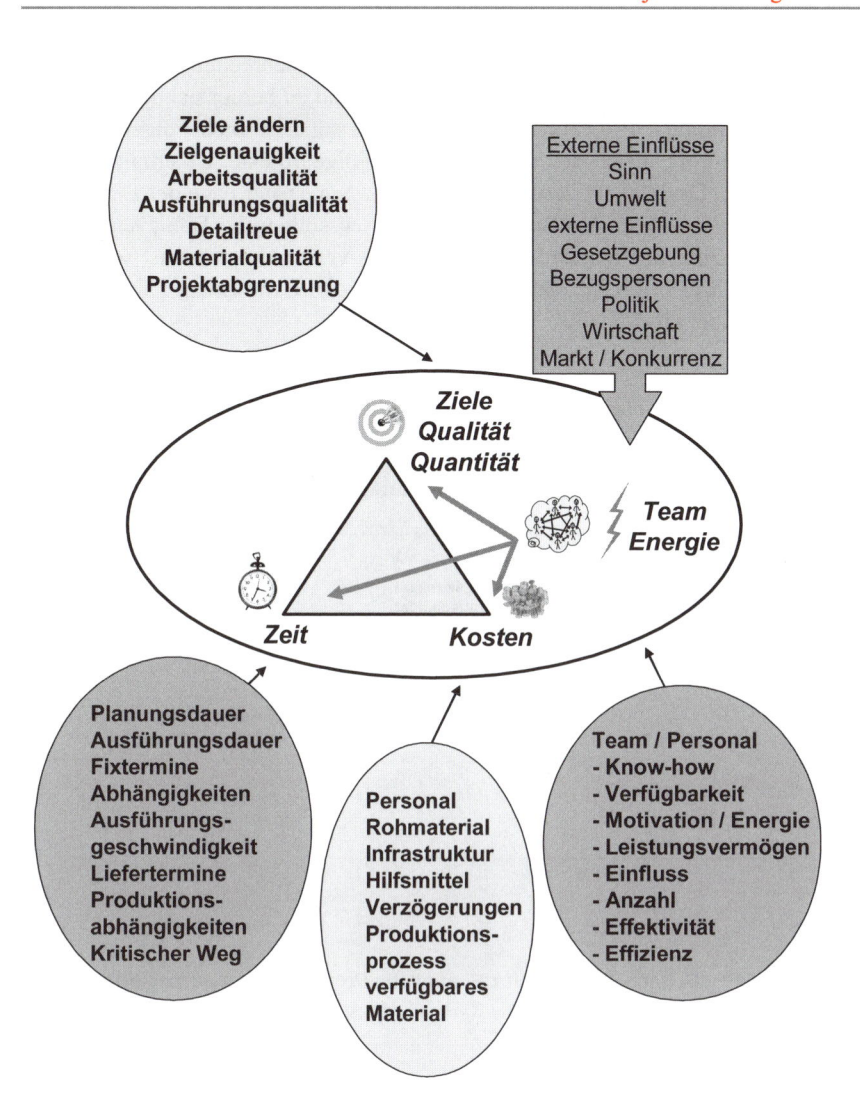

Abbildung III-53: Projektsteuerung unter internen und externen Einflüssen

4.5.3 Kostentransparenz und realistische Beurteilung der wirtschaftlichen Projektsituation

Damit notwendige Projektsteuerungsmassnahmen zweckmässig und angemessen sein können, braucht es eine zuverlässige Beurteilung der Projektsituation. Neben dem Projektfortschritt und dem Ressourceneinsatz muss die Kostensituation aktuell, vollständig und realistisch beurteilt werden. Dies ist wichtig bei der Planung und der Realisierung.

Bei der Planung und den Projektanträgen ist die Vollkostenrechnung anzuwenden, d.h. sowohl die internen wie die externen Kosten sind zu berücksichtigen. Es sind nicht nur die direkten Projektkosten aufzuführen, sondern auch Folgekosten die durch dieses Projekt ausgelöst werden (Betrieb, Folgeprojekte, Unterhalt, Ausserbetriebsetzung). Das Projekt verursacht Einmalkosten, später nach der Einführung entstehen Betriebskosten. Als Beurteilungskriterien sollten die Life-cycle-Kosten (Summe aus Einmalkosten und Betriebskosten) verwendet werden, sofern der Auftraggeber dafür offen ist. Für eine Optimierung wird die Break-Even-Analyse eingesetzt (s. Abb. III-42).

Schätzgenauigkeit steigt mit der Erfahrung und dem Wissen über das Projekt

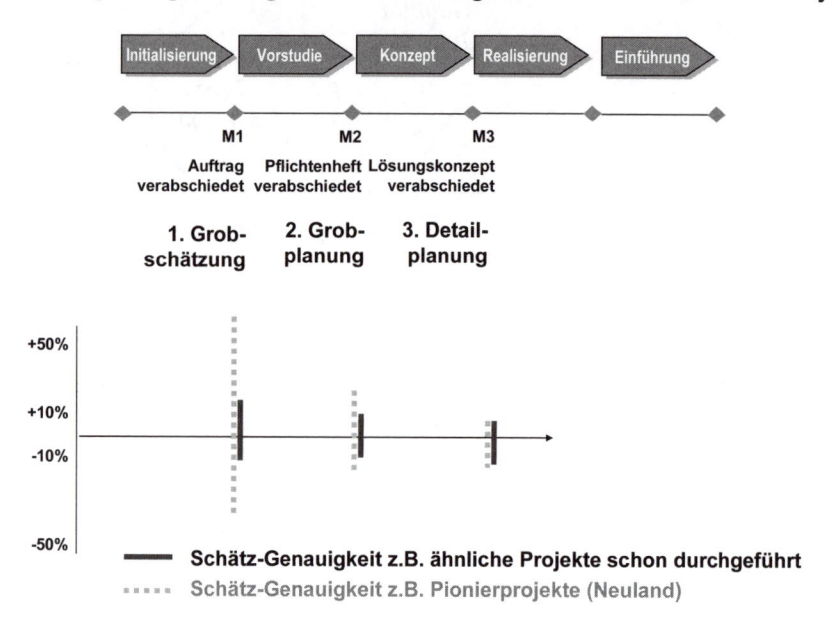

Abbildung III-54: Schätzgenauigkeit

Bei Projektbeginn oder für ein Fixpreisangebot werden die Projektkosten nach bestem Wissen und Gewissen geplant. Bedingt durch die Marksituation oder aus Auslastungsgründen kann es sein, dass die Geschäftsleitung einen Auftrag zu einem nicht kostendeckenden Verkaufspreis unterschreibt. Das ist ein unternehmerischer Entscheid. Die Verantwortung des Projektleiters wird trotzdem gemessen an den Werten der Planung. Jede Planung beinhaltet Unsicherheit, z. B. verändern Einflüsse von Aussen das Resultat oder Managemententscheide werden verzögert. Der Projektleiter stellt diese Situation so realistisch wie möglich dar, zeigt die Alternativen in Form von Szenarien auf, quantifiziert die Planungsunsicherheit und zeigt die Konsequenzen, wenn ein Entscheid nicht wie geplant getroffen wird.

Bei der Planung und der Kontrolle sind alle Kosten und Kostenarten zu erfassen und zu unterscheiden: Arbeiten für verschiedene Arbeitspakete, Investitionen, externe Aufträge, Änderungsaufwand, Arbeiten unter Kulanz u.a. Es soll definiert werden von welchen Kostenarten am Projektende Kennzahlen zu erstellen sind, um Erfahrungswerte aufzubauen, wie viel wir geplant haben und wie viel wir tatsächlich gebraucht haben.

Es kann nicht detaillierter kontrolliert werden, als geplant wurde. Darum muss der Projektleiter schon bei der Planung überlegen, was er wie detailliert kontrollieren will. Die Arbeitspaketstruktur beim Controlling muss übereinstimmen mit der Arbeitspaketstruktur der Initialplanung. Wenn zu grosse Diskrepanzen durch Änderungen aufgetreten sind, ist eine Neustrukturierung und Neuplanung notwendig. Welche Istwerte erfasst werden sollen, sind bei Projektbeginn im Finanzüberwachungssystem (z.B. SAP) einzugeben.

Bei der Initialplanung entstehen „Planwerte", bei der Projektkontrolle „Istwerte". Für die Geschäftsleitung ist nicht primär die arithmetische Differenz wichtig, sondern die von den Fachspezialisten abgeschätzten „Prognosewerte" aus momentaner Sicht und in Kenntnis der tatsächlichen Projektsituation. Wenn Abweichungen von den erwarteten Werten bekannt werden, sollten die Verantwortlichen den Auftraggeber bzw. die Geschäftsleitung rasch informieren.

Die erfassten Istwerte sind so realistisch wie möglich zu erfassen, ausgelöste Bestellungen sind ab dem Zeitpunkt zu erfassen und die Folgekosten von getroffenen Entscheiden sind auch schon zu berücksichtigen. Änderungen im Projekt sind unvermeidbar. Der Projektleiter sollte aber dafür sorgen, dass Mehraufwand und Kosten durch Änderungen nachvollziehbar erfasst werden, als Argumentation mit dem Auftraggeber oder bei Forderungen von Kunden und Lieferanten (Nachforderungsmanagement).

Wenn ein Projekt abgeschlossen ist, wird das Projektteam aufgelöst. Ob die Einsparungsziele nach der Einführung tatsächlich erreicht werden, zeigt sich meist erst später. Darum sollte ein Zeitpunkt festgelegt werden, an dem der Projektleiter zusätzlich zur Resultatbeurteilung auch eine Nachkalkulation veranlasst und Ergebnisse dem Auftraggeber und den ehemaligen Teammitgliedern kommuniziert.

4.6 Projektänderungen

Projekte stehen in einem stark vernetzten und dynamischen Umfeld: Jederzeit können Ereignisse eintreten, die auf das Projekt grössere Auswirkungen haben.

Projekt-externe Ereignisse oder Einflussfaktoren wie rasche Veränderungen des Marktes, neue Gesetze, neue Mitbewerber usw. sind jedoch schwierig zu kontrollieren. Sie treten meist kurzfristig und überraschend auf.

Projekt-intern bedingte Ereignisse oder Einflussfaktoren sind in der Regel voraussehbar, da das Projekt unter eigener Kontrolle steht und somit die Entwicklungen verfolgbar sind.

Jedes voraussehbare oder eingetretene Ereignis ist hinsichtlich seiner Auswirkungen auf das Projekt, vom Projektleiter zu untersuchen, insbesondere Auswirkungen auf Leistungs-, Termin- und Kostenziele.

Auswirkungen auf inhaltliche und organisatorische Änderungen sind in der Regel einfacher zu lösen als zwischenmenschliche Aspekte. Damit Projektleitung und Projektteammitglieder auch mit diesen umgehen können, brauchen sie besondere Kenntnisse und Fähigkeiten.

4.6.1 Konfigurationsmanagement

Bei komplexen Produkten aber auch Dienstleistungen, an denen während ihres Lebenszyklus' Änderungen vorgenommen werden oder die in verschiedenen Versionen und Varianten existieren, ist es für die Projektleitung wichtig, den Überblick über sämtliche Änderungen bzw. Produktversionen zu behalten.

Häufige auftauchende Probleme sind:

- Konsistenzprobleme: Programme, Baugruppen, Module, usw. in verschiedenen Zuständen und Versionen,
- Änderungsprobleme: Korrekturen am Produkt oder an Teilen,
- Lebensdauerproblem: wechselnde Bearbeiter im Laufe des Projektes und Produktlebenszyklus'.

Das Konfigurationsmanagement (Configuration Management) umfasst alle technischen, organisatorischen und beschlussfassenden Massnahmen und Strukturen, die sich mit der Konfiguration eines Produkts befassen. Es bildet damit die Verbindung zwischen dem Produktportfolio und dem Projektportfolio eines Unternehmens, zumindest im Bereich der Produktentwicklungsprojekte. Ausserhalb des Projektmanagements wird das Konfigurationsmanagement in der Regel dem Qualitätsmanagement zugeordnet.

4.6.2 Änderungsmanagement

Das Änderungsmanagement (Change Request Management) umfasst die Organisation, Verwaltung und Abwicklung von Änderungsanforderungen (Projektziele und -prozesse) während des Projektablaufs. Es ist deutlich abzugrenzen gegenüber dem allgemeinen Änderungsmanagement und dem systemischen Veränderungsmanagement.

Projektänderungen können entstehen durch:

- Kundenwünsche, Kundenbeanstandungen,
- Entwicklungsfehler,
- nicht mehr lieferbare Komponenten oder Materialien,
- geänderte Vorschriften,
- allgemeine Produktverbesserungen,
- Verbesserung der Wirtschaftlichkeit.

Änderungen sollen abhängig von ihrer Wichtigkeit und Dringlichkeit (ist sie umsetzbar, ist sie notwendig, welches Risiko, welchen Nutzen, welchen Aufwand) gehandhabt, in einer To-do-Liste zusammengefasst und gemeinsam in Versionen bearbeitet und freigegeben werden.

Die Folgekosten müssen für das Unternehmen verkraftbar sein. Deshalb müssen Änderungen auch unter wirtschaftlichen Gesichtspunkten beurteilt und entschieden werden. Bei Kundenprojekten muss geklärt werden, ob die Änderung unter Kulanz erfolgt oder als zusätzliche Forderung behandelt werden muss.

In vielen Unternehmen mit hohem Entwicklungsanteil ist der Change Request Management Prozess zwingend vorgeschrieben. Für das Change Request Management ist der Projektleiter verpflichtet, das Gremium zu nutzen, das sämtliche grösseren Änderungsbegehren freigibt. Ist kein Änderungsprozess installiert, sorgt der Projektleiter dafür, dass eine Entscheidungsinstanz und die Verantwortlichkeiten definiert sind. In diesem Expertenteam sollen die relevanten Anspruchsgruppen vertreten sein. In der Praxis liegt es in der Kompetenz des Projektleiters zu entscheiden, ob ein Änderungsantrag in Kulanz oder gegen zusätzliche Rechnung abgewickelt wird.

Change Requests enthalten die folgenden Punkte:

- Art der Änderung,
- Gründe für den Änderungsantrag,
- von der Änderung betroffene Arbeitspakete,
- Auswirkungen auf Projektkosten, Dauer und andere Projektteile,
- Auswirkungen einer Rückweisung des Änderungsantrags,
- Auswirkungen auf die Sicherheit, neu entstehende Risiken,
- Bezüge zu früheren Änderungsanträgen, welche sich jetzt auswirken,
- für den Entscheid zuständige Instanz,
- Einwilligung des Kunden,
- Auftragserteilung (vom Design Change Request zum Design Change Order).

4.6.3 Nachforderungsmanagement

Wenn eine genehmigte Änderungsanforderung zusätzliche Kosten verursacht, das Projektergebnis geändert wird oder sich der Endtermin verschiebt, werden die benachteiligten Projektpartner in der Regel Nachforderungen (Claims) an die Verursacher stellen. Die Behandlung dieser Nachforderungen ist Bestandteil des Nachforderungsmanagements (Claim Management), das an der Schnittstelle zwischen Änderungsmanagement und Vertragswesen positioniert ist.

Die systematische Überwachung und Beurteilung von Abweichungen bzw. Änderungen sowie deren wirtschaftlichen Folgen ist in komplexen Vorhaben ein wichtiger Faktor für den Projekterfolg. Die Ermittlung von erbrachten Zusatzleistungen und den damit verbundenen Ansprüchen dient als Basis für deren Abgeltung. Es ist die Aufgabe des Projektleiters für angemessenen Ausgleich zwischen den Ansprüchen der Projektbeteiligten und dem optimalen Projektablauf zu sorgen.

Um dies zu erreichen, sollten bereits im Vertrag die Gewährleistungsansprüche und -fristen eindeutig geregelt und die Abnahme von Teilleistungen vereinbart werden. Im Vertrag ist deshalb festzuhalten, welche Faktoren nicht beeinflusst und aus denen somit keine Ansprüche geltend gemacht werden können. Das Thema Claim Management ist in Projekten besonders heikel, da in der Startphase selten glasklar festgelegt werden kann, was das Projekt zu leisten hat.

Es ist eine Kunst, im Projektvertrag die erwarteten Ergebnisse so eng zu fassen, dass alles, was darüber hinausgeht, als Zusatzleistung gewertet und entschädigt wird. Andererseits soll der Leistungsbezüger mit dem Vertrag Minderleistungen beweisen können. Das macht klar, dass die Dokumentation der Projektarbeit eine allfällige Beweisführung ermöglicht. Unterstützt durch ein projektbegleitendes Qualitätsmanagement können so Mängel rechtzeitig erkannt und ungerechtfertigte Nachforderungen eingeschränkt werden.

Statt sich aber auf juristische Spitzfindigkeiten verlassen zu wollen, ist im Sinne eines guten Images und langfristiger Zusammenarbeit ein partnerschaftliches Verhältnis zwischen Projektauftraggeber und Auftragnehmer aufzubauen.

4.7 Reviews als übergeordnetes Controlling

Reviews sind kritische Überprüfungen während und nach dem Projektverlauf. Es können mehrere Review-Arten unterschieden werden.

4 Projektcontrolling

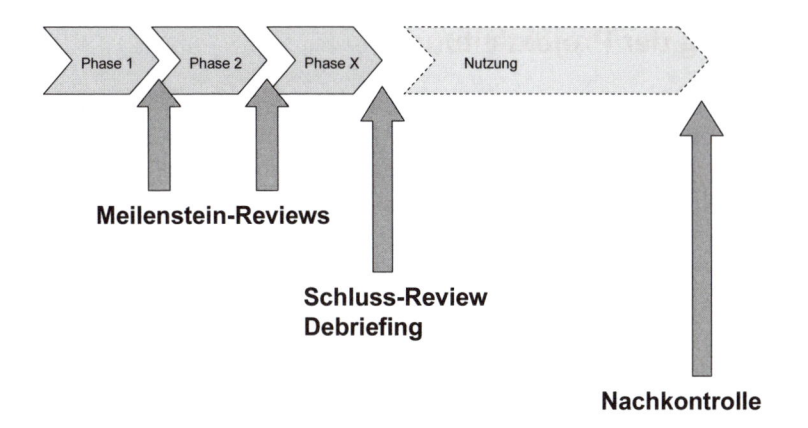

Abbildung III-55: Verschiedene Projekt-Reviews

Gegenstand der Reviews sind sowohl die erreichten Zwischenresultate bzw. das Gesamtergebnis als auch der Bearbeitungsprozess: genereller Vorgehensansatz, gewählte Methodik und Tools, Zusammenarbeit, Kommunikation, Zweckmässigkeit der Organisation, usw.

	Hauptsächliches Ziel	Mögliche Beteiligte
Meilenstein-Review	Steuerung des Projektprozesses Beurteilung der Erreichung der Phasenziele (Termine, Finanzen), der Ressourcen, der Vorgehensmethodik, der Projektorganisation, der Information, Kommunikation und Zusammenarbeit, Ableiten von Konsequenzen für das weitere Vorgehen der folgenden Phase	Projektleiter, Projektteam, Steuergruppe, Kunden, evtl. weitere Anspruchsgruppen
End-Review	Beurteilung der Projektzielerreichung, kritische Rückschau auf den Projektprozess, Ableiten von Lessons learned, d.h. von Massnahmen für das betriebliche Projektmanagement	Projektleiter, Projektteam, Steuergruppe, interner Auftraggeber, externe Moderation
Nachkontrolle	Beurteilen der langfristigen Zielerreichung und Projekt-Auswirkungen	Projektexternes Team

Abbildung III-56: Ziel und Beteiligte eines Projekt-Reviews

In der Regel wird die Möglichkeit der Reviews viel zu wenig benutzt, sei es für das laufende Phasencontrolling oder für die Auswertung des ganzen Projekts.

4.8 Coaching der Projektleitung

Hier geht es um die Unterstützung des Projektleiters für zukünftige Überlegungen in der Planung oder Umsetzung der nächsten Arbeitsschritte, Verhalten in kritischen Situationen und im Konflikthandling. Es sind aber auch Reflexionen sinnvoll um Reaktionen, Verhalten und Ergebnisse von vergangenen Situationen besser zu verstehen und zu analysieren Dies hilft einerseits eigene Enttäuschungen und Ängste zu verarbeiten, aber vor allem um zukünftige Situationen besser zu gestalten.

Entsprechend dem Modell der drei Ebenen (Beziehung, Inhalt und Organisation) macht es Sinn, wenn der Projektleiter überprüfen kann, ob er mit seinen Gestaltungs- und Führungsinterventionen

- auf der Beziehungsebene ein Klima von Akzeptanz und Vertrauen fördert,
- auf der Inhaltsebene wissens- und ergebnisorientiertes Arbeiten ermöglicht,
- auf der Organisationsebene Ordnung und günstige Strukturen gewährleistet.

Im Coaching ist deshalb darauf zu achten, den Projektleiter dahin zu unterstützen, dass er den Stand des Projektes richtig erfasst und erkennt, wo zur Zeit Risiken bestehen und Szenarien entwickelt für die weitere Prozessgestaltung, damit er proaktiv führt. Das Coaching eines Projektleiters ist oftmals recht schwierig, da es nur schwer möglich ist, sich in der Rolle eines Coaches im engeren Sinne zu verhalten. Vielmehr braucht der Coachee einen Gesprächspartner für die Strategieüberlegungen und Reflexion der bisherigen Ereignisse, für die Planung der nächsten Arbeitsschritte, das Konfliktmanagement, ebenso wie einen Lieferanten für Methoden, „Frustabhörer" und Rollenwächter.

Diese Vielschichtigkeit stellt auch einige Anforderungen an den Coach. So sollte er folgende Themen beherrschen:

- verschiedene arbeitstheoretische Ansätze wie Systems Engineering, Systemisches Denken, Simultaneous Engineering, Organisationsentwicklung, Veränderungsmanagement,
- Arbeitstechniken wie Zeitmanagement, Moderation, Krisenintervention,
- Besonderheiten der Dynamik von Projekten in Organisationen,
- Umgang mit Drucksituationen, welche die verschiedenen Interessensgruppen erzeugen.

Je mehr eigene Erfahrungen der Coach mitbringen kann, desto höher wird einerseits auch seine Akzeptanz beim Coachee sein und andererseits umso wichtiger ist es im Contracting zu klären welche Beratungsleistungen der Coachee haben will; Coaching im Sinne von Prozessberatung oder auch Expertenberatung zu Fach- und Methodenfragen.

Coaching soll freiwillig sein. Der Coachee sollte das Coaching wollen und es nicht als Zurechtweisung erleben. Es geht nicht darum in den Situationsschilderungen Fehler schönzureden oder etwas zu beschönigen um gut dazustehen.

Coaching ist keine Beurteilung im Sinne einer Prüfung, sondern eine Möglichkeit mit fremder Hilfe die Qualität der eigenen Arbeit zu prüfen und kritisch zu hinterfragen. Es hilft Risiken zu erkennen und zu qualifizieren, eigene und fremde Motivationen zu verstehen, seine Wahrnehmung mit der Aussensicht zu erweitern und vor allem mögliche Alternativen zu verschiedensten Problemen, die eine Projektleitung mit sich bringen kann, zu entwickeln.

4.9 Krisenmanagement

In jedem Projekt können Krisen entstehen. Eine Projektkrise ist eine Situation, in welcher der Projektfortschritt blockiert oder stark eingeschränkt und die Erreichung des Projektziels gefährdet ist. Eine Krise ist noch keine Katastrophe, welche das Projekt zum Scheitern bringt; in der Regel lässt sie sich managen.

Eine Krise kann sich schleichend entwickeln, kann aber auch unerwartet auftreten. Es gibt eine Reihe von Warnsignalen bzw. Indikatoren, für sich anbahnende Krisen, z.B. sich aufsummierende Kostenüberschreitungen, unfertige Teilergebnisse, fehlende Entscheidungen, schwindende Motivation und fehlendes Engagement der Projektbeteiligten, Hilfeschreie aus dem Projekt, usw. Krisen können – adäquat bearbeitet – für das laufende Projekt und für das Projektmanagement insgesamt sehr gewinnbringend sein.

Oft werden Krisen, etwa aus Angst vor Gesichtsverlust, möglichst „unter dem Deckel" gehalten, motten weiter, bis sie offen ausbrechen und eine Bearbeitung ohne grosse Verluste kaum mehr möglich ist. Krisen sind Ausnahmesituationen und brauchen daher ein spezielles Vorgehen und eine adäquate Organisation. Die Bearbeitung von Krisen erfolgt in verschiedenen Phasen.

Voraussetzung für eine frühzeitige Erkennung von sich abzeichnenden Krisen und für die Steuerung von entspr. Massnahmen ist ein sorgfältiges und periodisches Controlling. Dabei ist vor allem auf sich abzeichnende Tendenzen zu achten, z.B. wenn der vor sich hergeschobene Berg an Unerledigtem immer grösser wird, die Schere zwischen Terminen und Kosten sich stetig öffnet, usw. Aber auch ein sich entwickelnder Widerstand oder aufkommende Demotivation muss frühzeitig thematisiert werden. Oft wartet man zu lange im Glauben daran, dass die sich abzeichnenden Probleme immer noch gelöst werden können oder sich von selbst erledigen.

Krisenfeststellung, Krisendefinition	Wahrnehmung der Krise durch das Projektcontrolling. Entscheiden, ob die Situation als Krise definiert wird (evtl. mit Entscheidungsträger)
Krisenorganisation	Spezielle Organisation für die Krisenbewältigung: Auftraggeber, evtl. zusätzliche Vertreter des Top-Managements, Berater, Auditor usw. Information und Kommunikation beachten
evtl. Sofortmassnahmen treffen	Schadensbegrenzung
Massnahmen zur Bewältigung planen	Analyse der Krisensituation, Erstellung von Krisenszenarien, Planung von Massnahmen, z.B. neue Ressourcen, neue verbindliche Vereinbarungen, einen Projekt-Neustart, Spielregeln der Kommunikation, usw.
Krise beenden, Lessons learned	Krise bewusst beenden, in den „normalen" Prozess überführen, Krise auswerten und Erfahrungen sichern

Abbildung III-57: Ablauf einer Krisenbewältigung

Eine sehr wichtige, vorbeugende Massnahme ist das Risikomanagement. In der Regel wird das einfach nicht gemacht. Und wenn schon, dann liegengelassen und im laufenden Controlling kaum mehr thematisiert und aktualisiert. Ein sorgfältiges und konsequentes Risikomanagement ist die beste Krisenprävention.

5 Information, Kommunikation, Dokumentation

Information und Kommunikation finden in Projekten immer in irgendeiner Form statt. Die Frage ist dabei: „Läuft" sie zufällig, oder wird sie bewusst gestaltet? Im ersten Fall wird ein hohes Risiko eingegangen: Projektbeteiligte sind nicht mit den nötigen Informationen versorgt, der Zeitpunkt stimmt nicht, Dokumente werden nicht abgelegt, geschweige gefunden, Anspruchsgruppen fühlen sich nicht einbezogen und leisten Widerstand, usw.

Ein fehlendes Informations- und Kommunikationskonzept öffnet auch Tür und Tor für den Missbrauch: Informationen können aktiv zurückbehalten werden, oder es können Gerüchte in die Welt gesetzt werden, um das Projekt zu sabotieren. Ebenso wird ohne ein Konzept kaum Zeit und Geld (etwa für Software) für Kommunikation zur Verfügung gestellt.

Information und Kommunikation werden im Projekt und in der Linie unterschiedlich gehandhabt. In der Linienhierarchie wird über vordefinierte Berichtswege kommuniziert. In Projekten mit eher kleinen Teams, eignen sich direkte, möglichst kurze Informationswege besser. Sie erlauben eine flexible und rasche Entscheidungsfindung sowie eine bessere Koordination.

Nach wie vor wird Information und Kommunikation in Projekten als notwendiges Übel angesehen oder schlicht vergessen, denn zu sehr ist die Projektleitung oder das Projektteam mit den inhaltlichen Fragestellungen besetzt. Die Projektleitung sollte sich jedoch immer mehr bewusst werden, dass eine gute Information und Kommunikation ganz wesentlich zum Projekterfolg beiträgt, ja unabdingbar ist.

Kommunikation in der Linie
- Vertikal, bilateral
- Zentral gefiltert

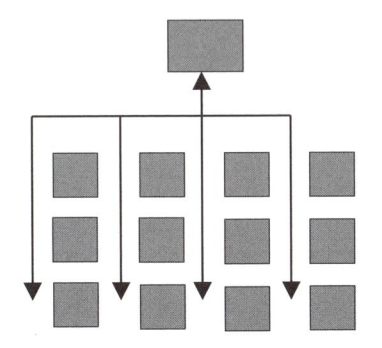

Kommunikation im Projekt
- Horizontal, simultan
- Austausch aller Standpunkte

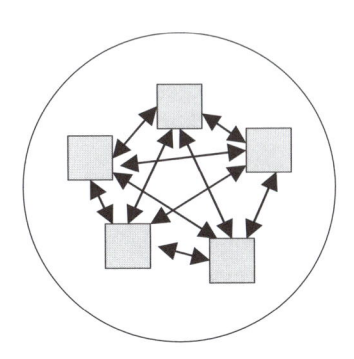

Abbildung III-58: Kommunikation in der Linie und im Projekt

5.1 Ziele der Information und Kommunikation

Unterschieden wird zwischen Information und Kommunikation nach innen, also im Kreis der Projektbeteiligten, und nach aussen, also zwischen Projekt und Benutzer, Kunden, Interessengruppen, Öffentlichkeit usw.

- **Nach innen:** Ein zielorientiertes Handeln erfordert für die Projektbeteiligten ein hohes Mass an Transparenz und umfassender Information. Die Fakten und Dokumente müssen für alle Teammitglieder zugänglich sein, z.B. Verträge, Pflichtenhefte, Terminpläne usw.
- **Nach aussen:** Während des Projektes gilt es vor allem, Vertrauen aufzubauen, Akzeptanz und Unterstützung zu erhalten. Gerüchte werden durch Fakten ersetzt und damit die negativen Einflüsse auf das Projekt reduziert.
- **Nachprojektphase:** In der Nutzungsphase müssen oft Betriebsinformationen sowie Projektdokumentationen zur Verfügung stehen.

5.2 Grundsätze der Information und Kommunikation

Üblicherweise wird zu wenig oder zu spät informiert. Gerade in heiklen Projekten merken die potenziellen Betroffenen sehr bald, dass „etwas läuft". Es entstehen dann oft Gerüchte, die verunsichernd wirken, diffuse Befürchtungen aufkommen lassen und dem Projekt sehr schaden können. Von da her empfiehlt es sich in den meisten Fällen, frühzeitig zu informieren. Natürlich kann zu diesem Zeitpunkt noch nichts über Resultate ausgesagt werden. Aber es kann informiert werden, was läuft, wer dran ist, was der Projektgegenstand, die Vision oder das Ziel ist, und wann ein erstes Ergebnis zu erwarten ist.

Das Projekt ist kein Glashaus: Es müssen gedankliche Experimente gemacht und Lösungsalternativen ausgeheckt werden können. Insofern muss das Projekt besonders in seiner Entwicklungsphase einen gewissen abgegrenzten Raum haben und Schutz bieten.

Es ist wichtig – sowohl im Projekt wie im Team – organisatorische wie zwischenmenschliche Spielregeln für Information und Kommunikation zu vereinbaren, z.B. im Rahmen des Kickoff-Meetings.

Man kann auch über Prozesse, nicht nur über Inhalte und Lösungen informieren. Terminverzögerungen und Schwierigkeiten können durchaus nach aussen transparent gemacht werden. Das fördert jedenfalls mehr das Vertrauen, als wenn immer nur in den positivsten Tönen oder gar nicht informiert wird.

Falsch aufbereitete Information kann mehr schaden als nützen. Empfänger haben meistens andere Interessenschwerpunkte, Fragen, Verständnisse oder „Brillen" als die Projektbeteiligten. Diese geben sich meistens kaum die Mühe, sie in die Lage der Kunden, Benutzer, Betroffenen usw. zu versetzen. Nicht von ungefähr engagieren grosse Projekte oft Kommunikationsbeauftragte, die eine gewisse Aussensicht haben und die Sprache und Interessen der Empfänger besser erkennen können. Projekte bringen Veränderungen, Ängste, Phantasien, Frust. Diese können über eine offene Kommunikation „verarbeitet" werden.

5.3 Umfang eines Informations- und Kommunikationssystems

Das ganze System der Projektinformation und -kommunikation kann wie folgt gegliedert werden:

- mündliche Kommunikation: z.B. Gespräche, Sitzungen, Problembearbeitungen und inhaltliche Zusammenarbeit an Workshops,
- Berichtswesen: Protokolle, Fortschrittsberichte, Änderungen usw.,
- Projekt-Dokumentation: Projekthandbuch (-Ordner), projektbezogene Ablagen,
- Projektmarketing: z.B. Lobbying, Vertrauen und Akzeptanz schaffen,
- Datenaustausch und Zusammenarbeit über Intranet oder Internet.

In einem Projekt müssen nicht alle Komponenten gleichwertig zum Tragen kommen. So kann in einem Forschungsprojekt das Tagebuch für fortlaufende Datenaufnahmen wichtig sein, währenddem kaum ein Marketing betrieben werden muss. Oder in einem Change-Projekt wird die mündliche Kommunikation sowie das Marketing wichtig, in einem IT-Projekt bekommt die Dokumentation wieder grössere Bedeutung.

Folgende Gedanken helfen, die Ziele der Informationsvermittlung zu überprüfen:

- Was gelingt im Projekt besser, mit den entsprechenden Informationen?
- Was würde nicht gelingen, wenn diese Informationen fehlen würden?
- Wer könnte das Projekt bei fehlender Information behindern oder verzögern?

Da das Kommunikationskonzept bei jedem Projekt praktisch immer wieder neu erfunden werden muss, lohnt es sich bei Standardprojekten, in Projektmanagementrichtlinien die entsprechenden Berichtswege, Checklisten, Dokumentationsprinzipien zu standardisieren und entsprechende Vorlagen zur Verfügung zu stellen, ähnlich wie dies im Linienablauf bereits vorhanden ist.

Die Gesamtheit der Information und Kommunikation kann in einer Kommunikationsmatrix dargestellt werden:

Charakteristik Informationsart	verantwortliche Berichterstatter	Verteiler / Teilnehmer	Termin / Frequenz	Bemerkungen
Verbale Informationen				
Projektstand (Präsentation)	Projektleiter	Steuergruppe & Fachbereich	nach Bedarf	Protokoll
Steuergruppen-Sitzung	Projektleiter	Steuergruppe	monatlich	Protokoll
Reviews	Projektleiter	Steuergruppe & Projektleiter	nach Bedarf	Protokoll
Projektbesprechung	Projektleiter	Projektteam	wöchentlich	Protokoll
Schriftliche Informationen				
Projektstatusbericht	Projektleiter	Steuergruppe	monatlich	
Zwischenbericht	Projektleiter	Steuergruppe	Meilenstein	
Abschlussbericht	Projektleiter	Steuergruppe & Fachbereich	Projektende	
Arbeitsbericht	Projektteam	Projektleiter	wöchentlich	

Abbildung III-59: Kommunikationsmatrix

Zur Erstellung der Kommunikationsmatrix können die so genannten „W-Fragen" hilfreich sein:

Wer ist der Absender, wer informiert? Oft kann es einen beträchtlichen Unterschied machen, ob die Projektleitung oder der CEO informiert!

Wen braucht es für das Projekt, wer sind die Empfänger?

Was ist der Gegenstand der Information? Welches Ziel wird damit verfolgt? Welches ist die Botschaft?

Wann und in welcher Periodizität wird informiert? Wird die Information angekündigt?

Wie wird informiert, in welcher Form, mit welchen Medien? z.B. Papier, Mail, Schwarzes Brett, Hauszeitung usw. Mit welcher Methode wird informiert? Wie soll Feedback eingeholt werden?

Wo und in welchem Rahmen soll die Information vermittelt, die Auseinandersetzung geführt werden?

Wie weit soll es zugänglich sein und als Arbeitsplattform der räumlich getrennten Projektmitarbeiter dienen, z.B. Homepage, Intranet?

5.4 Kommunikationspotenziale sichtbar machen

Die Fragestellung lautet hier: Mit welchem sozialen Kräftefeld ist das Projekt vernetzt?

Bereits in der Phase „Vorstudie" ist es mindestens für Innovationsprojekte sinnvoll, sich ein Bild darüber zu machen, welche Umwelten für das Projekt relevant sind und welche Beziehungen bestehen. Mit anderen Worten: wer das Projekt unterstützen oder ablehnen würde (wenn er davon wüsste), wer welche Erwartungen und Befürchtungen haben könnte. Es ist dies eine so genannte Projektumfeldanalyse. Daraus können gut Risiken, Informations- und Kommunikationsstrategien sowie organisatorische Einbindungen abgeleitet werden.

Eine Projektumfeldanalyse kann wie folgt erarbeitet werden:

- für das Projekt relevante interne und externe Anspruchsgruppen ermitteln. z.B. Auftraggeber, Projektleiter, Teammitglieder, bestimmte Abteilungen, Betriebskommission, Kunden, Lieferanten, Verbände, Öffentlichkeit usw.;
- Abhängigkeiten der Anspruchsgruppen zum Projekt auf einem Bild darstellen. Auch Querbeziehungen sind wichtig. Die Analyse soll auch die Qualität der Beziehungen aufzeigen, z.B. der Auftraggeber steht mit dem Entwicklungsleiter auf Kriegsfuss;
- Annahmen treffen, welche Interessen, Erwartungen oder Befürchtungen die einzelnen Anspruchsgruppen haben könnten. z.B. für wen ist das Projekt von existenzieller Bedeutung?
- Wer ist legitimiert, auf das Projekt Einfluss zu nehmen? Welche Gefühle sind allenfalls vorhanden?
- Risiken- und Chancen abwägen. z.B. wer unterstützt möglicherweise das Projekt nur bedingt?
- Wer hat gar kein Interesse am Gelingen oder entwickelt allenfalls sogar bewusst Widerstand?
- Wo ist die offizielle bzw. die inoffizielle Entscheidungsmacht?

Aus dieser Analyse lassen sich Massnahmen für die Projektorganisation, für die Kommunikation, für die Risikoanalyse und vor allem auch für die „Beziehungspflege" ableiten, z.B.: Wer soll wann informiert werden? Mit wem muss der Auftraggeber einmal ein informelles Gespräch führen?

Auch im Hinblick auf die Phasen „Konzept" und „Realisierung" ist es möglicherweise sinnvoll, bereits in der Vorstudie ein Informations- und Kommunikationskonzept vorzuschlagen.

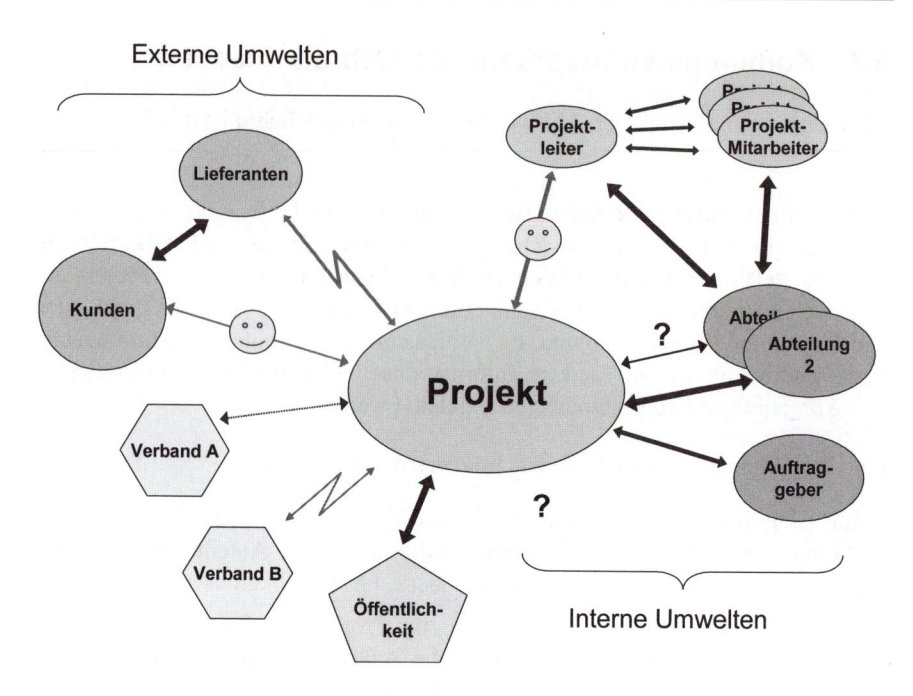

Abbildung III-60: Projektumfeldanalyse

5.5 Mündliche Kommunikation

Die mündliche Kommunikation, also diejenige von Angesicht zu Angesicht (face-to-face), ist in der Zusammenarbeit wohl immer noch die effektivste Art. Sie umfasst Wort, Bild, nonverbale Kommunikation, sofortiger Feedback, soziale Integration. Alle anderen Kommunikationsformen, also Telefon, Videokonferenz und E-Mail umfassen nur einzelne dieser Formen. Gerade bei Startsitzungen, emotionsgeladenen Situationen, Konfliktregelungen oder Reflexionsrunden sind diese zusätzlichen Kommunikationsformen sehr wichtig, da sie nicht nur Missverständnisse reduzieren, sondern viel präziser sind.

Der Nachteil der mündlichen Kommunikation ist, dass die Gesprächspartner gleichzeitig an einem bestimmten Ort sein müssen. Standardprojekte mit eingespielten Teams können sich daher einen weit grösseren Anteil an telefonischer oder schriftlicher Kommunikation leisten als etwa völlig neuartige Projekte mit interkulturell zusammengesetzten Teams oder grossen geografischen Distanzen. Die „Face-to-Face"-Kommunikation wird daher nie völlig durch elektronische Kommunikation ersetzt werden können.

Medium \ Ausdrucksform	Wort	Bild Zeichnung	Stimme Betonung	Unmittelbar Feedback	Nonverbale Körpersprache	Rahmen Kontext	Touch
Face to Face	■	■	■	■	■	■	■
Videokonferenz	■	■	■	■	bedingt	bedingt	□
Telefon	■	□	■	■	□	□	□
E-Mail	■	■	□	□	□	□	□
WEB-basierte PM-Plattform	■	■	□	bedingt	□	□	□

■ Hier ist die entsprechende Ausdrucksform gut möglich
▨ Hier ist die entsprechende Ausdrucksform erschwert möglich
□ Hier ist die entsprechende Ausdrucksform nicht möglich

Abbildung III-61: Kommunikationsarten und -ebenen (W. Sumetzberger, 2003)

In der mündlichen Kommunikation können wir zwischen formeller und informeller Kommunikation unterscheiden:

Formelle Kommunikation

- Workshops, d.h. jede Art von Arbeits-Workshops für den Projektstart, für Analyseauswertungen, Zielsetzungen, Erarbeitung von Konzepten usw.,
- Präsentationen,
- Steuergruppensitzungen,
- Entscheidungssitzungen,
- Koordinationssitzungen,
- Reviews.

Für den Erfolg all dieser Sitzungen und Workshops (s. Teil IV, Abschn. 1.3–1.4) ist die gute Vorbereitung wesentlich. Sitzungen und Workshops sind sehr zeitaufwändig und teuer. Sie müssen daher effektiv gestaltet und durchgeführt werden. Gute Vorbereitung heisst z.B.:

- Zielsetzung der Veranstaltung überlegen: Was wollen wir am Ende der Sitzung, des Workshops usw. erreicht haben?
- Ablauf entwerfen und Methode auswählen: Oft lohnt es sich, mehrere Varianten zu überlegen und zu hinterfragen;

- die geeigneten Methoden und Strukturen wählen;
- Drehbuch und Rollen bestimmen bzw. vorschlagen;
- Infrastruktur bereitstellen (Räume, Medien, Material, Catering).

Ein derartiges Konzept mündet in eine Einladung an die Beteiligten, evtl. mit Vorbereitungsaufgaben oder vorgängigen Informationen.

Bei der Durchführung von Besprechungen oder Workshops soll beachtet werden:

- das Einverständnis für Ziel, Ablauf und Methode sowie Prioritäten bei den Beteiligten einholen;
- Probleme, die bilateral geklärt werden können, aus der Veranstaltung auslagern;
- konkrete Entscheide anstreben und Massnahmen vereinbaren;
- die Moderation (s. Teil IV, Abschn. 1.3) richtet das Augenmerk auch auf den Prozess: Zusammenarbeit, Kommunikation, evtl. Ansprechen von unterschwelligen Konflikten.

Auch die Nachbearbeitung darf nicht vernachlässigt werden, z.B. Protokollversand, Aufbereitung von Workshop-Ergebnissen usw. Bei gewissen Besprechungen oder Workshops lohnt es sich, diese in einem Rhythmus einzuplanen. Gerade bei Projektteamsitzungen sollte z.B. ein wöchentlicher „Projekttag" vorgesehen werden, um etwaige Probleme oder Abweichungen rasch zu erkennen, um rasch reagieren und koordinieren zu können und um Verbindlichkeit aufrecht zu erhalten.

Informelle Kommunikation

Sie umfasst jede Art von Ad-hoc-Gesprächen, welche zu zweit, in Gruppen, in der Kaffeepause usw. stattfinden können. Diese Gespräche erfüllen dort eine ganz wichtige Funktion, wo informell Beziehungen aufgebaut und gepflegt werden sollen, wo rasch ein Problem gelöst werden muss, oder wo ausser den Sitzungen Informationen und Feedbacks gebracht oder geholt werden wollen. Das informelle Einweihen und Gewinnen von unterstützenden Kräften wird auch „Lobbying" genannt, was aber nicht verwechselt werden darf mit Manipulation.

Auch zwischen verschiedenen Teams, Projekten oder Projektgremien kann informell kommuniziert werden. Das freie Vernetzen kann sogar als ein wesentliches Element einer gewollten Kommunikationskultur gefördert werden.

5.6 Das Berichtswesen

Die schriftliche Dokumentation aller projektrelevanten Vorgänge ist ein zentraler Punkt der Projektinformation. Im „Berichtswesen" oder „Reporting" wird eine möglichst vollständige und umfassende Dokumentation der vorhandenen Informationen angestrebt, während in der mündlichen Kommunikation die aktuelle Information im Vordergrund steht.

Das Berichtswesen dient als Basis für alle im Laufe des Projektes notwendigen Steuerungs- und Kontrollmassnahmen. Dabei sind einige Grundregeln zu berücksichtigen:

- einheitliche Struktur der verschiedenen Berichte,
- stufengerechte Anpassung der Informationen,
- keine subjektiven Formulierungen.

Vielfach wird das Berichtswesen in den Projektmanagement-Richtlinien geregelt und entsprechende Formulare bzw. Vorlagen zur Verfügung gestellt.

Während des Projektprozesses laufende Berichte können sein:

- Projektantrag, Projektauftrag, Vereinbarung,
- Projektfortschrittsberichte (zielorientierte Berichte),
- Protokolle, Aktennotizen,
- Phasenabschlussbericht, Projektabschlussbericht (ergebnisorientierte Berichte),
- Problem- und Entscheidungslisten.

Der Fortschrittsbericht (Statusbericht) dient dazu, eine möglichst aktuelle Aussage über den Stand des Projektes und mögliche Risiken sowie die weitere Entwicklung zu machen. Bei Standardprojekten lohnt es sich, entsprechende Vorlagen (elektronische Vorlagen, Checklisten) zur Verfügung zu stellen.

Adressaten	Projektauftraggeber Gesamte Projektorganisation
Zeitpunkt, Häufigkeit	Zu festgelegten Zeitpunkten (z.B. monatlich) Bei Meilensteinen, vor Reviews usw.
Inhalt	Leistungsfortschritt, Termineinhaltung, Kostensituation Aufgetauchte Probleme Abweichungen, unvorhergesehene Einflüsse Entscheidungsbedarf, Unterstützung Wichtige inhaltliche Ergebnisse Weiteres Vorgehen, nächste Schritte Risikoabschätzung zum geplanten Verlauf
Umfang	In der Regel eine bis mehrere Seiten

Abbildung III-62: Struktur eines Fortschrittsberichtes

Das Protokoll kann je nach Zweck unterschiedlich ausgestattet sein. Eine Minimalform ist das Beschlussprotokoll. Weitere Möglichkeiten: Fotoprotokoll (z.B. bei Workshops), Mind Mapping, Wortprotokoll (etwa bei politischen Besprechungen) usw.

Auch hier lohnt sich in den meisten Projekten eine Standardisierung, damit der Leser sich in der Struktur rasch zurechtfindet. Folgende Elemente sollten immer Bestandteil eines Protokolls sein:

- Anwesenheiten, Protokollführer
- Wichtige Diskussionspunkte, Themen
- Beschlüsse, Entscheidungen
- Offene Punkte
- Was ist von wem bis wann zu erledigen?
- Nächster Sitzungstermin

Die Protokollführung kann immer durch dieselbe Person erstellt werden, oder es kann abgewechselt werden. Wenn immer möglich sollte nicht der Projektleiter bzw. der Moderator Protokoll führen!

5.7 Die Projekt-Dokumentation

Dies ist eine projektbezogene Ablage für alle während des Projektes anfallenden Dokumente. Der Zugriff muss für alle Projektbeteiligten gewährleistet und schnell als Grundlage für den Projektablauf möglich sein. Auch für zukünftige Projekte sollen entsprechende Daten verfügbar bleiben. So macht die Dokumentation die Vergleichbarkeit von Projekten möglich, ergibt Planungsdaten und stellt Lernergebnisse für weitere Projekte sicher

Das Projekthandbuch bzw. der Projektordner bildet die wichtigsten Prozessregelungen wie Vereinbarungen, Pläne, Strukturen, Organigramme, Spielregeln ab. Er soll für alle Beteiligten Transparenz und Verbindlichkeit schaffen. Das Projekthandbuch wird von Anfang an laufend geführt und die aktualisierte Version jeweils der gesamten Projektorganisation zugänglich gemacht. Der Ordner kann auf Intranet (Projektplattform) oder als physischer Ordner gestaltet sein.

5 Information, Kommunikation, Dokumentation

Projekthandbuch	
Projektauftrag und Leistungsplanung	Projektauftrag, Projektvereinbarung Gliederung (Projektphasen, Projektstrukturplan) Schnittstellen im Projekt Entscheidungsprozess
Projektumfeld	Umfeldanalyse, Anspruchsgruppen Einbettung in das Unternehmensleitbild, die Unternehmensstrategie
Projektorganisation	Organigramm Beschreibung der Rollen, Aufgaben und Kompetenzen Ansprechpartner und Adressen Spielregeln der Zusammenarbeit
Projektplanung	Terminplanung Ressourcenplanung Kostenplanung
Controlling	Qualitätssicherung Kontrolle und Steuerung Massnahmen bei Abweichungen, Änderungswesen
Information Kommunikation	Informations- und Kommunikations-Konzept Sitzungsplanung Sitzungs-, Workshop-Protokolle Fortschrittsberichte (evtl. unter Controlling) Ablagestrukturen
Abschluss der Phase (des Projektes)	Abschlussarbeiten Projektauswertung Weiteres Vorgehen

Abbildung III-63: Möglicher Inhalt bzw. Gliederung eines Projekthandbuches

Die Gliederung erfolgt einerseits nach Sachthemen (oder Arbeitspaketen entsprechend dem Projektstrukturplan), andererseits nach der Art der Dokumente, z.B.:

- Prozessdokumente (Protokolle, Aktennotizen, usw.),
- Vorgehensdokumente (Projektplan, usw.),
- Verträge,
- Korrespondenz,

- Resultate, Ergebnisse, „Lessons learned",
- Änderungen,
- sonstige Unterlagen.

Folgende Empfehlungen helfen, eine Projekt-Dokumentation systematisch und nachvollziehbar aufzubauen:

- Die Einreihung der einzelnen Dokumente soll chronologisch erfolgen.
- Jedes Dokument ist mit einem Code versehen, aus dem z.B. Projekt, Phase, Strukturplanposition, Arbeitspaket, Version, Dokumentenart erkennbar sind.
- Jedes Dokument kann eindeutig innerhalb der Dokumentationsstruktur abgelegt werden.
- Jedes Dokument wird zentral registriert.
- Wo möglich und sinnvoll werden Dokumentationen aus einheitlichen Standardvorlagen generiert.
- Bei Änderungen sind die Verfahren des Änderungsmanagements anzuwenden.
- Die eingerichtete Dokumentationsstruktur darf nur mit Zustimmung des Projektleiters verändert werden.

Bei elektronisch abgelegten Dokumenten können die Zugriffsrechte für die verschiedenen Projektgremien entsprechend geregelt werden.

Die Dokumentation soll nicht erst am Schluss, sondern während des Projektes konzipiert, eingerichtet und gepflegt werden. Bei Projektabschluss gibt es jedoch noch den Projektabschlussbericht. Hier werden alle wichtigen Erfahrungen aus dem Projekt festgehalten im Sinne einer Erfahrungsauswertung:

- Wertung der Zielerreichung bzw. der Ergebnisse, Begründung von Zielabweichungen, Beurteilung der Projektwirtschaftlichkeit, Schlussabrechnung usw.,
- Wertung der Zusammenarbeit, der Planung, der Methodenwahl usw.

In Projekten, wo die detaillierte Nachvollziehbarkeit wichtig ist, kann das Projekt-Tagebuch sehr zweckmässig sein. Ziel dieser Dokumentation ist es, alle Projektaktivitäten, Überlegungen, Entscheidungen und Vereinbarungen chronologisch nachvollziehbar zu machen. Es ist eine Ergänzung zur Projektdokumentation, das der Projektleiter meist persönlich führt, aber allen zugänglich sein soll. Darin können z.B. eingegangene und versendete Infos (Telefonate, E-Mails, Verträge usw.), Ideen, Skizzen, Lösungswege, getroffene Entscheidungen, Vereinbarungen, usw. festgehalten werden.

5.8 Projektmarketing

Das Projektmarketing umfasst alle unterstützenden Aktivitäten, welche die Akzeptanz sowie den Verlauf und den Fortschritt eines Projektes positiv beeinflussen können. Es geht darum, das Projekt zu verkaufen, wobei unter „verkaufen" verstanden wird:

- den Sinn des Projektes kommunizieren, Nutzen stiften, die eigene Überzeugung weitergeben,
- Vertrauen und Akzeptanz schaffen,
- Fairness zeigen: auch mögliche Nachteile oder Probleme transparent machen, Ängste und Fragen ernst nehmen und behandeln,
- Öffentlichkeit herstellen, Erwartungen erzeugen, die dem Projekt „Zug" bzw. Energie geben,
- Ressourcen und Absatzmärkte erschliessen.

Das Projektmarketing fördert die Beziehungen zwischen Projekt und Umfeld bzw. seinen Anspruchsgruppen.

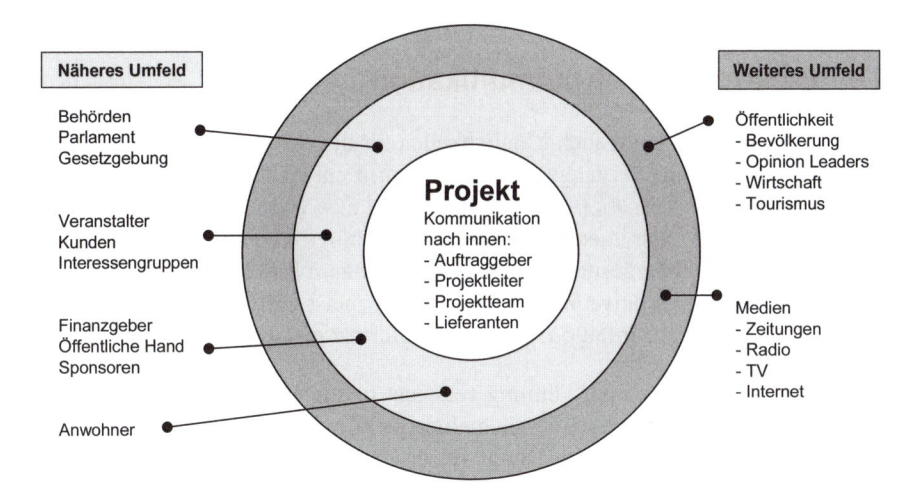

Abbildung III-64: Projektmarketing nach Anspruchsgruppen

Projektmarketing bedeutet Kommunikationsgestaltung und kann je nach Situation und Anspruchsgruppen sehr kreativ angegangen werden, z.B.:

- breite Information mit Möglichkeit zur Auseinandersetzung mit dem Thema (z.B. Open Space Event),

- Projektzeitung, in der sich auch Betroffene, Benutzer, also nicht Projektakteure kritisch äussern dürfen,
- Info-Markt: Informationstafeln und Stände mit Unterlagen; Projektbeteiligte stehen Rede und Antwort,
- Kreativ-Workshop für Interessierte, dessen Resultate vom Projektteam aufgenommen und weiter bearbeitet werden,
- Besichtigungen, Erfahren des Projektgegenstandes,
- Schlüsselpersonen, Promotoren, Entscheidungsträger für die Information einsetzen,
- die Sprache der Anspruchsgruppen sprechen, spüren, was sie interessiert.

Beim Projektmarketing geht es oft nicht nur um das „Verkaufen" des Projektes, sondern um das gleichzeitige Transportieren von Managementbotschaften und Werten, z.B. dass mit dem Projekt gleichzeitig eine neue Kultur der Zusammenarbeit eingeleitet wird.

Wichtig ist die Grundhaltung beim Marketing: Brillieren, Täuschen, Aufschwatzen, Mitbeteiligung vortäuschen wirkt höchstens kurzfristig. Um wirklich Vertrauen zu schaffen ist Ehrlichkeit, Transparenz und Wertschätzung gefordert.

5.9 Elektronische Kommunikation

Die Instrumente und damit auch Möglichkeiten für die elektronische Kommunikation haben sich in den vergangenen Jahren enorm entwickelt. Die übliche Form der gegenseitigen Information – meist durch E-Mail – wurde laufend durch neue Anwendungen und Instrumente ergänzt. Dazu gehören vor allem auch Plattformen, welche die rechnergestützte Zusammenarbeit zum Ziel haben (CSCW Computer Supported Cooperative Work). Doch dieser meist unstrukturierte Informationsverkehr neigt oft zur Inflation. Nicht jede Information ist für alle relevant.

Oft wird in E-Mails auch die Führung versteckt involviert. Es ist ein verbreiteter Trugschluss, ein Team ausschliesslich über elektronische Medien „führen" zu können (sog. „e-Management"). Durch verschiedene Tricks (z.B.: „cc:" an einen Entscheidungsträger) wird zusätzlicher Druck auf den Adressaten ausgeübt, oder der Absender erwartet, dass die einkopierte Führungskraft reagiert. Diese unverbindlichen Aktionen fördern unklare Situationen und stellen ein grosses Konfliktpotenzial dar.

Um eine störungsfreie und effiziente Kommunikation im Projektteam zu entwickeln ist es sehr hilfreich, ein paar grundsätzliche Spielregeln zu vereinbaren. Da ein Grossteil der Kommunikation heute über E-Mail erfolgt, ist ein Mail-Codex zu empfehlen:

- prägnante Betreff-Zeilen (Information, Entscheidung, Vorschlag usw.),
- klare informelle Anrede und Abschluss bzw. Grussformel;
- Rechtschreiberegeln sind einzuhalten, Kleinschreibung ist bequem, strengt den Empfänger aber unnötig an;
- gezielte Klassifikation der Empfänger (to:, cc:, bcc:);
- kurzer Text, woraus klar hervorgeht, was ich als Empfänger machen muss (Information liefern, bearbeiten, entscheiden, zu meiner Information);
- E-Mails nur dort, wo es effizient und effektiv ist. Bei grösseren Projekten ersetzen sie nicht den direkten Kontakt (Telefon oder Besprechung);
- Vorsicht bei „emotionalen" Formulierungen (die Tastatur nimmt diese emotionslos entgegen).

Mit Sicherheit werden die sogenannten Web 2.0-Instrumente wie Blogs und Wikis zunehmend auch im Projektmanagement Anwendung finden. Sie unterstützen und fördern hier die Vernetzung, d.h. den Dialog und Erfahrungsaustausch zur gemeinsamen Wissensgenerierung zwischen den Projektbeteiligten. Es sind einfach bedienbare Werkzeuge, ähnlich den bereits bekannten sozialen Medien wie etwa Facebook. Sie eignen sich besonders bei Veränderungsprojekten oder IT-Integrationsprojekten, wo die interaktive Kommunikation mit den Entwicklern und Anwendern besonders wichtig ist. Blogs laufen jedoch nicht von alleine: Sie müssen konzipiert, installiert, kommuniziert, betreut und gesteuert werden.

5.10 Projektmanagement-Portal

Die Idee des Projektmanagement-Portals (virtueller Projektraum) ist schon ziemlich alt, technische Lösungen dafür haben sich aber im Verlauf der letzten Jahre in rascher Folge und immer wieder grundlegend verändert. Eine umfassende Studie dazu wurde von Frederik Ahlemann verfasst).

Definition

Heute versteht man unter diesem Begriff eine in der Regel browser-basierte Anwendung, welche den unterschiedlichen internen und externen Anspruchsgruppen möglichst aller Projekte eines Unternehmens einen mit unterschiedlichen Berechtigungen ausgestatteten Zugriff auf bestimmte Daten, Informationen, Instrumente und Anwendungen erlaubt.

Die Einführung eines Projektmanagement-Portals im Unternehmen setzt eine intensive Auseinandersetzung mit den eigenen Projektprozessen voraus und bedingt auch einen nicht zu vernachlässigenden Aufwand für Entwicklung, Pflege und Unterhalt des Systems. Ein solches Instrument kann die Kommunikation im Team nicht gänzlich ersetzen. Es erfordert im Gegenteil eine klare Vereinbarung von Kommunikationsregeln. Dafür ergeben sich folgende namhaften Vorteile:

- direkte Einbindung aller berechtigten Stakeholder,
- Reduktion des administrativen Aufwandes des Projektmanagers,
- Reduktion des Fehlerpotenzials durch Medienbrüche,
- Automatisierung von Standardabläufen und -prozessen,
- ortsunabhängige Bearbeitung sämtlicher Projektdaten,
- jederzeit aktuelle Daten und Informationen über die laufenden Projekte,
- einheitliche Struktur bezüglich Ablage, Archivierung und Namenskonvention,
- vielfältige Auswertungsmöglichkeiten zur Optimierung der Projektprozesse.

Funktionsprinzip

Die Funktionsweise eines Projektmanagement-Portals kann folgendermassen skizziert werden:

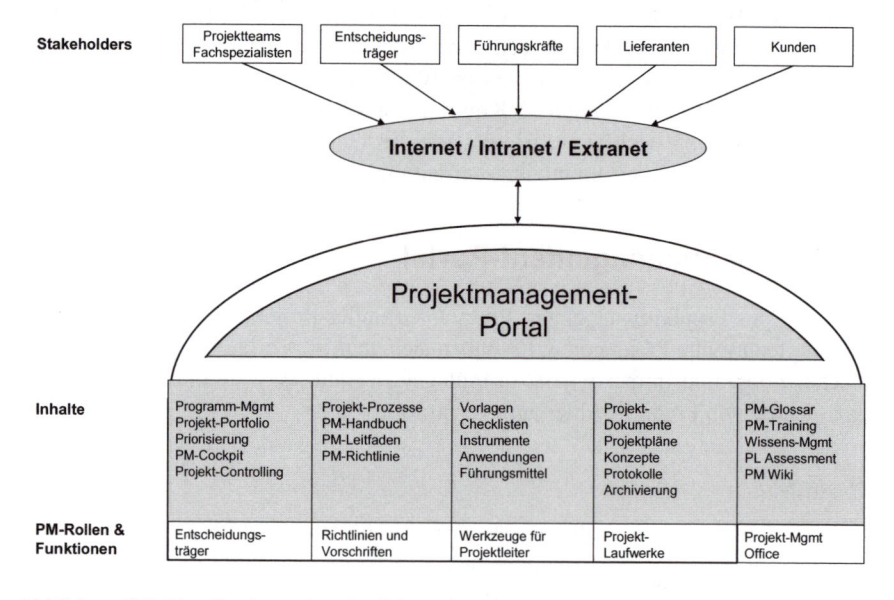

Stakeholders	Projektteams Fachspezialisten	Entscheidungs- träger	Führungskräfte	Lieferanten	Kunden
			Internet / Intranet / Extranet		
			Projektmanagement-Portal		
Inhalte	Programm-Mgmt Projekt-Portfolio Priorisierung PM-Cockpit Projekt-Controlling	Projekt-Prozesse PM-Handbuch PM-Leitfaden PM-Richtlinie	Vorlagen Checklisten Instrumente Anwendungen Führungsmittel	Projekt- Dokumente Projektpläne Konzepte Protokolle Archivierung	PM-Glossar PM-Training Wissens-Mgmt PL Assessment PM Wiki
PM-Rollen & Funktionen	Entscheidungs- träger	Richtlinien und Vorschriften	Werkzeuge für Projektleiter	Projekt- Laufwerke	Projekt-Mgmt Office

Abbildung III-65: Struktur eines Projektmanagement-Portals

Die technische Realisierung eines Projektmanagement-Portals kann heute durch eine Vielfalt von verschiedenen Angeboten auf dem Markt erfolgen. Diese Angebote unterscheiden sich primär durch ihre Funktionalität sowie die vorhandenen Schnittstellen zu anderen Anwendungen. Grundsätzlich dient ein Projektmanagement-Portal als Plattform für:

- die Zusammenarbeit des Projektteams (Dokumente, Workflows, PM-Prozesse),
- die Darstellung des Projektstatus' (erreichte Ergebnisse, wirtschaftliche Situation, identifizierte Risiken),
- den Erfahrungsaustausch von Projektbeteiligten über die Projektgrenzen,
- die Kommunikation mit der Innen- und Aussenwelt des Unternehmens,
- die Erstellung und Präsentation von Entscheidungsgrundlagen für das Management (Projekt-Cockpit),
- den Aufbau des Wissensmanagements im Bereich Projektmanagement.

5.11 Zwischenmenschliche Kommunikation

5.11.1 Was ist Kommunikation?

Unter Kommunikation verstehen wir den sehr komplexen wechselseitigen Austausch von Informationen zwischen Lebewesen (Menschen und auch sozialen Systemen). Findet eine wechselseitige Beeinflussung statt, sprechen wir auch von Interaktion. Wesentliche Kennzeichen der zwischenmenschlichen Kommunikation sind:

- Kommunikation findet über verschiedene „Kanäle" statt: Sprache, Bilder, Körpersprache, Gestik, usw.
- Kommunikation ist immer Interpretation. Was wir als relevante Information wahrnehmen, was wir für „wahr" halten, ist das Resultat einer komplizierten Selektion aus verschiedenen Möglichkeiten (selektives Wahrnehmen). Bei den Beteiligten entstehen daher verschiedene „Wahrheiten".
- In der Kommunikation werden immer mehrere Botschaften gleichzeitig gesendet resp. wahrgenommen. Die einen sind offen, die anderen indirekt, verdeckt. Oft ist das Verdeckte jedoch wichtiger als das Offene.
- Kommunikation ist eine Wechselwirkung, ein Kreislauf ohne Anfang und Ende. Jede Reaktion ist zugleich Aktion, d.h. Anregung für eine nächste Reaktion. Es sind immer beide Seiten beteiligt.
- Kommunikation findet nicht nur zwischen den jeweils Anwesenden statt. Viele Abwesende sind am „Kommunikationsspiel" im Hintergrund beteiligt, indem sie das Denken und Reagieren der Anwesenden beeinflussen (Was würde wohl die Steuergruppe dazu sagen?).

5.11.2 Unsere Wahrnehmung

Was wir wahrnehmen („als wahr nehmen") ist nicht objektiv, sondern Resultat eines hochkomplexen Verarbeitungsprozesses eines Menschen oder einer Organisation. Jede Wahrnehmung ist selektiv und subjektiv. Einige wichtige Phänomene im Wahrnehmungsprozess sind:

- Wahrnehmungsselektion als Schutzfunktion: z.B. Fehlervermeidungsstrategie aus Angst, dass Fehler bestraft werden,
- Tendenz, Ganzheiten, Ordnung und Sinn herzustellen: Vornehmen von subjektiven Ergänzungen und Interpretationen,
- Beeinflussung der Wahrnehmung durch Gefühle, innere Bilder, Erfahrungen: Konflikte z.B. engen die Wahrnehmung ein,
- persönliche (organisationale) Geschichte: Verhaltensweisen, Konditionierungen, die aufgrund von Erfahrungen gelernt worden sind,
- aktuelle Situation.

5.11.3 Modelle der zwischenmenschlichen Kommunikation

Nachrichten, die von einem Menschen, Team oder einer Organisation ausgesendet werden, müssen diese in bestimmte Worte fassen oder eine entsprechende Ausdruckform kleiden: Die Nachricht muss codiert werden. Das erfordert von der Empfangsseite ein entsprechendes Entschlüsseln. Dieses Entschlüsseln findet grundsätzlich in vier Schritten statt:

- Wahrnehmen: Was höre und sehe ich?
- Interpretieren: Was bedeutet das?
- Empfinden: Welche Gefühle löst das in mir aus?
- Handeln: Wozu veranlasst mich das Gehörte?

Das Resultat des Decodiervorganges ist dann das, was beim Empfänger ankommt; es ist die für ihn wichtige, relevante Information, die er aufnimmt. Unterschiedliche Menschen, Gruppen, Gremien, Organisationen hören und verstehen anders, geben denselben Worten unterschiedliche Bedeutung und lassen verschiedene Gefühle aufkommen. Missverständnisse sind daher absehbar und normal.

Sender → Empfänger

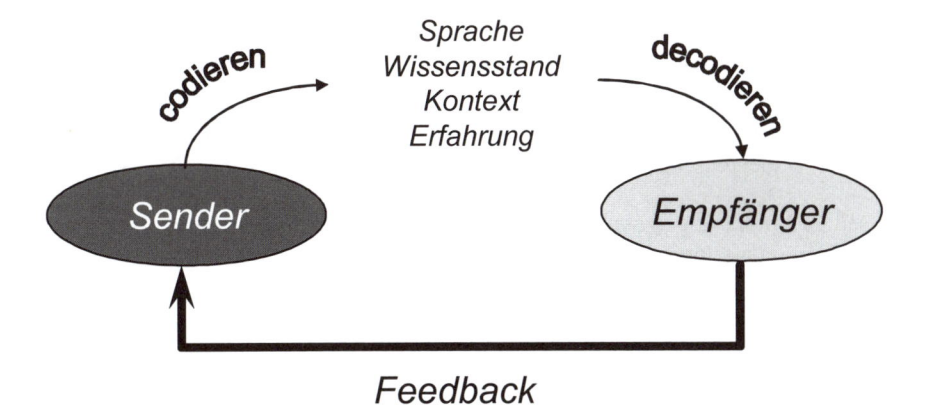

codieren | Sprache / Wissensstand / Kontext / Erfahrung | **decodieren**

Sender → *Empfänger*

Feedback

> Ich weiss erst, was ich gesagt habe, wenn ich die beim Empfänger angekommene Botschaft kenne !

Abbildung III-66: Schematische Darstellung des Kommunikationsprozesses

5.11.4 Ein Kommunikationsmodell

Das bekannte Modell „Anatomie einer Botschaft" von F. Schulz von Thun geht davon aus, dass jede Nachricht verschiedene Seiten oder Aspekte enthält:

Sachinhalt – Worüber ich informiere – "Es ist ..."

Selbstoffenbarung – Was ich von mir selbst kundgebe – "Ich bin ..."

Beziehung – Was ich von dir halte und wie wir zueinander stehen – "Du bist ..."

Appell – Wozu ich dich veranlassen möchte – "Du sollst ..."

Abbildung III-67: Die vier Seiten einer Nachricht (F. Schulz von Thun, 1997)

Die Aspekte von Selbstoffenbarung, Beziehung und Appell werden meistens nicht wörtlich, sondern verschlüsselt oder nonverbal zum Ausdruck gebracht. Dennoch sind sie in jeder Nachricht mehr oder weniger stark enthalten. Im Modell von Schulz von Thun hat der Empfänger entsprechend der vierseitigen Nachricht vier „Ohren". Dabei entscheidet er jeweils selbst, auf welche Botschaft er wie reagiert.

Einseitige Empfangsgewohnheiten können jedoch zu Störungen führen. Anzustreben ist eine ausgewogene „Vierohrigkeit", wobei situativ zu entscheiden ist, auf welche Seite(n) besonders zu reagieren ist.

Sach-Ohr
Konzentration auf die Sache, auf Objektivität
„Worum geht es?"

Selbstoffenbarungs-Ohr
Was will er mir zu seiner Person mitteilen?
"Was hält er von sich?"

Beziehungs-Ohr
Reaktion auf Wertschätzung, Nähe, Distanz, Wärme Kälte
Was hält er von mir?"

Appell-Ohr
Was will er von mir?
"Was soll ich tun?"

Abbildung III-68: Das Vier-Ohren-Prinzip (F. Schulz von Thun, 1997)

5.11.5 Der Kommunikationskreislauf

Der Prozess der Kommunikation besteht normalerweise aus einem Hin und Her von Sendung und Empfang. Es ist ein gemeinsames Spiel zwischen zwei Seiten, zwischen Aktion und Reaktion. Ein umfassendes Modell muss deshalb als Kreis dargestellt werden. Das führt in einer systemtheoretischen Betrachtungsweise dazu, dass nicht das Verhalten nur einer Seite, sondern die Regeln des Zusammenspiels, das Verhalten beider Seiten und deren gegenseitiger Abhängigkeit betrachtet werden sollen.

Ein Beispiel: Der Projektleiter nörgelt dauernd am Projektassistenten herum. Dieser zieht sich zurück und sagt nichts mehr. Der Projektleiter sagt zu dieser Situation: „Weil er sich immer zurückzieht, muss ich ihn kritisieren". Der Assistent hingegen: „Weil er immer an mir herumnörgelt, ziehe ich mich zurück".

Die beiden veranstalten also ein „Spiel", bei dem jede Seite die andere in ihrem Verhalten unterstützt, das Verhalten beider von demjenigen des Gegenübers abhängig ist. Das selbst laufende Spiel kann nur durchbrochen werden, wenn gemeinsam über die Regeln gesprochen wird, z.B.: Was trägt jeder bei, um das Spiel aufrecht zu erhalten?

Diese Kommunikation über die Kommunikation heisst Meta-Kommunikation: „Die Art und Weise, wie wir miteinander kommunizieren, zum Thema machen".

Abbildung III-69: Meta-Kommunikation

5.11.6 Verhandlungsführung

Eine sehr häufige Anwendungsform der zwischenmenschlichen Kommunikation ist die Verhandlung. Dabei kann der sachliche Inhalt nicht nur eine Sache im engeren Sinne, sondern auch eine zwischenmenschliche und emotionale Angelegenheit sein. Solche Gespräche finden zwischen zwei oder mehreren Personen statt. Verhandlungen können aus verschiedenen Positionen und mit unterschiedlichen Haltungen geführt werden. Ziel einer Verhandlung sollte jedoch sein, eine möglichst für alle Parteien zukunftsgerichtete Lösung zu erhalten, damit eine weitere Zusammenarbeit möglich ist. Dies ist in Projekten oftmals eine anspruchsvolle Aufgabe, denn es bestehen von Natur aus viele Zielkonflikte und unterschiedliche Interessenslagen.

Ein sehr weit verbreitetes Modell der Verhandlungsführung bietet das Harvard-Modell. Es geht von einer partnerschaftlichen Haltung der beteiligten Personen aus und baut darauf entsprechend auf (siehe dazu im Teil IV, Erfolgreich verhandeln mit dem Harvard-Konzept).

5.11.7 Feedback

Johari-Fenster

Wenn wir unsere soziale Kompetenz erweitern wollen, sind wir gezwungen, uns mit neuen Menschen und neuen Situationen auseinander zu setzen. Wir sind auch gezwungen, immer wieder über die Wirkung unseres eigenen Verhaltens von anderen zu erfahren. Gleichzeitig überprüfen wir auch, was Aktionen anderer bei uns auslösen.

Nun gibt es Dinge, die wir von uns selbst kennen und solche, die wir nicht kennen. Ebenso gibt es Dinge, die wir anderen frei zugänglich machen und solche, die wir verheimlichen. Das Johari-Fenster hilft uns, die interpersonalen Beziehungen besser wahrzunehmen. Für Feedback relevant ist vor allem der Bereich 3 (Blinder Fleck).

Je grösser der Leistungs- und der Karrieredruck für den Menschen ist, je rigider sein Lebensraum wird, um so stärker wird das „eigentliche Leben" in den Bereich des Verborgenen abgedrängt. Das heisst, zur Aufrechterhaltung der sozialen Fassade muss enorm viel Energie aufgewendet werden. Für den Bereich der öffentlichen Person (z.B. Berufsalltag, Arbeit im Projekt) bedeutet dies Aktions- und Motivationsverlust bzw. Energieblockaden und damit eine Einschränkung des freien Handelns.

Der Projektleiter sollte daher in seinem Team die Bereitschaft und Fähigkeit aller Teamplayer fördern, sich selbst in einem gewissen Grad zu öffnen und gleichzeitig offen zu sein für andere, und andererseits bewusst mit Feedback umzugehen.

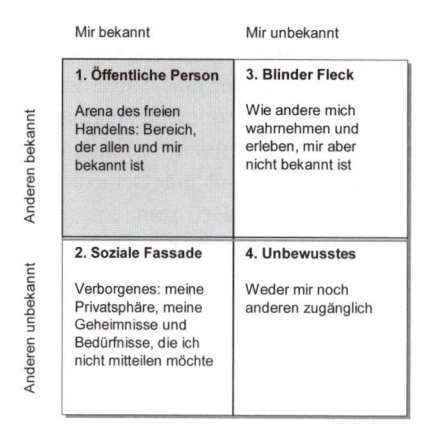

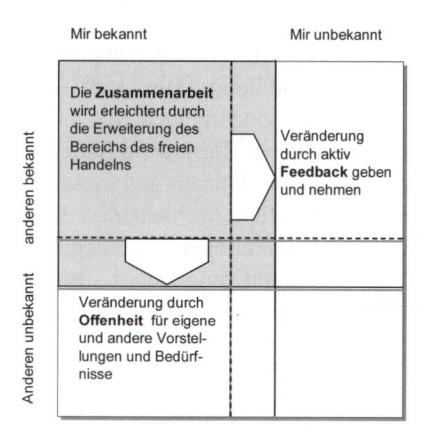

Abbildung III-70: Johari-Fenster (nach J. Luft und H. Ingham, 1970)

Aus den vielen verschiedenartigen Definitionen und Umschreibungen für den Begriff Feedback im engeren Sinne betonen die folgenden Formulierungen vor allem die zwischenmenschliche Ebene:

- „Feedback ist eine Mitteilung an eine Person, die diese darüber informiert, wie ihre Verhaltensweisen von anderen wahrgenommen, verstanden und erlebt werden" (Klaus Antons, 1992).
- „Ich weiss nicht, was ich gesagt habe, solange ich nicht die Antwort darauf gehört habe" (Norbert Wiener, 1962).

Dieser Anspruch weist uns auf die Bedeutung des Feedbacks für die Interaktion zwischen Menschen hin. Feedback ist eine Chance, etwas über sein Wirken auf andere zu erfahren sowie die eigene Verhaltensweise zu überprüfen und allenfalls zu verändern. Feedback kann auch Beziehungen klären. Die Antwort kann verbal, aber auch durch nonverbale Reaktion im Verhalten des anderen auf eine Äusserung hin erfolgen. Insofern erhalten und geben wir ständig Feedback, oft ohne dass darüber ein Wort gesprochen wird.

Feedbackregeln

- „Ich-Botschaften" statt „Du-Aussagen"
- Konkret statt allgemein
- Wahrnehmung und Interpretation auseinander halten
- Feedback annehmen ohne Verteidigung und Rechtfertigung

Feedback geben

- Ich formuliere konkrete Aussagen
- Ich mache möglichst genaue Beschreibungen und interpretiere nicht
- Ich halte Mass und passe mein Feedback der Situation an
- Ich sage alles mit Ich-Botschaften

Feedback erhalten

- Ich formuliere, welche Informationen ich will
- Ich argumentiere, rechtfertige oder verteidige mich nicht
- Ich überprüfe die Bedeutung der Aussagen für mich persönlich
- Ich teile meine Reaktionen mit

Wirkung von Feedback

- Feedback verstärkt positive Verhaltensweisen
- Feedback dient der Klärung von Beziehungen zwischen Menschen
- Feedback korrigiert Verhaltensweisen, die der Gruppe nicht weiterhelfen
- Feedback hilft, das Verhalten der anderen besser zu verstehen

5.11.8 Fragetechniken

Offene Fragen, stimulierende Fragen

- Sie sollen die Befragten stimulieren ihre Gedanken zu äussern
- Sie sollen dazu anregen, Neues zu finden, aus einer Denkblockade herausführen
- Sie sollen möglichst viel Information liefern, sollen klärend wirken

Beispiel: W-Fragen (wer, was, wann, wie, wo, warum). Was sagen Sie als Fachmann dazu? Was sagt Ihre Erfahrung? In welcher Situation haben Sie das beobachtet?

Informationsfragen

- Meist knapp und präzise
- Gut, um fehlende Sachinformation einzuholen

Beispiel: Wie spät ist es? Was sagte er?

Alternativfragen

- Sie lassen dem Befragten in seiner Antwort die Wahl zwischen zwei oder mehreren Möglichkeiten
- Sie zwingen ihn zur Entscheidung

Beispiel: Wollen Sie sofort oder später …?

Bestätigungsfragen

- Der Fragesteller will seine Meinung, sein Verständnis oder ein Gesprächsergebnis bestätigt haben
- Nützlich als Zusammenfassung des bisher Gesagten oder als Wiederholung

Beispiel: Meinen Sie damit, dass …? Verstehe ich Sie richtig …?

Rhetorische Fragen

- Sie lassen überhaupt keine Antwort zu, weil der Fragesteller sie selbst gibt
- Sie können die Aufmerksamkeit der Zuhörer wecken; fordern zum Überdenken auf; anregend; meist in Reden und Monologen üblich

Beispiel: Wissen Sie, was es heisst, Moderator zu sein? Es heisst…

Suggestivfragen

- Sie wollen den Befragten beeinflussen, indem ihm Antworten bereits in den Mund gelegt werden
- Sie enthalten eines der charakteristischen Worte: doch, ausserdem, sicher, wohl, …

Beispiel: Sie wollen doch sicher…? Sie sind doch auch der Meinung dass…?

5.11.9 Konsequenzen aus den Modellbetrachtungen

Faktoren, die eine gute zwischenmenschliche Kommunikation fördern

Im Folgenden sind einige Verhaltensweisen genannt, die bei der Kommunikation helfen, sich gegenseitig zu verstehen:

- bei Gesprächsbeginn Ziel und Gesprächsgegenstand klar machen. Zu den Anliegen stehen, sich nicht ablenken lassen;
- Meinungen nicht in Fragen verpacken (Suggestivfragen);
- „Ich"- (oder als Team „Wir-") Botschaften geben;
- sich der Aufmerksamkeit des Gegenübers versichern;
- alle „Ohren" aktivieren, mit allen Sinnen zuhören;
- aktiv zuhören: nachfragen, ob richtig verstanden; eigene Interpretation überprüfen (mit eigenen Worten wiederholen);
- bei Unklarheit Präzisierung verlangen;
- Feedback geben und Feedback holen;
- eigene Gefühle ausdrücken, vermutete Gefühle aussprechen;
- eigene Meinung als solche kennzeichnen und ausdrücken;
- Wünsche, Forderungen und Konsequenzen transparent und klar machen;
- Verdecktes auf den Tisch holen, klären;
- metakommunizieren (über die Art, über Regeln, wie wir kommunizieren);
- Zeit gewähren, Pausen machen.

Faktoren, die hinderlich sind

Ein Gespräch kann nur dann konstruktiv sein und neue Perspektiven eröffnen, wenn beide Seiten im Gespräch gleichwertig sind, gleichermassen berechtigt, ihren Standpunkt zu vertreten. Alle Haltungen und Aussagen, die eigene Überlegenheit bzw. Unterlegenheit des Partners betonen zu wollen, verhindern ein fruchtbares Gespräch. Es sind beispielsweise: Befehlen, Herunterspielen, Vorwürfe machen, von sich reden, überreden, trösten, Weisheiten zum Besten geben, moralisieren usw.

Kommunikation auf Projektebene

Natürlich sind es auch in Organisationen immer Menschen, die kommunizieren. Organisation bzw. soziale Systeme haben jedoch ihre eigenen Erfahrungen und Geschichten, haben eigene Codier- und Decodiersysteme, so dass durchaus von Kommunikation zwischen sozialen Systemen gesprochen werden kann. Auch in Projekten haben wir es nicht nur mit Einzelmenschen, sondern auch sozialen Systemen zu tun.

Kommunikation zwischen Systemen sind Dynamiken, die je nach Anlage anregen, Interesse wecken, in Bewegung setzen können. Diese Dynamiken lassen sich bewusst gestalten, etwa: die Regelung der Berichtswege zwischen Projekt und Stammorganisation, wie sich Kommunikationskultur von der üblichen unterscheiden soll. Konkret kann dies z.B. durch die Vereinbarung von spezifischen Kommunikationsspielregeln und Rahmenbedingungen inszeniert werden, z.B.: Gilt eine Bring- oder Holschuld? Wer hat bei der Kommunikation welche Kompetenz? Wie

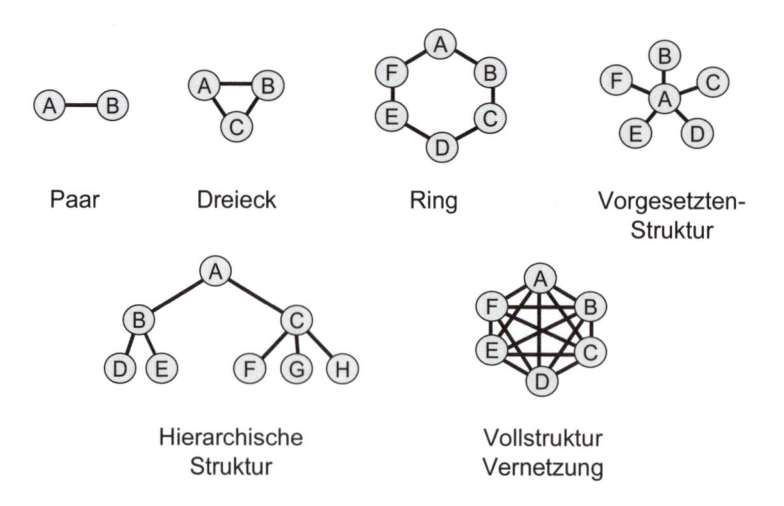

Abbildung III-71: Berichtsweg- bzw. Kommunikations-Strukturen

wird mit Meinungsunterschieden verfahren? Wie werden Feedback-Schlaufen installiert? Wie wird entschieden? Komplexere und gleichberechtigte Strukturen wie Netzwerke sind zu höheren kommunikativen Leistungen fähig als etwa einfache und hierarchisch aufgebaute Strukturen. Wie jeder Mensch hat auch jedes soziale System (z.B. Projekt, Anspruchsgruppen usw.) seine eigene Wirklichkeit, seine eigenen Codier- und Decodiersysteme. Das Interesse dafür kann helfen, die Kommunikation besser zu gestalten. Hilfreiche Methoden dazu sind Projektumwelt- oder Stakeholder-Analysen.

Kommunikation heisst auch Vertrauen schaffen, und dies kann nur dann entstehen, wenn zwischen dem Sagen und Machen Übereinstimmung besteht, wenn nicht nur „schön gefärbt" wird, sondern auch Schwierigkeiten und Nachteile thematisiert werden. In einer Organisation, kann an einer Kultur der Transparenz und des Vertrauens gearbeitet werden oder eben nicht. Es gibt auch Kommunikationsspezialisten, die eingesetzt werden können, z.B. für die Aufbereitung und Gestaltung einer betriebsinternen Homepage mit Feedback-Möglichkeiten, die Konzeption eines Info-Marktes oder einer Grossgruppenveranstaltung, in der sich Anspruchsgruppen über Ziele und Lösungswege auseinandersetzen können.

6 Führung und Zusammenarbeit

6.1 Führung – Was ist das?

Der Begriff Führung wird hier in zweifacher Weise verwendet. Für die Führung einer Organisation oder eines Unternehmens und für die Führung von Mitarbeitern. Die Vielfalt der Definitionen von Führung sei mit den folgenden Beispielen belegt:

- Führung heisst, Menschen von einer Idee zu überzeugen und sie befähigen, diese Überzeugung in aktives Handeln zu transformieren.
- Führung spielt sich immer in Beziehungen ab. Führende und Geführte verhalten sich nach je eigenen, subjektiven Konzepten, die zudem gruppenspezifisch und situationsabhängig sind.
- Führung ist die zielorientierte, soziale Einflussnahme zur Erfüllung gemeinsamer Aufgaben in oder mit einer strukturierten Arbeitssituation.
- Führung heisst ständiges Problemlösen in sozialen Systemen.
- Führung ist das Erkennen, Gestalten und Steuern von zwischenmenschlichen Prozessen und kann in die zwei Teile Führungstätigkeiten und Führungsverhalten aufgeteilt werden.

Projekte führen und leiten umfasst sowohl das Leiten und Führen einer Sache als auch von Mitarbeitern. Der Projektleiter in der Rolle des „Managers" führt das Projekt im betriebswirtschaftlichen Sinne. Er hat das Projektziel zu verfolgen, den optimalen Einsatz der Ressourcen, sowie die zur Verfügung gestellte Zeit und die finanziellen Mittel zu überwachen.

Zusätzlich nimmt der Projektleiter auch die Rolle der operativen Leitung sowie die Führung seiner Projektmitarbeiter wahr. Viele Funktionen und Rollen sind in der normalen Linienführung und in der Projektführung gleich. Für den Projektleiter resultieren daraus aber ein paar wesentliche Unterschiede:

- Er übernimmt die Führungsaufgabe nur „auf Zeit".
- Meist führt er in der Matrix-Organisationsform mit mehreren etablierten Linienstellen.
- Er hat keine oder wenig formale Macht (Weisungsrecht).
- Er hat keine oder nur unpräzis definierte Ressourcenkompetenz.
- Die formale hierarchische Eingliederung der Projektorganisation hat temporären Charakter.

Die wichtigsten Werkzeuge sind:

- klar definierte Projektziele;
- Verbindlichkeit kann nur jene Instanz gewährleisten, die auch über die Ressourcen verfügt resp. die notwendigen Ressourcen organisieren kann;
- sorgfältige Regelung der Aufgaben, Kompetenzen und Verantwortung (AKV);
- zugesicherte Unterstützung durch den Auftraggeber;
- ein differenziertes Kommunikationskonzept;
- vereinbarte Spielregeln mit den Projektmitarbeitern.

Dazu gehört auch eine klare Transparenz der vereinbarten Massnahmen und möglichen, offen gelegten Konsequenzen bei Nichteinhaltung der Vereinbarung; und zwar auf allen Stufen der Projekthierarchie.

Zwischen Anspruchsgruppen und Projekt ist Übereinstimmung notwendig, was zu erreichen bzw. nicht zu erreichen ist (Zielverständnis), mit welchen Massnahmen das Ziel erreicht werden kann und wer welche Aufgabe bis wann zu erledigen hat. Um widersprüchliche Meinungen oder Ansichten zu besprechen und zu klären, sind Offenheit, Lernbereitschaft, Überzeugungskraft, Durchsetzungsvermögen, konstruktive Problem- und Konfliktlösungsfähigkeiten notwendig.

a) Führung = Management

Im umfassenden betriebswirtschaftlichen Sinn versteht man darunter das Führen und Leiten eines Unternehmens, einer Organisation oder eines Projektes usw.

Die Unternehmensführung beschäftigt sich mit der Existenzsicherung des Unternehmens unter den wechselnden Rahmenbedingungen. Sie beurteilt Einflüsse des Umfeldes und nutzt die gewonnenen Erkenntnisse für die Anpassung des Unternehmens an die neuen Begebenheiten. Im Innern berücksichtigt sie die vorhandenen Stärken, Fähigkeiten und Ressourcen. Aus der Kombination der äusseren und der inneren Einflussfaktoren werden die Strategien, die Unternehmensziele und die Unternehmenspolitik festgelegt.

b) Führung = Mitarbeiterführung

Im engeren Sinn spricht man von Führung, indem eine bewusste und zielorientierte Einflussnahme auf Mitarbeiter ausgeübt wird. Die Mitarbeiterführung wird durch die Veränderungen im Umfeld geprägt. Intelligente Unternehmensführung kann sich rasch auf neue Situationen einstellen. Sie braucht viele kompetente Leute, die Bescheid wissen, und die bereit sind, mitzudenken, zu handeln und Verantwortung zu übernehmen. Dazu braucht es eine hohe Transparenz im Bereich von Information und Kommunikation, ein koordiniertes Zusammenspiel aller Beteiligten und Vertrauen zwischen Mitarbeitern und Führungskräften. Führen heisst Einfluss nehmen auf das Verhalten der Mitarbeiter, so dass mit ihnen zusammen die Ziele erreicht werden können. Wenn es also darum geht zielorientierte Anordnungen zu erteilen, einzufordern und zu korrigieren, dann agiert der Projektleiter aus der Rolle der Mitarbeiterführung (wie eine Führungskraft).

c) Führung = Coaching

Der Projektleiter hat auch die Aufgabe seine Mitarbeiter ressourcenorientiert zu unterstützen, zu fördern und ihre Persönlichkeit zu entwickeln. Dafür steht der Begriff Coaching. Es ist ein Element der partnerschaftlichen Führung und eine sinnvolle Ergänzung zu den anderen Instrumenten der Personalentwicklung. In der Rolle des Coachs ist er Begleiter und Trainer und verfolgt das Ziel, seine Projektmitarbeiter so zu entwickeln, dass sie selbständig und eigenverantwortlich handeln können. Die Coaching-Qualität zeichnet sich durch realistische Umsetzung, konkrete Resultate und Nachhaltigkeit aus.

Klar scheint, dass das Wort Führung von den beteiligten Menschen recht zwiespältig erlebt werden kann. Die einen denken dabei an Verantwortung und Herausforderung. Andere denken eher an Herrschaft und Befehlsgewalt und damit an Unterdrückung und Mittel, um eigene Ansprüche durchzusetzen. Tatsächlich weist das Wort „Führung" auf Macht und Einflussnahme auf andere hin. Wer Führungskompetenz hat, übt Macht über Menschen oder Menschengruppen aus. Die Art und Weise dieser Machtausübung ist aber letztlich entscheidend, von welcher Qualität die Führungsarbeit ist bzw. ob sich damit auch ein Führungserfolg einstellt.

Von Führungskräften wird erwartet, dass sie nebst ihren Managementfähigkeiten immer mehr die Coaching-Fähigkeit entwickeln und einsetzen können. Speziell für die Besetzung der Projektleiterfunktion sollte das oberste Management auf diesen Punkt sehr genau achten. Weiter gilt: Je grösser die Mündigkeit der Mitarbeiter ist, desto mehr sind Coaching-Fähigkeiten der Führungskräfte gefragt. Derart geförderte Arbeitsorganisationen wachsen und entwickeln sich an den aktuellen Fragestellungen im Sinne der „lernenden Organisation" permanent weiter.

6.2 Führungsorganisation

Die Führungstätigkeiten bestehen im Wesentlichen aus den drei Elementen:

- Planung,
- Steuerung und Delegation,
- Kontrolle.

Diese Tätigkeiten finden auf allen Führungsebenen statt. Sie sind notwendig, um die anstehenden Aufgaben zielorientiert und koordiniert zu gestalten und zu lenken. Auf jeder Stufe des Unternehmens müssen verschiedenen Prozesse geplant, gesteuert und auf ihre Wirksamkeit hin überprüft werden. Dabei greifen grundsätzlich drei Managementebenen ineinander:

Strategisches Management

(Sinn-Ebene) engagiert sich für die generellen Ziele des Unternehmens, Prinzipien, Normen und Werte, die darauf ausgerichtet sind, die Überlebens- und Entwicklungsfähigkeit des Unternehmens zu sichern.

Dispositives Management

(Effektivitäts-Ebene) setzt sich ein für Aufbau, Pflege und Nutzung von Erfolgspotenzialen der vorhandenen Ressourcen.

Operatives Management

(Effizienz-Ebene) setzt die normativen, strategischen und dispositiven Konzepte in effiziente Routinearbeit um.

Unternehmen und Organisationen haben normalerweise für sich wiederholende Routineprozesse und zweckmässige Organisationsstrukturen installiert. Sie sind dabei herausgefordert, sich laufend mit den aktuellen Veränderungen auseinander zu setzen. Sie brauchen für ihre Existenzsicherung andauernd neue oder aktualisierte Verfahren und Abläufe, neue Materialien und Produkte und neue Strategien.

Führungskonzept Projektmanagement

Für die Projektbearbeitung sind vorgängig erwähnte Organisationsstrukturen ungenügend. Deshalb wurde das Führungskonzept des Projektmanagements entwickelt. Es ist ein Führungsinstrument das auf die Lösung temporärer, interdisziplinärer Aufgaben mit einem hohen Anteil an Innovation und Komplexität ausgerichtet ist.

Eine Projektorganisation zeichnet sich im speziellen dadurch aus, dass sie mit unterschiedlichen Kompetenzsystemen des produzierenden Unternehmens bzw. der dienstleistenden Organisation sowohl nach Innen als auch nach Aussen vernetzt ist.

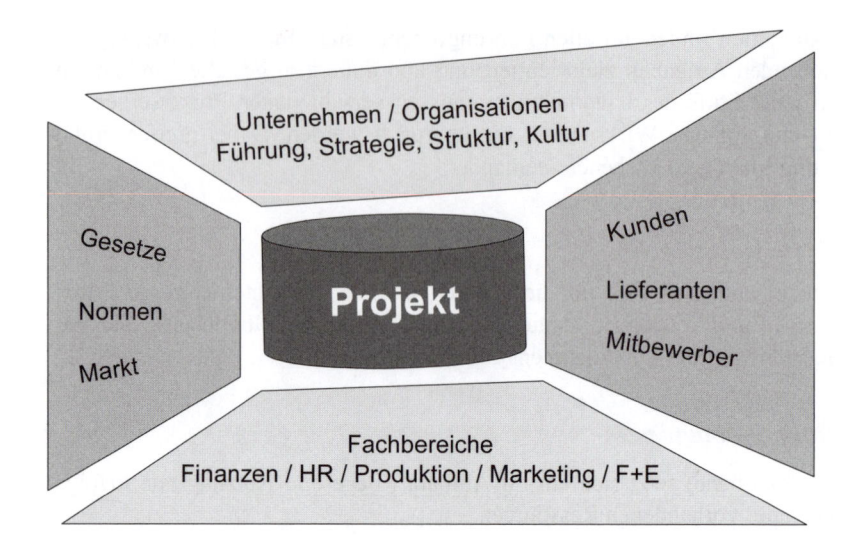

Abbildung III-72: Vernetzungen von Innen- und Aussenwelt eines Projektes

6.3 Projektmanagement heisst auch Beziehungsmanagement

Ein Projekt beinhaltet nicht nur einen Problemlösungsprozess. Es ist mit der Umwelt vernetzt. In der Regel nehmen wir dies wenig zur Kenntnis und wickeln Projekte relativ isoliert ab. Eine zu introvertierte Optik kann aber wesentliche Nachteile mit sich bringen:

- Die Benutzer, Betroffenen, Interessenten usw. lehnen die Projektideen und Lösungen ab, weil sie als fremd, als nicht realitätsbezogen empfunden werden. Die Wirklichkeiten des Projektes und der Umwelt wurden nicht aufeinander abgestimmt, die Auseinandersetzung und der Lernprozess fangen erst dann an, wenn das Projekt zu Ende ist.
- Es sind wenige oder gar keine Synergien nutzbar, sei dies mit parallel laufenden Projekten, sei dies mit anderen Stellen des Unternehmens.
- Vom Projekt ausgehende Impulse können für das Unternehmen nicht wirksam werden, z.B. kann die „alternative" Projektkultur nicht anregend auf die Gesamtorganisation wirken. Im Gegenteil, die Gegensätze können blockieren und Konflikte aufbauen.

Projektarbeit heisst somit auch Arbeit an den Beziehungen zur Umwelt. Vergleichbar ist dies im Unternehmen mit der folgenden, unbestrittenen Erkenntnis: Wer nicht regelmässig Beziehungsarbeit zu Kunden, Lieferanten und Mitarbeitern leistet, wird es schwer haben, zu überleben. So hat eben auch ein Projekt seine

Kunden, seine Lieferanten und seine Mitarbeiter. Auch hier hängt der Erfolg wesentlich von der Beziehungsarbeit ab.

6.3.1 Projektvernetzungen analysieren

Für die Darstellung der Vernetzungen mit der Umwelt eignet sich die Projektumweltanalyse (Boos 1996) sehr gut. Die Beziehungen gilt es dann qualitativ wie auch quantitativ zu bewerten: positiv, problematisch, Erwartungshaltungen, Abhängigkeiten, Einflussrichtungen, Konflikte, Blockaden, Befürchtungen, intensiv, extensiv usw. Auch die Personen des Projektleiters und der Projektteammitglieder sind soziale Umwelten, auch sie haben ganz bestimmte Interessen, Erwartungen, Motive usw. in Verbindung mit dem Projekt. Diese Analyse soll deshalb mit dem ganzen Projektteam am besten zu Beginn der Projektarbeit durchgeführt und diskutiert werden.

Die Projektumweltanalyse gibt einen guten Eindruck vom Spannungsfeld, in dem sich ein Projekt bewegt, es fördert zu einem frühen Zeitpunkt die Aussenorientierung, strategisches Denken, Marketingbewusstsein usw. und erlaubt es, zielgruppenspezifische Massnahmen zu treffen. Die folgende Abbildung zeigt ein Beispiel dafür, wobei fördernde (+) und hinderliche (-) Verbindungen entsprechend markiert sind.

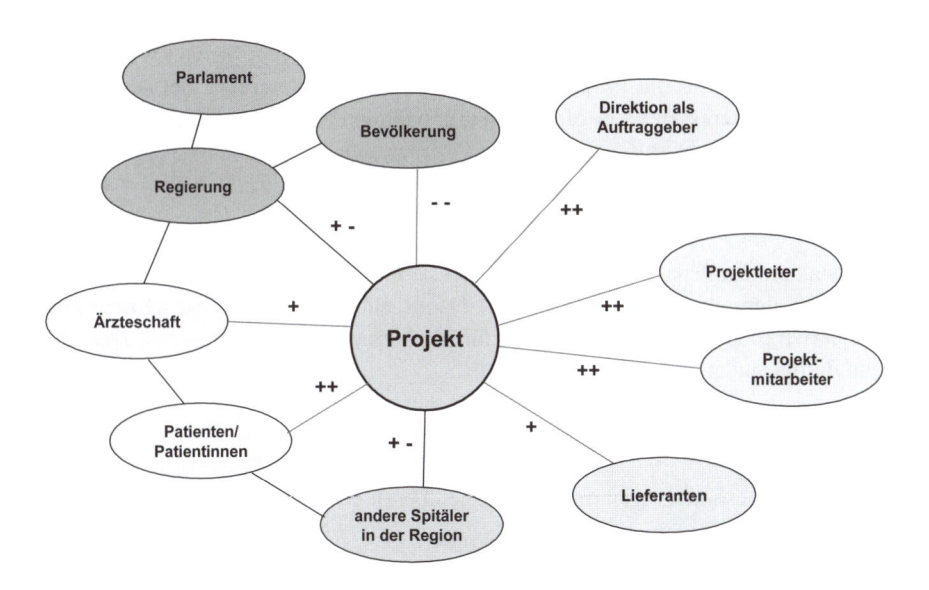

Abbildung III-73: Beispiel: Vernetzungen eines Projektes in einem Spital

Es gibt viele Möglichkeiten, an den Beziehungen zu arbeiten, sie zu gestalten. Beim Projektstart ist die beginnende Beziehungsarbeit zwischen Projektleiter und Teammitglieder eine unabdingbare Voraussetzung für eine funktionierende Projektarbeit. Diese Beziehungsarbeit kann auf das weitere Umfeld ausgedehnt werden.

6.3.2 Anspruchsgruppen managen

Anspruchsgruppen oder Stakeholder sind Personen oder Organisationen, die zum Projekt relevante Beziehungen haben. Diese Beziehungen können sein: Betroffenheit, bestimmte Interessen, Legitimation oder auch Erfahrungen. Unternehmensexterne Anspruchsgruppen werden manchmal als unsichtbares Projektteam bezeichnet, da sie das Projekt wesentlich beeinflussen, unterstützen oder sogar zu Fall bringen können. So stellen unterschiedliche Anspruchsgruppen oft auch widersprüchliche Forderungen an ein Projekt.

Einflussreiche Stakeholder versuchen beispielsweise, den Zielsetzungen und der Projektplanung ihren Stempel aufzudrücken und gewisse Teilergebnisse früher zu verlangen als geplant. Oder Investoren haben ein Interesse, die Projektrisiken niedrig zu halten.

Bildlich gesprochen ist das Projekt in ein soziales Netz oder Kräftefeld eingebunden, das es nicht nur zu berücksichtigen gilt, sondern das für den Projekterfolg nutzbar gemacht werden kann. Mit den Anspruchsgruppen kann unterschiedlich verfahren werden: Es können kommunikative Beziehungen aufgebaut werden, sie können aber auch in die Projektorganisation einbezogen werden. Bei sehr unterschiedlichen Interessen ist es oft vorteilhaft, Möglichkeiten zu schaffen, dass Vertreter von Anspruchsgruppen gegenseitige Interessen und Meinungsverschiedenheiten direkt ausdiskutieren können. Damit besteht eher die Gewähr, dass eine breit abgestützte und somit solide Lösung entstehen kann.

Eine Stakeholder-Analyse wird mit Vorteil bereits möglichst am Anfang des Projektes mit dem Projektteam erarbeitet. Damit entstehen auch eine gemeinsame „Projektwirklichkeit" und ein Gespür für die Vernetzung des Projektes. Das Stakeholdermanagement umfasst vier Schritte:

1. Stakeholder identifizieren

- Wer stellt besonders wichtige Ressourcen bereit oder auch nicht?
- Wer kann Einfluss nehmen auf das Projekt?
- Wer ist vom Projekt besonders betroffen?
- Wer kann den Projekterfolg fördern oder hemmen?
- Wer braucht die Projektergebnisse?
- Wer darf nicht übergangen werden?

2. Stakeholder analysieren

- Bildhafter Aufbau der Stakeholder: Stakeholder um das Projekt gruppieren
- Intensität und Qualität des Einflusses und des Interesses der einzelnen Stakeholder benennen und visualisieren, z.B.: Nähe zum Projekt durch Positionierung nahe vom Projekt und Qualität der Beziehungen mit Symbolen für positiv, neutral oder negativ

3. Stakeholder bewerten

Diese Aufgabe wird am einfachsten in Tabellenform dargestellt:

Stakeholder	Interesse Betroffenheit	Grad	Macht, Einfluss, Legitimation	Grad	Erwartete Reaktionen auf das Projekt	Bewertung	Massnahmen
Stimmbürger	Offenes und multifunktionales Stadthaus erwünscht, aber nicht zu teuer	3	Legitimiert, via öffentliche Abstimmung pos./ neg. zu entscheiden	3	Zustimmung scheint wahrscheinlich	+	Professionelles Projektmarketing, Besichtigungen, Aufwand/Nutzen gut kommunizieren
Kunden, Besucher	Kundenfreundlicher Service	1	Reklamationen, Leserbriefe	1		+	analog Stimmbürger
Mitarbeiter der Verwaltung	Keine Grossraumbüros! Gute Erreichbarkeit des Stadthauses (Arbeitsweg)	3	Indirekt über Motivation, Arbeitseinsatz	2	Unterschiedliche Reaktionen	?	Wertschätzung entgegenbringen, Einbezug in die Büroplanung
Vereine	Endlich Infrastruktur für Aktivitäten!	2	Beeinflussung der Abstimmung	1	sehr positiv	+	Interesse wecken, Einbezug in die Planung
Anwohner	Beeinträchtigung durch Schattenwurf	3	Legitimiert zu Einsprachen	2	Einsprache wahrscheinlich (Projektverzögerung)	–	Frühzeitige Information, Aufzeigen, welche Auswirkungen eine Verzögerung hat
Kant. Denkmalschutz	Keine Beeinträchtigung der Altstadt-Silhouette	2	Einsprachemöglichkeit	3	Öffentliche Debatte, Einsprache, Beeinflussung der Abstimmung	–	Einbindung ins Projektteam
Umweltschutz-Verband	Reduzierte und kostenpflichtige Anzahl Parkplätze	2	Verbandsbeschwerde(n)	3	Reicht vermutlich Beschwerde ein ab ca. 20 Parkplätze	–	Bilaterale Vorgespräche
Anbieter: Baufirmen, Handwerker	grosses Interesse an Aufträgen	3		1		+	Transparentes Submissionsverfahren in Aussicht stellen

Grad der Beziehung zum Projekt: 3 = hoch, 2 = mittel, 1 = klein
Art der Beziehung: 1: + = positiv, – = negativ, ? = unbekannt, neutral

Abbildung III-74: Tabellarische Darstellung einer Stakeholderanalyse (Bauprojekt)

Zur Bearbeitung dieser Fragestellung sind folgende Überlegungen hilfreich:

- Was denken die Stakeholder über das Projekt? Das Problem soll aus den verschiedenen Perspektiven der Anspruchsgruppen betrachtet werden.
- Wie sind die Beziehungen der Stakeholder zueinander? Welche Interessen und Ziele verfolgen die einzelnen Stakeholder? Wie stehen sie zueinander? Wo gibt es allenfalls Konfliktpotenzial?
- Mit welchen Reaktionen und Verhaltensweisen der Stakeholder muss der Projektleiter rechnen?

Aus der ersten Analyse lässt sich eine Stakeholderlandkarte ableiten:

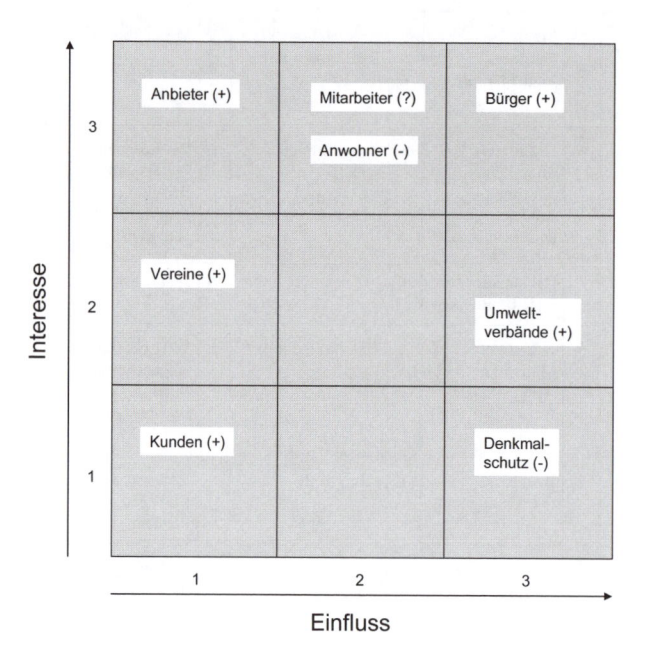

Abbildung III-75: Stakeholderanalyse in Matrixform

4. Stakeholder steuern

Anhand der Analyse und Bewertung der Stakeholder werden Massnahmen formuliert und umgesetzt. Mögliche Ansätze für den Umgang mit Stakeholdern sind:

- Stakeholder im Projekt einbinden, d.h. ein geeignetes Projektgremium schaffen sowie Aufgaben und Rollen der Anspruchsgruppen im Projekt definieren,
- Interessen und Zielsetzungen klären, Mediation (z.B. bei entgegen gesetzten Projektzielen oder Interessen),

- Stakeholder adressatengerecht informieren und den Dialog pflegen,
- zusätzliche Kommunikationsgefässe schaffen, z.B. Workshop/Grossgruppenintervention/Veranstaltung.

Die Stakeholderlandkarte zeigt direkt auf, mit wem der Projektleiter wie umzugehen hat.

Interesse (y-Achse)

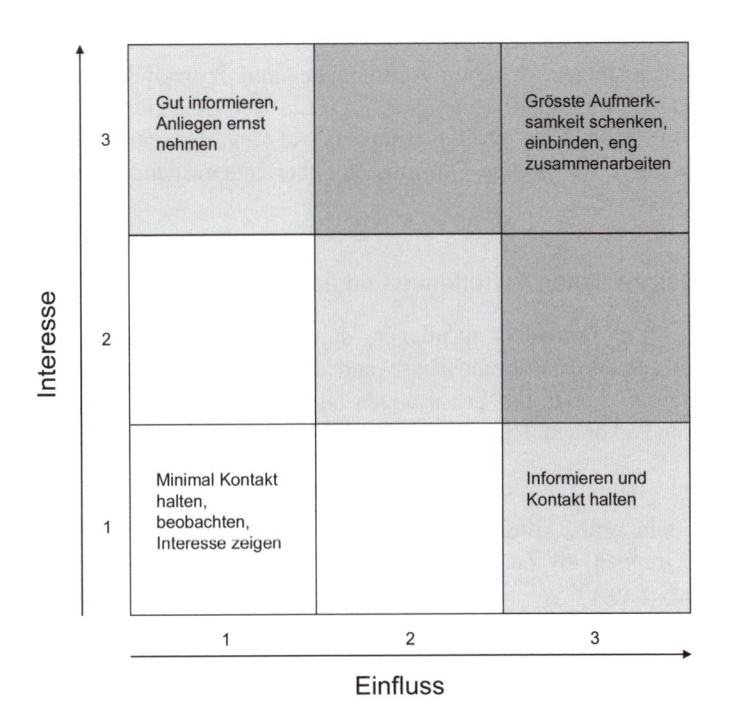

	Einfluss 1	Einfluss 2	Einfluss 3
3	Gut informieren, Anliegen ernst nehmen		Grösste Aufmerksamkeit schenken, einbinden, eng zusammenarbeiten
2			
1	Minimal Kontakt halten, beobachten, Interesse zeigen		Informieren und Kontakt halten

Abbildung III-76: Strategien im Umgang mit Anspruchsgruppen

- Macht und Einflussnahme der Stakeholder sind kaum steuerbar. Steuerbar ist aber die Beziehung der Stakeholder zum Projekt durch Beziehungsmanagement;
- Veränderungen und Entwicklungen in Bezug auf die Stakeholder feststellen;
- regelmässige Kommunikation und Diskussion mit den Stakeholdern pflegen;
- die getroffen Massnahmen periodisch kontrollieren und anpassen.

6.3.3 Auftraggeber ins Projekt einbinden

Ziel ist es, die volle Identifikation und Wertschätzung der auftraggebenden Seite zu erreichen. Das kann z.B. durch folgende Massnahmen geschehen:

- Projektauftrag mit dem Auftraggeber gemeinsam (oder interaktiv) erarbeiten,
- Auftraggeber (oder seine Vertretung, z.B. Ausschuss) periodisch über den Projektstand informieren und anstehende Fragen oder Risikosituationen diskutieren,
- Auftraggeber bei wichtigen Projektereignissen einbeziehen, z.B. beim Projektstart, bei wichtigen Zwischenergebnissen, am Ende des Projektes und zwar nicht nur in der Rolle des Entscheidungsträgers, sondern auch im Sinne des „Patronats".

Die Intensität der Beziehungen zwischen Auftraggeber und Projektleiter hängt natürlich immer von den konkreten Bedingungen ab. Ein Bereichsleiter ist unter Umständen näher beim Projekt als ein Regierungsrat und kann dementsprechend besser einbezogen werden. Im zweiten Fall müssen daher entsprechende „Scharnierstellen" geschaffen werden.

6.3.4 Beziehungen zwischen Betroffenen und dem Projektteam

Diese Beziehungen gilt es besonders zu pflegen, da diese entscheidend für den Erfolg oder Misserfolg in der Einführungsphase sind. Ziel ist es, Vertrauen herzustellen, Möglichkeiten zu bieten, um Erwartungen und Befürchtungen sowie die Interessen formulieren zu können. Hier denken wir an folgende Möglichkeiten:

- Eingliederung von wichtigen Exponenten in das Projektteam;
- Einbezug in eine temporäre Arbeitsgruppe (erweitertes Projektteam); wir denken hier auch an Gruppen, die Ziele erarbeiten, Interessenkonflikte ausdiskutieren, Lösungen suchen usw.;
- Aufbau und Förderung der gegenseitigen Kommunikation;
- Infomarkt, wo sich zukünftige Benutzer oder Betroffene informieren können und aus erster Hand für sie nützliche Informationen erhalten.

Wichtig ist es auch, in diesen Umwelten Zieldifferenzen, Interessenkonflikte usw. auszudiskutieren. Unter Umständen müssen dafür besondere Veranstaltungen oder Workshops organisiert werden.

6.3.5 Vereinbarungen für die Arbeit im Team

Je höher die soziale Komplexität oder je offener die Aufgabenstellung des Projektes, desto mehr Individuen werden in den ganzen Problemlösungsprozess involviert sein. Dabei ist wesentlich, dass die gemeinsame Aufgabe von der Gruppe und ihren Mitgliedern anerkannt und als wichtig erachtet wird, d.h. objektive und subjektive Zielsetzungen müssen übereinstimmen. Der Einzelne muss mit der Erreichung der vorgegebenen Projektziele zugleich auch persönliche Ziele (z.B. persönliche Bedürfnisbefriedigung) erreichen können.

Für ein Projektteam stellt die Kommunikation das Arbeitsinstrument erster Güte dar. Im gemeinsamen Gespräch (Interaktion) werden Sach- und Beziehungsprobleme besprochen und analysiert. Entscheide werden gefällt und Einzelinteressen innerhalb des Teams auf das Ganze hin koordiniert. Mit dem gegenseitigen Gespräch wird es der Gruppe erst möglich, ihre internen Themen und Unstimmigkeiten zu erkennen und zu lösen.

Wird diese ganze Kommunikation durch eine bürokratisch-autoritäre Führung (z.B. schriftlich) oder durch eine starre, formalistische Organisationsstruktur unterbunden, wird die Gruppe in ihrer Entwicklung zum leistungsfähigen und leistungswilligen Team behindert, weil der gegenseitige Austausch fehlt.

6.4 Führungsarbeit im Projektmanagement

Das Abwickeln eines Projektes hat andere Aspekte als die Führung einer Organisationseinheit. Da es in Projekten meist darum geht, bereichsübergreifende Facharbeiter auf ein gemeinsames Ziel hin auszurichten und sie dazu zu bringen, dieses Ziel bzw. ein Resultat mit einem wirtschaftlichen Nutzen für das Unternehmen zu erreichen.

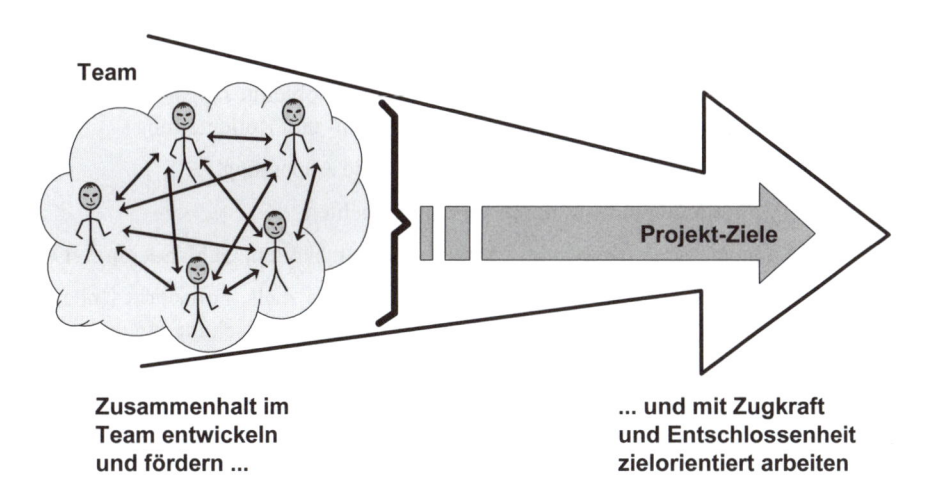

Abbildung III-77: Führungsprozess im Projektteam

Da die Projektmitarbeiter gleichberechtigte Partner sind, welche sich der Problemlösungsbearbeitung verpflichtet haben, ist es sinnvoll eine Führungsperson bzw. Projektleiter mit ausgeprägten Coachingfähigkeiten zu wählen. Er muss fähig sein, im Projektteam die notwendigen Arbeitsprozesse aufzubauen, zu koordinieren und begleiten zu können:

- Die Teamführung geschieht über Teambildungsprozesse, um die Problemlösung, bzw. Zielerreichung möglichst effektiv und effizient zu erreichen.
- Die Zusammenarbeit basiert auf verbindlichen Vereinbarungen (Vereinbarungskultur). Die Teammitglieder sind gleichberechtigte Partner, auch wenn sie aus verschiedenen Ebenen der Unternehmenshierarchie kommen.
- Der Projektleiter führt hauptsächlich über Information, Kommunikation und koordinierende Absprachen. Letztlich erreicht er mit einem zielorientierten und wertschätzenden Führungsverhalten die grösste Wirkung.
- Im Rahmen seiner Führungsverantwortung muss er aber auch in Pattsituationen klare Entscheidungen fällen können.

6.4.1 Unterschiedliche Aufgaben der Projektleitung

Damit ein Projektteam effektiv arbeiten kann, müssen vom Projektleiter verschiedene Führungsaufgaben und Serviceleistungen wahrgenommen werden. Die fortlaufend auszuführenden Serviceleistungen, die übrigens nicht nur die alleinige Sache des Projektleiters sein muss, umfassen folgende Aspekte:

Planung, Organisation und Kontrolle

- Wahl und Einhaltung einer Problemlösungs- und Vorgehenssystematik. Das Team muss sich im Klaren darüber sein, wo es im Problemlösungsprozess steht und wer an welcher Teilaufgabe arbeitet (Aufgaben- und Rollenteilung)
- Termin- bzw. Aufwandplanung und deren rollende Anpassung
- Zeitstruktur festlegen und auf deren Einhaltung achten
- Für eine angemessene Infrastruktur sorgen: Räumlichkeiten, Geld, Sachmittel
- Ein Kontrollsystem einrichten, welches Erreichen des Ziels, Fortschritt (Inhalt, Termine), Aufwand (Stunden, Kosten) überwacht und Abweichungen meldet
- Ein geeignetes Instrument bestimmen, um eine laufende Übersicht über alle getroffenen Entscheidungen und erteilten Aufgabenpakete zu haben
- Konsequenzen geänderter Ziele, Abweichungen vom Arbeitsplan aufzeigen
- Dokumentation sicherstellen (Protokolle, Projektpläne, Beschreibungen, Programme usw.)
- Aufzeigen der Konsequenzen von Zieländerungen
- Risikomanagement etablieren

Moderation

- Strukturieren und Leiten der Sitzungen
- Alle Mitglieder einbeziehen und am Lösungsprozess beteiligen
- „Treten an Ort" verhindern, Entscheidungen provozieren und die Gruppe vorwärts treiben
- Für den richtigen Methoden-Mix (z.B. Einzel-, Kleingruppen- und Plenumsarbeit; Brainstorming, Metaplan usw.) sorgen und die passenden Instrumente (Pinwand, Flipchart, Hellraumprojektor usw.) einsetzen
- Den Arbeitsprozess laufend visualisieren und dokumentieren
- Auswertungsrunden initiieren und leiten: „Wie haben wir gearbeitet?"

Teamentwicklung

- Sich um das Beziehungsgefüge, das Gruppenklima kümmern, d.h. dafür sorgen, dass eine Atmosphäre herrscht, in der die Mitglieder arbeitsfähig werden bzw. bleiben
- Begegnungsmöglichkeiten schaffen, welche die Mitglieder einander näher bringen
- Bei der Bewältigung von Spannungen und Konflikten helfen, d.h. Unterstützung für die Bearbeitung unterschwelliger Themen geben
- Darauf achten, dass kein Mitglied in seiner Würde verletzt oder geringschätzig behandelt wird

Information und Kommunikation

- Das Team muss laufend mit den nötigen Informationen versorgt werden
- Im Team muss der Informations- und Kommunikationsfluss definiert und sichergestellt werden
- Das Umfeld, d.h. alle Anspruchsgruppen müssen mit stufengerechten Informationen aus dem Projekt versorgt werden
- Zu den anderen Projektleitern bzw. Teilprojektleitern, zu den Mitgliedern von betroffenen Organisationseinheiten, zu Führungskräften und dem Auftraggeber müssen laufend Kontakte gepflegt werden

Controlling

- Controlling ist ein permanenter Prozess, für den das Team gemeinsam die Verantwortung trägt
- Zielabweichungen rasch erkannt und Massnahmen eingeleitet werden

- Bei Spielregelverletzungen, Nichteinhalten von Rahmenbedingungen usw. reagieren
- Aus einer übergeordneten Position ("Helikoptersicht") begleitet und überwacht der Projektleiter den Arbeitsprozess des Projektteams

Krisenmanagement

- Laufende Beobachtung möglicher Anzeichen von Krisen und Konflikten
- Vermutete oder offensichtliche Krisen als solche klar ansprechen
- Krisen im Team bearbeiten und abschliessen

6.4.2 Leistungsfähigkeit fördern und erhalten

Heutige Projekte stehen meist unter Druck. Knapp bemessene Ressourcen bzw. Zeit für die Zielerreichung führen zu Spannungen, welche die betroffenen Menschen belasten. So sind die Arbeitsbelastung und der damit verbundene Stress eine wichtige Grösse, die gemanagt werden muss, damit es nicht zu Leistungseinbrüchen bei einzelnen Personen oder dem ganzen Teams führt.

Menschen mit hoher Bereitschaft zu ausserordentlichen Leistungen sind auch anfällig auf Stress. Diese Personen „geben alles" und so ist die Gefahr gross, dass sie mit der Zeit in chronischen Stress verfallen. Läuft der akute, natürliche Stress in drei Phasen ab (Vorbereitung – Leistungserbringung – Erholung), so gibt es bei chronischem Stress keine Erholungsphase mehr, der Mensch befindet sich in Dauerstress. Dieser ist kaum mehr zu bewältigen und die Gefahr ist gross auszubrennen. Dieser Zustand wird Burnout genannt. Als Burnout lässt sich ein arbeitsbezogenes psychisches und physisches Erschöpfungssyndrom bezeichnen. Merkmale davon sind bei den Betroffenen:

- nachlassende Effizienz,
- Zynismus,
- überdauernde Müdigkeit,
- fehlendes Gefühl für die eigene Persönlichkeit,
- Gleichgültigkeit, keine Kraft mehr zur konstruktiven Kritik,
- unkontrollierte Arbeitsbereitschaft (nur noch dieses Problem lösen).

Wenn der Betroffene den Zugang zu sich selbst verliert, rutscht er immer tiefer ins Burnout. Es gehört zu den Aufgaben des Projektleiters, den Zustand seines Teams im Auge zu behalten und regulierend einzugreifen. Auch wenn er nicht die hierarchische Personalführungsverantwortung hat, so kann der Projektleiter zusammen mit den Führungsverantwortlichen darauf achten, dass die wesentlichen Voraussetzungen guter Arbeitsbedingungen weitgehend bestehen und präventiv wirken, indem er je nach Situation beispielsweise Folgendes ermöglicht:

- Handlungsspielräume erweitern,
- soziale Unterstützung bieten,
- widersprüchliche Aufgaben vermeiden oder mindestens transparent machen,
- ganzheitliche Aufgaben stellen,
- Partizipation ermöglichen,
- Arbeitsverdichtung/Zeitdruck reduzieren,
- gezieltes Coaching bezüglich Zeitmanagement, persönlicher Abgrenzung/Selbstbehauptung (Nein-sagen-Können), unrealistische Erwartungen (sowohl eigene als auch fremde) reduzieren.

6.4.3 Ein Projektleiter trägt verschiedene Hüte

Die verschiedenen Führungsfunktionen kann man sich auch als Hüte vorstellen, die sich der Projektleiter abwechslungsweise aufsetzt. Meistens hat er zwei oder mehr Hüte gleichzeitig zu tragen. Dadurch läuft er Gefahr, ständig überfordert zu sein. Insbesondere dann, wenn er sich auch noch intensiv am inhaltlichen Problemlösungsprozess beteiligen will oder muss.

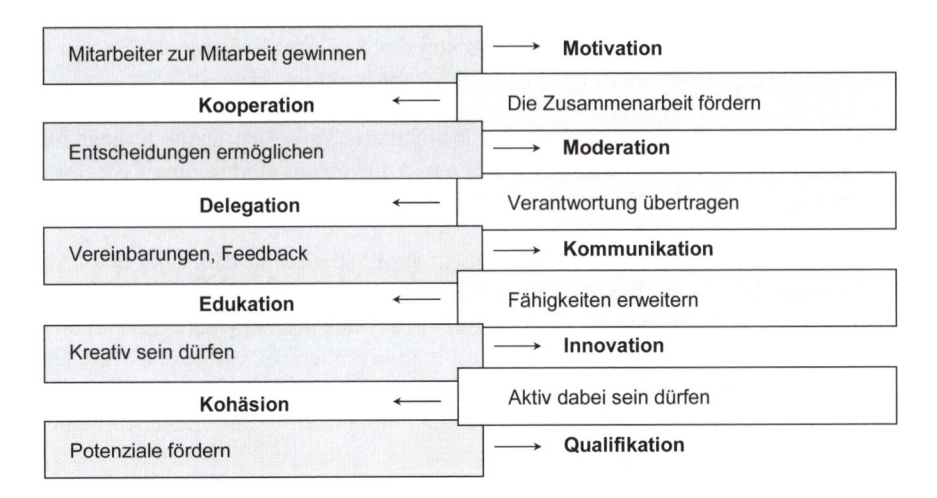

Mitarbeiter zur Mitarbeit gewinnen	⟶	**Motivation**
Kooperation	⟵	Die Zusammenarbeit fördern
Entscheidungen ermöglichen	⟶	**Moderation**
Delegation	⟵	Verantwortung übertragen
Vereinbarungen, Feedback	⟶	**Kommunikation**
Edukation	⟵	Fähigkeiten erweitern
Kreativ sein dürfen	⟶	**Innovation**
Kohäsion	⟵	Aktiv dabei sein dürfen
Potenziale fördern	⟶	**Qualifikation**

Abbildung III-78: Elemente der Führung im Projekt

Anstatt die ganze Führungsarbeit selber zu leisten, ist es sinnvoll, dass der Projektleiter die Teammitglieder darin einbezieht. Damit eine Arbeitsteilung funktionieren kann, muss sie, zumindest in einer neu zusammengesetzten Gruppe, zwischen den Betroffenen ausdrücklich besprochen und vereinbart werden. Ohne Absprache führt ein solches Vorgehen sehr oft zu Missverständnissen, Rivalität, Blockaden bis hin zur totalen Lähmung.

Je besser es dem Projektleiter gelingt, die Hüte auf verschiedene Teammitglieder zu verteilen, desto mehr kann er sich von der Führungsfunktion entlasten und sich dem Problemlösungsprozess widmen. Dabei ist zu beachten, dass sich nicht alle Hüte gleich gut delegieren lassen und sie auch nicht allen Teammitgliedern gleich gut passen. Bestimmte Aufgaben erwartet „man" einfach von einem Projektleiter. Er kann z.B. die Gesamtverantwortung nicht delegieren, denn damit würde er seinem Auftrag, den er vom Auftraggeber übernommen hat, nicht mehr gerecht werden.

- Erfolg oder Misserfolg eines Projektes hängen stark von den Kompetenzen und der Persönlichkeit des Projektleiters ab.
- Realistisch betrachtet ist es schwierig, einen Projektleiter zu finden, dem alle Hüte zur Verfügung stehen. Für eine erfolgreiche Projektarbeit wird er deshalb auf die volle Unterstützung und Kooperation seines Teams angewiesen sein.
- Für den Projektleiter ist es wichtig, dass er sich jeweils bewusst ist und deklariert, aus welcher Rolle er gerade agiert, z.B. „Meine Meinung als Fachspezialist ist …" oder „Meine Meinung als Projektleiter ist …".

6.4.4 Führungsstil in Projekten

Warum soll ein Projektleiter, der die Führung des Projektes bewusst übernommen hat, die Führungsaufgaben mit den anderen Gruppenmitgliedern teilen?

Ein Vorteil wurde bereits erwähnt: Der Projektleiter kann sich dadurch mehr für eine ganzheitliche Problemlösung engagieren. Andererseits sind mit der Führungsaufgabe immer auch Macht und Prestige verbunden.

Betont der Projektleiter diese Aspekte übermäßig, so kann er damit bei den Projektteammitgliedern die gleichen Verhaltensweisen auslösen, wie wir sie von hierarchisch betonten Linienorganisationen kennen: Statt um ziel- und nutzenorientierte Problemlösungen für die Sache, wird um persönliches Prestige und Ansehen gerungen. Der Eigennutz wird vor den Gemeinnutzen gestellt, dabei blockieren Vertuschungsstrategien offene und ehrliche Kommunikation über Fehler, Mängel oder Misserfolge.

Der Erfolg des Projektes wird hauptsächlich am Nutzen gemessen, der für das Unternehmen erreicht wurde. Wie selbständig der Projektleiter seine Führungsaufgaben wahrgenommen hat, ist vorerst von sekundärer Bedeutung.

6 Führung und Zusammenarbeit

Personale Kompetenz
(Entwicklung und Prägung)
- Sprache
- Auftreten
- Werthaltung
- Ethik
- Intuition
- Körperhaltung
- Erscheinungsbild
- Initiative
- Kreativität
- Einstellung

Soziale Kompetenz
(Umgang mit Menschen)
- Konfliktfähigkeit
- Kooperationsfähigkeit
- Kommunikationsfähigkeit
- Motivationsfähigkeit
- Integrationsfähigkeit
- Einfühlungsvermögen

Methodische Kompetenz
(Können)
- Moderation
- Projektlenkung
- Gesprächsführung
- Präsentation
- Dokumentation
- zielgerichtet Vorgehen

Fachliche Kompetenz
(Wissen und Erfahrung)

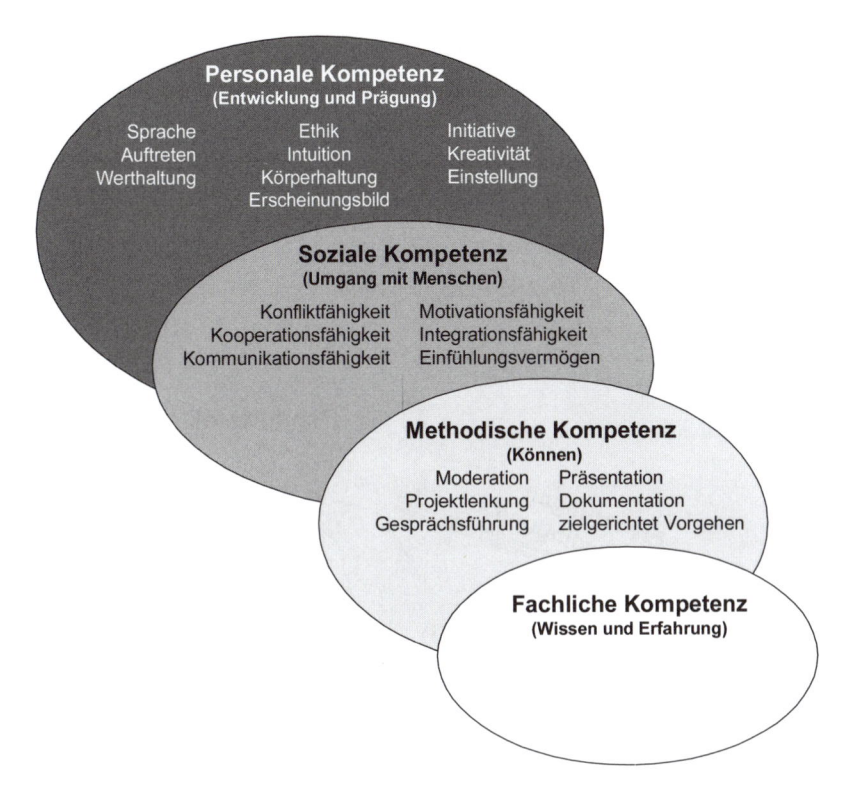

Abbildung III-79: Kompetenzen der Persönlichkeit

Auftraggeber sollten jedoch besonders sorgfältig hinschauen, wie die Stimmung im Projektteam ist. Begeisterte Projektmitarbeiter äussern sich aber positiv über die Zusammenarbeit mit ihrem Projektleiter. Sie haben Wertschätzung und Anerkennung erfahren und sie freuen sich auch bereits im Voraus über ein nächstes Projekt mit „ihrem" Projektleiter. Dies unter dem Motto: „Never change a winning team".

6.4.5 Durch Selbststeuerung zu mehr Flexibilität

Ein gut eingespieltes Team ist in einem hohen Grad zur Selbststeuerung fähig. Die Folgen sind: rasche Anpassung an Veränderungen, starkes Engagement und anhaltend hohe Identifikation und Motivation. Dies führt zu einem entsprechend grossen Leistungsvermögen. In einer solchen Situation muss der Projektleiter nur noch in Ausnahmefällen korrigierend eingreifen.

Diese Arbeitsform wird von vielen Menschen als etwas sehr Befriedigendes empfunden. Voraussetzungen dafür sind:

- Der Auftraggeber steht vollständig hinter diesem Projekt;
- die fachlichen Kompetenzen der beteiligten Personen entsprechen der Aufgabenstellung;
- die Teammitglieder sind motiviert und identifizieren sich mit dem Projekt;
- keine oder geringe Rivalität zwischen den Mitgliedern;
- Rollen und Spielregeln sind geklärt;
- der Projektleiter gewährt genügend Handlungsspielraum;
- Ressourcen zur Verfügung haben.

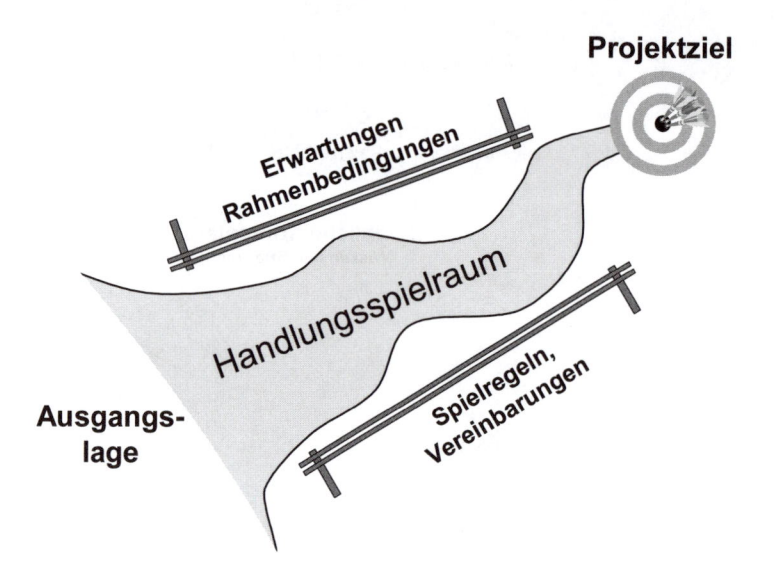

Abbildung III-80: Handlungsspielraum schaffen

Diese Voraussetzungen müssen unter Umständen mit viel Energie- und Zeitaufwand geschaffen werden. Die Initiative erfolgt meist vom Projektleiter. Er kann teamorientiertes Arbeiten anregen und ermöglichen, aber auch verhindern. Wichtig ist aber auch zu sehen, dass je höher der Leistung- bzw. Termindruck, desto mehr Führung und Koordination ist von der Projektleitung gefragt.

6.4.6 Klare Rahmenbedingungen schaffen Handlungsspielraum

Führung und Organisationsgestaltung verfolgen generell den Zweck, Arbeitsprozesse zielorientiert zu steuern. Durch allgemein verbindliche Regelungen und Vorschriften wird die Komplexität reduziert und die Effizienz erhöht. In Projekten können per Definition die Ziele manchmal nur ungenau beschrieben werden, z.B.

„Entwickeln einer Diversifikationsmöglichkeit" oder „Einen Lösungsweg neu zu entdecken".

Bei dieser Ausgangslage kann der Arbeitsprozess schlecht vorstrukturiert werden. Damit trotzdem brauchbare Resultate erzielt werden, braucht es klar umschriebene Rahmenbedingungen (Grenzen), innerhalb denen sich das Projekt bewegen darf.

Was für das Projekt allgemein gilt, stimmt auch für das Projektteam. Treffen der Projektleiter und die Teammitglieder klare Vereinbarungen (Spielregeln) über die gültigen Rahmenbedingungen und Ziele, so erhalten die Teammitglieder einen grossen Handlungsspielraum, innerhalb dem sie sich selbständig bewegen können. Es ist dann Aufgabe der Mitarbeiter, den optimalen Weg zu diesen Zielen zu suchen und auszuwählen. Der Projektleiter wird von dieser Aufgabe entlastet, ohne dass er Angst vor Kontrollverlust haben muss.

6.4.7 Führen durch Delegation

Für den Projektleiter bedarf erfolgreiches Delegieren vorerst der Fähigkeit, Aufgaben sinnvoll voneinander abzugrenzen, sie verständlich zu kommunizieren, die unterschiedlichen Aufgabenfelder zu koordinieren und die erzielten Ergebnisse zu integrieren. Im weiteren muss er den Auftragnehmern zugestehen können, dass sie Wege zum Ziel gehen, die er selbst eventuell nicht gegangen wäre, d.h. Delegationsfähigkeit braucht Vertrauen, Offenheit, Toleranz und bestimmt auch die notwendige Gelassenheit, sich nicht immer wieder in Details einzumischen.

Es gibt eine Vielzahl von Argumenten, die speziell im Projektmanagement für Delegation sprechen:

- Entlastung des Projektleiters, d.h. mehr Zeit für die strategischen, planerischen und dispositiven Entscheidungen.
- Meistens sind die Teammitglieder Fachspezialisten, die in ihrem Sachgebiet kompetenter sind als der Projektleiter, der „Generalisten-Wissen" hat.
- Entscheidungen können von denjenigen Fachleuten vorbereitet und getroffen werden, bei denen die Folgen unmittelbar wirksam werden.
- Durch die Delegation eröffnen sich in der Projektarbeit oft die für Kreativität in der Lösungssuche notwendigen Freiräume.
- Delegation heisst auch Einbezug, der Mitarbeiter. Sie werden gefordert und dadurch gefördert. Durch die Übernahme von Verantwortung wird sich die Qualifikation der Auftragnehmer erhöhen.

Qualifizierte Mitarbeiter wollen in der Regel ihr Potenzial einsetzen und zeigen können. Mit dem Delegationsprinzip betont der Projektleiter dem Mitarbeiter sein Vertrauen und verstärkt gleichzeitig die Selbständigkeit und Handlungsfähigkeit des Einzelnen. Zudem entspricht das Delegationsprinzip immer mehr dem heutigen Menschenbild des mündigen und fähigen Menschen.

Neben diesen Argumenten, die für das Delegationsprinzip sprechen, gilt es auch, die Gefahren zu erwähnen. Wichtig erscheint in diesem Zusammenhang, dass der Projektleiter dafür besorgt ist, dass:

- die „richtigen" Mitarbeiter eingesetzt werden, d.h. die Gefahr der Überforderung muss vorgängig geklärt werden,
- die Mitarbeiter umfassend informiert sind, d.h. sie haben nebst Ziel und Zweck auch die Zusammenhänge verstanden,
- die Ausführungs- und Ergebniskontrolle planmässig und systematisch erfolgen (Statusberichte, Meilensteine).

Mit der Übertragung von Arbeitsaufgaben sind die entsprechenden Kompetenzen zu erteilen und die Verantwortung zu übertragen. Um Aufgaben zu delegieren, sind folgende Fragen zu klären:

- Was soll getan werden?
- Wer soll die Aufgabe erledigen?
- Warum soll der Mitarbeiter die Aufgabe erledigen?
- Wie soll der Mitarbeiter die Aufgabe erledigen? Klären von allfälligen Rahmenbedingungen, die die Ausführungsform beeinträchtigen.
- Wann soll die Aufgabe erledigt sein?

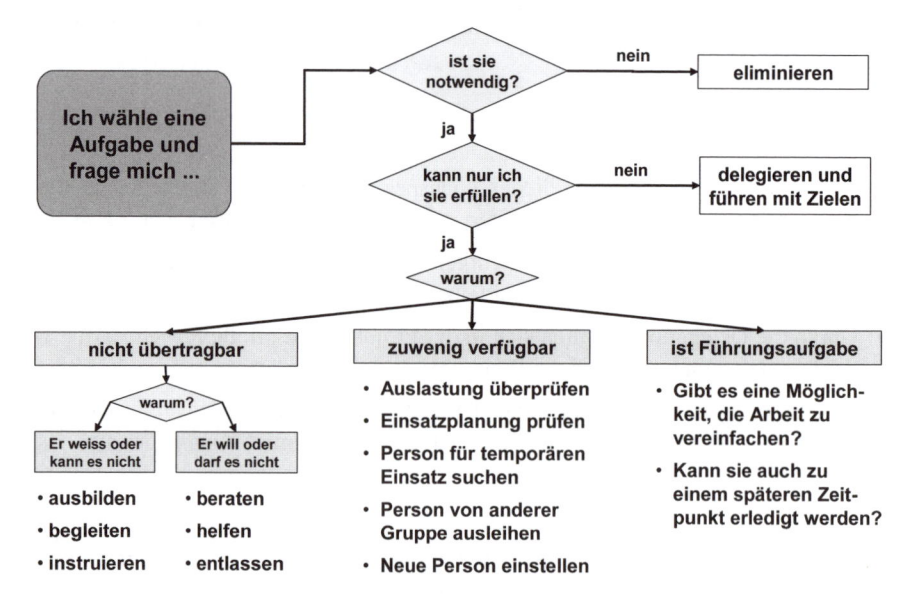

Abbildung III-81: Entscheidungsprozess für Delegation

Die obige Grafik zeigt in einfacher Form den Prozess der Entscheidung, wie eine Aufgabe zu erledigen ist. Dabei geht es einerseits um die Entscheidung, eine Arbeit selbst ausführen zu müssen oder überhaupt wegzulassen und anderseits um die Entscheidung zur Delegation.

6.4.8 Kongruenzprinzip der Delegation

In der Praxis kommt es nicht selten zu Fehlformen der Delegation. Beispielsweise werden Aufgaben delegiert, über Kompetenz und Verantwortung wird nicht oder nicht ausführlich genug gesprochen und über die notwendigen Zeitressourcen schweigt man sich aus. Hier ist zu beachten, dass die konkrete Aufgabe immer eine auf diese Aufgabe ausgerichtete Verantwortung beinhaltet.

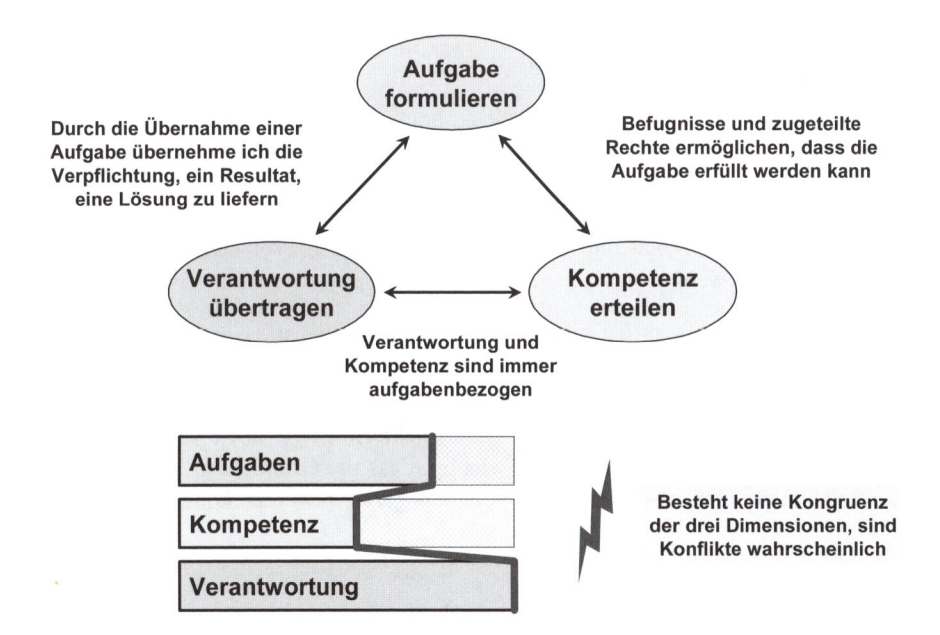

Abbildung III-82: Abhängigkeit von Aufgaben, Kompetenzen und Verantwortung

Gleichzeitig muss der Auftragnehmer bestimmte Kompetenzen erhalten, damit die selbständige Problemlösung auch möglich wird, d.h. Aufgabe, Kompetenz und Verantwortung (A-K-V) müssen inhaltlich aufeinander abgestimmt sein. Daher wird diese Erkenntnis auch häufig als „Kongruenzprinzip" bezeichnet.

6.5 Vom Projektstart zum Projektabschluss

Die Projektstartphase gilt als entscheidender und stark prägender Aspekt der nachfolgenden Projektabwicklung. Einerseits geht es mit der Projektdefinition um den klaren Projektauftrag der Entscheidungsinstanzen, andererseits geht es darum, gemeinsam mit dem Projektteam die verschiedenen Aufgaben, die sich aus dem Auftrag ergeben, zu verstehen und erfolgreich umzusetzen. Die Initialisierung des Teamprozesses ist dabei von besonderer Bedeutung. Es geht darum, die Prozesse der psychosozialen Ebene so zu gestalten, dass auf der Sachebene leistungs- und lösungsorientiertes Arbeiten möglich wird.

6.5.1 Die Arbeitsfähigkeit der Gruppe beim Projektstart entwickeln

Jede Gruppe, die sich neu formiert oder bei der sich die Zusammensetzung verändert, durchläuft einen Entwicklungsprozess.

Je rascher es dem Team gelingt, „sich zusammenzuraufen", desto eher wird es seine vollständige Leistungsfähigkeit erreichen. Da am Anfang die Leiterabhängigkeit noch gross ist, trägt der Teamleiter die Verantwortung dafür, dass in dieser Phase gut und sorgfältig gearbeitet wird. Für einen guten Start müssen auf den drei Ebenen Beziehung, Inhalt und Organisation die für den Projekterfolg wichtigen Prozesse initiiert werden.

Während dem ganzen Projektverlauf geht es darum, die Prozesse am Leben zu erhalten, immer wieder zu überprüfen und bei Bedarf Gegensteuer zu geben. Mit dem Ende des Projektes werden die erwähnten Prozesse abgeschlossen. Dazu gehört, dass der Projektverlauf sowohl bei Projekterfolg wie auch bei Misserfolg reflektiert und analysiert wird. Es ist wichtig, dass die Gründe und Ursachen für das Resultat erkannt werden und Lehren daraus gezogen werden können.

Ein positives Arbeitsklima lässt sich fördern durch:

- Begegnungsmöglichkeiten, bei denen sich die Teammitglieder gegenseitig besser kennen lernen, Vorurteile abgebaut und gemeinsame positive Erfahrungen gemacht werden können,
- Diskussionen über das gemeinsame Arbeits- und Aufgabenverständnis, über den Sinn und Nutzen und die Frage der Wertschätzung des Projektes,
- Verbesserung der Rahmenbedingungen und offene Gespräche, in denen man auch über seine Gefühle (Zweifel, Ängste, Befürchtungen, Ärger, Verletzungen) sprechen kann und sich die Gruppe gemeinsam um eine Verbesserung der Zusammenarbeit bemüht,
- immer wieder aktuelle Vereinbarungen über die Zusammenarbeit auf der Sach- und Beziehungsebene.

6.5.2 Themen der Kickoff-Veranstaltung

Der Kickoff, auch Startveranstaltung oder Kick-on genannt setzt den Prozess des „Sich-Findens" in Gang. Er kann durch ein intensives Zusammensein, z.B. in Form einer zweitägigen Startveranstaltung mit auswärtiger Übernachtung, beschleunigt werden. Sehr oft erscheint bei solchen Meetings auch der Auftraggeber, um damit die Bedeutung des Projektes für das Unternehmen zu betonen und seine persönliche Unterstützung zu unterstreichen.

Beziehungsebene

Durch die Art und Weise, wie man zusammen die inhaltlichen und organisatorischen Fragen löst, wird bereits die Beziehungsebene definiert:

- Lässt man sich aussprechen und hört man aufmerksam zu, wenn einer spricht, oder setzt sich der durch, der am lautesten spricht und am schnellsten das Wort ergreift?
- Wie werden Meinungsunterschiede und Interessengegensätze behandelt? Gilt „Der Stärkere hat immer recht" oder gibt es eine Diskussion und ein gemeinsames Ringen um Konsens?
- Interessiert man sich für die Anliegen und Gefühle der anderen Teammitglieder oder behandelt man sie als Funktionsträger, mit denen man einen Projektauftrag zu erfüllen hat?
- Wie gehen wir mit unterschiedlichen Hierarchiestufen um?

Inhaltsebene

- Den Projektauftrag kennen
- Die gegenseitigen Erwartungen formulieren
- Ein gemeinsames Problem- und Aufgabenverständnis finden
- Die unterschiedlichen Zielvorstellungen auf eine Definition reduzieren
- Verschiedene Vorgehensweisen diskutieren
- Mögliche Lösungswege aufzeigen und sich für einen entscheiden
- Vorkenntnisse und Fähigkeiten der einzelnen Mitglieder erfragen

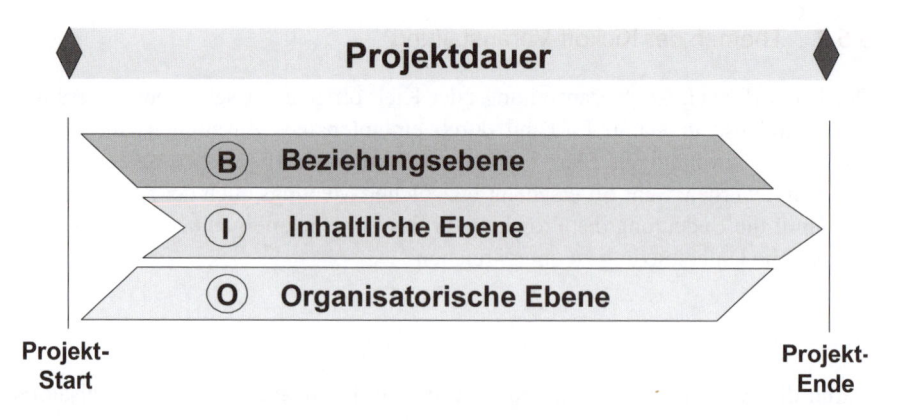

Abbildung III-83: Vom Projektstart zum Ende des Projektes

Organisationsebene

- Die Zusammenarbeitsform klären und Spielregeln festlegen
- Verantwortung und Kompetenzen regeln
- Rollen und Funktionen definieren und zuordnen
- Aufwand und Termine absprechen
- Informations-, Kommunikationsregeln und -mittel festlegen
- Verbindliche Kontrollmechanismen vereinbaren: Aufwand-, Kostenkontrolle
- Inhalt und Form der Protokolle und Projektdokumentation umschreiben

Zu einem besseren gegenseitigen Verständnis kann die Beantwortung der folgenden Fragen führen:

- Wie ist es dazu gekommen, dass ich in diesem Projektteam bin?
- Welches sind meine Erwartungen, Gefühle und Einstellung dazu?

Durch gegenseitiges Beobachten und Austesten wird zu einem frühen Zeitpunkt der Zusammenarbeit herausgefunden, wie diese Gruppe funktioniert, wem welche Bedeutung zukommt und welche Regeln und Normen gelten. In dieser Phase werden die informellen Normen vereinbart. Dabei spielt das allgemein gültige Normensystem der Unternehmensorganisation eine wichtige Rolle. Dieses Basissystem wird aber, je nach Gruppenzusammensetzung, eine unterschiedliche Ausprägung erhalten.

6.5.3 Vorurteile abbauen

Auch wenn ein Projektteam neu zusammengesetzt wird, so sind sich in der Regel die Mitglieder nicht vollständig unbekannt. Man hat schon voneinander dieses und jenes gehört, oder man hat eine Meinung über die Abteilung, aus der jemand kommt. Dieses Wissen besteht oft mehr aus Halbwissen und Vorurteilen, denn aus Tatsachen und eigenen Erfahrungen. Persönliche Begegnungsmöglichkeiten in einem ungezwungenen Rahmen tragen dazu bei, dass sich die Gruppenmitglieder besser kennen lernen und miteinander neue Erfahrungen machen können.

Natürlich spielen bei der ganzen Beziehungsfindung auch Sympathie und Antipathie eine wesentliche Rolle. Erklären lässt sich dieses Phänomen wie folgt:

- Wir alle tragen aus früheren Begegnungen mit anderen Menschen positive oder negative Erinnerungen mit uns herum. Treffen wir nun auf eine Person, die uns irgendwie an diese frühen Begegnungen erinnert, so können entsprechend positive oder negative Gefühle geweckt und auf die Person übertragen werden.
- Solche Erinnerungen können auch durch Verhaltensweisen, Mimik, Gestik, Stimmlage oder bereits durch Gerüche ausgelöst werden.
- Statt Personen können auch Situationen (z.B. Prüfung, Erfahrung in früheren Projektgruppen, Abhängigkeitsverhältnisse) solch gespeicherte Gefühle wecken. Diese werden dann auf die in der neuen Situation vorkommenden Personen übertragen.
- Antipathie lässt sich auch damit erklären, dass man bei der als unsympathisch empfundenen Person Verhaltensweisen oder Persönlichkeitsmerkmale entdeckt, die man bei sich selber ablehnt oder sich nicht erlaubt, sie auszuleben.

Da die beschriebenen Vorgänge oft nicht bewusst ablaufen, sind sie für die Betroffenen schwierig zu erkennen und zu verstehen. Folgende Verhaltensweisen können bei der Bewältigung von Vorurteilen helfen:

- Durch aktives Zuhören konzentriert man sich ganz auf die Aussage des Gesprächspartners und versucht, dessen Standpunkt zu verstehen.
- Das geht nicht, wenn man, während der andere spricht, in Gedanken bereits die eigene Antwort formuliert.
- Selbstverständlich gehört auch dazu, dass man einander ausreden lässt und nicht ständig unterbricht.
- Indem vor allem zu Beginn informelle Begegnungsmöglichkeiten für alle Beteiligten geschaffen werden.

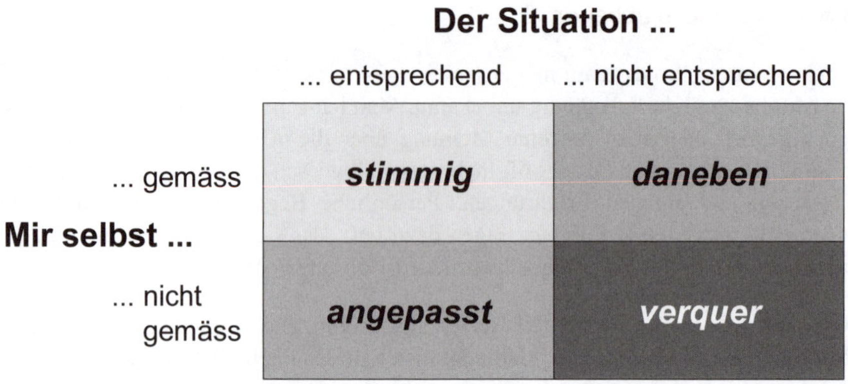

Der Situation ...

	... entsprechend	... nicht entsprechend
Mir selbst ... ... gemäss	*stimmig*	*daneben*
... nicht gemäss	*angepasst*	*verquer*

Abbildung III-84: Konzept der Stimmigkeit (F. Schulz von Thun, 2000)

6.5.4 Prozesse kontrollieren

Der Teamleiter muss sich bewusst sein, dass jedes Team immer auf der Sachebene und auf der Beziehungsebene aktiv ist. Leider gibt es immer noch viele, die ihr Augenmerk nur auf der Sachebene haben und dann sehr erstaunt sind, wenn trotz guter Arbeit auf der Sachebene sich das Team immer wieder durch Konflikte, Gleichgültigkeit und sich im Kreise drehend selbst behindert und das Leben schwer macht.

Prozesskontrolle kann solche Entwicklungen verhindern. Sie ist die konkrete und bewusste Auseinandersetzung mit dem, was im Team auf der Beziehungsebene abläuft. Prozesskontrolle bedeutet: wissen, was im Team abläuft. Sie führt zu einem Bewusstwerden der verdeckten Handlungsweisen von Teammitgliedern oder von Projektumwelten und damit auch zu einer transparenten Behandlung von Problemen und Konflikten. Also ein Erfolg versprechender Weg, um Konflikte früh zu erkennen und positiv damit umzugehen.

Die Wirksamkeit der Prozesskontrolle hängt auch stark von der Wahrnehmungs- und Kommunikationsfähigkeit des Projektleiters ab. Die Sachthemen mögen im Vordergrund stehen; worauf es aber letztlich ankommt, ist die Befindlichkeit der Beteiligten. Erfolgreiche Prozesskontrolle verbessert nicht nur die Beziehungen und die Arbeitsatmosphäre unter den Teammitgliedern, sondern ermöglicht erst recht eine effektive Projektarbeit.

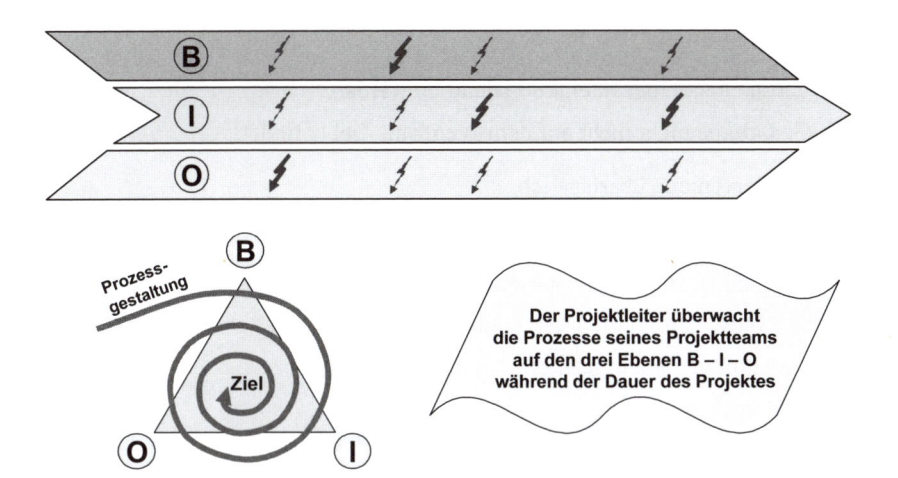

Abbildung III-85: Prinzip der laufenden Prozesskontrolle

6.5.5 Interventionen

Unter Intervention verstehen wir die bewusste Unterbrechung eines Arbeitsprozesses (z.B. einer Sitzung) mit dem Ziel, etwas zielgerichtet zu verändern (Struktur, Ablauf usw.) Paul Watzlawick sagt:

„**Ich kann nicht *nicht* kommunizieren**"

„**Ich kann mich nicht *nicht* verhalten!**"

Dies lässt sich auch auf die Interventionen übertragen: „Ich kann als Teamleiter nicht nicht intervenieren".

Interventionen sind:

- thematisch,
- prozesssteuernd,
- struktursetzend,
- konfrontierende Fragen,
- Krisen- und Konfliktinterventionen.

Keine Interventionen sind:

- reine Stoffvermittlung,
- aktive Teilnahme des Leiters an der Bearbeitung des Themas.

Interventionen sind sinnvoll, wenn:

- Schwierigkeiten in der Interaktion deutlich werden,
- sich die Gruppe nicht mehr auf dem Weg zum Ziel befindet.

Bevor ich interveniere, überlege ich:

- was ich wahrnehme,
- welche Gefühle, Bilder, Phantasien, Ahnungen ich habe,
- welche Konsequenzen die Intervention haben könnte,
- was ich damit verändern oder ermöglichen möchte,
- wie ich vorgehen will,
- was die Intervention auslösen könnte.

Ich frage mich, wie passt die Intervention:

- zu mir,
- zur betreffenden Person,
- zum aktuellen Gruppenprozess?

6.5.6   Kritische Themen am Ende eines Projektes

- Technologische und organisatorische Schwierigkeiten, weil die Nachfolgeorganisation (Schulung, Service, usw.) vergessen wurde
- Projektleiter und Team fühlen sich so wohl, dass das Ende des Projektes immer wieder hinausgeschoben wird, weil die Lösung noch perfekter gemacht werden kann. Hier fehlt oft die notwendige Ressourcenkontrolle
- Projekte sind plötzlich nicht mehr aktuell und versanden einfach, schlafen ein, statt dass sie sauber abgeschlossen werden
- Misslungene Projekte werden „unter den Teppich gekehrt". Es gibt keine Review. Schlechte Gefühle werden nicht aufgearbeitet (das Projekt hinterlässt „Leichen")
- Bei Projekten ohne klar definierte Zielsetzung, werden vom Projektteam noch fortlaufend Anpassungsarbeiten verlangt. Der Projektabschluss wird so immer wieder hinausgeschoben

7 Aspekte von Teams

7.1 Teamarbeit im Projekt

In Projekten müssen oft interdisziplinäre Lösungen für die anstehenden Probleme gefunden werden. Diese fachübergreifende Zusammenarbeit können nur Projektteams leisten. Damit zielorientiert in diesen Teams gearbeitet werden kann, braucht es ihre Energie. Zu Beginn der Projektarbeit ist sie in den neu zusammengestellten Teams meist noch nicht fokussiert. Auch wenn es am Anfang eines Projektes langsamer vorangeht, lohnt es sich, im Projekt möglichst das ganze betroffene System abzubilden. Indem sämtliche Betroffene im Projekt verhältnismässig integriert werden, ergibt sich meistens eine heterogene Projektteamzusammensetzung. Im Kleinen findet dann die Auseinandersetzung zwischen verschiedensten Systemen mit ihren unterschiedlichen Kulturen und Realitäten statt. Ein grundlegendes Verständnis für unterschiedliche Persönlichkeitstypen unterstützt und fördert eine konstruktive Auseinandersetzung. Die Teamenergie kann sich entwickeln.

Projektgruppen verfügen über wertvolle Leistungsvorteile und lösen komplexe Aufgabenstellungen besser

Komplexe Aufgabenstellungen beinhalten einen hohen Anteil an Unbekanntem. Zur Lösungserarbeitung müssen verschiedenste Fachspezialisten und Vertreter unterschiedlicher unternehmerischer Funktionen zusammenwirken. Dies wird mit Vorteil an Projektteams übertragen.

Interdisziplinär und organisationsübergreifend zusammengesetzte Projektteams entwickeln dank ihrer Wissensvielfalt und dem grossen Informations- und Erfahrungsumfang einen starken Leistungsvorteil, wie er sonst nirgends in der Organisation vorhanden ist. Durch direkte Gespräche im Team werden die Kommunikationshemmnisse der Hierarchie abgebaut. Das Zusammenwirken aller Beteiligten unterstützt den Problemlösungsprozess. Bei optimalem Leistungsvermögen und -engagement bringt das Team in kurzer Zeit Lösungen zustande, die auf hoher fachlicher Kompetenz basieren und sich durch breite Akzeptanz auszeichnen.

Konsensfähigkeit und Akzeptanz sind bei Teamlösungen grösser

Projekte finden oft in einem Umfeld voller gegensätzlicher Interessen und Ansprüche statt. Für die Entwicklung gemeinsamer Stosskraft und die Umsetzung der erarbeiteten Lösungen ist es von entscheidender Bedeutung, dass die Interessenvertreter der verschiedenen Organisationseinheiten sich mit den Projektergebnissen identifizieren.

Mit dem gemeinsamen Entwicklungsprozess steigen die Lernerfahrung und das Wissen um die Grenzen der organisatorischen, finanziellen oder personellen Machbarkeit bei den Teammitgliedern und den verschiedenen Stellen in der Organisation. Die Bereitschaft, einen Konsens zu finden und die im Projektteam erarbeiteten Lösungen zu akzeptieren, nimmt zu. Ausserhalb des Projektteams findet diese Entwicklung jedoch nur dann statt, wenn es den Projektteammitgliedern zumindest teilweise gelingt, den Lösungsprozess in ihre Stammorganisation zurückzutragen.

Der Aufbruch zu neuen Ufern fällt gemeinsam leichter

Neuland betreten heisst, von Gewohntem Abschied zu nehmen. Etwas, das immer auch mit Unsicherheit und Angst verbunden ist. In der gemeinsamen Tat wächst die Stärke, werden die Beteiligten mutiger und risikofreudiger. Dies kann dazu führen, dass bekannte Wege verlassen und wirklich innovative und ungewohnte Lösungsmöglichkeiten ausgedacht und ausprobiert werden können.

Die Begeisterung eines Teams kann den einzelnen über seine Grenzen hinauswachsen lassen und zu Spitzenleistungen motivieren. Durch das gegenseitige Anspornen, Herausfordern, aber auch Anregen und Unterstützen werden in einem gut funktionierenden Team Kreativität, Originalität und Innovation in erstaunlichem Ausmass möglich.

Dieses „Gemeinsam-sind-wir-stark"-Gefühl birgt aber auch Risiken:

- Erstens haben Untersuchungen gezeigt, dass ein starkes Gruppengefühl beim Einzelnen dazu führt, dass Vorschläge, Ideen, Annahmen, die aus der Gruppe kommen, nicht mehr mit der nötigen Sorgfalt hinterfragt und kritisch geprüft werden. Jeder verlässt sich darauf, dass der andere weiss, wovon er spricht, und man bestärkt sich im gegenseitigen Gefühl der Grandiosität. Dadurch kommen Entscheide zustande, die für das Projekt bzw. die Organisation unter Umständen katastrophale Folgen haben können. Dieser Effekt wird noch verstärkt, wenn dem Team auch hierarchisch hochgestellte Personen angehören. Eine systematische Problemlösungsmethode, differenzierte Entscheidungsmechanismen und der Einbezug von kritischen Denkern ins Projektteam helfen zuverlässig, dass gravierende Fehler nicht begangen werden, bzw. ermöglichen deren frühzeitige Entdeckung.

- Zweitens entsteht mit steigendem Zugehörigkeitsgefühl in Gruppen die Tendenz, dass die Mitglieder ihre Leistungen einander angleichen. Folglich können Spitzenleistungen hervorragender Mitglieder nur dann zum Tragen kommen, wenn sie in eine Gruppe von Spitzenkräften integriert werden. Es macht wenig Sinn, in ein durchschnittlich besetztes Projektteam eine Spitzenkraft einzubeziehen.

Die Mitarbeit im Projektteam kann Freude bereiten

Der Mensch ist ein soziales Wesen. Die Mitarbeit in einem Team kommt dem angeborenen Grundbedürfnis nach Kontakt und Auseinandersetzung mit anderen Menschen entgegen. Die Zugehörigkeit zu einer Gruppe, in der gemeinsam eine tolle Leistung erbracht wird, kann starke Zufriedenheits- und sogar Glücksgefühle auslösen. Die Mitglieder erleben unmittelbar, dass ihr Beitrag von anderen Mitgliedern Wertschätzung erfährt und zu einem gemeinsamen Vorwärtskommen führt. Solche Erfahrungen geben dem eigenen Tun Sinn. Dies alles sind bekanntlich wichtige Motivationsfaktoren, die zu grossem Engagement und Einsatz führen können.

Projektteamarbeit ist zeit- und kostenaufwändig

Der gegenseitige Abstimmungs-, Informations- und Koordinationsaufwand ist in Projektteams gross. Trotz optimaler Organisation und dem Einsatz von Hilfsmitteln darf dieser Aufwand nicht unterschätzt werden. Sitzungen von Projektteams sind in der Regel sehr kosten- und zeitintensiv. Diese Tatsache mag viele Führungskräfte davon abhalten, ihre besten Mitarbeiter in Projekte zu delegieren. Damit sichern sie kurzfristig sich und ihrer Abteilung den Erfolg, nehmen dem Unternehmen aber die Chance zu mittel- und langfristiger Entwicklung aus eigener Kraft.

Wird aber ein Projektteam dem Zweck entsprechend für die Lösung komplexer Problemstellungen eingesetzt, wird das Kosten/Nutzen-Verhältnis sofort positiver ausfallen.

Projektteamarbeit kann sehr frustrierend sein

Wenn es nicht läuft, wie man es gern hätte, kann die Projektteamarbeit auch sehr viel Enttäuschung auslösen. Gerade, wenn die Mitglieder hoch motiviert sind und sie sich mit der Arbeit identifizieren, kann es sehr schwer fallen, einmal entwickelte Ideen fallen zu lassen und sich neuen Begebenheiten anzupassen. Dabei macht es keinen grossen Unterschied, ob der Anstoss dazu aus den eigenen Reihen oder von aussen kommt.

Die Geister, die ich rief …

Erfolgreiche Projektarbeit setzt einen grossen Handlungs- und Vertrauensspielraum voraus. Die Mitglieder müssen, im Rahmen des Projektauftrages, eigene Ideen entwickeln und ausprobieren, ihre Arbeitsweise und -formen selbständig bestimmen können. Im Verlauf des Projektes setzen sich die Mitglieder intensiv mit den Stärken und Schwächen bestehender Produkte, Abläufe, Organisationsstrukturen usw. auseinander.

Durch diese Erfahrungen werden Projektmitglieder oft zu kritischen und selbständigen Mitarbeitern. Etwas, was sich jede Organisation wünschen sollte. Voraussetzung ist allerdings, dass die Führungskräfte in der Lage sind, mit diesen nicht immer einfach zu führenden Mitarbeitern richtig umzugehen.

Umgekehrt erlebt der Projektmitarbeiter, zu welchen Leistungen er im Freiraum der Projektarbeit fähig ist. Er wird sich unter Umständen mit dem Respektieren der engeren Normen der Linienorganisation schwer tun.

Aus diesem Spannungsfeld lassen sich Kräfte gewinnen, die der Linienorganisation zur Weiterentwicklung verhelfen können. So gesehen, könnte Projektarbeit die Entwicklungschance des Unternehmens im umfassenden Sinne sein.

7.2 Kriterien für die Projektteamzusammensetzung

Bei der Auswahl der Projektteammitglieder sind die folgenden Schlüsselqualifikationen zu besetzen:

- Teamleiter, Projektleiter,
- Teammitarbeiter, Fachspezialisten,
- Botschafter.

Teamleiter, Projektleiter

Der Teamleiter stellt die Zusammenarbeit im Team sicher und sorgt dafür, dass alle Mitglieder des Projektteams die ihnen entsprechenden Funktionen und Rollen erhalten. Im umfassendsten Sinne ist der Projektleiter der wichtigste Botschafter im ganzen Projektteam. Für diese Beziehungsarbeit muss er besonders fähig sein, Lobbying zu betreiben, Unterstützung zu suchen, Entscheidungsträger in Kontakt zueinander zu bringen und zu guten Absprachen motivieren. Neben diesen, mehr auf die Person des künftigen Projektteammitglieds bezogenen Kriterien gilt es, bei der Zusammensetzung noch weitere Aspekte zu berücksichtigen:

Teammitarbeiter, Fachspezialisten

Alle wesentlichen Wissensbereiche, die zur Lösung der Problemstellung erforderlich sind, müssen durch die Teammitglieder abgedeckt werden. Die Mitglieder sind auf ihrem Fachgebiet ausgewiesene Spezialisten und gute Kenner der betrieblichen Realität. Obwohl sie Insider sind, dürfen sie den Blick für das betriebliche Umfeld nicht verloren haben. Sie sind informiert über die neuesten Entwicklungen auf ihrem Fachgebiet und wissen, falls sie nicht selber darüber verfügen, wo das entsprechende Know-how bezogen werden kann.

Interdisziplinäre Zusammenarbeit setzt Offenheit und Respekt gegenüber anderen Fachdisziplinen voraus. Aus einem veränderten Blickwinkel entstehen neue „Wahrheiten". Ein Teammitarbeiter sollte kommunikationsfähig sein, d.h. dass er zuhören, sich aber auch anderen mitteilen kann.

Projektteammitglieder sollten in der Lage sein, ihre Stammorganisation bzw. Interessengruppe (Gewerkschaften, Benutzer, Frauen, Männer, Bevölkerung usw.) im Projektteam würdig vertreten bzw. einbringen zu können.

Mit zunehmendem Projektfortschritt wird sich ihre Rolle erweitern. Nun können sie nicht mehr nur die Anliegen in das Projekt hinein tragen, sondern sie müssen immer mehr dazu beitragen, dass die erarbeiteten Lösungen im Projektumfeld und in den jeweiligen Stammorganisationen verstanden und akzeptiert werden.

Teamarbeit ist zeitweise spannungsgeladen und mit grösseren Auseinandersetzungen verbunden. Dazu gehört ein gesundes Mass an Selbstbewusstsein und Standfestigkeit, aber auch Flexibilität und Anpassungsfähigkeit. Oft müssen an eigenen Ideen, zugunsten eines gemeinsamen Ganzen, Abstriche in Kauf genommen werden. Ein Prozess, der für den einzelnen schmerzhaft und schwierig sein kann.

Botschafter

Botschafter können auch Interessenträger oder Sprachrohr für ein Anliegen sein. Sie verfügen oft über ein gutes Beziehungsgeflecht. Anliegen von Betroffenen und Benutzern müssen im Projektteam durch ein delegiertes Mitglied richtig vertreten werden. Mit einem Botschafter steigt die Chance, dass das Team nicht an der betrieblichen Realität vorbei arbeitet. Insbesondere bei Problemstellungen, deren Lösung eine breite Akzeptanz voraussetzt, ist darauf zu achten, dass die dem Projekt entgegenstehenden Kräfte frühzeitig erkannt und in den Prozess mit einbezogen werden.

Wer stellt das Projektteam zusammen?

Offiziell eingesetzt und nach Projektabschluss auch wieder aus der Verantwortung entlassen wird es vom Auftraggeber. Bei der Auswahl der Mitglieder muss der Projektleiter aber entscheidenden Einfluss nehmen können. In allen Organisationen ist er dabei auf die Mithilfe der Führungskräfte angewiesen. Damit diese die richtigen Leute in die Projektteams delegieren können, müssen Auftraggeber und Projektleiter ein Anforderungsprofil für die künftigen Projektteammitglieder formulieren. Dabei können folgende beschriebene Kriterien die Auswahl unterstützen:

Die Zielsetzung der Projektphase bestimmt die Teamgrösse

Je nach Projektphase kann die Projektteamzusammensetzung wechseln. Für Machbarkeitsstudien und Vorgehensplanung ist eine kleinere „Vordenker-Gruppe von Vorteil. Ist das Ziel dagegen, möglichst breite Akzeptanz zu erreichen, so wird man sich eher für ein repräsentatives grosses Team entscheiden.

Für die Projektleitung kann daraus ein Dilemma entstehen: Wenn alle betroffenen Kreise vertreten sein sollen oder der Auftraggeber ein Mammutteam zusammenstellt, ergibt das viel zu grosse und schwerfällige Gruppen. In einem solchen Fall bewährt sich die Bildung eines Projektleitungsteams (Kernteams), das die wesentliche Vorarbeit leistet, die gegenseitige Koordination sicherstellt und diese dann dem „erweiterten Projektteam" zur Entscheidung vorlegt.

Wechselnde Fähigkeiten sind gefragt

In den verschiedenen Projektphasen sind unterschiedliche Fähigkeiten erforderlich. So ist während der Konzeptphase viel kreatives Denken und „Tüfteln" notwendig, wogegen in der Realisierungsphase Organisationstalent und Marketing-Know-how verlangt werden. Unter Umständen sind diese Fähigkeiten nicht bei den gleichen Personen vorzufinden, so dass es sinnvoll sein kann, die Projektteammitglieder im Verlauf der verschiedenen Projektphasen auszuwechseln.

Kritische Punkte, die es beim Wechsel von Projektteammitgliedern zu beachten gilt:

- Zwischen den Teammitgliedern müssen sorgfältige und ausführliche Übergabearbeiten stattfinden und protokolliert werden.
- Darin muss geregelt werden, für welche Probleme die Vorgänger „haftbar" sind und in welchem Umfang sie den Nachfolgern bei der Lösung zur Verfügung stehen müssen.

Wer keine Zeit hat, der soll's besser sein lassen

Teammitglieder, die für das Projekt zu wenig Zeit aufwenden können oder möchten (ca. ≤ 20%), blockieren die Zusammenarbeit und den Projektfortschritt. Deshalb ist es wichtig, dass beim Start geklärt wird:

- mit wie viel Aufwand die Mitglieder zu rechnen haben,
- ob sie im entsprechenden Umfang von der Führung freigestellt werden.

Erfahrener Realist versus jugendlicher „Spring-ins-Feld"

Erfahrungen helfen dem Unternehmen, einmal gemachte Fehler nicht wiederholen zu müssen. Unerfahrenheit dagegen fördert kritischere Fragen zu stellen, mutiger in der Umsetzung zu sein und unkonventionellere Ideen zu denken. Ein ausgewogenes Verhältnis im Team wäre deshalb anzustreben. Ein anderer Weg könnte sein, dass sich Projektleitungsausschuss und Projektteam diese Aufgabe teilen.

Gegen zuviel Harmonie im Team

Jeder Projektleiter wünscht sich, dass in seinem Projektteam die „Chemie" stimmt und man harmonisch zusammenarbeiten kann. Dieser Wunsch ist verständlich, aber nicht immer sinnvoll. Spannungen, die sich aus der Problemstellung ergeben oder aus gegensätzlichen Interessenlagen verschiedener Organisationseinheiten entstehen, sind grundsätzlich nicht etwas Schlechtes, sie können im Gegenteil, im Projektteam als Chance für eine Klärung genutzt werden.

Probleme, die während der Projektbearbeitung umgangen oder auf die lange Bank geschoben werden, holen einen später in viel dramatischer Weise wieder ein. Dramatisch deshalb, weil mit zunehmendem Projektfortschritt der finanzielle und zeitliche Anpassungsaufwand überproportional zunimmt.

Die Empfehlung an die Projektleiter könnte deshalb etwa wie folgt lauten: „Sparen Sie Ihr Harmoniebedürfnis für den Feierabend auf und holen Sie Kritiker und Querdenker in Ihre Teams. Fordern sie frischen Wind und Realitätsnähe in der Projektarbeit!" Dabei muss bedacht werden, sich und die anderen Projektteammitglieder nicht zu überfordern. Wenn das richtige Mass fehlt, wird die Arbeit zu stark blockiert, und anstelle von Gewinnern resultieren Verlierer.

7.3 Teamführung im Projekt – eine Serviceleistung

In Projektteams arbeiten Menschen, die zusammen ein gemeinsames Ziel anstreben. Dem Projektleiter muss es gelingen, ein Klima der offenen und ehrlichen Diskussion zu schaffen. Gute Information über Grad der Zielerreichung und den Zeitrahmen, Kommunikation, klare Auftragserteilung und das Schaffen einer Zusammenarbeitskultur sind die kritischen Erfolgsfaktoren. Sie entscheiden, ob die Ziele erreicht werden können.

Spannend ist die Führungsarbeit von Projektteams, weil sie in der Regel ohne Disziplinarfunktion, also ohne Personalverantwortung geführt wird. Dazu muss der Teamleiter spezielle Möglichkeiten kennen und einsetzen. Die Führung eines Projektteams unterscheidet sich von einer Führungssituation in der Linie in verschiedener Hinsicht:

- Die Projektmitglieder sind dem Projektleiter in der Regel nicht vollumfänglich direkt unterstellt, d.h. er verfügt nicht über vergleichbare Weisungsbefugnisse (formale Macht).
- Die Projektteammitglieder sind Fachspezialisten und damit dem Projektleiter in fachlicher Hinsicht oft überlegen.
- Im Projektteam können Mitglieder vertreten sein, die in der Organisationshierarchie dem Projektleiter übergeordnet sind.

- Die Projektteammitglieder vertreten die Ideen ihrer Stammorganisationen, Interessen- bzw. Funktionsgruppen und identifizieren sich zuerst einmal mit ihrer Vertreterrolle.
- Das Projektteam existiert nur für eine beschränkte Zeit, d.h. die Teammitglieder überlegen sich, wie stark sie sich hier einlassen und engagieren wollen.

Damit der Projektleiter das Team erfolgreich führen kann, muss er die Prozesse verstehen, die sich in Arbeitsgruppen abspielen. Er sollte wissen, durch welches Führungsverhalten er welche Reaktionen auslöst. Die folgende Abbildung gibt einen Überblick über die verschiedenen Aspekte der Teamführung. Dabei handelt es sich häufig um Modelle und um zusammenfassende Ausführungen von sehr komplexen Themen; d.h., dass durch die Reduktion Vereinfachungen vorgenommen und weniger wichtige Aspekte weggelassen wurden.

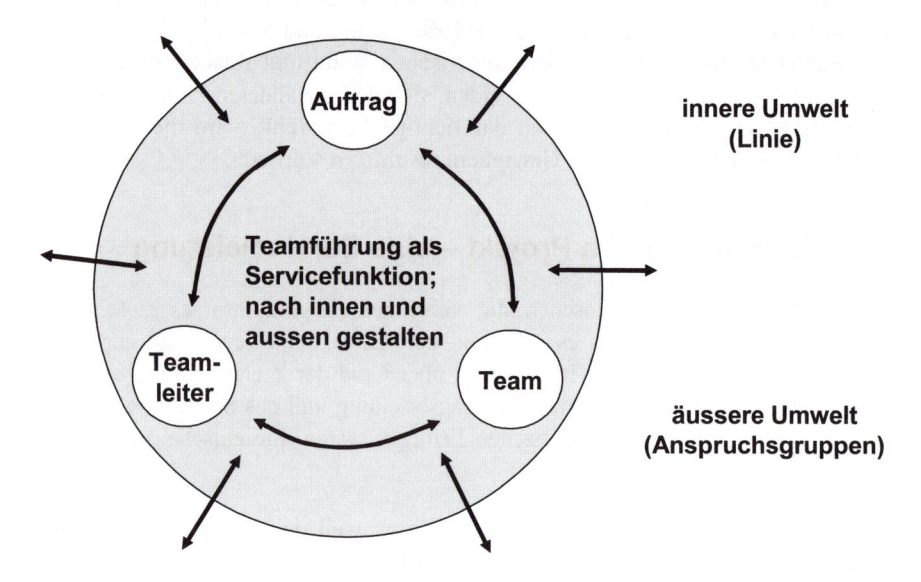

Abbildung III-86: Aspekte der Teamführung

Innere Umwelt

Der Projektleiter hat die Rolle übernommen, mit dem Projektteam zusammen, die vereinbarten Ziele zu erreichen. Dazu gehören die verschiedensten Aufgaben wie Planung, Organisation, Moderation, Teamentwicklung, Coaching, Information und Kommunikation, Controlling sowie Ressourcenmanagement mit der Linie. Dabei spielt eine optimale Gestaltung der Arbeitsbedingungen, Zusammenarbeitsformen und Kommunikationsflüsse eine wichtige Rolle, damit das Projektteam leistungsfähig und erfolgreich werden kann.

In einem Team laufen Prozesse ab, die beeinflusst und gesteuert werden können. Die Erkenntnisse der Gruppendynamik helfen uns, die Mechanismen dieser Gruppenprozesse besser zu verstehen, und zu lernen, wodurch eine positive Zusammenarbeit gefördert werden kann.

Ein Team besteht aus einzelnen Mitgliedern, die alle auch persönliche Interessen, Ängste und Hoffnungen ins Projekt herein tragen. Die Auseinandersetzung mit dem Thema Motivation zeigt auf, wie Engagement und Freude geweckt und erhalten werden können.

Interessengegensätze, Meinungsunterschiede, persönliche Unverträglichkeit und unzählige andere Gründe können dazu führen, dass in Projektteams immer wieder Spannungen und Auseinandersetzungen auftreten. Die Fähigkeit des Projektleiters, mit Konfliktsituationen des Projektteams umgehen zu können, ist deshalb besonders wichtig.

Äussere Umwelt

Die Erfahrung zeigt, dass Projekte aufgrund ihrer Funktion (Veränderung, Erneuerung) in ihrem Umfeld oft Verunsicherung, Widerstand bis hin zu Konflikten auslösen können. Ob den Bedingungen im Umfeld genügend Aufmerksamkeit geschenkt wurde, zeigt sich spätestens während dem Realisierungsprozess, bei dem die zarten Projektlösungspflänzchen das Treibhausklima des Projektteams verlassen und in die raue Realität des Alltags überführt werden. Hier wird unerbittlich das weitere Wachstum über Projekterfolg oder Misserfolg entscheiden.

7.4 Rollen und Funktionen im Projektteam

Unter dem Begriff „Rolle" ist die Menge der Erwartungen an eine Position, Funktion oder Stelle zu verstehen (= Rollenerwartung).

Durch Beschreibung von Aufgabe, Kompetenz, Verantwortung (A-K-V) und Erwartung an das Verhalten (beachten von Normen, Werten, usw.) werden die Rollen definiert (z.B. Funktionsbeschreibung, Pflichtenheft).

Ob diese Aufgabenverteilung von aussen vorgegeben ist oder ob sich die Gruppe selber strukturiert, spielt für die Zusammenarbeit und die Integration eher eine unwichtige Rolle. Wichtig sind jedoch die folgenden Punkte:

- Das einzelne Gruppenmitglied muss in seiner Rolle und den Funktionen akzeptiert sein.
- Der Rolleninhaber muss selber seine Rolle und Funktionen akzeptieren und wahrnehmen.

- Unklare Aufgabenverteilung und mangelhaftes Rollenverständnis verunmöglichen es der Gruppe, ihre volle Leistungskapazität auszuschöpfen.
- Die gleichzeitige Wahrnehmung von mehreren Rollen durch eine Person muss transparent sein.

Achtung

Bei mangelndem Controlling oder schlechter Ressourcenauswahl besteht oft die Gefahr, dass einzelne Personen überlastet sind oder Rollenkonflikte (Zielkonflikte, Interessenkonflikte) entstehen:

- Die Erwartungen an einzelne Projektrollen werden gemeinsam durch das Projektteam zum frühestmöglichen Zeitpunkt bearbeitet. Dabei geht es um Klärung und Transparenz der unterschiedlichen Erwartungen an einzelne Rollen (geeichte Sichtweise), aber auch um den Kommunikationsprozess im Team.
- Es soll zwischen Rollen, die Individuen und solche, die das Projektteam oder Teile davon (Teilprojektteams) wahrnehmen, unterschieden werden.
- Rollendefinitionen sind immer projektspezifisch vorzunehmen, auch wenn einzelne Personen immer wieder gleiche Projektrollen übernehmen.

Rollenvorgaben (Funktionsbeschreibung, Pflichtenhefte) richten sich immer an die jeweiligen Rolleninhaber und deren Stellvertreter. Dabei gibt es Dinge, die ein Rollenträger (z.B. Projektleiter):

- tun muss (er muss das Projekt leiten und das Team führen),
- tun soll (die Teammitglieder gleichwertig behandeln),
- tun kann (etwas Gemeinsames ausserhalb der Projektarbeit organisieren).

7.5 Zusammenarbeit im Team verstehen und fördern

Zuerst sind die besten Menschen in einem Team zusammenzubringen. Damit ist es noch nicht arbeitsfähig. Teams durchlaufen verschiedene Stadien, bis sie voll leistungsfähig sind. Die Leitung hat die Aufgabe, die Zusammenarbeit schrittweise zu fördern. Autonomie, Vertrauen, gemeinsame Ziele, ein wirkungsvoller Informationsfluss und akzeptierte Normen und Werte müssen wachsen, damit eine Kooperation möglich wird. Am Anfang sollten deshalb die unterschiedlichen Sichtweisen und Realitäten der einzelnen Mitglieder das Thema sein. Durch diese Diskussion wird auch das gegenseitige Verständnis gefördert. Im Vieleck der Verständigung wird bildhaft angedeutet, wie der Projektleiter die Fläche des gemeinsamen Verständnisses entwickeln kann.

Beispiel: Problem

gemeinsame Kenntnisse

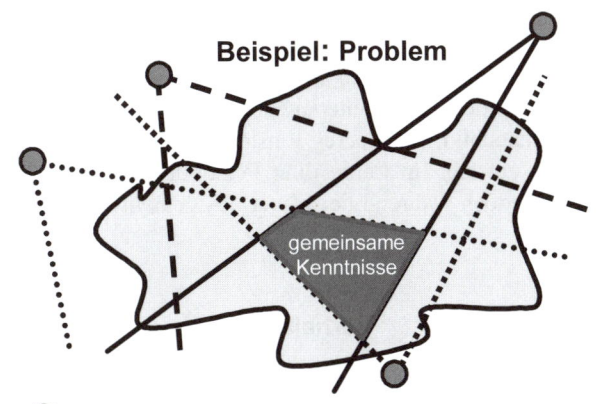

Individuelle Realitätssicht der Teammitglieder:
→ jedes geht von seinen Kenntnissen aus
→ wendet seine Beurteilungskriterien an
→ vertritt persönliche oder andere Interessen
→ basiert auf seiner individuellen Lebenserfahrung

Abbildung III-87: Vieleck der Verständigung

7.5.1 Haltung und Verhalten, Verbindlichkeit

Ein erfolgreicher Projektleiter braucht nebst dem Sach- und Methodenwissen die Fähigkeit, dieses auch situationsgerecht umzusetzen. Je persönlicher und authentischer sein Verhalten ist, umso nachhaltiger wird die Wirkung seiner Führung sein. Die IPMA International Competence Baseline (ICB) spricht in diesem Zusammenhang von Verhaltenskompetenz eines Projektleiters.

Wie der Projektleiter als Führungsperson wirkt, hängt einerseits von der Wahrnehmungsfähigkeit der anderen ab, andererseits aber auch vom Verhalten des Projektleiters resp. der Art und Weise wie er als Leitungsperson wirkt. Das Verhalten hängt von seiner persönlichen inneren Haltung und Einstellung ab, die er gegenüber anderen Menschen hat.

Beispiele

Jemand der offen, interessiert und herzlich auf andere Menschen zugeht, hat meist ein grösseres Beziehungsnetz, als jemand der kontaktscheu, misstrauisch, reserviert und zurückhaltend ist.

Ein Projektleiter, der sich vordergründig kooperativ und offen ausgibt, jedoch neue Ideen als unrealistisch abqualifiziert (weil er im Innersten misstrauisch ist und andere Menschen als unfähig einschätzt), handelt widersprüchlich. Die Projektmitarbeitenden nehmen das unkongruente Führungsverhalten des Projektleiters als nicht authentisch war. Dadurch wird er unglaubwürdig und sein Führungseinfluss schwindet.

Führungs- und Motivationsfähigkeit des Projektleiters gehört zur Sozialkompetenz und hängt wesentlich vom Menschenbild, der inneren Einstellung und Haltung ab. Das Menschenbild einer Person entsteht im Laufe ihrer Persönlichkeitsentwicklung. Es ist nicht sichtbar, wird jedoch während der Dauer des gemeinsamen Arbeitens erlebt und erfahren.

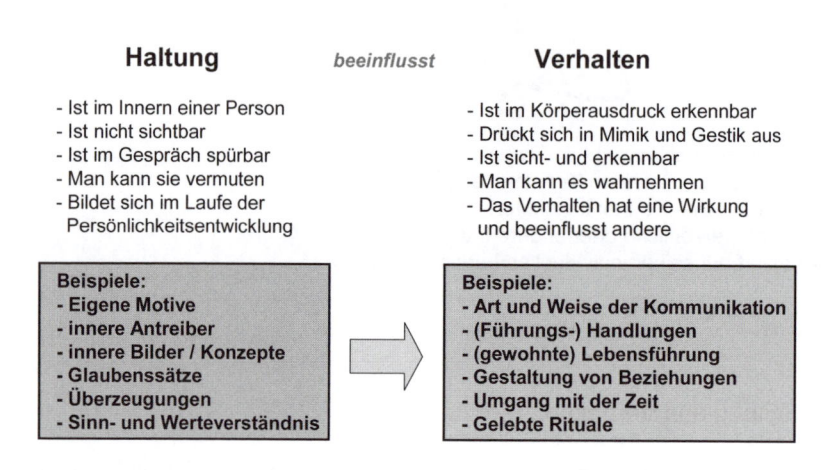

Haltung *beeinflusst*	**Verhalten**
- Ist im Innern einer Person - Ist nicht sichtbar - Ist im Gespräch spürbar - Man kann sie vermuten - Bildet sich im Laufe der Persönlichkeitsentwicklung	- Ist im Körperausdruck erkennbar - Drückt sich in Mimik und Gestik aus - Ist sicht- und erkennbar - Man kann es wahrnehmen - Das Verhalten hat eine Wirkung und beeinflusst andere
Beispiele: - Eigene Motive - innere Antreiber - innere Bilder / Konzepte - Glaubenssätze - Überzeugungen - Sinn- und Werteverständnis	**Beispiele:** - Art und Weise der Kommunikation - (Führungs-) Handlungen - (gewohnte) Lebensführung - Gestaltung von Beziehungen - Umgang mit der Zeit - Gelebte Rituale

Abbildung III-88: Haltung und Verhalten

Einstellung und Haltung prägen das Verhalten einer Person. Ein Projektleiter soll glaubwürdig sein, Selbstvertrauen und Selbstsicherheit ausstrahlen und von seinen Projektmitarbeitern als natürliche Autorität mit Wertschätzung wahrgenommen werden. Er hat in der Regel dadurch auch grossen Einfluss auf die Einsatzbereitschaft seiner Projektmitarbeiter.

Verbindlichkeit

Ist ein Projektleiter als natürliche Autoritätsperson respektiert, sind die Projektteammitglieder meist bestrebt, dieses Verhalten auch zu übernehmen. In diesem Sinne hat das Verhalten des Projektleiters eine hohe Wirkung, ist Vorbildfunktion und fördert die Verbindlichkeit. Die Projektmitarbeiter engagieren sich stärker und wickeln dadurch ihre Arbeiten mit mehr Selbstverantwortung, zeit-, kosten- und termingerechter ab.

Persönlichkeits- und Teamentwicklung benötigen eine Atmosphäre in der ein offener und ehrlicher Austausch von Eigen- und Fremdsicht gelebt werden kann. Meist ist ein frisch gebildetes Projektteam noch nicht in der Lage, diese und ähnliche zwischenmenschliche Themen direkt und offen anzusprechen.

Ist die Sozialkompetenz des Projektleiters hinreichend ausgeprägt, kann er die erforderliche Atmosphäre im Team selbst entwickeln. Hat er jedoch bezüglich seines unkongruenten Führungsverhaltens einen blinden Fleck, so kann es ihm nur durch Feedback bewusst gemacht werden. Dies ist in der Regel durch eine nicht involvierte Person (z.B. Coach, Organisationsentwickler) leistbar, vorausgesetzt, dass sich die Betroffenen damit einverstanden erklären.

7.5.2 Teamarbeit findet auf der Sach- und Beziehungsebene statt

Wenn eine Gruppe von Menschen zusammenarbeitet, sind einerseits die Sachebene (Inhalts- und Organisationsebene) und andererseits die Beziehungsebene betroffen.

Auf der Sachebene findet der inhaltliche Teil der Auseinandersetzung statt. Es werden Projektziele definiert, Analyse-Ergebnisse diskutiert, Lösungsansätze gesucht, das Projekt geplant und organisiert, Besprechungstermine abgemacht. Bei der Arbeit auf dieser Ebene spielt der Verstand eine dominante Rolle.

Auf der Beziehungsebene spielen die Gefühle, Bedürfnisse, Sympathie, Antipathie, Werte und Normen die wichtigere Rolle. Diese Ebene wird deshalb auch die psychosoziale Ebene genannt.

In einer Situation, in der mehrere Personen in eine Auseinandersetzung treten, definieren sie durch die Art und Weise, wie sie miteinander umgehen, ihre Beziehung, die sie zueinander einnehmen: Wer mag wen wie gut bzw. wie schlecht, welche Wertschätzung erhält welches Mitglied, wer hat hier das Sagen. Aber auch die informellen Normen bestimmen das Verhalten der Gruppenmitglieder. Alle kennen sie, ohne dass man jemals darüber gesprochen hat: Mit wem ist man per du bzw. per Sie; darf man ungestraft zu spät zu Sitzungen kommen; geht man gemeinsam zur Kaffeepause. Auf das Zustandekommen dieser Normen wird später nochmals eingegangen. Solche Themen können auch diskutiert und Vereinbarungen getroffen werden. Damit werden sie dann zu formellen Normen oder Spielregeln der Gruppe. Dinge, die nicht angesprochen werden dürfen, z.B. wer mit wem ein Verhältnis hat; wer wie viel verdient; wer wann welches Projekt in den Sand gesetzt hat, werden als Tabus bezeichnet.

Da Sach- und Beziehungsebene immer miteinander verbunden sind und letztere die dominante Ebene ist, wirken sich starke zwischenmenschliche Störungen immer negativ auf die inhaltliche Arbeit aus. Solche Störungen (Meinungsverschiedenheiten, Ärger, heftige Diskussionen, Betroffenheit, Verstimmung) können gering und vernachlässigbar sein. Sie sind in der Zusammenarbeit von Gruppen grundsätzlich etwas Normales und kein Anzeichen für ein Ungenügen der Teamleitung oder der Teammitglieder.

Erst wenn diese Störungen zunehmen und es der Gruppe nicht gelingt, die Schwierigkeiten zu lösen oder sich immer wieder die gleichen Probleme wiederholen, muss sich der Projektleiter die Frage stellen, was sich hinter den Störungen verbirgt.

Störungen auf der Sachebene werden oft durch Probleme auf der Beziehungsebene verursacht. Hinweise auf vorhandene Beziehungsprobleme können sein:

- gegenseitige Schuldzuweisungen, Schutzbehauptungen;
- man findet keine gemeinsamen Termine; die Teilnahme ist sehr unverbindlich;
- Diskussionen über unterschiedliche Meinungen werden vermischt mit persönlichen Angriffen: „Wie kann man nur so einen Unsinn vertreten; warum muss eure Abteilung immer eine Extrawurst haben; was Sie da erzählen ist doch Schnee von gestern; wo kämen wir hin, wenn das alle möchten";
- es wird um Nebensächlichkeiten gerungen; Entscheidungen von heute werden morgen wieder in Frage gestellt; die Teamarbeit fühlt sich an, wie Wandern auf Sand: zwei Schritte vorwärts, einer zurück.

Es gehört zur Aufgabe der Teamleitung, dafür zu sorgen, dass Probleme auf der Beziehungsebene erkannt und besprochen werden. Dazu stehen folgende Mittel zur Verfügung:

- In die Auswertung des Arbeitsprozesses wird nicht nur die Sachebene- sondern auch die Beziehungsebene mit einbezogen: Jeder sagt, wie es ihm in der Zusammenarbeit ergeht.
- Das Team macht Spielregeln ab, die jedem Mitglied erlauben, Störungen auszusprechen.
- Bei grösseren Spannungen nimmt man sich Zeit zu deren Klärung. Als Hilfsmittel kann die Prozessanalyse eingesetzt werden.

Diese Gespräche über die Befindlichkeit in der Zusammenarbeit mögen für einzelne anfänglich etwas ungewohnt sein und ihnen deshalb als merkwürdig erscheinen. Werden solche Gespräche in einer Gruppe aber regelmässig geführt, erleben die Beteiligten, wie hilfreich und klärend dieser Austausch sein kann. Nach einer gewissen Zeit werden Probleme auf der emotionalen Ebene frühzeitig ausgesprochen und können so besser gelöst werden, da es noch nicht zu Verhärtungen und einer langen Reihe von Missverständnissen kommen konnte.

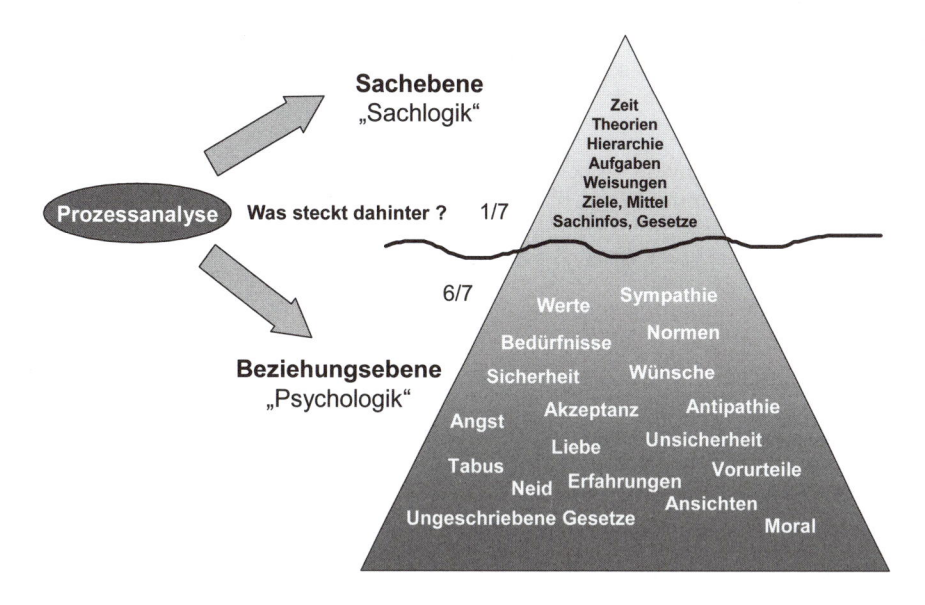

Abbildung III-89: Beziehungsdiagnose (Eisbergmodell)

7.5.3 Themenzentrierte Interaktion (TZI)

Teams, die ihre Arbeitsvereinbarungen (Spielregeln) nach diesem Modell von Ruth Cohn gestalten, geben sich selbst ein Instrument, mit dessen Hilfe Interaktionen erleichtert und gleichzeitig lebendiger gestaltet werden können, auch wenn der Umgang damit gelernt und eingeübt werden muss.

In Gruppen, die nach den Überlegungen der TZI arbeiten, werden drei Faktoren gleichwertig behandelt:

- die Person, Individuum (das „Ich"),
- die Gruppe als Ganzes (das „Wir"),
- das Thema als Aufgabe der Gruppe (das „Es"),

Solange ein dynamisches Gleichgewicht dieser drei Faktoren immer wieder erarbeitet wird, existieren optimale Bedingungen für die Mitglieder als Personen, für die Interaktion der Gruppe und für die Erfüllung der zu leistenden Aufgabe. Selbstverwirklichung, Kooperation und Aufgabenlösung gehen Hand in Hand.

Das Dreieck in diesem Modell ist umgeben von einer transparenten, vielschichtigen Kugel, welche die Umwelt symbolisiert. Die Umwelt von Zeit, Raum, Natur, Menschen und allem, was ist, war oder sein wird.

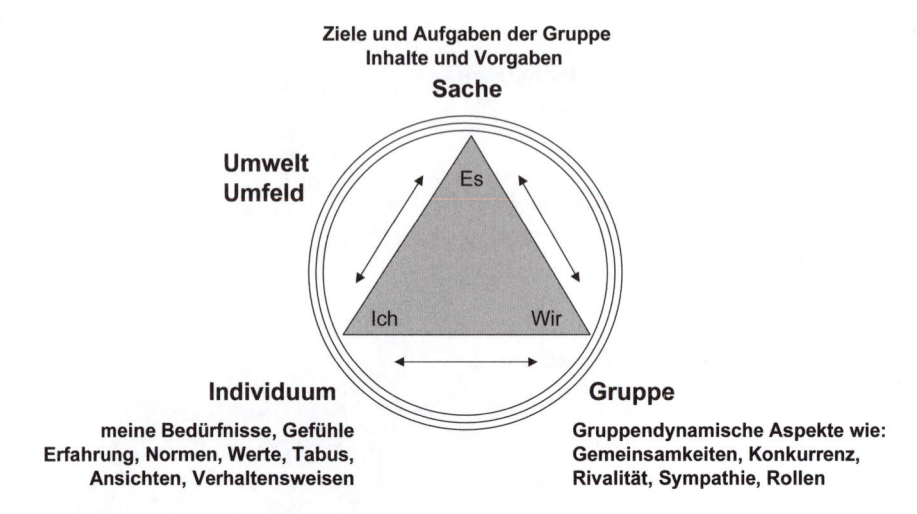

```
              Ziele und Aufgaben der Gruppe
                 Inhalte und Vorgaben
                      Sache
   Umwelt          ╱  Es  ╲
   Umfeld         ╱        ╲
                 ╱          ╲
                ╱            ╲
               ╱  Ich    Wir  ╲
   Individuum                    Gruppe
 meine Bedürfnisse, Gefühle    Gruppendynamische Aspekte wie:
Erfahrung, Normen, Werte, Tabus,  Gemeinsamkeiten, Konkurrenz,
   Ansichten, Verhaltensweisen   Rivalität, Sympathie, Rollen
```

Abbildung III-90: Das TZI-Dreieck (Ruth Cohn, 1975)

Es gehört zur Aufgabe des erfolgreichen Projektleiters, innerhalb der Projektarbeit, die Bedürfnisse und Ansprüche der drei Faktoren „Ich", „Wir" und „Es" unter Berücksichtigung der relevanten Umwelt auszugleichen. Dies gelingt nicht immer. Es wird immer Phasen geben, die durch einen der drei Faktoren geprägt sind. Im betrieblichen Alltag (auch in der Projektarbeit) neigen z.B. sehr viele Menschen dazu, möglichst viel über die Sachebene bzw. das Thema abzuhandeln und damit die Beziehungsebene (Ich- und Wir-Faktoren) zu vernachlässigen.

Der Arbeits- und Entwicklungsprozess einer Gruppe ist umso erfolgreicher, je ausgeglichener (= gleichwertiger) die Balance der drei Faktoren. Damit dies geschehen kann, nehmen wir die folgenden Regeln in unsere gemeinsame Vereinbarung für die Arbeit im Team auf:

- **Störungen haben Vorrang:** Sie sind Symptome für unausgesprochene Interessen, Spannungen und Konflikte. Sie verhindern eine produktive Zusammenarbeit und müssen deshalb vorrangig bereinigt werden.
- **Seitengespräche haben Priorität:** Sie stören und sind zugleich meist wichtig.
- **Sei dein eigener Chairman:** Sei dir deiner inneren Gegebenheiten und deiner Umwelt bewusst.
- **Sprich per Ich:** Übernimm persönliche Verantwortung für das, was du sagst.
- **Sei selektiv authentisch:** Mache dir bewusst, was du denkst und fühlst.
- **Vermeide Interpretationen:** Sprich stattdessen deine persönliche Empfindung oder Reaktion aus.

- **Stelle möglichst echte Fragen:** Und sage etwas zum Hintergrund der Frage. Informationsfragen sind wichtig, um etwas zu verstehen. Fragen hingegen, die kein wirkliches Verlangen nach Informationen ausdrücken, sind unecht.

7.6 Motivation im Projektteam

Projekte führen die Beteiligten oft an ihre Leistungsgrenzen. „Zuckerbrot und Peitsche" haben unerwünschte Nebenwirkungen. Deshalb gilt es, Erwartungen und Visionen bewusst machen und abzugleichen.

Unter einem motivierten Projektteammitglied verstehen wir einen Menschen, der sich durch ein der Sache positiv zugewandtes, aktives und engagiertes Leistungsverhalten auszeichnet. Die Beweggründe, die zu einem solchen Verhalten führen, können sehr verschieden sein. Ein motivationstheoretischer Ansatz geht davon aus, dass sich die Mitarbeiter von ihrem Einsatz die Befriedigung persönlicher Wünsche erhoffen. Die folgende Abbildung zeigt fünf Motivationsfelder, denen solche Wünsche zugeordnet werden können.

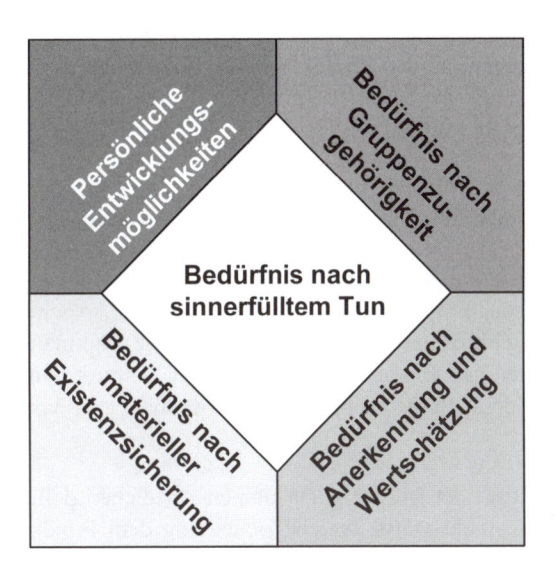

Persönliche Entwicklungsmöglichkeiten
Bedürfnis nach Gruppenzugehörigkeit
Bedürfnis nach sinnerfülltem Tun
Bedürfnis nach materieller Existenzsicherung
Bedürfnis nach Anerkennung und Wertschätzung

Motivation (Leistung) kann nur dann erzielt werden, wenn die Anreize mit der individuellen Bedürfnisstruktur übereinstimmen

Leistung: → Wollen
→ Können
→ Dürfen

Abbildung III-91: Grundlagen der Motivation

Beim Entschluss, sich in einem Projekt zu engagieren, können Bedürfnisse aus allen fünf Motivationsfeldern zum Tragen kommen. So kann man davon ausgehen, dass in einer Projektgruppe Menschen mit den unterschiedlichsten Motivationsstrukturen zusammentreffen. Für den Teamleiter ist es von Vorteil, wenn er die verschiedenen Motivationsfelder kennt und entsprechende Rahmenbedingungen schaffen kann, die deren Befriedigung zulassen.

Nun sollen die einzelnen Motivationsfelder etwas näher betrachtet werden, und es soll der Frage nachgegangen werden, in welchem Ausmass die Projektarbeit die Befriedigung der entsprechenden Bedürfnisse erkennt und zulässt.

Bedürfnis nach sinnerfülltem Tun

Es besteht ein direkter Zusammenhang zwischen dem Sinn und dem persönlichen Engagement, der sich für jemanden aus seiner Tätigkeit ergibt. Niemand kann sich über längere Zeit für etwas einsetzen, wovon er nicht überzeugt ist oder bei dem er nicht einsieht, weshalb sein Beitrag für das Gelingen der Sache wichtig und sinnvoll sein soll.

Die Stärke des Engagements der Projektteammitglieder hängt somit davon ab, ob und in welchem Ausmass z.B. das Projektziel, das Vorgehen, die Lösungen usw. für sie erkennbar und sinnvoll sind. Sind diese Elemente nicht deutlich genug auszumachen oder laufen sie den eigenen Interessen entgegen (z.B. bei Stellenabbau, Fusionsverhandlungen, Organisationsveränderungen), so ist es von grosser Bedeutung, dass zwischen dem Auftraggeber und den Projektteammitgliedern eine Auseinandersetzung darüber stattfindet und geklärt wird, ob auch wirklich die richtigen Personen ins Projektteam delegiert wurden.

Gelingt es gerade bei anspruchsvollen Projekten nicht, von Beginn an die erforderliche Motivation herzustellen, so sind die Erfolgschancen entsprechend gering.

Ist ein Projektteammitglied der Meinung, sein Beitrag sei nicht wirklich notwendig oder qualifiziert genug (d.h. sein Engagement mache keinen Sinn), so wird sich diese Person auch nicht richtig einsetzen können. Zu Beginn der Zusammenarbeit müssen deshalb die gegenseitigen Erwartungen geklärt und es muss dem potenziellen Projektteammitglied deutlich gemacht werden, was man sich von seiner Mitarbeit verspricht.

Allgemeine Äusserungen von Unlust oder Mutlosigkeit können Anzeichen dafür sein, dass das Team nicht mehr so recht weiss, welche Bedeutung dem Projekt zukommt oder warum es diesen oder jenen Schritt tun soll. Eine gemeinsame Standortbestimmung inkl. Ziel- und Vorgehensüberprüfung kann helfen, den Faden wieder aufzunehmen oder den Zusammenhang zu Vorgängen aus dem Projektumfeld wieder herzustellen.

Wird bei der Projektauslösung sorgfältig gearbeitet, d.h. werden Situationsanalyse und Zieldefinition durchgeführt, so sollte es mehrheitlich leicht fallen, den Sinn von Projektvorhaben deutlich werden zu lassen und damit einen positiven Einfluss auf die Motivation der Teammitglieder zu nehmen.

Bedürfnis nach Entwicklungsmöglichkeiten

Es gibt mehrere Gründe, weshalb von der Möglichkeit zur persönlichen Weiterentwicklung eine starke Motivationswirkung ausgehen kann:

- Im gleichen Ausmass, mit dem sich das berufliche Umfeld verändert, nimmt die Bedeutung permanenter Weiterentwicklung zu. In einer Zeit, in der sich die Arbeitswelt derart rasch und grundlegend verändert, wird der Entwicklungsaspekt je länger je mehr zu einer existenziellen Überlebensfrage.
- Das Menschenbild der humanistischen Psychologie geht davon aus, dass das Leben des Menschen ein ständiger Entwicklungs- und Lernprozess ist. Kommt dieser Prozess zum Stillstand, so entstehen seelische, geistige und körperliche Störungen. Arbeit nimmt im menschlichen Dasein einen zentralen Stellenwert ein. Aus diesem Grund wird von Arbeitspsychologen die Forderung aufgestellt, dass die Arbeitsgestaltung den Fähigkeiten und Fertigkeiten der Mitarbeiter entsprechend anspruchsvoll und herausfordernd sein soll. Ist dies der Fall, so kann Arbeit Freude bereiten, wird als interessant empfunden und löst entsprechendes Engagement aus.

Projekte sind meist Vorhaben mit einem grossen Anteil an Neuem und Unbekanntem. Entsprechend umfangreich sind die Lernmöglichkeiten, die sich den Beteiligten bieten.

Gelingt es dem Projektleiter, diese Chance den Teammitgliedern bewusst zu machen und durch entsprechende Massnahmen zu unterstützen, so verfügt er über einen „Motivations-Trumpf", um den ihn viele Führungskräfte beneiden mögen. Förderungsmassnahmen im Rahmen eines Projektes können sein:

- Delegation von interessanten Aufträgen mit entsprechend grosser Verantwortung und Kompetenz,
- Besuch von Veranstaltungen zu fachlichen und methodischen Themen,
- Besichtigungen anderer Unternehmen und Organisationen, Messebesuche, Organisation von Fachvorträgen, Literaturstudium,
- Zusammenarbeit mit Hochschulen, Forschungsstellen, Beratern, Supervision,
- bewusste, sichtbare Möglichkeit, „on-the-job" zu lernen, unterstützt und betreut zu werden.

Bei der Budgetierung sind die Kosten solcher Massnahmen zu berücksichtigen. In vielen Unternehmen wird Projektarbeit für potenzielle Kadermitarbeiter oft als Bewährungsprobe bzw. -chance verstanden. Im Widerspruch dazu steht, dass man dagegen selten ein entsprechendes Feedbacksystem findet, mit dem die Leistungen der „Prüflinge" systematisch zurückgemeldet werden. Für die Motivation der betroffenen Teammitglieder ist es wichtig, dass einerseits der Projektleiter ihre Leistungen mit ihnen direkt bespricht und andererseits dafür sorgt, dass diese Informationen an die entsprechenden Stellen in der Organisation zurückfliessen.

Bedürfnis nach Zugehörigkeit

Bereits früher wurde darauf verwiesen, dass der Mensch als soziales Wesen darauf angewiesen ist, mit anderen Menschen in regelmässigem Austausch zu stehen. Dabei gibt es natürlich individuell grosse Unterschiede. Untersuchungen zeigen aber immer wieder, dass in unserer Gesellschaft die Zugehörigkeit zu einer Arbeitsgemeinschaft einen ausserordentlich grossen Stellenwert hat. So finden z.B. sehr viele Menschen ihren Lebenspartner bzw. ihre Lebenspartnerin am Arbeitsplatz, und Personen, die plötzlich arbeitslos werden, verlieren, neben ihrer materiellen Existenz, auch noch oft ihr ganzes soziales Beziehungsnetz.

Bei der Teamarbeit findet zwischen den Mitgliedern ein ständiger Feedbackprozess statt: Ideen, Vorschläge des Einzelnen werden aufgenommen, evtl. in der Gruppe weiterentwickelt oder zurückgewiesen. Der einzelne wird sich mit den übrigen Mitgliedern vergleichen und kann sich dadurch ein realistisches Bild von den eigenen Stärken und Schwächen machen. Diese Auseinandersetzung trägt zur Weiterentwicklung jedes einzelnen aber auch der ganzen Gruppe bei.

Gelingt es dem Projektleiter, die Begegnungen der Teammitglieder zu einem positiven Gruppenerlebnis werden zu lassen, so kann dies beim einzelnen Mitglied zu einem hohen und dauerhaften Engagement führen. Jeder wird sich davor hüten, seine Kollegen, mit denen er gerne zusammenarbeitet und die ihm als Bezugspersonen wichtig sind, durch einen mageren Leistungsbeitrag zu enttäuschen.

Bedürfnis nach Anerkennung und Wertschätzung

Es gehört heute wohl zum Allgemeinwissen, dass durch Lob und Anerkennung die Motivation gefördert werden kann. Erstaunen mag dabei, dass oft wenig dafür getan wird, dass Lob und Anerkennung ausgesprochen werden können. Dazu gehört z.B.:

- dass klare und überprüfbare Aufträge erteilt werden. Dies beginnt beim Projektleiter, der mit dem Hinweis „Klären Sie mal ab" oder „Entwerfen Sie mal etwas" wenige Aussichten darauf hat, seinen Erfolg bewusst anzustreben. Dazu fehlen ihm konkrete Hinweise, wonach sein Resultat beurteilt wird;
- dass ohne vertiefte, kritische Auseinandersetzung mit der Person und den Resultaten die positivste Anerkennung kaum motivierend wirkt, denn sie kann nicht wirklich ernst genommen werden. Die Beschäftigung mit einer Sache wird aber auch Aspekte hervorbringen, über die man unterschiedlicher Meinung sein kann oder die kritisiert werden müssen. Differenzierte Kritik wird der Motivationswirkung nicht schaden, denn die intensive Auseinandersetzung mit dem Projekt zeigt den betroffenen Mitarbeitern die Bedeutung ihrer Arbeit und die entsprechende Wertschätzung der Führungskräfte auf.

Oft wird Anerkennung nach Präsentationen vor dem Leitungsausschuss oder in Gesprächen mit dem Auftraggeber ausgedrückt. An dieser Stelle wird das Team in der Regel durch den Projektleiter vertreten. Zur Förderung von Motivation und des Teamdenkens ist es ausserordentlich wichtig, dass der Projektleiter solche Meldungen an das Team weitergibt und den Erfolg mit seinen Kollegen teilt. Dazu gehört auch, dass er die Ergebnisse gegenüber Dritten nicht als seine eigene persönliche Leistung darstellt, sondern bewusst auf den Teambeitrag hinweist.

Bei Projekten mit langen Laufzeiten treten immer wieder Phasen ohne offensichtliche Fortschritte und Erfolge auf oder die Arbeiten sind voller Schwierigkeiten und mit Rückschlägen verbunden. Für die Verbesserung der Motivation und zur Unterstützung des Durchhaltewillens hilft es, wenn der Projektleiter auch kleinere „Etappensiege" hervorhebt und zwischendurch wieder mal an die bereits gemachten Fortschritte erinnert. Er kann auch das Team auffordern, sich gegenseitig positive und aufmunternde Rückmeldungen zu geben. Gerade in solchen Phasen sind alle Beteiligten dankbar für kleine gesellige Anlässe, die als Kontrastpunkt zum Kräfte verschleissenden Alltag stehen.

Wunsch nach materieller Existenzsicherung

Wer schnell viel Geld verdienen will, für den gibt es in den meisten Unternehmen lukrativere Tätigkeiten als die der Projektarbeit. Trotzdem dürfen die Projektmitarbeiter bei der Verteilung des „Kuchens" nicht zu kurz kommen. Gerade bei langfristigen und umfangreichen Projektvorhaben besteht die Gefahr, dass die Leistung der Projektmitarbeiter im Bewusstsein der Führungskräfte, die für Salär, Prämien und Beförderung zuständig sind, nicht sehr präsent ist.

Wiederum ist es der Projektleiter, der durch entsprechende Rückmeldungen an die direkten Führungskräfte der Projektmitarbeiter auf diese aufmerksam machen muss. Diese Aufgabe fällt ihm natürlich leichter, wenn ein ausgebautes und systematisches Feedbacksystem zur Verfügung steht.

Erkenntnisse aus den Modellbetrachtungen

Bei der Beschreibung der motivierenden Rahmenbedingungen sind die Nahtstellen deutlich zu erkennen, die zwischen der Führungsarbeit der Führungskräfte und des Projektleiters bestehen. Werden diese nicht klar geregelt, besteht die Gefahr, dass:

- sich Projektleiter und Führungskräfte in die Quere kommen (weil beide, unabhängig voneinander dasselbe tun),
- sich keiner verantwortlich fühlt und die Mitarbeiter die Leidtragenden sind.

Trotz Empfehlung an den Projektleiter, Teammitglieder an der Leitungsaufgabe partizipieren zu lassen, gibt es Aufgaben, die er nicht delegieren kann. So ist es z.B. einem Teammitglied nur schlecht möglich, sich bei der Führungskraft eines Kollegen für dessen Beförderung einzusetzen. Die Motivation lässt sich als Prozess wie folgt darstellen:

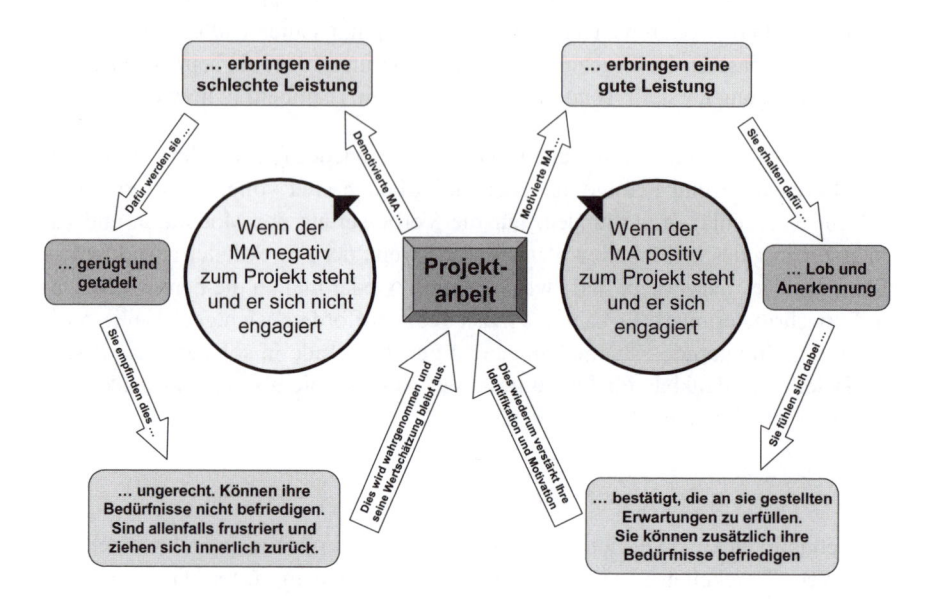

Abbildung III-92: Motivationsprozess

Teammitglieder haben individuell unterschiedliche Bedürfnisse und Erwartungen an die Mitarbeit im Projekt. Die höchste Identifikation und das stärkste Engagement werden dann erreicht, wenn jeder, seiner persönlichen Bedürfnisstruktur entsprechend, in der Projektarbeit Befriedigung findet. Dabei sind Rahmenbedingungen förderlich, die alle fünf Motivationsfelder (s. Abb. III-91) abdecken und dem Projektleiter Handlungsspielraum und den Teammitgliedern Wahlmöglichkeiten lassen.

7.7 Entwicklungsphasen von Gruppen

So wie jeder Mensch seine eigene Entwicklungsgeschichte hat, entwickeln auch Gruppen ihre eigene „Lebensgeschichte": Thema, Situation, Kontext, Umfeld und vor allem die Persönlichkeit der Gruppenmitglieder und des Leiters bedingen, dass sich wohl nie ein Gruppenprozess identisch wiederholt.

Eine Gruppe von Menschen beginnt nie als „Team" im Sinne eines echten „Wir", dem sich die Mitglieder emotional zugehörig fühlen. Erst aus einem „Wir-Gefühl" heraus wird es für die Teilnehmer möglich, die Anliegen der anderen nicht nur zu hören, sondern auch auf sie einzugehen, Gemeinsamkeiten und Unterschiede zu benennen und zu akzeptieren sowie Entscheidungen darüber zu treffen, woran man als Gruppe auf welche Art und Weise arbeiten will. Damit wird unterstrichen, dass zu Beginn einer Gruppe nicht sofort am Thema gearbeitet werden kann. Der Leiter muss zunächst der Gruppe helfen, ein solches „Wir-Gefühl" zu entwickeln.

Jede neue Interaktion als Gruppe bedeutet, dass die Gruppe den Entwicklungsprozess nochmals durchläuft. Je nachdem, wie das letzte Zusammenarbeiten erlebt und beendet wurde, oder wie der neue Prozess vom Projektleiter geleitet wird, kann die Produktivität schneller erreicht werden.

Der Weg zum Team

Um zu einem arbeits- und leistungsfähigen Team zu werden, brauchen Menschen abgesprochene Ziele sowie die Erkenntnis, dass sie gemeinsam besser erreicht werden.

Es sind dies die drei Ebenen auf denen die Gruppe im Rahmen ihrer Entwicklung zum Team immer wieder arbeiten muss, will sie ihren Auftrag erfolgreich lösen.

Alle drei Ebenen stehen in Wechselbeziehung zueinander. Die Bedürfnisse der Mitglieder sind unterschiedlich: Einzelne Mitglieder wollen sofort an den Themen der Sachebene arbeiten, da dies oft die Ebene ist, auf der sie sich sicher fühlen. Andere Mitglieder können sich dieser Ebene noch gar nicht zuwenden, weil es für sie auf der Beziehungsebene noch gar nicht stimmt. Noch gibt es Verunsicherungen und Blockaden, noch fehlen Informationen, um zu verstehen, oder Sichtweisen, um das Ganze zu begreifen. Noch ist zu wenig Vertrauen vorhanden und sie können sich nicht als Teil des Ganzen fühlen.

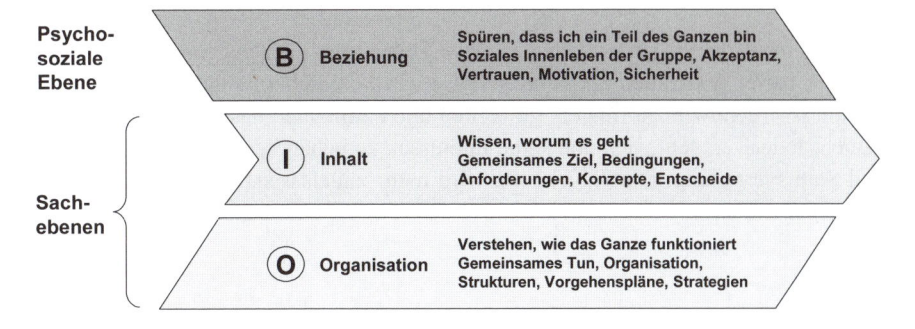

Psychosoziale Ebene	(B) Beziehung	Spüren, dass ich ein Teil des Ganzen bin	Soziales Innenleben der Gruppe, Akzeptanz, Vertrauen, Motivation, Sicherheit
Sachebenen	(I) Inhalt	Wissen, worum es geht	Gemeinsames Ziel, Bedingungen, Anforderungen, Konzepte, Entscheide
	(O) Organisation	Verstehen, wie das Ganze funktioniert	Gemeinsames Tun, Organisation, Strukturen, Vorgehenspläne, Strategien

Abbildung III-93: Die drei Ebenen der Teamentwicklung

Im Grossen und Ganzen sind es die Vorgänge auf der Beziehungsebene die darüber entscheiden, ob der einzelne bereit ist, aktiv mitzugestalten, sich einzubringen und Vertrauen zu geben. Je gesünder diese Ebene ist, je mehr der einzelne sich akzeptiert und verstanden fühlt, desto mehr Sicherheit wird er verspüren und desto mehr wird er persönlich und das Team als Ganzes leisten können, dies vor allem auch qualitativ.

Fünf Entwicklungsphasen von Gruppen

B.W. Tuckman (1965) hat das folgende Modell entwickelt und später ergänzt, welches den Entwicklungsprozess einer Gruppe in fünf Phasen unterteilt.

1. Forming

Beim Eintritt in eine Gruppe hegen die Mitglieder unterschiedliche Erwartungen, was in der Gruppe geschehen wird. Sie beschäftigen sich bewusst oder unbewusst mit der Frage, inwieweit sie Kontakt und Akzeptanz finden, welchen Stellenwert sie in der Gruppe erreichen könnten und was genau von ihnen erwartet wird.

Phase 1 ist gekennzeichnet durch höfliches und zurückhaltendes Verhalten der Mitglieder.

2. Storming

Sobald die sozialen Normen in der Gruppe definiert sind, geben sich die Mitglieder offener und zeigen zunehmend ihr „normales" Verhalten. Viele Teilnehmende möchten nun mehr Einfluss ausüben, sie reagieren kritisch aufeinander, persönliche und fachliche Kompetenzen werden zum Thema. Der Stil des Teamleiters wird häufig kritisiert und seine Versäumnisse diskutiert. Die Teilnehmer suchen ihren Platz in der sozialen Struktur des Teams und ihre spezifische Rolle bzw. Funktion bei der Aufgabenbewältigung.

Phase 2 ist dadurch gekennzeichnet, dass Teilnehmer sich gegenseitig klarer sehen, sie fassen Vertrauen und sind bereit, mehr von sich zu zeigen. Die neue Situation ist irgendwie „normaler" geworden und damit auch das Verhalten des Einzelnen. Jeder versucht, sich und seine Interessen zu behaupten. Es geht um Rollen- und Statusverteilung. Die Aggression wird mehr zugelassen, besonders auch dem Leiter gegenüber.

3. Norming

Nach dem Zurückfallen in aggressive Gefühlsbereiche wie in der Stormingphase, sind die Teilnehmer jetzt in der Lage, Wertschätzung und Akzeptanz füreinander auszudrücken. Die Zugehörigkeit zum Team beginnt Freude zu machen. Durch die

Entspannung wird die Kommunikation offener und der einzelne Teilnehmer stellt sich echter dar und vergrössert dadurch seinen Handlungsspielraum. Im Bereich der Gruppenaufgabe dominieren Kooperation und Konsens.

Phase 3 ist gekennzeichnet durch ein grosses Mass an Kohäsion. Das Team ist für seine Mitglieder attraktiv geworden, neue Gruppennormen fördern ein offeneres und persönlicheres Verhalten.

4. Performing

Die Teilnehmer stellen ihre Aktivität mehr und mehr in den Dienst der Aufgabe. Die Gruppenenergie kommt also fast ausschliesslich der Arbeit zugute. Die Frage, wie die Bedürfnisse der Teammitglieder angemessen befriedigt werden können, ist sekundär geworden. Durch Arbeitsteilung, Delegation von Verantwortung, ein wirksames Kommunikationssystem und über ein zuverlässiges Feedbackverfahren ist die Gruppe von Individuen zu einem dynamisch arbeitenden Team geworden, welches zwar immer wieder in Stufe 2 zurückfallen kann, aber jetzt die Wege kennt, um seine Konflikte zu bewältigen.

Phase 4 zeigt klar, dass die Entwicklung der Gruppe ein zyklischer und offener Prozess ist, der die wichtigen Themen und Probleme der Interaktion immer wieder neu aufwirft.

5. Adjourning

In der letzten Phase der Teamentwicklung steht die Auflösung des Teams im Zentrum. Diese Phase ist gekennzeichnet durch eine starke gefühlsmässige Ungleichzeitigkeit der Teilnehmer. Während die Einen bereits im nächsten Projekt ihre Energien einbringen, schwelgen andere noch in den Erinnerungen der vergangenen intensiven Zusammenarbeit. In dieser Phase sorgt der Projektleiter für einen umfassenden Rückblick und eine sorgfältige Auswertung der erbrachten Leistungen des Teams. Er würdigt diese Leistungen und führt ein strukturiertes Feedback für alle Beteiligten durch.

Phase 5 besteht aus wichtigen Arbeitsschritten wie z.B. die Reintegration der Teammitglieder in die Linie sicherstellen und für einen klaren Abschluss auf der Beziehungsebene sorgen.

Diese Phasen werden nicht zwingend der Reihe nach durchlaufen und durch Veränderungen und Störungen werden einzelne Phasen wiederholt. Solche Störungen entstehen unter anderem, wenn die Ziele der Aufgabe ändern oder wenn die Strukturen oder Abläufe geändert werden, Gruppenmitglieder wechseln, das heisst, Personen ausscheiden, vorübergehend fernbleiben oder wenn neue Personen dazukommen, oder der Erfolg ausbleibt, Teammitglieder unmotiviert und lustlos werden oder unter Druck kommen.

Teil III: Vertiefungsthemen

Leistungsfähigkeit / Teamentwicklung

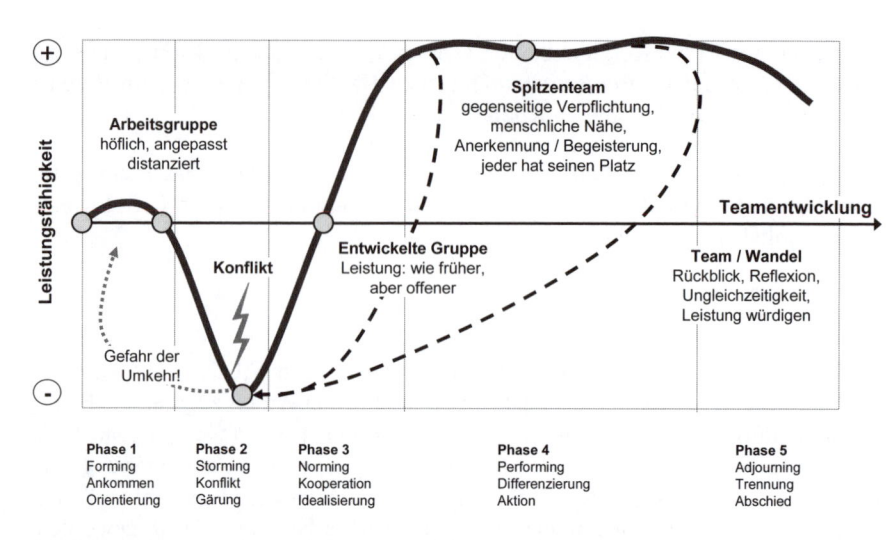

- **Arbeitsgruppe**: höflich, angepasst, distanziert
- **Konflikt** – Gefahr der Umkehr!
- **Entwickelte Gruppe**: Leistung: wie früher, aber offener
- **Spitzenteam**: gegenseitige Verpflichtung, menschliche Nähe, Anerkennung / Begeisterung, jeder hat seinen Platz
- **Team / Wandel**: Rückblick, Reflexion, Ungleichzeitigkeit, Leistung würdigen

Phase 1	Phase 2	Phase 3	Phase 4	Phase 5
Forming	Storming	Norming	Performing	Adjourning
Ankommen	Konflikt	Kooperation	Differenzierung	Trennung
Orientierung	Gärung	Idealisierung	Aktion	Abschied

Abbildung III-94: Phasen der Teamentwicklung (B.W. Tuckman u.a.)

Die folgende Tabelle soll helfen, die Phase in der die Gruppe sich befindet zu erkennen und die richtigen Themen bzw. Entwicklungsmassnahmen zu finden.

Phase	Merkmale	Bedürfnisse der Teilnehmer	Mögliche Themen	Wichtiges für Team-Leiter
Forming, Ankommen, Orientierung	Abwarten, Gegenseitiges Beschnuppern, Testen, Erfassen der Aufgabe	Wunsch nach Orientierung, was gilt hier, was darf ich nicht. Wer sind die andern?	Information, Orientierung, sanfter Einstieg in Sachthemen, Kennen lernen	Relativ hohe Struktur, sichtbar für die Teilnehmer
Storming, Konflikt, Gärung	Rollenfindung, „Kämpfe", Rivalitäten, Versuche, Aufgabe zu verändern. Kritik am Vorgehen, Konzept	Selbstdarstellung, Selbstbehauptung, Durchsetzen der eigenen Meinung	Vorgehensfragen, Umgang mit Rivalität und Macht, Transparenz schaffen	Leiter ist Hüter der Aufgabe. Raum für Psychosoziales lassen. Situativ d.h. weniger strukturiert arbeiten
Norming, Klärung, Kooperation	Gute und offene Kommunikation. Wir-Gefühl, Nähe und Identifikation mit Team und Aufgabe, Rollenflexibilität	Gegenseitiges Geben und Nehmen, das Team will autonom arbeiten (weniger auf den Leiter zentriert)	Sowohl Sach- als auch Beziehungsthemen	Klare Problemstellung geben, aber das „Wie" offen lassen. Zurückhaltende Leitung. Vermehrt ungeleitete Teams möglich

Performing, Arbeitslust, Produktivität	Konzentration auf Resultate, weniger Struktur notwendig	Der Ansporn für die Zusammenarbeit sind Fortschritt, Resultate und Erfolge	Wettbewerb in Grenzen halten. Unterstützung geben bei Vorgehensfragen geben	Allzu rasche „harmonische" Entscheidungen hinterfragen
Adjourning, Abschluss, Abschied	„Ungleichzeitigkeit" der Teilnehmer. Grosse Nähe. „Schlussdepressionen"	Häufiges Bedürfnis, noch länger zusammen zu bleiben	Transferhilfen, Arbeit abschliessen. Wie geht es weiter? Was ist noch offen?	Leiter ist Hüter eines „klaren Abschlusses" Sach- und Beziehungsebene berücksichtigen. Lerngruppen als Follow-up!

Abbildung III-95: Entwicklungsprozess von Gruppen

Fazit

Teams sind soziale Systeme, die lernfähig sind, sich selber steuern und entwickeln und daher ausserordentlich flexibel und leistungsfähig sein können.

8 Veränderungsmanagement und Umgang mit Widerstand

8.1 Veränderungsmanagement

Fast jedes Projektvorhaben führt heute zwangsläufig auch zu kleineren oder grösseren Anpassungen innerhalb der Stammorganisation. Denn meistens sind auch irgendwelche betrieblichen Prozesse von der Neuerung betroffen. Es ergibt sich eine neue Betriebsstruktur, Organisationseinheiten werden neu zusammengestellt, bisherige Arbeiten fallen weg, Dienstleistungen werden neu definiert. Diese Veränderungen bedingen immer Anpassungen für die beteiligten Personen in ihren Tätigkeiten, ihrem Verhalten oder sogar in ihrer Haltung. Damit Menschen bei solchen Veränderungen mitgehen können reicht eine nur auf das Sachziel orientierte Projektführung nicht mehr aus. Es werden immer mehr gezielte Projektaktivitäten und Projektführung notwendig, damit die Betroffenen bei den verhaltensorientierten Veränderungen mitgehen können. Dies ist umso mehr gefragt, als die Erwartungen bezüglich der Veränderungszeiten immer kürzer werden. Die fortlaufenden koordinierten Massnahmen für diese Veränderungen können als Veränderungsmanagement (Changemanagement) bezeichnet werden.

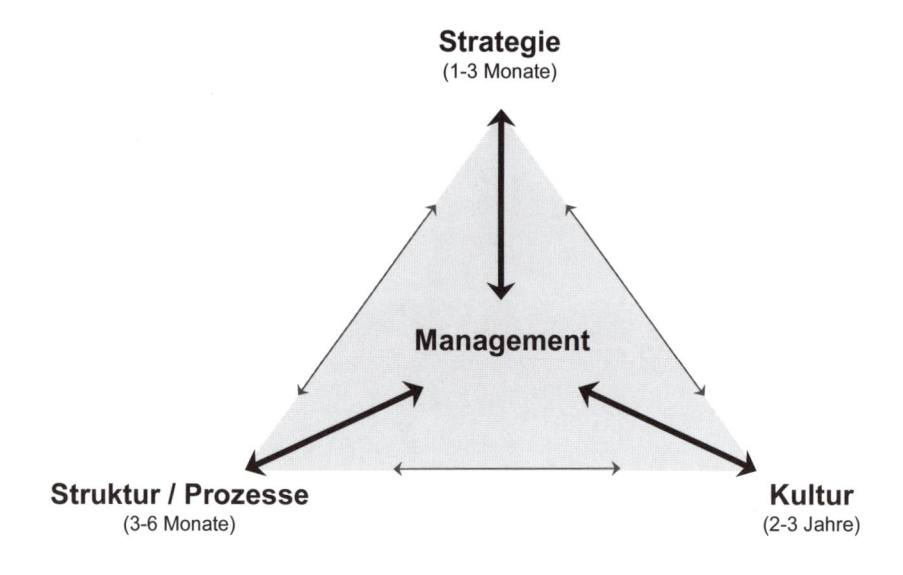

Strategie
(1-3 Monate)

Management

Struktur / Prozesse
(3-6 Monate)

Kultur
(2-3 Jahre)

> Bei einer Änderung der Strategie müssen immer auch die Prozesse angepasst werden. Dies macht eine Veränderung der Kultur und des (Führungs-)Verhaltens jedes Einzelnen notwendig. Die Zeitdauer für die Entwicklung der Strategie, der Struktur und Prozesse sowie für die Anpassung der Kultur sind sehr unterschiedlich.

Abbildung III-96: Veränderung von Strategie, Struktur und Kultur

8 Veränderungsmanagement und Umgang mit Widerstand

Dargestellt am obigen allgemeinen Businessmodell erfordern Veränderungen in der Strategie, Korrekturen und Anpassungen in den Strukturen und Prozesse, was zwangsläufig auch eine kleinere oder grössere Veränderung der Kultur mit sich bringt. Alle drei Schritte können Inhalt von einem Projekt oder aber von verschiedenen Projekten sein.

Genügen für Aufgabenstellungen zur Zielerreichung auf strategischer und struktureller Ebene die klassischen sachlogischen Instrumente und Massnahmen, so sind für die Veränderung der kulturellen Grössen vermehrt psychologische Instrumente und Massnahmen gefragt. Das heisst, dass die Projektleitung neben dem klassischen Projektmanagement, Wissen und Können braucht, um diese Prozesse gestalten und führen zu können. Das Verhalten jedes Einzelnen und aller zusammen kennzeichnen letztlich die Kultur. Wieweit eine solche Weiterentwicklung gelingt, hängt im Wesentlichen davon ab, wie viel Gewohntes und Vertrautes an neue Gegebenheiten angepasst oder sogar neu aufgebaut werden kann.

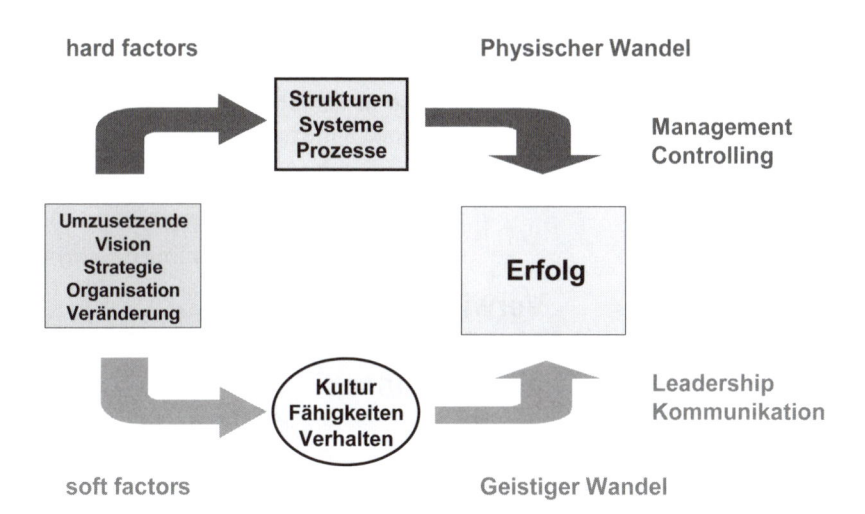

Abbildung III-97: Zwei Ebenen des Wandels

Wesentliche Voraussetzung damit Veränderungen wirklich getragen werden und greifen, ist die volle Identifikation und das Commitment der Geschäftsleitung. Viele Veränderungsvorhaben scheitern oder sind wirkungslos, weil dieses Commitment von oben fehlt und die Notwendigkeit und Richtigkeit von Veränderungen nicht immer wieder kommuniziert und bestätigt wird. Am nachhaltigsten wird dies erreicht, indem sich das Management aktiv am Veränderungsprozess beteiligt. Dies hilft insofern, als die Veränderungen sie ebenso betreffen als Mitarbeitende der Organisation. Die von der Organisation angestrebten Veränderungen werden nur übernommen, wenn das Management diese vorlebt.

Eine wichtige Führungsaufgabe ist es, Entwicklungen frühzeitig wahrzunehmen, um mit sinn- und massvollen Anpassungen agieren zu können. Veränderungen finden immer statt. Die Frage ist nur: Wie aktiv werden sie gestaltet? Wenn wir nicht bewusst damit umgehen, wird die Veränderung an uns vorbeiziehen. Veränderungen in Organisationen geschehen durch die Menschen, die darin arbeiten sowie durch ihre Bereitschaft, bei sich selbst etwas zu verändern und sich auf einen Entwicklungs- und Lernprozess einzulassen. Wesentliche Neuerungen sind eine Herausforderung und eine Chance, die hohe Anforderungen an alle Beteiligten stellen und auch entsprechend Zeit brauchen. Dort, wo die Auswirkungen des Veränderungsprozesses unterschätzt werden, besteht die grosse Gefahr, dass nur noch die negativen Aspekte wahrgenommen werden.

8.1.1 Veränderungsprozess-Modell

In Anlehnung an das Change-Modell von Virginia Satir erfolgt die Entwicklung von Menschen, Gruppen oder Organisationen über fünf Phasen, die mit unterschiedlicher Bereitschaft und unterschiedlichem Zeitbedarf durchlaufen werden.

Diese Veränderungen beginnen normalerweise in den obersten Hierarchiestufen des Unternehmens und werden bis auf die unterste Stufe hinab umgesetzt.

Neues Gleichgewicht (5)

Verwirrung Unsicherheit Chaos + Chance (3)

Das Neue integrieren (4)

Etwas Neues einführen (2)

Vorhandenes Gleichgewicht (1)

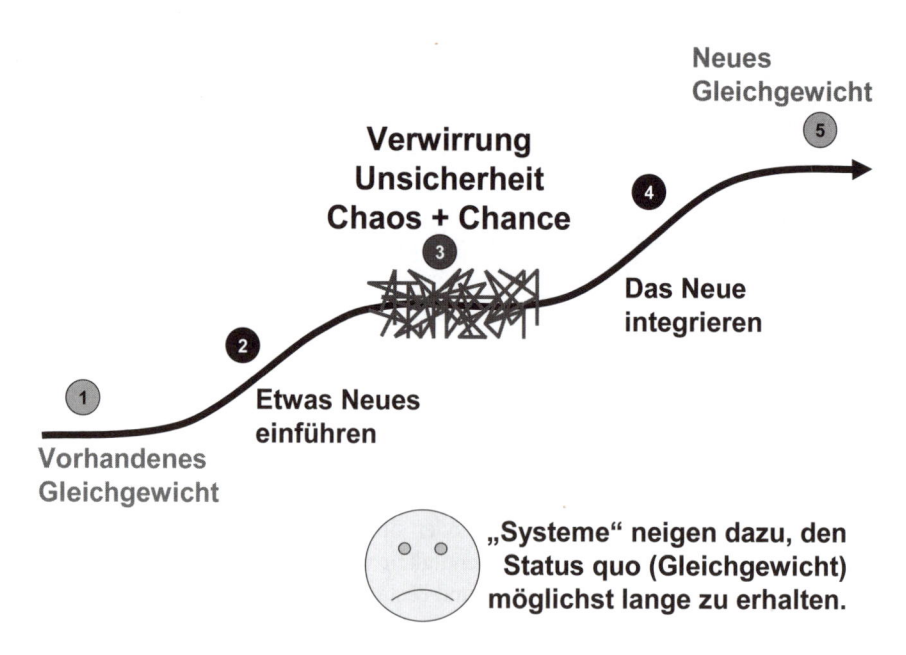

„Systeme" neigen dazu, den Status quo (Gleichgewicht) möglichst lange zu erhalten.

Abbildung III-98: Zustände in Veränderungsprozessen (Virginia Satir)

Phase 1: Status quo oder Gleichgewicht

Diese Phase (meist die Ausgangslage) des stabilen Gleichgewichts und der Kontinuität vermittelt Sicherheit. Die eingespielte Routine gibt das Gefühl, effizient zu sein. Um dieses Gleichgewicht nicht zu gefährden, wird ein Veränderungsbedarf in der Praxis häufig möglichst lange ausgeblendet, indem die Realität nicht wahrgenommen werden kann oder will. Je länger diese Phase dauert, umso schwieriger wird es für die Betroffenen, sich auf Veränderungen einzulassen.

Phase 2: Aufbruch, etwas Neues

In dieser Phase wächst das Bewusstsein, dass Veränderungen notwendig werden. Meist ist es nur ein kleiner Kreis, z.B. das Management, der aufgrund dieses Veränderungsbedarfs etwas Neues plant und in die Wege leitet. Die Bereitschaft zur Veränderung ist in dieser „Auftauphase" herzustellen.

Phase 3: Verwirrung, Unsicherheit, Chaos und Chance

Bei der Einführung des Neuen entsteht anfangs Verwirrung. Häufig werden die Mitarbeiter erst in dieser Phase in den Veränderungsprozess einbezogen. Sie müssen auf einen bereits fahrenden Zug aufspringen und versuchen dann mit mehr oder weniger Bereitschaft, die Veränderung zu bewältigen und das Neue auszuprobieren. Meist geschieht dies mit den bisherigen Methoden und Verhaltensweisen, die für die neuen Anforderungen kaum mehr geeignet sind. Im Alltag entstehen Situationen, in denen nichts mehr funktioniert, da das Bewährte nicht mehr gilt und das Neue noch ungewohnt und zum Teil vielleicht gar nicht bekannt ist.

In der Folge entsteht ein Chaos, sowohl für die Menschen als auch für die ganze Organisation. Nur das positive Durchleben dieser Phase führt zu einer echten Veränderung! Allerdings darf diese Phase nicht allzu lange dauern, denn sie ist mit viel Angst, Unsicherheit und teuren Reibungsverlusten verbunden, weil oft nicht klar ist, ob jetzt noch das Alte oder bereits das Neue gilt.

Phase 4: Integration

Die Fähigkeit der Menschen, Phasen der Verwirrung und der Krise trotz aller Schwierigkeiten positiv anzugehen, ist ein Schlüsselfaktor für das Erreichen der Phase 4. Sobald sich erste Erfolge der Veränderung abzuzeichnen beginnen, gewinnt das Neue an Attraktivität. Es kommt zu einer Integrationsphase, in der die neue Wirklichkeit eingeübt und die neuen Verhaltensweisen erprobt werden, bis allmählich wieder Sicherheit entsteht. Der neue Zustand wird wieder „eingefroren". Auch Fehler gehören zum Lernprozess. Diese sollen festgehalten und reflektiert werden, brauchen aber nicht gleich zu Kurskorrekturen zu führen. Gelingt dieser tolerante Umgang mit Fehlern den Führungspersonen nicht, erfolgt statt des Fortschritts ein Rückfall in Phase 3.

Phase 5: Stabilität und Status quo

Auf die Integrationsphase folgt eine neue Phase des Gleichgewichts. Diese Phase der Konsolidierung ist wichtig für die Vertiefung der Erfahrungen und die Verankerung der neuen Kenntnisse und Fähigkeiten. In unserem heutigen Umfeld ist jedoch damit zu rechnen, dass diese Phasen immer kürzer werden, weil sie von weiteren Veränderungen eingeholt bzw. überholt werden.

Die fünf Phasen werden nicht linear durchlaufen. Bei jeder grösseren Schwierigkeit gibt es zwangsläufig wieder Rückfälle in die Chaosphase. Angst und Resignation gewinnen wieder Oberhand. Mit der Zeit nehmen aber sowohl die Anzahl als auch die Dauer dieser Rückfälle ab. Der Veränderungsprozess beginnt zu greifen.

Ungleichzeitigkeit

Die Veränderungsphasen laufen in der Organisation für bestimmte Gruppen zeitlich versetzt. Dies bedeutet, dass nicht alle beteiligten Personen bzw. Hierarchiestufen sich zur gleichen Zeit in der gleichen Phase befinden, was zu zusätzlicher Dynamik im Projekt führen kann. Diese Ungleichzeitigkeit entsteht durch den Wissensvorsprung der Verantwortlichen, die sich schon über längere Zeit mit der Veränderung befasst haben und entsprechend im Prozess schon weiter vorangeschritten sind. Sie erwarten nun mit Ungeduld rasche Resultate und erhöhen mit dieser Forderung das Spannungsfeld für die Mitarbeiter.

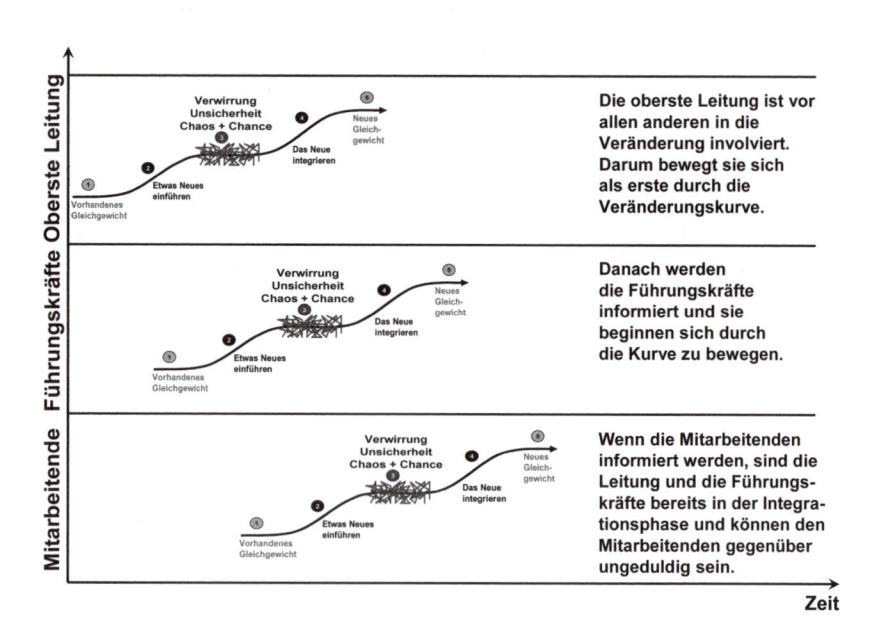

Abbildung III-99: Ungleichzeitigkeit von Veränderungsphasen

Diese Ungleichzeitigkeit stellt hohe Anforderungen, insbesondere an die Projektleitung, das Spannungsfeld zwischen den Erwartungen der obersten Leitung nach schneller Umsetzung und Herstellung der Leistungsfähigkeit einerseits und dem Bedürfnis nach Information, Verarbeitung und Mitgestaltung der Veränderung auf Seiten der Mitarbeitenden des Projektes andererseits.

Auswirkungen von Veränderung

Veränderungen sind verbunden mit vielen kleinen Umstellungen, welche in der Übergangsphase zu Chaos, Unsicherheiten und Konflikten führen können:

- Neue, ungewohnte Aufgaben und Verhaltensweisen müssen übernommen und eingeübt werden. Alte Werte gelten nicht mehr.
- Routinierte Abläufe und damit auch eine vermeintliche Sicherheit sind aufzugeben. Bisherige Grenzen werden verändert.
- Altes muss überprüft, verändert und wo nötig über Bord geworfen werden.
- Bezugspersonen (Führungskräfte, Mitarbeiter und Teamgefährten) wechseln.
- Eingespielte Informationsflüsse und Beziehungen spielen nicht mehr.

Grundsätze für Veränderungen

- Es gibt keine Veränderung ohne Widerstand. Nicht das Auftreten von Widerständen, sondern deren Ausbleiben muss Anlass zur Beunruhigung geben. Ohne Veränderung stagniert die menschliche Entwicklung
- Ständige Veränderung ohne Begrenzung, ohne Widerstand führt zu Wildwuchs, Chaos und Auflösung
- Widerstand ist ein (faires) Angebot, die Lösung auf anderem Weg zu finden
- Jeder Mensch verarbeitet nur ein begrenztes Ausmass an Veränderungen
- Beteiligte und Betroffene einbeziehen, Feedbackschlaufen einbauen
- Transparenz und Offenheit als wesentliche Grundhaltung
- Nachteile mitkommunizieren
- Vorteile und langfristiger Nutzen verständlich machen
- Mitarbeiter sorgfältig auf neue Situationen vorbereiten und befähigen

8.1.2 Sach-Logik und Psycho-Logik

Ist das Projekt gekennzeichnet durch wesentliche Veränderungen, welche die Menschen betreffen, so ist es dienlich, den Projektverlauf stark an die notwendigen Interventionen anzupassen, die dem Veränderungsmanagement dienen. Diese verzögern zwar scheinbar die Projektabwicklung aber meist wird dies wieder wettgemacht bis zur Implementation oder vollständigen Übernahme des Projektes in die Linie durch die verbesserte Zufriedenheit und Akzeptanz des Neuen. So bekommen folgende Themen mehr Gewicht:

- Aufbau von Commitment,
- Umgang mit Widerstand,
- Kommunikation,
- Entwicklung von Fähigkeiten und Haltungen.

Dabei geht es im Wesentlichen darum, dass die Themenfelder, welche eine Veränderung der Menschen in ihrer Person oder Position sehr stark beschäftigen, bearbeitet werden und so der natürlich vorhandene Widerstand erst genommen und bearbeitbar wird. Dies erfordert eine Erweiterung des Betrachtungsfeldes mit nur der Sicht einer Sach-Logik um die weitere Dimension der Psycho-Logik in der Projektabwicklung.

Sach-logische Themen
- Ziele
- Strategien
- Meilensteine
- Kosten, Ressourcen
- Schlüsselprojekte
- Planung

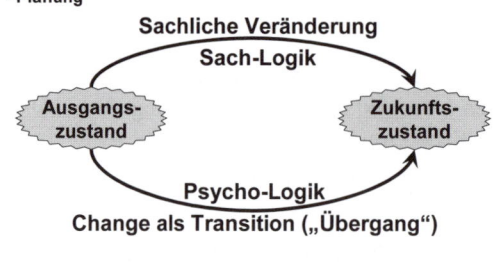

Psycho-logische Themen
- Führung / Leadership
- Widerstand
- Macht
- Emotionen
- Mobilisierung / Spirit / Energie
- Vision / Perspektiven / Horizonte
- Verhaltensänderung
- Fähigkeitsentwicklung, Lernen
- Kulturentwicklung
- Kommunikation / Dialog
- Retention / Bindung
- Management der Stabilität
- Personelle Besetzung
- Begleitung / Beratung / Coaching
- Teamentwicklung
- Quick wins
- Neues zulassen

Sachliche Veränderung
Sach-Logik

Ausgangszustand → Zukunftszustand

Psycho-Logik
Change als Transition („Übergang")

Fragestellungen ans Management
- Aufbau von Commitment
- Umgang mit Widerstand
- Kommunikation der Veränderung
- Entwicklung von Fähigkeiten und Haltung

Abbildung III-100: Übersicht Veränderungsmanagement

Es gibt keine Veränderung ohne Widerstand. Ein Ziel ist es, möglichst schnell die Betroffenen aus dem Widerstand in eine produktive Haltung zu führen. Wobei dies oftmals nicht eine einmalige Sache ist, sondern je nach Ereignissen im Projekt immer wieder erfolgen muss.

Im Idealfall streben wir an, dass alle zu Mitstreiter werden. Dies wird nicht möglich sein, aber durch gezielte Interventionen kann versucht werden, die Energie des Widerstandes oder von Unentschlossenen in aktive Mitarbeit umzuleiten und vermehrt die Passiven und Mitläufern zu beteiligen und zu konfrontieren.

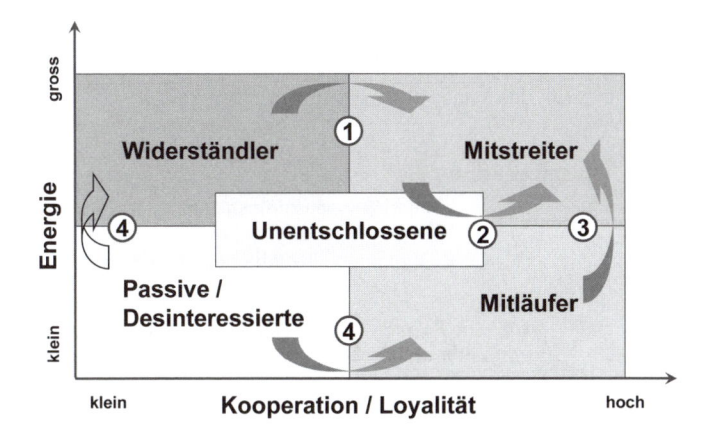

① **Auseinandersetzungen mit Kritik und in die Verantwortung nehmen**
② **Werben und informieren**
③ **Beteiligen und Einbinden (Aufgaben zuweisen)**
④ **Informieren und Konfrontieren**

Abbildung III-101: Haltungen in Veränderungsprozessen

8.2 Widerstand

Soziale Systeme neigen dazu, den Status Quo oder das Gleichgewicht möglichst lange zu halten. Für die Mitarbeiter bedeutet dies konkret, dass sie den Veränderungen ausgesetzt werden und gezwungen sind, sich damit auseinander zu setzen. Dass diese Auseinandersetzungen jeweils nicht spurlos ablaufen, ist auch leicht nachvollziehbar. Widerstände nehmen besonders dann zu, wenn für die Mitarbeiter die Existenzgrundlage gefährdet ist.

Veränderung bedeutet Aufbruch und die Chance, sich weiterzuentwickeln, aber auch loszulassen, von liebgewordenem Abschied zu nehmen. Widerstand nicht zu beachten führt zu Blockaden. Sozialer Druck führt zu Gegendruck. Jeder sorgfältig behandelte Widerstand (siehe auch Konflikt) kann neue Ressourcen und Fähigkeiten hervorbringen.

8.2.1 Formen von Widerstand

Widerstand enthält immer eine verschlüsselte Botschaft. Die Ursachen liegen häufig im emotionalen Bereich. Der Widerstand einer von Veränderung bedrohten Person kann sich in sehr unterschiedlicher Form zeigen. Eine bestehende Ordnung, Struktur, Beziehung oder anderes wird in Frage gestellt. Dies bedroht die innere Balance, was zu einer Abwehrhaltung führen kann.

Gleichgültig, welche Form der Widerstand annimmt, letztlich sind die Ursachen verborgen in individuellen oder sozialen Bedürfnissen. Widerstand enthält in der Regel ein Energiepotenzial, das konstruktiv genutzt werden kann.

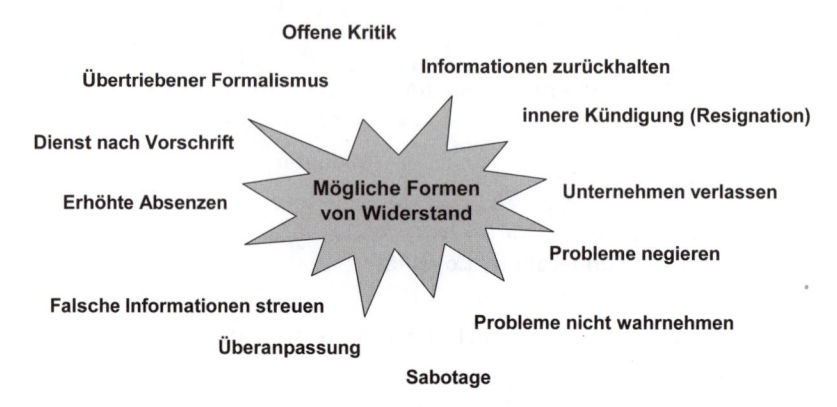

Mögliche Formen von Widerstand:
- Offene Kritik
- Übertriebener Formalismus
- Informationen zurückhalten
- innere Kündigung (Resignation)
- Dienst nach Vorschrift
- Erhöhte Absenzen
- Unternehmen verlassen
- Probleme negieren
- Falsche Informationen streuen
- Probleme nicht wahrnehmen
- Überanpassung
- Sabotage

Abbildung III-102: Formen von Widerstand

Wie kann die Projektleitung mit Widerstand umgehen bzw. wie kann sie ihn behandeln? Die Projektmitarbeiter oder andere betroffene Personen sind eher dann bereit sich zu verändern, wenn:

- die Veränderung als Chance und nicht als Bedrohung wahrgenommen wird,
- ein gutes Vertrauensverhältnis und eine offene Kommunikation vorhanden ist,
- sie sich sicher fühlen, d.h. nicht mit Sanktionen und Machtübergriffen rechnen müssen, wenn sie allfällige Missstände aufdecken bzw. ansprechen,
- die Veränderungen für sie sinnvoll sind und etwas Positives daraus resultiert,
- ihre bisherigen Leistungen anerkannt werden,
- sie frühzeitig in den Veränderungsprozess mit einbezogen werden,
- sie gut informiert sind und die nötige Unterstützung erhalten,
- eingegangen wird auf ihren Widerstand. Nur wenn die „unterschwellige emotionale Energie" ernst genommen wird, kann sie sinnvoll kanalisiert werden.

Sie sind eher weniger bereit, die Veränderungen aktiv mit zu gestalten, wenn:

- Angst und Unsicherheit das Arbeitsklima überschatten,
- sich in der Vergangenheit geprägte Handlungsmuster automatisiert haben,
- Ignoranz oder Nichtbeachtung vorherrscht,
- fehlendes Problembewusstsein, Verständnis und Isolation vorhanden sind,
- im Team nicht kommuniziert wird,
- kein Sinn erkennbar ist.

Erfolgreiche Veränderungen können konsequenterweise nur in einem Klima des Vertrauens stattfinden. Von den Führungskräften erfordert dies einen über das übliche Mass hinaus gehenden Aufwand an Kommunikation, Information, Betreuung und Aufklärungsarbeit. Diese Führungsaufgabe kann gelingen, wenn die Führungskräfte deren Wichtigkeit erkennen und sich dafür genügend Zeit nehmen.

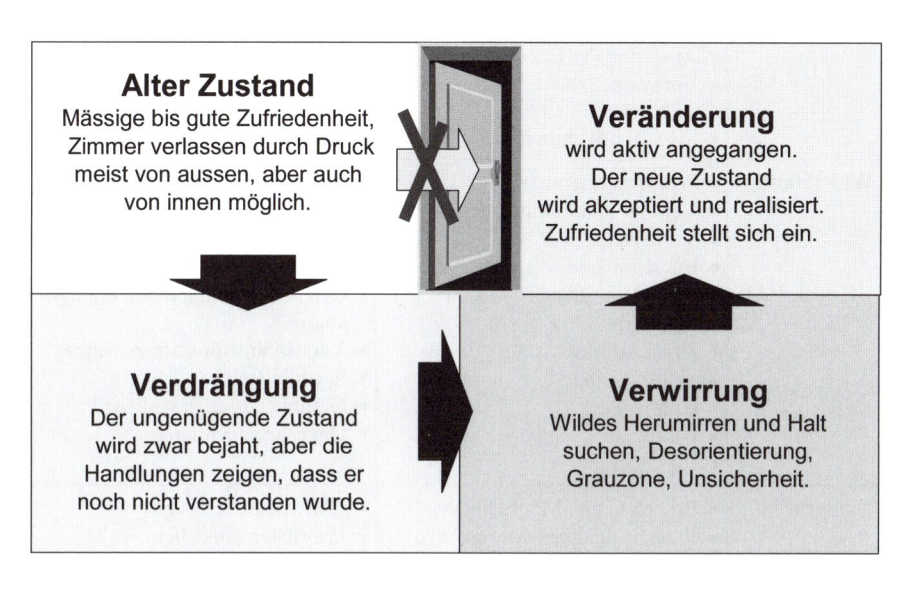

Alter Zustand
Mässige bis gute Zufriedenheit, Zimmer verlassen durch Druck meist von aussen, aber auch von innen möglich.

Veränderung
wird aktiv angegangen. Der neue Zustand wird akzeptiert und realisiert. Zufriedenheit stellt sich ein.

Verdrängung
Der ungenügende Zustand wird zwar bejaht, aber die Handlungen zeigen, dass er noch nicht verstanden wurde.

Verwirrung
Wildes Herumirren und Halt suchen, Desorientierung, Grauzone, Unsicherheit.

Abbildung III-103: 4-Zimmer-Modell (nach Claes Janssen)

Im Umgang mit Widerständen kann der Veränderungsprozess bewusster gesteuert werden. Der schwedische Sozialpsychologe Claes Janssen demonstriert mit seinem „Vier-Zimmer-Modell", wie Menschen einen Veränderungsprozess durchlaufen. Es ist immer die gleiche Reihenfolge von (satter) Zufriedenheit, über Leugnung und Konfusion zur Erneuerung.

In der Begleitung von betroffenen Personen kann dieser Veränderungsprozess beschleunigt werden, indem die Projektleitung die typischen Reaktionen und Verhaltensweisen wahrnimmt und entsprechend gezielt die Zimmer durchquert werden können. Dabei sind unterstützende Massnahmen und Interventionen sehr hilfreich.

	Anzeichen	**Umgang**
Abwehr	• „Es ist doch alles in Ordnung" • Davon bin ich nicht betroffen • „Schau'n wir mal …" • „Es wird nie so heiss gegessen wie gekocht" • Irritation, Verwirrung • Abwerten der Information • Verweigern, neue Informationen zu hören • Selektive Wahrnehmung	• Klar machen, dass Veränderungen stattfinden werden • Konfrontation mit Information und der Realität • Erklären, was erwartet wird • Zeit geben, damit die Information verarbeitet werden kann und vereinbaren eines Gespräches • Helfen, die Situation zu verstehen und Unterstützung anbieten
Widerstand	• Wut, Aggressivität • Verlust- und Zukunftsangst • Verletzung • Engstirnigkeit • Schuldzuweisung • Jammern • Krank werden • Selbstzweifel • Opferrolle • Passivität • Verzögerung	• Zuhören • Gefühle anerkennen • Mitgefühl und Verständnis zeigen • Ventile schaffen • Offene Kommunikation ermöglichen • Verständnis für Sorgen zeigen • Nicht hilfreich: • Gefühle ausreden wollen • Gegenargumentieren
Exploration	• Erkennen von Möglichkeiten • Entscheidungsschwierigkeiten • Energie wird frei • Mangel an Fokus, Chaos • Zielfindung • Erkennen von Ressourcen • Erforschen, Ausprobieren von Alternativen • Lernen neuer Fertigkeiten • Offen werden • Entwickeln neuer Wahrnehmungs- und Einstellungsmuster	• Klärungshilfe leisten • Prioritäten aufstellen • Training anbieten/ermöglichen • Alternativen erarbeiten • Durchführung von Visions- und Zielfindungsmeetings, Brainstormings, Planungssitzungen • Projekte auf den Weg bringen • Kurzfristige Ziele und Erfolge schaffen
Commitment	• Fokus • Zusammenarbeit • Ausgeglichenheit • Stabilität • Vision • Zielorientierung • Handlungsorientierung • Erfolgserlebnisse • Verlässlichkeit • Optimismus und Realismus	• Langfristige Ziele vereinbaren • Teambildungsmassnahmen • Missionsstatement erarbeiten • Neue Spielregeln vereinbaren • Feinabstimmung, Stabilisieren des Neuen • Blick in die Zukunft richten • Anerkennen der Veränderungsleistung: Lob • Institutionalisierung der Veränderung

Abbildung III-104: Merkmale und Führungsverhalten im Veränderungsprozess (übernommen von Potocnik, Neulinger und Partners)

8.2.2 Umgang mit Widerstand

Veränderungen können auch Konflikte auslösen. Wenn sich Menschen entwickeln, entstehen mehr Reibungsflächen, Ängste und neue Anspruchshaltungen. Diese Konflikte sind ernst zu nehmen, sie dürfen nicht aus Sachzwängen oder zeitlichen Gründen übergangen oder abgewertet werden.

In den Gesprächen zur Klärung des Widerstandes ist vor allem darauf zu achten, dass nicht um Positionen verhandelt wird, sondern versucht wird die wahren Interessen des Widerstandes anzusprechen. Diese zeigen sich meist nicht offensichtlich und müssen stufenweise herausgearbeitet werden. Dazu empfiehlt sich ein sorgfältiges Vorgehen in drei Stufen.

	Ursache von Widerstand	Umgang mit Widerstand
Vorgehensreihenfolge ↓	Stufe 1: Sachliche Bedenken	- informieren - argumentieren - aufklären
	Stufe 2: Ängste und Befürchtungen	- verstehen statt erklären - zuhören statt argumentieren - nachfragen und spiegeln
	Stufe 3: Eigeninteressen	- klare Ansprache und Kompromiss - Konfrontation und Einlenken - Klärung über die Hierarchie

Abbildung III-105: Ursachen und Umgang mit Widerstand

Stufe 1

Zunächst empfiehlt es sich, von sachlichen Bedenken als Ursache von Widerstand auszugehen. Es ist gut nachzufragen, was die Person verstanden hat und dann zu informieren, mit der Person zu argumentieren und Sachverhalte aufzuklären.

Handelt es sich tatsächlich um sachliche Bedenken, kommen sie zu einer inhaltlichen Klärung und Abwägung der Argumente. Sind die Argumente nur vorgeschoben und liegen dem Widerstand andere Ursachen zu Grunde, wird sich die Diskussion im Kreis drehen. Dann wird zwischen den Themen gesprungen bzw. ständig neue Argumente angeführt. Hier empfiehlt es sich, auf die nächste Stufe zu gehen.

Stufe 2

Gehen Sie jetzt von Ängsten bei der Person aus. Man geht heute davon aus, dass weit mehr als die Hälfte aller Widerstände auf Ängste zurückgehen. Hier ist es wichtig, die Gesprächsstrategie zu wechseln. Statt zu argumentieren gilt es, zuzuhören. Jetzt geht es um Verstehen statt Erklären. Wichtig ist, nachzufragen und sich zu vergewissern, ob Sie ihr Gegenüber richtig verstanden haben, in dem Sie seine Aussagen mit eigenen Worten wiedergeben. Erst wenn ihr Gegenüber wirklich den Eindruck hat, dass seine Ängste oder Befürchtungen von ihnen verstanden wurden und Sie diese Ernst nehmen, ist es möglich, nach Lösungen zu suchen. Auch hier empfiehlt es sich, die Person zu fragen, was ihr helfen könnte, statt zu früh schnelle Lösungen anzubieten.

Die sicherste Methode, nichts über die Ängste und Befürchtungen zu erfahren, ist das Beruhigen, Trösten, Beschwichtigen oder die sachliche Erklärung, dass es doch „überhaupt keinen Grund gibt, sich Sorgen zu machen".

Liegen dem Widerstand tatsächlich Ängste zu Grunde, wird die Person auf das einfühlsame Vorgehen reagieren und mit Ihnen nach praktikablen Wegen suchen. Führen auch mehrere solche Gespräche nicht weiter, handelt es sich vermutlich auch nicht um Ängste als Ursache für den Widerstand. Jetzt empfiehlt sich die dritte Stufe.

Stufe 3

Dabei gehen sie von Eigeninteressen der Person als Ursache für den Widerstand aus. Hierzu ist es notwendig, dass sie sich im Vorfeld Gedanken zu den Interessen der Person machen: Welche Begünstigungen könnte sie verlieren, welche mühsam erworbenen Rechte oder Vorteile, welche Incentives, welchen Status oder welches Prestige oder auch welche kleinen Vorteile und Freiheiten bezüglich Arbeitszeit oder Fahrgemeinschaften. Der Einstieg in dieses Gespräch erfolgt dann über die klare Aussprache dieser Interessen. Ein Einstieg könnte auch über die Frage nach den Vorteilen oder Privilegien erfolgen, die die Person durch die Veränderungen möglicherweise verliert oder aufgeben muss. Aber man kann nicht davon ausgehen, dass jede Person offen darüber spricht und bereit ist, einen Kompromiss auszuhandeln. Manchmal ist auch eine klare Konfrontation notwendig, in der die Person auf ihr egoistisches Verhalten hingewiesen wird und dass sie damit wichtige Veränderungen behindert. Dann führt manchmal nur noch eine Machtentscheidung über die Hierarchie zu einer Lösung der Situation. Aber auch hier ist ein sorgfältiges Vorgehen geboten. Es ist immer hilfreich, der Person die Chance zu geben, einzulenken und zur Kooperation zurückzukehren, bevor der Weg über die Hierarchie beschritten wird. Insbesondere dann, wenn Sie auch nach der Veränderung noch mit dieser Person zusammenarbeiten wollen oder müssen.

Das Vorgehen in dieser Reihenfolge empfiehlt sich, da so kein „Schaden" angerichtet wird. Unterstellt man jemandem, der sachliche Bedenken hat, er hätte

Ängste, könnte er sich nicht richtig ernst genommen fühlen. Einer Person mit Ängsten zu unterstellen, sie hätte Eigeninteresse, führt häufig zu einer Kränkung und macht es unmöglich, über die Ängste zu sprechen.

Checkliste: Interventionen bei Widerstand

- Informationen sammeln
- Die besten Alternativen für sich selbst eruieren
- Die besten Alternativen der Gegenpartei erkennen
- Optionen für den beidseitigen Vorteil entwickeln
- Objektive Kriterien formulieren
- Mögliche Verhandlungslösungen evaluieren

Informieren über:	Hinhören/Hinschauen auf:
• Ist-Situation: wertfrei • geplante Veränderungen und Ziele: rechtzeitig und transparent • Konsequenzen für die Mitarbeiter: umfassend und kontinuierlich	• Äusserungen der Mitarbeiter • aussergewöhnliches Verhalten • Gerüchte usw. • verschiedenen Formen von Widerstand
Beteiligen an:	**Eingehen auf:**
• Diskussionsveranstaltungen • Bewertung der Ist-Situation • Entscheidungsprozessen • Hearings und Präsentationen	• Bedürfnisse der Betroffenen • Wünsche und Meinungen • Gute Ideen • Härtefälle
Verhandeln über:	**Training und Ausbildung:**
• Streitpunkte • Meinungsverschiedenheiten: in kooperativer und konsensfähiger Weise	• so früh wie möglich • je nach Bedarf sowohl bei Inhalten auf der Sachebene als auch auf der Beziehungsebene

Wenn Teammitglieder Widerstand signalisieren, erwarten sie, dass er wahrgenommen und aufgearbeitet wird. Schenkt die Projektleitung dem Widerstand keine Beachtung, fühlen sich die Mitglieder unterlegen, verletzt oder nicht ernst genommen. Ihr Missbehagen und ihre Unzufriedenheit nehmen zu. Die negativen Emotionen werden auf andere projiziert. Der Widerstand wird personalisiert. Es kann sich daraus ein sozialer Konflikt mit einer grossen Dynamik entwickeln, z.B.: „Die Projektleitung ist Schuld, dass …!"

9 Konflikte

Generell gilt: Überall wo Menschen zusammenarbeiten, gibt es Konfliktpotenziale; in Projekten auf der Beziehungs-, Inhalts- und Organisations-Ebene. Projektgruppen benötigen für ihre produktive Entwicklung sowohl Phasen der Harmonie als auch solche des Konflikts.

Es entstehen viele und unnötige Konflikte, weil:

- Sachverhalte nicht rechtzeitig geklärt werden,
- Transparenz und Offenheit fehlen,
- Schnittstellen zuwenig geklärt werden,
- Menschen zuwenig oder gar nicht miteinander kommunizieren,
- unterschiedliche Positionen nicht gemeinsam ausdiskutiert werden,
- Bedürfnisse anderer nicht ernst genommen oder übergangen werden,
- Widerstand resp. Konfliktsignale nicht beachtet werden.

Der in der Umgangssprache sehr unterschiedlich verwendete Begriff Konflikt soll für die Teamarbeit besser definiert und umschrieben werden.

9.1 Definition von Konflikt und innerer Haltung

Das Wort „Konflikt" aus dem lateinischen Wort „configere" (zusammenschlagen, zusammenprallen) bedeutet, dass gegenseitige Interessen zusammentreffen, die nicht gleichrangig befriedigt werden können. Meistens entwickelt sich die anfänglich sachliche Differenz zwischen zwei Menschen erst allmählich zu einem Konflikt. Der genaue Anfang eines solchen sozialen Konflikts ist normalerweise nicht mehr eindeutig nachvollziehbar. In Anlehnung an die Formulierung von Friedrich Glasl sei Konflikt wie folgt definiert:

Ein sozialer Konflikt zwischen zwei Menschen besteht dann, wenn mindestens einer der beiden den anderen derart erlebt, dass er sich durch ihn im eigenen Handeln beeinträchtigt fühlt.

Ob das „Erlebte" der einen Person begründet oder nur empfunden ist, spielt dabei keine Rolle. Ausschlaggebend ist einzig die persönliche Wahrnehmung.

9.2 Konfliktursachen und Konfliktarten

Organisatorische Konflikte sind weitaus leichter zu beheben als soziale Konflikte. Werden organisatorische Konflikte nicht beachtet und bearbeitet, entwickeln sich daraus mit der Zeit soziale Konflikte.

Einige typische Konfliktursachen in Organisationen sind beispielsweise:

Motivations- und Zielkonflikte	Positionskonflikte
• unterschiedliche Projekt- oder Bereichsziele • unterschiedliche Motivation, die Ziele erreichen zu wollen	• Hierarchie, Macht • Status • Einfluss
Organisatorische Konflikte	**Rollenkonflikte**
• unklare Abläufe oder Aufträge • unklare Kompetenzen und Verantwortlichkeiten • unbefriedigender Informationsfluss	• formelle und informelle Rollen • verschiedene Rollen in verschiedenen Situationen
Beziehungs- bzw. interpersonale Konflikte	**Intrapersonale Konflikte**
• Normen und Werte • Sympathie/Antipathie • Chemie	• Neid • Unsicherheit • Angst • Über- oder Unterforderung

Dabei lassen sich drei Arten von Konflikten unterscheiden:

Beurteilungskonflikt	Bewertungskonflikt	Verteilungskonflikt
unterschiedliche Beurteilung z.B. von Informationen, des Lösungsweges, von benötigten Mitteln	unterschiedliche Bewertung der Konsequenzen	ungenügende Zuteilung von Ressourcen wie Zeit, Mittel, Kapazitäten

Besonders bei Projekten ergeben sich zusätzlich folgende Dynamiken:

- Projekte bringen immer etwas Neues (Produkte, Abläufe, Organisationsformen usw.), wodurch Bestehendes zu Altem wird. Veränderungen, die mit der Einführung von Neuem einhergehen, lösen Unsicherheit, Ängste, zuweilen Ablehnung und Widerstand, aber auch Euphorie und Druck aus. Diese Spannungen fliessen in die Projektarbeit ein und fördern Konflikte.
- Die Aufgabenteilung in den Unternehmen bringt es mit sich, dass zwischen den verschiedenen Abteilungen Interessen- und Zielkonflikte entstehen können. Die Projektteammitglieder, die als Vertreter ihrer Stammorganisationen im Projekt auftreten, bekommen diese Widersprüchlichkeiten zu spüren.

- In verschiedenen Organisationseinheiten des gleichen Unternehmens können sich unterschiedliche Unternehmenskulturen und Wertvorstellungen entwickeln, weil Personen aus unterschiedlichen Bereichen im Projektteam aufeinander treffen. Werden solche Unterschiede in der Zusammenarbeit auf oberster Stelle elegant umschifft (z.B. in Sitzungen der Geschäftsleitung), so prallen sie oft in Projekten aufs Heftigste aufeinander. Solche Situationen werden als „Stellvertreterkriege" oder verschobene Konflikte bezeichnet.
- Gerne wird immer wieder das Gemeinwohl hervorgehoben, um das es letztlich gehe, während im Alltag oft Einzel- oder Gruppeninteressen viel stärker spürbar werden. Davor ist auch kein Projektteam gefeit.

Strukturelle Faktoren
- unklare Abgrenzungen
- Widersprüche in der Aufgabe
- Doppelunterstellungen
- unklare Steuerung
- Fehlende Information
- zu wenig Absprachen

Situative Faktoren
- Zeit- und Leistungsdruck
- Einflüsse von aussen
- Fehlende Mittel
- Sinnfrage
- Krisensituationen
- Marktsituation

Konfliktbeeinflussende Faktoren in Projekten

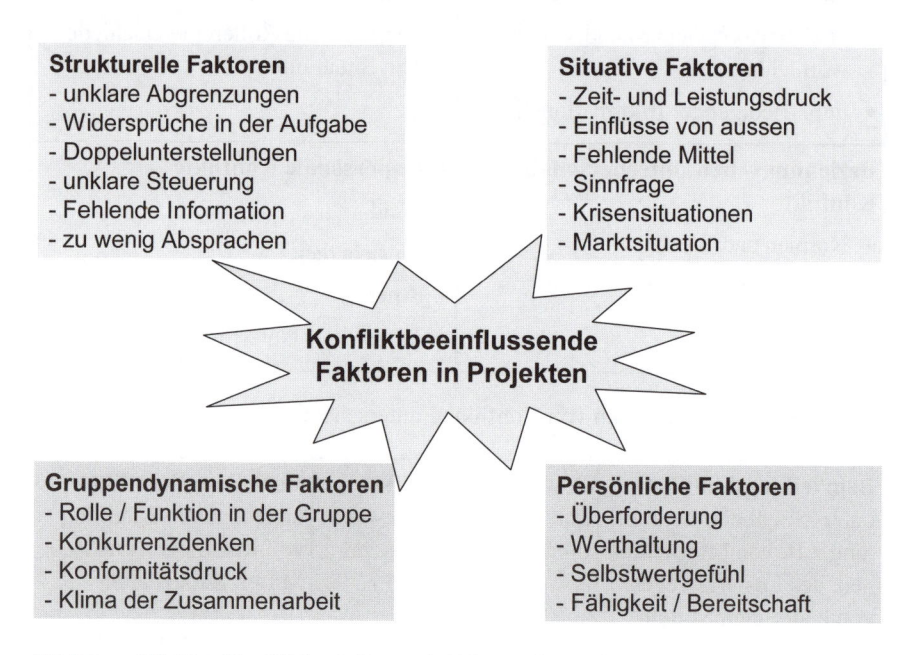

Gruppendynamische Faktoren
- Rolle / Funktion in der Gruppe
- Konkurrenzdenken
- Konformitätsdruck
- Klima der Zusammenarbeit

Persönliche Faktoren
- Überforderung
- Werthaltung
- Selbstwertgefühl
- Fähigkeit / Bereitschaft

Abbildung III-106: Konfliktbeeinflussende Faktoren im Projekt

9.3 Konfliktthemen in der Übersicht

Konfliktsignale sind selten eindeutig erkennbar. Sie lassen sich beobachten und erkennen, wenn sich das Verhalten eines Mitarbeiters ändert oder wenn er zu manchen Personen auffällig oder anders ist als üblich. In vielen Fällen kann auch nur dann auf einen Konflikt geschlossen werden, wenn mehrere Symptome gleichzeitig vorliegen. Die symbolisierte Übersicht widerspiegelt die wichtigsten unterschiedlichen Aspekte eines Konflikts.

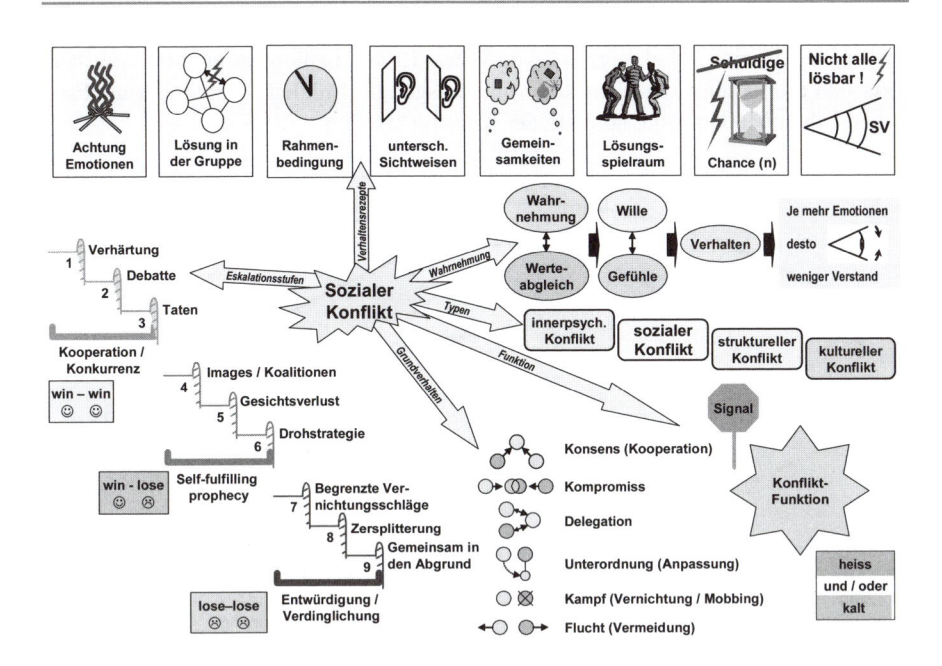

Abbildung III-107: Konfliktübersicht

9.4 Wahrnehmung

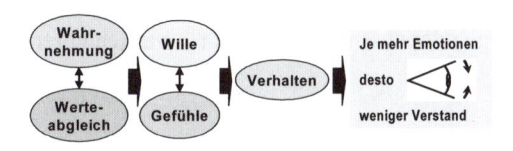

Wahrnehmung beinhaltet das, was jemand sieht oder hört und sich dabei denkt oder sich vorstellt. Mit dem Werteabgleich findet eine Überprüfung des Wahrgenommenen mit den eigenen inneren Werthaltungen, dem eigenen bisher Erlebten statt. Das „Wahrgenommene" wird somit zum „Abbild" von dem, was die Person gewohnt ist zu sehen. Darauf reagiert eine Person meist unwillkürlich mit nonverbalen Körperreaktionen. Diese Verhaltensreaktion wird von den Empfindungen und Motiven dieser Person direkt beeinflusst und selten bewusst gesteuert. Ist eine Person entspannt, kann sie ihr Verhalten normalerweise bewusst beeinflussen. Steht sie jedoch unter Anspannung, Druck, Stress oder wird sie von Gefühlen überschwemmt, wird sie ihr Verhalten umso weniger bewusst steuern können. Es wird meist aggressiver und zerstörerischer oder anders gesagt: Durch Worte und Taten können Menschen Wirkungen auslösen, die sie zumeist – rückblickend gesehen – so gar nicht gewollt haben.

Dieses Übertreiben bewirkt dann bei der Gegenpartei, dass sie im Konflikt gewalttätiger, starrer und rücksichtsloser wird und damit die angreifende Person oder Partei noch mehr ärgert oder bedrängt. Dadurch steigern sich die beiden Seiten gegenseitig in eine Eskalation des Konfliktes. Er kann zuletzt so intensiv werden, dass sich die Parteien dem Konflikt völlig ausgeliefert fühlen: Nicht mehr die Personen haben den Konflikt, sondern der Konflikt „besitzt" die Personen.

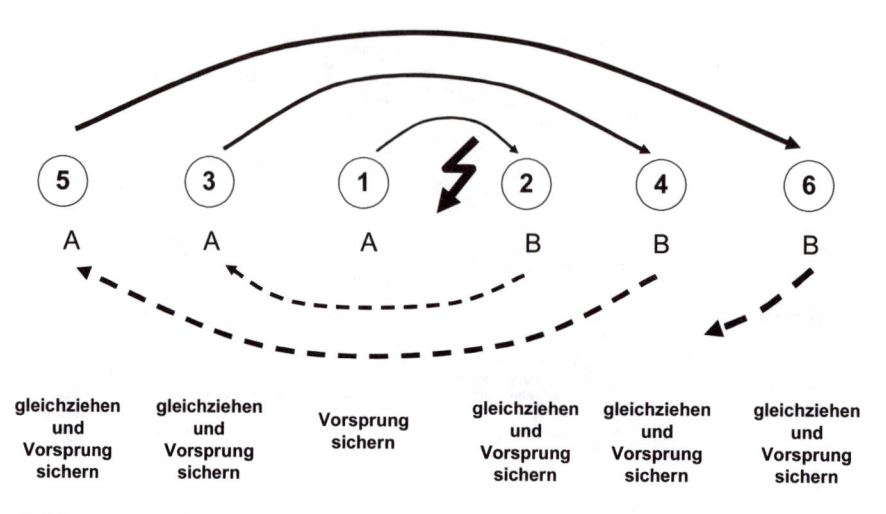

Abbildung III-108: Zirkelprozess der Eskalation (nach F. Glasl)

Die Ursache vieler Konflikte beginnt jedoch in der eigenen Person. Sei dies, dass ich nicht genau zuhöre, weil ich, während die andere Person redet, mir bereits die Antwort oder die nächste Frage überlege oder dass ich nur das höre, was ich hören möchte.

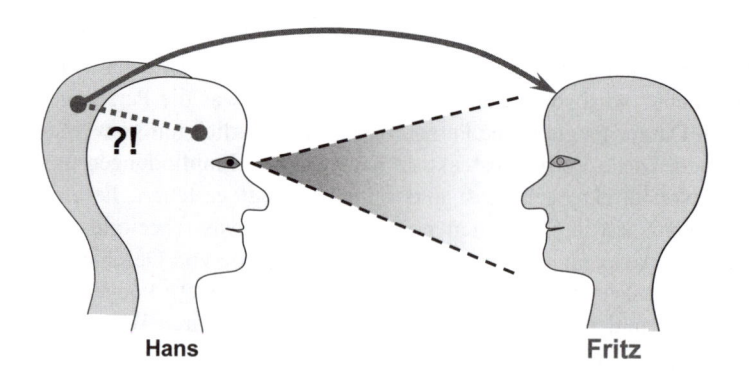

Was Hans über Fritz sagt, sagt mehr über Hans als über Fritz aus.

Abbildung III-109: Projektion des eigenen Schattens auf die Gegenpartei

Sei es, dass ich die Dinge, die ich sehe, durch die eigene „Brille" wahrnehme und mich vorschnell bereits mit dem inneren „Wunschbild" statt mit der „Realität" des anderen beschäftige. In Wahrheit kämpfen so gesehen nicht die beiden Parteien gegeneinander, sondern das Bild, das sich die eine Person von der anderen gemacht hat, entwickelt sich zum Feindbild.

9.5 Konflikttypen

Ähnlich wie bei den Widerständen deuten viele verschiedenartige Symptome auf Konflikte hin. Sie können entweder unabhängig voneinander oder in Kombination oder gehäuft auftreten. Wichtig ist die Wahrnehmungsfähigkeit des Projektleiters. Er muss erkennen, dass es bei Konflikten meistens um eine grundlegende Verhaltensänderung geht, die sich erst allmählich bemerkbar macht. Es wird plötzlich festgestellt, dass nichts mehr so ist, wie es vorher war:

Ablehnung, Widerstand	ständiges Widersprechen, „ja, aber" Verhalten, mürrische Reaktionen
Aggressivität, Feindseligkeit	verletzende Reden, „böse" Blicke, abwertende Bemerkungen, absichtliche Fehler, „Mauern", Sabotage
Sturheit, Uneinsichtigkeit	rechthaberisches Verhalten, „Kleben" an Vorschriften, „das funktioniert so nicht bei uns, …"
Flucht	Kontakte vermeiden, aus dem Weg gehen, Wortkargheit, innerer Rückzug, Ausweichen auf andere Themen
Überkonformität	keine eigenen Ideen einbringen, Kritik vermeiden, sich den anderen Meinungen anschliessen
Desinteresse	formelle Höflichkeit, sich zurückziehen, passive Arbeitshaltung, Ignoranz
Formalität	Dienst nach Vorschrift, Weisungen genau einhalten, alle Schritte schriftlich festhalten und dies von den anderen ebenso erwarten

Gerade in Projekten ist das Konfliktpotenzial nicht zu unterschätzen. Konflikte sind grundsätzlich etwas Normales. Sie können nicht als Gradmesser für die Qualität der Projektarbeit angesehen werden. Im Gegenteil: Bleiben Konflikte aus, lässt das eher die Vermutung zu, dass die kritischen Themen in der Projektarbeit umgangen wurden. Schwierigkeiten und Probleme zeigen sich in solchen Fällen spätestens bei der Implementierung der Resultate. Leider sind sie dann viel schwieriger, kosten- und zeitaufwändiger zu lösen.

Die Qualität der Projektleitung bzw. des Projektteams zeigt sich in der Art und Weise, wie sie mit Konflikten umgehen bzw. wie sie sich in Konfliktsituationen verhalten.

innerpsych. Konflikt — sozialer Konflikt — struktureller Konflikt — kultureller Konflikt

Zuerst ist zu klären, um welchen Konflikttyp es sich im aktuellen Konflikt handelt. Dieser sollte sinnvollerweise auf derjenigen Ebene gelöst werden auf der er entstanden ist. Durch diese erste Klärung wird die Wahl der richtigen Intervention einfacher.

9.6 Konfliktfunktionen

Mögen noch so unterschiedliche Ursachen hinter einem Konflikt liegen, immer hat er eine Signalwirkung, eine bestimmte Funktion oder eine Bedeutung. So gesehen, sind Konflikte eher ein konstruktives Potenzial, dem ein persönliches Bedürfnis, eine Abrechnung, eine Provokation oder auch eine versteckte Absicht zugrunde liegen kann.

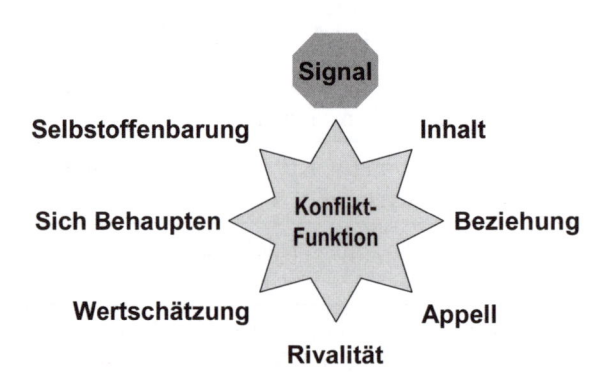

Abbildung III-110: Signalwirkung und Konfliktfunktion

Die Absicht kann bezogen sein auf:

- **ein Signal geben**
  Die eine Seite will, dass die andere aufhorcht und merkt: „Es gibt ein Problem!"
- **den Inhalt**
  Es gibt eine unterschiedliche Sachsicht/Expertenmeinung/Wahrnehmung.

- **die Beziehung**
  Durchblicken lassen, was ich vom anderen/Gegner halte bzw. wie ich es sehe.
- **einen Appell**
  Gestaute Wut und Enttäuschung muss jetzt abgebaut werden, bevor noch mehr kaputt geht.
- **die Rivalität**
  Ultimativ die eigene Forderung durchsetzen und damit gleichzeitig die einseitige Umsetzung der „Gegeninteressen" verhindern.
- **die Wertschätzung**
  Dem anderen zeigen, ich will ernst genommen und für das erlittene Unrecht entschädigt werden bzw. meine Würde soll wieder hergestellt werden.
- **Sich-Behaupten**
  Sich einsetzen für die eigenen Rechte und signalisieren, ich gebe nicht kampflos auf.
- **die Selbstoffenbarung**
  Dem anderen erklären, wie ich mich selbst sehe bzw. wie ich von ihm gesehen werden will.

9.7 Heisser und kalter Konflikt

Anhand der Interaktion der Konfliktparteien ist nach Friedrich Glasl erkennbar, ob es sich um einen heissen oder einen kalten Konflikt handelt:

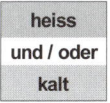

In heissen Konflikten verläuft das Zusammenspiel sehr aktiv und die Parteien reagieren eher überempfindlich. Angriff und Verteidigung sind für alle spür- und erkennbar. Sie werden impulsiv und emotional geführt. Die Energie der Parteien wird genährt von den überzeichneten positiven Selbstbildern. Interventionen bei heissen Konflikten sind dann erfolgreich, wenn Wahrnehmungen, Einstellungen und Verhaltensweisen der einzelnen Konfliktparteien gemeinsam geklärt und gegenseitig anerkannt werden können.

In kalten Konflikten ist das Zusammenspiel gelähmt. Enttäuschung, Frustration und Hassgefühle werden unterdrückt und wirken in den Parteien destruktiv weiter. Eine Auseinandersetzung findet nicht oder nur noch indirekt statt, da sich die Parteien gegenseitig ausweichen und einen direkten Kontakt vermeiden. Bei kalten Konflikten helfen konstruktive Interventionen, das Selbstwertgefühl aller zu stärken sowie Rahmenbedingungen zu schaffen, die den Konfliktparteien wieder ermöglichen, sich von Angesicht zu Angesicht auszutauschen. Manchmal kommt es vor, dass Konfliktparteien den Konflikt nicht wahrhaben wollen respektive die Existenz des Konfliktes bestreiten. In solchen Fällen ist es legitim, diesen Konflikt zuerst aufzutauen, indem die Parteien mit der angespannten Situation konfrontiert werden.

```
┌─────────────────────────┐         ┌─────────────────────────┐
│        formell          │         │        informell        │
└─────────────────────────┘         └─────────────────────────┘
```

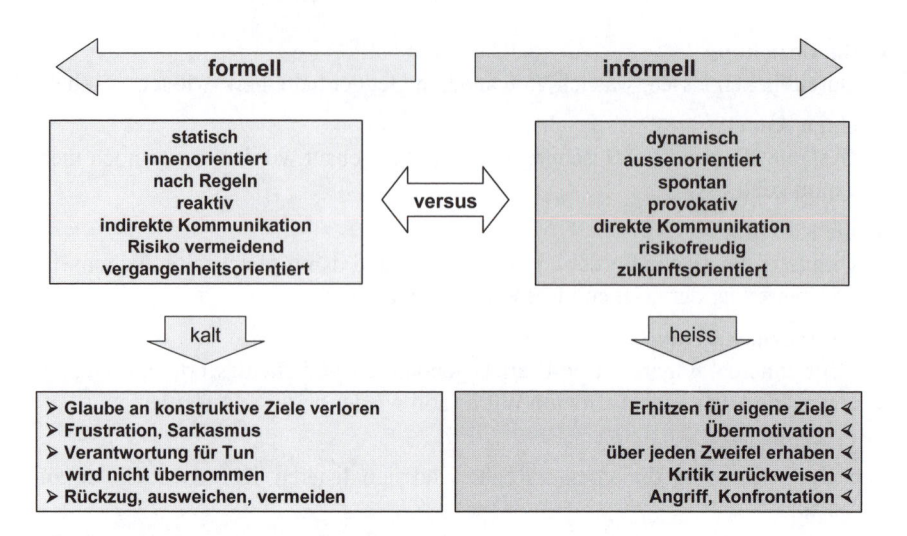

statisch innenorientiert nach Regeln reaktiv indirekte Kommunikation Risiko vermeidend vergangenheitsorientiert	dynamisch aussenorientiert spontan provokativ direkte Kommunikation risikofreudig zukunftsorientiert

⇐ versus ⇒

kalt / **heiss**

➢ Glaube an konstruktive Ziele verloren ➢ Frustration, Sarkasmus ➢ Verantwortung für Tun wird nicht übernommen ➢ Rückzug, ausweichen, vermeiden	Erhitzen für eigene Ziele ◁ Übermotivation ◁ über jeden Zweifel erhaben ◁ Kritik zurückweisen ◁ Angriff, Konfrontation ◁

Abbildung III-111: Heisse und kalte Konflikte (Gerhard Schwarz)

9.8 Grundmodell des Konfliktverhaltens

Es gibt verschiedene Möglichkeiten, auf Konfliktsituationen zu reagieren. Diese Reaktionen sind einerseits von der aktuellen Situation abhängig. Andererseits neigen Menschen dazu, sich immer wieder ähnlich zu verhalten. Das folgende Modell nach Gerhard Schwarz zeigt das Grundverhalten in Konfliktsituationen:

Konsens (Kooperation)

Kompromiss

Delegation

Unterordnung (Anpassung)

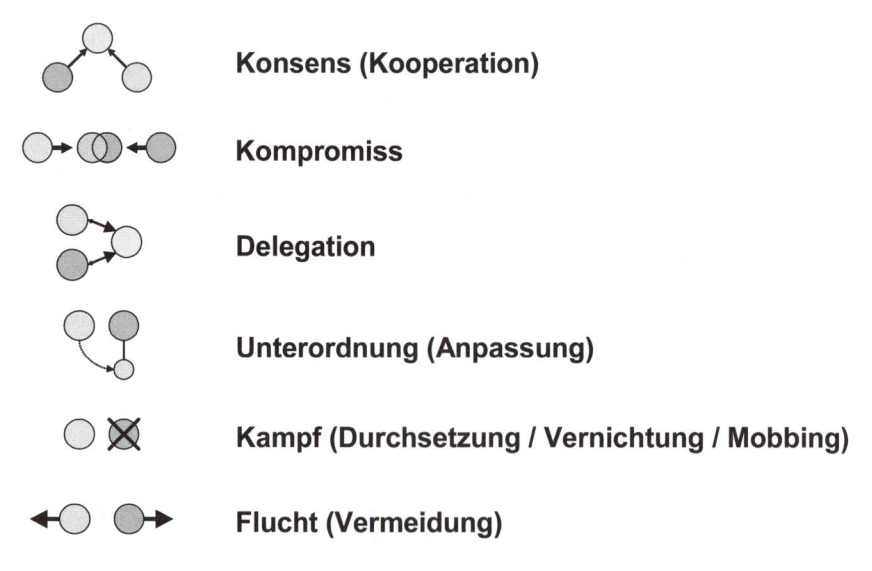

Kampf (Durchsetzung / Vernichtung / Mobbing)

Flucht (Vermeidung)

Abbildung III-112: Grundmodell des Konfliktverhaltens (nach G. Schwarz)

Flucht, Kampf und Unterordnung sind die drei instinktiven Ur-Verhaltensmuster. Delegation, Kompromiss und Konsens sind gelernte Verhaltensweisen des sozial höher entwickelten Menschen.

Flucht

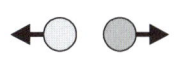

Eine oder beide Parteien entziehen sich der Auseinandersetzung durch Flucht. Dazu gehört auch, dass der Konflikt aberkannt wird oder niemand bereit ist, auf den Konflikt einzugehen. Durch die Flucht wird der Konflikt nicht gelöst. Es besteht die Gefahr, dass er sich weiter ausdehnt. Auf der anderen Seite bringt die Flucht vorerst einmal eine Beruhigung der Situation, denn zu starke Emotionen stehen einer konstruktiven Konfliktlösung im Weg. In diesem Fall lohnt es sich, etwas Distanz zu nehmen, damit auch die Verstandesebene wieder zum Tragen kommen kann. Eine weitere Form der Flucht ist es auch, Probleme abzuwerten.

Wenn bloss gegensätzliche, unvereinbare Elemente, ambivalente Gefühle oder widersprüchliche Bedürfnisse und Neigungen vorliegen, ist dies noch kein Konflikt. Der Konflikt liegt erst vor, wenn persönlich Stellung bezogen wird.

Wenn ich ...	Probleme ... Gefühle ... Bedürfnisse ... Befindlichkeiten ...	von mir ... bei den anderen ... in einer Situation ...	abwerte ...
Wenn ich ...	die Existenz eines Problems ... die Wichtigkeit eines Problems ... die Lösbarkeit eines Problems ... Lösungsmöglichkeiten eines Problems ...		verneine ...
Wenn ich ...	**nichts tue ...** **mich anpasse resp. überanpasse ...** **agitiere ...** **gewalttätig werde ...**	 → nach innen (Kopfschmerzen) → nach aussen (Meckern, Ausrufen) → nach innen (Magengeschwür, Herzinfarkt) → nach aussen (Explosion, heisser Konflikt)	

... kann ich meine Emotionen befriedigen und „Dampf" ablassen!

➔ **Das Problem wird damit nicht gelöst**
➔ **Es kann kein Problemlösungsprozess in Gang kommen**

Abbildung III-113: Konsequenzen eigener Abwertung

Kampf/Vernichtung

Durch die Vernichtung des Konfliktpartners geht die Auseinandersetzung mit dem Andersartigen verloren. Dadurch wird die eigene Entwicklung behindert. Konflikte helfen, Fehler aufzuzeigen und den Weg für neue Verhaltensweisen zu öffnen. Werden Konflikte durch Vernichtung gelöst, muss der Gewinner in Zukunft immer gewinnen, denn die kleinste Schwäche könnte von einem neuen Gegner ausgenützt werden. Für die eigene Verteidigung muss somit viel Energie aufgewendet werden. Als Mobbing wird eine in unserer Gesellschaft gängige Verhaltensweise bezeichnet, welche als Hauptziel hat, einen Arbeitskollegen ständig und mit Absicht zu schikanieren, quälen, verletzen oder zu ignorieren.

Unterordnung

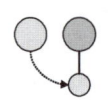

Als demokratisches Prinzip ist Unterordnung vertraut: Minderheiten ordnen sich Mehrheiten, Menschen ganzen Gruppen unter, indem sie auf einen Teil ihrer Individualität verzichten. Als Konfliktlösungsprinzip ist die ständige Unterordnung eine Gefahr. Sie behindert die Entwicklung und ist der Nährboden eines nächsten Konflikts.

Delegation

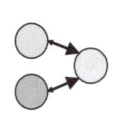

Bei der Delegation wird ein Konflikt meist negiert, oder man will es nicht wahrhaben. Deshalb wird eine dritte Instanz (Führungskraft, Richter, usw.) angerufen, die darüber entscheiden soll, wer im Recht ist. Die Tragfähigkeit der Lösung ist nun abhängig von der Akzeptanz dieser Drittperson und ob die Parteien Ihren Entscheid als gerecht empfinden. Hat diese Instanz keine Kompetenzen zu entscheiden, will sie nicht oder wird ihre Entscheidung nicht akzeptiert, dann wirkt es wie Flucht. Man will effektiv keine Lösung finden resp. nicht ernsthaft ins Thema einsteigen. Mit der Delegation der Konfliktlösungsentscheidung an eine Drittperson lernen die beiden Parteien nicht, wie sie ihren Konflikt selbständig lösen könnten. Es entsteht im Gegenteil eine Abhängigkeit von der Entscheidungsinstanz. Die beiden Parteien verpassen die Chance, einander näher zu kommen, den Konflikt anzunehmen und miteinander auszutragen.

Kompromiss

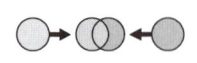

Kompromisse sind eine weit verbreitete Lösungsform. Beide Parteien verzichten zugunsten einer Konfliktlösung auf Teile ihrer Ansprüche. Dabei bleiben die eigene Meinung und die eigenen Ansprüche aber grundsätzlich bestehen, was bei hohem Teilverzicht beider Partner zu latenter Unzufriedenheit führen kann. Ausschlaggebend für die Tragfähigkeit der Lösung ist eine als beidseitig gerecht empfundene Balance: Geben und Nehmen muss für beide Parteien ausgewogen sein.

Konsens

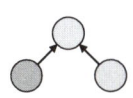

Beim Konsens wird gemeinsam eine dritte, neue Lösung erarbeitet und letztendlich von beiden Parteien vollständig akzeptiert und getragen. Diese Art der Konfliktlösung setzt bei den Beteiligten voraus, dass sie ihre alten Standpunkte verlassen müssen, sich in die Position des anderen begeben und seine Perspektiven einnehmen können. Erst dann sind sie in der Lage, gemeinsam eine neue tragfähige Lösung im Sinne der Sache zu entwickeln. Eine solche Lösung ist sehr tragfähig, da sie von beiden Parteien als ihre eigene empfunden wird und sie diese auch engagiert vertreten werden. Diese Form der Konfliktbearbeitung braucht eine langfristige Zielorientierung, Verständnis, Geduld und sehr viel Zeit.

9.9 Dynamik der Konflikteskalation

Friedrich Glasl bringt in seinem Konflikteskalations-Modell die Abwärtsbewegung klar zum Ausdruck. Die ungelöste Zunahme von Konflikten (Konflikteskalation) aktiviert zunehmend die destruktiven Kräfte des Menschen. Das Verhalten der Konfliktparteien wird dabei immer emotionaler und unberechenbarer. Damit geht auch die Steuerfähigkeit verloren. Es wird für die Konfliktparteien immer schwieriger zwischen der objektiven Wahrheit und der empfundenen Wahrnehmung zu differenzieren und den Konflikt selbständig und neutral lösen zu können.

Abbildung III-114: Eskalationsstufen und deren Hauptphasen (nach F. Glasl)

Hauptphase I: Kooperation und Konkurrenz ➔ „win – win"-Haltung		
Stufe	Wie kann die Eskalationsstufe erkannt werden?	Was können sinnvolle Interventionen sein?
Stufe 1 Verhärtung	• Standpunkte kristallisieren sich heraus, verhärten sich und prallen aufeinander • Das Bewusstsein bevorstehender Spannungen führt zu Verkrampfungen, trotzdem besteht noch die Überzeugung, dass die Spannungen durch Gespräche lösbar sind • Gespräche werden abgebrochen und wieder aufgenommen • Noch keine starren Parteien oder Lager	• Fragen, worum es geht! • Gespräche unterstützen
Stufe 2 Debatte	• Polarisation im Denken, Fühlen und Wollen • Schwarz-Weiss-Denken • Sichtweise von Überlegenheit und Unterlegenheit • Argumente werden benutzt, um die Gegenpartei im Gefühlsleben zu treffen • „Intellektuelles Tennis"	• Tatsächliches Verhalten bewusst machen • Zuhören und unterstützen. • Antreiber bewusst machen • Erklärungsmodelle der Transaktionsanalyse sind für diese Stufe sehr hilfreich
Stufe 3 Aktionen	• Die Überzeugung, dass „Reden nicht mehr hilft", gewinnt an Bedeutung • Strategie der vollendeten Tatsachen • Die Empathie mit dem „anderen" geht verloren, Fehlinterpretationen nehmen zu, da das nonverbale Verhalten dem verbalen nicht mehr entspricht	• Einzelgespräche führen, um Muster festzustellen • Nonverbales Verhalten zur Sprache bringen

Hauptphase II: Self-fulfilling prophecy ➔ „win-lose"-Haltung		
Hauptphase Stufe	Wie kann die Eskalationsstufe erkannt werden?	Was können sinnvolle Interventionen sein?
Stufe 4 Image, Koalitionen	• Die „Gerüchteküche" kocht • In der Gegenpartei werden störende Eigenschaften (Projektionen) gesehen, die man bei sich selbst nicht sehen kann/will • Positives Eigenbild vs. negatives Fremdbild • Die Parteien manövrieren sich gegenseitig in negative Rollen und bekämpfen sich • Es wird versucht, die eigenen Vorurteile zu bestätigen • Anhänger für die eigene Partei werden geworben	• Es kann sinnvoll sein, ab diesem Zeitpunkt eine neutrale Beratungsperson beizuziehen! • Verzerrte Wahrnehmungen durch Arbeiten am Eigen- und Fremdbild auflösen • Rollenzuschreibungen aufarbeiten
Stufe 5 Gesichts-Verlust	• Es kommt zu öffentlichen und direkten (verbotenen) Angriffen, die auf den Gesichtsverlust des Gegners abzielen • Gegenpartei wird als Personifizierung des Bösen gesehen • Gegenseitige Demaskierungen • Das Selbstmitleid nimmt zu	• Geschichte der Polarisation aufarbeiten • Kritische Vorfälle analysieren • Abmachung treffen über Unwerte: Was darf auf keinen Fall passieren? • Wer befindet sich mit wem auf welcher Stufe?
Stufe 6 Droh-strategien	• Drohungen und Gegendrohungen nehmen zu • Ultimaten beschleunigen die Konflikteskalation • Der Druck wird erhöht, damit nimmt der Stress zu • Die Beteiligten kommen nicht mehr zum Überlegen, was sie tun.	• Spätestens hier muss eine neutrale Beratungsperson zugezogen werden, die im Konfliktmanagement ausgebildet und erfahren ist

Hauptphase III: Entwürdigung/Verdinglichung ➔ „lose-lose"-Haltung		
Hauptphase Stufe	Wie kann die Eskalationsstufe erkannt werden?	Was können sinnvolle Interventionen sein?
Stufe 7 Begrenzte Vernichtungsschläge	• Der Gegner wird nicht mehr als Mensch gesehen • Begrenzte Vernichtungsschläge als „passende" Antwort • Umkehrung der Werte: ein relativ kleiner Schaden wird bereits als Gewinn bewertet • Die Schadenfreude über die Not der Gegenpartei nimmt zu • Das Lügen wird zur Tugend, Hauptsache es schadet dem Gegner	• Ab Stufe 7 gibt es keine klärenden, sinnvollen Interventionen mehr • Es sind nur noch Machtentscheidungen von aussen möglich, um zu verhindern, dass sich der fatale Glaubenssatz bestätigt: „Auch wenn ich dabei untergehe, du sollst nicht weiter existieren können!"
Stufe 8 Zersplitterung	• Die Zerstörung und Auflösung des feindlichen Systems wird als Ziel intensiv verfolgt • Die Beziehungen werden systematisch unterbunden • Wichtige Funktionen werden lahmgelegt • Eine Regeneration der Kräfte ist nicht mehr möglich	
Stufe 9 Gemeinsam in den Abgrund	• Totale Konfrontation • Es gibt keinen Weg mehr zurück • Die Gewalt wird hemmungslos und vernichtend • Die Vernichtung des Gegners zum Preis der Selbstvernichtung wird in Kauf genommen	

Da bei der Klärung von Konflikten immer beide Seiten etwas zu gewinnen bzw. zu verlieren haben, werden auch entsprechende Strategien angewandt. Normalerweise wird versucht, primär den eigenen Gewinn zu maximieren.

Eigener Gewinn 100%	**Sieger- / Verlierer-Strategie** (Eskalationsstufen 4 – 6)	**Gewinner- / Gewinner-Strategie** (Eskalationsstufen 1 – 3)
	Verlierer- / Verlierer-Strategie (Eskalationsstufen 7 – 9)	**Verlierer- / Sieger-Strategie** (Eskalationsstufen 4 – 6)
	Gewinn der anderen Seite	100%

Abbildung III-115: Verhandlungsstrategien (nach: Ponschab/Schweizer)

Im Sinne der Sache und einer langfristigen tragfähigen Lösung ist dies jedoch unrealistisch. Daher gilt folgende Faustregel:

- Konflikte in Stufen 1–3 in einem Projekt, können normalerweise mit sinnvoller Unterstützung durch die Projektleitung für beide Parteien erfolgreich geklärt und gelöst werden.
- In Konflikten der Stufen 4–6 verliert bei einer „Lösungsfindung" mindestens eine der beiden Parteien. Die Konfliktbearbeitung sollte durch eine Fachperson erfolgen.
- In Konflikten der Stufen 7–9 verlieren beide Parteien (mehr oder weniger). Die Konfliktbearbeitung erfolgt meist durch eine höhere Instanz mit grosser Machtbefugnis.

9.10 Konfliktbearbeitung als Projekt- und Teamleiter

Vorerst ein paar grundsätzliche Verhaltensideen, wie sich der Projektleiter sinnvoll verhalten soll, ohne unmittelbar in eine „Fettnäpfchensituation" zu geraten.

9.10.1 Verhaltensrezepte für Gespräche in Konfliktsituationen

Das Gespräch ist das wichtigste Hilfsmittel zur Konfliktlösung. Siehe dazu auch: „Erfolgreiches Verhandeln mit dem Harvard-Konzept". Zusätzlich können ein paar Grundregeln für das Verhalten in Konfliktsituationen/Konfliktgesprächen hilfreich sein:

Nicht im hochemotionalen Zustand Konfliktlösungen diskutieren

Je grösser die emotionale Erregung (rote Köpfe, hässliche Worte) ist, desto grösser ist auch die Einschränkung unserer Wahrnehmung und unseres Verhaltens. Für ein lösendes Gespräch braucht es aber einen klaren Kopf. Deshalb kann es sinnvoll sein, bei all zu grosser Emotionalität eine „Verschnaufpause" einzulegen, so dass sich die „Gemüter" etwas beruhigen können. Danach soll der Konflikt möglichst bald bearbeitet werden.

Eine unparteiische Person (Mediator) kann Hilfe bieten

Konflikte führen bei den Betroffenen zu Befangenheit. Sie sind dann in ihrer Wahrnehmung und in ihrem Denken eingeschränkt. Fühlt sich der Teamleiter nicht sattelfest genug für die anstehende Konfliktbearbeitung, ist es sinnvoll, einen unbeteiligten Dritten als Vermittler beizuziehen. Die Unterstützung durch eine Drittpartei ist kein Zeichen des Versagens, sondern ein Akt der Vernunft. Die neutrale Person hat die Aufgabe, die Konfliktparteien auf dem Lösungsweg zu begleiten, sie zu ermutigen und zu unterstützen. So ist es sinnvoll, dass sich die beiden Parteien gemeinsam mit einem Mediator an einen Tisch setzen, um eine einvernehmliche Lösung zu suchen, statt die Situation auf die juristische Ebene zu verlagern.

Je früher, desto besser

Konflikte müssen sich zuerst bemerkbar machen. Wenn sie aber vorhanden sind, ist es ratsam, nicht mehr länger zu warten, sondern so bald wie möglich zu Handeln. Denn Konflikte haben die Tendenz, sich auszuweiten.

Beide Seiten stellen ihre Sicht dar

Zuerst spricht die eine, danach die andere Partei, ohne dass sie unterbrochen wird. Vermittler achten darauf, dass die Redezeit zu gleichen Teilen zur Verfügung gestellt wird. Dazu kann beispielsweise eine Sanduhr eingesetzt werden. Jede Seite soll die Chance haben, sich mitteilen zu können, wie sie die Situation erlebt hat, welches ihre Gefühle sind, worüber und weshalb sie sich verletzt fühlt. In dieser Phase geht es darum, die subjektive Wirklichkeit der Parteien kennen zu lernen. Dazu gehören auch die

Hintergründe, Nebenaspekte, Fantasien und Ängste, die mit der erlebten Konfliktsituation verbunden sind.

Wenn genügend Zeit und Raum für diese Darstellung gegeben wird, kann es vorkommen, dass sich ein Gesprächspartner äussert: „… und überhaupt, …!" Darin liegt allenfalls der Schlüssel zur Lösung des Konfliktes. Das Hintergründige eines Konfliktes zu erhellen ist von entscheidender Bedeutung.

Gemeinsamkeiten und nicht Unterschiede betonen

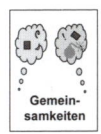

In der konflikthaften Auseinandersetzung gehen die positiven Gefühle für das Gegenüber verloren. Ärger, Wut, Enttäuschung und Verletzung stehen im Vordergrund. Daneben kann es auch positive Gemeinsamkeiten geben. Diese gilt es gemeinsam herauszuarbeiten und in Erinnerung zu rufen. Es gilt, die Energien, die es zur Verbindlichkeit braucht, zu aktivieren und die Konfliktparteien zu befähigen, aus den verschiedenen Perspektiven eine Lösung zu finden oder mindestens ihre Bereitschaft für konstruktive Schritte zu gewinnen.

Handlungsspielraum klären

Konnte eine Konfliktsituation genügend geklärt werden, geht es darum, die gemeinsame Suche nach Lösungen anzugehen. Dabei kann die Frage nach dem Handlungsspielraum weiterhelfen. Wie weit ist eine Konfliktpartei bereit, von ihrer Position abzuweichen? Muss jedoch festgestellt werden, dass kein Spielraum zur Verfügung steht, ist jedes Verhandeln nutzlos. Dann soll der Teamleiter die Parteien auffordern, ihren eigenen Standpunkt zu überdenken. Es wird dann weitere Besprechungen brauchen.

Die Zukunft anstreben, nicht in der Vergangenheit verweilen

In der Vergangenheit zu verweilen bedeutet „Schuldige" (Sündenböcke) zu suchen. Das hilft nicht, Konflikte zu lösen. Es reicht, die Ursachen zu erkennen, um einen Konflikt aufzuarbeiten. Sind die Hintergründe sorgfältig herausgearbeitet und bekannt, geht es im nächsten Schritt darum, gemeinsam nach Verbesserungen zu suchen. Darin liegt die Chance weiterzukommen. Konnten sich betroffene Personen nicht oder zu wenig äussern oder wurde der Konflikt nicht ernsthaft genug behandelt, wird der Konflikt immer wieder aufflackern.

Zielorientiert sein und bleiben

Das Konfliktgespräch macht nur dann einen Sinn, wenn sich die Parteien am Ende zu einer verbindlichen Vereinbarung verpflichten können. Die Vereinbarung soll die dysfunktionalen Auswirkungen des Konfliktes eliminieren oder zumindest begrenzen. Eine Aussprache endet sinnigerweise mit einer Art „Vertrag". Darin wird das gegenseitig erwartete Verhalten möglichst genau beschrieben und von beiden Parteien unterzeichnet. Eine solche Vereinbarung oder Spielregel erhöht die Verbindlichkeit.

Nicht alle Konflikte lassen sich lösen

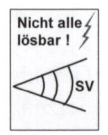

Manchmal lassen fehlende menschliche Grösse (gemeint ist „nicht in der Lage sein"), organisatorische Rahmenbedingungen, kulturelle Unüberwindbarkeiten, Umwelteinflüsse keine Lösung der Konfliktsituation zu. Hoch komplexe Projekte mit unauflöslichen, widersprüchlichen Anforderungen sind sehr konfliktträchtig. Manchmal wirken diese Spannungsfelder derart stark in ein Projektteam, dass es darunter leidet bzw. selbst zum Spiegelbild der Aussenwelt wird. Wenn die Unternehmensleitung in solchen Situationen nicht voll und ganz hinter dem Projekt steht, lassen sich resultierende Konflikte nicht mehr konstruktiv lösen. Der Druck kann auch auf einzelne Personen derart stark werden, dass sie dadurch überfordert sind. Verhalten sich Personen, die unter derartigem Druck stehen verquer, ist es besser, wenn sie ausgetauscht werden.

9.11 Empfehlungen für konkrete Konfliktbearbeitung

Vor einer Konfliktintervention ist es sinnvoll, genau herauszufinden, um welchen Konflikttyp es sich handelt. Die unterschiedlichen Konflikttypen sind dann auch mit unterschiedlichen Behandlungsmassnahmen anzugehen.

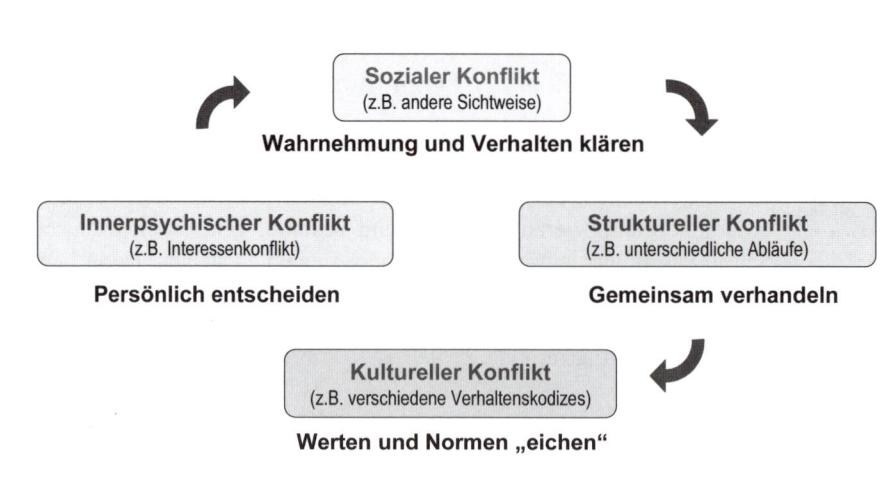

Sozialer Konflikt (z.B. andere Sichtweise)
Wahrnehmung und Verhalten klären

Innerpsychischer Konflikt (z.B. Interessenkonflikt)
Persönlich entscheiden

Struktureller Konflikt (z.B. unterschiedliche Abläufe)
Gemeinsam verhandeln

Kultureller Konflikt (z.B. verschiedene Verhaltenskodizes)
Werten und Normen „eichen"

Abbildung III-116: Konflikttypen mit entsprechenden Massnahmen

Wenn der Sinn bzw. die Funktion des Konfliktes klar erkannt und klar ist, ob sich die Konfliktparteien entsprechend den heissen oder kalten Konfliktkriterien verhalten, bestehen die grössten Chancen, dass eine Lösung des Konflikts erreicht werden kann.

Für Praktiker gilt: In der ersten Hauptphase (Eskalationsstufen 1–3) sollte es möglich sein, selbst eine Lösung zu finden. Das heisst: Es ist wichtig, Konflikte so früh wie möglich zu erkennen und anzusprechen. Der Projektleiter sollte eine ausgeprägte Wahrnehmungsfähigkeit haben. Dann kann er auch frühzeitig und sinnvoll intervenieren, wenn er

- den Konflikt wirklich klären will,
- sich traut, entscheidet und Zeit nimmt,
- entsprechend dem ermittelten Konflikttyp vorgeht,
- sein Team dabei unterstützt, Tabu-Themen anzusprechen,
- seine Kommunikation klar strukturiert und diszipliniert moderiert den Konflikt wirklich klären will, sich traut und Zeit nimmt.

9.12 Strategien zur Konfliktbewältigung

Eine Strategie ist ein Konzept zur Erreichung eines definierten Zieles. Eine Strategie zur Konfliktlösung kann erst formuliert werden, wenn die zu verwirklichenden Ziele feststehen. Taktik ist demgegenüber als Abfolge von Einzelschritten innerhalb einer Strategie definiert. Die Strategie mag einer Person nicht voll bewusst sein, doch lässt sie sich aus ihrem Verhalten rekonstruieren. Es lassen sich zwei grundlegende Strategien unterscheiden, mit denen Menschen in Konfliktsituationen agieren:

- Die **Pokerstrategie** leitet sich aus der festen Überzeugung ab, dass es in jedem Konflikt Sieger und Verlierer geben muss. Also gilt es, sich auf Kosten der anderen Partei durchzusetzen, um selber zu gewinnen.
- Die **Problemlösungsstrategie** geht davon aus, dass jeder Konflikt ein Problem darstellt, das grundsätzlich lösbar ist und dessen gemeinsame Lösung beiden Seiten Vorteile bringt.

Projektleitung in der Vermittlungsrolle von Konflikten

Wer als Führungskraft gebeten wird, in einen Konflikt einzugreifen oder die Vermittlerrolle zu übernehmen, muss strikte darauf achten, nur die Moderatorenrolle und nicht den Konflikt selbst zu übernehmen. Die Konfliktparteien müssen ihren Konflikt selber austragen.

	Problemlösungsstrategie	**Pokerstrategie**
Definition	Ich betrachte den Konflikt als unser gemeinsames Problem.	Ich gehe davon aus, dass einer sich im Konflikt durchsetzen muss. → Ich möchte der Gewinner sein
Absichten	• Ich kenne meine Wünsche, Interessen und Ziele und habe vor, sie unmissverständlich offen zu legen • Ich suche nach einer Lösung, die uns beide zufrieden stellt • Ich verfolge gemeinsame Ziele	• Interessen und Ziele, aber ich werde mich hüten, sie offen zu zeigen; entweder schweige ich mich aus oder stelle sie verzerrt dar • Ich verfolge meine eigenen Ziele und werde alles daran setzen, dem anderen meine Position aufzuzwingen
Verhalten	• Ich suche Machtunterschiede auszugleichen, indem ich hervorhebe, wie wichtig es mir ist, dass wir zu einer gemeinsamen Lösung kommen und betone, dass wir beide aufeinander angewiesen sind • Ich stelle zu Beginn meine Gefühle, Interessen, Absichten und Positionen offen und unverfälscht dar • Während der andere spricht, versuche ich, mich in ihn hineinzuversetzen • Weder locke ich mit Versprechungen noch verunsichere ich mit Drohungen • Negative Gefühle drücke ich so aus, dass sie nicht verletzen • Heftige Gefühle (Zorn, Ungeduld) gebe ich temperamentvoll wieder (=heisser Konflikt)	• Ich betone Machtunterschiede bewusst, indem ich gleich zu Beginn feststelle, dass es gänzlich unerheblich ist, ob wir zu einer gemeinsamen Lösung kommen und hervorhebe, dass ich vom anderen in keiner Weise abhängig bin • Ich lasse zu Beginn den anderen im Unklaren über meine Gefühle, Interessen, Absichten; ich halte mich zurück und „lasse ihn kommen" • Ich vermeide es, mich in die Lage des anderen hineinzuversetzen; ich überlege, wo ich einen Vorteil finde • Anfangs lasse ich Versprechungen durchblicken; wenn der andere aber nicht nachgeben will, drohe ich ganz unverhüllt

• Ich gebe zu verstehen, dass meine Position flexibel ist • Ich zeige mich kooperativ, um eine kooperative Beziehung herzustellen oder zu stabilisieren	• Negative Gefühle halte ich zurück, aber ich nehme mir vor, sie zu einem späteren Zeitpunkt in gezielten Bemerkungen „heimzuzahlen" (kalter Konflikt) • Ich gebe unmissverständlich zu erkennen, dass ich von meiner Position nicht abrücken kann und werde • Ich zeige mich kooperativ, um die Kooperationsbereitschaft des anderen zum Durchsetzen meiner Ziele auszunutzen

Abbildung III-117: Problemlösungs- und Pokerstrategie (Karl Berkel, 2002)

Beraterrolle in Konfliktsituationen

Teamleiter, die das Vertrauen ihrer Teammitglieder geniessen, werden sehr oft als Vertrauensperson um Hilfe in Konfliktsituationen angegangen. Die Problemlösungsstrategie ermöglicht dem Teamleiter das Beratungsgespräch so zu führen, dass der in einer Konfliktsituation befangene Mitarbeiter seine Situation systematisch bearbeiten kann und handlungsfähig wird. In der Beraterfunktion bietet der Teamleiter Hilfe zur Selbsthilfe.

Vorbeugende Hinweise für die häufigsten Konfliktsituationen in Projekten

In der Projektarbeit können die häufigsten Konfliktsituationen vermieden oder entschärft werden, wenn folgende Punkte – besonders zu Beginn, aber auch im späteren Verlauf des Projektes – immer wieder aufmerksam verfolgt werden:

- die verschiedenen Anspruchsgruppen und unterschiedliche Einflüsse im Projekt differenziert und bewusst wahrnehmen;
- die unterschiedlichen Rollen und Aufgaben der einzelnen Instanzen klären;
- unterschiedliche Interessen einer Person kennen und deklarieren. Diese können persönlich oder die einer Interessengruppe sein. Dieses Interesse erfolgt häufig aus der Haltung einer bestimmten Rolle oder Gruppenmeinung. Häufig vereinen Personen (besonders Projektleiter) im Projekt gleichzeitig mehrere unterschiedliche Rollen. Ein Rollenkonflikt kann deshalb leicht entstehen;

- vorbeugendes Risikomanagement, damit das Projekt gut im Unternehmen verankert und abgestützt ist;
- Kompetenzen klären und präzise abgrenzen;
- für gute „Rückendeckung" sorgen, besonders durch das Management, welches dadurch der Projektleitung auch einen gewissen „Schutz" gewährleistet;
- als Projektleiter die Arbeitsprozesse mit dem Team immer wieder reflektieren, sowohl auf der Sach- als auch auf der Beziehungsebene. Z.B. eine Gruppenprozessanalyse (s. Teil IV, Abschn. 1.6) durchführen.

Hilfreiches Vorgehen für Projektleiter in Konfliktsituationen

Hauptphasen

| Gewinner - Gewinner | Gewinner - Verlierer | Verlierer - Verlierer |

Mögliche Rollen

- Stufe 1 – 3: Moderation
- Stufe 3 – 6: externe Prozessbegleitung Mediation
- Stufe 6 – 7: Vermittlung
- Stufe 6 – 8: Schiedsverfahren
- Stufe 7 – 9: Machteingriff

Grenze der Selbsthilfe →

Sinnvolle Interventionen

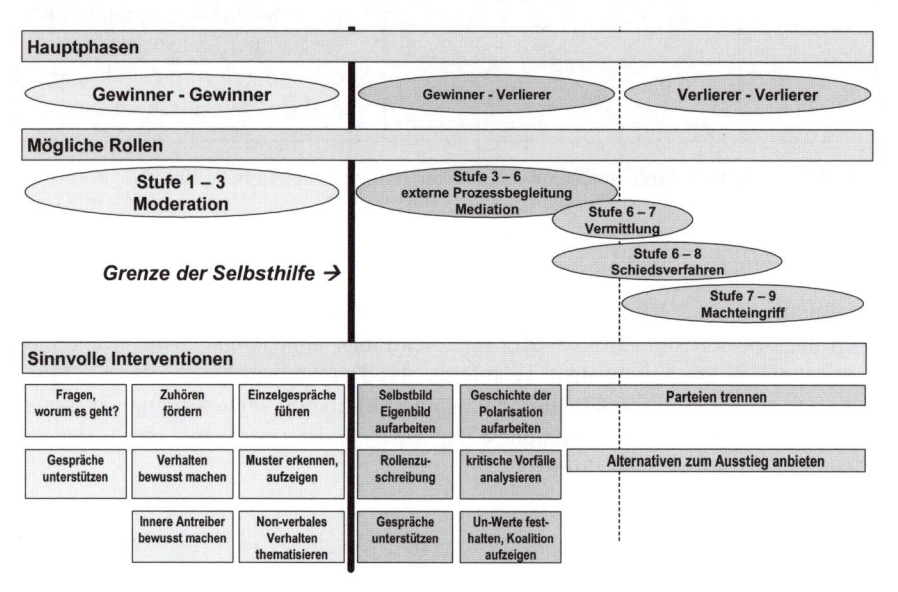

Fragen, worum es geht?	Zuhören fördern	Einzelgespräche führen	Selbstbild Eigenbild aufarbeiten	Geschichte der Polarisation aufarbeiten	Parteien trennen
Gespräche unterstützen	Verhalten bewusst machen	Muster erkennen, aufzeigen	Rollenzuschreibung	kritische Vorfälle analysieren	Alternativen zum Ausstieg anbieten
	Innere Antreiber bewusst machen	Non-verbales Verhalten thematisieren	Gespräche unterstützen	Un-Werte festhalten, Koalition aufzeigen	

Abbildung III-118: Rollen und sinnvolle Interventionen in Konfliktsituationen

Projektleiter können sich bei Konflikten, die sich in Stufe 1–3 befinden folgende Fragen stellen:

Signal

- Was will mir der Konflikt signalisieren?
- Wofür steht der Konflikt?
- Welche Funktion hat der Konflikt?
- Womit muss ich mich auseinandersetzen?
- Was wäre, wenn die Situation konfliktfrei wäre?

Als weitere Möglichkeiten kann er:

Konflikt-Funktion

- Fragen stellen,
- aktiv zuhören,
- Einzelgespräche führen,
- Verbale und nonverbale Verhaltensweisen erkennen und darauf hinweisen.

Eskaliert der Konflikt über die Phase 3 hinaus, braucht es zur Lösung des Konfliktes professionelle Unterstützung durch geschulte Personen. Wirkungsvoll kann nur noch eine neutrale, vom Konflikt nicht selbst betroffene Person intervenieren.

In den Eskalationsstufen 6–9 gibt es meist nur noch Machtentscheide. Der Blick der Konfliktparteien ist bei dem fortgeschrittenen Eskalationsprozess derart getrübt und verhärtet, dass sie, auch wenn sie ihr „destruktives" Verhalten erkennen, den entstandenen Imageverlust nicht mehr korrigieren können. Dann gilt das Motto: „Lieber gemeinsam in den Abgrund, als dem anderen etwas einzugestehen müssen." Somit geht es in diesem Stadium nur noch um Schadensbegrenzung. Der Machtentscheid wird dann meistens von einer Institution, einem Gericht, einer Hierarchie oder durch noch stärkere äussere Gewalt erwirkt.

9.13 Voraussetzungen für eine konstruktive Konfliktklärung

Damit Konflikte durch den Projektleiter überhaupt sinnvoll geklärt werden können, sollten sie sich in der Eskalationsstufe 1–3 befinden und folgende Voraussetzungen gegeben sein:

- Es muss genügend Zeit zur Verfügung stehen.
- Diejenige Person, die sich entscheidet den Konflikt anzugehen, soll sich in einer guten physischen und psychischen Verfassung befinden.
- Es soll eine soziale und ökonomische Basis für alle Beteiligten vorhanden sein. Auf dieser Grundlage kann der Konflikt konstruktiv geklärt und in folgenden Stufen angegangen werden:

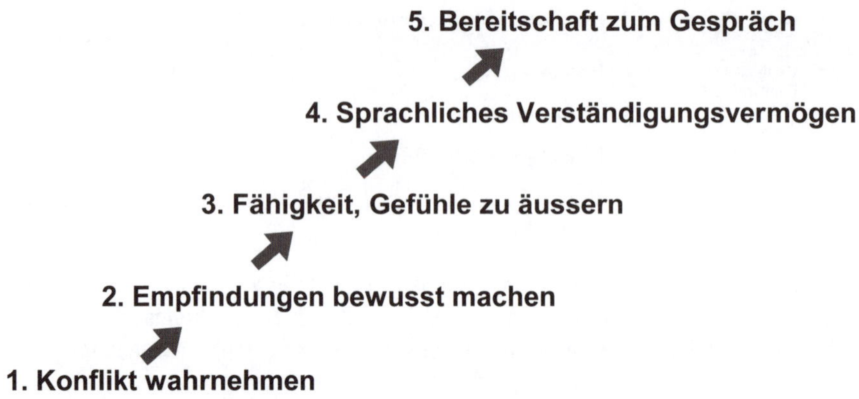

5. Bereitschaft zum Gespräch
↗
4. Sprachliches Verständigungsvermögen
↗
3. Fähigkeit, Gefühle zu äussern
↗
2. Empfindungen bewusst machen
↗
1. Konflikt wahrnehmen

Abbildung III-119: Voraussetzungen zur Konfliktklärung

9.14 Leitfaden für ein Diagnosegespräch

Bei der Konfliktdiagnose stehen folgende Fragen im Mittelpunkt:

1. Um welche Streitfrage geht es den Konfliktparteien? Welches ist der Streitgegenstand (Issues)?
2. Wie ist die Situation entstanden? Was spielt sich dabei gegenwärtig ab?
3. Wer streitet mit wem?
4. Wie stehen die Parteien zueinander? Wie gehen sie mit den gegenseitigen Beziehungen um? Welche Zwänge schafft die Organisation? Wie gestalten die Parteien informell die gegenseitigen Beziehungen?
5. Worauf wollen die Konfliktparteien hinaus? Warum und wozu begeben sie sich in den Konflikt? Was wollen sie damit gewinnen? Was setzen sie dafür ein? Wie sehen sie grundsätzlich Konflikte?

Veränderungsbereitschaft der Betroffenen ermitteln

Wenn die Voraussetzungen für die Konfliktklärung gegeben sind, kann die Arbeit an der Ausgangssituation begonnen werden. Eine notwendige Veränderung kündigt sich oft durch eine diffuse Unzufriedenheit von Mitarbeitern, Kunden oder Partnern an. Um die Sichtweisen verschiedener Betroffener kennen zu lernen und Anhaltspunkte für Problemlage und Veränderungsbereitschaft der Betroffenen zu erkunden, haben sich Einzel- und Gruppengespräche bewährt.

Welche individuellen Sichtweisen gibt es?	• Wie sehen die einzelnen Personen die Situation? • Was wird ausgeblendet (blinder Fleck)?
Welche relevanten Umwelten der Organisationseinheit gibt es?	• Wer ist mit wem verbunden? • Wer ist von wem abhängig?
Wodurch wird die Situation aufrechterhalten?	• Welche Muster gibt es? • Woran sind sie erkennbar? • Welche Mechanismen wirken im System?
Von welcher Seite gibt es Veränderungsdruck?	• Von welcher Seite gibt es Veränderungsenergie? • Welche positiven Vorstellungen von einem „problemlosen" zukünftigen Zustand gibt es? • Welche Personen, Gruppen würden einer Veränderung positiv bzw. ablehnend gegenüberstehen?
Was passiert, wenn alles so bleibt wie es ist?	• Wofür ist es gut, dass es das Problem gibt? • Was wird dadurch erreicht bzw. vermieden? • Für wen hat das Problem Vorteile/Nachteile?
Wie viel Zeit steht zur Verfügung?	• bezüglich der aktuellen Marktlage • aus Sicht der Kunden • aus Sicht des Managements

Abbildung III-120: Vorbereitungsfragen für Konfliktgespräche

9.15 Vorgehenscheckliste für Konfliktgespräche

Stufe 1	Konflikt auf den Tisch legen (Konfrontation). Die Ernsthaftigkeit der eigenen Störung muss dem anderen deutlich werden. Also nicht „durch die Blume" sagen: Ich-Botschaften	„Mich stört ..."
Stufe 2	Das eigene Ziel nennen schafft Klarheit über die eigenen Bedürfnisse	„Ich möchte ..."
Stufe 3	Das Ziel des anderen feststellen durch direkte Fragen. Kontrollfrage zum Ziel, durch aktives Zuhören. Das Ziel des anderen als sein Ziel akzeptieren.	„Was möchtest du?" „Wie siehst du das?" „Was sagst du dazu?"
Stufe 4	Gemeinsamkeiten suchen	„Was wollen wir beide?"
Stufe 5	Ideen suchen, akzeptieren, bewerten, wie das Problem gelöst werden kann.	„Worauf können wir uns einigen?"
Stufe 6	Vereinbarung: Konkret, detailliert, zeitlich befristet. Nach vereinbarter Zeit überprüfen, ob sich die Vereinbarung in die Praxis umsetzen lässt und ob wir damit zurechtkommen.	„Was vereinbaren wir?"
	Wenn eine Lösung nicht möglich ist: Vertagen (festen Termin vereinbaren) Sinnfrage klären Es gibt Probleme, die können wir nicht lösen, aber wir können aufhören, uns von ihnen faszinieren zu lassen!	„Hältst du es für sinnvoll?"

Abbildung III-121: Checkliste für Konfliktgespräche

10 Projekt-, Programm- und Portfolio-Management (PPP)

Unternehmen, deren Geschäftserfolg massgebend durch Projekte beeinflusst wird, führen mit Vorteil ein Projekt-, Programm- und Portfoliomanagement (PPP-Management) ein. Diese auf die spezifischen Anforderungen des Unternehmens abgestimmten Prozesse müssen in der Folge kontinuierlich verbessert werden. Das bezeichnete Vorhaben ist Bestandteil der Unternehmensstrategie. Die Einführung von Projekt-, Programm- und Portfoliomanagement kann relativ unabhängig erfolgen und wird in der Praxis häufig in unterschiedlichem Tempo abgewickelt. Die Verantwortung des PPP-Programmlebenszyklus' liegt beim PPP-Programm-Manager.

Die Einführung eines PPP-Managements in einer Organisation bedeutet, die bestmöglichen Prozesse, Methoden, Techniken und Instrumente zu definieren und im Rahmen eines fortlaufenden Verbesserungsprozesses organisatorische Änderungen vorzunehmen. Normen und Richtlinien sind unterstützende Instrumente bei der Bewältigung von häufig vorkommenden Ereignissen in der täglichen Projekt-, Programm- oder Portfolioarbeit. Die Standardisierung der Terminologie dient dem gemeinsamen Verständnis und bildet die Grundlage für vertragliche Vereinbarungen zwischen allen Projektbeteiligten.

Eine enge Zusammenarbeit im PPP-Management ist ausschlaggebend, um die Unterstützung der Projekte, Programme und Portfolios durch die Geschäftsleitung sicher zu stellen. Die Verknüpfung von strategischer und operativer Planung stellt dabei eine der grössten Herausforderungen dar. Eine sorgfältige Ausgestaltung sämtlicher Rollen in diesem erweiterten Kontext (PPP-Programm-Manager, Projekt-Portfolio-Komitee, Projekt-Officer, usw.) ist der zentrale Schlüssel für die erfolgreiche Umsetzung.

10.1 Einführung von Projektmanagement in die Organisation

Ergebnisse aus verschiedenen Untersuchungen zeigen, dass der Projekterfolg nicht nur von einer professionellen Arbeit aller Projektbeteiligten abhängt, sondern zunehmend auch von seinen Rahmenbedingungen und der Einbettung des Projektes in die Unternehmensstrategie. Zwar sind viele relevante „Umweltsysteme" bekannt und ansatzweise in diesem Buch beschrieben, z.B. das Portfoliomanagement oder Projektmanagement-Standards, aber es fehlt die integrale Gestaltung all dieser Komponenten, damit die gewünschte Projektkultur entsteht.

Der Fokus der Aufmerksamkeit wird sich so in Zukunft vom Einzelprojekt auf die kontextuelle Steuerung der Projektarbeit im Unternehmen verlagern. Ansätze dazu sind verschiedene Reifegrad-Modelle (z.B. nach Harold Kerzner), oder das „Key-9-Modell" von Stephen Rietiker, welche eine Integration von normativer, strategischer und operativer Ebene anstreben. Auf jeder Unternehmensebene müssen Führungskräfte den Kontext für die Projektarbeit erkennen und entwickeln sowie dem Projektleiter die gewünschte Unterstützung anbieten. Diese Aufgaben können jedoch nicht isoliert voneinander definiert werden.

10.2 Umsetzung der Unternehmensstrategie

Planung und Umsetzung von Strategien sind in den meisten Unternehmen nicht miteinander verknüpft. Die Formulierung der Strategie, welche von Top-Management vorgenommen wird, dauert viel weniger lange als deren Umsetzung, welche meist an die mittleren und unteren Führungsebenen delegiert wird. Um diese „Strategieimplementierungs-Lücke" zu überbrücken, braucht es eine sorgfältige Abstimmung zwischen den drei Elementen „Strategie", „Struktur" und „Kultur". Die Unternehmensleitung muss somit die folgenden Aufgaben sicherstellen:

Strategische Planung

Bei der strategischen Planung müssen die für eine Organisation verfügbaren Optionen identifiziert und die beste ausgewählt werden (das Richtige tun, Effektivität). Was bei der strategischen Planung versäumt wird, kann durch die beste Umsetzungsfähigkeit nicht kompensiert werden.

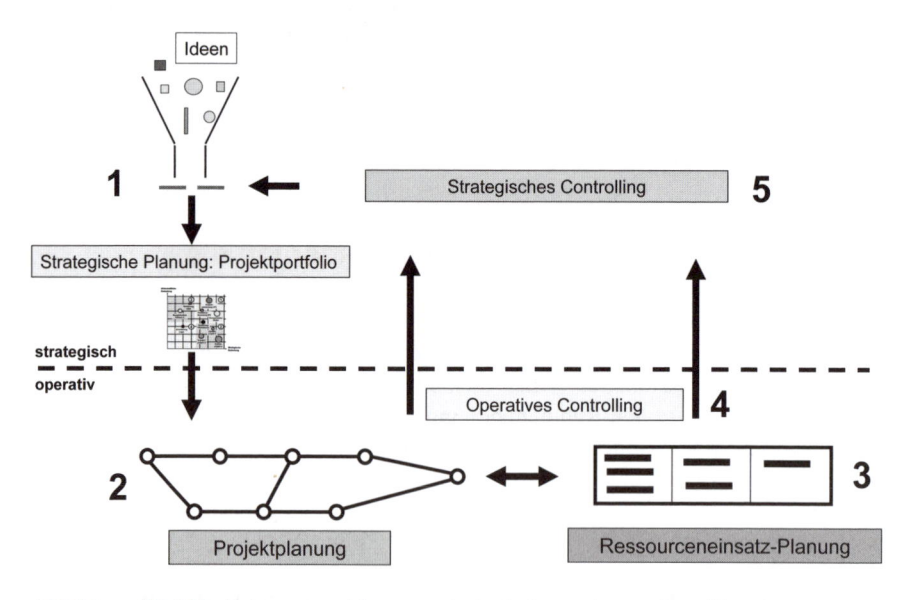

Abbildung III-122: Zusammenwirken von strategischer und operativer Planung

Strategieumsetzung

Vor und während der Umsetzung der gewählten Strategie muss sichergestellt werden, dass die richtigen Methoden und Schritte definiert werden (es richtig tun, Effizienz). Der strategische Plan wird über die täglichen Aufgaben verwirklicht.

Bei dieser Aufgabe kann das Projektmanagement sowohl den ganzen Strategiezyklus als auch einzelne Stufen davon gestalten. In der Praxis wird oft der strategische Planungsprozess selbst als Projekt geführt. In grösseren Organisationen bestimmt die Geschäftsleitung ein strategisches Projektcontrolling bzw. einen Projektportfoliomanager. Diese Stabsstelle bereitet das strategische Projektmanagement und damit das Berichtswesen für die Entscheidungsträger auf.

Strategisches Controlling

Das Strategische Controlling (Strategisches Projektmanagement, Management der Projekte) stellt sicher, dass die bewilligten Projekte einen möglichst hohen Beitrag an die Umsetzung der Unternehmensstrategie leisten.

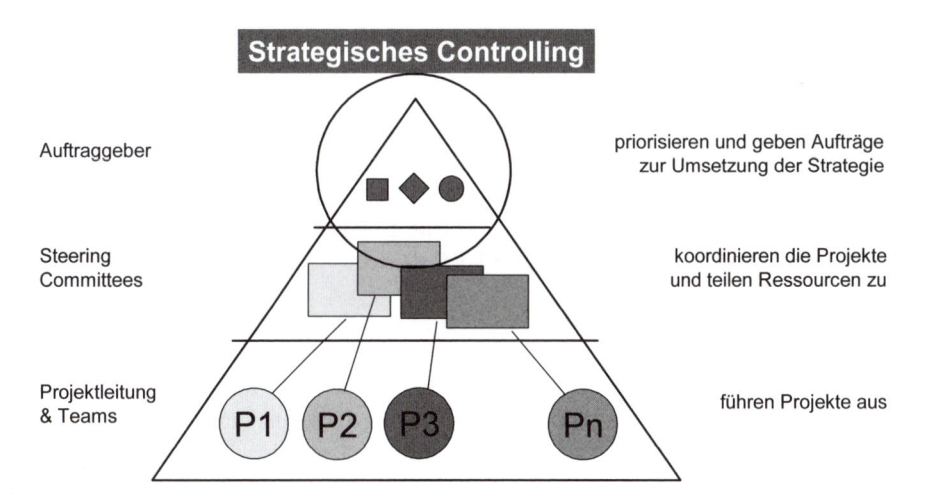

Abbildung III-123: Strategisches Controlling

Strategisches Risikomanagement (SRM)

Es identifiziert und überwacht das Risikoprofil der Organisation. Grössere Änderungen in diesem Profil können dazu führen, dass die strategische Planung überarbeitet oder ganz geändert werden muss, was sich direkt auf Projektmanagement und Strategieumsetzung auswirkt. Es kann auch sein, dass eine neue Strategie Veränderungen des Risikoprofils verursacht. Das strategische Risikomanagement deckt drei Bereiche ab:

- strategisches Risiko: Risiko, nicht dahin zu kommen wo man hin will oder am Alten festzuhalten und in eine nicht mehr erwünschte Richtung zu gehen;
- Änderungsrisiko geht von den Projekten aus, die benötigt werden, um die Organisation in die neue strategische Richtung zu bringen. Projektmanagement ist ein Werkzeug für das Lenken solcher Risiken;
- Betriebsrisiko, welches die im täglichen Betrieb der Organisation anhaftenden Risiken umfasst.

10.3 Das Projektportfolio

Organisationen haben viel mehr Projektideen als Ressourcen, um die Ideen umsetzen zu können. Passt eine Projektidee in die formulierte Strategie und erfüllt die gewünschten Rahmenbedingungen, muss sie nun den richtigen Platz im strategischen Projektportfolio finden. Das Portfolio ist ein wirksames Mittel, um die Fragen der Effektivität zu beantworten: „Tun wir das Richtige?" „Kommen wir unserer Vision näher?" Mit dem Portfolio soll verhindert werden, dass zu viele Projekte gleichzeitig in Angriff genommen werden und sich diese Projekte bei der Ressourcenzuteilung zu stark gegenseitig behindern.

Quantitative Kriterien vergleichen Kosten, Erträge, Renditen, während qualitative Kriterien die Attraktivität oder das Potenzial einer Idee untersuchen. Organisationen tun gut daran, alle für sie wichtigen Kriterien in Bewertungstabellen aufzulisten und diese Listen intern zu veröffentlichen. Bei den quantitativen Kriterien deklariert eine Organisation mit Vorteil, welche Beträge zu welchen Bewertungen führen (z.B. Wert 0 für Beträge unter 50 000 €).

Ein Projektportfolio ist eine Übersicht über alle vorhandenen Projekte, welche in Form einer strukturierten Liste oder grafisch, nach unterschiedlichen Kriterien geordnet, dargestellt werden. Dabei ist es dem Unternehmen freigestellt, nach verschiedenen Projektarten zu unterscheiden, etwa interne und externe, kurz- und langfristige, hochkomplexe und standardisierte oder Kunden- und Infrastrukturprojekte. Wichtig ist, dass diese unterschiedlichen Kategorien jeweils auch unterschiedliche Vorgehensweisen und Ressourcen bedingen. Nur so lassen sich Schwerpunkte setzen und die Ressourcen „strategie-orientiert" einsetzen.

Das Projektportfolio ermöglicht die periodische Beurteilung der beabsichtigten Vorhaben nach mindestens zwei zuvor definierten und verabschiedeten Kriterien. Je nach Natur der Vorhaben genügt dazu bereits eine Aufschlüsselung in duale Kriterienpaare, wie z.B. Chancen vs. Risiken, Kosten vs. Nutzen usw. Häufig werden mehrere solche Sichtweisen über ein und dasselbe Projekt erstellt. Ein Projektportfolio kann aber auch mehrdimensional aufgebaut werden bezüglich:

- strategischer Kriterien z.B. Projekt-Scorecard,
- ökonomischer Kriterien (Kennzahlen, Markt),
- ökologischer Kriterien,
- ethischer Kriterien,
- Chancen/Risiken-Kriterien,
- Muss-Kriterien (neue Gesetze, Technologiesprünge).

Das normative, strategische Management formuliert und überprüft Unternehmensphilosophie, Vision, Mission, Leitbild, Zielsetzung, Unternehmensstrategie, Geschäftsstrategie, Geschäftsmodelle, Corporate Identity, Kultur, usw. kritisch. Es entwickelt Portfolio-Strategien, Markt-, Produkt- und Vertriebsstrategien, Diversifikation, Kooperationen. Das Projektportfolio muss Projektideen bezüglich dieser Kriterien einordnen können.

Das Projektportfolio wird entweder durch das Projekt-Office oder durch ein eigens dafür bestimmtes Portfolio Management Committee (PMC) verwaltet und setzt sich aus unterschiedlichsten „Kräften" zusammen:

- strategische Kompetenz, vertreten durch die Geschäftsleitung,
- ökonomische Kompetenz, vertreten durch das strategische Projektcontrolling,
- methodische Kompetenz, vertreten durch Portfoliomanager,
- fachliche Kompetenz, vertreten durch die Benutzer, „Nutzniesser".

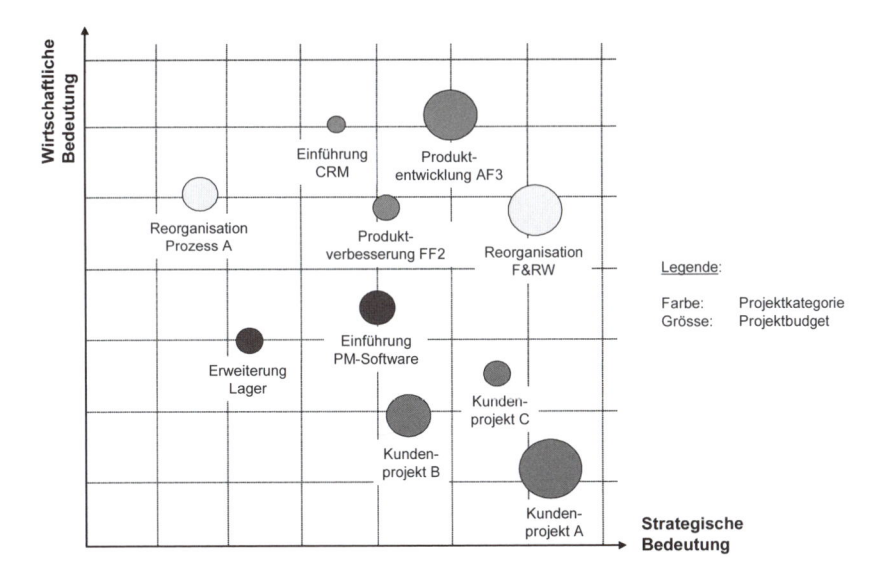

Abbildung III-124: Beispiel für ein Projektportfolio (Strategie vs. Wirtschaftlichkeit)

10.4 Das Projekt-Office

Viele Unternehmen investieren viel Zeit, Aufwand und Geld in die Entwicklung von Projektmanagement-Richtlinien und -Weisungen, die Weiterbildung von Mitarbeitern oder Projektmanagement-Software und stellen trotzdem fest, dass die erwarteten Verbesserungen häufig ausbleiben.

Die „Integration" eines Projekt-Office in die Stammorganisation ist eine mögliche Form, um die unternehmensweite Unterstützung bei der Abwicklung von Projekten zu verbessern. Ein Projekt-Office – auch Strategisches Projekt-Office (SPO), Projektmanagement-Office (PMO) oder Projekt-Support-Office (PSO) – ist häufig das einzige sichtbare oder formale Element für eine projektorientierte Organisation und ist typischerweise für die folgenden Aufgaben verantwortlich:

- Verbindung zwischen der strategischen und operativen Ebene (daher auch „strategisches Projekt-Office"),
- Einführung von Projektmanagement-Prozessen, -Standards und -Methoden,
- Evaluation und Einführung von Software-Tools für die Projektarbeit,
- Bearbeitung einer Projektübersicht bzw. eines Projektportfolios,
- Verantwortung für das Gesamtcontrolling,
- Unterstützung, Beratung und Coaching für Projektmanager,
- Erstellung eines Angebotes für Aus- und Weiterbildung,
- Entwicklung bzw. Qualifikation von Projektleitern.

Teil IV: Hilfsmittel und Instrumente

Dieser Teil stellt eine Auswahl bewährter Methoden, Werkzeuge und Hilfsmittel zur Verfügung, welche dem Projektleiter ermöglicht, das für seine Situation optimale Instrument einzusetzen. Ergänzt wird diese umfangreiche Sammlung durch Checklisten, Vorlagen, Formulare und erklärende Fallbeispiele. Der Werkzeugkasten für die operative Führung eines Projektes.

1 Methoden der Teamführung

1.1 Gruppenprozessordnung

1.1.1 Definition

Die Gruppenprozessordnung (GPO) dient dem strukturierten Vorgehen und dem Umgang mit dem Thema in Gruppenarbeiten. Sie wird zu Beginn der Gruppenarbeit von allen Beteiligten gemeinsam erstellt, noch bevor die Gruppenarbeit alle einnimmt. Der zur Erstellung benötigte Zeitbedarf wird durch das effektivere Vorgehen in der Gruppenarbeit mehr als wettgemacht. Um ihre Funktion zu erfüllen, sollte die Gruppenprozessordnung für alle Teilnehmer visualisiert werden und während der gesamten Gruppenarbeit sichtbar sein.

1.1.2 Inhalte

Wer übernimmt welche Rolle?

Moderation

- Ziel im Auge behalten und dafür sorgen, dass die Problemstellung von allen Gruppenmitgliedern verstanden und ein gemeinsames Ziel verdeutlicht wird
- Arbeitsprozess vorgehens- und zeitmässig strukturieren
- Leiten, ohne abzugleiten
- Alle Teilnehmer aktivieren und auf dem gleichen Informationsstand halten
- Gegenseitiges Zuhören, Weiterverfolgen von Ideen ohne sofortige Bewertung fördern
- Missverständnisse oder gar Rivalitäten zwischen den Teammitgliedern beseitigen helfen
- Der Gruppe nicht eigene Lösungsvorschläge aufdrängen
- Zusammenfassen und Standort festhalten

Zeitmanagement

- Zeiten für einzelne Schritte und das Gesamte vereinbaren
- Die Einhaltung der geplanten Zeiten überwachen, nötigenfalls eingreifen

Protokollführung

- Resultate der Gruppenarbeit aufschreiben
- Arbeitsprozess für alle sichtbar machen (Flipchart, Folien, …)

Was ist zu erreichen?

- Auftrag bzw. Problem für alle verständlich machen
- Ziel bzw. Ergebnis festlegen

Wie ist es zu erreichen?

- Notwendige Teilschritte (inkl. Präsentationsvorbereitung) ermitteln
- Einsatz von Gestaltungs- und Präsentationstechniken klären

Wann wird es gemacht?

- Zeitbedarf pro Teilschritt schätzen
- Alle Anfangs- und Endzeitpunkte fixieren
- Pausen einbauen
- Zeitreserve einplanen

1.1.3 Vorlage

GPO Gruppenprozessordnung

Wer	Moderation	
	Präsentation	
	Protokollführung	
	Zeitmanagement	
Was	Auftrag / Problem	
	Ziel / Ergebnis	

Wie		Wann		
Teilschritte	Technik/en	Zeitbedarf	von	bis
GPO erstellen				
Zeitreserve				

Abbildung IV-1: Vorlage „Gruppenprozessordnung"

1.2 Kickoff-Veranstaltung

Die Kickoff-Veranstaltung bildet den offiziellen Start des Projektes. Dabei geht es nicht nur um inhaltliche oder organisatorische Fragestellungen. Die folgende Checkliste soll helfen, das Kickoff umfassend zu planen:

1.2.1 Checkliste

Beziehungsebene

Auf dieser wahrscheinlich wichtigsten Ebene in der Startphase eines Projektes soll der Umgang miteinander definiert werden:

- Alle Teammitglieder lernen einander kennen.
- Spielregeln werden vom Team definiert und verabschiedet.
- Ein gutes Klima bahnt sich an.
- Vertrauen untereinander baut sich auf.
- Offenheit und Kritik sind zugelassen.
- Gegenseitige Vorurteile sind abgebaut.
- Identifikation (Wir-Gefühl) mit dem Projekt und Projektteam entstehen (durch Projektsinn, hervorheben der Besonderheiten dieses Teams usw.).
- Regeln der Kommunikation sind angesprochen und ermöglicht: gegenseitige Wertschätzung und aktives Zuhören.
- Es sind informelle Plattformen vorhanden, welche den zwischenmenschlichen Meinungsaustausch ermöglichen.

Inhaltsebene

Auf dieser Ebene soll die Problem- und Zieldefinition in Angriff genommen werden, mögliche Lösungswege sowie Methoden für die Problemlösung skizziert werden:

- Sie kennen den Sinn und die Hintergründe des Projektes.
- Der gegenwärtige Projektstand bzw. Auftrag ist erörtert.
- Die Absichten und Ziele sind dargelegt.
- Die Teammitglieder haben ein gemeinsames Aufgabenverständnis.
- Die Zielvorstellungen sind untereinander abgestimmt.
- Das methodische Vorgehen ist skizziert.
- Die Lösungsansätze sind bekannt und diskutiert.

- Die Vorkenntnisse der einzelnen Mitglieder sind bekannt.
- Die zeitliche Verfügbarkeit der Mitglieder ist eruiert und mit den Linienstellen verbindlich vereinbart.

Organisationsebene

Auf dieser Ebene sollen Arbeitsinstrumente bzw. Arbeitsprozesse im Team vereinbart werden:

- Die bereits bestehende Projektplanung sowie der Controllingprozess sind vorgestellt.
- Die Zusammenhänge der einzelnen Aufgabengebiete sind erläutert.
- Mögliche Problembereiche des Projektes sind angesprochen und zu deren Lösung die verantwortlichen Teammitglieder bestimmt.
- Die Projektorganisation ist aufgezeigt und die Ressourcen der einzelnen Mitglieder sind bekannt.
- Die Kommunikations- einschliesslich der Entscheidungswege sind festgelegt.
- Die Aufgaben, Verantwortungen und Kompetenzen sind einzelnen Teammitgliedern oder Gruppen zugeteilt.
- Der Sitzungsrhythmus und die Protokollführung sind festgelegt.
- Die Traktandenliste (allenfalls Standardtraktanden für jede Sitzung) für die nächste Sitzung ist erarbeitet.
- Die Teammitglieder kennen die ihnen zur Verfügung stehende Zeit, die Prioritäten des Projektes und ihre eigene Rolle.
- Die zur Verfügung stehenden Mittel sind bekannt.
- Jedes Teammitglied weiss, an wen es sich in aussergewöhnlichen Situationen zu wenden hat.
- Aufwandvorstellungen und Termine sind abgesprochen.
- Erwartungen an die Mitglieder sind formuliert.
- Inhalt und Form der Protokolle und Projektdokumentation abmachen.
- Die Spielregeln sind vereinbart (Teamkonvention).
- Die Aufwandkontrolle ist vereinbart (Zeit, Kosten).

1.2.2 Ablauf einer Kickoff-Veranstaltung

Zeit	Thema	Ziel	Bemerkungen
08:00	Eintreffen der Personen, Kaffee	Ungezwungenes Wiedersehen oder Kennen lernen	Kaffee, Früchte usw.
08:30	Start, Begrüssung durch Projektleiter, Kickoff-Ablauf (mit Zeiten) vorstellen, Projektleiter stellt sich kurz vor und erzählt, weshalb er Projektleiter ist	Pünktlicher Start, Orientierung zur Sitzung Transparenz, Vertrauen schaffen	Flipchart
09:00	Projekt vorstellen, kurze Gesamthistorie und Globalziel erklären	Infogleichstand schaffen, Projektziel einführen	Auftraggeber
09:15	Vorstellrunde der Projektmitarbeiter, persönliche Verbindungen zum Projekt besprechen: Was erwarte ich persönlich von meiner Mitarbeit im Projekt?	Sich kennen lernen, Bezug zum Projekt herstellen, Wünsche, Erwartungen, Befürchtungen und entsprechende Projekterfahrungen besprechen, Vernetzung aufgleisen	Raster für Vorstellung vorgeben, damit Sequenz nicht zu lange geht
10:00	Pause	Informeller Austausch	
10:15	Projektstatus informieren oder gemeinsam erstellen	Information	Berichte, Flipchart, Pinwand, Video, usw.
10:30	Projektumfeldanalyse erstellen, Systemgrenzen aufzeigen	Umfeld und Abhängigkeiten erkennen, Einstellungen der Personen dazu äussern	Pinwand, Flipchart, Mindmap
10:45	Kräftefeld des Projektes aufzeigen	Wissen, welche Kräfte das Projekt fördern, welche es hindern	
11:00	Bereits erkannte Problemfelder ableiten	Situationsanalyse, Daten zu Risikoüberlegungen	Problemlisten
12:00	Mittagessen		
13:00	Organisation des Projektes aufzeigen bezüglich Zusammenarbeit und Projektablauf (Arbeitspakete)	Projekt organisatorisch aufgleisen, Engpässe erkennen, Fixtermine regeln, Handlungsspielraum aufzeigen	Projektplan, Organigramm
13:30	Zusammenarbeit regeln Sitzungsintervall Dokumentenmanagement und Protokoll	Kommunikation bestimmen, Spielregeln	Flipchart
14:00	Nächste Schritte besprechen und festlegen	Klaren Arbeitsplan schaffen	
14:30	Jede Person nimmt kurz Stellung zum weiteren Verlauf, seiner Rolle und Funktion und der Planung	Engagement und Widerstand erkennen, Verbindlichkeit schaffen	
15:00	Schlussworte vom Projektleiter oder Projektauftraggeber	Wertschätzen und Wichtigkeit zeigen	

Abbildung IV-2: Beispiel „Kickoff-Veranstaltung"

1.3 Arbeitsprozesse moderieren

Die Moderation (lat. „moderari" heisst „mässigen", „lenken", „regeln") ist eine anspruchsvolle Kunst, die beim Sitzungsleiter (muss nicht zwingend der Projektleiter sein) eine breite Palette von Anforderungen voraussetzt:

- Neutralität,
- soziale Sensibilität,
- sprachliche Gewandtheit,
- Sachkenntnisse bezüglich Thema und Arbeitsmethoden,
- Akzeptanz bei den Teilnehmern.

1.3.1 Unterschied zwischen Besprechung und Moderation

Besprechung	Moderation
• Findet regelmässig statt	• Meist bei einer besonderen Situation, Anlass
• Die Teilnehmer kennen sich	• Es geht darum, Probleme zu lösen oder Ideen zu entwickeln
• Es gibt Tagesordnungspunkte	• Es wird visualisiert
• Die Teilnehmer sitzen an Tischen	• Moderationsmethoden werden eingesetzt
• Die Strukturen sind zementiert	• Die Möbel sind beweglich

Die moderierte Besprechung

- Sie nutzt die Vorteile der Moderation
- Sie setzt Moderationsmedien, wie Flipchart, Pinwand ein
- Sie wird von einem gewählten Moderator geleitet
- Sie folgt einem strukturierten Ablauf

1.3.2 Die Rollen eines Moderators

Der Moderator als „Primus inter pares" nimmt mindestens eine der nachfolgenden Rollen bzw. Funktionen wahr:

- Gärtner, der ideale Wachstumsbedingungen schafft,
- Hebamme, welche die Gruppe bei der Problemlösung begleitet,

- Katalysator, der den Vorgang beschleunigt ohne sich selbst zu verändern,
- Transformator, Übermittler und Übersetzer von Informationen,
- Dirigent, welcher die Einsätze zu einem perfekten Ganzen koordiniert.

1.3.3 Die Schritte der Moderation

Methodisch setzt sich die Moderation aus den drei folgenden Phasen zusammen:

Festhalten

- Aspekte zum Thema sammeln
- Hörbar und sichtbar machen
- Breite der Thematik zulassen und fördern

Verdichten

- Mit der Gruppe das zentrale Thema entwickeln
- Die Thematik kanalisieren

Konkretisieren

- Dafür sorgen, dass eine Lösungsvariante angegangen wird
- Konkret Schritte für die Umsetzung einleiten

1.3.4 Verhaltensregeln für die Moderation

Eine professionelle Moderation kann weitgehend, aber sicher nicht abschliessend durch die folgenden Verhaltensregeln umschrieben werden:

- „fragen statt sagen",
- positive Haltung des Moderators zu den Menschen,
- mit der Gruppe arbeiten statt gegen sie zu kämpfen,
- „soziale" Störungen haben Vorrang,
- zwischen „wahrnehmen", „vermuten" und „bewerten" unterscheiden,
- „Ich-Botschaften" anstelle von „Man-Formulierungen",
- auf „nonverbale" Signale achten und eingehen,
- nicht bewerten und beurteilen,
- sich nicht verteidigen oder rechtfertigen,
- nicht über die Methode diskutieren,

- wenn möglich zu zweit moderieren,
- die Sprachgewohnheiten analysieren,
- Körpersprache beachten,
- Sitzordnung beachten oder sogar bestimmen.

1.3.5 Eine erfolgreiche Moderation

Der gute Moderator beachtet bzw. plant die folgenden Punkte:

- ❏ formuliert das Sitzungsziel am Anfang
- ❏ holt alle Teilnehmer am Anfang kurz ab
- ❏ definiert Zeitrahmen
- ❏ hat Zeitmanagement im Griff (evtl. delegieren)
- ❏ definiert Spielregeln und sorgt für deren Einhaltung
- ❏ klärt seine & die Rollen der Teilnehmer
- ❏ ist neutral (bezüglich Thema und Teilnehmer)
- ❏ visualisiert den Zielfindungsprozess
- ❏ ist mit Kopf und Bauch präsent
- ❏ aktiviert „stille" Teilnehmer
- ❏ interveniert bei Vielrednern
- ❏ achtet auf Detailtiefe
- ❏ stellt Fragen, Rückfragen
- ❏ hinterfragt Aussagen
- ❏ deckt Konfliktpotenzial auf
- ❏ lässt Fachbegriffe erklären
- ❏ rekapituliert und fasst Ergebnisse zusammen
- ❏ verlangt konkrete Beschlüsse
- ❏ formuliert das weitere Vorgehen
- ❏ bedankt sich und schliesst ab
- ❏ kommt nach Abschluss nicht mehr auf die Sachebene zurück

Abbildung IV-3: Checkliste „Erfolgreiche Moderation"

1.3.6 Fragebeispiele für die verschiedenen Arbeitsphasen

„Wer fragt führt." Das gilt ganz besonders für den Moderator. Mit Fragen steuert er den Prozess durch die verschiedenen Arbeitsphasen:

Einsteigen

- Wie gut sind Sie über das Thema schon informiert?
- Was ist Ihnen für die heutige Sitzung (ganz besonders) wichtig?

Sammeln

- Welche Informationen brauchen Sie über das Thema?
- Worüber muss heute gesprochen werden?
- Was muss heute noch geklärt werden?

Auswählen

- Welche Themen sollen vorrangig bearbeitet werden?
- Womit sollen wir beginnen?
- Was muss am dringendsten bearbeitet werden?

Bearbeiten

- Was ist (immer wieder) ein Problem?
- Was könnten wir (als erstes) dagegen tun?
- Was schlagen Sie vor?

Planen

- Was werden wir nun konkret tun?
- Wer macht was, mit welcher Zielsetzung und bis wann?
- Wann arbeiten wir das nächste Mal daran?

Abschliessen

- Wie zufrieden sind sie mit dieser Sitzung?
- Haben wir unsere Ziele erreicht?

1.3.7 Fachmoderation oder Prozessmoderation

In der Moderation werden zwei Arten unterschieden, die Fachmoderation und die Prozessmoderation. Bei der Fachmoderation geht es darum, zu einem bestimmten Thema alle Aspekte, Meinungen, Ideen und Einwände zu erarbeiten und festzuhalten. Bei der Prozessmoderation wird der Schwerpunkt auf den Prozess gelegt, verschiedene Standpunkte werden geklärt und dokumentiert.

Information Präsentation

Fachmoderation
- Theorien
- Fachwissen
- Modelle
- Erfahrung
- Checklisten

ANFANG

Prozess — auf der Sachebene und auf der Beziehungsebene

Einsteigen
Sammeln
Auswählen
Bearbeiten
Planen
Abschliessen

Erarbeitung im und durch das Team

- Prozessmodelle
- Fragetechniken
- Feedbackrunden
- Vorgehensauswertungen

Prozessmoderation

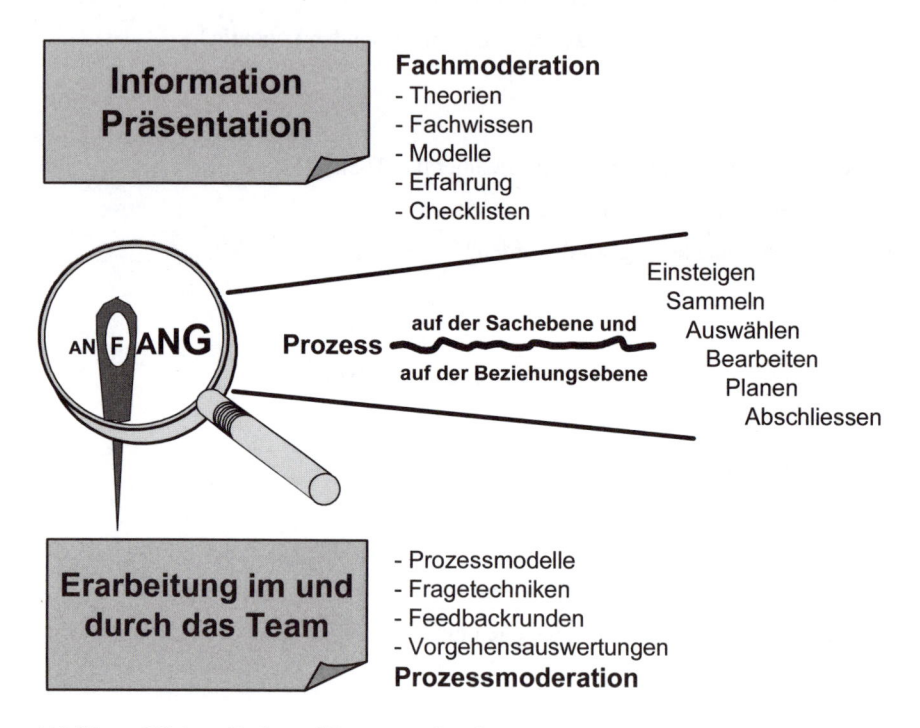

Abbildung IV-4: Fach- und Prozessmoderation

1.4 Projektsitzungen leiten und gestalten

„Wir sitzen zu viel, und es sitzt zu wenig". Eine Sitzung braucht viele Ressourcen. Darum ist immer zuerst zu klären, ob eine Sitzung das richtige Instrument ist. Dazu muss zuerst das Ziel der Sitzung bekannt sein. Geht es z.B. um eine:

- Koordinationssitzung (z.B. für Ressourcen),
- Informationssitzung,
- Problembearbeitung und Entscheidungsfindung,
- Konfliktklärung?

1.4.1 Ist eine Sitzung das richtige Instrument?

Wenn die folgenden Fragen mit „ja" beantwortet werden können, ist eine Teamsitzung wahrscheinlich die richtige Form:

- Ist die Sitzung wirklich notwendig? (Würde es genügen, die betroffenen Personen per E-Mail oder per Post zu informieren?)
- Sind die erforderlichen Fachkräfte verfügbar (andere Termine, Ferien usw.)?
- Können alle Beteiligten mit ihrem Fachwissen und ihren Charakteren zum Erfolg der Sitzung beitragen?
- Sind höchstens zehn Personen einzuladen?
- Kann eine ausgewogene Teilnehmergruppe aus Ideenlieferanten, Organisatoren und Machern zusammengestellt werden?
- Ist gewährleistet, dass alle Teilnehmer ihre Vorschläge und Ideen offen und angstfrei unterbreiten können?
- Lässt sich der Sitzungstermin auf eine Randstunde ansetzen?
- Dauert die Sitzung nicht mehr als zwei Stunden? (zwei kurze Sitzungen sind besser als eine lange Sitzung)
- Stehen ein zweckmässiger Raum/eine geeignete Infrastruktur zur Verfügung?
- Stehen die folgenden Informationen auf der Einladung: Ort (evtl. mit Plan), Zeitangaben (Anfang und Ende), Sitzungsleiter, Protokollführer?
- Sind die Besprechungsthemen und die Ziele auf der Einladung ersichtlich?
- Können die Beteiligten aus der Einladung ersehen, was von ihnen erwartet wird (Informationen entgegennehmen, Ideen suchen, Entscheidungen treffen)?
- Erhalten die Teilnehmer ihre Einladung mit allen notwendigen Unterlagen mindestens drei Tage vor der Sitzung?
- Hat der Sitzungsleiter ein Sitzungsdrehbuch vorbereitet (Zeitdauer pro Thema oder Arbeitsschritt, Bearbeitungsart, nötiges Material usw.)?
- Sind klare Spielregeln für den reibungslosen Ablauf der Sitzung definiert?
- Ist Zeit für ein Feedback am Ende der Sitzung eingeplant? (Was ist gut gelaufen? Was ist in Zukunft zu verbessern?)

1.4.2 Sitzungen vorbereiten

Der Vorbereitungsaufwand für eine Sitzung darf nicht unterschätzt werden. Häufig hat die Unternehmenskultur einen massiven Einfluss auf die Art und Weise, wie Sitzungen geplant, durchgeführt und nachbearbeitet werden. Man spricht darum auch von „Sitzungskultur". Die seriöse Planung einer Sitzung erfordert von der Sitzungsleitung sowohl auf der thematischen wie auch auf der organisatorischen Seite eine gewisse Vorarbeit und widerspiegelt nicht zuletzt auch die Wertschätzung gegenüber den Teilnehmern.

Damit diese wiederkehrenden Tätigkeiten nicht jedes Mal „neu erfunden" werden müssen, empfiehlt sich eine Checkliste. Es ist sinnvoll, die einmal erstellte, persönliche Checkliste laufend zu überprüfen, zu ergänzen und zu verbessern.

Sitzungsthema	• Exakt beschreiben
	• Wertneutral formulieren
Teilnehmer	• Teammitglieder
	• Fachspezialisten
	• Externe Personen
	• Entscheidungsträger
Sitzungsunterlagen	• Sammeln, ordnen und auswählen
	• In genügender Anzahl bereithalten
	• Wo sinnvoll, vorab verteilen
Sitzungsziel(e)	• Präzise definieren (Zeit, Inhalt, Entscheide)
	• Am Anfang der Sitzung eine Schlussrunde mit Feedback vereinbaren
Sitzungsart / Modus	• Aufgrund des Sitzungszieles bestimmen
Traktandenliste	• Mit den Verantwortlichen abstimmen
Einladung	• Thema / Sitzungstitel
	• Zielsetzung(en)
	• Datum
	• Zeit (Anfang / geplantes Ende)
	• Ort
	• Traktandenliste
	• „Verteiler"

Abbildung IV-5:   Checkliste „Sitzungsvorbereitung"

1.4.3 Sitzungen durchführen

Für die Durchführung der Sitzung kann ebenfalls eine Checkliste aufgestellt werden, die sowohl dem Sitzungsleiter als auch den Sitzungsteilnehmern als „entlastende" Hilfestellung für den Sitzungsablauf dient:

Anrede und Begrüssung	• Ich-Botschaft
Eröffnung / Thema	• Wozu sind wir hier?
Vorstellung	• Neue Personen stellen sich kurz vor
Absenzen	• Wer ist nicht anwesend? • Einfluss auf Sitzungsverlauf abklären
Zielsetzung	• Was wollen wir heute erreichen?
Vorgehen	• Struktur anhand Traktandenliste aufzeigen
Diskussionsleitung	• Wer führt die Sitzung methodisch bzw. fachlich?
Spielregeln	• Wie gehen wir miteinander um? • Was ist erwünscht? • Kommunikationsregeln definieren
Protokoll	• Wer übernimmt die Protokollierung der Sitzung? • Wer verfasst bis wann das Sitzungsprotokoll?
Abgrenzung	• Was ist heute nicht Thema? • Welches sind Nahtstellen / Schnittstellen zu anderen Projekten / Vorhaben?
Gliederung	• In welcher Reihenfolge behandeln wir das heutige Thema?
Behandlung	• Einführung ins Thema • Alle Aspekte und Sichtweisen einbringen • Erkenntnisse visualisieren
Schluss oder Beschluss	• Welche Schlüsse werden gezogen? • Welche Entscheide werden gefällt?
Zusammenfassung	• Was ist der Output der Sitzung? • Feedback der Teilnehmer abholen
Nächste Sitzung	• Nächsten Termin vereinbaren
Dank und Schluss	• Ich-Botschaft

Abbildung IV-6: Checkliste „Sitzungsdurchführung"

1.4.4 Ablauf einer Informationssitzung

Die seriöse Vorbereitung einer Sitzung hilft nicht nur, die dafür vorhandene Zeit optimal zu nutzen, sondern sie zeigt auch die Wertschätzung gegenüber allen Teilnehmern auf, welche sich die Zeit dafür nehmen.

Die Erstellung eines „Drehbuches" kann gerade für unerfahrene Projektleiter eine zusätzliche Sicherheit und Orientierung bieten.

Zeit	Inhalt, Thema	Ziel	Hilfsmittel, Bemerkungen
08:00	Eintreffen der Personen Kaffee	Ungezwungenes Wiedersehen oder Kennen lernen	Stehend Kaffee, Früchte usw.
08:15	Start, Begrüssung Ziele vorstellen Sitzungsablauf (mit Zeiten)	Pünktlicher Start Orientierung zur Sitzung Zielsetzung der Sitzung Transparenz und Vertrauen schaffen	Flipchart, Folien Handouts günstige Sitzordnung schaffen
08:30	Kurze Rückfragen an Teilnehmende	Mögliche Informationswünsche berücksichtigen können	
	Informationen strukturiert vortragen	Schnell Übersicht verschaffen und Zeit haben für wesentliche Punkte	Flipchart, Folien, Handout
	Information mit Ausblick abschliessen	Ausblick geben und allenfalls Informationen erhalten	
09:30	Diskussionsrunde	Forum aufmachen für Fragen, Bemerkungen	
09:50	Zusammenfassen Nächste Termine abmachen bedanken und abschliessen	Offene Punkte klären, Bereitschaft schaffen für weitere Aktivitäten	

Abbildung IV-7:   Beispiel „Informationssitzung"

1.4.5 Sitzungen auswerten

Der seriösen und selbstkritischen Auswertung einer vergangenen Sitzung ist mit Abstand der grösste „Lerneffekt" beschieden. Das Vorgehen für eine Sitzungsauswertung (zweckmässigerweise im Team) kann wie folgt aussehen:

Sitzung allgemein	• Erfolg? / Misserfolg? • Warum? • Verbesserungen?
Sitzungsziel	• Erreicht? / Nicht erreicht? • Warum? • Verbesserungen?
Sitzungsvorbereitung	• Gut? / Genügend? / Ungenügend? • Warum? • Verbesserungen?
Sitzungsdurchführung	• Regeln beachtet? / nicht beachtet? • Warum? • Verbesserungen?
Sitzungsleitung	• Gut? / Genügend? / Ungenügend? • Warum? • Verbesserungen?
Teilnehmerkreis	• Richtig? / Nicht richtig? • Warum? • Verbesserungen?
Sitzungsverlauf	• Aus eigener Sicht? • Aus Sicht der Teilnehmer? • Verbesserungen?
Teilnehmer	• Engagement • Verhalten • Befindlichkeit
Für nächste Sitzung	• Beibehalten? • Verbessern? • Vermeiden?

Abbildung IV-8: Checkliste „Sitzungsauswertung"

1.5 Visualisierung und Präsentationstechnik

Der Mensch verfügt über fünf Sinne, d.h. über fünf Kanäle der Wahrnehmung. Trotzdem wird in den meisten Sitzungen nur ein Kanal genutzt: Das Ohr. Wenn wir die Merkfähigkeit und die Effizienz eines Kommunikationsprozesses erhöhen wollen, so müssen mehrere Sinne gleichzeitig angesprochen werden. Wer keine Bilder erzeugt, wird nichts bewegen.

Durch ein visuelles Ansprechen mit den treffenden Bildern werden die verbalen Aussagen verstärkt:

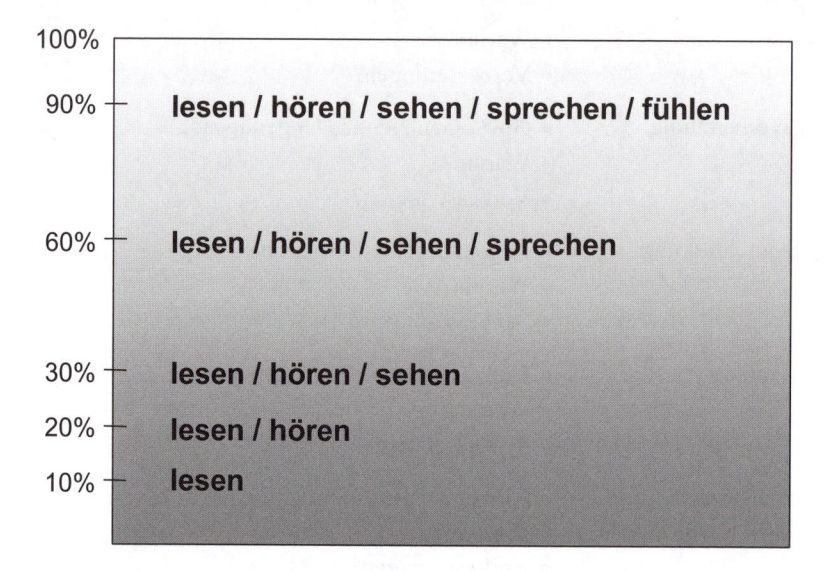

100%	
90%	**lesen / hören / sehen / sprechen / fühlen**
60%	**lesen / hören / sehen / sprechen**
30%	**lesen / hören / sehen**
20%	**lesen / hören**
10%	**lesen**

Abbildung IV-9: Retentionsstufen im Lernprozess

Visualisierte Aussagen erleichtern die einheitliche Interpretation einer Aufgabenstellung, bzw. eines Themas. Die Visualisierung zwingt das Team zur gezielten Selektion von wesentlichen und unwesentlichen Informationen. Die Aufnahmekapazität der Sitzungsteilnehmer wird damit nicht überfordert.

Visualisierung ermöglicht, Aussagen, Meinungen, Differenzen und Ergebnisse für alle sofort sichtbar darzustellen. Der Gesprächsfortschritt ist jederzeit sichtbar. Erleichtert wird auch die Dokumentation, Interpretation und Zusammenfassung der Ergebnisse. Die Teilnehmer identifizieren sich mit dem Ergebnis, weil jeder seinen Beitrag einbringen und die Entstehung des Ergebnisses nachvollziehen kann. Anschauungsmaterial ist so bereit zu halten, dass die Gruppe sofort mit der Arbeit beginnen kann: Fragen, Thesen, Informationen, Szenarien usw.

1.5.1 Checkliste Präsentation

Vorbereitung	• Zielgruppe definieren • Ziel der Präsentation definieren • Präsentationsinhalte und -folge erarbeiten • Rollenverteilung innerhalb des Präsentationsteams festlegen • Ort bestimmen und Raum auswählen und bestellen/reservieren • Ablaufplan erarbeiten (mit Pausen) • Argumentationskatalog erarbeiten • Einwände/Widerstände überlegen und mit Argumenten durchspielen Probepräsentation mit Zeitüberwachung
Termine	• Kollision mit anderen wichtigen Termin ausschliessen • frühzeitige Abstimmung mit anderen Veranstaltungen • Einladung mit Terminbestätigung, menschliche Leistungskurve beachten
Raum	• auf richtige Grösse achten • Tische so anordnen dass dadurch keine Barrieren entstehen • Störungen vermeiden (Mobiltelefone, laufende Notebooks usw.) • Belüftung, Beleuchtung, technische Einrichtungen, Temperatur • Geräuschpegel prüfen, Lärmquellen identifizieren • Störungen ausschliessen (Türschild, kein Telefon)
Medien	• Menschen überzeugen, nicht technische Hilfsmittel • Powerpoint ist ein Irrtum der Informationsgesellschaft und verhindert Wirkung • rechtzeitig besorgen und vorher auf Funktion prüfen • Flipcharts, Filzstifte, Anschauungsmaterial, Handouts
Ablauf	• positive Atmosphäre schaffen • laufende Zeitkontrolle • Teilnehmerreaktionen beobachten • auf Fragen eingehen, evtl. zurückstellen um Ablauf nicht zu stören • Argumentation auf Fragen aufbauen, möglichst mit Beispielen aus dem Teilnehmerkreis • Zwischenergebnisse festhalten
Abschluss	• in Diskussion überleiten • Entscheidungsbedarf transparent machen • weiteres Vorgehen erläutern, Tätigkeitsliste erstellen • Abschlussprotokoll erstellen und an Teilnehmer versenden

Abbildung IV-10: Checkliste „Präsentation"

1.5.2 Eine erfolgreiche Präsentation

Für eine erfolgreiche Präsentation müssen die folgenden Punkte beachtet werden (nach Matthias Pöhm, „Vergessen Sie alles über Rhetorik"):

- Es geht beim Reden nicht um Informationen, es geht um die Gefühle, welche die Informationen auslösen;
- für die Wirkung einer Rede ist zu 30% der Text und zu 70% die Verpackung verantwortlich;
- mitten im Raum stehen;
- bewusste, Sicherheit ausstrahlende Körperhaltung;
- ins Publikum schauen, den Blick schweifen lassen;
- zuerst der Mensch, dann das Anliegen;
- Rhetorik heisst, Bilder in den Köpfen des Publikums entstehen lassen;
- die Rede wirkt nur, wenn der Redner vom Thema erfasst und authentisch ist;
- Gestikulieren von der Grundposition der Hände aus (Grundposition: Die Hände berühren sich leicht vor dem Bauch, knapp unterhalb des Nabels);
- Lautstärke halten (wird durch Gestik erleichtert);
- keine Aussage ohne Beispiel;
- Anschauungsobjekt zum Thema zeigen;
- wer die Inhalte am Anfang einer Rede bekannt gibt, verrät den Mörder, bevor der Krimi beginnt;
- die Rede fasziniert mit Elementen, die Spannung, Neugier, Sympathie und Spass einbringen;
- ein Vortrag darf nur so lange dauern, dass die Zuhörer noch mehr hören wollen;
- kurze Sätze;
- Verben sind lebendig;
- Gegenwart, nicht Vergangenheit oder Zukunft;
- jeder Satz, der nicht interessant wirkt, kann ersatzlos gestrichen werden;
- Worte wie „dynamisch", „flexibel", „innovativ" gehören auf den Rhetorik-Müll;
- Doppelpunkt statt „dass";
- zwei Sätze statt „und";
- zuerst über Folie reden; kurze Pause; Bild in dem Moment zeigen, wo der Text präsentiert wird;
- Folie muss in zwei Sekunden erfasst werden können;
- alles auf Folie weglassen, was Leseenergie frisst;
- jede Aussage wird entwertet, wenn sie noch einmal auf Folie steht.

1.6 Analysen im Team

1.6.1 Prozessanalyse

Fragebogen

Beurteilen Sie aus Ihrer Sicht die folgenden Fragen in Bezug auf Ihr Team. Zu jeder Frage haben Sie sechs Antwortmöglichkeiten. Trifft die Aussage auf der linken Seite voll zu, so markieren Sie die linke Zahl (1); trifft die rechte Aussage zu, so markieren die rechte Zahl (6). Trifft eine Ausprägung irgendwo dazwischen zu, so markieren die am ehesten zutreffende Zahl (2, 3, 4 oder 5).

1. Wie habe ich mich heute im Team gefühlt?		
Unbehaglich und gespannt	1 2 3 4 5 6	wohl und entspannt
2. Wie waren die Ziele für die heutige Besprechung formuliert?		
Für mich klar und verständlich	1 2 3 4 5 6	Sie waren mir überhaupt nicht klar
3. Wie arbeitete heute das Team?		
Unmotiviert, unkonzentriert und oberflächlich	1 2 3 4 5 6	intensiv, tiefgehend, zielstrebig
4. Wie war heute die Diskussion im Team?		
sachfremd, theoretisch, unrealistisch	1 2 3 4 5 6	sachbezogen
5. Worüber haben die Teilnehmer gesprochen?		
inhaltsorientiert, sprachen zur Sache	1 2 3 4 5 6	entwicklungsorientiert, persönliche Gefühle
6. Was bezweckten die einzelnen Mitglieder?		
darauf aus, Punkte zu sammeln	1 2 3 4 5 6	nur an der Sache orientiert
7. Wurden abweichende Ansichten gehört?		
nein, blieben unbeachtet, wurden nicht zugelassen	1 2 3 4 5 6	ja, wurden besprochen und ausgewertet
8. Wie wurde ich heute im Team behandelt?		
fühlte mich abgewiesen, langweilte mich	1 2 3 4 5 6	fühlte mich aufgenommen, akzeptiert
9. Welche Unterstützung bekam ich heute vom Team?		
Meine Bedürfnisse blieben unbeachtet	1 2 3 4 5 6	Meine Bedürfnisse wurden wahrgenommen

Abbildung IV-11: Fragebogen „Prozessanalyse im Team"

Auswertung

Erstellen Sie ein Trefferbild der Antworten aller Teilnehmer. Identifizieren Sie die Fragen bzw. Themen mit der grössten Streuung. Diskutieren Sie diese Fragestellungen in der Gruppe.

Mit dem obigen Formular können die Teammitglieder den erlebten Prozess auch anonym reflektieren. Wenn in der Zusammenfassung aller Antworten die Streubreite über mindestens drei Felder reicht, ist zumindest eine Klärung oder Diskussion der Auswertung sinnvoll. Reicht die Streuung über vier oder sogar fünf Felder, ist es in der Regel mehr als „nur" ein Missverständnis. Genaues Hinhören, Nachfragen und Verstehen, was die einzelnen ausdrücken wollen, ist dann sehr wichtig für die Projektleitung. In einem offenen, vertrauensvollen Gespräch, kommt das klar zur Sprache, was die Einzelnen bewegt oder beschäftigt:

1.6.2 Team-Portfolio

Ein wiederkehrendes Bedürfnis für Führungskräfte ist die möglichst rationale Beurteilung von Erfolgsfaktoren im eigenen Team. Ein durchgehendes Konzept zur Messung und Steigerung der Einflussgrössen auf den Teamerfolg wurde von Ruth

Teamerfolg	trifft nicht zu				trifft zu	
	1	2	3	4	5	6
1 Die im Team erzielten Ergebnisse sind inhaltlich hervorragend						
2 Ich bin überzeugt, dass im Team mehr erreicht werden kann als allein						
3 Jeder einzelne in unserem Team geht persönlich auf die anderen ein						
4 Ich finde alle Teammitglieder sympathisch						
5 Teamleiter nimmt Rücksicht auf die Belange der Teammitglieder						
6 Alle Teammitglieder sind sehr fachkompetent						
7 Alle Teammitglieder wenden Problemlösungstechniken systematisch an						
8 Es ist vollkommen klar, was von den Teammitgliedern erwartet wird						
9 Teamleiter ermutigt alle Teammitglieder zu besonderen Leistungen						
10 Wir sprechen häufig über persönliche Angelegenheiten						
11 Wir unterstützen uns bei persönlichen Belangen gegenseitig						
12 Es gibt kaum persönliche Auseinandersetzungen zwischen uns						
13 Informationen werden systematisch und regelmässig weitergegeben						
14 Wir unterstützen uns bei fachlichen Fragen gegenseitig						
15 Fachliche Konflikte diskutieren wir fair und offen aus						
16 Vor Entscheidungen werden Alternativen ausgearbeitet und bewertet						
17 Vor Entscheidungen wird die Umsetzbarkeit von Alternativen beurteilt						
18 Entscheidungen werden schnell getroffen						

Abbildung IV-12: Fragebogen „Teamerfolg" (nach Ruth Stock, 2003)

Stock entwickelt. Die Beurteilung der Erfolgsfaktoren kann mit dem folgenden Fragebogen bei den Teammitgliedern ermittelt werden.

Die Auswertung der Fragebogen ergibt sich auf der Sachebene durch das „gewogene" Mittel der Fragen 6–9 und 12–18 sowie auf der Beziehungsebene durch das „gewogene" Mittel der Fragen 2–5 und 10–12. Diese Werte ergeben für das beurteilte Team eine bestimmte Position in der nachfolgenden Matrix von Beziehungs- und Sachebene (→ Teamresultat). Der Teamleiter kann daraus je nach Lage entsprechende Massnahmen ableiten, um die Gruppe zu einem echten Team weiter zu entwickeln.

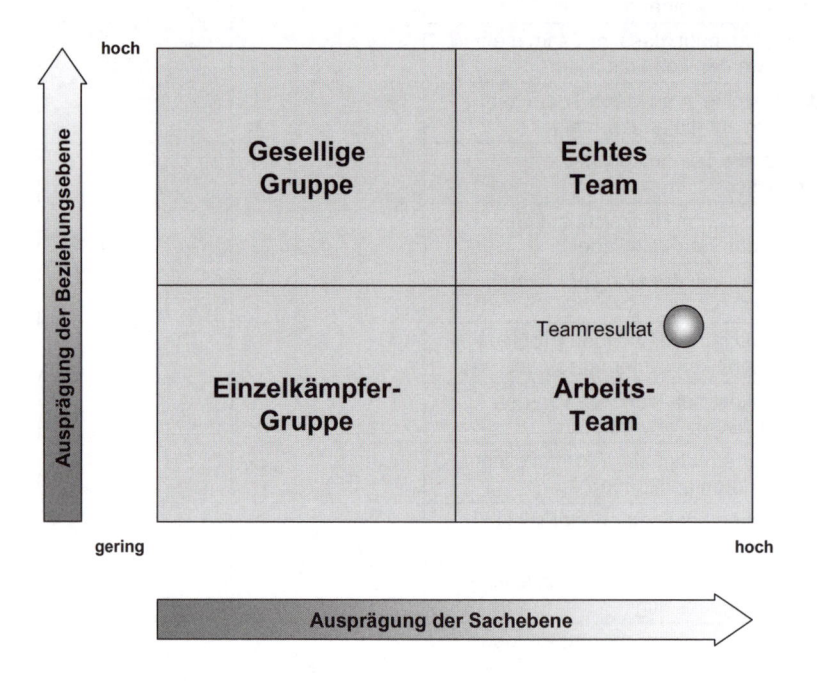

Abbildung IV-13: Auswertung „Teamerfolg" (nach Ruth Stock, 2003)

1.7 Intervision als Lösungsmethode

Der Psychoanalytiker Michael Balint entwickelte eine Methode für die Fallbearbeitung unter Analytikern. Die Methode fusst auf der Grundidee, dass in Problemsituationen häufig die Anteile der anderen gut erkannt, die eigenen Beiträge zum Problem jedoch teilweise ausgeblendet werden (Johari-Fenster). Neutralen Beobachtern einer Situation fallen solche Anteile nach kurzer Zeit auf. Sie können durch wertvolles, kritisches Feedback neue Ansichten zum Problem aufzeigen und neue Lösungsansätze erkennen lassen. Die Intervisionsmethode strukturiert die Behandlung eines Problems, das ein Gruppenmitglied mit nicht anwesenden Personen lösen will.

Michael Balint hat herausgefunden, dass es hilfreich ist, die Eindrücke der Aussenstehenden zu diskutieren, ohne dass der Fallgeber sofort dazu Stellung nimmt. So hat eine Balint-Sitzung eine glasklare Struktur:

1. Der Fallgeber schildert sein Problem

Die Gruppe hört zu und unterbricht nicht. Die Zuhörenden notieren, was ihnen bei der Schilderung in den Sinn kommt, was sie empfinden und wie sie den Fallgeber erleben (unsicher, nervös, arrogant, ausschweifend usw.).

2. Die Gruppe stellt Verständnisfragen

Die Gruppe stellt keine Fragen, die eine Vermutung, Hypothese, Interpretation usw. enthalten. Der Moderator lässt die Fragerunde so lange laufen, bis er den Eindruck hat, dass die Gruppe für die nächste Phase genügend Informationen hat. Diese Sequenz kann unterschiedlich lange dauern.

3. Die Zuhörer schildern ihre Hypothesen

Erlaubt sind Gedanken, Eindrücke, Vermutungen, Ursachen usw. jedoch noch keine Lösungen. Dabei dürfen sie ihren Phantasien freien Lauf lassen. Jemand schreibt die Rückmeldungen der Gruppe stichwortartig auf einen Flip auf. Der Fallgeber hört zu, ohne auch nur nonverbal Stellung zu nehmen. Er darf sich nicht einschalten, kann sich aber seine Gedanken, Einfälle usw. notieren.

4. Der Fallgeber nennt die Treffer

Er geht die Auflistung durch und sagt, was und warum etwas für ihn zutrifft, bzw. falsch ist oder in welchem Grad es für ihn zutrifft. Die „Falschmeldungen" streicht er durch. Dabei ist seine subjektive Sicht richtig! Während der Moderator in den ersten drei Schritten streng auf die Einhaltung der Sprechregeln achtet, kann er in dieser Phase mehr Diskussionen zulassen.

5. Die Gruppe erarbeitet Lösungsvorschläge

Der Fallgeber oder ein Teilnehmer notiert und visualisiert die Vorschläge.

6. Die Schlussrunde

Diese gibt dem Fallgeber die Gelegenheit, der Gruppe mitzuteilen, welche Erkenntnisse er aus der Sitzung mitnimmt. Die übrigen Gruppenmitglieder überlegen, was sie für sich gelernt haben. Je stärker sich der Fallgeber persönlich exponiert hat, desto wichtiger ist es, dass die restlichen Gruppenmitglieder jetzt etwas über sich sagen.

1.7.1 Ablauf einer Intervisionssitzung

Phasen	Teilschritte	Fragen
1. Ausgangslage darstellen	Fallgeber schildert die Situation	- Um was geht es? - Was ist das Problem? - Wie ist es dazu gekommen? - Welche Personen sind beteiligt? - Wie bin ich involviert? - Was habe ich zur Lösung des Problems schon alles unternommen? - Was denke und fühle ich jetzt? - Welche Vorstellungen habe ich vom Ziel?
2. Fragestellung an Gruppe formulieren	Fallgeber fragt die Gruppe und notiert die Frage auf Flipchart	- Was möchte ich geklärt haben? - Wo will ich Hilfe von Euch? - Frage auf Flipchart notieren
3. Klärungsfragen der Gruppe	Gruppenmitglieder stellen Klärungsfragen Nachfragen, ob und wie die Frage ans Team sich verändert hat	- Was habe ich nicht verstanden? - Wie lief das ab? - Wann passierte es? - Wo spielte sich das ab? - Wie viele sind davon betroffen - Achtung: keine Suggestivfragen!
4. Hypothesen und Vermutungen äussern (Fallgeber trennt sich von Gruppe und lässt Äusserungen auf sich wirken)	Gruppenmitglieder äussern Ihre Vermutungen, Hypothesen und Eindrücke. Fallgeber notiert die Voten, ohne sie zu kommentieren	- Was geht mir durch Kopf und Bauch? - Was denke ich sind mögliche Ursachen für das Problem? - Wie nehme ich dich wahr? - Was sind meine Phantasien?
5. Bewertung durch Fallgeber	Fallgeber gibt Treffer bekannt	- Welche Hypothesen treffen zu, teilweise zu, nicht zu? - Was lösen die Hypothesen bei mir aus? - Hat sich meine Problemsicht verändert? - Wenn ja, wie? - Frage auf Flipchart bestätigen/anpassen
6. Lösungsideen entwickeln (Fallgeber trennt sich von Gruppe und notiert sich eigene Lösungsideen)	a) gemeinsam b) Gruppenmitglieder entwickeln Lösungen und Fallgeber notiert die Lösungsideen	- Welche Ideen bzw. Massnahmen könnte der Fallgeber umsetzen, die das Problem lösen würden? - Was kommt mir in den Sinn? - Welche Lösungen sehen wir aufgrund des Gehörten?
7. Lösungen auswählen	Fallgeber wählt diejenigen Lösungen aus, die Sinn machen können und äussert sich zur Umsetzung Fallgeber notiert gefundene Lösung auf Flipchart	- Welche Lösungen wähle ich? - Meine nächsten Schritte: konkrete Massnahmen? - Welche Widerstände habe ich zu erwarten? - Wie werde ich mit den Widerständen umgehen? - Was könnte mich davon abhalten, die Lösung umzusetzen? - Wo brauche ich noch Hilfe? - Ergebnis auf Flipchart
8. Auswertung / Reflexion	Auswertung der Ergebnisse Reflexion der Methode mit allen Teilnehmern Dank an Fallgeber	- Wie geht es euch? - Wie habt ihr die Bearbeitung dieses Falles erlebt? - Was habe ich aus dem Fall für mich herausgenommen / profitiert? - Was mache ich mit meinen Erkenntnissen?
	Abschliessende Empfehlung an den Fallgeber	- Ich möchte dir noch sagen bzw. mit auf den Weg geben ...

Abbildung IV-14: Ablauf „Intervisionssitzung"

1.8 Konsens entwickeln

Meinungsverschiedenheiten verhärten oft die Fronten. Um einen guten Konsens zu finden, kann dialektisch vorgegangen werden. Statt mit Argument und Gegenargument zu fechten, hilft das von Rupert Lay in „Dialektik für Manager" beschriebene Vorgehen:

- „Die Lösungsvariante oder ein Teilaspekt der Lösung führt dann zum Projektziel, wenn…". Auf einem Flipchart werden möglichst alle Bedingungen gesammelt, die erfüllt sein müssen, um das Projekt zu bejahen.
- Wenn die Bedingungen aufgeschrieben sind, definiert das Team sämtliche Begriffe, die verschieden verstanden werden können. Die Definitionen gehören zum Bedingungskatalog.
- Danach werden alle Bedingungen überprüft. Sind sie notwendig, nützlich oder hinreichend? Für Bedingungen, die nicht konsensfähig sind, werden nun Alternativen gefunden. Eine Alternative kann auch sein, die Bedingung zu streichen.
- Eventuell wird zusätzlich die Zielfunktion der Bedingungen bestimmt: Hilft die Bedingung ordnungspolitisch, indem mit ihr schwerer Schaden vom Gemeinwohl gewendet werden kann? Verhilft die Bedingung zu einem besseren Betriebsergebnis? Oder hat die Bedingung eine ethische Wirkung, indem sie dazu verhilft, dass ein Mitarbeiter seine eigenen sozialen und fachlichen Begabungen und die seiner Kollegen und Mitarbeiter vermehren kann?
- Schliesslich wird geprüft, ob mit der Variante alle Bedingungen erfüllt sind oder mit vertretbarem Aufwand erfüllbar gemacht werden können. Einzelne Bedingungen können erst mit Durchführung des Projektes erfüllt werden; sie sollen dazu dienen, allfällige Pilotversuche zu beurteilen und nötigenfalls zu verbessern, oder die Variante ganz zu verwerfen.

Es ist offensichtlich, dass mit dieser Methode die Varianten dank ausgetragenen Meinungsverschiedenheiten nochmals eine „Schlusspolitur" erhalten.

1.9 Analyse der Konfliktstile

Ähnlich einem Führungsstil kommt ein Konfliktstil dadurch zustande, dass die Konfliktparteien in ihrem Verhalten Orientierungen an den eigenen Belangen und an denen der Gegenseite in variablen Kombinationen vereinen. Karl Berkel hat dazu einen Fragebogen entwickelt, der im praktischen Einsatz hilfreich sein kann.

Fragebogen

Bei der folgenden Diagnose gibt es kein „richtig" oder „falsch". Markieren Sie mit einem (I) zuerst diejenige Aussage, die am ehesten auf Ihr eigenes Verhalten zutrifft. Markieren danach mit einem (II) diejenige Aussage, die auf Ihr Verhalten

1. **Jeder Konfliktstil rührt auch die Gefühle der Beteiligten auf. Wie würden Sie Ihre Gefühle in Konfliktsituationen beschreiben?**
   a) Es macht mir richtig Spass, wenn ich meinen angestauten Gefühlen Luft machen kann.
   b) Konflikte stimmen mich ernst. Ich mache mir Gedanken, was wohl die anderen meinen und fühlen.
   c) Ich bin frustriert; denn entweder ärgere ich mich oder resigniere. Zu einer wirklichen Lösung kann ich doch nichts beitragen.
   d) Ich habe schon Spass daran, aber die Gefühle dürfen nicht zu heftig werden.
   e) Ich habe oft Angst davor. Offene Aussprachen sind nicht möglich, ohne den anderen zu verletzen.

2. **Sie ärgern sich aus irgendeinem Grund über einen Freund. Was tun Sie?**
   a) Ich sage ihm, weshalb und worüber ich mich ärgere. Dann frage ich ihn, wie ihm zumute ist.
   b) Ich ärgere mich am meisten darüber, dass es ihm gelungen ist, mich so in Wut zu bringen. Ich gehe ihm aus dem Weg, bis ich wieder ruhiger geworden bin.
   c) Wenn ich Wut habe, explodiere ich, ohne viel zu fragen.
   d) Ich habe Angst davor, in Wut zu geraten. Sie könnte mich verleiten, etwas zu tun, was ich später bereue. Deshalb versuche ich, den Ärger zu verdrängen und gerade das Gegenteil von dem zu tun, zu was mich der Ärger antreibt.
   e) Eine richtige Wut ist für alle gut, solange niemand verletzt wird.

3. **Eine Besprechung zieht sich immer mehr in die Länge, weil ein Kollege auf seinen Einwänden beharrt. Was tun Sie?**
   a) Ich trete dafür ein, dass er seine Argumente vorbringen kann. Wenn er die Gruppe nicht zu überzeugen vermag, sollte er sich der Mehrheitsmeinung anschliessen.
   b) Ich versuche herauszufinden, weshalb der Kollege das Problem anders als die Gruppe sieht. Wir können dann nochmals unsere Argumente aus seiner Sicht prüfen und ihn besser verstehen.
   c) Solche Meinungsverschiedenheiten lähmen die Gruppe. Ich dränge die anderen, zu angenehmeren Tagesthemen überzugehen.
   d) Der Kollege behindert unsere Arbeit. Ich sage das offen und verlange, dass wir notfalls ohne ihn weitermachen.
   e) Ich halte mich heraus, wenn andere streiten. Soll doch jeder sehen, wie er seine Meinung selber durchsetzen kann.

4. **Gruppen müssen häufig Entscheidungen mit anderen Gruppen absprechen und koordinieren. Nach welchen Gesichtspunkten wählen Sie einen Gruppensprecher?**
   a) Er soll unsere Meinungen am besten vertreten können, aber gleichzeitig auch flexibel genug sein, um unsere Position im Lichte der Argumente der anderen Gruppen so zu revidieren, dass eine optimale Entscheidung herauskommt.
   b) Er soll unsere Position vertreten, aber alles vermeiden, was uns in eine Zwickmühle bringen könnte.
   c) Er soll kooperativ, freundlich und zurückhaltend sein, um Konflikte mit anderen Gruppen zu vermeiden.
   d) Er sollte hart verhandeln können, keine Zugeständnisse machen und unsere Standpunkte maximal durchsetzen.
   e) Ich würde jenen bevorzugen, der von vornherein auf Kompromisse eingeht.

5. **Wenn Mitarbeiter in offene Konflikte geraten. Was tun Sie?**
   a) Sie sollen ihre Differenzen selber untereinander ausmachen.
   b) Ich schlichte, indem ich die erregten Gemüter beruhige.
   c) Ich bringe die Parteien zusammen, damit sie sich aussprechen und ihr Problem lösen können.
   d) Ich unterdrücke den Streit, indem ich beide bestimmt führe. Ein Konflikt darf nicht einfach so offen ausgetragen werden.
   e) Ich spreche mit jeden unter vier Augen, um das Problem zu verstehen und ihnen klar zu machen, dass bei einem Streit am Arbeitsplatz jeder einmal der „Verlierer" sein kann.

6. **Wenn meine Entscheidung von Mitarbeitern angefochten wird. Wie reagiere ich?**
   a) Ich wiederhole den Beschluss um sicherzugehen, dass jeder ihn verstanden hat. Wenn sie immer noch dagegen sind, erkläre ich, dass es für alle so am besten ist, auch wenn es nicht so erscheinen mag.
   b) Wenn man sich von Mitarbeitern in Frage stellen lässt, werden sie dazu angeregt, sich aufzulehnen und den Gehorsam zu verweigern. Meine übliche Handlungsweise ist deshalb: „.... das und das ist meine Entscheidung und dabei bleibt es!".
   c) Ich erkläre die Sache noch einmal, und, sollte es immer noch Fragen geben, ziehe ich mich um des Friedens willen zurück, indem ich zum Beispiel sage: „Okay, tut was ihr wollt!"
   d) Ich ziehe mich zurück oder setze die Entscheidung einfach noch nicht durch.
   e) Ich erkläre, wie es zu diesem Entschluss gekommen ist und gebe wenn nötig weitere Informationen, die ich bis anhin nicht für wichtig gehalten habe oder die vorher vielleicht nicht verfügbar waren. Dann höre ich zu, um eventuelle Argumente zu erfahren, die meine Entscheidung ändern könnten.

Abbildung IV-15: Fragebogen „Meine Konfliktstile" (nach Karl Berkel) auch zutreffen könnte. Beachten Sie dabei, dass Sie jene Variante(n) ankreuzen, die Sie tun würden (… wie Sie effektiv reagieren) und nicht die Lösung, von der Sie denken, sie wäre die beste (… wie Sie sein möchten).

Auswertung

Übertragen Sie Ihre Antworten auf das untenstehende Blatt und markieren Sie die entsprechenden Werte:

Frage	Lösung	Wert (x/y)	Frage	Lösung	Wert (x/y)
1	a	9/1	4	a	9/9
	b	9/9		b	1/1
	c	1/1		c	1/9
	d	5/5		d	9/1
	e	1/9		e	5/5
2	a	9/9	5	a	1/1
	b	1/1		b	1/9
	c	9/1		c	9/9
	d	1/9		d	9/1
	e	5/5		e	5/5
3	a	5/5	6	a	5/5
	b	9/9		b	9/1
	c	1/9		c	1/9
	d	9/1		d	1/1
	e	1/1		e	9/9

Abbildung IV-16: Wertetabelle „Konfliktstile"

Die Zahlen in der Auswertung repräsentieren einen jeweils anderen Konfliktstil. Dabei bedeutet:

9/9: Gemeinsame Problemlösung, kreative Zusammenarbeit, trotz Widerständen und Rückschlägen eine beiderseits optimale Lösung finden wollen.

5/5: Kompromiss, jeder rückt von seinen Maximalforderungen ab.

1/1: Flucht, Vermeidung, Rückzug, gar nichts tun, Konflikte unter den Teppich kehren.

1/9: Nachgeben, sich unterwerfen, auf eigene Ziele verzichten, Meinungsverschiedenheiten nicht hochspielen, glätten, harmonisieren.

9/1: Durchsetzen, Erzwingen, Ich-oder-Du, Drohung und Macht einsetzen, die Pokerstrategie verwirklichen.

Übertragen Sie in die folgende Grafik Ihre Erst- (I) und Zweit-Nennungen (II) (die x-Werte auf der Horizontalen, y-Werte auf der Vertikalen) und kennzeichnen Sie den von Ihnen am häufigsten markierten Quadranten:

Übertragen Sie in die folgende Grafik Ihre Erst- (I) und Zweit-Nennungen (II) (die x-Werte auf der Horizontalen, die y-Werte auf der Vertikalen) und kennzeichnen Sie den von Ihnen am häufigsten markierten Quadranten:

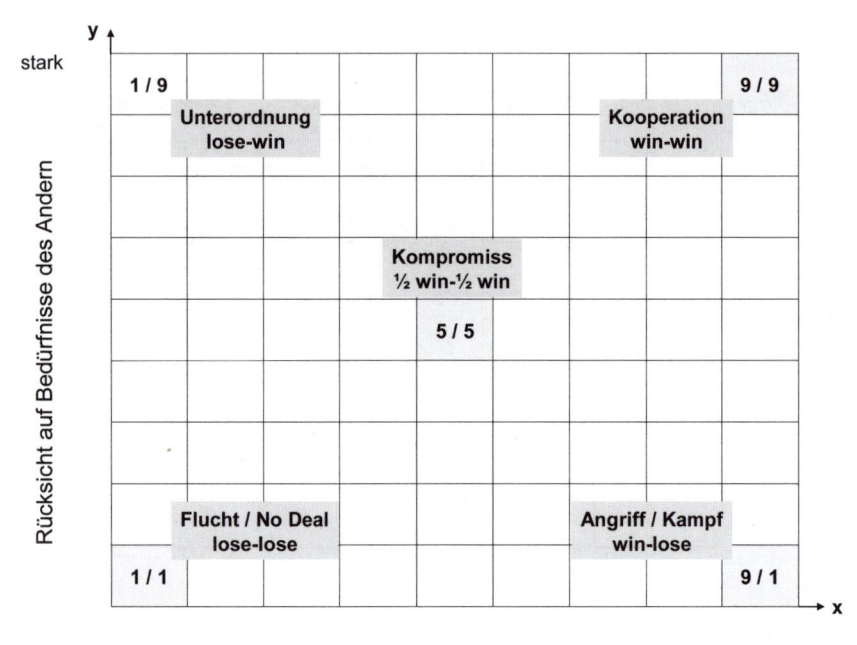

Abbildung IV-17: Konfliktstile

Anmerkungen

1. Kein Stil kann als der einzig optimale gelten. In verschiedenen Situationen können durchaus unterschiedliche Stile angemessen sein. Ein Konflikt wird eher bewältigt, wenn die Beteiligten flexibel zwischen diesen Stilen variieren können.

2. Jeder Mensch entwickelt eine für ihn charakteristische Abfolge von Konfliktstilen. Er lernt, mit welchem Stil er am besten einen Konflikt angeht und auf welchen er darin überwechselt, wenn der erste erfolglos bleibt.

2 Allgemeine Managementmethoden

2.1 Projektantrag, Projektauftrag, Projektvereinbarung

Der Projektantrag ist die Entscheidungsgrundlage für die Projektvereinbarung. Der Begriff Projektvereinbarung drückt die Haltung aus, mit welcher in einer Organisation gearbeitet wird. Ähnlich wie die Angebotsanfrage mit einem externen Kunden besprochen und ausgehandelt wird, soll der interne Verantwortliche mit dem Projektleiter vereinbaren, was er dazu beitragen kann, dass die Unternehmensziele erreicht werden können. Es ist die Aufgabe des angehenden Projektleiters, den Projektantrag – aus dem die Projektvereinbarung wird – zu formulieren. Er tut dies im Dialog mit dem Auftraggeber. Der Projektleiter als Verantwortlicher für den Prozess des Projektes weiss, welche Punkte zu regeln sind. Er schreibt die Antworten des Auftraggebers auf und stellt damit sicher, dass beide Kontraktpartner das Gleiche verstehen. Mit der Unterschrift zeigt der Auftraggeber, dass der Projektleiter das Anliegen richtig erfasst hat. Er gibt grünes Licht, meist für eine Projektphase. Die Vereinbarung ist zustande gekommen.

Unabhängig davon, ob ein Projekt von innen oder von aussen kommt, gehören folgende Punkte in einen Projektantrag bzw. in ein Angebot:

Ausgangslage

- Umstände, welche zum Projekt geführt haben
- Vorgeschichte, projektauslösende Faktoren
- Beschreibung der Ist-Situation
- Probleme bzw. Potenziale der Ist-Situation

Ziele

Grundsätzliches zur Zielformulierung:

- Zielformulierungen sollen lösungsneutral sein, damit der Lösungsprozess nicht frühzeitig eingeengt wird. Eine Zielformulierung kann sowohl die gewünschte Wirkung als auch die Vermeidung einer unerwünschten Wirkung beinhalten.
- Bei mehreren Zielen erleichtert die Bildung einer Zielstruktur (auch Zielhierarchie) die Übersicht. Ziele sollen möglichst überprüfbar sein. Bei qualitativen Zielen ist allerdings eine Operationalisierung nicht möglich.
- Eine Anpassung oder Detaillierung der Ziele aufgrund von Erkenntnissen in der Projektarbeit muss in Absprache mit dem Auftraggeber möglich sein.
- Es soll zwischen Muss- und Wunschzielen unterschieden werden.

Mit folgenden Fragestellungen können Ziele gefunden werden:

- Was ist zu tun? Was soll erreicht werden?
- Welche Probleme sollen beseitigt werden?
- Welche Situation soll verbessert werden?
- Was soll vermieden werden?
- Welche Art und Grösse von Ergebnissen soll eingeschränkt werden?
- Welche Potenziale sollen genutzt werden?

Abgrenzungen

An dieser Stelle wird der Gestaltungsbereich der Projektarbeit eingegrenzt (Projektgrenzen, Projektumfang). Die Eingrenzungen können sowohl positiver als auch negativer Art sein: Was wird durch die Projektarbeit abgedeckt, was nicht? Die Abgrenzungen können sich z.B. auf Funktionen, Daten oder Organisationseinheiten beziehen.

Abhängigkeiten und Einflüsse

Abhängigkeiten können beispielsweise bestehen zu:

- anderen Projekten (inhaltlich, zeitlich),
- externen Begebenheiten (z.B. Gesetzesänderungen).
- Welchen wesentlichen Einflüssen ist das Projekt unterworfen?

Rahmenbedingungen

Rahmenbedingungen sind Vorgaben bzw. Restriktionen genereller Art für das Projekt (zu berücksichtigende Vorgaben, bekannte Restriktionen).

Grundlagen

Auf welchen Vorarbeiten bzw. Grundlagen basiert das Projekt? Solche Grundlagen können z.B. sein:

- Studien, Analysen,
- Konzepte, Strategien,
- Standards, Normen,
- Ergebnisse aus früheren Projekten.

Ergebnisse

Es ist wichtig, dass bei allen Projektbeteiligten Klarheit bezüglich dem Endergebnis und evtl. wichtigen Zwischenergebnissen besteht.

- Wie soll das Endergebnis aussehen (Präsentation, Dokument, System, ...)?
- Welche Unterstützung kann bzw. will der Auftraggeber geben?

Projektkosten, Nutzen

- Sind die benötigten finanziellen und personellen Ressourcen budgetiert?
- Welcher Kostenstelle werden die geplanten Projektkosten belastet?
- Welche quantifizierbaren/nicht quantifizierbaren Nutzen bzw. Vorteile ergeben sich aus der Umsetzung des Projektes?

Risiken

- Welche Risiken sind aus heutiger Sicht vorhanden, erkennbar, erahnbar?
- Welche Massnahmen können zu deren Reduktion getroffen werden?
- Welches sind die Konsequenzen bei Nichtrealisierung?

Vorgehen, Terminplan

- Projektplan (= Grobterminplan) mit Meilensteinen
- Wann ist das Projekt beendet?
- Hinweise auf spezielle Vorgehensweisen

Priorität

- Welche Priorität hat dieses Projekt?
- Ist das Projekt im Projektportfolio erfasst?

Projektorganisation

- Auftraggeber
- Auftragnehmer (Projektleiter)
- Projektteam(s)
- Aufsichtsgremien (z.B. Projektausschuss, Policy Board, usw.)

Information, Kommunikation

Hier wird der Informationsfluss bzw. die Kommunikation mit dem Auftraggeber, Aufsichtsgremien, Benutzer und anderen interessierten Stellen beschrieben. Es kann sich dabei um eine schriftliche oder mündliche Berichterstattung handeln. Dabei sollen Ersteller und Empfänger von Dokumenten wie auch die Periodizität klar erkennbar sein:

- Fortschrittsbericht (Statusbericht)
- Projektplan
- To-do- und Entscheidungs-Listen
- Projekt-Newsflash

Unterschriften

- Auftraggeber
- Projektleiter
- Controlling (bei Grossprojekten)
- Entscheidungsinstanzen (gemäss Finanzkompetenz)

Anhang

- Projektplan (Grobterminplan)
- Projektorganisation
- Detaillierung „Wirtschaftlichkeit"
- Ressourcenplan
- Geplante Aufwände

2.2 Benchmarking zeigt, wie es andere machen

Benchmarking ist ein Analyse- und Planungsinstrument, das einen Vergleich des eigenen Unternehmens mit dem „Klassenbesten" der Mitbewerber und darüber hinaus auch Vergleiche mit branchenfremden (best practise) Unternehmen erlaubt. Es ist ein Prozess, der Produkte, Methoden, Abläufe und Strukturen betrieblicher Funktionen einem oder mehreren anderen Unternehmen gegenüberstellt, um das Potenzial für Rationalisierung oder Qualitäts- und Leistungssteigerung aufzudecken. Dabei handelt es sich aber um einen kontinuierlichen Prozess, denn die Praktiken in den Branchen verändern sich laufend. Eine Möglichkeit für Benchmarking ist der Informationsaustausch mit anderen Organisationen. Eine Benchmarking-Gruppe aufzubauen und am Leben zu erhalten ist eine aufwändige Angelegenheit. Vorausgesetzt wird die Bereitschaft, von anderen zu lernen. Professionell angeleitetes Benchmarking ist so gestaltet, dass sich niemand in die Karten blicken lassen muss. Steht die Benchmarking-Gruppe, durchläuft der Prozess den folgenden Kreislauf immer wieder:

- Ziele setzen,
- intern analysieren,
- mit anderen vergleichen,
- Massnahmen ableiten,
- Massnahmen umsetzen und deren Wirkung überprüfen,
- wieder Ziele setzen.

Falls im Unternehmen bereits das Konzept der Balanced Scorecard eingeführt ist, lohnt es sich ein Benchmarking-Vorgehen darauf aufzubauen. Damit können Daten schnell und aktuell ausgewertet werden können; z.B. Project Scorecard.

Gutes Projektmanagement trägt vermehrt zum Markterfolg eines Unternehmens bei. Projektmanager wissen, wo sie mit ihrer Arbeit stehen, wo Stärken liegen und wo es Verbesserungspotenziale gibt. Beim Benchmarking können Anwender ihr Projekt beispielsweise dem Branchendurchschnitt gegenüberstellen. Auch Vergleiche von Projekten innerhalb eines Unternehmens oder einer Organisationseinheit sind sinnvoll. Mit Benchmarking sehen Projektleiter, ob sie wirklich die passenden Mittel des modernen Projektmanagements nutzen, um ihr Projekt effizient ins Ziel zu bringen.

Multiprojektmanager können einzelne Projekte ihres Projektportfolios bewerten und sie untereinander oder gegen den Branchenleader vergleichen. Projektträger, Auftraggeber und Investoren machen sich ein Bild von Projekten und Dienstleistungsunternehmen und lassen sich die Analyse darlegen.

Die European Foundation for Quality Management EFQM assessiert Firmen, die nach dem Höchsten streben, mit standarisierten Fragen. Dank dem EFQM Excellence Award können die Beurteilungen der Finalisten und Preisgewinner verglichen werden. Best Practise kann bezüglich der Kriterien von Business Excellence nach Branchen und Ländern ausgewertet werden. Die International Project Management Association IPMA verleiht nach dem Muster des EFQM-Modells den IPMA Project Excellence Award. Damit werden die Kriterien für hervorragendes Projektmanagement international vergleichbar. Um den Kreis von den Organisationen auf die persönliche Ebene zu schliessen, zertifiziert IPMA die Projektmanager (siehe Kap. „Zertifizierung nach IPMA").

2.3 Change Request Management

Die Organisation, Verwaltung und Umsetzung von Änderungen im bereits laufenden Projekt kann wie folgt umschrieben werden:

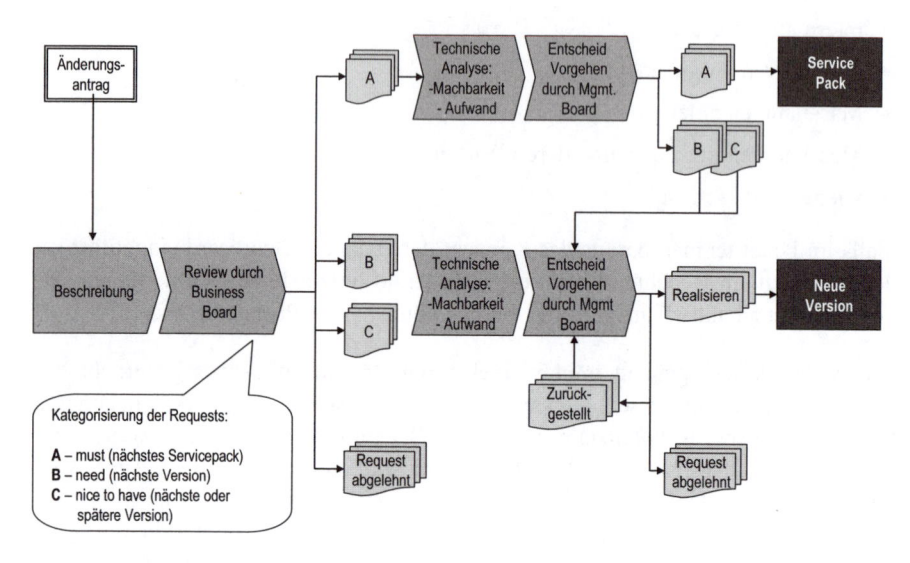

Abbildung IV-18: Abwicklung eines Änderungsantrages

Ein systematisches Änderungswesen bedarf zwingend der schriftlichen Form. Nur so ist gewährleistet, dass auch später die Nachforderungen überprüft werden können. Die in Abbildung IV-19 skizzierte Vorlage umfasst die wichtigsten Punkte.

2.4 Controlling

2.4.1 Nutzen und Business Case

Organisationen leben davon, dass sie Nutzen stiften. Darum stellt sich die Frage nach dem Nutzen einer Projektidee sehr früh. Überleben kann eine Organisation in unserem Wirtschaftssystem, indem sie Geld in der Kasse zur Verfügung hat. Jedes geplante Projekt muss darauf geprüft werden, ob es die Chancen der Überlebensfähigkeit der Organisation verbessert.

Ob ein Projekt überhaupt in Angriff genommen werden soll, ist vor der Auftragsvergabe durch den Auftraggeber zu beurteilen. Dabei spielen nicht nur quantifizierbare Geldwerte, sondern auch strategische Überlegungen, Philosophien, Ressourcen usw. eine Rolle. Obwohl der Auftraggeber den Entscheid für die Auftrags-

Änderungsantrag Nr.:

Projekt:	Release	Priorität[1]
Teil-Projekt:	Status	1 2 3 4

Arbeitsschritt:

Verbindung zu anderen Änderungen:

Antragsteller:

1. Anfrage zur Änderung
Problembeschreibung

Ergebnis / Umfang, was geändert sein sollte

Grund für die Änderung

2. Evaluation
Geschätzter Aufwand

Was bewirkt es?

Welchen Nutzen bringt dies?

3. Design & Bericht Umsetzung der Änderung
Analyse der Wirkung der Änderung

Vorschlag:	Ergebnis:
Besprochen mit:	Datum:

Geschätzter Aufwand

„Lessons learned"

4. Freigabe der Änderung

Item	QA-Measure	Freigegeben von	Datum

5. Was wurde bereits unternommen (Historie)?

Version	Datum	Person	Bemerkung
1.0			
1.1			
1.2			
1.3			
1.4			
1.5			

Priorität[1]

1 = Häufige Funktion und Geschäftsprozess kann nicht abgewickelt werden	3 = Häufige Funktion, Prozess kann aber manuell nachgeführt werden
2 = Seltene Funktion oder Geschäftsprozess läuft, Bedienung aber erschwert	4 = Seltene Funktion oder Prozess kann manuell nachgeführt werden

Abbildung IV-19: Vorlage „Änderungsantrag"

vergabe fällen muss, sollten alle diese Aspekte auch für die Projektleitung transparent sein.

Auf Stufe Ideenmanagement sind bezüglich Marktattraktivität einer Idee verschiedene Fragen zu klären (einige Organisationen nennen diese Zusammenstellung Pre-Business-Case). Aufgrund der folgenden Angaben können die verschiedenen eingehenden Projektideen beurteilt werden:

- Nicht monetärer und monetärer Nutzen für das Unternehmen
- Kundenbedürfnisse, Marktsegmentierung (Käufergruppen) und Marktpotenzial
- Branchenstruktur: Analyse der bestehenden Mitbewerber, potenzielle neue Konkurrenten, Bedrohung durch Ersatzprodukte oder Ersatzdienstleistungen
- Geschätzte Investitionen für das Projekt/Betriebskosten für die Lösung
- „product" (customer needs): Wie sieht die umgesetzte Idee aus?
- „price" (cost-to-customer): Zu welchem Preis lässt sich die Idee verkaufen?
- „placement" (convenience): Wie werden Service und Kundendienst verbessert?
- „promotion" (communication): Welche Argumente zählen beim Kunden?

2.4.2 Projekt-Scorecard

Das Konzept der Balanced Scorecard als Kennzahlensystem der Unternehmensführung kann auch auf Projekte übertragen werden. Die Vorteile einer so genannten Projekt-Scorecard sind im Wesentlichen:

- Unternehmensstrategie und Projektabwicklung stehen in direkter Verbindung;
- verbesserte Überwachung des Projektfortschritts durch Kennzahlen;
- Definition von Frühwarnsignalen, die helfen, Risiken zu reduzieren;
- Projekt-Benchmarking mit Hilfe eines einheitlichen Bewertungssystems;
- verbesserte Einbindung der Stakeholder ins Projekt;
- eine wachsende Datenbasis für einheitliches Projektportfoliomanagement.

Inwieweit eine Projekt-Scorecard lediglich den Verwaltungsaufwand für Projekte erhöht und damit den „Return on Investment" des Projektes reduziert oder einen rentablen Beitrag zur Erhöhung des Projekterfolgs leisten kann, hängt sicherlich von der Art des Projekts und der Projektkultur im Unternehmen ab.

2.4.3 Review-Techniken

Eine Design-Review (die Review) klärt die Frage, ob ein erarbeitetes Resultat die Anforderungen erfüllt und deckt allfällige Fehler frühzeitig auf.

2 Allgemeine Managementmethoden

Prinzipien

1. Vier Augen sehen mehr als zwei
2. Überwindung der Betriebsblindheit

In komplexen Innovationsprojekten (z. B. Forschung, Raumfahrt) hat sich seit den 60er Jahren die Reviewtechnik entwickelt und fest etabliert. Sie wird heute in vielen Branchen für Innovationsprojekte eingesetzt. Beispiele für Reviews sind:

- Preliminary Design Review (PDR): nach der Definitionsphase, Überprüfung eines Entwurfs durch interne und externe Experten, die selbst nicht am Projekt beteiligt sind, Teilnehmer die verschiedene Perspektiven vertreten (Benutzer, Betroffene, Unterhalt, Öffentlichkeit….),
- Critical Design Review (CDR): entscheidende, finale Überprüfung vor der Ausführung eines Forschungsprojektes oder der öffentlichen Bekanntgabe,
- Peer Review vor der Publikation eines wissenschaftlichen Artikels.

Die Managementmethode „Review" am Beispiel einer Design-Review:

Der Reviewer

- Er muss fachlich kompetent sein.
- Er muss unabhängig sein (darf nicht direkt in dieser Aufgabe gearbeitet haben).
- Er muss ein kritischer, aber konstruktiver Geist sein.
- Er muss die Unterlagen studieren (Projektleiter ist verantwortlich für die rechtzeitige zur Verfügungstellung).
- Er muss sich vorbereiten, wie er vorgehen will.

Vorgehen

- Das Objekt der Review wird ausgewählt und abgegrenzt.
- Der Reviewer stellt offene Fragen (wie haben Sie sicher gestellt, dass …?).
- Der Fachspezialist kommt durch offene Fragen häufig selber auf die optimale Lösung, indem wesentliche Aspekte sich herauskristallisieren.
- Checklisten sind wertvolle Hilfsmittel bei Reviews. Sie müssen prägnante Fragestellungen enthalten, der Anwendung angepasst und phasenspezifisch sein.
- Erfahrene Mitarbeiter werden beim Erstellen der Checklisten einbezogen. Sie kennen häufig viele Stolpersteine und identifizieren sich mit dem Resultat.

Die Resultate der Review werden in einem Protokoll festgehalten:

- Das Projekt wird wie geplant weitergeführt, aber die To-do-Liste (Liste offener Punkte) ist noch abzuarbeiten. Oder: Das Projekt wird abgebrochen, evtl. unterbrochen bis bestimmte Bedingungen erfüllt sind.
- Das Protokoll hält fest, wer an der Review teilgenommen hat.
- Das Protokoll wird von der verantwortlichen Person unterschrieben.
- Der Projektleiter ist verantwortlich für die Bearbeitung der To-do-Liste.

Eine Review ist ein mächtiges Instrument mit hervorragendem Aufwand-Nutzen-verhältnis. Es soll zielgerichtet eingesetzt werden, dort wo viel auf dem Spiel steht, die Konsequenzen gross wären, wenn wir etwas übersehen (z. B. Imageverlust einer Marke, vor der Markteinführung einer neuen Dienstleistung/Produkt, bevor eine Grossproduktion startet). Es soll nicht inflationär eingesetzt werden, sonst wird es zur Routine und neigt zur oberflächlichen Erledigung, was kontraproduktiv wäre. Unternehmen welche ihre Prozesse definiert haben, legen darin fest, bei welchen Meilensteinen obligatorisch eine Review durchzuführen ist. Bei zertifizierten Unternehmen wird bei den Audits die sachgemässe Durchführung der Reviews anhand der Protokolle überprüft. Bei unternehmerisch begründeten Situationen kann eine im Prozess vorgeschriebene Review bei Projektbeginn gestrichen werden oder zusätzlich eingeführt werden.

2.4.4 Meilenstein-Trendanalyse

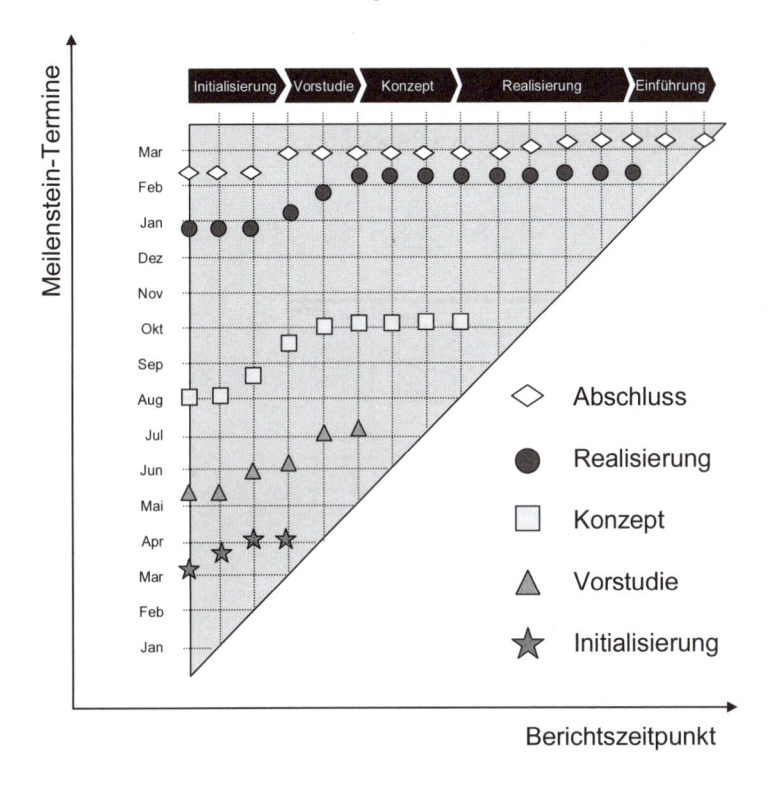

Abbildung IV-20: Meilenstein-Trendanalyse

Die Meilenstein-Trendanalyse (MTA) zeigt auf, welche zeitliche Entwicklung sich im Projekt abzeichnet. Voraussetzung dafür ist die Definition einer ausreichenden Zahl von Meilenstein-Terminen für das zu beurteilende Projekt. Diese Termine werden in regelmässigen Abständen auf ihre Erreichbarkeit überprüft und in einem Koordinatensystem übertragen.

Daraus ergibt sich für jeden Meilenstein eine Prognosekurve, die idealerweise horizontal verläuft (keine Abweichung). Der erfahrene Projektmanager kann aus dem Verlauf der Kurven eine Prognose für den zukünftigen Verlauf erstellen und zu erwartende Probleme rechtzeitig erkennen. Ihren besonderen Wert erhält die Meilenstein-Trendanalyse aus der Kombination von Rückblick auf erreichte Ergebnisse und Ausblick auf noch zu erbringende Leistungen.

2.4.5 Kosten-Trendanalyse

Analog zur Meilenstein-Trendanalyse zeigt die Kosten-Trendanalyse (KTA) auf, wie sich die Projektkosten aufgrund der aktuellen Kostensituation entwickeln könnten. Voraussetzung dafür ist das Vorhandensein von genügend aussagekräftigen Kennzahlen bezüglich dieser effektiven Projektkosten.

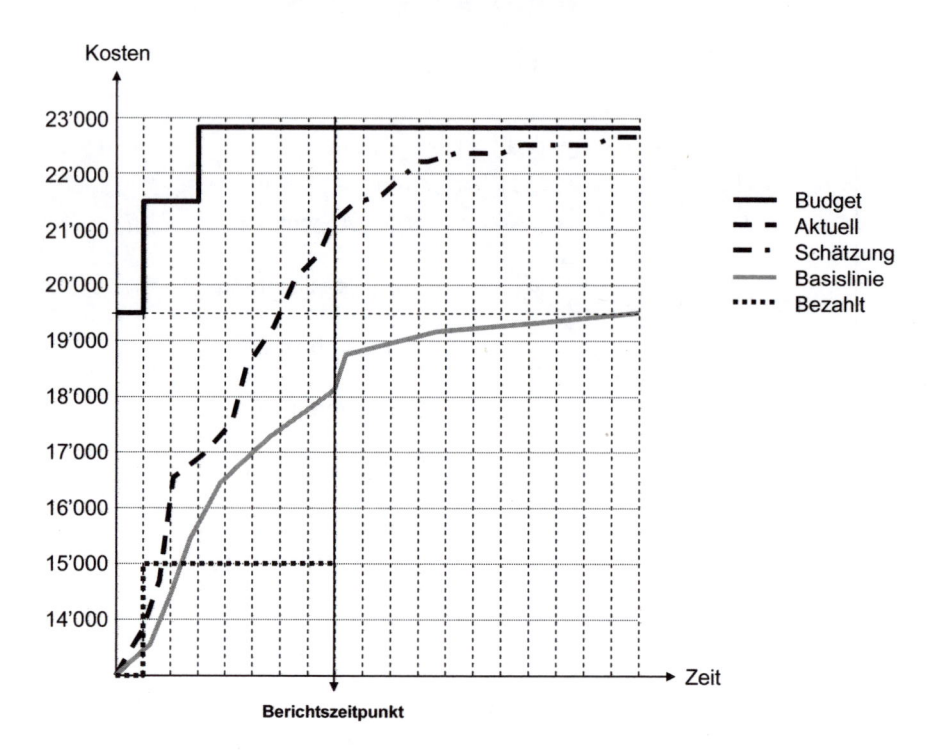

Abbildung IV-21: Kosten-Trendanalyse

Bei regelmässiger Aktualisierung stellt die Kosten-Trendanalyse eine wirksame Methode zur Kostenverfolgung in Projekten dar.

Der geplante Kostenverlauf (Basislinie) wird den tatsächlichen Kosten (Aktuell) gegenübergestellt. Weichen diese Linien voneinander ab, zeigt sich eine Kostendivergenz im Projektverlauf. Zusätzlich kann eine Prognose (Schätzung) generiert werden, die für eine Aufwands- bzw. Kostenschätzung als hilfreiche Grundlage dient.

2.4.6 Earned-Value-Analyse

Die „Earned Value"-Analyse besteht aus der Erhebung und Berechnung der Leistungskennzahlen eines Projektes und versucht, die drei Elemente des „magischen Dreiecks" Zeit, Kosten und Ziele gleichzeitig in die Projektbeurteilung einfliessen zu lassen. Dies geschieht über die Berechnung der folgenden Grössen:

- geplanter Wert (planned value),
- erbrachter Wert (earned value),
- aktuelle Kosten (budget burned).

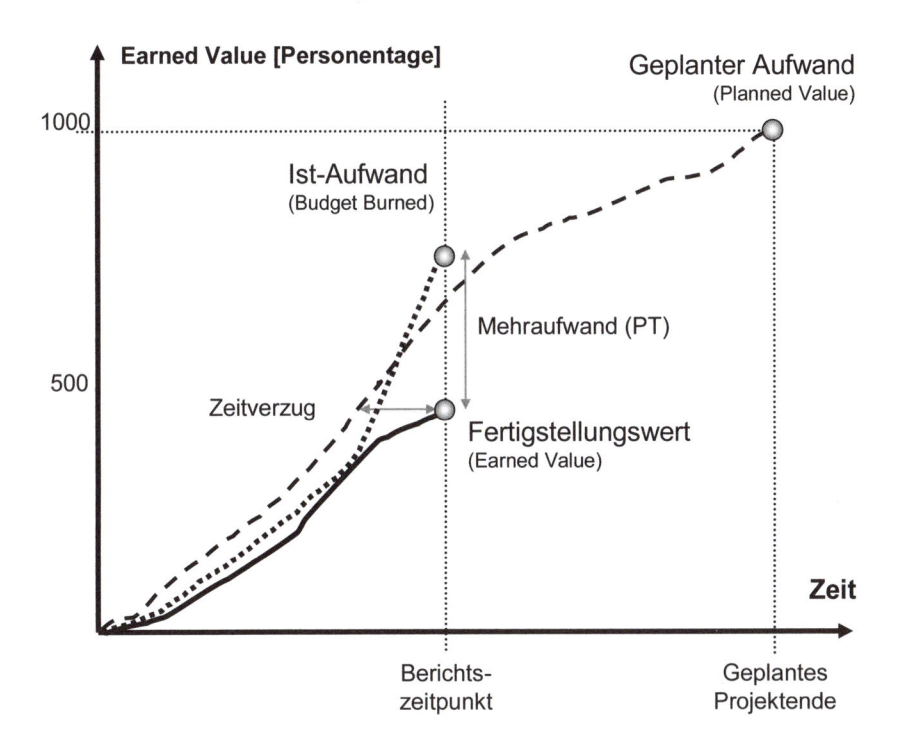

Abbildung IV-22: Beispiel „Earned Value Analyse" (Personentage)

Die Summe aller geplanten Aufwände der abgeschlossenen Arbeiten ist bei der Earned Value Methode ein Mass für die erzielte Wertschöpfung und den erreichten Projektstand. Die Arbeitspakete fliessen erst dann mit ihrem Planaufwand ein, wenn die entsprechenden Arbeiten abgeschlossen sind (0/100% Regel). Ein höherer Ist-Aufwand wird hier nicht berücksichtigt. Dauerarbeitspakete wie Projektmanagement fliessen aufgeteilt z.B. pro Monat mit ihrem Planaufwand ein. Halbfertige Arbeiten zählen nicht, da noch keine echte Wertschöpfung verfügbar ist.

Voraussetzungen für die Anwendung dieser Methode sind: ein funktionierendes operatives Projektmanagement, Projektplanung bis auf Stufe Arbeitspakete, eine klare Abgrenzung der Arbeitspakete, eine gute Aufwandschätzung, Einfrieren der Plandaten als Basisplan, regelmässige Statusrückmeldungen. Die Arbeitspakete sollten nicht zu gross geplant werden (2–20 Personentage). Vorteile dieser Methode sind, dass Schätzfehler bei der Terminanalyse nicht ins Gewicht fallen. Die Methode ist konservativ und in den meisten Fällen ziemlich realistisch. Der Betrachtung kann sowohl mit Kosten als auch Personentagen durchgeführt werden.

2.4.7 Wirtschaftlichkeitsbeurteilung von Projekten

Schon vor Projektstart, beim Ideenmanagement gehört die erste Beurteilung der Wirtschaftlichkeit einer Idee dazu. Die Wirtschaftlichkeitsbeurteilung beruht immer auf Annahmen. Sie wird erst im Laufe eines Projektes zuverlässiger. Darum ist sie für jeden Meilensteinentscheid zu aktualisieren. Es ist auch möglich, dass während der Bearbeitung einer Projektphase der Anstoss zu einer zusätzlichen Wirtschaftlichkeitsbeurteilung kommt.

Die Wirtschaftlichkeitsbeurteilung schätzt den Bargeldbestand der Zukunft ab. Bei Projekten muss zu Beginn Geld ausgegeben (investiert) werden (z.B. für Ressourcen wie Personal, Anlagen, Rohstoffe usw.). Das Risiko dieses Geldabganges wird nur mit dem Ziel eingegangen, einen grösseren Geldrückfluss in der Zukunft zu erzielen. Zur Abschätzung des Geldabgangs und -zugangs müssen die Auswirkungen auf das System aufgezeigt und anschliessend geldmässig bewertet werden. Die Bewertung darf nur Sachverhalte beinhalten, die sich in der Zukunft ändern lassen. Für die Wirtschaftlichkeitsbeurteilung ist nicht die Projektlaufzeit (Horizont des Projektleiters), sondern die Lebensdauer inkl. Nutzungsphase und Ausserdienststellung (Horizont des Auftraggebers) massgebend.

Die Wirtschaftlichkeitsbeurteilung beantwortet die Fragen:

- Welchen Nutzen bringt die Investition dem Unternehmen?
- Ist die Überlebensfähigkeit des Unternehmens mit dieser Investition längerfristig sicherzustellen?

Eine Wirtschaftlichkeitsbeurteilung als Basis für einen Entscheid muss jedes Mal vor der Freigabe der einzelnen Projektphasen erfolgen. Es ist auch möglich, dass während der Bearbeitung einer Projektphase der Anstoss zu einer zusätzlichen Wirtschaftlichkeitsbeurteilung kommt.

Eine Hauptaufgabe der Investitions- und Wirtschaftlichkeitsbeurteilung und der darin verwendeten Instrumente besteht darin, mit einer Vorgehenssystematik mehr Transparenz in die sachliche und persönliche Problemvielfalt zu bringen.

Für echte Entscheide müssen immer mindestens zwei Varianten zur Auswahl stehen bzw. erarbeitet werden. Dabei kann die Null-Variante (nichts machen) bzw. die Minimal-Variante (nur das Unumgängliche machen) ebenfalls als Variante gezählt werden. Die unterschiedlichen Varianten müssen in ihren Auswirkungen sichtbar gemacht werden, damit sie bewertet werden können.

2.4.8 Wirtschaftlichkeitsrechnung von Projekten

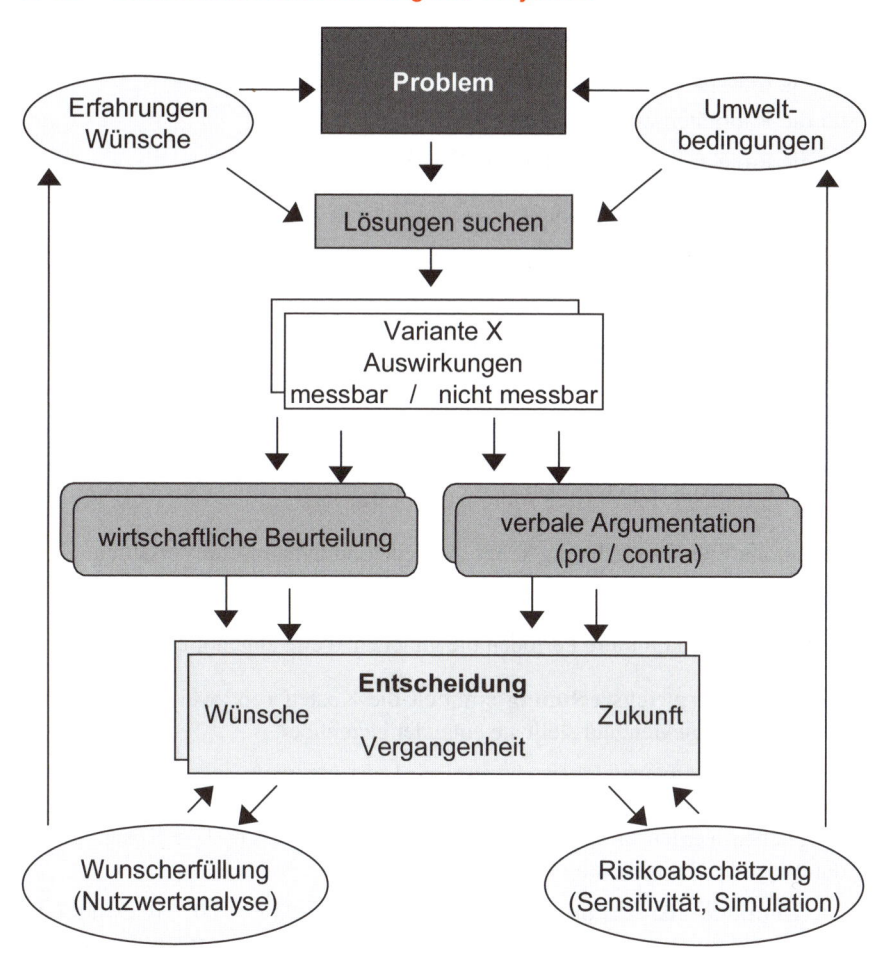

Abbildung IV-23: Vorgehenssystematik der Wirtschaftlichkeitsbeurteilung

Die Wirtschaftlichkeitsrechnung ist eine Verdichtung des Zahlenmaterials mit dem Ziel, unterschiedliche Varianten vergleichen zu können. Bei jedem Phasenentscheid ist in den meisten Organisationen die aktualisierte Wirtschaftlichkeitsrechnung zu präsentieren.

Mit der Verdichtung der Informationen zu Finanzzahlen gehen naturgemäss andere Informationen verloren. Dies bietet die Gefahr der Resultatbeeinflussung durch die verdichtende Stelle.

Wozu wird die Wirtschaftlichkeitsrechnung durchgeführt?

- Für die Beurteilung des Projektes aus betriebswirtschaftlicher Sicht,
- für den Kostenrahmen und die finanzielle Projektführung,
- für die Entscheidungen in den Phasen Vorstudie und Konzept,
- für die Prioritätensetzung unter den Projekten,
- für die Projektschlussbeurteilung und die Systembeurteilung.

Was beinhaltet die Wirtschaftlichkeitsrechnung?

- Kennzahlen wie Projektgesamtkosten, Überschuss, Verlust, Payback-Dauer, interne Ertrags- und Kostensätze,
- Projektkosten nach Kontenklassen: Investitionen, Personalkosten, Fremdkosten,
- Systemauswirkungen: Erträge, Einsparungen, Kostendeckungsgrad, Einfluss auf das Ergebnis.

2.4.9 Methoden der Wirtschaftlichkeitsrechnung

Die Wirtschaftlichkeitsrechnung kennt statische und dynamische Verfahren.

Statische Verfahren der Investitionsrechnung berücksichtigen in der Regel lediglich eine Periode, da für alle Perioden die gleichen Werte angenommen werden:

- Die **Kostenvergleichsrechnung** ermittelt die Kosten von zwei oder mehreren Investitionsprojekten und stellt sie einander gegenüber.
- Mit der **Gewinnvergleichsrechnung** wird aus mehreren Investitionsmöglichkeiten jene Variante ausgewählt, die den grössten Gewinnbeitrag verspricht. Verglichen werden in erster Linie die Gewinnschwellen (= fixe Kosten geteilt durch den Deckungsbeitrag pro Leistungseinheit).
- Die **Rentabilitätsrechnung** berechnet die Rentabilität (= 100 * [Gewinn oder Kostenersparnis] pro Periode geteilt durch das durchschnittlich [zusätzlich] eingesetzte Kapital). Das eingesetzte Kapital ist gleich der Summe von Investitionsbetrag und Liquidationserlös geteilt durch zwei.

- Die **Amortisationsrechnung** (Payback-Methode) berechnet die Zeitdauer, die bis zur Rückzahlung des Investitionsbetrages durch die Einzahlungsüberschüsse verstreicht. Die Zeit ergibt sich aus der Division vom Kapitaleinsatz durch ([Gewinn oder Kostenersparnis] + Abschreibungen). Je kürzer die Payback-Zeit, desto besser die Wirtschaftlichkeit des Vorhabens.

Dynamische Verfahren versuchen die zeitlich unterschiedlich anfallenden Zahlungsströme während der gesamten Nutzungsdauer zu erfassen:

- Die **Kapitalwertmethode** (net present value NPV) berechnet aufgrund der Abzinsungstabelle den Kapitalwert aus der Differenz aus den abgezinsten Einzahlungen und Auszahlungen. Je höher der NPV, desto besser ist die Wirtschaftlichkeit der Projektidee.

- Die **interne Zinssatzmethode** (internal rate of return IRR) will herausfinden, welche Projektideen den höchsten internen Zinssatz einbringen. Der interne Zinssatz ist derjenige Zinssatz, bei dem sich gerade ein Kapitalwert Null ergibt.

- Die **Annuitätenmethode** wandelt den Kapitalwert in gleich grosse jährliche Einzahlungsüberschüsse (Annuitäten) um. Erwünscht ist eine grösstmögliche Annuität (> Null).

- Die **dynamische Payback-Methode** (Berücksichtigung von Zeitwert bzw. Verzinsung) macht eine hilfreiche Aussage über die Projektwirtschaftlichkeit: „Wie lange dauert es, bis die gesamten Projektkosten in Form von diskontiertem Nutzen zurückgeflossen ist?"

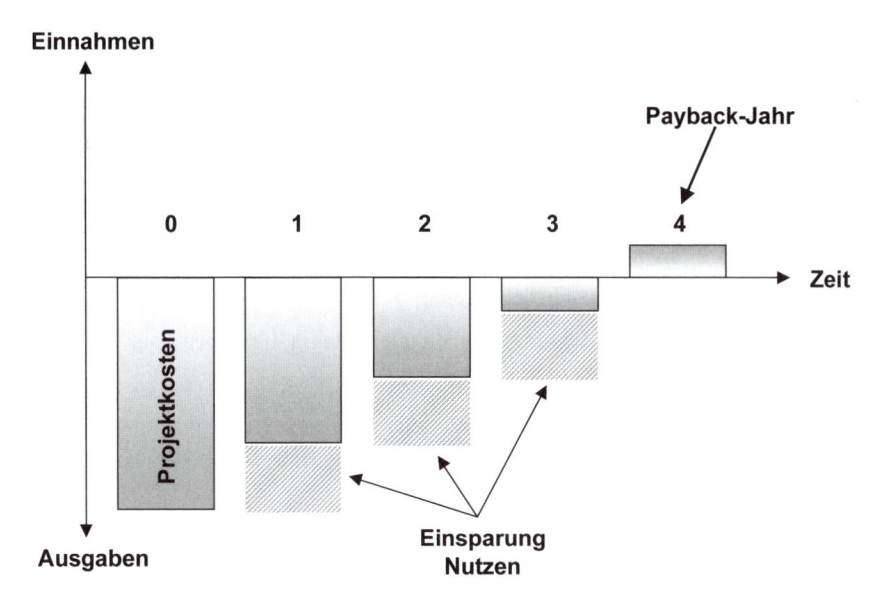

Abbildung IV-24: Beispiel „Dynamische Payback-Methode"

Auch Non-Profit-Organisationen sind gut beraten, eine geschickte Vorauswahl der Ideen und Möglichkeiten durch eine Aufwand-Nutzen-Betrachtung durchzuführen. Auch sie haben Kunden, beschränkte Ressourcen, mehrere Alternativen mit unterschiedlichem Nutzen und Risiko. Statt monetärer Werte geht es hier um Nutzen, Wirkung, ideellen oder materiellen Aufwand, Imagegewinn oder -verlust.

2.5 Ergebnisse des Projektes weitergeben

2.5.1 Benutzerschulung

Das Ziel der Schulung sind Benutzer, die mit dem neuen Produkt umgehen oder die neue Dienstleistung erbringen können. Die Weiterentwicklung der Fähigkeiten der Mitarbeiter ist ein Garant für die Überlebensfähigkeit des Unternehmens.

Wenn Erfahrungen aus der Pilotphase bzw. von der Nullserie vorhanden sind, können diese für die benutzerorientierte Dokumentation (z.B. Bedienungsanweisung) und für die Schulung der Benutzer eingesetzt werden. Welche Schulungsform am besten passt, ist von verschiedenen Faktoren abhängig:

- Gibt es verschiedene Zielgruppen?
- Wer ist für die Schulung vorgesehen?
- Welche Informationen aus dem Projekt müssen vermittelt werden?
- Wie gross ist der Schulungsumfang?
- Wann soll trainiert werden? Auf welche Art?
- Müssen alle Benutzer gleichzeitig mit der neuen Lösung arbeiten?
- Ist die Schulung kurz und heftig, oder ist eine sanfte Einführung vorteilhafter?
- Wie werden spätere Benutzer nachgeschult?

Eine neue Lösung kann auf drei Arten eingeführt werden:

- schlagartig: auf einen definierten Termin,
- stufenweise: Teilbereich nach Teilbereich,
- parallel: Alte und neue Lösung werden gleichzeitig betrieben, bis die neue funktioniert und bedient werden kann.

Bei jeder Art von Vermittlung neuen Wissens oder neuer Fähigkeiten muss die Frage nach dem Ziel der Schulung gestellt werden: Was sollen die Teilnehmer nach dem Lehrgang wissen bzw. können?

Je nach der Situation und Anforderungen eignen sich folgende Möglichkeiten:

- e-learning,
- computer based training (CBT),
- Gebrauchsanleitung,
- Direkthilfe auf dem Bildschirm (online help),
- Seminar, Workshop,
- train-the-trainer, power user, Schneeballsystem.

2.5.2 Pilotversuch, Nullserie

Bei der Einführung neuer Arbeitsabläufe oder Infrastruktur in einem Unternehmen ist es sinnvoll, über einen Pilotversuch oder eine Nullserie die Praxistauglichkeit in einer begrenzten Organisationseinheit zu überprüfen und erst danach eine Ausdehnung auf die anderen Organisationseinheiten, Unternehmen der Gruppe oder weitere Länder durchzuführen.

Wenn ein Prototyp erfolgreich hergestellt werden konnte, heisst das noch nicht, dass der Herstellungsprozess beherrscht wird. Durch die Herstellung einer Nullserie mit dem vorgesehenen Herstellungsprozess können die Prozesse optimiert und allfällige Fehler rechtzeitig eliminiert werden.

2.5.3 Inbetriebsetzung: von der Nullserie zur Serienproduktion

- Neues System in Betrieb nehmen
- Einführung vorbereiten und überwachen
- Konsolidierung, Mängel beheben
- Organisatorische Regelungen treffen und einführen
- Neues System den Benutzern übergeben, Serienproduktion starten

2.5.4 Konzept für die Nachfolgeorganisation

- Wartungs- und Instandhaltungskonzept
- Organisation der Wartung, Garantieleistungen sicherstellen
- Supportorganisation (evtl. mehrstufig) aufbauen

2.6 Beurteilung des abgeschlossenen Projektes

2.6.1 Vorgehen, Lösungsansatz und Zielerreichung pro Phase

Projektphase:	
Frage	**Antworten**
Wie wurde das Projekt in dieser Phase (weiter-)bearbeitet?	
Welche Ziele wurden erreicht, welche Ergebnisse liegen vor?	
Welche Erfolge sind zu verbuchen? Warum?	
Welche Misserfolge sind zu beklagen? Wie wurde damit umgegangen?	
In welche Richtung entwickelte sich das (Teil-)Projekt?	
Stimmen Vorgaben, ursprüngliche Ziele und Vorgehen noch?	
Arbeitsprozessanalyse im Team: Persönliche Erfahrung? Beurteilung der Zusammenarbeit im Projektteam und mit betroffenen anderen Organisationen? Tragbarkeit der Arbeitsbelastung für das Projekt?	
Kräftefeldanalyse: Fördernde / hemmende Kräfte?	
Welche Chancen und Risiken zeigen sich im Moment?	
Weitere negative Punkte in dieser Phase? Wie soll damit umgegangen werden?	
Weitere positive Punkte in dieser Phase? Wie sollen sie genutzt werden?	
Konsequenzen: A grundsätzlich B für aktuelle bzw. nächste Phase	
Was soll beibehalten werden?	
Wer soll etwas (anders/zusätzlich/nicht) mehr tun?	
Welche Massnahmen sollen für vergleichbare Situationen eingeleitet werden?	

Abbildung IV-25: Vorlage „Projektbeurteilung pro Phase"

2.6.2 Gesamtbeurteilung

Kriterium	☹☹	☹	☺	☺☺
Projektinitialisierung Entstehung, Absicht, Übereinstimmung mit Unternehmensstrategie				
Projektvereinbarung Zielsetzung und Wille zum Projekt				
Projektorganisation / -struktur Einbindung in die Unternehmensorganisation				
Projektmarketing Interne Information, Kommunikation mit externem Auftraggeber				
Projektphasen Vorgehensweise, Meilensteine, Schritte, Zeitvorgaben				
Projektplanung / -abwicklung Ressourcenplanung (Personen, Geld, Zeit), inhaltliche Planung				
Projektcontrolling Reporting, Fortschrittswürdigung, Meilensteinmeetings				
Projektsupport Externe, Berater, Kooperationspartner				
Commitment der Akteure Management, Teammitglieder, Interessengruppen, Bereiche				
Engagement Mitarbeit der Betroffenen				
Professionalität Fach- und Methodenkompetenz der Mitarbeitenden				
Sozialkompetenz Zusammenarbeit und Konfliktbewältigung				

Abbildung IV-26: Vorlage „Gesamtbeurteilung"

2.7 Information und Kommunikation

2.7.1 Erfolgreich verhandeln mit dem Harvard-Konzept

Mit welchem Gefühl und Ergebnis ich aus einer Verhandlung herauskomme, hängt stark davon ab, mit welcher Haltung und Einstellung ich in die Verhandlung eingestiegen bin. So scheint es vielleicht kurzfristig günstiger, mit harten Methoden und Haltung aus meiner Position meinen Willen durchzudrücken und als Gewinner hervorzugehen. Das Harvard-Konzept zeigt, wie eine Verhandlung nach dem Win-win-Prinzip zu führen ist.

Merkmale	Harte Methode	Weiche Methode	Win-win-Methode (Harvard-Konzept)
Einstellung	Verhandlungspartner sind Gegner Misstrauen vorhanden	Verhandlungspartner sind Freunde Vertrauen/Beziehung ist wichtiger als die Sache	Verhandlungspartner sind Problemlöser Mensch und Problem müssen getrennt voneinander behandelt werden
Ziel	Ich will gewinnen, den Gegner bezwingen	Ich will Übereinkunft, die Beziehung nicht aufs Spiel setzen	Ich will ein vernünftiges, effizientes und gütlich erreichtes Ergebnis
Strategie	verdeckt, taktisch, Druck, bestehen auf der eigenen Position	Offenlegung der Verhandlungslinie, einseitige Zugeständnisse, bereitwillige Angebote, vorschneller Rückzug	„Weich" zu den Menschen, hart in der Sache, von Vertrauen und Misstrauen unabhängige Vorgehensweise, Konzentration auf Interessen, nur sachlichen Argumenten nachgeben und nicht einem ausgeübten Druck
Lösungssuche	Suche nach der einzigen Lösung, kompromisslos, ohne Alternativen	Suche nach der einzigen Antwort, welche die Beziehung nicht belastet, Vermeidung von sachgerechter Verhandlung	Suche nach Möglichkeiten für gegenseitigen Nutzen, möglichst viele Wahlmöglichkeiten in Betracht ziehen, erst gemeinsam suchen, dann ordnen, abwägen, zuletzt zusammen entscheiden
Entscheidungskriterien	Bestehen auf einer Lösung, die nur ich akzeptieren kann	Lösung, die vor allem die Gegenseite akzeptiert	Bestehen auf objektiven, fairen Kriterien

Abbildung IV-27: Harvard-Konzept

Meist finden jedoch Verhandlungen zwischen Partnern statt, die auch weiterhin in einem Beziehungsverhältnis stehen, wo ein miteinander Probleme lösen oder Ziele erreichen oder einfach nebeneinander leben möglich sein muss und somit die Art und Weise wie einerseits die Verhandlungen geführt werden und anderseits wieweit Gewinner und Verlierer entstehen, wesentlich die weitere Zusammenarbeit beeinflussen.

Ein verbreitetes Verhandlungskonzept ist das Harvard-Konzept, welches auf ein vernünftiges Ergebnis zielt und dabei auf effiziente und gütliche Verfahrensweisen setzt. So können beide Verhandlungspartner gewinnen; daher wird sie auch „Win-win-Methode" genannt und basiert auf den vier Grundaspekten:

- Menschen und Probleme getrennt behandeln,
- Interessen in den Vordergrund stellen anstatt Positionen,
- verschiedene Möglichkeiten (Alternativen, Optionen) entwickeln, bevor entschieden wird,
- Ergebnis auf objektiven Kriterien aufbauen.

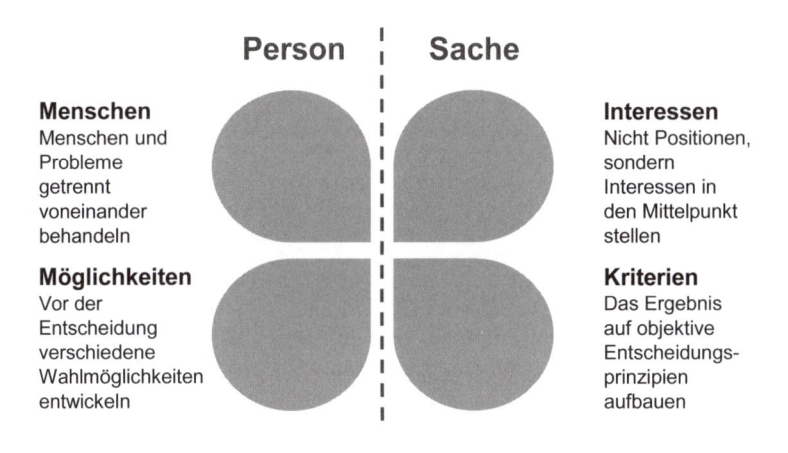

Person | Sache

Menschen
Menschen und Probleme getrennt voneinander behandeln

Interessen
Nicht Positionen, sondern Interessen in den Mittelpunkt stellen

Möglichkeiten
Vor der Entscheidung verschiedene Wahlmöglichkeiten entwickeln

Kriterien
Das Ergebnis auf objektive Entscheidungsprinzipien aufbauen

„Hart in der Sache, weich gegenüber den Menschen"

Abbildung IV-28: Verhandlungsmethoden im Überblick"

Menschen

Jede Verhandlung hat einen Verhandlungsgegenstand und eine Beziehungsebene. So ist es wichtig, trennen zu können zwischen dem Grundinteresse an der Sache und der persönlichen Beziehung, sonst vermischen sich die beiden Grössen. Dazu helfen:

- Versetzen in die Lage des anderen,
- keine Annahmen zu Absichten des anderen, sondern nachfragen,
- keine Schuldzuschreibungen bezüglich eigener Probleme,
- über gegenseitige Vorstellungen sprechen,
- Emotionen erkennen, akzeptieren (auch eigene) und verstehen,
- Kommunikationsregeln einhalten (aufmerksam zuhören, ausreden lassen, verständlich argumentieren, etc.),
- Probleme bearbeiten, nicht die Menschen.

Interessen

Die Interessen sollen im Mittelpunkt stehen und nicht die Positionen, obwohl meist diese erstmals als Ziele angeben werden. Erkennen der Interessen motiviert, sie sind die Beweggründe hinter dem Durcheinander von Positionen. Meist sind Fragen hilfreich, um von den Positionen auf die Interessen zu stossen. Häufig scheitert es, solange die nachstehenden Grundbedürfnisse bedroht sind oder von der anderen Partei nicht im gleichen Masse zugesprochen werden:

- Sicherheit,
- wirtschaftliches Auskommen,
- Zugehörigkeitsgefühl,
- Anerkanntsein,
- Selbstbestimmung.

Alternativen

Verschiedene Wahlmöglichkeiten (Alternativen, Optionen) geben in Verhandlungen Spielraum bezüglich der Entscheidung. Oftmals wird dazu aber nicht genügend Zeit eingesetzt bzw. Aufwand betrieben. Der Projektleiter möchte möglichst rasch aus dem unangenehmen Zustand der offenen Verhandlung herauskommen. Hilfreich zur Entwicklung von Wahlmöglichkeiten ist:

- nicht vorschnell beurteilen, sondern den Prozess des Findens von Optionen fördern und von der Entscheidung trennen,
- Zahl der Optionen vermehren, anstatt sich mit der erstbesten Lösung zufrieden geben,
- vor allem auf Vorteile der Lösungsalternativen achten,
- Vorschläge entwickeln, die helfen, die Entscheidung zu erleichtern.

Es geht hier nicht um ein Um-Ideen-Feilschen im Sinne von Kompromiss finden. Es sollen kreative Alternativen entwickelt werden, die beiden Seiten letztlich die Entscheidung leichter machen.

Objektive Kriterien

Die gefundenen Lösungen sollten möglichst mit fairen, objektiven und angemessenen Kriterien gemessen werden. Hilfreich ist es, wenn man die Bemessungskriterien frühzeitig festlegt, bevor man bereits voreingenommen ist von den Lösungsalternativen. Das Festlegen der Bewertungskriterien birgt ebenfalls viel Konfliktpotenzial, und so ist es wichtig, auch bereits hier darauf zu achten, dass man sich auf die Interessen bezieht und nicht subjektive Positionen als Messgrössen zulässt.

2.7.2 Management Summary

Die Aussagen im Management Summary werden mit verschiedenen Einstufungen bzw. Handlungsebenen markiert. dazu hat sich in der Praxis das folgende „Ampel-Prinzip" durchgesetzt:

Management-Unterstützung nötig (Alarm)
- ....
- ....

Aufmerksam werden (kritisch)
- ....
- ....

Gemäss Plan (normal)
- ....
- ....

Nr.	Aktuelle Situation	Verantwortlich Lead / Mitarbeit
	Allgemein • Gesamthaft ist das Projekt „im grünen Bereich" • Handling der Problemliste aufgrund der Einstufung läuft • FX / FY / AX müssen dringend Verträge, Kostenaufteilung Projekt / Betrieb fertig klären	
	FX • Schulung und Rollout im Plan • Dokumentenlayout abschliessend definieren bis Ende Monat X	
	FY • Migration FY abgeschlossen • Arbeitssituation am Helpdesk stabilisiert sich • Punkte aus Problemliste müssen noch geklärt werden • Dokument-Layout fertig definieren in KW 40 • Teilprojekt-Abschluss FY vorbereiten ab Okt. 2012	
	FZ • Erste Tests mit guten Ergebnissen sind erfolgt • Zweite Abnahmetests am tt.mm.jjjj • Fremdprodukt B ist integriert • Dokumentenlayout von FZ abgenommen • Schulung in Bern ist angelaufen • Startfiliale Wyss startet am tt.mm.jjjj • Rollout beginnt am tt.mm.jjjj	
	AX • Change Management Entscheidung fällen bis tt.mm.jjjj • Vertragsverhandlungen zum Abschluss bringen	
	Maintenance • Performance wurde stabilisiert und wird weiter optimiert	

Abbildung IV-29: Beispiel „Management Summary"

2.7.3 Sitzungsprotokoll

Thema:	Projekt-Ausschuss / Projekt NT
Datum:	02.09.2012
Zeit:	17:00 – 18:30 Uhr
Teilnehmer:	Y.N. (Protokoll) X.F. Z.S.
Dok-Nr.:	P-6

1.	Informationen über den Projektstand Die Migration: … aber übers Ganze gesehen ist das Projekt auf gutem Wege. Die Situation: …	
2.	Arbeitslisten Für die Planung sind Listen erstellt worden	
3.	Kritische Punkte im Projekt	
4.	Priorisierung der Aktivitäten Eine erneute Überprüfung dieser Priorisierung durch den Ausschuss wird nötig, wenn …	
5.	Weiteres Vorgehen / Nächstes Treffen Montag, 11. Nov. 2012, 08:00 – 09:00 Uhr Sitzungszimmer: 22 Bis dahin soll Folgendes erledigt werden:	

Nr.	To Do	Wer? (Lead /Kooperation)
1.		
2.		
3.		
4.		
5.		

Abbildung IV-30: Beispiel „Sitzungsprotokoll"

2.8 Netzplantechnik

Ein Netzplan zeigt insbesondere die Abhängigkeiten zwischen den Tätigkeiten sehr anschaulich. Er hat aber den Nachteil, umfangreich und nicht sehr handlich zu sein. Eine andere Form der Darstellung ist der Balkenplan (Gantt-Diagramm, Gantt-Chart). Der Balkenplan enthält dieselben Daten wie der Netzplan, nur in anderer Darstellung. Seine Vorteile sind: kompakte Darstellungsform, zeitliche Relationen (Dauer, Gleichzeitigkeit, Schlupf), bessere Lesbarkeit.

2.8.1 Critical Path Method CPM

Die Terminierung eines Projektes kann mit Hilfe der Netzplantechnik durchgeführt werden. Basis für die Erstellung eines Netzplanes ist die Tätigkeitsliste. Sie enthält alle Tätigkeiten, deren Dauer sowie die Vorbedingungen, die erfüllt sein müssen, damit die Tätigkeit beginnen kann.

Die Methode „Kritischer Pfad" (CPM) ist eine Vorgang-Pfeil-Netzdarstellung. Das heisst, die Tätigkeit wird durch einen Pfeil dargestellt, das Ereignis durch den Knoten. Sie ist gut geeignet für Projekte, bei denen Vorgängertätigkeiten abgeschlossen sein müssen. Sie ist einfach anzuwenden, und die Resultate sind auch für gelegentliche Benutzer einfach interpretierbar.

Auf dem Pfeil werden die Tätigkeit und die Dauer angegeben. Im Knoten werden die frühesten und die spätesten Termine angegeben, einmal für den Anfangsknoten und einmal für den Endknoten. Werden zwei Tätigkeiten gleichzeitig gestartet, also parallel durchgeführt, können diese unterschiedliche Dauer haben. Also muss jede Tätigkeit eine Darstellungsmöglichkeit für ihren Endtermin haben.

Um die Resultate beider Tätigkeiten für die folgenden Tätigkeiten zur Verfügung zu stellen, werden die beiden Terminknoten miteinander verbunden über eine Scheintätigkeit. Bei dieser Scheintätigkeit wird keine Arbeit geleistet, und sie hat die Dauer Null Zeiteinheiten.

Die Termine werden im Netzplan mit einer einfachen arithmetischen Rechnung bestimmt. Der Netzplan wird zuerst vorwärts berechnet. Daraus entstehen die frühesten Termine. Wo mehrere Pfeile zusammenlaufen, gilt die grösste Zahl. Die nächste Tätigkeit kann erst starten, wenn der späteste der Vorgänger abgeschlossen ist. Dann wird der Netzplan rückwärts gerechnet, indem der früheste Endtermin auch zum spätesten Endtermin gemacht wird. Wo mehrere Pfeile sich trennen, gilt die kleinste Zahl.

Zur Kontrolle muss der rückwärts gerechnete, späteste Anfangstermin gleich dem frühesten Anfangstermin sein. Die Differenz aus dem spätesten und dem frühesten Termin einer Tätigkeit ergibt den Schlupf. Sind frühester und spätester Termin identisch, ist kein Schlupf vorhanden. Durch das Verbinden aller Tätigkeiten ohne Schlupf entsteht der kritische Pfad.

2 Allgemeine Managementmethoden

Anfang — Tätigkeit / Dauer — **Ende**

FAT | SAT → FET | SET

FAT = frühester Anfangstermin   FET = frühester Endtermin
SAT = spätester Anfangstermin   SET = spätester Endtermin

2 parallele Tätigkeiten

Scheintätigkeit Dauer 0

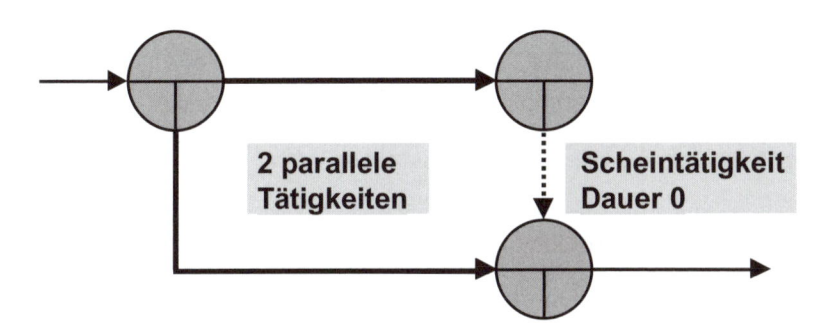

Abbildung IV-31: Netzplan mit Critical Path Method

START 0|0 → 5, D → 2|3 → 6, E → 6|6 → 7, C → 8|8 → 8, F → 11|11 → 9, G → 12|12 → 10 Vorbereitung MS → 13|13 → 11 MS-Entscheid → 13|13

START 0|0 → 3, A → 6|6 → 4, B → 7|12 ⇢ 0 ⇢ 12|12

Der kritische Pfad

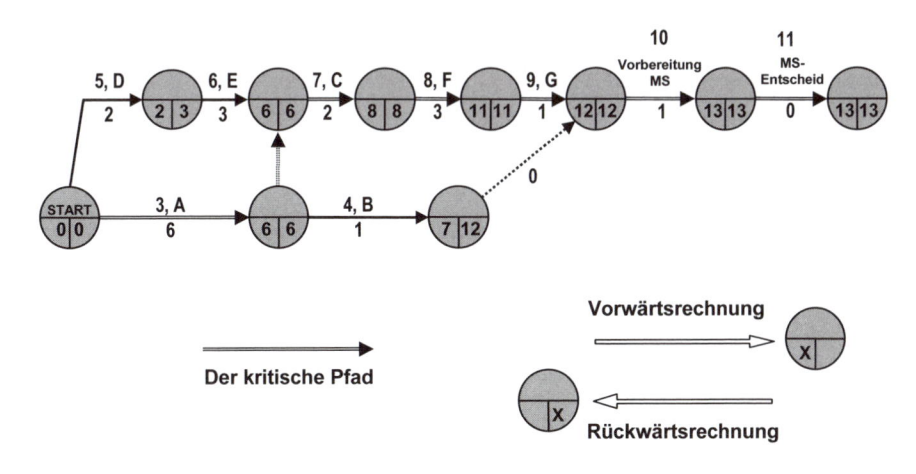

Vorwärtsrechnung
Rückwärtsrechnung

Abbildung IV-32: Beispiel „Critical Path Method"

```
         Anfang              Ende
           ┌─────┬──────────┬─────┐
           │ FAT │ Tätigkeit│ FET │
           ├─────┼──────────┼─────┤
           │ SAT │  Dauer   │ SET │
           └─────┴──────────┴─────┘
```

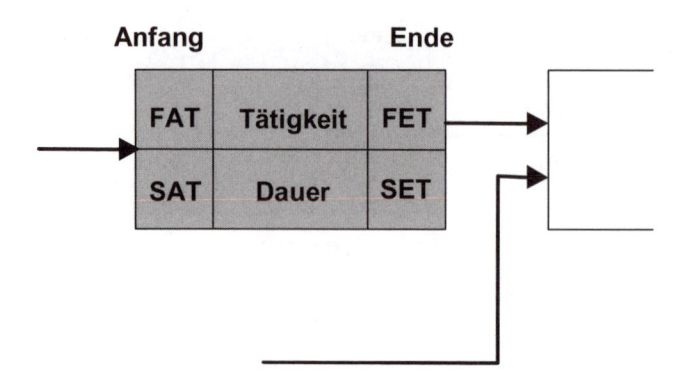

FAT = frühester Anfangstermin   FET = frühester Endtermin
SAT = spätester Anfangstermin   SET = spätester Endtermin

Abbildung IV-33: Netzplan mit Metra-Potential-Methode MPM

2.8.2 Metra-Potential-Methode MPM

Eine alternative Darstellungsform ist der Vorgang-Knoten-Netzplan. Er ist auch unter dem Namen Metra-Potential-Methode (MPM) bekannt. Hier stellt der rechteckige Knoten die Tätigkeit dar mit den gleichen Angaben: Tätigkeit, Dauer, frühester und spätester Anfangs- und Endtermin. Die Pfeile stellen hier den Datenfluss sicher. Die Berechnung von Hand wird bei einer grösseren Anzahl Tätigkeiten schnell zeitaufwändig und fehleranfällig. Durch ihre klaren Regeln ist die Netzplantechnik gut geeignet für den Einsatz von Software.

2.9 Aufbau eines Projektportfolios

Der Aufbau eines Projektportfolios bedingt einige Vorarbeiten. So müssen zuerst alle laufenden bzw. bewilligten Projekte überhaupt identifiziert werden. Dieses Ziel kann in einem grösseren Unternehmen bereits eine mittlere Herausforderung darstellen. Je nach Art des Geschäftes können auch Projektideen bereits in die Projektliste aufgenommen werden.

2.9.1 Schritt 1: Kriterien identifizieren

Diejenigen Kriterien identifizieren, welche für die Bewertung der eigenen Projekte am meisten Sinn machen. Je nach Natur der Vorhaben genügt dazu bereits eine Aufschlüsselung in duale Kriterienpaare, wie z.B. Chancen vs. Risiken, Kosten vs. Nutzen usw. Ein Projektportfolio kann natürlich auch mehrdimensional aufgebaut werden. Hier einige mögliche Kriterien:

- Ausrichtung auf die Unternehmensstrategie (alignment to strategy),
- Attraktivität der Vorhaben: Chancen und Risiken (SWOT-Analyse),
- Projektpotenzial: Fähigkeit und Wille der Organisation, die Ideen umzusetzen,
- Problemlösungspotenzial: organisatorische Verbesserungen, die durch Projekte möglich werden,
- ökonomische Kennzahlen (ROI, NPV, IRR, Deckungsbeitrag usw.),
- gesetzliche bzw. rechtliche Rahmenbedingungen (zwingende Projekte),
- andere Grundsätze (z.B. bezüglich Ökologie, Ethik, usw.).

2.9.2 Schritt 2: Bewertung

Alle bekannten Projekte und Projektideen (aus der Projektliste) werden anhand dieser Kriterien bewertet und in der Portfolio-Matrix positioniert. Dabei geht es weniger um eine absolute Positionierung als um die relative Positionierung untereinander.

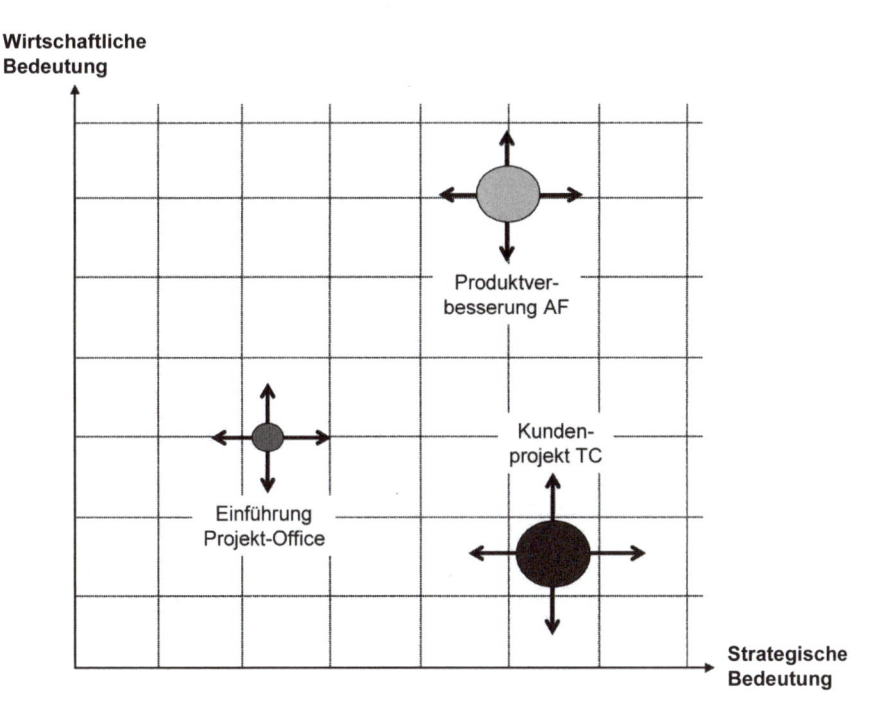

Abbildung IV-34: Beispiel „Positionierung und Bewertung von Projekten"

Als Massstab für die Beurteilung der „wirtschaftlichen Bedeutung" können etablierte Kennzahlen verwendet werden z.B. ROI, NPV, Payback, usw. Bei der Beurteilung der „strategischen Bedeutung" sind quantitative Methoden eher aufwändig. Es genügt jedoch auch, die strategische Bedeutung mit einer rein qualitativen Betrachtung zu definieren.

2.9.3 Schritt 3: Priorisierung

Eine Priorisierung der Projekte ist vor allem aus der Sicht eines optimalen Ressourceneinsatzes höchst erwünscht. Die für die Projektarbeit zur Verfügung stehende Arbeitsleistung wird zuerst für Projekte mit sowohl hoher wirtschaftlicher als auch strategischer Bedeutung eingesetzt (Priorität 1).

Die Zuordnung der Prioritäten 2 und 3 hängt nun davon ab, ob das Unternehmen den wirtschaftlichen Projekten mehr Bedeutung zumisst als den Projekten, welche z.B. eine bessere Positionierung auf dem Markt ermöglichen. Für Projekte mit Priorität 4 stellt sich die Frage, ob diesen überhaupt Ressourcen zur Verfügung gestellt werden können. Sinnvollerweise müssen auch Kriterien für einen allfälligen Projektabbruch definiert werden. Häufig tun sich Unternehmen mit diesem Schritt eher schwer.

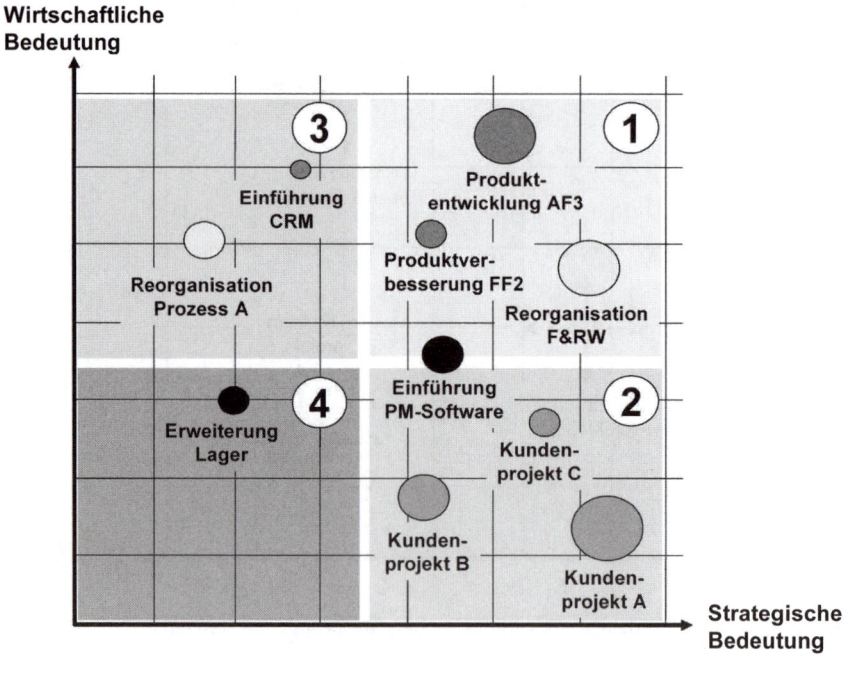

Abbildung IV-35: Beispiel „Priorisierung von Projekten" (Strategie vs. Wirtschaftlichkeit)

2.10 Selbstmanagement

2.10.1 Selbststeuerung

Wir leben immer mehr in einer omnipräsenten Zeit. Durch all die Kommunikationsmittel ist es heute möglich gleichzeitig an mehreren Orten mitzuarbeiten. Das heute gängige Führungskonzept des Management by Objectives (MbO) bringt es mit sich, dass der Druck durch die Führung noch zusätzliche Arbeiten zu übernehmen stark zugenommen hat. Dies verlangt immer mehr, dass jeder selbst ein für sich passendes Selbstmanagement führt.

Eine Führung und Beschränkung von aussen ist meist nicht gegeben. Eher das Gegenteil ist Normalität. Ich muss mich führen und entscheiden, wo und wie ich meine Kräfte einsetzen will. Es geht darum den beruflichen, familiären, gesundheitlichen und privaten Lebensbereich konsequent auszurichten, in eine günstige Balance zu bringen und wirkliche oder vermeindliche Stressfelder zu reduzieren. So setzt Selbstmanagement Selbstkenntnisse und eigene Wertschätzung voraus.

2.10.2 Lebenswelten

Vielfach wird auch der Begriff Work-Life-Balance verwendet. Richtigerweise geht es um die Life-Balance in der „work life" und „private life" je einen Bestandteil bilden. Genauer geht es um die Balance der persönlichen drei Lebenswelten. Es geht nicht darum, dass alle Welten gleich gross sein müssen. Sie müssen in einem günstigen Verhältnis und in der individuellen Form jedes einzelnen Individuums vorhanden sein.

"Arbeitswelt"
Arbeit, Beruf

Leistung
Karriere
Wohlstand
Gesellschaft

"Privatwelt"
Beziehungen, Kontakte

Partner
Familie
Freundeskreis
Kontakte

"Eigenwelt"
Raum für sich selbst

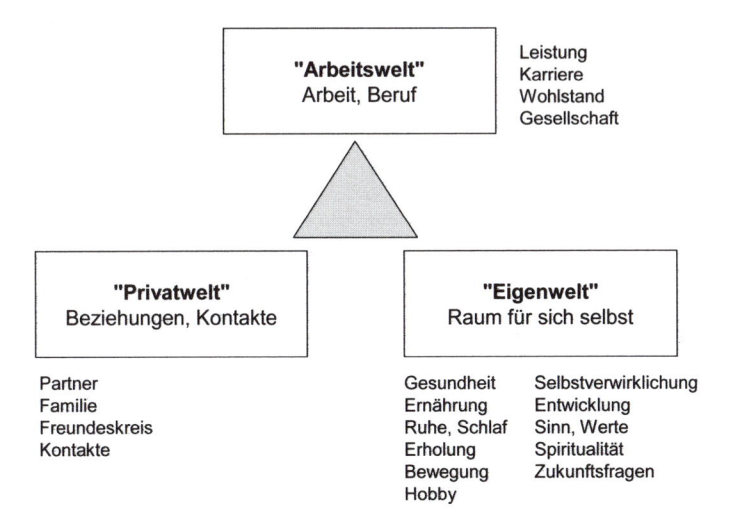

Gesundheit
Ernährung
Ruhe, Schlaf
Erholung
Bewegung
Hobby

Selbstverwirklichung
Entwicklung
Sinn, Werte
Spiritualität
Zukunftsfragen

Abbildung IV-36: Meine drei Lebenswelten (angelehnt an: Fachstelle Männerarbeit Evangelisch-reformierte Landeskirchen des Kt. Zürich)

Erfahrungen zeigen, dass bei Überlastung tendenziell die Eigenwelt zuerst reduziert wird. Diese ist jedoch die Wichtigste für die persönliche Regeneration und führt zum Gefühl des „Ausgebranntseins". Bleibt der Druck bestehen, wird in der Folge die Privatwelt in Mitleidenschaft gezogen und es findet eine einseitige Fokussierung in der Arbeitswelt statt. Kann längerfristig nicht immer wieder Balance hergestellt werden, so besteht die Gefahr des Burnouts.

2.10.3 Resilienz

Anstatt sich damit zu beschäftigen, wie die Risikofaktoren und Dauerbelastungen zu verhindern sind, kann auch darauf fokussiert werden, wie dieser Dauerzustand zu bestehen ist oder sogar Erfahrungen zu nutzen, noch widerstandsfähiger zu werden. Dies wird im laufend höher werdenden Leistungsdruck (Umorganisationen, Kündigungen etc.) immer wichtiger. Als Resilienz wird die innere Stärke bezeichnet, die es uns ermöglicht, Krisen, schwere Schicksalsschläge, Misserfolge, Schwierigkeiten und aussergewöhnliche Widrigkeiten nicht nur zu überwinden, sondern gestärkt und gereifter und ohne langfristige Beeinträchtigungen daraus hervorzugehen.

Resilienz kann wie ein Muskel trainiert werden. Resilienz ist auch eine Reservefähigkeit, um auf zukünftige Schwierigkeiten vorbereitet zu sein. Wer resilient ist, kann Veränderungen und Umbrüche besser bewältigen. Sie ist auch „Elastizität", Anpassungsfähigkeit, Widerstandsfähigkeit, „seelisches Immunsystem". Sie lässt Menschen wie ein Gummiband in ihren normalen Zustand zurückschnellen oder wie ein Stehaufmännchen wieder aufrichten. Monika Gruhl beschreibt in ihrem Buch „die Strategie der Stehaufmännchen", dass Resilienz im Wesentlichen eine Frage von Grundhaltung und der Entwicklung von charakterlichen Fähigkeiten ist.

So nennt sie als Grundhaltungen:

- **Optimismus.** Das Gute im Schlechten sehen; Grübeln stoppen; positives Selbstbild, Selbstvertrauen; Glaube an die Selbstwirksamkeit; Fehlschläge nicht persönlich nehmen; realistischer Optimismus (das Positive sehen, ohne die Schwierigkeiten zu ignorieren); „Inmitten der Schwierigkeiten liegen die Möglichkeiten"; „Es geht vorbei"-Gewissheit.

- **Akzeptanz.** Akzeptieren, dass Unglück, Enttäuschungen und Widrigkeiten zum Leben gehören und dass sich diese weder vermeiden, noch spurlos beseitigen lassen; sich ausreichend Zeit nehmen, wahrzunehmen, was geschehen ist; Mehrdeutigkeiten (Ambiguitäten) akzeptieren; Geduld: dem Werden und der Entwicklung den nötigen Raum geben; Zuversicht, dass sich die Dinge auch ohne unser Zutun neu ordnen; Vertrauen in einen grösseren Sinnzusammenhang; Akzeptanz des Unabänderlichen; Selbstakzeptanz (Stärken und Einschränkungen).

- **Lösungsorientierung.** „Wer etwas will, sucht Wege, wer etwas nicht will, sucht Gründe"; sich Gedanken um Lösungen machen. Ressourcen aktivieren; aus der „Problemhypnose" aussteigen; Optionen entwickeln; Offenheit für neue Ideen und ungewohnte Perspektiven; Flexibilität: die Richtung der Methoden und Verhaltensweisen wechseln können, wenn sie nicht mehr funktionieren; kreativ denken; Neues ausprobieren; Strukturen im Chaos schaffen und organisieren.

Auf der Basis dieser Grundhaltungen entwickeln resiliente Menschen ganz bestimmte Strategien für ihr Denken, Fühlen und Handeln. Dazu sind folgende charakteristische Fähigkeiten wichtig:

- **Sich selbst regulieren.** Gefühle wahrnehmen, aber sich ihnen nicht ausliefern; sich aktivieren, beruhigen, aufheitern; seine Stimmungen, Antriebe und Reaktionen beeinflussen (Selbstkontrolle); sich selbst aufbauen; sich Mut zusprechen; Impulskontrolle. Gefühle und Impulse angemessen ausdrücken; wirksame Stressbewältigungstechniken; Intuition.
- **Verantwortung übernehmen.** Die Opferrolle verlassen; das selber Beeinflussbare erkennen und handeln; die Verantwortung für seine eigenen Gefühle, Gedanken und Taten übernehmen; das Nichtbeeinflussbare loslassen; Schuldzuweisungen (an sich oder andere) unterlassen; Antworten auf die aktuellen Fragen des Lebens (Ver-antworten); Haltungen, Denk- und Verhaltensgewohnheiten überprüfen und anpassen/trainieren; Veränderungen aktiv gestalten.
- **Beziehungen gestalten.** Wohltuende Beziehungen und soziale Netzwerke geben Halt, Verbundenheit und Unterstützung; Interesse und Empathie (gegenüber anderen und sich selber); Sozialkompetenz; soziales Engagement und Gemeinsinn.
- **Zukunft gestalten.** Ein erstrebenswertes, bedeutungsvolles Zukunftsbild haben (Sinn, Werte, Visionen, Träume, innere Bilder, Sehnsucht: geben in Krisenzeiten Orientierung); die Zukunft als Potenzial sehen; sein Leben proaktiv in die Hand nehmen: sich für das eigene Wohlergehen weitgehend selbst verantwortlich fühlen; Wissen, was ich langfristig erreichen will; einengende Vorannahmen und Glaubenssätze erkennen; sich auf seine Lebensträume ausrichten („Binde deinen Karren an einen Stern"); fokussieren; handeln.

2.10.4 Stress

Stress wurde anfangs 20. Jahrhundert vom Biochemiker Hans Selye beschrieben und definiert als „akuter Spannungszustand des Organismus, der gezwungen ist, seine Abwehrkräfte zu mobilisieren um einer bedrohlichen Situation zu begegnen".

Es ist somit eine Anpassungsreaktion des Körpers und kann von externen Faktoren wie Kälte, Hitze, Bedrohung, aber auch von inneren Bedrohungen wie Ängste, Phantasien, subjektiven Bewertungen, psychisch oder physischer Unter- oder Überforderung ausgelöst werden. Die Stressreaktion ist somit ein physiologischer Vorgang, höchst komplex und läuft in drei Phasen ab:

Phase 1 Alarmreaktion	Der Hypothalamus löst eine Kaskade von chemischen Prozessen aus unter anderem die Ausschüttung von Adrenalin und Noradrenalin. Dem Körper wird Energie bereitgestellt für eine mögliche Auseinandersetzung oder für die Flucht aus der Situation. Das Herz schlägt schneller, Blut schiesst in die Muskeln und ins Gehirn.
Phase 2 Anpassungs- oder Leistungsphase	Fast gleichzeitig findet die Ausschüttung des Hormons Cortisol statt, welches eine entzündungshemmende Wirkung ausübt und die Funktion hat, mögliche Verletzungen wirksam zu bekämpfen. Der Bedrohung wird begegnet, die Entscheidung über Kampf oder Flucht getroffen und gehandelt
Phase 3 Entwarnung	Die Bedrohung ist vorbei, durch Kampf oder Flucht ausgestanden, die Hormone und Botenstoffe werden wieder abgebaut und es findet eine Beruhigung statt. Der Körper kommt wieder in den Normalzustand zurück.

Dieser körperliche Prozess ist sehr alt und tief in uns verankert. Ein Relikt aus der Zeit der Jäger und Sammler, als man vielen Bedrohungen ausgesetzt war und um das tägliche Überleben kämpfen musste. Das ist heute oft nicht anders, nur die Art der Bedrohung hat sich geändert. Anstelle von rivalisierenden Stämmen erleben wir heute ganz andersartige Anspannungsmomente. So gibt es kritische und hektische Situationen im Strassenverkehr oder wir versuchen gleichzeitig schnell den Bahnhof im abendlichen Pendlerverkehr zu durchqueren und geben gleichzeitig per Telefon Auskunft zu einer komplexen zwischenmenschlichen Problemstellung im Projektalltag oder versuchen unsere Angst und verdeckte Absicht in einem angespannten Verhandlungsgespräch nach einem bereits achtstündigen Arbeitstag wenig anmerken zu lassen.

Stress ist also nicht grundsätzlich schlecht und zu vermeiden. Ganz im Gegenteil. Stress energetisiert und aktiviert uns. Er veranlasst uns zum Handeln. Wir brauchen ihn um den sich ständig ändernden Herausforderungen und der sich wandelnden Umwelt anzupassen. Der Stressforscher Hans Selye hat daher auch den Satz geprägt: „Die Abwesenheit von Stress ist Tod".

2.10.5 Flowkonzept

Ein weiteres Konzept zur Beschreibung von gesunder und ungesunder Belastung ist das Flowkonzept des Psychologieprofessors Mihaly Csikszentmihalyi.

Je nach Person und seinen Fähigkeiten gelten andere Grenzen zwischen den drei Bereichen. Der richtige Grad an Stress ergibt ein Flowgefühl. Dieses Modell ist heute sehr beliebt als Erklärungsmodell auch für Motivation und Leistung, lässt sich aber aus medizinischer Forschung heraus nicht so einfach bestätigen. Es ist wohl eher die Dauer, Art und Weise und Intensität der stressauslösenden Faktoren, welche wesentlich sind für eine gesunde Form von Belastung.

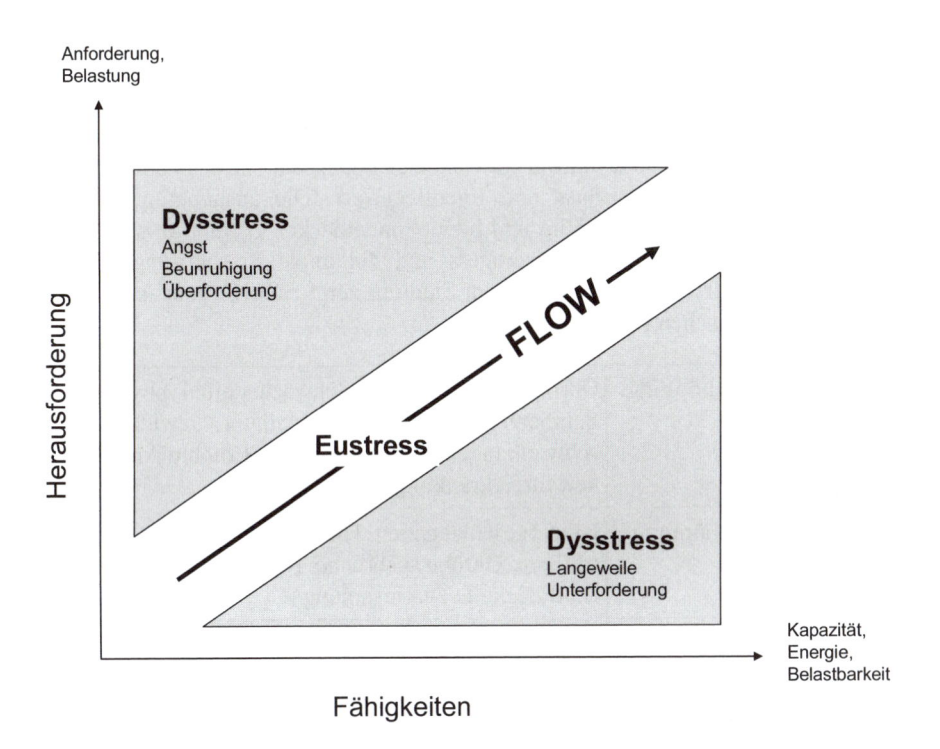

Abbildung IV-37: Eustress und Dysstress (angelehnt an Mihaly Csikszentmihalyi)

In der Arbeitswelt ist die hohe und lange andauernde Belastung zu einem wesentlichen Faktor des Gesundheitsmanagements geworden. Nach Rückenschmerzen hat sich Stress heute zum zweitgrössten berufsbedingten Gesundheitsrisiko entwickelt.

Am gefährlichsten ist der chronische Stress. Er zeichnet sich dadurch aus, dass der Körper nicht mehr in die dritte Phase der Entwarnung (siehe Stressphasen) kommt. Entweder durch ständige kleine Mikrostressoren wie Kritik, Abwertung,

Missachtung oder durch ständige Überforderungen bleibt ein hoher Level von Stresshormonen im Blut. Der Körper kommt nicht mehr zur Ruhe und der Mensch kommt nicht mehr in die Entspannung. Diese totale Erschöpfung wird heute als Burn-out Syndrom bezeichnet.

2.10.6 Burnout

Diese Form von „Ausgebranntsein" war im Gesundheitswesen schon länger bekannt. Lange Zeit wurde dieses Syndrom vor allem helfenden Berufen mit hoher Arbeitsbelastung (physisch wie psychisch) zugeschrieben, also Pflegenden, Lehrern, Sozialarbeitern, Erziehern. Inzwischen ist das Burnout-Syndrom in Berufen bzw. Tätigkeiten mit hohem Leistungsdruck zu finden (vom Sachbearbeiter bis zum Manager) oder bei Menschen, die extreme Anforderungen an sich selbst stellen (z.B. Leistungssportler).

Auch wenn Stress an sich nicht generell etwas Schlechtes ist, gilt er als Auslöser für Burnout. Das Burnout-Syndrom entwickelt sich langsam und schleichend unter andauerndem Stressoreneinfluss und Energieeinsatz. Die ausgebrannte Person verhält sich lange Zeit unauffällig und bleibt „unentdeckt". Es gibt grosse Unterschiede im individuellen Verlaufsprozess und die totale Erschöpfung tritt oft schlagartig ein. Erst in fortgeschrittenem Stadium zeigt sich Burnout in den drei bekannten spezifischen Formen.

Körperliche Erschöpfung	Chronische Ermüdung, Schwächegefühl, physische Schmerzen wie Rücken, Muskulatur, Gewichtsschwankungen, Schlafstörungen, Erhöhte Anfälligkeit für Erkrankungen
Emotionale Erschöpfung	Niedergeschlagenheit, Hilflosigkeit, Weinen, unkontrollierte Gefühlsausbrüche, Reizbarkeit, Leere, Mutlosigkeit, Vereinsamung
Geistige Erschöpfung	Negative Einstellung gegen sich selbst, zur Arbeit und zum Leben, erhöhtes Minderwertigkeitsgefühl, Verlust der Selbstachtung, zunehmende Kontaktabnahme und Kommunikationsverweigerung, Zynismus und Aggressivität

Aus dem Zustand des Burn-out kann die betroffene Person meist nicht mehr selbst herausfinden. Ähnlich wie bei anderen Erkrankungen ist hier eine langandauernde fachliche Betreuung notwendig um in eine gesunde Normalität zurückzufinden. Neben der eigentlichen Erholung braucht es eine sorgfältige Analyse der Verursacheranteile und ein bewusstes Aufarbeiten der Lebenssituation (siehe Lebenswelten) für die betroffene Person, damit sie nicht nach kurzer Zeit im Arbeitsalltag wieder im Burn-out-Zustand landet.

2.11 Zeitmanagement

2.11.1 Zeit als ökonomisches Gut

Zeit ist Kapital, knappes Gut, nicht käuflich und nicht vermehrbar. Zeit ist Leben! Zeitmanagement hilft zu mehr Übersicht, mehr Kreativität, weniger Stress, mehr Freizeit und besserer Zielerreichung. Wären da nicht bloss die Zeitdiebe:

- externe Zeitdiebe: Telefonate, Besucher, Besprechungen, Termindruck, laufend neue Aufträge mit höherer Priorität und damit verbunden ständiger Wechsel der Arbeitsthemen;
- eigene Engpässe sind „Tendenz zum Aufschieben", fehlende Prioritäten, zuviel Papierkram, mangelnde Delegation, nicht Nein sagen können, unklare Zielsetzung und mangelnde Selbstdisziplin.

Wie im Projektmanagement haben klare Ziele beim Zeitmanagement grosse Vorteile: Sie helfen, den Überblick zu behalten, Prioritäten zu setzen, die Fähigkeiten einzusetzen, das Unbewusste zu aktivieren und die Kräfte zu konzentrieren. Bei der Zielsuche sollen neben den beruflichen auch die persönlichen Ziele konkretisiert werden, ausgehend von einem Lebenswunschbild.

Berufliche Ziele lassen sich abstufen in langfristige Karriereziele, mittel- und kurzfristige Ziele. Zu den persönlichen Zielen zählen Gesundheit, Partnerschaft, Familie, Freunde, Sinn des Lebens und ähnliche. Hilfreich für eine realistische Zielsetzung ist es, die grössten Stärken zu definieren und eigene Engpässe aufzudecken.

Die Vorgehensplanung nach Descartes ist als Salami-Taktik bekannt und in der Politik berüchtigt, nicht so bei der Zeitgestaltung: Ziele schriftlich formulieren, das Ganze in Teile zerlegen, nach Teilaufgaben ordnen und nach Prioritäten erledigen. Schliesslich das Ergebnis kontrollieren.

Am besten hilft dazu eine schriftliche Planung. Planung bedeutet Zeitgewinn. Zeitplanung ist Zielverwirklichung. Die Vorteile der Planung müssten Projektmanagern bekannt sein: bessere Zielerreichung, Zeit gewinnen, besserer Überblick und weniger Stress. Schriftlichkeit verschafft einen guten Überblick, entlastet das Gedächtnis, fördert die Konzentration auf das Wesentliche, ermöglicht die Kontrolle des Tagesergebnisses und steigert damit die Erfolge.

2.11.2 ABC-Analyse

In der täglichen Flut die eigenen Ziele zu erreichen ist eine dauernde Herausforderung. Wie gelingt es, das Richtige zu tun? Bei der ABC-Analyse werden die Tätigkeiten über einen bestimmten Zeitraum aufgelistet. Jede Tätigkeit ist einem der vier Quadranten zuzuordnen. Wichtig kommt vor dringend. Wichtig sind die Aktivitäten, die zum Erreichen der Ziele beitragen und das grösste Erfolgspotenzial aufweisen. Aufgrund der Zuordnung kann bestimmt werden, welche Tätigkeiten

- sofort selber ausgeführt werden müssen: A-Aufgaben,
- eine zeitliche Verzögerung vertragen: B-Aufgaben,
- sofort delegiert werden können: C-Aufgaben (ab einem bestimmten Umfang).

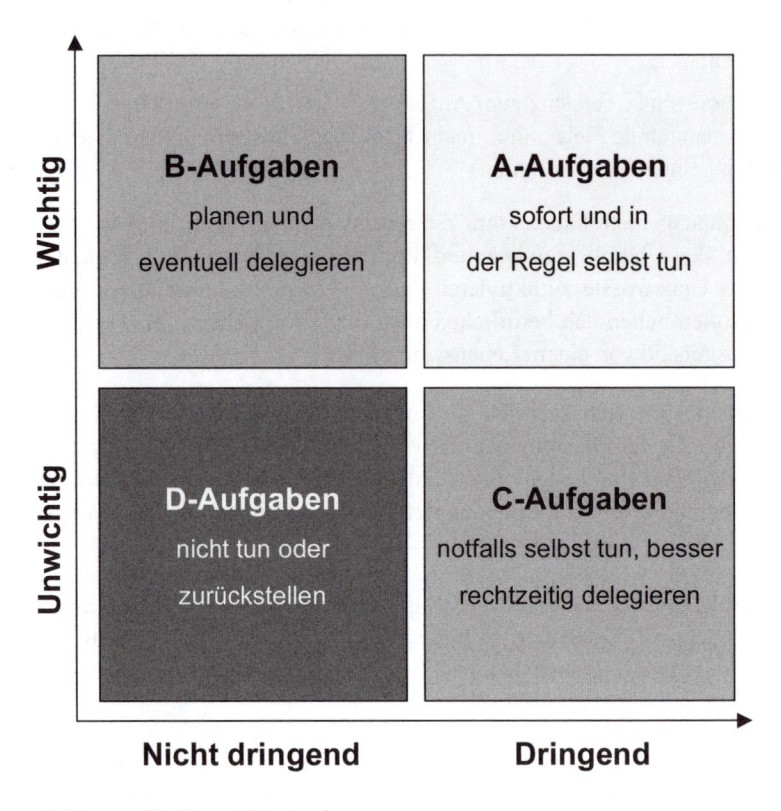

	Nicht dringend	Dringend
Wichtig	**B-Aufgaben** planen und eventuell delegieren	**A-Aufgaben** sofort und in der Regel selbst tun
Unwichtig	**D-Aufgaben** nicht tun oder zurückstellen	**C-Aufgaben** notfalls selbst tun, besser rechtzeitig delegieren

Abbildung IV-38: ABC-Analyse

Die folgende Entscheidungsmatrix wird von links nach rechts bearbeitet und hilft, das zu tun, was zum Ziel führt:

Die Matrix soll dazu verhelfen, sich auf A zu konzentrieren, B zu delegieren und bei C zu entrümpeln. In der Praxis bedeutet dies: nur ein bis zwei A-Aufgaben, weitere zwei bis drei B-Aufgaben wahrnehmen, den Rest der zur Verfügung stehenden Zeit für C-Aufgaben verwenden.

2 Allgemeine Managementmethoden

Verantwortung	Wichtigkeit	Zeitbedarf	Dringlichkeit	Aktivität
Ich	wichtig	braucht viel Zeit	kann warten	sofort terminieren oder delegieren
			eilt	sofort jemand einbeziehen
	nicht wichtig	braucht wenig Zeit	⇨	sofort erledigen
		braucht viel Zeit	⇨	sofort ins Altpapier, Papierkorb
Andere		⇨	⇨	
	wichtig			sofort weiterleiten

Abbildung IV-39: Entscheidungsmatrix

2.11.3 Pareto-Prinzip

Ein kleiner Prozentsatz des Aufwandes reicht, um einen grossen Prozentsatz des Ergebnisses zu verwirklichen. Diese Erkenntnis wurde erstmals vom italienischen Ökonomen Vilfredo Pareto (1848–1923) an der Universität Lausanne formuliert und ist bekannt unter dem Begriff der „80/20-Regel".

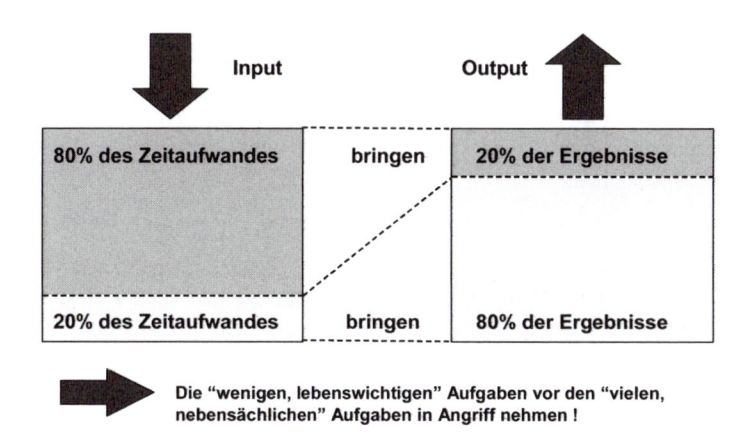

Input ⬇   **Output** ⬆

| 80% des Zeitaufwandes | bringen | 20% der Ergebnisse |
| 20% des Zeitaufwandes | bringen | 80% der Ergebnisse |

➡ Die "wenigen, lebenswichtigen" Aufgaben vor den "vielen, nebensächlichen" Aufgaben in Angriff nehmen!

Abbildung IV-40: Pareto-Prinzip

Werden die einzelnen Tätigkeiten nach Aufwand und Ertrag eingeordnet, so kann festgestellt werden, dass ein geringer Teil der Tätigkeiten einen grossen Anteil zum Ergebnis beisteuert, und umgekehrt der grosse Teil der Tätigkeiten nur einen bescheidenen Anteil zum Gesamtergebnis beiträgt. Dieser Sachverhalt wurde von Max O. Lorenz (1880–1962) publiziert:

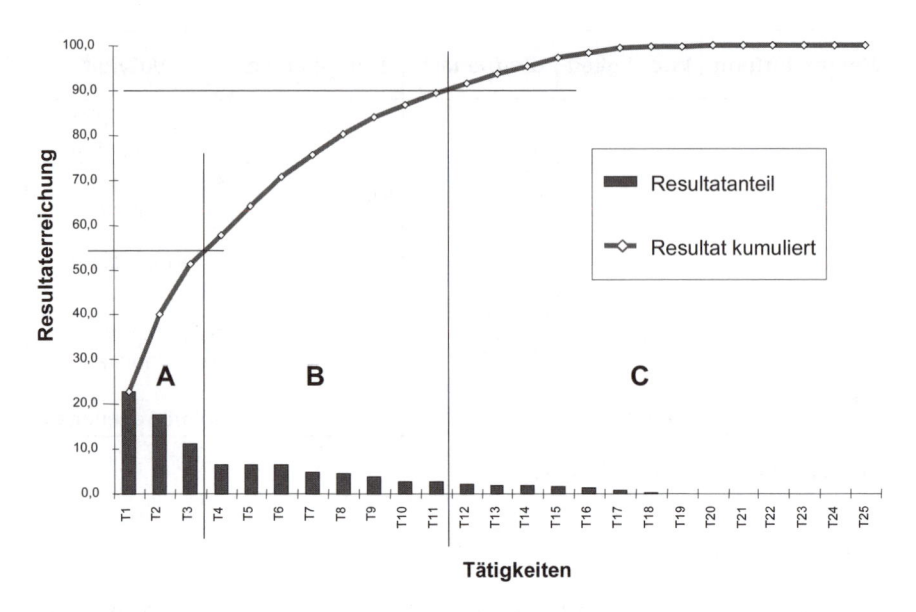

Abbildung IV-41: Lorenzkurve

2.11.4 ALPEN-Methode

Der Zeitmanagementspezialist Josef W. Seifert eine weitere Methode für die Optimierung der Alltagsaufgaben entwickelt, die ALPEN-Methode:

- **A**ufgaben, Aktivitäten und Termine aufschreiben: persönlicher Aufgabenkatalog, Unerledigtes vom Vortag, neue Tagesaktivitäten, wichtige Termine, Telefonate und Korrespondenzen;
- **L**änge bzw. Dauer der Tätigkeiten schätzen: Zeitaufwand kalkulieren, Zeitlimit setzen und Störungen eliminieren;
- **P**ufferzeit reservieren: ca. 60% für geplante Aktivitäten, ca. 20% für unerwartete Aktivitäten und ca. 20% für spontane und soziale Aktivitäten;
- **E**ntscheidungen treffen: Prioritäten, Kürzungen, Delegationsmöglichkeiten. Zu viele Aufgaben verzetteln, eine Aufgabe hat eine eindeutige Priorität, wird effizienter und effektiver erarbeitet, was zu besserer Zielerreichung führt;
- **N**achkontrolle, Unerledigtes übertragen.

Beim Tagesverlauf ist auf die Leistungskurve zu achten: Das Leistungshoch haben die meisten Menschen im späteren Vormittag, das Leistungstief am Nachmittag und ein Zwischenhoch am frühen Abend. Die Kurve ist geschickt zu nutzen: Vor der Arbeit den Tagesplan vom Vorabend überprüfen, A-Aufgaben im Leistungshoch (Sperrzeit als Termin mit sich selbst im Tagesplan eintragen, sich abschirmen und Rückrufe später erledigen), C-Aufgaben im Leistungstief sowie in den störanfälligen Zeiten mit häufigen Unterbrechungen und B-Aufgaben im Zwischenhoch erledigen. Dazu Pausen zur Regeneration einschieben und nach folgendem Rhythmus arbeiten: eine Stunde Arbeit und dann 10 Min. Pause. Für genügend Wasser und Sauerstoffzufuhr sorgen. Vor der Heimfahrt den Tagesplan kontrollieren, Unerledigtes übertragen, den Tagesplan für den nächsten Tag zusammenstellen und den Tag in aller Ruhe abschliessen.

2.11.5 Das Kieselstein-Prinzip

Bei der persönliche Planung der Aktivitäten und Vergabe von Terminen im Arbeitskalender gilt das Gleiche wie beim Packen eines Kofferraums. Es ist wichtig, dass man zuerst die grossen Pakete einpackt. Das heisst umgesetzt in die tägliche oder wöchentliche Zeitplanung zuerst die grossen, tägigen, halbtägigen Ereignisse einfüllen und erst dann die Randzeiten mit Kurzterminen füllen. So entstehen fliessende Übergänge und weniger Leer- und Reisezeiten.

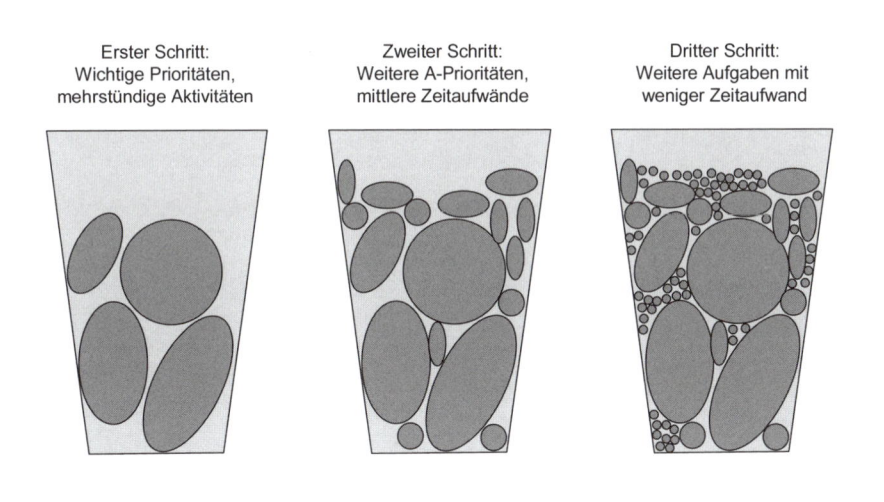

Wer zuerst mit den kleinen Steinen und Sand beginnt, hat für die grossen Steine keinen Platz mehr!

Abbildung IV-42: Das Kieselstein-Prinzip

2.11.6 Delegation

Zum Zeitmanagement gehört das Thema Delegation. Delegation bringt Zeitgewinn, nutzt die Kapazität der Mitarbeiter, hilft ihnen sich zu entwickeln und ist motivierend. Wer delegiert, kann sich für die Erledigung von A-Aufgaben entlasten und bietet seinen Mitarbeitern Chancen. Zum Thema Delegation als Führungsaufgabe.

2.11.7 Überblick behalten

Diese Erläuterungen zeigen Teilaspekte zur Optimierung des eigenen Zeitmanagements. Zentrales Instrument bleibt jedoch nach wie vor ein geeignetes Zeitplanungsinstrumentes. Es verschafft den Überblick über alle Aufgaben. Mit ihm lassen sich Aktivitäten und Termine planen und Vorgänge kontrollieren. Dazu gehören der Terminkalender und die Erinnerungshilfe für alle aktiven Aufgaben. Als Werkzeug kann bereits ein einfacher Terminkalender, ein Zeitplanbuch, oder ein PDA (Personal Digital Assistant) mit aktiver Synchronisation zum PC dienen. Alle verfügbaren Instrumente ersetzen jedoch die Selbstdisziplin nicht. Ein konsequentes Zeitmanagement verschafft bessere Planung und Ordnung und hilft, die Tagesziele besser zu erreichen. Die Konzentration auf Wichtiges führt zu mehr Gelassenheit und positiven Erfolgserlebnissen.

3 Methoden der Problemlösung

3.1 Problemlösungsprozess

Mit dem Problemlösungsprozess kommen die Vorteile einer systematisch strukturierten Arbeitsweise gegenüber dem gewohnten Hau-Ruck-Vorgehen zum Tragen. Zwar ist es manchmal sinnvoll, eine „nahe liegende" Lösung direkt anzupacken ohne den Ist-Zustand bis ins Detail auszuleuchten oder sich gar Gedanken über Ziele und Lösungsmöglichkeiten zu machen. Diese in der Praxis häufig anzutreffende Situation wird als „Lösungsfalle" oder „jumping to solution" bezeichnet. Für Projekte, die jedoch Neuland betreten, lohnt sich ein differenziertes Vorgehen.

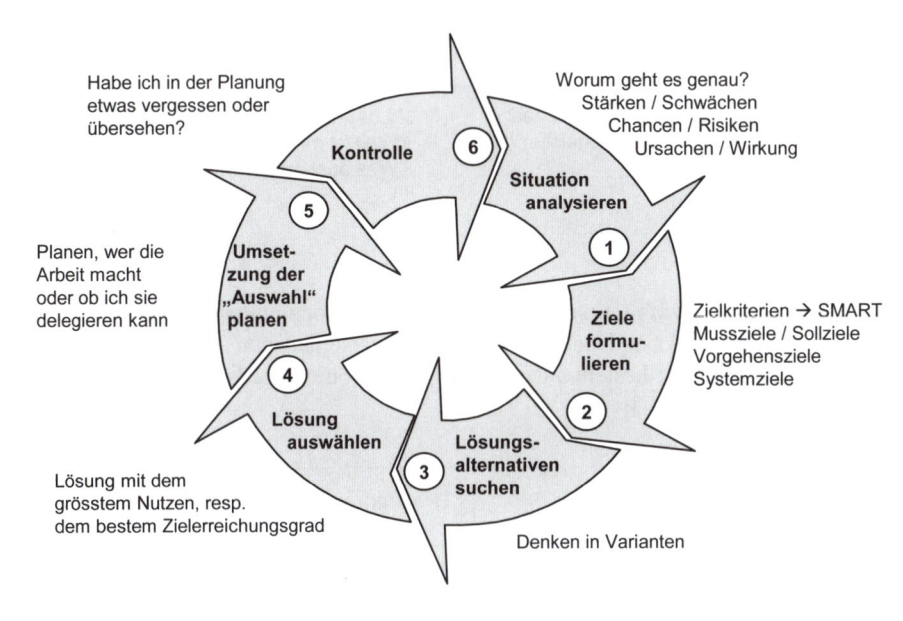

Abbildung IV-43: Die Problemlösungsmethodik

Der Problemlösungsprozess befasst sich mit den Abläufen im Projekt zur Gestaltung von Produkten und Dienstleistungen. Er ist ein strukturiertes Hilfsmittel für die Lösung von fachlichen Problemen, gleichgültig, welcher Art sie sind. Häufig wird auch der Begriff „Problemlösungszyklus" verwendet, um zu unterstreichen, dass in der Realität das Finden einer Lösung kein linearer Vorgang ist und die einzelnen Schritte nach Bedarf mehrmals durchlaufen werden können (iteratives Vorgehen).

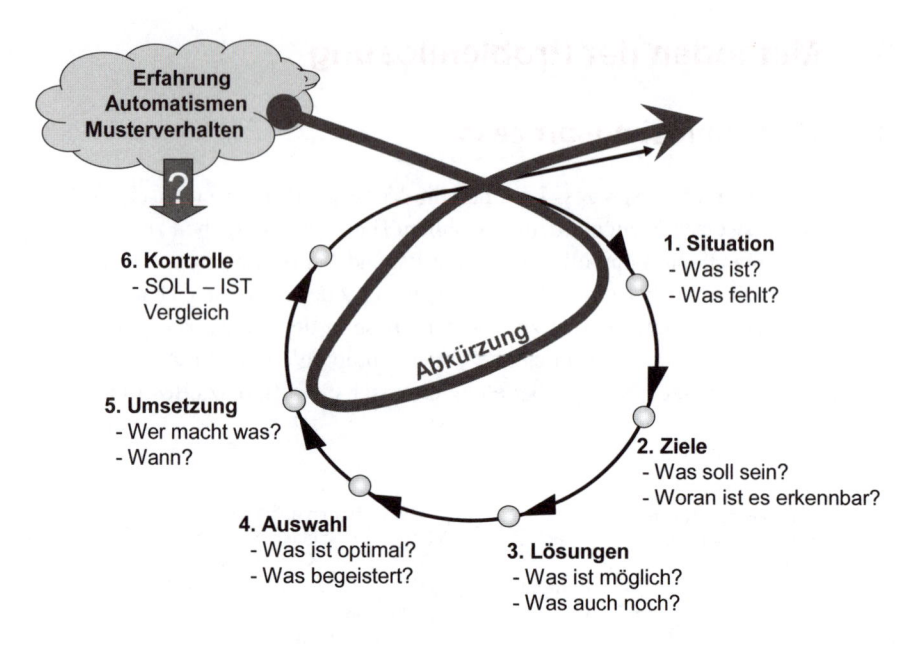

Abbildung IV-44: Die Lösungsfalle

Bei der grossen Vielfalt von Problemlösungsmethoden unterscheiden sich die meisten nur in der Anzahl und Aufteilung der verschiedenen Vorgehensschritte. Die folgende Methode besteht aus drei Schritten, wobei jeweils jeder Hauptschritt zwei Teilschritte umfasst:

Zielsuche	1. Situationsanalyse
	2. Zielformulierung
Lösungssuche	3. Lösungssynthese
	4. Lösungsanalyse
Auswahl	5. Lösungsbewertung
	6. Entscheid

Der Problemlösungsprozess wird in jeder Projektphase durchlaufen. Der Akzent auf die einzelnen Schritte des Problemlösungsprozesses verschiebt sich im Projektablauf: Während in der Anfangsphase der Schwerpunkt auf der Situationsanalyse und der Zielformulierung liegt, wird er in späteren Phasen auf der Lösungsanalyse und -synthese bzw. Lösungsbewertung und Entscheid liegen. Auch nimmt der Detaillierungsgrad von Phase zu Phase zu.

3 Methoden der Problemlösung   391

Von zentraler Bedeutung für den gesamten weiteren Verlauf des Projektes sind die am Projektanfang anstehenden Schritte „Situationsanalyse" und „Zielformulierung".

Ausgangslage

Was ist gut?
Was soll bleiben?
Was ist zu ändern?
Was ist zu eliminieren?

Ziel
Wie ist es, wenn das Projekt fertig ist?

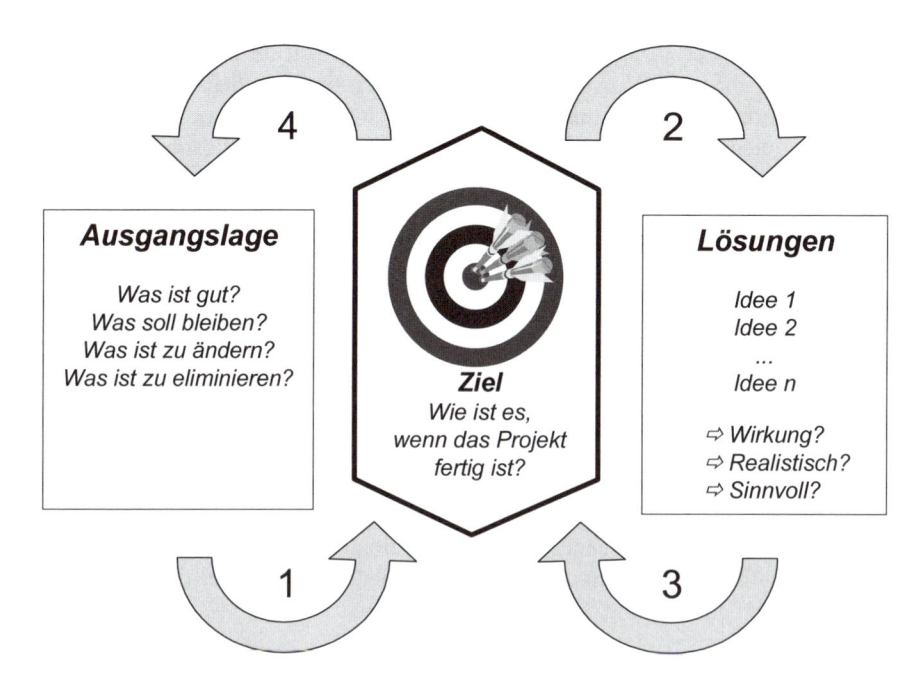

Lösungen

Idee 1
Idee 2
...
Idee n

⇨ Wirkung?
⇨ Realistisch?
⇨ Sinnvoll?

Abbildung IV-45: Schrittweise Annäherung von Zielen und Lösungen

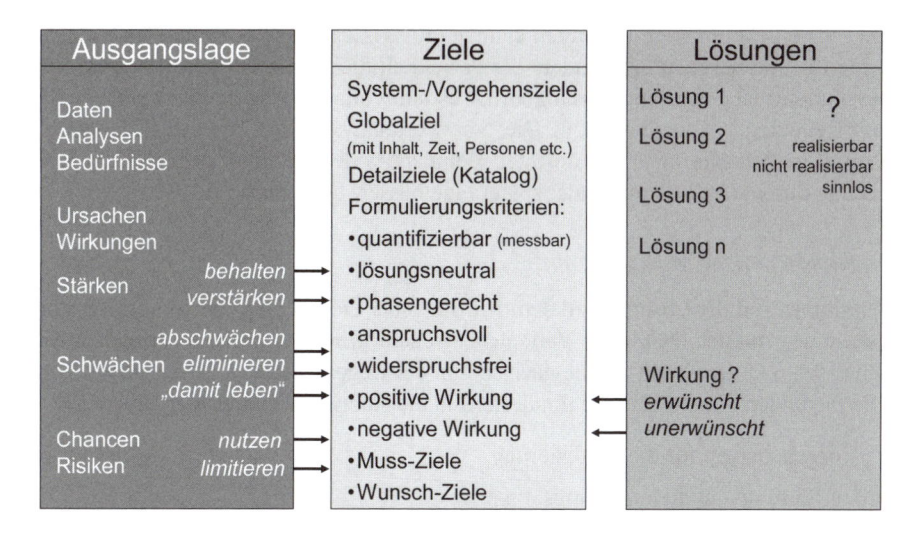

Ausgangslage	Ziele	Lösungen
Daten Analysen Bedürfnisse	System-/Vorgehensziele Globalziel (mit Inhalt, Zeit, Personen etc.) Detailziele (Katalog) Formulierungskriterien:	Lösung 1 ? Lösung 2 realisierbar nicht realisierbar Lösung 3 sinnlos Lösung n

Ursachen
Wirkungen
Stärken *behalten*
         verstärken
         abschwächen
Schwächen *eliminieren*
         „damit leben"
Chancen *nutzen*
Risiken *limitieren*
	• quantifizierbar (messbar)
	• lösungsneutral
	• phasengerecht
	• anspruchsvoll
	• widerspruchsfrei
	• positive Wirkung
	• negative Wirkung
	• Muss-Ziele
	• Wunsch-Ziele
		
		Wirkung ?
		erwünscht
		unerwünscht

Abbildung IV-46: Ziele ableiten aus Situation und Lösungsvorstellungen

Ziele definieren

Der Prozess der Zielsuche folgt im Allgemeinen auf die Projektvereinbarung, in der das Grobziel sowie eventuell ergänzende Rahmenbedingungen festgelegt sind. Die Zielsuche ist erfahrungsgemäss der schwierigste Teil im Projektmanagement und verlangt ein gutes Vorstellungsvermögen, Kreativität und Realitätssinn. Die Zielformulierung ist die Grundlage für die nachfolgende Erarbeitung von Lösungsprinzipien und Konzepten. Sie wird deshalb alle für die Lösungssuche notwendigen Angaben enthalten, insbesondere auch lösungsbestimmende Planungsdaten, minimale Datenstrukturen und Mengengerüste, die meist auf den in der Situationsanalyse erarbeiteten Strukturen aufbauen. Selbstverständlich entsprechen die Daten dem jeweiligen Wissensstand und sind je nach Natur des Projektes und Einstiegsniveau einfacher oder schwieriger zu formulieren. So wird es sicherlich einfacher sein, Ziele für ein Produktverbesserungs-Projekt zu formulieren, als für ein Projekt aus dem Sozialbereich oder aus der Forschung.

Lösungskonzepte entwickeln

In der Konzeptphase liegt der Schwerpunkt des Lösungszyklus bei der Suche und Ausgestaltung der Lösung. Besonders hilfreich ist es, wenn das Projektteam für Kreativitätstreffen in anregender, anderer Umgebung tagt. Eine inspirierende Umgebung mobilisiert die Kreativität der Teammitglieder. Auch Begeisterung am Auftrag unterstützt geistige und emotionale Höhenflüge.

Entscheidungen treffen

Am Ende der Konzeptphase muss dem Auftraggeber aus mehreren Varianten eine bewertete Lösung zur Auswahl präsentiert werden. Der Auftraggeber soll die bis ins Finale gekommenen Lösungen kennen und wissen, was das Projektteam als die beste Lösung anschaut. Besonders bei Projekten, die vom künftigen Benutzer eine persönliche Überzeugung verlangen, ist es sinnvoll, die verschiedenen Varianten aus Benutzersicht zu bewerten. Die Nutzwertanalyse führt der Projektleiter mit Vorteil gemeinsam mit den künftigen Benutzern oder mit einer akzeptierten Vertretung durch. Die Lösung findet später eine bessere Akzeptanz.

Das weitere Vorgehen planen

Zusammen mit der Lösung wird dem Auftraggeber die Planung für das weitere Vorgehen unterbreitet. Mit dem Variantenentscheid wird das weitere Vorgehen beschlossen und der Kredit für die nächste – in der Regel teuerste – Phase gesprochen. Die folgenden Punkte gehören mindestens in die Rubrik „Weiteres Vorgehen":

- Vorgehensplan für die Realisierung,
- Einführungs- und Umsetzungskonzepte,
- Ausbildungskonzept, Schulungskonzept: autodidaktisch oder in Teams? Der Projektleiter baut Erkenntnisse der Erwachsenenbildung ins Konzept ein.

3.2 Alternativen zum Problemlösungszyklus

Der Nutzen des Problemlösungszyklus' ist so gross und er ist so universell einsetzbar, dass diese Systematik seit den 60er Jahren immer wieder neu und unter anderen Namen aufgefrischt wurde.

Der Projektleiter wird mit unterschiedlichen Aufgaben und Problemstellungen konfrontiert. Je nach Situation ist das eine oder andere Modell (siehe Tabelle) von der Terminologie und dem methodischen Vorgehen hilfreicher.

- Es kann etwas völlig Neues geschaffen werden, das vorher nicht existiert hat (neues Produkt, Dienstleistung). Kreativität und Neuland betreten stehen im Vordergrund (z. B. Pionierprojekte).
- Etwas, das vorher zufriedendenstellend funktioniert hat, erfüllt plötzlich seine Funktion nicht mehr. Fehlfunktion erkennen und Ursachensuche sind angesagt.
- Bestehende Prozesse müssen verbessert oder optimiert werden.

Je nachdem, welche Situation vorherrscht, ist der eine oder andere Ansatz einfacher nachzuvollziehen und umzusetzen. Altbekanntes und Bewährtes wird mit neuen Namen und leicht verändert wieder aufgegriffen. Je nachdem ob man vom Projektmanagement, der Arbeitstechnik oder dem Qualitätsmanagement kommt, bevorzugt man den einen oder den anderen Ansatz.

Problemlösungs-zyklus Ziele, Lösungen, Auswahl	Kepner-Tregoe Problemlösungs- und Entscheidungsmethodik	Deming-Kreis (PDCA-Zyklus) Shewhart-Zyklus kontinuierlicher Verbesserungsprozess	Lean/Six Sigma (DMAIC, DMAEC) Verbesserung, Optimierung eines Geschäftsprozesses
Situationsanalyse: Was ist? Was fehlt? **Zielformulierung:** Was soll sein? Woran erkennen wir das? **Lösungsvarianten:** Was ist möglich? Was auch noch? **Auswahl u. Entscheid:** Was ist optimal? Was begeistert? Welche Risiken bestehen? Für welche Variante entscheiden wir uns? **Umsetzung und Kontrolle:** Wer macht was? Bis wann? Ziel erreicht?	**Situationsanalyse (SA):** Erfassen der Gesamtsituation **Problemanalyse (PA):** Genaue Beschreibung des Problems und seine Abgrenzung **Entscheidungsanalyse (EA):** setzen von Zielen, Bewerten von Lösungsalternativen **Analyse Potentieller Probleme (APP):** Erkennen von Schwierigkeiten und Ergreifen von vorbeugenden Massnahmen	**Plan:** Analyse des aktuellen Zustandes, Verbesserungspotenziale erkennen **Do:** Ausprobieren, Testen, praktisches Optimieren im kleinen Rahmen **Check:** Überprüfung der Resultate und Freigabe **Act:** Einführung als Standard auf breiter Front, regelmässige Überprüfung auf Einhaltung (Audits)	**Define:** welche Bedürfnisse der Kunden soll der Prozess erfüllen? **Measure:** Ausprägung der Leistungsmerkmale des Prozesses **Analyse:** Ursachen der Abweichung von definierten Leistungszielen identifizieren **Improve, Execute:** Lösungsmöglichkeiten für identifizierte Probleme suchen, Bewertungs-Kriterien festlegen **Control:** Verbesserungen und neue Verfahren einführen und überwachen

Abbildung IV-47: Alternativen zum Problemlösungszyklus

In einem anderen Projektumfeld können die Vorgehensweisen leicht anders sein oder andere Begriffe dafür verwendet werden. In der Forschung sind die Schritte z. B. Literaturstudium, Datenerhebung, Datenauswertung, Hypothese, Verifizierung. Im sozialen Bereich sind die Schritte z. B. Beobachtung, Hypothese, Intervention.

3.3 Zielsuche: Informationsbeschaffung und -analyse

Der Zielsuchprozess beginnt mit der Situationsanalyse. Sie dient der Klärung der Problemsituation, des relevanten Problemumfeldes im Sinne einer Lagebeurteilung und der Eingrenzung des Problems. Ein Teil dieser Aufklärungsarbeit ist weiter oben bereits beschrieben: „Erste Kontextanalyse": Wer ist von der Projektidee betroffen?

In der Vorstudie muss der Blick für die Betrachtung der Ausgangslage weit geöffnet werden, um danach die Abgrenzung für das Wesentliche vornehmen zu können. Hier ist die Analyse der Ist-Situation ganz besonders wichtig. Die Situationsanalyse wird bei jedem Meilenstein überprüft und kann für Teilaspekte nach Bedarf wiederholt oder ergänzt werden. Je nach Problemstellung und vorhandenem Wissen kann eine Situationsanalyse in wenigen Stunden „ad hoc" durchgeführt werden, oder sie braucht detaillierte Abklärungen durch mehrere Personen, möglicherweise über Monate hinweg (typisch bei Produktentwicklungs- und Anlageprojekten) mit der Gefahr, die Analyse bis zur Paralyse zu treiben.

3.3.1 Erhebungstechniken und Analyse

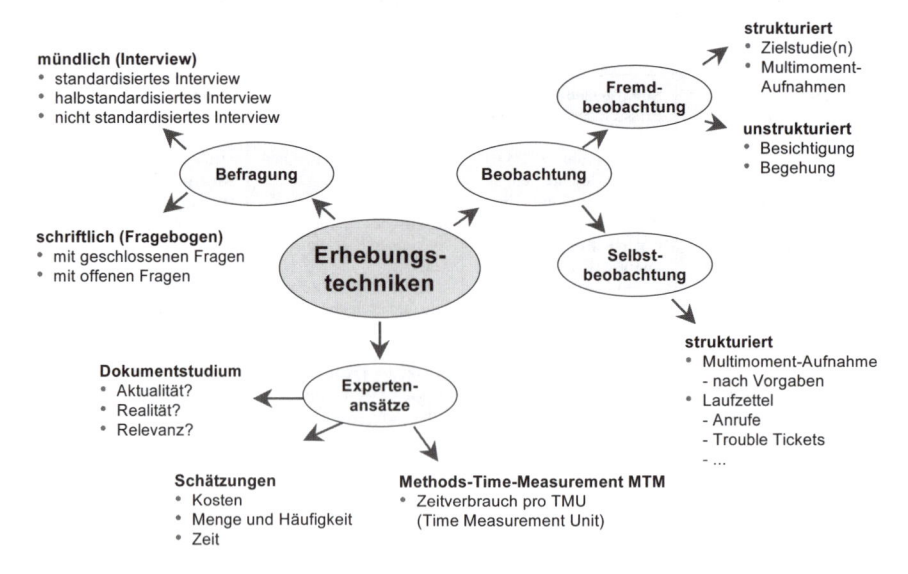

mündlich (Interview)
- standardisiertes Interview
- halbstandardisiertes Interview
- nicht standardisiertes Interview

schriftlich (Fragebogen)
- mit geschlossenen Fragen
- mit offenen Fragen

Dokumentstudium
- Aktualität?
- Realität?
- Relevanz?

Schätzungen
- Kosten
- Menge und Häufigkeit
- Zeit

Methods-Time-Measurement MTM
- Zeitverbrauch pro TMU (Time Measurement Unit)

Fremdbeobachtung

strukturiert
- Zielstudie(n)
- Multimoment-Aufnahmen

unstrukturiert
- Besichtigung
- Begehung

Selbstbeobachtung

strukturiert
- Multimoment-Aufnahme
  - nach Vorgaben
- Laufzettel
  - Anrufe
  - Trouble Tickets
  - ...

Zentral: **Erhebungstechniken** mit Verzweigungen zu Befragung, Beobachtung, Selbstbeobachtung, Expertenansätze.

Abbildung IV-48: Übersicht über Erhebungstechniken

Um die Situation am Start des Projektes verstehen zu können, sind Informationen zu sammeln (Erhebung) und anschliessend zu ordnen (Analyse). Beim Sammeln der Informationen interessieren natürlich auch Ideen zur zukünftigen Entwicklung. Die obigen Erhebungstechniken unterstützen die Erhebungsarbeit.

3.3.2 Was soll die Analyse liefern?

- Oft stehen ein externes Anforderungsdokument eines Kunden oder ein internes Pflichtenheft bzw. Lastenheft am Anfang eines Projektes.
- Die Analyse ist bereits ein Eingriff in die Organisation. Es ist wichtig, dass die Projektinstanzen und besonders der Projektleiter die Prozesse kennen, die auf den unterschiedlichsten Ebenen in Gang zu setzen respektive zu starten sind.
- Normalerweise wecken Projekte den Widerstand der von ihnen betroffenen Menschen. Im Sinne der Ökonomie der Veränderungen soll die Analyse auch aufzeigen, was auf keinen Fall verändert werden darf, weil es so gut ist. Nebst den Problemen gehören also auch Stärken in die Analyse.
- Die Analyse darf sich nicht nur auf Innerbetriebliches konzentrieren. Der Blick über den Tellerrand muss aufzeigen, was ausserhalb der Organisation geschieht, welche Trends für das Vorhaben von Bedeutung sind.
- Das erhobene Informationsmaterial ist geordnet darzustellen. Eine mögliche Ordnung sind Stärken/Schwächen sowie Chancen/Risiken.

3.3.3 Erfolgreich analysieren

Die Situationsanalyse lässt sich in drei Teilschritte gliedern:

- Veranlassung zum Vorhaben kritisch überprüfen und eventuell Projektauftrag ergänzen: Wo Zweifel bestehen, soll die Projektvereinbarung mit dem Auftraggeber nochmals ausgehandelt werden. Kontextanalyse: System und Umfeld abgrenzen, die verschiedenen Systemaspekte und relevanten Interessenkreise festhalten, d.h. das zu betrachtende System und damit auch die Projektabgrenzung z. B. mit einem „Bubble Chart" darstellen. Hier gilt der Grundsatz „Genügend breit und umfassend abgrenzen": Was gehört alles dazu? Was gehört nicht mehr dazu? Wo sind die Naht- oder Schnittstellen zum Umfeld?
- Ist-Situation (Gegenwart) analysieren, zweckmässigerweise in der Form einer Stärken/Schwächen- und Chancen/Risiken-Analyse (SWOT-Analyse). Alle vier Aspekte sind Ansatzpunkte für spätere Ziele: Was soll bleiben wie es ist, was soll verbessert oder geändert werden? Zur Aufnahme der Ist-Situation können auch Abläufe und „Mengengerüste" eines bestehenden Systems nützlich sein.
- Die Zukunft einbeziehen. Das Projekt kann Monate bis Jahre dauern, und sein Resultat soll nach Ende des Projektes mehrere Jahre benützt werden können. Zum vornherein ist ein Betrachtungszeitraum oder „Planhorizont" von meistens

mehreren Jahren erforderlich: Bis ans erwartete Ende des Lebens der Dienstleistung oder des Produktes denken. Für die Zukunftsbetrachtung kann es hilfreich sein, folgende Fragen zu stellen: „Welche Einflüsse zwischen System (Projekt) und dem sich ändernden Umfeld sind zu berücksichtigen, und wie entwickeln sich diese Einflüsse in der Zukunft?"

- Ein verändertes Umfeld kann die Projektziele und den späteren Nutzen eines Produktes bedeutsam beeinflussen: Je ausgeprägter die Einflussfaktoren sich ändern, umso grösser ist die Wirkung auf das Projekt und je grösser die Zeiträume, umso ausgeprägter kann die Veränderung sein. Der Zielfindungsprozess muss deshalb auf den Planungshorizont ausgerichtet sein.

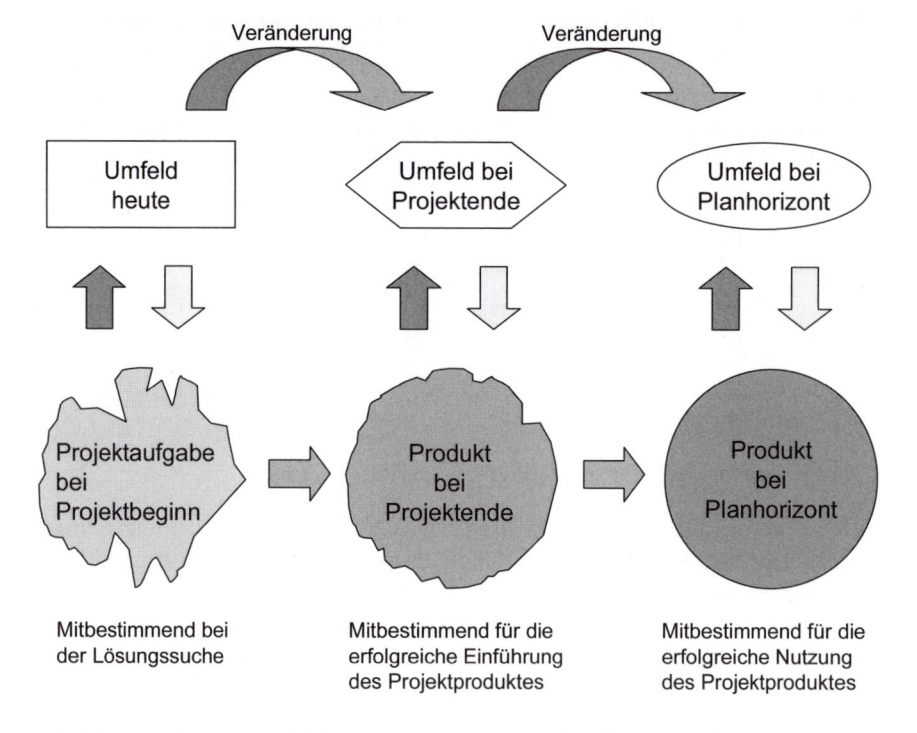

Abbildung IV-49: Berücksichtigung von Faktoren mit Einfluss auf die Zukunft

Mögliche Einflussfaktoren auf das Projekt können z.B. sein:

- natürliche   (Boden, Klima, Wetter, …),
- ökologische   (Umwelt),
- juristische   (Gesetze, Vorschriften, Normen, …),
- politische   (Protektionismus, Handelshemmnisse, …),

- volkswirtschaftliche (Trends, …),
- gesamtwirtschaftliche (Markt, Konjunktur, …),
- betriebswirtschaftliche (Kosten, Rentabilität, …),
- finanzielle (Kapital-, Kredit-, Zinspolitik, …),
- personelle (Arbeitsplätze, Personalpolitik, …),
- soziale (Kultur, Gesellschaft, …),
- psychologische (Tabus, Mentalität, …),
- technische (technologische Entwicklung, …).

3.3.4 Gruppensimulation zur Analyse einer Ausgangssituation

Für den Projektleiter lohnt es sich bereits in der Initialisierungsphase, die Konstellation der verschiedenen Anspruchsgruppen zu kennen. In einer ganz frühen Phase des Projektes ist es besonders hilfreich, wenn das Bild des Auftraggebers über die verschienensten Ansprüche an das Vorhaben sichtbar gemacht werden kann. Der Projektleiter kann den Auftraggeber dazu anleiten, seine intuitive Wahrnehmung bewusst darzustellen.

Er wendet dazu das Gruppensimulationsverfahren der „systemischen Strukturaufstellung (SySt) an. SySt fokussiert sich auf die Lösung und betrifft zugleich mehrere Symbolisierungsebenen. Der Auftraggeber bestimmt, welche Rahmenbedingungen und Systemzusammenhänge gemeint sein können. Personen, welche mit dem Projekt überhaupt nichts zu tun haben, nehmen repräsentierend für die Anspruchsgruppen wahr, wie die einzelnen Systemelemente zum Projekt stehen. Mit der Simulation kann sichtbar gemacht werden, welche internen und externen Interessengruppen Ansprüche ans Projekt haben. Auch kann eine Ahnung darüber entstehen, ob Anspruchsgruppen dem Projekt passiv gegenüber stehen, es aktiv in Richtung des Projektziels fördern oder sich aktiv als Bewahrer des Status Quo einsetzen. Durch die Aufstellungsarbeit klärt sich, wer wie ins Projekt einzubinden ist.

Die Methode der systemischen Strukturaufstellung eignet sich zur Ergänzung der klassischen Methoden. Sie ermöglicht innerhalb kürzester Zeit einen Überblick über komplexe Strukturen und zeigt deren meist verborgenen Hintergründe. Diese wenig aufwendige und damit Zeit und Kosten sparende Methode soll von Laien nur für die Diagnose der Ausgangslage eingesetzt werden. Danach kann das Projekt mit konventionellen Methoden und unter Berücksichtigung der mit der Gruppensimulation gewonnenen Erkenntnisse abgewickelt werden. Hier folgt die Anleitung zur Aufstellungsarbeit in zwei Varianten: Mit Repräsentanten einer Arbeitsgruppe und mit dem Auftraggeber allein:

Variante mit einem Team

Die Person mit der Idee (Ideengeber), ein Moderator und etwa zehn weitere Mitglieder stehen zur Verfügung.

Lösungsorientiertes Interview (Moderator befragt den Ideengeber):

- „Angenommen, das Projekt wäre bereits erfolgreich umgesetzt, was wäre dann?"
- „Wer bzw. welche Elemente (Teams usw.) spielen eine Rolle in diesem Projekt (heute und künftig)?" Alle Personen und Elemente auf Flipchart notieren, beginnend mit „Fokus" (=Ideengeber).
- Ideengeber wählt aus dem Team Repräsentanten für sämtliche Personen/Elemente; Namen auf Flipchart ergänzen; bei unübersichtlicher Situation den Repräsentanten Namensschilder geben.

Aufstellungsarbeit (Moderator leitet Ideengeber an):

- „Nimm den ersten Repräsentanten und führe ihn an den Schultern. Spüre dazu deinen Atem, den Kontakt zum Boden und zum Repräsentanten sowie den Impuls, wohin du den Repräsentanten stellen möchtest. Mache den ersten Schritt und gehe (mit offenen oder geschlossenen Augen) dort hin, wo du das Gefühl für den richtigen Platz und die richtige Ausrichtung hast."
- Jeder Repräsentant nimmt wahr, was sich während der Aufstellung verändert.
- Wenn alle Repräsentanten stehen, fragt der Moderator die Repräsentanten der Reihe nach, was sie empfinden (Gefühle, Körperwahrnehmungen) und was sich verändert hat, wenn neue Repräsentanten dazu kamen.

Umsetzungsarbeit (vom Moderator angeleitet):

- Das entstandene Bild in einem Bubble Diagramm auf einem Flipchart so festhalten, dass die Abstände und Winkel der Elemente zueinander dem entsprechen, was aufgestellt wurde. Evtl. besondere (+/-) Verbindungen einzeichnen.
- Das Projekt mit einer Linie um die Kernelemente herum abgrenzen.
- Rückmeldungen und Tipps an den Ideengeber aus den Rollen heraus sammeln. „Folgendes ist aus meiner Sicht besonders zu beachten: …".

Variante mit dem Auftraggeber allein

Der Auftraggeber hat hat mit dem künftigen Projektleiter einen Moderator oder Coach zur Verfügung. Statt mit Repräsentanten wird mit Moderationskarten gearbeitet:

- Der Auftraggeber gibt dem Projektleiter der Reihe nach je eine Stakeholderrolle und führt ihn dahin, wo seine Intuition ihn leitet.

- Der Projektleiter legt die Karte mit den Namen des vertretenen Systems direkt vor seinen Füssen so auf den Boden, dass ihre untere Kante die Schuhspitzen berührt; die Ausrichtung der Karte entspricht der Blickrichtung des vertretenen Elements.
- Der Vorgang wird so oft wiederholt, bis alle Karten ausgelegt sind.
- Zusammen mit dem Projektleiter überprüft der Auftraggeber kritische Beziehungen (extrem grosse oder kleine Distanzen sowie frontale Gegenüberstellungen oder klare Abwendung).
- Umsetzungsarbeit (Bubble Diagramm) wie in der Variante „Team".
- Der Auftraggeber spürt nach, wie die einzelnen Systemteile zum Projekt stehen und gibt dem Projektleiter Tipps, indem er vor die Karten der Anspruchsgruppen steht und die Konstellationen zu den anderen Elementen überprüft. Der Projektleiter kann dazu die anderen Positionen abwechslungsweise einnehmen.

3.4 Zielsuche: Informationsaufbereitung

3.4.1 SWOT-Analyse, SOFT-Analyse

Die SWOT-Analyse oder auch SOFT-Analyse identifiziert S̲trenghts, W̲eaknesses, O̲pportunities und T̲hreats und stellt eine nützliche Möglichkeit dar, alle von einem Projekt betroffenen Bereiche zu untersuchen. Die Analyse prüft sowohl die interne als auch externe Umgebung. Stärken und Schwächen sind kontrollierbare interne Faktoren und können verändert werden, wenn sie so wie sie sind nicht akzeptabel sind. Chancen und Gefahren sind allgemein unkontrollierbare externe Faktoren und können nicht von der Organisation beeinflusst werden. Die Organisation kann darauf aber entsprechende Massnahmen ergreifen.

Eine SWOT-Analyse kann auf der höchsten Ebene innerhalb einer Organisation die Leistung als Ganzes betrachten. Sie kann sich auch unten durch die Struktur von einzelnen Projekten bewegen und sich auf einzelne Bereiche und Abteilungen konzentrieren. Eine Organisation kann auch jedes einzelne Produkt oder jede einzelne Dienstleistung einer SWOT-Analyse unterziehen. Um das in jedem Projekt inhärente Risiko zu reduzieren, soll eine Organisation auf den Stärken aufbauen und diese ausbauen, die Schwächen lindern, Chancen nutzen und Alternativen gegen Gefahren und Risiken bereitstellen.

SWOT	positiv	negativ
Hier und jetzt (intern)	Strengths/Stärken	Weaknesses/Schwächen
Aussen und künftig (extern)	Opportunities/Chancen	Threats/Gefahren

SOFT	positiv	negativ
Hier und jetzt (intern)	Strengths/Stärken	Faults/Schwächen
Aussen und künftig (extern)	Opportunities/Chancen	Threats/Gefahren

Mögliche Fragen an die Mitglieder einer Organisation:

Stärken

Was läuft gut? Worauf können wir uns verlassen? Was stellt uns zufrieden? Woher beziehen wir Energie? Worauf sind wir stolz? Was sind unsere Stärken?

Schwächen

Was ist schwierig? Welche Störungen behindern uns? Was fehlt uns? Was fällt uns schwer? Wo liegen unsere Fallen?

Chancen

Wozu sind wir fähig? Wo liegen unsere künftigen Chancen? Was können wir im Umfeld nutzen? Was liegt brach? Was ist ausbaubar? Welche Möglichkeiten stehen uns offen?

Gefahren

Wo lauern die Gefahren? Welche Schwierigkeiten kommen auf uns zu? Womit müssen wir rechnen? Was sind unsere Befürchtungen?

3.4.2 Szenariotechnik

Szenarien als alternative Bilder der Zukunft helfen, die Auswirkung von Entscheidungen in der Zukunft zu erkennen. Die Szenariomethodik ist daher besonders geeignet, um nachhaltige Problemlösungen zu identifizieren. Szenarien werden in der Umweltforschung ebenso wie im planerischen Bereich oder im Management verwendet.

Mit Szenariotechniken werden Wenn-dann-Optionen entwickelt und vorbereitet. Untersucht werden sowohl die Auswirkungsstärke einzelner Massnahmen auf die eigene Organisation als auch die Prognosesicherheit in der Vorhersage dieser Massnahmen. Je höher eine zu erwartende Aktion bezüglich beider Dimensionen tendiert, desto mehr Aufmerksamkeit ist notwendig, da Reaktionszeit und Kosten bzw. Investitionen eine enorme Rolle spielen.

3.4.3 Ursachen-Wirkungsanalyse (Fischgräten-Methode)

Eine systematische Methode, welche erlaubt, komplexe Ursachen-Wirkungszusammenhänge darzustellen, wurde schon in den 50er Jahren vom Japaner Kaoru Ishikawa entwickelt. Es handelt sich um eine einfache Technik zur systematischen Ermittlung von Problemursachen. Heute ist das Vorgehen auch unter den Bezeichnungen 6M-, Fishbone-, Fischgräten-Methode oder Tannenbaum-Diagramm bekannt. Die Hauptursachen, welche als Pfeile auf die Prozessachse zeigen, können für viele Situationen immer wieder verwendet werden: Mensch, Methode, Maschine, Material, Milieu, Messung und Management. Auf diese Hauptpfeile zielen nun wiederum Pfeile, welche mögliche Nebenursachen darstellen können.

Die Erstellung eines Ishikawa-Diagramms erfolgt in einer moderierten Arbeitsgruppe. Für den Erfolg der Methode ist es wichtig, dass für jeden betroffenen Bereich des zu analysierenden Problems sachkundige Teilnehmer anwesend sind. Dies kann bedeuten, dass auch externe Personen (z.B. Lieferanten, Kunden) hinzugezogen werden müssen.

Die Mitglieder des Teams notieren sich auf einem grossen Papier (Pinwand, Flipchart) das möglichst klar und verständlich formulierte Problem, bis alle mit der Problemformulierung einverstanden sind. Die Einzelergebnisse der Ursachenforschung werden mit einem Brainstorming auf Karten notiert. Diese Karten werden dann gemäss „Bauplan" zum Ishikawa-Diagramm aufgereiht. Im Wechsel der schrägen und horizontalen Pfeile kann nach immer tieferen Ursachen geforscht werden.

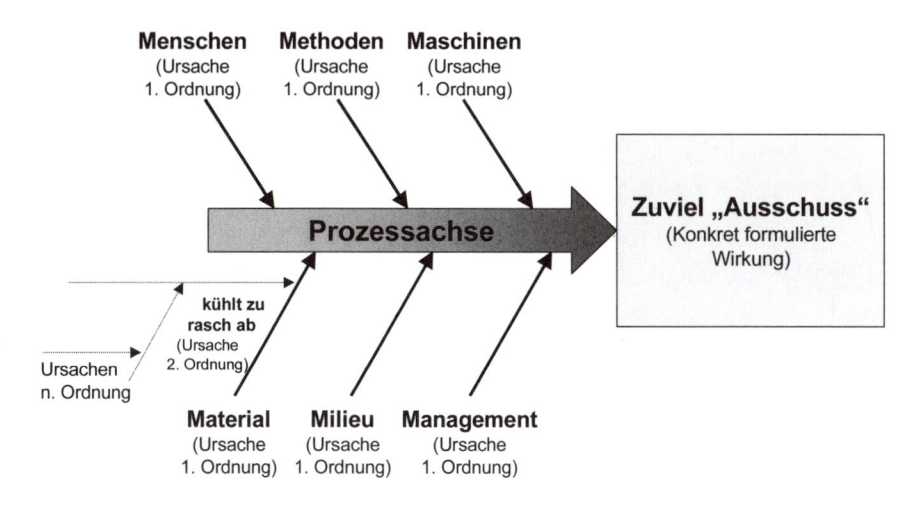

Abbildung IV-50: Fischgräten-Methode

Mit der Dispersionsmethode werden einzelne Ursachen einer Hauptursache zugeordnet. Jede einzelne Ursache wird hinterfragt: „Warum tritt diese Ursache (Dispersion) auf?" Es wird so lange hinterfragt, bis dem Team keine Ursachen mehr einfallen. Als Faustregel gilt hierbei die Technik der „Fünf Warum": Bis zu fünfmal „Warum?" fragen, um an die Wurzel des Problems zu gelangen.

Hier ein paar Fragehilfen: „Was verursacht die Wirkung…? Weshalb passierte…? Wie würde es sich verhalten, wenn sich dieser Aspekt verändert? Wer ist vom Problem betroffen? Wie erleben Sie…? Wer leidet unter dieser Situation, diesem Zustand?" Das Ishikawa-Diagramm kann auch verwendet werden, um Aktivitäten in Prozessen zu strukturieren bzw. Prozesse zu analysieren. In diesem Fall steht an der Spitze des Hauptpfeils das Ergebnis des Prozesses, während die einzelnen „Fischgräten" die Aktivitäten hierarchisch geordnet darstellen.

3.5 Zielsuche: Informationsdarstellung

3.5.1 Kontextanalyse

Überraschungen bei den Abklärungen im Vorfeld eines Projektes sollen in engen Grenzen gehalten werden. Es gibt verschiedene Möglichkeiten um festzustellen, welche Teile einer Organisation von einer Projektidee betroffen sein können. Am Anfang eines Projektes fehlt meistens der Überblick über die Situation. Ein Ergebnis der Umfeldanalyse ist das Beziehungsdiagramm. Es zeigt die vom Projekt betroffenen Elemente und grenzt das Projekt ab: z.B. das Projektteam und darum herum sich befindende wichtige Elemente, mit denen die Kommunikation wichtig ist.

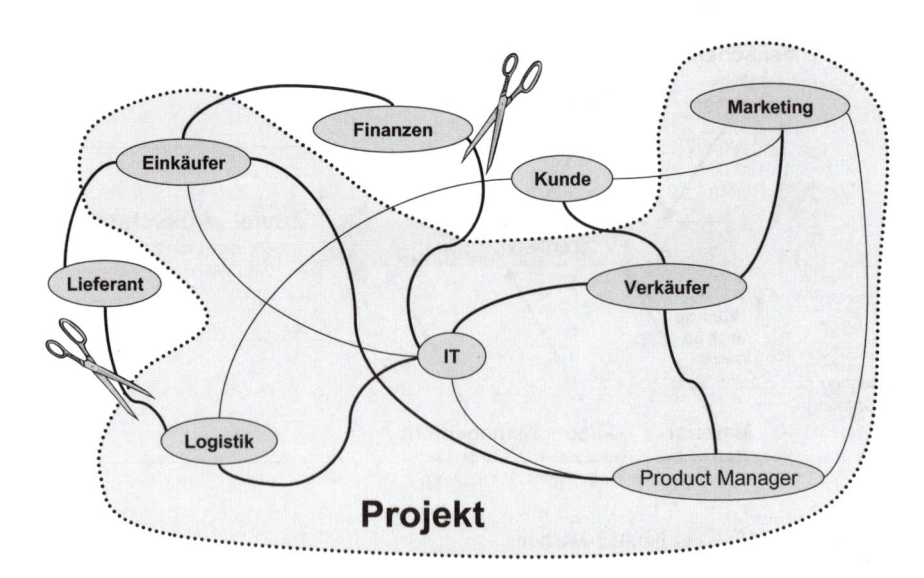

Abbildung IV-51: Beispiel eines „Beziehungsdiagramms"

3.5.2 Qualitätswerkzeuge unterstützen systematische Analyse

Neben der Fischgräten-Methode gibt es weitere Methoden für den kontinuierlichen Verbesserungsprozess. Sie wurden in den 60er Jahren in Japan zusammengestellt und stellen die Ergebnisse grafisch dar. Im Einzelnen sind dies:

- **Strichlisten** bzw. **Prüfformulare** dienen der Datenerfassung vor Ort. Nur was gemessen wird, kann es auch ausgewertet werden. Da die Messdaten die Basis jedes Verbesserungsprozesses sind, wird in zunehmendem Masse die Messdatenerfassung auf elektronischem Weg direkt im Produktionsprozess vorgenommen.
- **Histogramme** bzw. **Säulendiagramme** dienen zur Visualisierung der Häufigkeit von Ereignissen oder Fehlern in kategorisierter Form (z.B. Wochentag, Materialeinsatz, Methode usw.). Histogramme beruhen direkt auf den Daten der Strichlisten. Ihre Aussage kommt durch die Gruppierung zustande und ist somit stark durch die Fragestellung beeinflusst.
- Das **Pareto-Diagramm** ist das nach Häufigkeit sortierte Histogramm. Es dient dazu, die wichtigsten Ursachen zu identifizieren, um möglichst schnell mit den gegebenen Kapazitäten Erfolge zu erzielen. Insbesondere im Ursachenfindungsprozess dient es dazu, als Wegweiser die Analysekapazität möglichst effizient einzusetzen und nur nach den „grossen Fischen" zu jagen.
- Der grafische Vergleich bzw. die so genannte **Schichtung** ist ein primitives statistisches Werkzeug für die Ursachenfindung von Problemen. Die Messdaten werden nach vermuteten Ursachen oder nach rein formalen Gesichtspunkten (z.B. Tagschicht und Nachtschicht) gruppiert und auf gleiche Weise ausgewertet. Die Ergebnisdiagramme (z.B. Histogramm der aufgetretenen Fehler) werden miteinander verglichen und auf systematische Unterschiede überprüft.
- **Streudiagramme** werden verwendet, um Messdaten, zwischen denen ein Zusammenhang vermutet wird, auf ihre Korrelation hin zu überprüfen. Durch einfache lineare Regression wird die Stärke des Zusammenhangs bestimmt.
- **Regelkarten** sind ein komplexes Instrumentarium zur statistischen Prozesskontrolle (Statistical Process Control, SPC). Es werden nach bestimmten Regeln Stichproben eines Produktes oder einer Dienstleistung erfasst und Mittelwert, Standardabweichung sowie Extremwerte berechnet. Die kontinuierliche Erhebung und Auswertung der Stichproben führt bei Überschreiten der so genannten Eingreifsgrenze zu geeigneten Massnahmen, um den Qualitätsstandard wieder herzustellen.

Neben den sieben klassischen Qualitätswerkzeugen werden immer wieder andere Methoden zum „Standardwerkzeugkasten" hinzugefügt. Hierzu zählen beispielsweise das Flussdiagramm zur Prozessbeschreibung und die Regressionsanalyse zur mathematisch korrekten Behandlung des Streudiagramms. Abgegrenzt von den sieben Qualitätswerkzeugen, die im laufenden Prozess zur Überprüfung und

Verbesserung eingesetzt werden, sind die drei Methoden des Quality Engineering, die tiefer greifende Entwurfs- und Änderungsprozesse begleiten:

- QFD (Quality Function Deployment),
- FMEA (Failure Mode and Effect Analysis),
- DoE (Design of Experiments).

3.6 Zielsuche: Zielformulierung

Ziele sind Aussagen darüber, was mit den zukünftigen Lösungen erreicht werden soll. Entsprechend gilt für die Fragestellung:

Was ist zu erreichen und nicht **wie** ist es zu erreichen?

In der Arbeitswelt wird das Führen durch Zielvereinbarung (Management by Objectives, MbO) seit längerer Zeit praktiziert. Projekte sind aufgrund ihrer Definition immer zielgerichtete Vorhaben. Projektziele stellen dar, was im Rahmen des Vorhabens erreicht werden soll. Sie beziehen sich hauptsächlich auf die zu gestaltenden Funktionen und deren Nutzung (z.B. Leistungen, Einsatzbereich, Wirtschaftlichkeit, usw.).

3.6.1 Anforderungen an Ziele

Die Globalzielsetzung des Auftrags wird in der Vorstudie differenziert.

Projektziele sind:

- anzustrebende Funktionen: Was soll anders sein, wenn es fertig ist? Wie soll es funktionieren?
- Wünsche, Hoffnungen und Emotionen: Welcher zusätzliche Nutzen soll generiert werden?
- Wirkungen, die erzeugt werden sollen: Welche positiven Auswirkungen soll das Projekt zusätzlich liefern?
- mit den menschlichen Sinnen wahrnehmbare Kriterien, die an künftige Lösungen gerichtet werden: Qualitätsforderungen an Produkt, Dienstleistung und Prozess.
- wenn immer möglich positiv beschrieben: Was sein wird, nicht was nicht mehr sein darf.

Projektziele sind nicht:

- Massnahmen oder Tätigkeiten, die zur Lösung führen,
- Lösungsvorschläge.

Projektziele haben eine zentrale Bedeutung. Sie steuern wie ein Magnet die Lösungssuche: Alle Arbeiten im Projekt beziehen sich auf Ziele, sie sind die Vorgaben für die Projektführung. Dazu müssen die Projektziele vorgängig formuliert werden. Alle am Lösungsprozess beteiligten Personen müssen sie kennen und akzeptieren. Projektziele werden immer vor der Lösungssuche formuliert und nicht nachträglich, um irgendwelche Ereignisse zu rechtfertigen. Bezüglich Terminologie ist zu beachten, dass der Begriff „Ziel" in der Praxis unterschiedlich verstanden und gehandhabt wird.

Einerseits wird unter Ziel bei der Auftragsformulierung nur ein Grobziel oder Globalziel für ein Projekt verstanden. Der Begriff kann anderseits auch für ein einzelnes Detailziel stehen. Statt von Zielen wird auch von Pflichtenheft bzw. Lastenheft gesprochen. Es ist ein aus den Zielen abgeleitetes, detailliertes Dokument, das meist für Ausschreibungen eingesetzt wird.

Für eine Formulierung von Projektzielen sind folgende Regeln zu beachten:

- Ziele so beschreiben, als ob sie bereits erreicht wären; dies hat eine suggestive Wirkung. Beispielsweise so: „Ein halbes Jahr nach Inbetriebnahme der Lösung sind die gesamten Projektkosten amortisiert".
- Ziele lösungsneutral formulieren: Was kann wahrgenommen werden, wenn das Ziel erreicht ist? Werden Lösungen vorgegeben oder beschrieben, besteht die Gefahr, dass gute Lösungen zu früh ausgeschlossen werden! Beispiel: „Bei Anruf eines Kunden stehen die aktuellen Informationen über ihn zur Verfügung." Und nicht: „System XY liefert aktuelle Kundendaten auf den Bildschirm."
- Die Ziele sollen alle Kriterien beinhalten, nach welchen später eine Lösung oder Lösungsvariante beurteilt und bewertet wird. Checklisten helfen schon früh im Projekt, Vollständigkeit zu erreichen. Wird bezüglich eines Lösungsaspektes kein Ziel (Kriterium) formuliert, so lässt man in der Lösungssuche volle Freiheit (d.h. grundsätzlich ist jede Lösung möglich). Das gibt auch einen Hinweis zur Frage: „Wie weit soll die Formulierung der Ziele ins Detail gehen?"
- Neben den Zielen sind auch die Rahmenbedingungen festzuhalten: Was muss eingehalten werden? Was darf unter keinen Umständen passieren? z.B. welche Sicherheitsaspekte müssen respektiert werden?
- Ziele möglichst operational formulieren: einfach, verständlich, klar, eindeutig messbar oder so, dass die Zielerreichung beurteilt werden kann.
- Ziele sollen realistisch sein, auch wenn die Lösung im Moment noch nicht ersichtlich ist. Realistisch meint, dass die Zielerreichung von den Beteiligten aktiv beeinflusst werden kann. Ziele dürfen dabei anspruchsvoll, herausfordernd sein, weil dies vor allem in einem innovativen Umfeld stark motivierend wirkt.
- Operationelle Detailziele sollen so früh wie möglich nach dem Projektauftrag (Grobziel) und so präzise wie möglich formuliert werden, später im Projektablauf aber allenfalls geändert oder ergänzt werden.

Der Detaillierungsgrad einer Zielformulierung bei Projektbeginn soll so sein, dass all das, was bei der Lösungssuche den Spezialisten nicht zur freien und willkürlichen Wahl überlassen werden soll, in den Zielen mehr oder weniger zwingend vorgegeben wird.

Der Auftraggeber setzt Leitplanken und lässt Spielraum offen, damit das Team optimale Lösungen finden kann. Er wählt dort harte Grenzen, ohne Toleranz, wo es ihm sehr wichtig ist oder wo Gesetze und Normen dies kompromisslos fordern. Er wählt offene Formulierungen mit Spielraum, wo die Priorität der Rahmenbedingungen weniger hoch ist.

Ziele sind:

- klar und präzise,
- widerspruchsfrei,
- aufeinander bezogen, soweit dies sinnvoll ist,
- mit den vorhandenen Ressourcen und Rahmenbedingungen erreichbar,
- die Unternehmensstrategie unterstützend,
- von der Geschäftsleitung unterstützt,
- den interessierten Anspruchsgruppen kommuniziert.

Ziele sind SMART:

- **S**pezifisch,
- **M**essbar,
- **A**ttraktiv/**A**nspruchsvoll,
- **R**ealistisch,
- **T**erminiert.

3.6.2 Ziele gemeinsam finden

Theoretisch werden vom Auftraggeber mit dem Auftrag die Grobziele vorgegeben. In der Praxis müssen die Ziele meist aus dem Grobziel abgeleitet und detailliert werden. Ziele sollen sinnvoll und ethisch vertretbar sein und die Wertvorstellungen der am Projekt massgebend interessierten Stellen widerspiegeln. Deshalb wird der Projektleiter die Projektziele nie allein formulieren, sondern dafür besorgt sein, dass dies im Rahmen einer Gruppe mit der entsprechenden Kompetenz geschieht. Dieses Team setzt sich zusammen aus Personen, die über das Resultat des Projektvorhabens relevante Aussagen machen können. Sie sind am Projekt direkt interessiert, weil sie Betroffene oder Beteiligte sind und weil sie aus dem Projektresultat einen Nutzen ziehen können. Ziele sollen nicht nur sachliche Bedingungen erfüllen, sie müssen auch über ein angemessenes Mass an Akzeptanz verfügen. Bei der Zielformulierung sollten Personen eingesetzt werden, die:

- die Fähigkeit haben, weit blickend zu denken,
- durch ihre Betroffenheit auch ihre Wertvorstellungen einbringen,
- die Fähigkeit haben, Gedanken in Worte zu fassen,
- ein überdurchschnittliches Wissen über das Problemfeld besitzen,
- Routine haben im Formulieren von Zielen.

Die Gruppe, welche die Ziele formuliert, ist so zusammenzustellen, dass das Projekt unter all den relevanten Perspektiven gesehen wird. Die folgenden Fragen liefern Anhaltspunkte darüber, welche Interessen zu berücksichtigen sind und ob das Projektteam für den Schritt Zielsetzung zu erweitern ist:

- Welches sind die späteren Benutzer?
- Welche wichtigen Stellen sind sonst noch vom Projekt betroffen?
- Welche übrigen Personen können Informationen liefern oder haben die Möglichkeit, die Ergebnisse entweder zu unterstützen oder zu boykottieren?

Schliesslich sind zur Zielfindung die folgenden Punkte zu berücksichtigen:

- Die Detailziele sind aus dem Auftrag abzuleiten.
- Ein breites Spektrum von Zielkategorien ergibt sich aus der Sicht der Beteiligten und Betroffenen oder aus Unternehmenszielen und Unternehmensprozessen oder aus dem Projektumfeld.
- Bei unklaren Zielen ist besonders auf deren Messbarkeit zu achten: Woran lässt sich mit einfachen Mitteln feststellen, dass ein solches Ziel erreicht ist?
- Oft werden für Ziele Begriffe verwendet, die unterschiedlich verstanden werden. Mit der Definition von Begriffen, die im Zielkatalog auftauchen wird sichergestellt, dass alle dasselbe darunter verstehen.
- Ziele sind nicht auf den Projektabschluss beschränkt. Etappenziele sollen als Meilensteinziele festgelegt werden. Dabei muss zunächst die Frage geklärt werden: Woran lässt sich erkennen, ob dieses Teilziel erreicht ist? Wenn diese Frage eindeutig beantwortet werden kann, ist eine Projektkontrolle optimal vorbereitet.

3.6.3 Ziele im Zielkatalog strukturieren

Da die Zielformulierung für Projekte meistens zu einer längeren Liste von Detailzielen führt, soll eine solche Liste zur besseren Übersichtlichkeit sinnvoll strukturiert und gegliedert werden. Eine erste zweckmässige Gliederungsmöglichkeit ist die Unterteilung in Systemziele und Vorgehensziele:

Systemziele	Vorgehensziele
Mindestens 5 Zimmer Verfügbares Budget: 950 000 € Alleinstehendes Haus Volle Unterkellerung	Architekt plant nach den Tagesabläufen Haus ist vor Wintereinbruch gedeckt Böden und Wandverputz in Eigenarbeit Einzugstermin: tt.mm.jjjj

Abbildung IV-52: Beispiel „Vorgehens- und Systemziele"

Systemziele sind alle Forderungen und Bedürfnisse, welche am Ende des Projektes mit der Lösung erreicht werden sollen. Sie sind die Beurteilungskriterien für die Projektlösung wie Leistungs- und Qualitätsziele, Terminziel, wirtschaftliche Ziele, usw. Darunter sind auch sämtliche Vorstellungen des Auftraggebers hinsichtlich der kurz- und langfristigen Wirkungen und des Nutzens zu verstehen, die das Ergebnis des Projektes nach sich ziehen soll.

Vorgehensziele umfassen alle Vorgaben oder Auflagen, welche während des Projektablaufes zu erfüllen, am Ende des Projektes aber nicht mehr relevant sind. Vorgehensziele sind festgelegte Meilensteine, Benützung bestimmter Hilfsmittel für die Durchführung, Auflagen zur Vermeidung von Störungen durch den Projektablauf, usw.

Der Katalog von Detailzielen soll primär die Systemziele enthalten. Systemziele überwiegen im Allgemeinen schon rein zahlenmässig. Eine solche grössere Liste von Einzelzielen soll zur Übersichtlichkeit strukturiert werden, z.B. in Form einer hierarchischen Gliederung in Zielklassen oder Zielgruppen und in operationale Detailziele (Einzelkriterien). In dieser Gliederung steht das „Globalziel" auf der obersten Stufe, und auf der untersten Stufe stehen die „Detailziele".

Das Global- oder Grobziel ist jene knappe, prägnante Beschreibung der Projektaufgabe, welche den zu erreichenden Endzustand im Projekt schwerpunktmässig charakterisiert. Es dient den Projektmitarbeitern zur Orientierung. Die Formulierung des Globalziels beinhaltet eine prägnante Aussage bezüglich:

Was soll erreicht werden (Qualität, Funktionalität, Umfang)
Wer soll das erreichen (Person, Personengruppe)
Wann soll das erreicht werden (Zeitliche Begrenzung)
Womit soll das erreicht werden (Kostenrahmen)

Das Globalziel ist auch ein wesentlicher Bestandteil des Projektauftrages bei Projektbeginn.

Zielkatalog

Globalziel:	In drei Monaten sind unsere Online-Dienste 40% schneller als heute. Maximale Kosten für das Projekt: 800 000 €, Payback max. 12 Monate

1 Kundenbeziehungs-Ziele
1.1 Es gibt eine Dringlichkeitsstufung der Kundenversorgung
1.2 Es gibt eine direkte Rückkoppelung von / zu externen Kunden
1.3 Spezifische, individuelle Leistungen werden mit dem Kunden vereinbart
1.4 Beziehung zu internen Kunden ist so gut wie mit externen (Umfragen)

2 Dienstleistungsentwicklungs-Ziele
2.1 Sämtliche Beiträge an die Gesamtdienstleistung sind vollständig
2.2 Die Leistungserbringer sind jederzeit über den Stand der Gesamtdienstleistung informiert
2.3 Die Vollständigkeitsprüfung ist Bestandteil des Ablaufprozesses
2.4 Die Fehlerbehebung ist Bestandteil des Ablaufprozesses

3 Controllingziele
3.1 Jede Dienstleistung hat einen Aktualitätsstatus
3.2 Termine bei der internen Weitergabe werden eingehalten
3.3 Es gibt eine Tagesmeldung über den Output an Dienstleistungen

4 Finanzielle Ziele
4.1 Die Kosten für die Erstellung der Dienstleistungen sind 20% tiefer

5 Terminziele
5.1 In drei Monaten nach Projektstart sind alle Online-Dienste 40% schneller

Abbildung IV-53: Beispiel „Hierarchische Gliederung von Zielen"

Zielklassen

Sie gliedern das Grobziel in einzelne „Zielaspekte", die ihrerseits mehrere sinnverwandte geforderte Eigenschaften (Detailziele) umfassen.

Detailziele

Sie stellen die konkreten (positiven) Anforderungen dar. Sie erläutern die Zielklasse, indem sie erklären, was damit auf der sachlichen Ebene gemeint ist. Solche Detailziele sind wenn immer möglich zu quantifizieren.

Eine zweckmässige Form dieser hierarchischen Gliederung ist ein Zielschema mit Zielklassen und Detailzielen. Ein solches Schema erstellt der Projektleiter für jedes Projekt einzeln. Für gewisse Projektarten können auch erarbeitete Standard-Checklisten benützt werden. Für die Formulierung der Detailziele im Zielschema gilt der Grundsatz: „Ziele mit möglichst einfachen, allgemein verständlichen Worten formulieren und quantifizieren".

Wenn der Zielkatalog erstellt ist, sind folgende Fragen zu klären:

- Sind die Ziele realistisch?
- Sind sie mit den verfügbaren Ressourcen zu erreichen?
- Was braucht es, damit die Ziele akzeptiert werden?
- Wie kann das Engagement bei allen, die für die Zielerreichung essenziell sind, erreicht werden?
- Gibt es bei offenen Zielen (beispielsweise in der Forschung) wenigstens Zielbereiche wie „mindestens", „höchstens" oder typische Richtwerte?
- Ist der Zielkatalog bereit, um vom Auftraggeber gewichtet und gutgeheissen zu werden?

3.6.4 Ziele gewichten und als verbindlich erklären

Auch wenn Detailziele verbal klar und möglichst quantifizierbar formuliert werden, bestehen häufig Unsicherheiten in der Gewichtung dieser Ziele. Der Auftraggeber legt fest, wie zwingend jedes Ziel erreicht werden muss. Zweckmässig und in der Praxis weitgehend gebräuchlich ist die Unterteilung aller Detailziele in zwei Zielkategorien:

- Ausscheidekriterien oder Muss-Ziele,
- Optimierungskriterien oder Wunsch-Ziele.

Ausscheidekriterien, meist auch als „Muss-Ziele" bezeichnet, sind Bedingungen, die zwingend einzuhalten sind, selbst wenn es mehr kostet oder länger dauert. Dazu gehören vor allem Gesetze, Sicherheitsvorschriften, eventuell Normen. Auch solche Ziele können Ausscheidekriterien sein, die erreicht werden müssen, damit eine Lösung sinnvoll oder brauchbar ist. Diese präzise Definition eines Ausscheidekriteriums bedingt, dass seine Erreichung spätestens bei Abschluss des Projektes auch eindeutig beurteilt werden kann. Beim Vergleich verschiedener Lösungsvarianten werden Ausscheidekriterien nur mit „ja" oder „nein" beantwortet. Fehlen die klaren Kriterien für ein „ja", entstehen ärgerliche Diskussionen über die Zielerreichung und die Durchführbarkeit des Projektes. Wenn die Forderung der eindeutigen Beurteilung nicht erfüllbar ist, kann ein Ziel formal kein Ausscheidekriterium sein.

Ein weiterer Aspekt, der vom Projektleiter zu überprüfen ist, sind die möglichen späteren Folgen eines solchen Ausscheidekriteriums. Diese Folgen könnten manchmal gravierend sein oder zu falschen fachlichen Lösungen führen. Im Zweifelsfall soll daraus ein stark gewichtetes Optimierungskriterium gemacht werden. Ausscheidekriterien dürfen nicht gegenläufig sein und damit Zielkonflikte hervorrufen. Ein in die falsche Richtung zielendes Ausscheidekriterium wird gestrichen oder in ein Optimierungskriterium abgeschwächt.

Optimierungskriterien sind Ziele ohne Ausscheidungs-Charakter und werden oft auch als „Wunsch-Ziele" bezeichnet. Da diese mehr oder weniger starke Wünsche sein können und ausserdem oft noch gegenläufig sind, wie z.B. Kostenziele einerseits und Kosten verursachende Leistungs- und Qualitätsziele andererseits, müssen Optimierungskriterien immer mit einer zusätzlichen Angabe, der Gewichtung versehen werden. Die Gewichtung ist am einfachsten verständlich, wenn sie in % ausgedrückt wird. Das Gewicht kann unterschiedlich ermittelt werden:

Rangreihenverfahren vergleichen und relativieren alle Gewichtungen untereinander (jedes mit jedem). Im Paarvergleich wird unter allen Optimierungskriterien festgestellt, welches Kriterium jeweils wichtiger ist als das andere.

Kriterium	A	B	C	Nennungen	Gewicht	Gerundet
A	(A)	A	A	3	50%	50%
B	–	(B)	B	2	33%	30%
C	–	–	(C)	1	17%	20%

Präferenzmatrixverfahren bestimmen das jeweils wichtigere Kriterium in der Tabelle. Dabei fallen die eingeklammerten Vergleiche A-A usw. weg. Die Punkte werden schliesslich in % umgerechnet.

Kriterium	A	B	C	Nennungen	Gewicht	Gerundet
A	–	A	A	2	66%	65%
B	–	–	B	1	33%	30%
C	–	–	–	0	1%	5%

Anstelle des zeitlich etwas aufwändigen Paarvergleichs können den Optimierungskriterien Punkte geben werden: z.B.: 4 = äusserst wichtig, 3 = sehr wichtig, 2 = wichtig, 1 = nett zu haben.

In „Muss" und „Wunsch" eingeteilt, werden die Ziele eindeutig und nicht mehr willkürlich interpretierbar. Die Richtung der Lösungssuche ist vorgegeben. Aus der Definition der Ziele geht zudem hervor, dass mit dem Zielkatalog auch bereits der Kriterienkatalog für die spätere Beurteilung (Evaluation) von Lösungsvarianten vorgegeben ist. Beim Vergleich verschiedener Lösungsvarianten sind die Optimierungskriterien genauer. Sie erlauben eine gestufte Beurteilung einzelner Varianten während die Muss-Ziele entweder erreicht oder nicht erreicht werden. Die Einteilung der Ziele in Ausscheidekriterien und in Optimierungskriterien mit entsprechender Gewichtung verlangt eine entsprechende Meinungsbildung in der Zielgewichtungsgruppe, meist bestehend aus Auftraggeber und Steuergruppe.

3.6.5 Übersicht der Vorgehensschritte des Zielsuchprozesses

- Der Projektleiter versteht den Projektauftrag und orientiert sich über (offene und versteckte Absichten des Auftraggebers.
- Der Projektleiter bildet ein kompetentes Projektteam.
- Das Projektteam analysiert die Ist-Situation, die zu beachtende Zukunftsentwicklung und identifiziert Faktoren, welche das Vorhaben beeinflussen.
- Der Projektleiter erweitert allenfalls das Projektteam zu einer temporären Zielsetzungsgruppe: Er bindet angesprochene Linienchefs, Kunden und Betroffene für die Zielformulierung ins Team ein.
- Die Zielsetzungsgruppe oder das Projektteam überprüft den Projektauftrag kritisch und grenzt System und Projekt eindeutig ab.
- Der Projektleiter erläutert die Methodik der Zielformulierung und schlägt die Strukturierung für die Detailziele vor.
- Das Team formuliert Ziele, am besten auf Moderationskarten.
- Der Projektleiter strukturiert die Zielideen.
- Das Team überprüft alle Ziele auf Widerspruchsfreiheit.
- Der Projektleiter arbeitet den Zielkatalog aus und stellt ihn der Zielgewichtungsgruppe (Auftraggeber oder Steuergruppe) zu.
- Die Zielgewichtungsgruppe beurteilt, ob der Katalog vollständig ist, ergänzt allenfalls Ziele oder streicht welche heraus. Danach unterscheidet sie nach Ausscheide- und Optimierungskriterien und gewichtet diese. Grosse Meinungsverschiedenheiten sind zu klären.
- Der Projektleiter stellt die Resultate in einem gewichteten Zielkatalog anschaulich dar: Die Messlatte für das weitere Vorgehen im Projekt steht jetzt allen Beteiligten zur Verfügung.

3.6.6 Ziele im Laufe des Projektes überarbeiten

Projekte als Lernveranstaltung führen zu neuen Erkenntnissen. Der Problemlösungszyklus wird unter den neuen Erkenntnissen wiederholt. Einzelne Aussagen werden nötigenfalls korrigiert. Die Ziele und Rahmenbedingungen werden hinsichtlich der gewählten Entwicklungsrichtung überprüft, evtl. angepasst, meist aber präzisiert.

Auch der Kunde wird im Laufe des Projektes informierter und kann seine Wünsche präzisieren. Es ist vorteilhaft, wenn bereits beim Beginn des Projektes vereinbart wird, wie mit Änderungen verfahren wird: Bis wann sind welche Präzisierungen unter Kulanz noch möglich, wann sind andere Anforderungen mit Kostenfolgen möglich? Wer darf Änderungswünsche entgegennehmen, wie werden sie bewertet und bewilligt? Die Kommunikation zwischen Projektleiter und Auftraggeber ist in der Konzeptphase besonders intensiv. Hier kann noch zu einem verhältnismässigen Preis umgestaltet werden. Zur Verhütung von Konflikten und damit die Änderungen zurückverfolgt werden können, müssen alle Modifikationen im Pflichtenheft nachführt werden (Nachforderungsmanagement, Claim Management).

3.7 Lösungssuche: Kreativität

Die Lösungssuche folgt auf die Zielformulierung und ist der spielerisch-kreative Teil eines Problemlösungsprozesses. In diesem Schritt des Lösungsfindungsprozesses gilt es, eine Reihe von Varianten zu finden. Die Tauglichkeit der Lösungsideen wird danach geprüft. Die besten Varianten werden schliesslich in einem weiteren Schritt in einer systematischen Gegenüberstellung bewertet. Die Methoden der Lösungsfindung werden hauptsächlich in der Konzeptphase, teilweise in der Vorstudie (z.B. Machbarkeit) angewandt. Die Vorstudie soll mindestens erste, skizzenhafte Lösungsvarianten liefern, eventuell mit Empfehlungen zur Weiterbearbeitung.

Das Projektteam soll in der kreativen Phase der Lösungssuche eine bewusste Abstraktion vom realen Projektumfeld und dessen Rahmenbedingungen vornehmen, um nicht in „altbekannte" Lösungsmuster zu verfallen.

3.7.1 Ohne Neugierde keine Kreativität

Kreativität ist die Fähigkeit des Menschen, Denkergebnisse beliebiger Art hervorzubringen, die im Wesentlichen neu sind und demjenigen, der sie hervorgebracht hat, vorher unbekannt waren. Der Gehirnforscher Gerhard Roth erklärt in seinem

Was lässt sich ändern, umdrehen, auf andere Art anordnen?
- Bedeutung
- Wirkung
- Farbe, Aussehen
- Klang, Lautstärke
- Bewegung, Gangart, Antrieb
- Material, Technologie

Was lässt sich vermindern?
- weglassen
- ausschalten
- aufteilen
- konzentrieren
- bewusst mildern
- abschwächen
- leichter machen
- verkleinern

Was lässt sich kombinieren?
- kombinieren
- mischen
- verteilen
- sortieren
- parallel, seriell

Abbildung IV-54: Fragen zur Aktivierung der Lösungssuche

Buch „Fühlen, Denken, Handeln", dass Kreativität vor allem Intuition braucht und weniger die Intelligenz. Viele kreative Lösungen werden ganz offenbar unbewusst vorbereitet. Der Moderator muss in dieser Phase ein Klima schaffen, das die Selbständigkeit der Teammitglieder und die Freude am Finden neuer Ideen fördert. Die Projektziele müssen die Emotionen ansprechen und damit die Neugier des gesamten Projektteams anstacheln.

3.7.2 Möglichkeiten, um kreativ zu werden

Kreativität wird jedoch häufig durch Blockaden behindert. Solche Blockaden werden meist unbewusst von uns selbst oder aber durch äussere Einflüsse und ungünstige Umstände bewirkt oder verstärkt:

Physische und umweltbedingte Blockaden	Soziologische Blockaden	Psychologische Blockaden
Umgebung • Schlechter Arbeitsplatz • Schlechte/mangelhafte Arbeitshilfsmittel • Lärm, Temperatur • Anrufe, Störungen • Ungünstiger Zeitpunkt **Befindlichkeit** • Ermüdung • Angegriffene Gesundheit • Burn-out • Stress	**Kulturell** • Mangel an Anerkennung • Tabus, Sitten, heilige Kühe • Kulturelle Muster • Mentalität **Gruppenarbeit** • Zusammenspiel • Konflikte, Spannungen • Rivalität • Ausgeprägter Wettbewerb • Entmutigung und Kritik • Zu viele Teilgruppierungen **Management, Politik** • Zu starre oder strenge institutionelle Kontrollen • Reglementierung der Kommunikation • Bürokratie • Keine Belohnung für kreative Arbeit • Einseitige Tätigkeit • Zu viele Routinearbeiten • Über-Administration • Formalismus	**Verschlossenes Denken und geistige Starrheit** • Konformismus • Funktionelle Fixation • Ablehnung neuer Ideen • Gewohnheiten **Kognitive Dissonanzen** • Autoritätsabhängigkeiten • Furcht vor Änderungen • Angst vor Risiko • Vorgefasste Meinungen • Perfektionismus, Suche nach dem Absoluten • Widersprüchliche Ziele **Motivation** • Angst vor dem totalen Engagement • Enttäuschung in der Arbeit • Unentschlossenheit • Mangel an Selbstvertrauen • Mangel an Neugier • Mangel an Sicherheiten • Psychologische Sättigung • Anspruchslose Ziele

Abbildung IV-55: Blockaden der Kreativität

3 Methoden der Problemlösung   415

Blockaden können teilweise überwunden, die Kreativität kann positiv beeinflusst werden durch:

- ein arbeitsfähiges, spannungsarmes Team,
- eine ungezwungene Arbeitsatmosphäre,
- klare Aufgabenstellung und Zielvorstellung,
- die Fähigkeit, ein Urteil aufschieben zu können,
- verschiedene Perspektiven, Optiken, Standpunkte,
- Erlaubnis, Dinge auf den Kopf zu stellen,
- Arbeiten mit Analogien aus der Natur,
- Zulassen von Phantasien und Bildern,
- Visualisierung aller Beiträge bzw. Ideen,
- Verwendung des Zufalls.

Um das für die Erarbeitung von Lösungsideen vielfach notwendige Potenzial unserer Kreativität zu erschliessen, sind verschiedene Kreativitätstechniken entwickelt worden. Sie werden angewendet, wenn keine Routinelösungswege bekannt sind. Wir unterscheiden dabei intuitiv-kreative Methoden und analytisch-systematische Methoden. Meist werden in einem Lösungsprozess – je nach Detaillierungsstufe – mehrere Techniken nacheinander angewendet.

Zielsuche				Lösungssuche			Auswahl
Informations-Beschaffung	Informations-Aufbereitung	Informations-Darstellung	Ziel-Formulierung	Kreativität	Optimierung	Analyse von Lösungen	Bewertung/Entscheidung
Informationsbeschaffungstechniken Ablaufanalyse Checklisten Fragebogentechnik Interview Informationsbeschaffungsplan Multimomentaufnahme Panelbefragung Befragungstechniken Beobachtungstechniken Datenbanksysteme Delphimethode Umfrage	Informationsaufbereitungstechniken ABC-Analyse Statistik Regressionsanalyse Korrelationsanalyse Black-Box-Methode Input-Output-Modelle Mathemat. Statistik Stichprobe Prognosetechniken Hochrechnungsprogn. Exponentielle Glättung Sättigungsmodelle Szenariotechnik Trendextrapolation Ursachenmatrix Wahrscheinlichkeitsrechnung Vernetztes Denken Beeinflussungsmatrix	(Informations-) Darstellungstechniken Arbeitsablaufplan Blockschaltbild Ablaufdiagramm Flussdiagramm Zuordnungsstrukturen - Ursachenmatrix - Wirkungsnetz - Beeinflussungsmatrix - Gliederungsplan - Organigramm Histogramm Graph Graphik-Software Objektstrukturplan	Operationalisierung Zielkatalog Ziel-Relationenmatrix Ziel/Mittel-Denken Polaritätsprofil (s.auch Techniken unter Bewertung/Entscheidung)	Kreativitätstechniken Analogiemethode Attributelisting Brainstorming Kärtchentechnik Methode 635 Morphologie Szenarioplanung Synektik Problemlösungsbaum Wirkungsnetze	Operations Research Simplexmethode Lineare Optimierung Dynamische Optimierung Reihenfolgeprobleme Simulationstechnik Monte-Carlo-Methode Zuteilungsprobleme Konkurrenzprobleme Spieltheorie Branch and Bound Entscheidungsbaum Entscheidungstheorie Heuristische Methoden Warteschlangenprobleme	Analysetechniken Katastrophenanalyse Risikoanalyse Sicherheitsanalyse Entscheidungstabellen Fehlerbaum Zuverlässigkeitsanalysen Wertanalyse	Bewertungstechniken Wirtschaftlichkeitsrechnung Kosten-Nutzen-Rechnung Kosten-Wirksamkeitsanalyse Nutzwertanalyse Gewichtsbemessung Kriterienplan Punktbewertung Sensitivitätsanalyse Skalierungsmatrix
Projektmanagement: Netzplantechnik, Balkendiagramme, Zeit/Kosten/Fortschrittsdiagramm, Termintrendanalyse, PM-System (Computer unterstützt), Projektstrukturplan							
Allgemein: Heuristik, Kepner Tregoe, PC-Software, Tabellenkalkulation							

Abbildung IV-56: Übersicht Problemlösungsmethoden
(Daenzer W. F., Systems Engineering, 2002)

Ein kreativer Prozess läuft in drei Phasen ab. Diese können fliessend ineinander übergehen. Sicher braucht es eine Aufwärmzeit, eine logische Phase, damit ein Team in der intuitiv-kreativen Phase Höchstleistungen erbringen kann. Eine sportliche Höchstleistung gelingt auch nur mit richtigem Aufwärmen.

Logische Phase

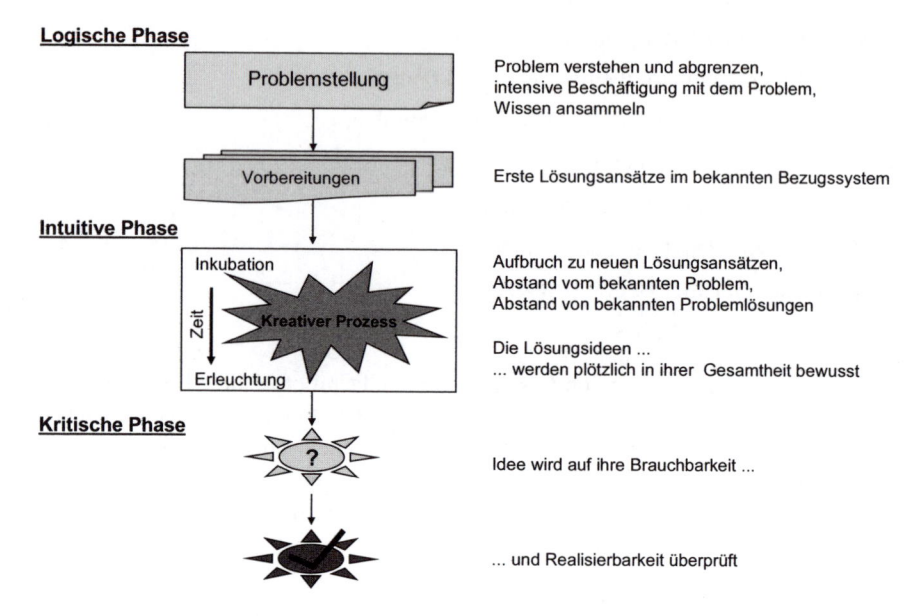

Problemstellung — Problem verstehen und abgrenzen, intensive Beschäftigung mit dem Problem, Wissen ansammeln

Vorbereitungen — Erste Lösungsansätze im bekannten Bezugssystem

Intuitive Phase

Inkubation
Kreativer Prozess (Zeit)
Erleuchtung

Aufbruch zu neuen Lösungsansätzen, Abstand vom bekannten Problem, Abstand von bekannten Problemlösungen

Die Lösungsideen ...
... werden plötzlich in ihrer Gesamtheit bewusst

Kritische Phase

Idee wird auf ihre Brauchbarkeit ...

... und Realisierbarkeit überprüft

Abbildung IV-57: Ablauf eines kreativen Prozesses (Szichos, 1993)

3.7.3 Brainstorming

Brainstorming wurde in den 40er Jahren vom Amerikaner A. F. Osborn entwickelt mit dem Ziel, den Strom der Ideenerzeugung in einer Problemlösungskonferenz ungehindert produktiv und effektiv fliessen zu lassen. Er trennte den Kreativitätsprozess von der sofortigen Diskussion der Tauglichkeit der jeweiligen Ideen ab.

Vorbereiten

- Heterogene, das System repräsentierende Gruppe zusammensetzen (fünf bis zwölf Personen)
- Moderator und „Sekretär" bestimmen (Aufschreiben der Ideen)
- Thema bestimmen
- Produktives Arbeitsklima schaffen (Umgebung)
- Eventuell Zeit festlegen (20–30 Minuten)
- Regeln bekannt geben: keine Kritik, auch keine nonverbale Kritik (Bewertung kommt später), Quantität vor Qualität, der Phantasie freien Lauf lassen

Durchführen

- Problem klar formulieren
- Ideen laufend für alle sichtbar aufschreiben
- Ideen spontan äussern lassen; nicht diskutieren; nicht kritisieren; bei Kritik eingreifen
- Ungewöhnliche Ideen willkommen heissen, Ideenklau ebenfalls!
- Nach erster Ermüdung neue Impulse geben

Auswerten

- Ideen gruppieren
- Ideen bewerten und unbrauchbare ausscheiden
- Brauchbare Ideen weiter konkretisieren (z.B. mittels Morphologischem Kasten)
- Bei anspruchsvollen Themen die Ideen den Fachspezialisten zur Bearbeitung übergeben
- Der Gruppe Feedback geben, was aus den Ideen geworden ist

3.7.4 Brainwriting, Methode 635

Brainwriting oder Methode 635 ist im Gegensatz zum Brainstorming eine schriftliche Methode. Von sechs Personen werden je drei Lösungsideen für ein formuliertes Problem oder für bis zu sechs Teilprobleme (Funktionen) notiert. Diese Vorschläge werden den anderen Beteiligten zur Anregung und Ergänzung fünfmal weitergegeben. So entstehen in kurzer Zeit 108 mögliche Lösungsvarianten. Der Moderator macht ein Blatt nach folgendem Muster:

Frage / Problem			
	1. Lösungsidee	2. Lösungsidee	3. Lösungsidee
Person 1			
Person 2			
Person 3			
Person 4			
Person 5			
Person 6			

Abbildung IV-58: Vorlage „Brainwriting"

Er trägt die Frage ein und kopiert die Vorlage. Unterschiedliche Teilfragen werden natürlich erst nach dem Kopieren des Rasters eingetragen. Die noch leeren Blätter werden verteilt und die erste Zeile wird von allen auf ihrem Blatt ausgefüllt. Danach zirkulieren die Blätter, bis sie voll sind. Zur Übersicht werden alle Blätter gut einsehbar aufgehängt. Wiederholungen von Ideen sind zu streichen, damit die Gewichtung leichter fällt. Schliesslich kann die Gruppe die Ideen mit Punkten gewichten. Die Ideen mit den meisten Stimmen werden weiter verfolgt.

3.7.5 Analogie: Bionik und Synektik

Methoden der Analogie nutzen die erkennbare Ähnlichkeit in Form, Eigenschaft oder Funktion zweier Phänomene. Die Analogie liegt zwischen Identität (vollständige Gleichheit) und Diversität (vollständige Verschiedenheit). Die Bionik sucht Lösungen, indem Vorbilder in der Natur untersucht und nachgebaut werden. Die Synektik versucht durch verfremdende Analogiebildung die Intensität der Lösungssuche noch zu steigern.

1. Schritt	Gewollte Eigenschaft bzw. Funktion festlegen
2. Schritt	Vorbilder suchen, die ähnliche Eigenschaften bzw. Funktionen aufweisen
3. Schritt	das System untersuchen, das diese Eigenschaft bzw. Funktion besitzt oder hervorbringt
4. Schritt	Prüfen, ob und wie die Wirkungsweise übertragbar ist

Abbildung IV-59: Vorgehensschritte der Analogiemethode

3.7.6 Lösung herstellen

Eine Lösung herstellen kann in der Informatik heissen, das Programm zu codieren. Bei einem Bauprojekt fahren jetzt die Bagger auf, während in der Konsumgüterindustrie die Produktionsmittel beschafft werden müssen. Die drei Beispiele zeigen, dass menschliche Arbeit nötig ist, um irgendein Projekt in dieser Endphase verwirklichen zu können.

Oft ist die erste Realisierung der Lösung mit einem Prototyp von Vorteil: Das Funktionsmuster wird in einen Prototyp umgesetzt. Jetzt – und in einem weiteren Ausmass mit der Nullserie – können sowohl die technisch perfekt funktionierende Lösung als auch der Umgang damit erprobt werden. Die Herstellung der Nullserie zeigt auf, ob der Produktionsprozess beherrscht wird. Wo Projekte vom Benutzer verlangen, dass er sein Verhalten ändere, können Widerstände mit einem Versuch abgebaut werden. Der Umgang mit der neuen Lösung kann so eingeübt und die Vorteile können erfahren werden.

3.7.7 Lösungstest

Bevor eine Produktion in Serie geht, muss ein Härtetest, z.B. an einer Nullserie durchgeführt werden. Die Lösung wird am Zielkatalog gemessen:

- Erfüllt die Lösung die gesetzten Ziele?
- Erfüllt sie auch ungeschriebene Anforderungen?
- Haben sich die Bedingungen an die Lösung erfüllt, die erst mit dem Betrieb festgestellt werden können?
- Beherrscht das Unternehmen die Produktion?

Ein isolierter Testlauf einzelner Teile der Lösung garantiert noch nicht die Praxistauglichkeit. Um komplexe Systeme testen zu können, müssen diese in einer Integrationsphase zuerst in einer sinnvollen Reihenfolge zusammengebracht und in Betrieb genommen werden. Häufig nimmt die anschliessende Fehlersuche einen längeren Zeitraum in Anspruch als geplant. Bis zur Funktionsfähigkeit muss das Zusammenspiel der einzelnen Funktionen genauso beurteilt werden wie der Umgang des Benutzers mit dem neuen System. Besonders hilfreich sind Erfahrungen von kritischen Benutzern und von solchen „mit zwei linken Händen": Die Ergebnisse aus den Pilotanlagen und Nullserie werden beurteilt, um die Qualität sicherzustellen.

3.8 Lösungssuche: Optimierung

3.8.1 Ideenmanagement

Ideen haben die unangenehme Eigenschaft, dass sie leicht vergessen werden. Jede Organisation ist gut beraten, die mit einem aktiven Ideenmanagement die guten Einfälle kanalisiert. Die Anforderungen an ein Ideenmanagement sind stark von der Branche abhängig. In der chemischen Industrie kommt es auf ein gutes Verständnis der Produktkomponenten und der Anforderungen an die Anwendungen an, während Dienstleistungsfirmen erkennen müssen, womit sie bei ihrer Kundschaft einen noch grösseren Nutzen erzielen können. In jeder Branche legt die Unternehmensstrategie die Geschäftsfelder fest. Geschäftsfelder beschreiben die verschiedenen Kombinationen von Produkten und Dienstleistungen mit dem Markt. Innerhalb der Geschäftsfelder oder auch Geschäftsfelder übergreifend beschreiben Suchfelder den konkreten Handlungsbedarf bezüglich Kundengruppen.

Die Fragen lauten hier: Was ist das Besondere an einer Zielgruppe? Was können wir für sie verbessern? Suchfelder erleichtern es, Ideen gezielt zu sammeln, aufzubereiten und zu bewerten. Positiv bewertete Ideen werden weiter verfolgt.

3.8.2 Variantenbildung

Projekte zeichnen sich dadurch aus, dass sie nicht linear einer einzigen Lösung nachgehen, sondern immer mehrere Varianten zur Auswahl vorlegen. Die vielen entstandenen Ideen sollen zu verschiedenen Varianten verdichtet werden. Durch die Kombination bekannter Teillösungen ist es möglich, geeignete Lösungsvarianten zu bilden. Die mögliche Anzahl von Varianten sollte das Projektteam auf Grundlage seines Fachwissens bereits einschränken. Ziel der Variantenbildung ist die Erweiterung des Lösungsraumes. Damit sollen systematisch nicht zufrieden stellende Teillösungen verbessert werden, Lösungen nach bestimmten Kriterien optimiert werden (z.B. Kosten, Gewicht), „alle" denkbaren Lösungsmöglichkeiten zu einem Problem gefunden werden und Entscheidungen durch Erschliessung des Lösungsraumes abgesichert werden.

In der Konzeptphase werden die übergeordneten Lösungskonzepte aus der Vorstudie in mehreren Lösungsvarianten ausgearbeitet. Bei grossen Projekten empfiehlt sich, Groblösungen vom Auftraggeber bestätigen zu lassen, bevor die dazu nötigen Detaillösungen für die Realisierungsphase vorbereitet werden. Die Gestaltung von Produkten und Prozessen wird durch die zunehmende Transparenz und Globalisierung der Märkte zunehmend kundenspezifischer. Viele Produkte werden in Varianten angeboten. Im Verbesserungsmanagement ist eine zusätzliche Betrachtung des Produktlebenszyklus, d.h. von Produktnutzungsumständen (z.B. Wissen aus der Reklamationsbearbeitung) und des Produktionskontextes (Produkte, Prozesse und Anlagen) in der Variantenbildung einzubeziehen.

3.9 Lösungssuche: Lösungen analysieren

Die Lösungsideen zu den einzelnen Funktionen sind erst Teillösungen, da die einzelnen Funktionen Teilprobleme sind. Erst aus der Kombination von Lösungsideen für alle Teilprobleme ergeben sich neue Gesamt-Lösungsvarianten.

Mit Kreativitätsmethoden entsteht eine grosse Zahl von möglichen Lösungsvarianten, worunter natürlich auch ausgefallene oder unmögliche. Nicht alle Ideen-Kombinationen sind als Lösungsvarianten für eine Weiterverarbeitung sinnvoll. Es braucht nun vorab eine Grobselektion oder Ausfilterung einer beschränkten Zahl von guten, brauchbaren Varianten. Mögliche Hürden für einzelne Varianten könnten z.B. sein:

- Eine Variante erfüllt mit Sicherheit ein Ausscheidekriterium nicht.
- Eine Variante ist eindeutig zu teuer gegenüber einem Kostenziel.
- Die Realisierung einer Variante dauert zu lang gegenüber dem Terminziel.
- Eine Variante ist „psychologisch oder politisch" ungeschickt oder unbrauchbar.

Für eine sinnvolle Lösungswahl braucht es mindestens zwei Varianten, wobei eine auch die bestehende heutige Lösung sein kann.

3.9.1 Failure Mode and Effect Analysis (FMEA)

Eine FMEA (Fehlermöglichkeit- und Einflussanalyse) wird am Schluss der Entwicklungsphase durchgeführt, wenn das Resultat des Innovationsprojektes auf dem Papier vorliegt. Es werden alle potenziellen Fehler aufgelistet, die in den unterschiedlichsten Situationen denkbar sind. Dann werden schwerpunktmässig vorbeugende Massnahmen ergriffen und die Wirksamkeit der Massnahmen überprüft.

Vorgehensschritte einer FMEA

Alle denkbaren Ausfälle bzw. Probleme auflisten

1. Mögliche Folgen des Ausfalls bzw. Problems angeben
2. Mögliche Ursachen und Korrekturmassnahmen formulieren
3. W = Eintretenswahrscheinlichkeit [1 ... 10]
4. T = Tragweite, Auswirkungen des Fehlers [1 ... 10]
5. E = Entdeckungswahrscheinlichkeit im Unternehmen [10 ... 1]

Die Werte W, T und E werden in einer genau definierten Werteskala ausgedrückt. Das Produkt dieser drei Grössen ist die Risikoprioritätenzahl.

W x T x E = Risikoprioritätenzahl (RPZ)

Je höher die Risikoprioritätenzahl, desto sinnvoller und notwendiger ist die Durchführung vorbeugender Massnahmen, vor allem wenn auch noch ein günstiges Aufwand-Nutzen Verhältnis vorliegt.

Fehler-Möglichkeiten und Einfluss-Analyse (FMEA)								Grenzwert für Risikoprioritätenzahl: 250						
Betrifft: Neues Knochenimplantat AD45a			Erstellt durch: WE				Visum: WE, dd.mm.yy			Freigabe: TR, dd.mm.yy				
				Heutiger Zustand							Verbesserter Zustand			
System, Prozess	Potenzielle Fehler	Potenzielle Folgen des Fehlers	Potenzielle Ursachen d. Fehlers	W	T	E	RPZ	Empfohl. Mass- nahme	Verant- wortlich, Termin	Getroffene Mass- nahme	W	T	E	RPZ
Knochen- Implantat	Oberfläche haftet nicht	Medika- mente >1 Jahr	unsorgfältige Oberflächen- behandlung	8	2	8	128							
	Schaft bricht unter Last	Neu-OPS notwendig	Lunker im Schaft	8	9	6	432	100% Röntgen US	WE mm.yy	Anlage im Prod. Prozess	8	9	1	72
	Knorpel setzt an	Spiegelung alle 3 Jahre	stellenweise rauhe Ober- fläche	4	6	2	48							

Legende: W = Eintretenswahrscheinlichkeit
T = Tragweite
E = Entdeckungswahrscheinlichkeit im Unternehmen

Abbildung IV-60: Beispiel „FMEA-Analyse"

Das Unternehmen definiert eine obere Grenze für die Risikoprioritätenzahl, die seinem Qualitätsverständnis entspricht. Wird dieser Grenzwert überschritten, müssen vorbeugende Massnahmen eingeleitet und deren Wirksamkeit überprüft werden. Die neue Risikoprioritätenzahl nach Durchführung der Massnahmen wird ermittelt, sie muss unter dem Grenzwert liegen.

3.9.2 Morphologischer Kasten

Nach der Grobselektion bleiben brauchbare Teile für eine neue Lösung. Eine wirkungsvolle Methode, um zu erstaunlichen Kombinationen zu kommen, hat der Glarner Astrophysiker Fritz Zwicky entwickelt: Der Morphologische Kasten verbindet die gefundenen Teillösungen in zahlreichen Variationen zu möglichen Gesamtlösungen. Die nachstehende Abbildung zeigt an einem Beispiel die Idee dieser Methode:

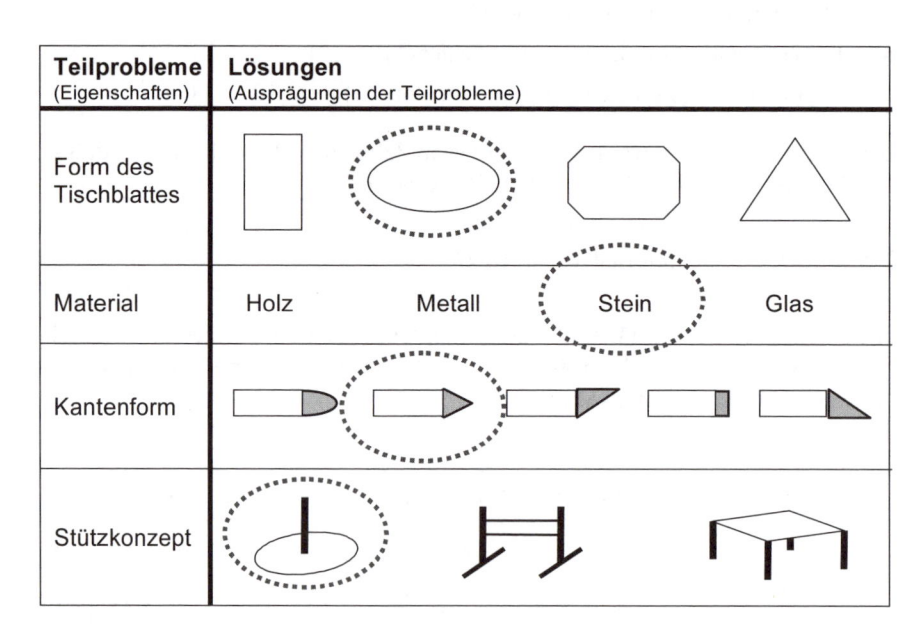

Teilprobleme (Eigenschaften)	Lösungen (Ausprägungen der Teilprobleme)			
Form des Tischblattes	▭	⬭	⬡	△
Material	Holz	Metall	Stein	Glas
Kantenform				
Stützkonzept				

Abbildung IV-61: Beispiel „Morphologischer Kasten"

In der vordersten Spalte links werden die Teilprobleme, Eigenschaften, Funktionen oder auch Teilobjekte (Parameter genannt) notiert. Auf der horizontalen Achse werden für jedes Teilproblem oder Teilobjekt Lösungsideen (Teillösungen) eingetragen oder mit einer Skizze angedeutet. Das Aufstellen eines morphologischen Kastens ist zwar etwas zeitaufwändig, aber eine der besten Methoden zum Entwickeln von neuen Lösungen. Die systematische schriftliche Matrix lässt auch zu, später den Kreativitätsprozess nachzuvollziehen und so die einzelnen Teilschritte zur besten Gesamtlösung zu optimieren.

3.10 Auswahl: Lösungen bewerten und entscheiden

3.10.1 Nutzwertanalyse und Kosten-Wirksamkeitsanalyse

Eine Entscheidungssituation stellt für die meisten Menschen häufig eine Barriere dar: „Entscheiden" bedeutet, verschiedene Alternativen zugunsten einer möglichen gewählten Variante aufzugeben, sich von ihnen zu trennen. Zudem können trotz sorgfältiger Situationsanalyse andere unternehmerische Gesichtspunkte, die ausserhalb der Wahrnehmung der Projektleitung liegen, starken Einfluss auf die Entscheidungsfindung ausüben.

Jede Beurteilung und Entscheidung ist subjektiv. Entscheidungen werden unbewusst oder bewusst getroffen. Im Buch „Fühlen, Denken, Handeln" kommt Gerhard Roth zu folgenden Hauptaussagen: „Alle unsere bewussten Entscheidungen, auch die nach langem Nachdenken und Abwägen getroffenen, werden vorbereitet und getroffen durch unbewusste Vorgänge. Emotionen haben bei Entscheidungsprozessen das erste und das letzte Wort. Es gibt keine rein rationalen Entscheidungen. Vernunft und Verstand sind nur Ratgeber für Entscheidungen. Das Gehirn entscheidet immer nur aufgrund einer zu erwartenden Belohnungssituation. Auch das Vermeiden oder Vermindern von unangenehmen Zuständen ist eine Belohnung. Belohnungserwartungen werden durch Gefühle vermittelt. Das emotionale Erfahrungssystem lässt Wünsche, Absichten und Pläne überhaupt erst entstehen. Und es entscheidet, ob das, was geplant ist, wirklich jetzt und so und nicht anders ausgeführt werden soll. Dies garantiert, dass wir alle Handlungen stets im Lichte der vergangenen Erfahrung tun. Allerdings schliesst dies Fehlentscheidungen nicht aus. Verstand und Vernunft sind notwendig für das Bewerten komplexer, detailreicher Situationen, das Abrufen und Anwenden von Expertenwissen, das Abschätzen mittel- und langfristiger Konsequenzen – insbesondere im sozialen Bereich – und das Abwägen von Handlungsalternativen. Verstand und Vernunft entscheiden nichts. Dies tut das emotionale System."

Für das Projektmanagement bedeutet dies, dass Entscheide, die andere Verhaltensweisen verlangen, emotional so vorbereitet werden müssen, dass die Entscheidungsträger und die von einer Veränderung Betroffenen spüren, dass die Erneuerung für sie Vorteile bringt. Entscheide müssen emotional nachvollzogen werden können.

Entscheidungen können mit systematischen Methoden nachvollziehbar gemacht werden. Die weitaus gebräuchlichste Methode für die Entscheidungsprozesse in der Praxis ist die Nutzwertanalyse. Die Methode sieht objektiv aus, kumuliert jedoch subjektive Beurteilungen.

In der Nutzwertanalyse wird ein Punktwert für alle in Frage kommenden Lösungsalternativen ermittelt. Dieser Punktwert ist ein Indikator für die Erfüllung der Ziele eines Projekts. Die Nutzwertanalyse wird in fünf Schritten durchgeführt:

1. Ziele bestimmen und Ziele gewichten (schon vor der Lösungssuche)
2. Werte für die Varianten vergeben
3. Gewichte mit den vergebenen Werten multiplizieren
4. Gewichtete Gesamtsumme ermitteln
5. Sensitivität des Ergebnisses analysieren

Kriterien / Detailziele		Variante 1		Variante 2		Variante 3	
Ausscheidekriterien		Erfüllt		Erfüllt		Erfüllt	
Optimierungskriterien	Gewicht G	Wert W	G x W	Wert N	G x W	Wert N	G x W
Gesamtnutzen							

Abbildung IV-62: Vorlage „Nutzwertanalyse"

3.10.2 Wie sollen Lösungen bewertet werden?

Für die Auswahl der definitiven Lösung müssen die Varianten verglichen und bewertet (evaluiert) werden. Als Bewertungskriterien sind die Detailziele gemäss Zielformulierung heranzuziehen, eventuell ergänzt mit davon abgeleiteten Hilfskriterien (z.B. Kostenkomponenten für ein Kostenziel; allerdings gehören finanzielle Aspekte in die auf die Nutzwertanalyse aufbauende Kosten-Wirksamkeits-Analyse). Lösungen bewerten heisst, sie bezüglich Erfüllung der Detailziele zu beurteilen. Vorab sind alle Lösungsvarianten auf Erfüllung der Ausscheidekriterien zu überprüfen. Wenn eine Variante ein Ausscheidekriterium nicht erfüllt, ist sie unbrauchbar. Lösungsvarianten müssen soweit ins Detail ausgearbeitet werden (meistens in der Konzeptphase), dass sie mit genügender Sicherheit bezüglich der Erfüllung von Ausscheidekriterien überprüft werden können.

Die brauchbaren Varianten sind im nächsten Schritt bezüglich Erfüllung der Optimierungskriterien zu beurteilen. Dabei bekommt der Zielerfüllungsgrad einer Variante für jedes Optimierungskriterium einen Punktwert. Für diese Bewertung ist es günstig, einen sinnvollen und vertrauten Massstab (z.B. 1–10, 6–1) zu wählen. Es kann von Bedeutung sein, ob ein Neutralwert (1–2–**3**–4–5) möglich ist oder nicht. Entsprechend ist eine ungerade oder gerade Skala zu wählen. Das Gewicht multipliziert mit dem Wert ergibt den Teilnutzen (oder Teilnutzwert) einer Lösungsvariante bezüglich eines Beurteilungskriteriums (Teilziels: Detail- oder Teilnutzen). In der Realität fällt es häufig schwer, einem Kriterium überhaupt einen Wert (in Form einer Zahl) zuzuweisen. Beispiel: „Wie gut ist die Benutzerfreundlichkeit einer EDV-Anwendung?" Hier muss die Gruppe vorgängig eine Hilfestellung in Form eines Rasters oder einer Tabelle erarbeiten, welche eine objektivere Benotung der nicht messbaren Kriterien erlaubt.

Wird die Nutzwertanalyse im Team durchgeführt, so sind idealerweise die Gewichtungen im Konsens zu ermitteln.

Wenn die Bewertung der Varianten relativ nahe beieinander liegende Gesamtnutzwerte ergibt, so stellt sich die Frage der Zufälligkeit der Resultate und damit der Rangfolge. In solchen Fällen hilft eine Sensitivitätsanalyse, d.h. Gewichte oder Werte werden leicht abgeändert und ihr Einfluss auf die Rangfolge beobachtet. Bei Umkehr von Rängen wären die betreffenden Varianten wahrscheinlich im Streuband der Gewichtung oder Bewertung und damit als gleichwertig zu betrachten. Diese Sensitivitätsanalyse ermittelt, wie stabil oder empfindlich ein Bewertungsergebnis auf veränderte Annahmen reagiert. Immer wenn Zweifel über das Resultat bzw. die Rangfolge auftreten, sind sofort die Vollständigkeit der Optimierungskriterien und deren Gewichte zu überprüfen. In der Praxis werden ganze Zielklassen wie psychologische oder politische Ziele als Bewertungskriterien oft weggelassen, was zu gravierenden Fehlern in der Beurteilung führt.

Nutzwertanalyse: Hauskauf									
Ziele		Alternative A			Alternative B			Alternative C	
Muss-Ziele		Info	Ja / Nein		Info	Ja / Nein		Info	Ja / Nein
Kosten/Mt. <2500 €		1900 €	ja		2400 €	ja		2800 €	Nein
mind. 3 Schlafzimmer		3	ja		4	ja			
Wunsch-Ziele	G	Info	W	GxW	Info	W	GxW	Info	W GxW
Zentrale Lage	25	10' Bus	4	100	5' zu Fuss	9	225		
Schulnähe	20	20' Bus	4	80	15' zu Fuss	8	160		
Komfort	45	4½ Zimmer	2	90	6½ Zimmer	9	405		
Hausstil	10	Altbau	3	30	Betonbau	6	60		
Gesamtnutzen = Summe aller GxW				300			850		
Zielerreichungsgrad				30%			85%		

Abbildung IV-63: Beispiel „Nutzwertanalyse"

Finanzielle Ziele sind in der Nutzwertanalyse nur als Ausscheidekriterien möglich. Der Gesamtnutzen einer Variante muss unabhängig von finanziellen Zielen ermittelt werden (in Punkten oder in %). Mit der Kosten-Wirksamkeitsanalyse wird anschliessend berechnet, wie viel ein Punkt kostet, bzw. wie viele Punkte es pro Geldeinheit bei jeder Variante gibt.

Kosten-Wirksamkeits-Analyse: Hauskauf (direkte Fortsetzung)		
Kosten / Punkt in €	6,33	2,82
Punkte / Geldeinheit	0,16	0,35

Legende: G = Gewicht / W = Wertung / Wert (Maximalwert = 10)

Abbildung IV-64: Beispiel „Kosten-Wirksamkeits-Analyse"

Zusätzlich zu den Zielen können weitere Kriterien hinzugezogen werden, z.B. die Resultate einer Risikoanalyse. Sind die Risiken bei den Varianten stark unterschiedlich, so sind solche Einflussfaktoren ebenfalls in die Beurteilung einzubeziehen.

3.10.3 Wer soll Lösungen bewerten?

Die hier dargestellte Bewertungsmethode ist die allgemein übliche für irgendeine Evaluation. Es ist aber auch klar, dass eine solche Benotung mehr oder weniger subjektiv ist und daher nicht von einer Person allein vorgenommen werden darf (es sei denn durch den Auftraggeber, der ohnehin den Schlussentscheid über die definitive Lösung hat). Eine Lösungsbewertung (Evaluation) im Projekt ist nichts anderes als eine Zielerreichungskontrolle und damit eine Hauptaufgabe des Projektleiters als Verantwortlicher für die Zielerreichung.

Es obliegt also dem Projektleiter, für diese Aufgabe ein geeignetes Bewertungsteam („Review-Team" oder „Jury") zusammenzustellen und mit diesem zusammen die Bewertung durchzuführen. Da sich dieses Bewertungsteam primär aus Vertretern der späteren Benutzer und wichtiger Betroffener zusammensetzen sollte, wird der Projektleiter in erster Linie an die Zielbewertungsgruppe (eventuell mit einer Änderung oder Ergänzung) denken. Diese ist dafür besonders geeignet, da sie mit dem Problem vertraut ist, früher die Ziele und Gewichte gesetzt hat, meistens nicht direkt in der Lösungssuche involviert war und damit eher noch neutral ist. In Fällen, wo bereits ein Review-Team oder Projektausschuss besteht, ist es sinnvoll, dieses Gremium für die Bewertung zuzuziehen.

Um dieses Team zu befähigen, qualifiziert und rasch eine Bewertung zu geben, müssen ihm die Vor- und Nachteile der Lösungsvarianten bezüglich jedes Kriteriums erläutert werden. Dazu können ad hoc Fachkräfte zugezogen werden, welche die Lösungsvarianten kennen, um diese zu erläutern und Fragen des Teams zu beantworten. Alternativ dazu werden gelegentlich die Eigenschaften, Vor- und Nachteile jeder Variante auch vorab schriftlich in einem Bericht dargelegt.

3.10.4 Übersicht der Vorgehensschritte der Lösungsbewertung

- Zielformulierung mit Gewichten muss vorliegen
- Mindestens zwei Lösungsvarianten, die alle Ausscheidekriterien erfüllen, für eine Bewertung genügend ins Detail ausarbeiten lassen
- Ein Bewertungsteam (Review-Team, Ausschuss, Jury) und bei Bedarf Fachspezialisten für die Varianten-Erläuterung organisieren (vergleiche Zielgewichtungsteam)
- Wenn möglich ein Bewertungsschema zusammen mit dem Bewertungsteam erarbeiten und das Benotungssystem (die Skala) festlegen
- Die Erfüllung aller Ausscheidekriterien jeder Variante durch das Team bewerten lassen
- Die Varianten anhand der vorgegebenen Optimierungskriterien individuell bewerten
- Den Nutzwert und die Kosten-Wirksamkeit jeder Variante berechnen und die Rangfolge festlegen
- In Zweifelsfällen die Vollständigkeit der Kriterien (Detailziele) und der Gewichte überprüfen, eventuell mit Sensitivitätsanalyse oder Risikoanalyse
- Die vorgeschlagene beste Variante durch den Auftraggeber bestätigen lassen

Der Projektleiter muss sich, selbst wenn er als Generalist nicht bei der Lösungserarbeitung beteiligt war, auf alle Fälle in diesen Evaluationsprozess einschalten und ihn korrekt durchführen. Er kann sich damit auch am besten mit dem Lösungsvorschlag identifizieren. Dieses transparente Vorgehen für die Bewertung in Fällen, wo die Lösungsvarianten relativ ähnlich sind und die Rangfolge nicht auf Anhieb ersichtlich ist, ist das bestmögliche. Es führt zudem erfahrungsgemäss zu einer besseren Akzeptanz der Lösung, sowohl bei den eventuell negativ Betroffenen wie beim Auftraggeber.

Zertifizierung Projektmanagement

1 Zertifizierungssysteme

Projektleiter haben zwei Möglichkeiten für ihre persönliche Entwicklung: über unternehmensspezifische Karrierepfade oder durch die eigene Zertifizierung. „Projektmanager" ist keine geschützte Berufsbezeichnung, und deshalb haben personenbezogene Zertifikate stark an Bedeutung gewonnen. Sie sind ein Ausweis über Wissen, Können und Erfahrung und erhöhen den persönlichen Marktwert. Gleichzeitig wird eine gemeinsame Sprache und Vorgehensweise gefördert, sofern in einer Organisation derselbe Zertifizierungsstandard angestrebt wird.

Es gibt heute ein breites Zertifizierungsangebot. Weltweit führend sind IPMA (International Projekt Management Association), international verbreitet mit Schwerpunkt Europa und Asien) und PMI (Project Management Institute), Ursprung im amerikanischen Raum, international verbreitet mit Schwerpunkt USA. Der IPMA-Standard basiert eher auf einem generischen Modell mit starker Berücksichtigung der Soft-Skills, derjenige von PMI zeichnet sich hingegen durch ein klar definierte Terminologie aus, und Methoden und Tools stehen hier im Vordergrund.

Es können je die folgenden Zertifizierungsstufen durchlaufen werden:

PMI		IPMA	
PgMP®	Program Management Professional	IPMA Level A®	Zertifizierter Projektdirektor (Certified Projects Director)
PMP®	Project Management Professional	IPMA Level B®	Zertifizierter Projektmanager (Certified Senior Project Manager)
		IPMA Level C®	Zertifizierter Projektleiter (Certified Project Manager)
CAPM®	Certified Associate in Project Management	IPMA Level D®	Zertifizierte/r Projektmanagement-Fachmann/Fachfrau (Certified Project Management Associate)
			Basiszertifikat im Projektmanagement (GPM)

Abbildung Z-1: Zertifizierungsebenen von IPMA und PMI im Vergleich

Nebst diesen zwei bedeutenden Systemen gibt es eine Reihe weiterer Standards, die eher ergänzenden bzw. komplementären Charakter haben. Es kann also durchaus sinnvoll sein, ein PMI- oder IPMA-Zertifikat mit einem der folgenden, nicht abschliessenden Möglichkeiten zu ergänzen:

HERMES: Ist ein Vorgehensmodell, das in der schweizerischen Bundesverwaltung entwickelt wurde und vor allem in Informatik-Projekten sinnvoll ist. Hier gibt es zwei Zertifikate:

- HSPTP HERMES: Swiss Project Team Professional,
- HSPM HERMES: Swiss Project Manager.

PRINCE 2: Ist ein prozessorientierter Ansatz, in Grossbritannien als Regierungs-Standard für IT-Projekte entwickelt und hier auch hauptsächlich verbreitet.

SCRUM: Zwei rollenspezifische Zertifikate für diesen agilen Ansatz im Bereich der Software-Entwicklung.

Neben der personenbezogenen Zertifizierung entwickeln sich auch organisationsbezogene Zertifizierungen, z.B. CMMI, ein Reifegradmodell und Verbesserungsprozess für das betriebliche Projektmanagement.

2 Zertifizierung nach IPMA

Titel	Kompetenzen	Zertifizierungsprozess			Gültigkeit
		Schritt 1	Schritt 2	Schritt 3	
Certified Projects Director (IPMA Level A)®	Kompetenznachweis: • angewandtes Wissen • relevante Erfahrung • professionelles Verhalten	A	• Antrag • Curriculum vitae • Selbstbeurteilung • PM-Ausbildung • PM-Erfahrung • Referenzen	Programm-/Portfolio-Beschreibung	Bericht Projekt-Direktor	5 Jahre
Certified Senior Project Manager (IPMA Level B)®		B		Projekt-Beschreibung	Projekt-Bericht	Interview
Certified Project Manager (IPMA Level C)®		C		Wissens-Prüfung	Projekt-Kurzbericht	
Certified Project Management Associate (IPMA Level D)®	Wissen	D	• Antrag • Curriculum vitae • Selbstbeurteilung	Wissensprüfung		5 Jahre

Abbildung Z-2:   Der Zertifizierungsprozess nach IPMA

Die Zertifizierung des Projektmanagements findet heute anerkanntermassen durch zwei internationale Institutionen statt: die IPMA (International Project Management Association) und die PMI (Project Management Institute).

Da die IPMA im europäischen Raum bei den Unternehmen eine grössere Verbreitung und Akzeptanz geniesst, haben wir uns entschlossen, nachfolgend eine Referenzliste zu erstellen, welche zu allen im Rahmen der IPMA-Zertifizierung gefragten und geprüften Themen die entsprechenden Seitenangaben in diesem Buch liefert. Die 4 Zertifizierungsebenen von IPMA sind in der untenstehenden Grafik beschrieben.

3 Das IPMA-Kompetenz-Auge

PM-Kontextkompetenzen
- Projektorientierung
- Programmorientierung
- Portfolioorientierung
- Projekt-, Programm-, und Portfolioeinführung
- Stammorganisation
- Business
- Systeme, Produkte und Technologie
- Personalmanagement
- Gesundheit, Sicherheit und Umwelt
- Finanzierung
- Rechtliche Aspekte

PM-Verhaltenskompetenzen
- Führung
- Engagement und Motivation
- Selbstkontrolle
- Durchsetzungsvermögen
- Entspannung und Stressbewältigung
- Offenheit
- Kreativität
- Ergebnisorientierung
- Effizienz
- Beratung
- Verhandlungen
- Konflikt und Krisen
- Verlässigkeit
- Wertschätzung
- Ethik

PM-technische Kompetenzen
- Projektmanagementerfolg
- Interessierte Parteien
- Projektanforderungen und Projektziele
- Risiken und Chancen
- Qualität
- Projektorganisation
- Teamarbeit
- Problemlösung
- Projektstrukturen
- Leistungsumfang und Lieferobjekte
- Projektphasen, Ablauf und Termine
- Ressourcen
- Kosten und Finanzen
- Beschaffung und Verträge
- Änderungen
- Überwachung, Controlling und Berichtswesen
- Information und Dokumentation
- Kommunikation
- Projektstart
- Projektabschluss

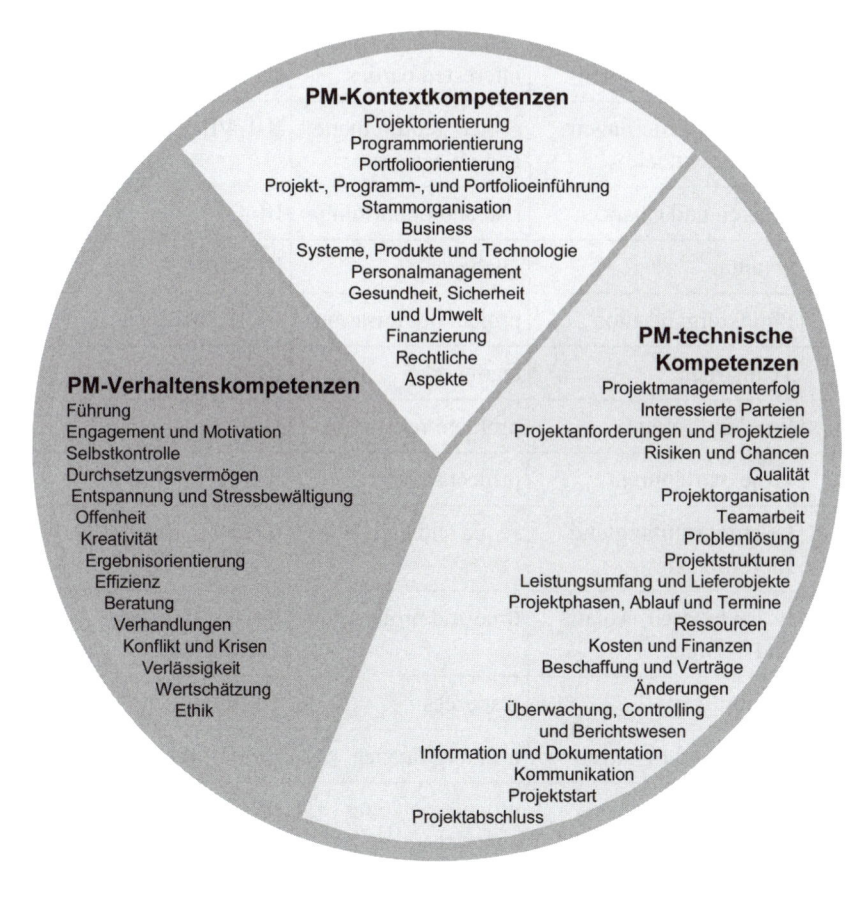

Abbildung Z-3: Das IPMA-Kompetenz-Auge (nach Swiss National Competence Baseline, Version 4)

4 Referenzliste zur IPMA Competence Baseline

Der erste Schritt zur persönlichen Zertifizierung des Projektmanagements führt über eine Selbstbeurteilung, in der das eigene Wissen bzw. die eigene Erfahrung zu den obigen Themen aus dem Bereich Projektmanagement bewertet werden soll. Die nachfolgende Referenzliste stellt einen Bezug der IPMA Competence Baseline (ICB Version 4) zu den Inhalten des vorliegenden Buches her.

4.1 Methodische Kompetenz (technical competence)

Nr.	Thema	topic	Referenz (Teil-Kap.)
1.01	Projektmanagementerfolg	project management success	III-2/III-4
1.02	Interessierte Parteien	interested parties	II-3/III-1/III-5
1.03	Projektanforderungen und Projektziele	project requirements and objectives	II-1.4/II-5/IV-3.6
1.04	Risiken und Chancen	risk and opportunity	III-4.4
1.05	Qualität	quality	III-3/III-4.7
1.06	Projektorganisation	project organisation	I-3/II-2/III-2
1.07	Teamarbeit	teamwork	III-6
1.08	Problemlösung	problem resolution	IV-3
1.09	Projektstrukturen	project structures	II-2/II-3
1.10	Leistungsumfang und Lieferobjekte	scope and deliverables	II-3/III-2/III-3/IV-2
1.11	Projektphasen, Ablauf und Termine	time and project phases	PM-Kompass / Teil II/III-3
1.12	Ressourcen	resources	Teil I/III-3
1.13	Kosten und Finanzen	cost and finance	III-3/III-4
1.14	Beschaffung und Verträge	procurement and contract	III-4.7
1.15	Änderungen	changes	III-4/IV-2

1.16	Überwachung, Controlling und Berichtswesen	control and reports	III-4/III-5
1.17	Information und Dokumentation	information and documentation	II-x.8/III-5/IV-3
1.18	Kommunikation	communication	III-5/IV-2
1.19	Projektstart	start-up	III-6
1.20	Projektabschluss	close-out	II-5.9/III-5

4.2 Verhaltenskompetenz (behavioural competence)

Nr.	Thema	topic	Referenz (Teil-Kap.)
2.01	Führung	leadership	II-x.7/III-6/III-7
2.02	Engagement und Motivation	engagement und motivation	III-6/III-7
2.03	Selbstkontrolle	self-control	III-7/IV-2
2.04	Durchsetzungsvermögen	assertiveness	III-6
2.05	Entspannung und Stressbewältigung	relaxation	III-7/IV-2
2.06	Offenheit	openness	III-2/III-6/IV-1
2.07	Kreativität	creativity	III-6/IV-3
2.08	Ergebnisorientierung	results orientation	II-2/II-3/II-4/III-7
2.09	Effizienz	efficiency	III-7/IV-2
2.10	Beratung	consultation	III-2/III-6/III-8/IV-1
2.11	Verhandlungen	negotiation	III-1/III-7/IV-2
2.12	Konflikte und Krisen	conflict & crisis	III-4/III-9
2.13	Verlässlichkeit	reliability	III-6
2.14	Wertschätzung	values appreciation	III-6/III-7
2.15	Ethik	ethics	III-8

4.3 Kontext-Kompetenz (contextual competence)

Nr.	Thema	topic	Referenz (Teil-Kap.)
3.01	Projekt-Orientierung	project orientation	I-3
3.02	Programm-Orientierung	program orientation	I-7
3.03	Portfolio-Orientierung	portfolio orientation	I-7/III-2/IV-2
3.04	Projekt-, Programm- und Portfolio-Einführung	PPP implementation	III-2/IV-2
3.05	Stamm-Organisation	permanent organisation	III-2/III-5/III-6
3.06	Business	business	III-8/IV-2
3.07	Systeme, Produkte und Technologie	systems, products and technology	III-1/III-2/Teil IV
3.08	Personalmanagement	personnel management	I-8/III-6
3.09	Gesundheit, Sicherheit und Umwelt	health, security, safety and environment	III-7/III-8/IV-2
3.10	Finanzierung	finance	III-3/III-4
3.11	Rechtliche Aspekte	legal	III-1

Literaturverzeichnis

1 Grundlagen

[1] Daenzer, W.F. (Hrsg.), Systems Engineering, 2002, Verlag Industrielle Organisation, Zürich, 3-85743-998-x

[2] Gandolfi, Alberto, Von Menschen und Ameisen: Denken in komplexen Zusammenhängen, 2001, Orell Füssli Verlag, Zürich, 3-280-02669-5

[3] Ninck, Andreas, Systemik, Integrales Denken, Konzipieren und Realisieren, 2001, Orell Füssli Verlag, Zürich, 3-85743-994-7

[4] Schein, Edgar, Organisationskultur, 2010, Humanistische Psychologie, 978-3-89797-014-4

[5] Staehle, Wolfgang, H., Management, eine verhaltensorientierte Perspektive, 1999, Vahlen Verlag, München, 3-8006-2344-7

[6] Steiger, Thomas, Lippmann, Eric, Handbuch angewandte Psychologie für Führungskräfte, 2008, Springer Berlin Heidelberg, 978-3-540-76339-0

[7] Thommen, Jean-Paul, Managementorientierte Betriebswirtschaftslehre, 2004, Versus Verlag, Zürich, 3-03909-000-3

[8] Vester, Frederic, Unsere Welt – ein vernetztes System, 2002, Deutscher Taschenbuch Verlag, München, 3-423-33046-5

2 Projektmanagement allgemein

[9] Becker, Mario, EDV-Wissen für Anwender, 2004, Verlag Industrielle Organisation, Zürich, 3-857-43700-6

[10] Burghardt, Manfred, Projektmanagement, 2002, Publicis MCD Verlag, Erlangen, 3-89578-199-1

[11] Burghardt, Manfred, Einführung in Projektmanagement, 2002, Publicis MCD Verlag, Erlangen, 3-89578-198-3

[12] Buttrick, Robert, the Project Workout, 1997, Pitman Publishing, London, 0-273-62680-9

[13] DeMarco, Tom, Der Termin, Ein Roman über Projektmanagement, 2005, Hanser Verlag Wien, 3-446-40165-2

[14] Dobiey, Dirk, Programm-Management: Projekte übergreifend koordinieren und in die Unternehmensstrategie einbinden, 2004, Wiley-Verlag, 978-3-527-50121-2

[15] Doppler, Klaus, Lauterburg, Christoph, Change Management, 2002, Campus Verlag, Frankfurt, 3-593-36819-6

[16] Gareis, Roland, Happy Projects, 2006, Manz'sche Verlags-Universitätsbuchhandlung, 978-3-214-08438-7

[17] Gessler, Michael, Kompetenzbasiertes Projektmanagement (PM3): Handbuch für die Projektarbeit, Qualifizierung und Zertifizierung,, GPM Deutsche Gesellschaft für Projektmanagement, Okt 2010, 978-3-924-84140-9

[18] Häfele, Walter, OE-Prozesse initiieren und gestalten, ein Handbuch für Führungskräfte, Berater/innen und Projektleiter/innen, 2007, Hauptverlag, 3-258-07552-2

[19] Heintel, Peter/Krainz, Ewald, Projektmanagement: eine Antwort auf die Hierarchiekrise?, 2000, Gabler, Wiesbaden, 3-409-43201-9

[20] Hobbs, Peter, Professionelles Projektmanagement, 2001, mvg-verlag, Frankfurt, 3-478-86002-4

[21] Holland, Dutch, Projektmanagement für die Chefetage, 2002, VCH Verlagsgesellschaft, Weinheim, 3-527-50041-3

[22] Jenny, Bruno, Projektmanagement, 2006, vdf Hochschulverlag, Zürich, 3-7281-3043-5

[23] Jenny, Bruno, Projektmanagement – das Wissen für den Profi, Verlag vdf Hochschulverlag, Zürich, 2. Auflage 2009/978-3-7281-3290-1

[24] Kerzner, Harold, Projekt Management, 2003, mitp-Verlag, Bonn, 3-8266-0983-2

[25] Lombriser, Roman, Abplanalp, Peter, Strategisches Management, 2005, Versus Verlag, Zürich, 978-3-03909-049-5

[26] Oestereich, Bernd, Weiss, Christian, APM – Agiles Projektmanagement, 2007, dpunkt.verlag, Heidelberg, 978-3-898-64386-3

[27] Patzak, Gerold, Projekt Management, 2004, Linde Verlag, Wien, 3-7143-0003-1

[28] Petersen, Dominik, Witschi Urs, et. al.: Den Wandel verändern: Change-Management anders gesehen, 2011, Gabler Verlag, 978-3-834-92672-2

[29] Pfetzing, Karl, Ganzheitliches Projektmanagement, 2004, Verlag Dr. Götz Schmidt, Giessen, 3-921-313-678

[30] Rattay Günter, Führung von Projektorganisationen, Linde Verlag Wien, 2003, 3-7073-0433-7

[31] Rietiker, Stephen, Der neunte Schlüssel – vom Projektmanagement zum projektbewussten Management, Haupt Verlag Bern, 2006, 978-3-258-07044-5

[32] Scheuring, Heinz, Der www-Schlüssel zum Projektmanagement, 2007, Orell Füssli Verlag, Zürich, 3-85743-727-8

[33] Zink K.J., Kötter W., Longmuss J. Thul M.J. (Hrsg.): Veränderungsprozesse erfolgreich gestalten, 2009, Springer Verlag

3   Methodiken

[34] Ahlemann, Frederik, Project Management Software Systems, BARC 2008

[35] Berkel, Karl, Konflikttraining, Konflikte verstehen und bewältigen, 2002, Sauer Verlag, Heidelberg, 3-79387-280-7

[36] Böhm, Rolf, Methoden und Techniken der System-Entwicklung, 2005, vdf Hochschulverlag, Zürich, 3-7281-2956-9

[37] DeMarco, Tom, Bärentango, Mit Risikomanagement Projekte zum Erfolg führen, 2003, Hanser Verlag, Wien, 3-446-22333-9

[38] Gomez, Peter, Die Praxis des ganzheitlichen Problemlösens, 1999, Haupt Verlag, Bern, 3-258-05575-0

[39] Heitger, Barbara, Harte Schnitte, neues Wachstum: Die Logik der Gefühle und die Macht der Zahlen im Changemanagement, 2002, Redline, Wirtschaft bei Überreuter, Wien, 3-8323-0913-6

[40] Kerzner, Harold, Project Management Maturity Modell, John Wiley & Sons Inc. 2001, 0-471-40039-4

[41] Königswieser, Roswita/Keil Marion, Das Feuer grosser Gruppen: Konzepte, Designs, Praxisbeispiele für Grossverantstaltungen, 2000, Klett-Cotta, Stuttgart, 3-608-91026-3

[42] Königswieser, Roswita, Sonu, Ebru, Gebhard, Jürgen, Komplementärberatung, das Zusammenspiel von Fach- und Prozess-Know-how; 2006, Klett-Kotta, Stuttgart, 978-3-608-94142-5

[43] Königswieser, Roswita, Exner, Alexander, Systemische Intervention, Architektur und Designs für Berater und Veränderungsmanager, 2002, Klett-Cotta, Stuttgart, 3-608-91938-4

[44] Lippmann Eric, Intervision, Kollegiales Coaching professionell gestalten, 2009, Springer Verlag, Heidelberg, 978-3-540-78852-2

[45] Osterloh, Margrit. Frost Jens, Prozessmanagement als Kernkompetenz, 2006, Gabler Verlag, Wiesbaden, 3-409-33788-1

[46] Schwarze, Jochen, Netzplantechnik, 2001, Verlag Neue Wirtschafts-Briefe, 3-482-56068-4

[47] Seifert, Josef W., Moderation & Kommunikation, 2003, Gabal Verlag, Offenbach, 3-89749-003-X

[48] Seiwert, Lothar J., Das 1x1 des Zeitmanagement, 2001, mvg Taschenbuch Business Training, Frankfurt, 3-478-81125-2

[49] Sell, Robert, Probleme lösen, In komplexen Zusammenhängen denken, 2002, Springer-Verlag, Berlin Heidelberg, 3-540-43687-1

[50] Stroebe, Rainer W., Motivation, Arbeitshefte Führungspsychologie, 2004, Verlag Recht und Wirtschaft, Heidelberg, 3-80057-316-4

[51] Varga von Kibéd, Matthias/Sparrer, Insa, Ganz im Gegenteil: für Querdenker und solche, die es werden wollen, 2004, Carl-Auer-Systeme, Heidelberg, 3-89670-235-1

4 Team, Teamführung, Konflikte

[52] Backhausen, Wilhelm, Thommen, Jean-Paul, Coaching: Durch systemisches Denken zu innovativer Personalentwicklung, 2003, Gabler, Wiesbaden, 3-409-12005-X

[53] Bohm, David, Der Dialog – das offene Gespräch am Ende der Diskussion, 2005, Klett-Cotta, 3-608-91857-4

[54] Cronenbroeck, Wolfgang, Handbuch internationales Projektmanagement", 3-589-23600-0

[55] Fisher, Roger, et. al. Das Harvard-Konzept: Der Klassiker der Verhandlungstechnik, 2009, Campus Verlag, 978-3-593-38982-0

[56] Frank, Gunter, Work Life Balance – Leistung und liebe Leben, Work Life Balance Expert Group, 2004, Redline Wirtschaft, 3-636-01122-7

[57] Fuchs, Helmut, Die Kunst (k)eine perfekte Führungskraft zu sein; 60 Denkanstösse für zukunftstaugliche Manager, 2002, Falken & Gabler, Wiesbaden, 3-8068-2583-1

[58] Gellert, Manfred/Nowak Claus, Teamarbeit – Teamentwicklung – Teamberatung, ein Praxisbuch für die Arbeit in und um Teams, Limmer Verlag Meezen, 2002, 3-928922-13-0

[59] Glasl, Friedrich, Konfliktmanagement: Ein Handbuch für Führungskräfte, Beraterinnen + Berater, Verlag Freies Geistesleben; 2004, 3-77250-954-1

[60] Greif, Siegfried/Kurtz, Hans-Jürgen, Handbuch selbstorganisiertes Lernen, 1998, Verlag für angewandte Psychologie, Göttingen, 3-8017-0837-3

[61] Gruhl, Monika, die Strategie der Stehauf-Menschen, Resilienz – so nutzen Sie Ihre inneren Kräfte, 2008, Herder Verlag, 3-7831-3444-7

[62] Hofstede, Geert, Cultural Dimensions, 978-3-42350-807-0

[63] Janssen, Claes, The Four Rooms of Change, Förändringens fyra rum, 1996, Wahlström & Widstrand

[64] Kälin, Karl, Sich selbst managen: die eigene Entwicklung im beruflichen und privaten Umfeld gestalten, 1999, Ausgabe mit CD-ROM, Ott, Thun, 3-7225-6680-0

[65] Kreyenberg, Jutta, Handbuch Konfliktmanagement, 2008, Cornelsen Verlag, Berlin, 3-589-23604-3

[66] Lay, Rupert, Dialektik für Manager; Methoden des erfolgreichen Angriffs und der Abwehr, 1999, Econ & List, Berlin, 3-612-26659-4

[67] Marti, Stefan, Toolbox Führung, nützliche Werkzeuge und Modelle für Führungskräfte und Projektleiter, 8. Auflage, Eigenauflage Winterthur

[68] Mole, John, Managing Business Culture, 2003, Nicholas Brealey Publishing, 1-85788-314-4

[69] Pietschmann, Herbert, Eris & Eirene, eine Anleitung zum Umgang mit Widersprüchen und Konflikten, 2002, Ibera, Wien, 3-85052-131-1

[70] Pöhm, Matthias, Vergessen Sie alles über Rhetorik; mitreissend reden – ein sprachliches Feuerwerk in Bildern, 2001, mvg, Frankfurt, 3-478-73231-X

[71] Ponschab, Reiner, Schweizer, Adrian, Kooperation statt Konfrontation, Verlag Dr. Otto Schmidt, Köln, 3-504-18964-9

[72] Roth, Gerhard, Fühlen, denken, handeln, wie das Gehirn unser Verhalten steuert, 2001, Suhrkamp Verlag, Frankfurt, 3-518-58313-1

[73] Satir, Virginia, et al., Das Satir-Modell, Familientherapie und ihre Erweiterung, 1995, Junfermann Verlag, Paderborn, 3-87387-167-x

[74] Schulz von Thun, Friedemann, Miteinander reden – Störungen und Klärungen, 2000, Rowohlt, Hamburg, 3-499-17489-8

[75] Schwarz, Gerhard, Konfliktmanagement: Konflikte erkennen, analysieren, lösen, Verlag Gabler; 2005,: 3-40979-605-3

[76] Simon, Fritz B., Gemeinsam sind wir blöd!? 2004, Karl Auer System Verlag, Heidelberg, 3-89670-436-2

[77] Sprenger, Reinhard, Mythos Motivation, Wege aus einer Sackgasse, 2010, Campus Verlag, 978-3-593-39200-4

[78] Stock, Ruth, Coaching von Teams, ein systematischer Ansatz zur Messung und Steigerung der Einflussgrößen des Teamerfolgs, 2002, zfo, Zeitschrift Führung + Organisation, 71. Jg., Heft 2

Über die Autoren

Jürg Kuster, dipl. Ingenieur ETH

Studium der Elektrotechnik an der ETH Zürich. Insgesamt mehr als 11 Jahre als Manager und Projektleiter in verschiedenen Unternehmen in der Informatik tätig. Experte für die eidgenössischen Fachprüfungen zum Informatikprojektleiter und Wirtschaftsinformatiker. Dozent an verschiedenen Ausbildungsinstituten. Inhaber der Pentacon AG in Winterthur und seit 2008 Geschäftsleiter der BWI Management Weiterbildung der ETH Zürich. Befasst sich heute vor allem mit Managementtraining, Projekt-Coaching, Entwicklung und Einführung von unternehmensweiten Projektmanagement-Standards und Weiterbildungskonzepten.

Eugen Huber, dipl. Organisator

Dipl. phil. I, Université de Neuchâtel; diplomierter individualpsychologischer Berater; eidg. diplomierter Organisator; systemisch-lösungsorientierter Coach FHNW, EFQM-Assessor. Stressregulations-Coach und -trainer. Langjährige Erfahrung in Projektmanagement, Organisations- und Teamentwicklung, Grossgruppenarbeit und Coaching. Führungserfahrung in Projekten, verschiedenen Dienstleistungsunternehmen und Bildungsinstitutionen. Seit 2000 selbständiger Berater, Coach und Trainer in Deutsch, Französisch und Englisch. Schwerpunkte: Veränderungsprozesse gestalten und moderieren, Projekte leiten, Einzelpersonen und Teams coachen.

Robert Lippmann, lic. oec. publ. Uni Zürich

Kaufm. Lehre, Studium Betriebswirtschaft. Weiterbildungen in Gruppendynamik (DAGG/SAAP), Arbeits- und Betriebspsychologie und Nachdiplomstudium für Unternehmensentwicklung (NDU SNU). Seit 1990 als Management-Trainer und Berater tätig. Seit 1996 selbständiger Berater, Projektleiter, Trainer und Coach in Industrie, Dienstleistung und öffentlicher Verwaltung, vor allem in Projektmanagement, Führung, Coaching, Kommunikation und Moderation. Spezialisiert auf operative Umsetzung von Konzepten und Projekten. Seit 2005 Teilzeitanstellung als Coach und OE-Berater für das Senior Management einer grossen Dienstleistungsfirma.

Alphons Schmid, Ausbildungsleiter

Berufslehre in Dienstleistungsbetrieb. 1961 Eintritt in die Swissair. 1967–1991 verschiedene leitende Funktionen beim Kabinenpersonal: Leiter Verhaltensschulung, Aufbau und Leitung Kaderausbildung und Fremdschulung, Bereichsleiter Kabinenbesatzungen. 1991–1996 Fachverantwortung im Konzern für: Projektmanagement, Moderation, Teamentwicklung, Führung und Kommunikation. Seit 1996 selbständiger Berater und Trainer. Beschäftigungsschwerpunkte: Coaching von Einzelpersonen und Teams, Konfliktbearbeitung und Teamentwicklungsprozesse. Workshops zu den Themen Projektleitung, Teamentwicklung, Führung, Konflikte, Moderation.

Emil Schneider, dipl. Ingenieur ETH

Abschluss als Elektroingenieur an der ETH Zürich. Weiterbildung in Projektführung, Qualitätsmanagement, Internationales Industriemanagement, Industrielles Marketing. Nachdiplomstudium in Betriebswissenschaften am BWI/ETHZ. 10 Jahre Erfahrung als Entwickler und Projektleiter. 15 Jahre Führungserfahrung als Leiter von Entwicklungsabteilungen in grossen Unternehmen. Seit 1993 selbständiger Managementberater, Coach und Trainer (Schneider & Partner), mit den Schwerpunkten: Projektmanagement, speziell von Innovationsprojekten, und Qualität in Unternehmensprozessen.

Urs Witschi, dipl. Architekt ETH

Studium der Architektur, Nachdiplom in Betriebswissenschaften an der ETH Zürich, Weiterbildung in systemischer Beratung. Langjähriger Unternehmensberater an der Stiftung BWI/ETH in den Bereichen Führung und Organisation. 1995 Mitbegründer und Partner des ONION Netzwerkes und 2002 Mitbegründung der DRIFT Consulting GmbH mit Schwerpunkten Projekt- und Change-Management. Aktiv spm swiss project management association und der GPM Deutsche Gesellschaft für Projektmanagement, wo er sich hauptsächlich mit der Weiterentwicklung des Projektmanagements befasst.

Roger Wüst, Ingenieur HTL, Betriebsing. STV

Weiterbildung in systemischer Organisationsentwicklung, systemischer Beratung, Coaching, Organisationsaufstellungen, Managemententwicklung. Als ehemaliger Mitarbeiter der Stiftung BWI, in Projektmanagementberatung und Ausbildungen in Privatwirtschaft und öffentlichen Verwaltungen tätig. Seit 1996 selbständiger Ausbildner, Seniorconsult und Coach. Arbeitet heute bevorzugt mit den Ansätzen der system. Organisationsentwicklung bei Entwicklung, Konzeptionserstellung und Ausbildung von Führungskräften, Arbeitsgruppen und Organisationen. Zusätzlich als Referent für verschiedene Institutionen und an Fachhochschulen tätig.

Index

Die **fett** gedruckten Seitenzahlen sind **Haupteinträge** und verweisen auf die umfassende Behandlung für das gesuchte Stichwort.

Die normal gedruckten Seitenzahlen sind Nebeneinträge und verweisen auf weitere Ergänzungen und Kommentare zum gesuchten Stichwort.

A

ABC-Analyse **383ff**
Abgrenzung 42, 126, 128, 227, 284, 329, **346**, 394
Abhängigkeit 121, **133ff**, 149, 172, 189, 217, 233, 321, 346
Ablauforganisation **11**, 114
Ablaufplan **20**, 90, 160, 333, 415
Abschluss **23ff**, 48, 59, 67, 73, 81, 119, 147, 265, 333
Abschlussbericht 78, **80f**, 188, 193, 196
Abweichung 25, 69, 78, 125, 144f, 152, 163, 177, 180, **224f**
Agiles Projektmanagement 29, **35**
Akzeptanz 51, 99ff, 122f, 186f, 197, **241**, 245, 263f, 378, 407
Akzeptanzprojekt **6f**, 152
Alignment to Strategy **375**
ALPEN-Methode **386**
Ambiguität **378**
Analogie 150f, 415, **418**
Analyse 49f, 184, 253, 335, 341, 348f, 382, **394f**, 397, 403
Änderungsmanagement 36, **178**, 180, 182,196, 350
Anfangstermin **372ff**

Angebotsanfrage **92**, 345
Angebotsmanagement **93**
Angebotsphase 92, **95f**
Anspruchsgruppen 35f, 43, 102, 116, 170, 179, 189, 197ff, **218ff**, 397ff
Arbeitsbelastung 226, 364, **382**
Arbeitsklima **234**, 276, 416
Arbeitspaket 19f, 52f, **126ff**, 143, 145, 148ff, 164, 171, 177ff, 357f
Arbeitspaketbeschreibung **128f**, 143
Audit 157, 171, 354, **393**
Aufbauorganisation **11**, 115
Aufgabe 5f, 8f, **103ff**, 113, 144, 171f, 224ff, 231ff, 254ff, 384ff
Aufgabenverteilung **249f**
Aufstellung **397f**
Auftauphase **271**
Auftraggeber 24f, 41ff, 91, 94ff, **101ff**, 171ff, 189f, 221f, 235, 345
Auftragsformulierung **405**
Aufwandschätzung 77, 94, **149ff**, 163, 173
Ausscheidekriterien **410f**, 424ff
Ausschreibung **92**, 405
Ausschuss 222, **401**

Auswahl 16, 20, 95, 112, 148, 157, 244f, 325, 359, **423f**

B

Balanced Scorecard **349**
Balkenplan 62, **132ff**, 142f, 149, 371
Begleitgruppe 43, 51, 61, **102**, 116
Benchmarking 45, 85, **348f**, 352
Benutzer 23, 28, 69ff, **75ff**, 80f, 95, 116, 216, 362f, 392
Berichtswesen 161, 172ff, 187, **192f**, 311, 431, 433
Best Practise 348f
Best-in-Market **173**
Betriebskosten 44, 95, **155**, 176, 352
Beurteilungskriterien 176, 251, **408**
Bewertungsmethode **426**
Bewertungstabelle **312**
Beziehungsdiagnose **255**
Beziehungsdiagramm **402**
Beziehungsebene 55, 72, 234ff, 238, **253ff**, 263ff, 304, 319, 338, 367
Beziehungsmanagement 46, **216**, 221
Bid Management **93**
Bionik **418**
Blockaden 217, 228, 263, 275, **414f**
Botschafter **244f**
Bottom-up 15f, 126, **144**
Brainstorming **415ff**
Brainwriting **417**
Break-even **155f**, 166, 176
Bubble Chart **395**
Budget 28, 32, 55, 64, 72, **140f**, 169, 259, 357
Burnout 226, 378, **382**, 414
Business Case **350**, 352

C

CAPM **429**
Change Management **3**, 370
Change-Projektmanagement **30**
Change Request Management 22, 111, 178f, **350**
Change-Modell **270**
Chaos **270ff**, 278, 379
Checklisten **39**, 95, 111, 187, 200, 353, 405, 409
Claim Management 94, **180**, 413
Co-Projektleitung **115**
Coaching 72, **182f**, 214, 223, 227, 248, 274, 314
Commitment 142, 269, 274, **278**, 365
Concurrent Engineering **153**
Controlling 44f, 53ff, 64, 71f, 77f, 161f, 180, 225, 310f, **350**
Cost-to-complete 70, 146, **163f**
CPM **372**
Critical Design Review **353**
Critical Path Method **372f**

D

Dauer 16, 65, **133f**, 162f, 173, 239, 252, 371ff, 386
Deadline **152**
Definitionsphase **19**, 124, 353
Delegation 214, 227, **231ff**, 259, 265, 285, 290ff, 383, 387
Delegationsprinzip **231f**
Delphi-Methode **152**
Deming-Kreis **393**
Design of Experiments **404**
Design Review 157, **352f**
Design-to-cost **173**
Detaillierungsgrad 16, 50, 63, 94, 96, 145, **148f**, 154, 390, 406
Detailziele 60, 125, 174, 391, 405, **407ff**, 412, 424, 427

Dispersion **402**
DoE – Design of Experiments **404**
Dokumente 47, 58, 66, 73, 80f, 111f, 125f, 128, 185f, **194ff**
Drei-Zeiten-Verfahren **152**
Durchlaufzeit 44, 63, **133**, 136, 142f, 146f, 153
Dysstress **381**

E

Earned-Value-Analyse **357**
Einfluss 25, 49, 165, 168, 172, 189, 213f, **218ff**, 252, 346
Einflussanalyse 169
Einflussfaktoren 13, **150f**, 172, 177f, 213, 396, **421**, 426
Einführungsphase 23, **75ff**, 81, 143, 222
Einmalkosten **155**, 176
Eisbergmodell **255**
Emotionen 274, 281, **285**, 291, 298, 368, 404, 414, 423
Endtermin 41, 63, **133f**, 136, 138, 146f, 180, 372ff
Entscheidung 21f, 24f, 54, 156, 161, 224f, 233, 342, 367ff, **392**
Entscheidungsfindung 45, 55, 64, 71f, 78, 119, 326
Entscheidungsmatrix **384f**, **423**
Entscheidungsträger 46, 48, 99, **101f**, 106, 161f, 166, 169ff, 311
Entwicklungsprozess 90, 234, 242, 256, 263f, **266f**
Entwicklungszeiten **26**
Erhebungstechniken **394f**
Eskalation 111
Eskalationsstufen 97, **286,** 301, 305, **392ff**
Eustress **381**
EVA – Earned-Value-Analyse **357**
Evaluation 314, 351, 411, **426f**
Expertenbefragung **152**
Externes Projekt **92**

F

Face-to-Face-Kommunikation 36
Fachmoderation **326**
Fachspezialist 37, 59, 121, **133ff**, 152f, 177, 228, 231, 241, 247, 353
Fast-schon-fertig-Syndrom **75**
Feasibility Study 19, 49, 152, **165**
Feedback 12, 81, 188, 190ff, 203, **206ff**, 227, 253, 259ff, 265, 326ff
Fischgräten-Methode **401**, 403
Fixpreisangebot 62, **96**, 145, 148, 176
Flowkonzept **381**
Flussdiagramm **403**, 415
FMEA 64, 158, 169, 404, **421**
Folgekosten 44, 48, 95, 129, 142, 153, **176f**
Fortschrittsbericht 64, 72f, **171**, 187, 193, 195, 348
Fragetechniken **208**, 326
Führung 37, 45, 55, 64, 72, 78, 105ff, 114ff, **212ff**, 247ff, 317ff
Führungskontinuum **114ff**
Führungskonzept **144**, 377
Führungsorganisation 105, **214**
Führungsprozess **223**
Führungsstil 118, **228**, 341
Function Point Analysis **151**
Funktionendiagramm 11, 111, **113**
Funktionswertmethode **151**

G

Gantt Chart **134**, 371
Gemischtorientierte Struktur **126**
Genauigkeit 50, 54, 59, 62, 77, 148ff, **176**
Gesamtkonzept 15, **21**, 23, 25
Geschäftsplanungsprozess **88**
Gewährleistung 169, 180
Globalziel 19, 48, 321, 391, **404f**

Go-/No-Go-Entscheid 93, **131**
GPO **317f**
Gremien 10, 43, 46, 61, **100f**, 111, 116, 171, 192, 196, 347f
Grobziel 54, 392, **405f**, 408f
Grundlagen 346
Grundlagenforschungsprojekte 11, **35**
Gruppe – Entwicklungsphasen 65, **262ff**, 266
Gruppe – Leistungsfähigkeit 66, 72, 151, **226**, 234, 266, 273
Gruppe – Leitung **250f**, 253f, 261, 266
Gruppendynamik **249**
Gruppenprozessordnung **317f**
Gruppensimulation **397**

H

Handlungsspielraum 227, **230f**, 262, 265, 299, 321
Harvard-Modell 205, 298
Helikoptersicht **53**, 226, **366**
HERMES **430**
Histogramm **403**, 415

I

Ideenmanagement 86, 91, 352, 358
Identifikation 12, 66, 88, 109, 221, 229, 262, 266, 269, **319**, **419**
Identifikationsnummer **132**
Informatik-Hilfsmittel **158ff**
Information 46f, 57ff, 73, 80f, 115f, **185ff**, 199ff, 207f, 225, 366, 394ff
Informationskonzept **57f**, 66, 185, 189, 195
Informationssitzung **330**
Inhaltsebene 55, 182, **235**, 319
Initialisierungsphase 19, **41**, 48, 142, 397
Innovationsgrad 145

Inside-out-Sicht **90**
Interaktion 29, 36, 201, 240, **255**, 263, 289
Interdisziplinär 3, 5f, 10, 25, 32, 43, 110, 148, 215, **241**, 244
Interessengruppe 43, 60, 186, 197, 245, 397
Interne Projekte **90f**
Internet, Intranet 187, 197, 200
Interventionen 72, **239f**, 274, 277, 281
Intervision **338f**, 340
IPMA 37, 251, 349, **429ff**, 432
Ishikawa-Diagramm **401f**

J

Johari-Fenster **206**, 338
Jumping to Solution 389

K

Kapazität 53, 99, 111, 133, 138, **139**, 157, 283, 387, 403
Kapazitätstreu **146f**
Kapitalwertmethode **361**
Kennwerte, Kennzahlen **77**, 142f, 150f, 162, 166, 171, 177, 313, 352, 356f, 375f
Kepner-Tregoe **393**
Kickoff 50, 103, 117, 125, 160, 186, 235, **319**, 321
Kieselstein-Prinzip **387**
Klassifizierung von Projekten **7**
Kleinprojekte **87**
Kognitive Dissonanzen 414
Kommunikation 6, 10, 27, 36, 46f, 61, 66, 94, 118ff, **185ff**, 319f
Kommunikation – zwischenmenschliche 46, **201ff**, 205, 209
Kommunikations-Strukturen **210**
Kommunikationsarten **191**
Kommunikationskonzept 25, **57f**, 66f, 185, 187, 213

Kommunikationskreislauf 204
Kommunikationsmatrix 188
Kommunikationsmodell 203
Kommunikationspotenziale 189
Kommunikationsprozess **203**, 250, 332
Kommunikationssystem **187**, 265
Kompetenzen 3, 10, 43, 61, 106ff, 213, 229f, **232f**, 236, 264, 283
Kompetenzregelung **113ff**
Komplexität – soziale **5f**, 55, 222
Konfigurationsmanagement 157, **178**
Konflikt 65, 119, **282ff**, 285, 290, 295, 298, 300, 305, 308, 341ff
Konflikt – Eskalationsstufen 285, **293**, 297, 301, 305
Konflikt – heiss / kalt **289**, 291, 302
Konfliktarten **282f**
Konfliktbearbeitung 65, 293, **297ff**, 300f
Konfliktdiagnose **306**
Konfliktfunktion **288**
Konfliktgespräch **307f**
Konfliktmoderation 70
Konfliktstil **341ff**
Konflikttypen **287f**, 300
Konfliktursachen **283**
Konfliktverhalten **290**
Kongruenzprinzip **233**
Konsens 235, 241f, 290f, 293, **341**
Konsensfähigkeit **241**
Kontextanalyse 394f, **402**
Kontrolle 24, 148f, 153f, 161, **162ff**, 166, 171, 177f, 181, 214, 224, 289f
Kontrollmethoden **174**
Konventionalstrafe **89**, 96, 169
Konzeptphase 21, **60**, 67, 123, 143, 246
Koordination **8**, 111, 115, 130, 164, 185, 230, 243

Kosten 34, 54f, 71f, 121, **140ff**, 154ff, 162ff, 172ff, 176ff, 259, 326
Kosten-Nutzenanalyse 45, **166**
Kosten-Trendanalyse **356**
Kosten-Wirksamkeit 415, **423ff**
Kostenkontrolle **162f**, 236
Kostenkurve **140ff**, 163f
Kostenplan 58, 62, **140f**
Kostentreue **162**
Kräftefeld 189, **218ff**
Kreativität 60, 392f, **413ff**, 420
Kreativitätstechniken **415**
Kreativteam **51**
Krisenmanagement 25, 182, **183f**, 226, 239, 300, 378
Kritischer Pfad **372ff**
KTA **356**
Kultur 25, 30, 117ff, 211, 216, **268f**, 274
Kundenprojekt 62, **92ff**, 179

L

Lastenheft 58, 395
Laufnummer 132
Lean Sigma 393
Lebenswelten 377
Leistungskurve 333, 386
Lenkungsausschuss 8, **102**
Lieferobjekt 67, 78
Life Balance 377
Lifecycle-Kosten **95**, 155, 176
Linienorganisation 5, 86, 89, **99f**, 110, 228
Liquiditätsplanung 54, 63, 67, **140f**
Lorenzkurve **400**
Lösungsbewertung 390, 426, **427**
Lösungsfalle **389f**
Lösungssuche 16, 231, 366, 390, 392, 396, 405f, 415, **419f**, 427
Lösungstest **419**
Lösungsvarianten 21, 60, 64, 393, 411, 413, 417, 420, 424, 427

M

Machbarkeit 6, 49, 54, 58f, 122, **165**, 350, 413
Machbarkeitsstudie 19f, 44, 123, 152, 245
Magisches Dreieck 71f, **172f**, 357
Make-or-buy **170**
Management 9, 32, 103, 144, **213ff**, 268f, 274, 309f, 345ff
Management Summary 73, **369**
Mängelliste 78
Marketingkonzept 80
Matrix 6, 220, 338, 375, 422
Matrixorganisation 43, 106f, **109f**, 113f, 187f
MbO **8**, 144, 377, 404
Meilenstein 17, **24f**, 52ff, 63ff, 93, 103, 117, 122ff, 131ff, 354f, 408
Meilenstein-Trendanalyse **355f**
Meilensteinplan 22, 52f, **124**, 148
Meta-Kommunikation **205**
Metra-Potential-Methode **374**
Mind Mapping **194**
Mitarbeiterführung **213f**
Mitläufer **373ff**
Moderation 61, 182, 192, 225, 248, 317, 322, **326**, 336f
Moderator 65, 194, 322f, **324f**, 339, 414
Morphologischer Kasten 417, **422**
Motivation 32, 148, 163, 227, 249, 252, **257ff**, 283, 381
MPM 310, **374**
MTA **355f**
Multikulturelle Zusammenarbeit **117ff**
Multiplikatormethode **151**
Multiprojektplanung 62, 120, 132, **137f**
Multiprojektstruktur **137**

N

Nachfolgeorganisation 76, **363**
Nachforderungsmanagement **180**, 413
Nachkalkulation 75f, 78, 177
Netzplan 62, 120, 132f, 149, **371ff**
Netzwerk 36, 211, **379**
Non-Profit-Organisation 362
Nullserie 22, 123f, 127, 131, 158, 362, **363**, 418f
Nutzen 34, 54, 347, 350ff
Nutzungsphase **24**
Nutzwertanalyse 64, 359, 392, **423ff**

O

Objektorientierte Struktur 126f
Optimierung 136, 146, 161, 176, 200, 388, 410ff, **419**, 424, 427
Optimierungskriterien 410, **411f**, 424, 427
Optimierungsmassnahmen 136
Organisation 3ff, 11, 30ff, 43, 50, 56, 61, 76, **99ff**, 183, 212ff, 224f, 269ff, 309f, 395
Organisationsebene 55, 182, **236**, 253, 320
Organisationsentwicklung 7, 35, 253
Organisationsformen 33, **106**, 283
Organisationsstruktur 3, 10f, 30, 215, 223, 243, 265, 268, 348
Outside-in-Sicht 92

P

Parallelisierung 22, **26**, 136, 154
Pareto-Prinzip **385**, 403
Pate 89
Patentrecht 89ff
Payback-Methode 166, **361**

Peer Review   353
Personalentwicklung   36, 214
Pflichtenheft   58, 96, 112, 123f, 129, 131, 250, 395, 405, 413
PgMP   429
Phasenbericht   58, **66**
Phasengliederung   13f, 16
Phasenkonzept   **17**, 26
Phasenmodelle   18f
Pilotphase   362
Pilotversuch   74, 341, **363**
Pionierprojekt   6f, 117, 152, 393
Planung   17, 24, 70, 77, 104, **120ff**, 142, 144ff, 387
Planung – Detail   62, 120, **131ff**
Planung – Grob   52, 120, **122ff**
Planung – Grobschätzung   41, **44**, 52, 142
Planung – Initial   63, 77, 146, **177**
Planung – Strategisch   **310**
Planungshorizont   **146**, 396
Planungstiefe   **145**
Planungsunsicherheit   **152**, 176
Planwert   121, **152**, 177
Plausibilität   67, 142, 148, **151**
PM-Portal   **199**
PMC   **313**
PMI   37, **429**
PMP   37, **429**
Portfolio   8, 32, 33ff, 41, 91, 102, 130, 309ff, 349, **374**
Portfolio Management Committee   **313**
Portfolio-Management   8, 91, 102, 311, 313, 352, 434
Potenzialprojekt   **6f**
PPP-Management   **309**
Präferenzmatrixverfahren   **411**
Präsentationstechnik   318, **332**
Primärorganisation   **106**
PRINCE 2   **430**
Priorisierung   8, 32, 159, 200, **376**
Priorität   8, 19, 42, 45, 51, 116, 121, 136, 144, **376**

Problemlösung   16, 113, 133, 216, 222, 241, 343, **389**, 393, 400, 432
Problemlösungsmethode   104, 390, **415**
Problemlösungsprozess   216, 241, **389**
Produktivität   65, **173**, 263
Produktmanagement   **9**
Prognose   24, 163, 177, **355**, 400
Programm-Management   **9**
Projekt-Evaluation   24
Projekt-Office   94, 99, 309, 313, **314**
Projektabbruch   **17**, 49, 166, 376
Projektabschluss   23, 75, 111, 147, 150, 196, **240**, 245, 433
Projektänderung   71, **177ff**
Projektantrag   41, 47, 166, 176, **245**
Projektarten   **5**, 35, 312, 409
Projektauftrag   41, 47, 102, 164, 195, 243, **345ff**, 412
Projektausschuss   24, **25**, 102, 162, 164, 172, 426
Projektbeurteilung   **164ff**, 357, 364
Projektbewertung   **32**
Projektcharakteristik   **33**
Projektcontrolling   44, 53, 64, 71, 77, **161**, 311
Projektdauer   41, 79, 114, 144, 172, 236
Projektdefinition   43, 234
Projektdokumentation   23, 75, 186, 196, 236, 319
Projektgremien   10, 76, 192, 196
Projekthandbuch   58, 111, 187, **194ff**
Projektion   286, 295
Projektkategorien   33, 111
Projektkontrolle   153, **162**, 171, 177, 407
Projektkoordination   43, **106ff**
Projektkosten   42, 55, 64, 95, **140**, 149, 155, 176, 347, 356, 361

Projektkrisen 25, 182, **183**, 226, 300, 378
Projektkultur **100**, 106, 111, 216, 309, 352
Projektleiter 5, 10, 24, 33, 55, 64ff, 90, 103ff, 113ff, 117, 182, 214, 224, **227ff**, 247ff, 347
Projektleiter-Karriere 37
Projektleitung 43, 51, 61, 99, **103**, 112, 114, 162, 182, 185, 224, 297, 301, 336, 352
Projektleitungs-Fähigkeiten 51
Projektlenkung 229
Projektmanagement 3, **8**, 10ff, 35ff
Projektmanagement – soziale Dimension **10**
Projektmanagement – funktionale Dimension **10**
Projektmanagement – institutionelle Dimension **10**
Projektmanagement – instrumentelle Dimension **10**
Projektmanagement – personelle Dimension **10**
Projektmanagement – psychologische Dimension **10**
Projektmanagement – rechtliche Dimension **89**
Projektmanagement-Merkmale **4**
Projektmanagement-Handbuch **111**
Projektmanagement-Portal **199**
Projektmanagement-Richtlinien **111**, 193, 314
Projektorganisation 33, 43, 51, 61, **99ff**, 215, 347
Projektphase 14, **142**, 172, 195, 364, 365
Projektphasen – Einführung 23, **75**, 81, 143, 222
Projektphasen – Initialisierung 19, **41**, 48, 142, 397
Projektphasen – Konzept 21, **60**, 67, 123, 143, 246
Projektphasen – Nutzung 24
Projektphasen – Realisierung 22, **69**, 73, 246
Projektphasen – Vorstudie 20, **50**, 59, 143
Projektportfolio 8, 33, 41, 102, 178, 200, **312ff**, 349, 374
Projektprozess **39**, 80, 125, 181, 199
Projektraum **199**
Projektreserven **153**
Projektrisiko 131
Projektrückschau 23, **79**
Projektstandsbeurteilung 162
Projektstart **85**, 115, 119, 147, 191, 218, 234
Projektsteuerung 33, 71, 161, **171**
Projektstrukturierung 13, **127**
Projektstrukturplan 52, **126**, 131, 148, 415
Projektteam 41, 51, 61, 99, 101ff, 117, 200, 223, 231, 237, **241ff**, 247, 319
Projektteam – Fähigkeiten **51**, 227, 246
Projektträger 51, 104, 349
Projektumfeldanalyse 61, **190**
Projektvereinbarung 19, 41ff, 99, **345**, 395
Projektvertrag 97, 180
Projektwirtschaftlichkeit **54**, 103, 361
Projektwürdigkeit **32**, 42, 49, 87
Protokoll 47, 80, 165, 246, 317, **371**
Prototyping **27**, 35
Prozentsatzmethode **151**
Prozess 5, **8**
Prozess-Owner 125
Prozessanalyse 254ff, **335**
Prozessentwicklung 153
Prozessgestaltung 43, 56, 182, **239**
Prozesskompetenz 61, 101
Prozesskontrolle **238f**, 403

Prozesslogik   11
Prozessmoderation   **326**
Prozessregelung   194
Psycho-Logik   **273f**
Pufferzeit   136, 386

Q

QFD   404
Qualifikation   7, 88, 93, 118, 157, 227, 231, 244, 314
Qualität   24, 71, 78, 89, 121, 157, 161, **172ff**, 175, 403f, 408
Qualitätsmanagement   5, 68, 71, 78, 178, 180, 393
Qualitätsplan   154
Qualitätssicherung   153, **157**, 161, 195
Qualitätswerkzeuge   **403ff**
Quality Engineering   404
Quality Function Deployment   404
Querdenker   61, 247

R

Rahmenbedingungen   66, 70, 99, 102, **230ff**, 258, 289, 346, 405f
Rangreihenverfahren   **411**
Realisierungsphase   22, **69**, 73, 246
Rechtliche Aspekte   **89f**
Reflexion   182, 340
Regelkarten   403
Regressionsanalyse   403
Reine Projektorganisation   43, 108
Rentabilitätsrechnung   166, **360**
Reporting   68, 78, 161, **170f**, 192, 365
Request for Proposal   92
Resilienz   **378ff**
Ressourcen-Einsatzplanung   **134ff**, 137, 139
Ressourcenengpass   42, 44, 53, 63, 121, 122, 133, 156

Ressourcenkonflikt   63, 70, 131, 136f, 143, 146
Ressourcenkontrolle   **163**, 240
Ressourcenplan   135, 144, 195, 348, 365
Ressourcenverantwortliche   62, 120, 132, 136, 137, 139, 142, 146
Return on Investment   166, 352
Review   29, 58, 71f, 122, 125f, 149, 164, **180f**, 191, 352ff
RFP – Request for Proposal   92
Risikoabschätzung   167, 193, 359
Risikoanalyse   27, 44, 64, 72, 103, 152, 158, **167**, 189, 427
Risikokategorie   167
Risikomanagement   45, 53, 64, 71, 77, 94, 152, **166ff**, 184, 304, 311
Risikoprozess   **166f**
Risikostrategie   **169f**
ROI   32, 166, 375, 376
Rollen   43, 51, 61, 70, **100ff**, 212, 249ff, 283, 304, 322
Rollenkonflikt   250, 283, 303

S

Sachebene   72, 234, 238, 253ff, 263, 281, 324, 326, 338
Säulendiagramm   403
Schätzgenauigkeit   59
Schätzverfahren   **150ff**, 176
Schätzwertverfahren   150ff
Schichtung   403
Schlupf   133ff, 371f
Schlüsselqualifikation   244
Schlussveranstaltung   76
Schnittstellen   15, 126, 129, 131, 195, 200, 282, 329, 395
SCRUM   **29f**, 430
Selbstmanagement   **377ff**
Selbststeuerung   36, 229, 377
Sensitivitätsanalyse   158, 168, 169, 415, 425, 427
Service Levels   173

Serviceleistung   97, 104, 224, 247
Silodenken   114
Simulation   27, 54, 168, 359, 397, 415
Simultaneous Engineering   **26f**, 153f, 182
Situationsanalyse   94, 258, 321, **390ff**, 423
Sitzungen   19, 25, 57, 117, 164, 174, 191, 225, 243, **326ff**, 332
Sitzungen auswerten   **331**
Sitzungen durchführen   **329**
Sitzungen leiten   **326f**
Sitzungen vorbereiten   **327f**
Six Sigma   393
SMART   389, 406
SOFT-Analyse   399
Sozialkompetenz   36, 104, 252, 253, 365, 379
SPC – Statistical Process Control   403
Spielregeln   117, 186, 198, 210, 213, 230, 236, 253, 319, 327
Spiralmodell   **27f**
Sponsor   89, 197
SRM   311
Stakeholder   67, 111, 200, 211, **218ff**, 352, 398
Stammorganisation   32, 77, 99ff, 242, 245, 248, 268, 283, 314, 431
Standardprojekte   **6**, 117, 187, 190, 193
Standortbestimmung   164, 258
Statistical Process Control   403
Statusbericht   24, 58, **66f**, 97, 171, 188, 193, 232, 348
Stellvertretung   **105f**
Steuergruppe   51, 57, 101ff, **102**, 181, 188, 191, 411, 412
Stimmigkeit, Konzept der   238
Störungen   65, 72, 109, 204, **253ff**, 259, 265, 323, 386, 400, 408
Strategisches Risikomanagement   **311**

Stress   77, 226, 285, 295, 377, **379ff**, 414, 431, 433
Stressreaktion   380
Streudiagramm   403
Strichlisten, Prüfformulare   403
Strukturaufstellung   **397**
SWOT-Analyse   45, 91, 375, **399**
Syndrom – 90%   75, **173f**
Synektik   415, **418**
Systemdenken   **13f**
Systemische Strukturaufstellung   **397**
Systemischer Ansatz   **12f**, 31, 178, 182, 397
Systems Engineering   12, **13ff**, 18, 182
Systemziele   389
Szenariotechnik   **400**, **407f**, 415

T

Tagebuch   187, 196
Target Costing   **154f**, 173
Task Force   90, 108f, 112
Tätigkeitsliste   11, **132f**, 136, 333, 372
Team   103, 117, **241ff**, 263, 335ff, 432, 438
Team – Kernteam   51, 104, 115, 246
Team – virtuelles   **117ff**, 199
Team-Portfolio   **337f**
Teamarbeit   30, 50, 61, **241**, 243, 253, 431f
Teamauswahl   95, 112, 157, **244**
Teambildung   **56**, 223f, 278
Teamdynamik   12, 105, 210, 249
Teamentwicklung   12, 61, **225**, 248, 252, 263, 266
Teamführung   224, 247f, **317ff**, 438
Teamgrösse   245f
Teamleiter   51, **244**, 297, 337f
Teammitarbeiter   **244f**

Index 453

Teamprozess 116, 234, 255, **266**, 335
Teilprojekt 22, 53, 59, 61, 103, **130f**, 143
Temporärgruppe **103**
Termin 161, 188, 333, 372
Terminierung 133, 147, 159, 385
Terminplan 132, 163, 195, 224, 347
Termintreue 146, 162
Themenzentrierte Interaktion **255**
Time-to-Complete 70, **163f**
Time-to-Market 153, **173**
To-Do-Liste 179, 348, 354
Top-Down 15, **126**, 144
Trend Scouting 85
Trends im Projektmanagement **35**
Tuckman **264**, 266
Typologie von Projekten **7**
TZI **255**

U

Übergabe **23**, 68, 76f, 97, 114, 246
Umfeldanalyse 92, 174, **189**, 190, 195, 321, 402
Umwelt 45, 190, 217, 238, **248f**, 255f, 309, 396, 431
Unsicherheit 44, 52, **152**, 242, 273, 277, 283
Unternehmensstrategie 33, 45, 309, **310f**, 313, 365, 375
Untersuchungsbereich 20
Ursachen-Wirkungsanalyse 289, 291, **401**

V

Variantenbildung **14ff**, 64, 420
Veränderung 4, **270ff**, 276, 306
Veränderungsmanagement **268ff**, 274
Veränderungsprojekt **30**, 61, 199, 396

Veränderungsprozess 5, **270ff**, 278
Verantwortung 10, 110, 114ff, 144, **233**, 249, 320, 379, 385
Vereinbarung **42f**, 103, 222ff, 255, 308, 345
Verfügbarkeit 63, 122, 143
Verhandlung 119, 205, 281, 297, **366ff**, 433
Verhandlungsführung **205**
Vernetzung 46, 55, 199, **216ff**, 218
Versionenkonzept **28**, 35
Vertragsmängel 89
Virtuelle Teams **117ff**, 199
Visualisierung **332**, 403, 415
Vollkostenrechnung 45, 176
Vorbedingung 132f, 153, 372
Vorgehensmodelle **26ff**, 430
Vorgehensziele 389, **407f**
Vorstudienphase 20, **50**, 59, 143
Vorurteile 119, 234, **237**, 255, 295, 319
Vorwärtsterminierung **147**

W

Wartezeit 133
Wartungsorganisation 22f, 76, 363
Wasserfallmodell 19, 26
WBS 126
Widerstand 4, 30, 90, 183, 189, **275ff**, 287
Win-Win-Methode 119, 344, **366f**
Wir-Gefühl 55, 64, 66, 262ff, 319
Wirksamkeitsanalyse **423ff**
Wirtschaftlichkeit 12, 45, 50, 54, **64**, 72, 78, 166, 179, 313
Wirtschaftlichkeitsbeurteilung 48, **358ff**
Wirtschaftlichkeitsrechnung 55, 81, 115, **359ff**
Work Breakdown Structure 126
Work-Life Balance 377, 438
Workshop 57, 115, 191, 221, 363

Z

Zeitaufwand   50, 63, 133, 151f, 385ff
Zeitdiebe   383
Zeitmanagement   182, 227, 317f, 324, **383ff**, 388, 438
Zertifizierung   37, 349, **429ff**, 436
Ziele   59, 121, 345, 383, 391f, **404ff**, 431ff
Zielerreichung   65, 73, **78**, 121, 161, 181, 364, 426
Zielerreichungsgrad   67, 389, 425
Zielformulierung   345, 390ff**, 404ff**
Zielgewichtungsgruppe   411f, 427
Zielkatalog   24, 49, 154, **407ff**
Zielklassen   408f, 425
Zielkonformität   60
Zielkosten   154f
Zielsuche   14, **394ff**, 415
Zielvereinbarung   8, 144, 377, 404
Zirkuläres Vorgehen   16
Zusammenarbeit   45, 55, 64, 72, 78, **212**, 250ff
Zusammenarbeit – Kultur   **56**, 100, 198, 247, 414
Zusammenarbeit – multikulturell   36, **117ff**, 190